MUTAÇÕES AINDA SOB A TEMPESTADE

SERVIÇO SOCIAL DO COMÉRCIO
Administração Regional no Estado de São Paulo

Presidente do Conselho Regional
Abram Szajman
Diretor Regional
Danilo Santos de Miranda

Conselho Editorial
Ivan Giannini
Joel Naimayer Padula
Luiz Deoclécio Massaro Galina
Sérgio José Battistelli

Edições Sesc São Paulo
Gerente Iã Paulo Ribeiro
Gerente adjunta Isabel M. M. Alexandre
Coordenação editorial Francis Manzoni, Clívia Ramiro, Cristianne Lameirinha
Produção editorial Antonio Carlos Vilela
Coordenação gráfica Katia Verissimo
Produção gráfica Fabio Pinotti
Coordenação de comunicação Bruna Zarnoviec Daniel

Antonio Cicero • Éric Fassin • Eugène Enriquez • Eugênio Bucci • Franklin Leopoldo e Silva • Grégoire Chamayou • Helton Adverse • Jean-Pierre Dupuy • José R. Maia Neto • Luiz Alberto Oliveira • Marcia Sá Cavalcante Schuback • Maria Rita Kehl • Marilena Chaui • Newton Bignotto • Olgária Matos • Oswaldo Giacoia Junior • Pascal Dibie • Pedro Duarte • Renato Janine Ribeiro • Renato Lessa • Vladimir Safatle

MUTAÇÕES
AINDA SOB A TEMPESTADE

ADAUTO NOVAES (ORG.)

© Adauto Novaes, 2020
© Edições Sesc São Paulo, 2020
Todos os direitos reservados

Artepensamento

Diretor
Adauto Novaes

Tradução
Paulo Neves

Preparação
Leandro Rodrigues

Revisão
Lígia Gurgel do Nascimento, Maiara Gouveia

Capa
Marcellus Schnell

Diagramação
Negrito Produção Editorial

DADOS INTERNACIONAIS DE CATALOGAÇÃO NA PUBLICAÇÃO (CIP)

M98   Mutações: ainda sob a tempestade / Organização de Adauto Novaes. – São Paulo: Edições Sesc São Paulo, 2020.
          480 p.

          Índice onomástico
          ISBN 978-65-86111-34-7

          1. Filosofia. 2. Mutações. 3. Tempestade. 4. Política. 5. Regimes Políticos. I. Título. II. Subtítulo. III. Novaes, Adauto.
                                                                        CDD 121

Edições Sesc São Paulo
Rua Serra da Bocaina, 570 – 11º andar
03174-000 – São Paulo SP Brasil
Tel.: 55 11 2607-9400
edicoes@sescsp.org.br
sescsp.org.br/edicoes

 /edicoessescsp

Agradecimentos

Danilo Santos de Miranda, Andréa de Araújo Nogueira, Márcia Costa Rodrigues, Ivana Bentes, Vicent Zonca, Agostinho Resende Neves, Thiago Novaes, Marcellus Schnell, Celise Niero, Ricardo Bello e José Jacinto de Amaral.

Os ensaios deste livro foram escritos para o ciclo de conferências Mutações – Ainda sob a tempestade, concebido pelo Centro de Estudos Artepensamento e realizado pelo Sesc de São Paulo – Centro de Pesquisa e Formação – e do Rio de Janeiro, com o apoio do Institut Français du Brésil – Embaixada da França. O curso foi reconhecido como extensão universitária pela Universidade Federal do Rio de Janeiro (UFRJ).

Obras organizadas por Adauto Novaes

Anos 70 (1979)
O nacional e o popular na cultura brasileira – música, cinema, televisão, teatro, literatura e seminários (1982)
Um país no ar – televisão (1986)
Os sentidos da paixão (1987)
O olhar (1988)
O desejo (1990)
Rede imaginária – televisão e democracia (1991)
Ética (1992)
Tempo e História (1992)* / Ganhador do Prêmio Jabuti
Artepensamento (1994)
Libertinos libertários (1996)
A crise da razão (1996)
A descoberta do homem e do mundo (1998)
A outra margem do Ocidente (1999)
O avesso da liberdade (2002)
O homem-máquina (2003)
A crise do Estado-nação (2003)
Civilização e barbárie (2004)
Muito além do espetáculo (2004)
Poetas que pensaram o mundo (2005)
Anos 70 (segunda edição – 2005)
Oito visões da América Latina (2006)
O silêncio dos intelectuais (2006)
L'Autre rive de l'Occident (2006)
Les Aventures de la raison politique (2006)
Ensaios sobre o medo (2007)
O esquecimento da política (2007)
Mutações: ensaios sobre as novas configurações do mundo (2008)
Vida vício virtude (2009)
A condição humana (2009)
Mutações: a experiência do pensamento (2010)
Mutações: a invenção das crenças (2011)
Mutações: elogio à preguiça (2012) / Ganhador do Prêmio Jabuti
Mutações: o futuro não é mais o que era (2013)
Mutações: o silêncio e a prosa do mundo (2014)
Mutações: fontes passionais da violência (2015) / Ganhador do Prêmio Jabuti
Mutações: o novo espírito utópico (2016)
Mutações: entre dois mundos (2017)
Mutações: dissonâncias do progresso (2019)
Mutações: a outra margem da política (2019)

Sumário

9   Apresentação – No calor da intempérie
DANILO SANTOS DE MIRANDA

11   Ainda sob a tempestade
ADAUTO NOVAES

33   O totalitarismo neoliberal
MARILENA CHAUI

51   Segura o *fascio*: os filmes da nossa morte, a propaganda libidinal e o autoritarismo regurgitado
EUGÊNIO BUCCI

81   Nossa época e o fascismo: algumas pistas para sentir o fascismo chegar antes que ele se imponha
PASCAL DIBIE

111   O nó inextricável da ambiguidade: notas sobre o fascismo de hoje
MARCIA SÁ CAVALCANTE SCHUBACK

137   O fascismo e a banalização da violência
RENATO JANINE RIBEIRO

149   O neoliberalismo, o populismo e a esquerda
ÉRIC FASSIN

161   A economia libidinal do fascismo: relendo a primeira geração da Escola de Frankfurt
VLADIMIR SAFATLE

183   Fascismo & machismo
MARIA RITA KEHL

187 Presidencialismo de assombração: autocracia, estado de natureza, dissolução do social (notas sobre o experimento político-social--cultural brasileiro em curso)
RENATO LESSA

209 1932, nascimento do liberalismo autoritário
GRÉGOIRE CHAMAYOU

267 A democracia e o risco do pensamento
PEDRO DUARTE

279 A credulidade na política e a persistência do fascismo
HELTON ADVERSE

297 O medo da democracia
FRANKLIN LEOPOLDO E SILVA

309 Jerusalém contra Atenas
JOSÉ R. MAIA NETO

335 O estrangeiro e a cidade
NEWTON BIGNOTTO

363 Mal-estar na civilização: figuras do desenraizamento
OLGÁRIA MATOS

383 É possível uma gestão das paixões políticas em sociedades fragmentadas com tendência fascistizante?
EUGÈNE ENRIQUEZ

401 Filosofar à sombra do niilismo extremo
OSWALDO GIACOIA JUNIOR

417 Os direitos humanos *vs.* o neofascismo
ANTONIO CICERO

435 Termodinâmica da história: horizontes da tecnociência e cenários para a civilização
LUIZ ALBERTO OLIVEIRA

453 Diante da guerra nuclear
JEAN-PIERRE DUPUY

463 Sobre os autores
473 Índice onomástico

Apresentação

No calor da intempérie
Danilo Santos de Miranda

Diretor do Sesc São Paulo

Metáforas constituem um modo peculiar de expressão: elas dão movimento coreográfico ao pensamento. Sugerem, criativamente, pontos de referência em meio a um terreno desconhecido, dos quais as ideias podem se valer mesmo sem o apoio reconfortante da lógica rigorosa. Nessa perspectiva, a imagem da tempestade oferece instigantes possibilidades.

Fenômeno climático extremo, ela habita imaginários poéticos, filosóficos e políticos – talvez denuncie, com tal presença, parentescos insuspeitos entre tais tipos de discurso. À primeira vista, seu significado impõe-se e sua valoração negativa é indiscutível. Vale, todavia, apontar algo que se esconde nessas trevas.

Pois é precisamente da ordem do escondido, do velado, que aqui se trata. Associada a uma causa que não se domina por completo – por quais motivos tal quantidade de nuvens, carregadas de potencial destrutivo, foram se reunir naquele lugar específico, rompendo temporariamente uma aparente ordenação da natureza? – a tempestade estabelece uma situação em que cumpre se abrigar, sem que seja possível enxergar muito bem por onde vagamos.

Como metáfora que reaparece de tempos em tempos, ela constituiu uma espécie de tradição. Permite, assim, aproximar épocas distanciadas, às quais se imputou a alcunha de "tempestuosas". Em meio à dificuldade de vislumbrar claramente as coisas, a recorrência histórica é de grande valia. É nesse território de incertezas que se dão as especulações deste livro.

Mutações – ainda sob a tempestade reúne pensadores em torno do desafio de abordar algumas questões estruturantes da atualidade. De um lado, há consenso em torno de um diagnóstico: vivemos uma circunstância adversa, e isso se expressa nas dimensões política, econômica, social e ambiental. De outro, cabe ao intelectual a tarefa de enfrentar o que não se dá plenamente à luz, investigando em que medida o arranjo contemporâneo reatualizaria outras crises – em especial os totalitarismos do século XX – e quando desenharia contornos originais, em geral baseados na vertiginosa aceleração tecnológica.

Os ensaios que enfrentam esse desafio dão continuidade a uma característica dos ciclos de conferências *Mutações* e suas respectivas publicações. Eles desconstroem a ilusória dicotomia entre teoria e prática, arriscando-se a interferir nos debates do presente e interpretar a realidade sem o conforto de um suposto distanciamento histórico. Há risco e responsabilidade nessa postura, mas a meteorologia desfavorável convoca a ambos.

A perenidade das páginas impressas enfatiza tal comprometimento. Diferentemente da intervenção falada, ela permite que leitores de hoje e de amanhã agitem suas reflexões sob o impacto do que se segue. Manter ativadas essas conexões, que democraticamente admitem convergências e dissensos, é parte de uma ação cultural que dialoga com a complexidade do mundo – mundo em meia-luz, pleno de indefinição, que solicita sobretudo coragem.

Ainda sob a tempestade
Adauto Novaes

A Lucas

> *A tempestade passou. No entanto, estamos inquietos, ansiosos, como se a tempestade fosse desabar sobre nós. Quase todas as coisas humanas permanecem em terrível incerteza. Consideramos o que desapareceu, estamos quase destruídos pelo que está destruído; não sabemos o que vai nascer, mas, com certeza, podemos temê-lo. As esperanças são vagas, mas vivemos o temor com precisão; nossos temores são infinitamente mais precisos que nossas esperanças [...] Não há cérebro pensante, por mais sagaz e instruído, que possa vangloriar-se do domínio desse mal-estar, que possa escapar desta impressão de trevas, que possa medir a duração provável deste período de desordem nas trocas vitais da humanidade.*
>
> Paul Valéry

Observação preliminar. A desordem política é evidente, e ninguém consegue definir com clareza sua origem nem prever-lhe uma duração provável. As tentativas de explicação são precárias: *Populismo?* Conceito politicamente confuso que acaba por tornar as classes populares as únicas responsáveis pelo problema, como escreveu Ugo Palheta em seu último livro[1]; *Neoliberalismo?* Não é coisa nova: lemos em *Récidive 1938*, de Michaël Foessel[2], que a palavra "neoliberalismo" entra no vocabulário político em

---
1. Ugo Palheta, *La Possibilité du fascisme: France, la trajectoire du desastre*, Paris: La Découverte, 2018.
2. Michaël Foessel, *Récidive 1938*, Paris: Presses Universitaires de France, 2019.

1938, quando economistas e filósofos se reúnem em torno do jornalista e comentarista político Walter Lippmann com o objetivo de "renovar um liberalismo econômico posto à prova com a crise de 29"; *Novas tecnologias de comunicação – efeitos do grande avanço da técnica –, utilização desenfreada das redes sociais e as famosas* fake-news? Apenas em parte. Pensemos, como nos lembra ainda Foessel, na idade de ouro da imprensa escrita: na França, o jornal diário *Paris Soir* tinha uma tiragem de 2 milhões de exemplares, e dois dos principais semanários da extrema direita – *Gringoire* e *Candide* – chegavam a mais de 1 milhão. É impossível afastar hoje a ideia de mobilização por meio do trabalho da técnica sobre o pulsional, desejo maquínico de quem recebe e difunde mensagens sem pensar, mas isso não explica o que acontece; *Causas econômicas?* Em parte. A analogia das origens do fascismo com o que acontece em vários países, proposta por Foessel, leva a pensar: os fascismos europeus da década de 1930, como os de hoje, designam "menos uma rejeição unilateral da modernidade e mais uma reação violenta a uma dimensão da modernidade: aquela que se caracteriza pelas promessas de liberdade, igualdade e emancipação das Luzes". "Liberdade" torna-se, como diz o poeta Paul Valéry, uma detestável palavra, que tem mais valor que sentido – "valor" monetário, liberdade de consumir –; a "igualdade" é trocada pelo "egoísmo organizado"; a "emancipação" é distopia e não pertencimento aos ideais de uma comunidade livre e igual. Em síntese: em sua origem, o fascismo não surge propriamente de causas históricas, e sim de condições essenciais. Está na essência da modernidade.

Os sinais do fascismo se manifestam com clareza, mas com astúcia e cinismo: o poder trata o vazio da democracia com naturalidade, "coisas da política". A imprensa e os políticos jamais lhe dizem o nome. O avanço da extrema direita é, ao mesmo tempo, sintoma e agente de nova forma violenta do poder. Parte dos intelectuais e da esquerda, insensível à extensão do perigo, também evita dizer esse nome, talvez porque ele se apresente de maneira bem diferente daquela do passado, não havendo hordas nas ruas, não havendo mito. A reação do espírito – essa "potência de transformação" – é tímida. Mas o neofascismo nos cerca de maneira ao mesmo tempo velada e manifesta: com a grande crise do capitalismo a partir de 2008, os ataques às liberdades políticas e aos direitos sociais, duramente conquistados ao longo de séculos de luta, tornaram-se coisas "normais" e toleradas até mesmo pela esquerda. A partir daí, vemos uma crise generalizada de legitimidade dos poderes instituídos: as formas de conflito social – base da democracia – na política, nos sindicatos, nos jornais, nos costumes etc., tendem a ser abolidas e substituídas pelo que alguns teóricos do neofascismo definem como um movimento de "normalização da sociedade" e "militarização da política". O racismo é claro, a homofobia é declarada, a discriminação contra o islã e os mais de 70 milhões de refugiados é patente. A construção do muro para impedir a circulação é promessa de campanha. A presença velada do neofascismo está nas novas e variadas formas que adquire, como nos lembra Ugo Palheta:

> Se seu perfil programático, seus modos de ação e suas formas de aparição são variados – não apenas o fascismo como movimento se distingue fortemente do fascismo como regime, mas ele varia igualmente segundo os contextos nacionais e segundo o grau de desenvolvimento. [...] mais a extrema direita contemporânea se molda aos códigos atuais e consensuais da comunicação política, ou seja, mais ela abandona os aspectos mais visíveis de sua inscrição na história do fascismo, mais ela ganha força.

O que há de novo, portanto, são as formas de fascismo, que se utilizam de instrumentos modernos, ou melhor, recorrem a certos meios "democráticos" para chegar aos fins pretendidos. Michaël Foessel fala das "homenagens rituais de Trump, Salvini, Orbán ou Bolsonaro à 'democracia', termo que jamais teve os favores de Mussolini, Hitler ou Maurras". Outra diferença: enquanto nos anos 1930 a mobilização era fundamentalmente de natureza política, hoje ela é prioritariamente econômica. Foessel aponta também a utilização dos objetos técnicos que, de alguma maneira, complementam – ou substituem – as grandes manifestações de rua, próprias do fascismo de 1930.

> A rua, já foi dito, não designa mais o único, nem mesmo o principal lugar de mobilização política. Até bem pouco, a extrema direita parecia mesmo ter renunciado a investir nela. Mas esse gênero de mobilização teria desaparecido? [...] Se os tempos modernos têm algo a ver com o culto da vontade, então os anos 1930 foram o da "mobilidade total" à

qual nenhuma instituição tradicional deveria resistir... A mobilidade permanente é o instrumento de uma vontade que considera tudo, inclusive as consciências, como um material disponível para a realização de um projeto... Diferenças de tempo: a mobilização se realiza hoje principalmente com a ajuda de uma multiplicidade de alertas presentes na tela.

Tomemos ainda como exemplo os dois casos de fascismo que sempre servem de paradigma para as diferenças de origem e forma dos regimes fascistas: os historiadores nos dizem que o fascismo italiano chegou de repente ao poder, logo em seguida à criação do partido fascista. Já o nazismo trabalhou pacientemente durante anos antes de Hitler apoderar-se do Estado. Tudo teria sido cuidadosamente preparado. Seria ingenuidade e tolice dizer que Paul Valéry anunciou as ideias nazistas, mas podemos ler em seu clássico ensaio "Une conquête méthodique" muitos elementos que ajudaram a preparação do nazismo. O ensaio foi escrito em 1897, a pedido de uma publicação inglesa – uma série cujo tema era *Made in Germany*, e que procurava entender de que maneira a Alemanha se preparava para dominar a Europa. O ensaio descreve a preparação metódica de todas as áreas de atividade na Alemanha, que transformava sua população em uma sociedade disciplinada, sob as concepções e as ordens de marechais e empresários. Tudo em nome do capital e do mercado. Essas ideias não estão distantes do que acontece hoje, quando temos uma sociedade disciplinada não apenas pelo consumo, mas também, e principalmente, pelas normas de funcionamento da técnica. É bom lembrar que, na breve introdução ao ensaio, Valéry fala do surgimento e do domínio da técnica e da ciência. Mais: desde aquele momento, o capital se aliou ao fascismo, passando a diabolizá-lo apenas quando viu que não havia mais saída. Hoje, o capital procura distanciar-se do fascismo histórico, mas se põe à disposição, ou, mais precisamente, torna-se agente de suas novas formas, como se pode ver em vários países.

Diante do que acontece, dois pensamentos – já citados tantas vezes – nos chamam ainda a atenção: *a história não se repete* (isto é, o fascismo não é o mesmo de 1930); *jamais existe superação absoluta* (os fundamentos do fascismo ainda persistem). Ou seja, o fascismo clássico não se repete, mas seus vestígios e ideias permanecem, estão aqui.

Em síntese, vemos nascer hoje – e já vivemos – um *fascismo em movimento*, (ainda!?) não propriamente um regime. Um exemplo da ideia de *movimento* é a mobilização da extrema direita, que conduz parte das populações pobres à ideologia da direita, aproveitando-se com habilidade da crise econômica, do vazio do pensamento e da fragilidade dos ideais políticos.

1. Pretendia-se que o fascismo morrera no fim da Segunda Guerra Mundial. Talvez esse decreto precipitado de morte tenha sido um grande erro de historiadores e teóricos da política. Se, 85 anos depois, uma forma de poder supostamente abolida volta a excitar as discussões é porque sua duração foi mal avaliada: não era apenas um meteoro, um acidente obscuro que não retornaria. Ao querer decretar de maneira precipitada a *morte* do fascismo, a política não soube avaliar que muitos de seus *inimigos* eram apenas aparentes. Certamente, há muito em comum. A partir das ações dos inimigos do fascismo, vemos agora "que o abismo da história é muito grande para todo mundo", e esse abismo obscuro ameaça vários países. Já em 1934, Alain[3] nos advertia: no dia em que um cidadão não militar obedecer a um militar é porque o fascismo já se instalou, e então "passamos a viver em estado de sítio para dar prazer a coronéis sem emprego".

A questão que se apresenta hoje é se há um retorno do fascismo em várias partes do mundo. Merleau-Ponty nos mostra que jamais houve na história uma superação absoluta. O fogo apagado sempre pode se reativar. Tendemos, pois, a pensar no retorno do fascismo, mas não em sua forma original. Em sua primeira conferência fora da França, em março de 1946, nos Estados Unidos, Albert Camus atribui à "Crise do homem" (tema da conferência) os acontecimentos da Segunda Guerra, e até mesmo do pós-guerra: é muito fácil, diz ele,

> [...] acusar apenas Hitler e dizer que a besta está morta, o veneno desapareceu. Pois sabemos bem que o veneno não desapareceu, que nós o trazemos todos no nosso coração e isso se sente na maneira pela qual as nações, os partidos e os indivíduos se olham ainda com um resto de cólera. Sempre pensei que uma nação era solidária com seus traidores

---

3. Pseudônimo de Émile-Auguste Chartier (1868-1951), jornalista, escritor e filósofo francês.

e seus heróis. Mas uma civilização também. E a civilização ocidental branca, em particular, é responsável tanto por seus êxitos como por suas perversões.

Camus conclui: a crise não está aqui ou ali, ela é o surgimento do terror em consequência da perversão dos valores, de tal maneira que um homem já não é mais julgado por sua dignidade, mas sim em função de seu êxito.

É curioso notar que as análises mais consistentes sobre aquilo que acontecia na década de 1930 – e se aplica com precisão à situação atual – eram feitas não propriamente por políticos e pensadores da política, mas por filósofos, romancistas e poetas. Fiquemos, por enquanto, com dois dos mais atentos espíritos: Wittgenstein e Orwell. Logo depois da Segunda Guerra Mundial, Wittgenstein relembra, em um de seus inúmeros fragmentos, que as atrocidades do regime nazista haviam começado bem antes do início da guerra, sem que a indignação dos países da Europa se manifestasse. É nesse sentido que Jacques Bouveresse comenta uma carta escrita por Wittgenstein a Brian McGuiness:

> É evidente que a confiança que ele [Wittgenstein] tinha na classe dirigente e nas elites intelectuais britânicas para trabalhar por uma melhora real das coisas não havia aumentado durante os anos de guerra, e o estado de espírito que reinava entre os vencedores depois da derrota da ditadura nazista não anunciava, a seus olhos, nada de bom para a Europa e para o mundo.

Tanto que, depois de Pearl Harbor, Wittgenstein escrevera a McGuiness:

> As coisas serão terríveis depois da guerra, qualquer que seja o vencedor. É claro que será terrível se os nazistas ganharem. Mas terrivelmente sombrio se forem os Aliados.

Wittgenstein, que temia a permanência do velho sistema – então, terrivelmente armado –, foi dos poucos a relacionar o fascismo ao avanço tecnocientífico, o que, aliás, constitui um dos elementos cruciais para entender o neofascismo. A concepção de mundo que sobreveio às duas grandes guerras gerou ceticismo e temor em relação à descoberta e ao uso indiscriminado da ciência e da técnica. Vejamos, a respeito disso, o que diz Ray Monk[4]:

> Os meios mecânicos empregados para matar pessoas, as demonstrações impressionantes de potência tecnológica – bombas incendiárias sobre Dresden, câmaras de gás dos campos de concentração, engenhos atômicos lançados sobre o Japão – demonstravam com força e definitivamente que "são a ciência e a indústria que decidem guerras". E isso parece reforçar a visão apocalíptica (de Wittgenstein) segundo a qual o fim da humanidade seria a consequência da substituição do espírito pela máquina.

Para entender melhor a relação entre fascismo, técnica e ciência, é esclarecedor o ensaio de Reinhart Maurer, "O que existe de propriamente escandaloso na filosofia da técnica de Heidegger"[5]. Nele, podemos ler a tese tardia de Heidegger de que, com o nazismo (escreve Maurer) "irrompera uma vontade de poder que, de nenhum modo, estaria liquidada com ele". Esse é um diagnóstico de Heidegger do pós-guerra. Diagnóstico semelhante é feito em 1946 pelo escritor católico Georges Bernanos:

> É certo, com efeito, que, apesar de seu gigantesco esforço, a Alemanha não conseguiu se tornar [...] o embrião de uma humanidade que, sob sua direção, deveria pouco a pouco se tornar uma colônia de cruéis insetos operosos. Porém, as mesmas forças que detiveram o nazismo podem, já amanhã, assumir sua causa. Estas, em realidade, de modo algum, se sublevaram contra a barbárie politécnica, mas apenas contra a pretensão da Alemanha em ser a primeira a organizá-la[6].

Citemos ainda parte da matéria de um jornalista inglês, publicada no dia 9 de abril de 1944 no *Observer*:

---

4. Ray Monk, *Wittgenstein: Le devoir de génie*, Paris: Flammarion, 2009.
5. Disponível em: http://pepsic.bvsalud.org/scielo.php?script=sci_arttext&pid=S1517-24302000000200006. Acesso em 28 ago. 2020.
6. Ibid.

> Em certa medida, Albert Speer é hoje para a Alemanha mais importante que Hitler, Himmler, Goering [...] Todos eles se tornaram nada mais que colaboradores desse homem que, de fato, dirige a gigantesca máquina de força... Nele vemos uma precisa efetivação da revolução dos *managers* [...] Ele simboliza, antes, um tipo que se torna importante, em medida crescente, em todos os estados beligerantes: um puro técnico [...] Podemos prescindir dos Hitlers e dos Himmlers, mas os Speers ficarão muito tempo conosco.

O que certamente diferencia a técnica no nazismo da técnica dos países democráticos é o possível controle ético sobre o uso da técnica. Mas não se pode afirmar, com rigor, que tal controle seja aplicado.

Ainda como exemplo, retomemos, como fez Günter Anders, a relação Hiroshima/Auschwitz. Recorro a um dos excelentes ensaios de Jean-Pierre Dupuy sobre a imoralidade intrínseca da arma atômica e a "ignomínia que foi o lançamento das bombas". Leo Szilard, o físico húngaro que redigiu com Einstein a carta ao presidente Roosevelt, que deveria decidir sobre o lançamento do projeto Manhattan, declarou em 1960, quatro anos antes da sua morte:

> Suponhamos que a Alemanha nazista tivesse feito a bomba atômica antes de nós, que ela tivesse bombardeado duas cidades americanas e que, tendo esgotado seu estoque de bombas, ela tivesse, não obstante, perdido a guerra. Não é evidente que nós teríamos classificado o bombardeio nuclear das cidades entre crimes de guerra e que teríamos, em Nuremberg, condenado à forca os responsáveis por esses crimes?

Impressionante também é o papel de Robert McNamara nessa história. Ele foi secretário de Defesa dos presidentes Kennedy e Johnson, artesão da Guerra do Vietnã, que matou 4 milhões de vietnamitas, milhares deles vítimas de bombas de napalm. Mais: McNamara tinha sido, durante a Segunda Guerra, conselheiro científico do general Curtis LeMay, responsável pelo lançamento de milhares de bombas incendiárias sobre cerca de 70 cidades do Japão, culminando com as duas bombas atômicas de Hiroshima e Nagasaki. Em uma única noite, relembra Dupuy, de 9 para 10 de março de 1945, cem mil civis morreram carbonizados em Tóquio: "Se tivéssemos perdido a guerra – disse McNamara – teríamos sido julgados como criminosos de guerra". A euforia de Truman diz tudo: "Fizemos a aposta científica mais ousada de toda a história humana, uma aposta de dois bilhões de dólares, e nós ganhamos". Eis o exemplo acabado da ciência-poder.

Dupuy cita, por fim, o famoso documentário *Sob a névoa da guerra*[7], no qual McNamara responde com embaraço, "à maneira de Eichmann", à interpelação de Errol Morris: "Eu era uma simples engrenagem em uma megamáquina".

Quando os políticos anunciaram que o fascismo estava morto, essa representação da "fala falada" interessava muito mais às ações imediatas do capital. O filósofo Franklin Leopoldo e Silva vai muito além em sua pertinente e irônica observação: "O fascismo nem estava morto antes de nascer, vivia e convivia nas almas tomadas pelo ódio, e quando veio a surgir, estava forte como uma criança robusta, pois havia sido alimentado por diversos ódios". Por isso, conclui Franklin, "Brian McGuinness e Wittgenstein puderam prever que [o fascismo] não desapareceria com a vitória de uma das partes, qualquer que ela fosse. Pois o que viam era como que o traço intrínseco do nazismo na vitória necessária das 'indústrias que decidem as guerras'". O fascismo é, segundo definição clássica, a ordem militar prolongada em tempos de paz, quando se aceita e obedece às mais aberrantes propostas. Não se deve esquecer que a indústria e o grande capital acolheram e mesmo se alimentaram do colonialismo, do neocolonialismo, das guerras do pós-Segunda Guerra, da Klu Klux Klan e do ódio aos negros nos Estados Unidos, da elaboração de golpes militares como o do Chile. E que hoje um presidente cria guetos para crianças e propõe a construção de um muro para evitar a entrada de imigrantes.

Após haver acompanhado de perto o que aconteceu na Espanha durante a guerra civil, George Orwell é bem mais duro em sua análise do fascismo. Diante dos massacres perpetrados por Franco com a benevolência das democracias europeias e da própria União Soviética de Stálin, ele escreve, em 1943:

---

7. *The Fog of War* (Estados Unidos, 2003. Dirigido por Errol Morris).

Quem pode ainda acreditar na consciência de classe do proletariado internacional depois dos acontecimentos dos dez últimos anos? Aos olhos da classe operária inglesa, o massacre de seus camaradas em Viena, em Berlim ou em Madri era menos interessante e menos importante do que o jogo de futebol da véspera. Apesar de tudo, isso não muda em nada com o fato de que a classe operária continuará a lutar contra o fascismo depois de as outras classes cederem. Um dos traços mais marcantes da conquista da França pelos nazistas foi o número impressionante de defecções entre os intelectuais, inclusive na esquerda. Os intelectuais são aqueles que gritam forte contra o fascismo e que se escondem no derrotismo quando a situação se torna difícil.

A explicação para ele é simples: "São pessoas que têm algo a perder, que aspiram a uma sociedade hierarquizada ou estão ainda aterrorizadas com a ideia de um mundo onde todos seriam livres e iguais".

É necessário, porém, ter atenção: devemos evitar analogias fáceis entre o fascismo da década de 1930 e o fascismo de hoje. Em uma análise sutil dos totalitarismos nazista e soviético empreendida na obra *La Complication,* Claude Lefort retoma a questão posta por Hannah Arendt no último capítulo de *Origens do totalitarismo*: "Arendt pergunta se o regime totalitário pode ser considerado produto de uma bricolagem de despotismo, tirania ou ditadura moderna que se teria beneficiado da falência das forças políticas tradicionais ou se convém reconhecer nele uma natureza própria, uma essência". Para Arendt, o totalitarismo foge às definições clássicas e, em consequência, tudo é feito em nome de uma lei suprema: "a lei da história, na versão comunista, ou a lei da natureza, na versão do nazismo". Tenderíamos a pensar a partir da segunda proposição de Arendt, isto é, tenderíamos a reconhecer no totalitarismo uma natureza própria. Se, desde os primórdios, o regime soviético se estrutura sobre a tecnoburocracia – lembremos do *slogan* de Lênin: "O comunismo é junção dos sovietes com a eletricidade" –, o nazismo e os países ocidentais inauguram, por sua vez, a era da tecnociência. Muitos dos fundamentos da política se dissolvem no inevitável deslimite da técnica. As leis que regem o funcionamento da sociedade são esquecidas em nome de uma lei suprema da história, o progresso da ciência e da técnica. Nem Arendt nem Lefort referem-se, aqui, à tecnociência, mas somos levados a notar, a partir deles, que a afirmação absoluta da Lei do Progresso Tecnocientífico "implica uma destituição da posição do Sujeito, ou que a obediência incondicional" às leis da técnica abole a faculdade de julgar.

A ciência e a técnica produziram, na política e no pensamento, aquilo que se chama hoje de mundo da especialização. Durante séculos, as sínteses teóricas permitiram grandes realizações políticas, mas hoje, com a crise dos ideais, os problemas políticos são tratados como problemas técnicos e burocráticos. O trabalho dos especialistas não precisa de justificação política. Restam, portanto, apenas as desvantagens de uma "democracia dos fatos", como bem definiu Robert Musil: "O homem especula por baixo sobre seu semelhante. Aquele que se intitula político realista só tem por reais as baixezas humanas, única coisa que considera confiável: ele não trabalha com a persuasão, apenas com a força e a dissimulação".

O neo (ou pós-)fascismo deve ser pensado a partir desse novo mundo. Há, certamente, elementos comuns com o que aconteceu na década de 1930 – predomínio do elemento militar nas instituições políticas, a religião voltando a imperar na política ("Deus acima de todos", ou seja, pensar o Estado à luz de uma lei divina), religião nas escolas, caça à esquerda, homofobia, destituição do trabalho do pensamento, das artes e da cultura, discriminação contra as mulheres, contra as nações indígenas etc. Mas essa simples analogia não explica tudo: o mundo hoje é inteiramente outro, passa por uma mutação, e é preciso considerar isso.

É verdade que antigas propostas da época do nazifascismo continuam na ordem do dia. Hoje, porém, elas se apresentam de maneira diferente. Enzo Traverso, professor de história política e especialista em totalitarismo, descreve essa retomada no livro *Les Nouveaux visages du fascisme*[8], onde ele define o que chama de "pós-fascismo". Para ele, a principal característica do pós-fascismo está na coexistência contraditória entre a herança do fascismo antigo e o surgimento de elementos novos que não pertencem a sua tradição. A ideologia, afirma Traverso, não é mais problema, já que hoje a social-democracia acomoda-se com facilidade aos preceitos neoliberais, que "puseram entre parênteses todos os seus valores em nome do realismo econômico". Em sentido inverso, a Frente Nacional, extrema direita na França, por exemplo, admite certas bandeiras da

---

8. Enzo Traverso, *Les Nouveaux visages du fascisme*, Paris: Textuel, 2017.

esquerda. Vejamos: o pós-fascismo parte de uma matriz antifeminista, negrofóbica, antissemita, homofóbica... e as direitas radicais continuam a federar essas pulsões, uma vez que os mais reacionários votam FN. Mas, ao lado disso, elas integram outros elementos de linguagem e práticas sociais que não pertencem a seu código genético... e defendem diante das câmeras e microfones, por exemplo, o direito de a mulher usar minissaia... Assim, na Manif pour Tous, a política de extrema direita Marine Le Pen tinha uma posição bem ambígua. Distanciava-se, com seu silêncio, do discurso conservador e tradicionalista dos manifestantes. Traverso continua:

> Isso é possível por uma simples razão: a existência de um contexto global favorável. De fato, esta incoerência e esta fragilidade ideológica estão também nos outros partidos. A Frente Nacional, como os outros partidos da extrema direita na Europa, faz política no mundo atual, no qual a esfera pública se transformou e o mundo político mudou.

Uma das principais mudanças é o acolhimento dos partidos fascistas pela democracia – note-se: partidos que investem contra a própria democracia. Jean Baudrillard fala do terrorismo, mas é algo que se aplica também ao que acontece com a democracia de hoje: a existência de uma fratura interna invisível, reversão silenciosa, "como se todo o aparelho de dominação secretasse seu antidispositivo, seu próprio fermento de desaparição". Permanecem, pois, as ambiguidades da relação entre religião civil republicana e islamofobia, xenofobia ou racismo. E isso num país que gerou o Iluminismo e espelha os ideais republicanos.

Alguns desses elementos podem ter origem na crise política, no apolitismo mesmo ou no "tudo é política" e na consequente fragmentação de seu ideário (facilmente recuperável pela direita: movimento das mulheres, dos negros, dos homossexuais... de modo a suscitar o esquecimento de concepções mais amplas), bem como na grande crise das ideologias, a partir da qual os partidos políticos passaram dos ideólogos aos estrategistas da comunicação.

Muitos pensam e agem como se o que acontece hoje na política fosse apenas coisa passageira, um tropeço da "civilização", não propriamente uma mutação. Ainda que reconheçam que é um salto nas trevas, na barbárie, não suspeitam que talvez a ascensão do neofascismo seja o último refúgio, ou expressão, de um neoliberalismo que se construiu há décadas. Se tomarmos como exemplo os meios de comunicação mais influentes, vemos que eles permaneceram os mesmos, com suas receitas ideológicas capazes de seduzir os mais tolos, sem falar da enorme influência dos televangélicos. Mas a grande novidade são as ações produzidas nos Facebooks, Whatsapps, Googles... onde os homens se transformam em atores anônimos de uma tragédia política – alguns desempenhando o papel de cínicos, rindo da burrice de muitos candidatos – que alia "à perfeição técnica mais avançada uma total cegueira", como escreveu Adorno a propósito do fascismo.

2. Foi assim, nos inúmeros "ensaios quase políticos" escritos entre as duas grandes guerras, que Paul Valéry enunciou a duração da tempestade, aquilo que muitos teóricos chamam hoje de neofascismo ou pós-fascismo. Muitos buscam a origem do que acontece, mas poucos levam a sério uma das mais sutis advertências do poeta diante das grandes transformações científicas: "Temo que o espírito esteja se transformando em coisa supérflua". Em duas célebres conferências, o filósofo Edmund Husserl faz a mesma advertência.

Mas como definir o espírito? Que importância tem a ideia de espírito diante do que acontece simultaneamente em várias partes do mundo? Talvez o termo mais apropriado para a nossa discussão seja o de "potência de transformação", algo que ilumina e agita secretamente não só o interior do ser, mas tudo o que acontece nele e ao redor dele. Ao longo de toda sua vida intelectual, Valéry aliou à ideia de Espírito dois outros elementos indissociáveis, criando a famosa tríade CEM – *Corps-Esprit-Monde* –, "divisão *simplista*", diz ele, mas de grande importância para qualquer análise. O CEM forma os "três pontos cardeais do conhecimento". Mais: o ideal dessa tríade não é apenas dar uma explicação do mundo, "mas acrescentar poderes, adestramento do sistema humano: em particular, *prepará-lo contra* seus sentimentos, seus pensamentos, suas emoções – buscando acrescentar a essas flutuações a noção da relatividade de seu valor e de indeterminação de sua *significação*". Por exemplo, o Espírito opõe-se ao mundo visível como se fosse o todo contra uma parte, uma reação incessante que tende a "anular o que surge de novo... tanto de maneira puramente psíquica quanto o que é desenvolvido nas ações exteriores".

Daí o surgimento de outro termo sempre trabalhado por Valéry nos três domínios do CEM, a *Função RE*: as REtomadas, os REcomeços, ou seja, a possibilidade de múltiplos efeitos de determinada ideia.

Mas o Espírito, que é a origem das transformações de todas as áreas da atividade humana, hoje está de alguma maneira em silêncio em um mundo de tantos ruídos e de ideias sedimentadas. Ao contrário dos acontecimentos que nos dominam e ao contrário do senso comum, que fala de tudo com base no *ouvir dizer* (e que só reconhece as ações, jamais os mecanismos que produzem as ações), o Espírito trabalha a partir das *coisas vagas* – os ideais políticos, as criações artísticas, as utopias... A perfeição do Espírito está no *possível,* na *ausência* de fenômenos e de certas sensações *positivas*. "O navio Espírito flutua e navega sobre o oceano" mundo/corpo. Ou, como escreveu Merleau-Ponty de maneira também precisa, o Espírito é selvagem, isto é, criador, "fala falante ou conquistadora enquanto permanecer ligada ao seu fundo, à inesgotável reserva do ser (e o *ser* como fundamento do Espírito), sem se imobilizar na quietude das aquisições sedimentadas". O termo "fala falante" não é pouca coisa quando sabemos que a "fala falada" é "o mais forte do outro alojado em nós" (Valéry). Mas o antídoto está na própria palavra do espírito: "O que há de mais excitante nas ideias não são as ideias, mas o que não foi pensado ainda", escreveu o poeta. Cabe, pois, não permitir que o não pensado seja anulado por uma representação qualquer de ideias sedimentadas. Por isso, o Espírito sempre diz *não*, ou melhor, deve começar por dizer não a si mesmo. Como escreveu Alain: "Na conciliação, o espírito se esconde, se ignora e cai no sono". "As vontades de não aceitar a escuridão e de aumentar a potência do homem foram sempre malvistas pelos deuses", completa Paul Valéry. Retornando ao nosso tema central: o fascista esforça-se para não ter Espírito, despreza o Espírito. Por isso, recorre ao mito, a um deus que fala e ameaça.

Lemos em muitos pensadores e poetas da época alusões à derrota do Espírito: noite espiritual, crepúsculo, ruínas, cinzas, obscuridade, demissão etc. Em meio a tudo que está sujeito à ruína, o Espírito é o mais afetado. Ora, sabemos que tudo o que é criado hoje, toda a produção da tecnociência, é fruto do trabalho do Espírito, permitindo o surgimento da instrumentalização do próprio Espírito, dando origem ao que muitos denominam "cultura do Espírito". Eis a contradição de hoje: Espírito contra Espírito, problema que pede para ser pensado quando se sabe que a subjetividade perde o querer e o poder de se saber a si mesmo, em última análise, o saber do próprio Espírito: "Tudo o que sabemos, isto é, tudo o que podemos, acabou por opor-se a tudo o que somos" (Valéry).

Talvez a apatia e a desilusão diante dos acontecimentos recentes sejam fruto do desinteresse pela situação do espírito nas últimas décadas.

3. O que está em jogo são os princípios do pensamento e da política. Mas, para entender o que acontece, é preciso perguntar que princípios são esses que permitiram a duração e o parentesco entre o velho e o novo, essas "qualidades singulares" que produzem aquilo que muitos pensadores da política chamam de neofascismo ou pós-fascismo.

Tudo que quer permanecer busca uma forma. Os fundamentos do fascismo estão não apenas nas formas autoritárias produzidas no interior e a partir do *sistema político*, mas nos fundamentos das ciências desenvolvidas ao longo dos dois últimos séculos. É o que podemos deduzir a partir das célebres conferências de Edmund Husserl (afastado da universidade durante o nazismo) "A crise da humanidade europeia e a filosofia", de 1935 – portanto em pleno fascismo –, e "As ciências do homem e a fenomenologia". Em poucas palavras, pode-se concluir de tais leituras que as ciências – as ciências do homem e a própria filosofia – foram atingidas mortalmente em seus valores políticos e éticos, abrindo espaço ao irracionalismo.

Não é minha intenção abarcar as grandes questões postas por Husserl nesses ensaios clássicos. Limito-me a um aspecto, fundamental, que é, segundo ele, a origem da crise ética e política dos valores da Europa dos anos 1930: a crise das ciências, que se estende até hoje. Pouco antes, Valéry tinha escrito em um dos seus célebres ensaios:

> Assistimos a uma permanente luta entre ciência-saber e ciência-poder. É que para que a filosofia pudesse se exprimir seria preciso que ela não se submetesse aos condicionamentos natural e histórico exteriores a ela. O pensamento estava perdendo o contato direto e interior do espírito com o espírito, a verdade *intrínseca*.

No centro de tudo está o cientificismo (positivismo), que reduz a ciência apenas ao conhecimento dos fatos. Mas essa verdade "intrínseca" não está fora do mundo. Nesses ensaios de Husserl, como nos lembra Merleau-Ponty, há um *positivismo fenomenológico*, que é a recusa de fundar a racionalidade, o acordo dos espíritos, a lógica universal sobre algum direito anterior ao fato. "O valor universal do nosso pensamento" – escreve Merleau-Ponty – "não é, de direito, fundado à parte dos fatos. Ele é, antes, fundado em um fato central e fundamental, que constato em mim, pela reflexão. Há um sem sentido em tudo o que não obedece a princípios de pensamento tal como o princípio de não contradição". Pensar é dizer não através de uma *meditação infinita, numa situação de diálogo* permanente com o outro. Como define Husserl, "a subjetividade transcendental é uma intersubjetividade", e é isso que a tecnociência nega hoje. Ele conclui: "Puras ciências positivas fazem homens puramente positivos". Os homens passam a ser fetiches dos fatos. Podemos interpretar as afirmações de Husserl como o advento da razão técnica calculante que abole tanto a subjetividade quanto o sentido inerente a qualquer fato:

> Esta ciência nada tem a nos dizer [...] As questões que ela exclui por princípio são precisamente as mais candentes de nossa época infeliz para uma humanidade abandonada e entregue às perturbações do destino: são as questões sobre o sentido e a falta de sentido de toda essa existência humana.

A mística irracional, que suprime o sujeito e obscurece o sentido inerente a qualquer acontecimento é, pois, a origem da crise ética e política, o surgimento dos totalitarismos. Mas ousemos ir um pouco mais fundo e dizer que o obscuro irracional pode ter origem nos fundamentos da própria razão. Ou melhor, nos desvios da razão. As trevas são o segredo guardado das Luzes! Lemos no prefácio de Natalie Depraz para a conferência de 1935 de Husserl que a crise aparece como a manifestação de superfície de uma crise mais profunda da razão, cujo estado de cegueira das ciências e mais ainda da filosofia é um agudo revelador. "A razão", – segue Depraz – "esconde nela mesma uma ambivalência nefasta. Husserl se previne perguntando: qual é a validade do racionalismo a partir do momento em que ele se degenera em idealismo abstrato, cindindo suas raízes reais sensíveis?". Husserl é explícito na afirmação: "Admitimos sem reserva que a figura de desenvolvimento da *ratio* enquanto racionalismo do período das Luzes foi um erro". Mas o maior problema do racionalismo está no aniquilamento da ideia originária da razão. Para Husserl,

> A *ratio* que está agora em questão não é outra coisa senão a compreensão verdadeiramente radical e verdadeiramente universal do próprio espírito, sob a forma de uma ciência universal responsável, por meio da qual um modo inteiramente novo de cientificidade é criado, no qual as questões imagináveis, as questões do ser e as questões da norma, as questões da dita existência encontram seu lugar.

Husserl conclui a conferência com uma advertência que ainda vale para hoje. A crise da existência europeia só tem duas saídas: "A decadência diante da estranheza de seu próprio sentido vital e racional, a hostilidade ao espírito e a queda na barbárie; ou definitivamente o naturalismo".

Eis a questão: o neofascismo tem natureza própria – desdobramento do irracionalismo e da razão calculante – ou é produto da falência de forças políticas tradicionais?

Enfim, como negar o papel determinante da tecnociência durante e depois das duas guerras mundiais? No ensaio publicado no início do século XX, *Uma conquista metódica*, Valéry descreve de que maneira a Alemanha já se preparava para dominar o mundo, aliando ciência, técnica e precisão, mostrando que as vitórias no campo militar são quase nada diante das conquistas econômicas. Mais: conquista militar e conquista econômica são partes de um mesmo sistema, o que começou a assustar o domínio inglês. O certo é que o ensaio de Valéry vai além do seu objetivo imediato, que era alertar a Europa para o avanço alemão. Ele mostra de que maneira a precisão da potência científica já anunciava naquele momento o desaparecimento do sujeito. Atribuindo ao espírito um papel puramente funcional e preciso, a técnica tende a levar o sujeito à perda – e, com o sujeito, a própria civilização que trazia em si a luminosa ideia da *contradição de valores*.

4. O maquinismo e o vazio do pensamento acabam por criar o que se pode chamar de "homem sem forma". Nem se pode dizer que ele é um ser de pensamentos inconsequentes "que vive na penumbra e que cegamente vem à tona". Em sociedades políticas normais, pode haver intensificação ou redução da subjetividade, mas são as ideias – os ideais políticos – que dão forma ao sujeito e a suas ações. Mas um ser sem forma, que lida apenas com fatos, pode apenas se manifestar de maneira fugaz e cambiante, dependendo de forças exteriores a ele, aquelas que dele nada exigem: alienado, age, pois, passivamente em função de pulsões puramente emocionais e de interesses particulares. Sem o uso diferente das faculdades do sujeito, o que resta é a anomalia de um homem sem forma, sem o sentido das paixões, sentimentos que podem ajudar no modo de conhecimento objetivo. A razão se enfraquece, e aí o indivíduo aceita a proposta mais cômoda das ofertas políticas, como acabamos de ver no país. O que esperar de uma vida amorfa? "Pressentimentos funestos, inevitáveis fracassos e catástrofes memoráveis", diz o poeta. Enfim, depressão.

Agamben fala de corpos inertes atravessados por "gigantescos processos de dessubjetivação". Aqueles que se deixam dominar pela nova tecnologia – a exemplo do telefone celular – ou mesmo o espectador que passa as noites diante do aparelho de TV. Pasolini, que, como todos sabem, vai muito além em sua crítica do fascismo – não só no cinema, mas também em memoráveis ensaios –, há quarenta anos escreveu:

> Estou profundamente convencido de que o verdadeiro fascismo é o que os sociólogos muito gentilmente chamaram de sociedade de consumo, definição que parece inofensiva e puramente indicativa. Se se observar bem a realidade, e sobretudo se se souber ler os objetos, as paisagens, o urbanismo e acima de tudo os homens, vê-se que os resultados dessa inconsciente sociedade de consumo são eles mesmos os resultados de uma ditadura, de um fascismo puro e simples... O (velho) fascismo fez deles realmente fantoches, servidores, talvez em parte convictos, mas nunca lhes chegou ao fundo da alma, à sua maneira de ser. O novo fascismo, a sociedade de consumo, transformou profundamente os jovens: tocou-os no que eles tinham de mais íntimo, deu-lhes outros sentimentos, outras maneiras de pensar, de viver, outros modos culturais. Já não se trata mais, como na época de Mussolini, de uma arregimentação artificial, cenográfica, mas de uma arregimentação real, que roubou e modificou a sua alma.

Traverso se aproxima do que escreveu Pasolini ao tratar da ideologia do mercado como única fonte possível de liberdade e do surgimento do neofascismo no momento de eclipse das utopias.

A política, constituída pelas elites econômicas e pela tecnociência, supõe o fechamento necessário para a continuidade do *status*. São forças impessoais que conduzem a democracia e os seres humanos. Daí a preocupação do poeta: o espírito vai se transformando em coisa supérflua. E, com ele, o pensamento também se torna coisa supérflua. Criam-se, em consequência, dispositivos para fazer concordar o "pensamento" com os dispositivos – o pensamento livre considerado o maior dos males. Nesse sentido, Franklin Leopoldo e Silva nota que isso acontecerá "até que triunfem completamente os dispositivos de controle da subjetividade, seja em suas funções intelectuais, seja em sua força desejante. Então a alienação estará completada, isto é, completamente realizada". O primeiro e principal alvo dos dispositivos é a democracia. Como atingi-la mortalmente? Antes, com tropas, força e líderes carismáticos. Hoje, conclui Franklin,

> dentro da legalidade, sob aplausos, à mercê de forças espontâneas que mal precisam se levantar, pois já se acham de antemão prontas para o totalitarismo. Por isso carecemos de líderes, mas não de pessoas dispostas a seguir seja quem for, desde que possua a habilidade de se colocar em consonância com as "aspirações populares", venham elas de onde vierem; de preferência de uma maquinação eletrônica de grande valia – e valor.

Essa ausência de Espírito, essa alienação e controle já eram anunciados por Baudelaire, que denunciava a vulgaridade daqueles que sempre procuram ser os "favoritos do Tirano": "É mais difícil amar a Deus do que acreditar nele. Mas, para as pessoas deste século, é o contrário: é mais difícil acreditar no Diabo do que amá-lo. Todo mundo o serve e ninguém acredita nele. Sublime sutileza do Diabo". Podemos avançar um pouco, sendo irreverentes com Baudelaire: sem o amor, Deus está ausente; sem a crença, o Diabo está ausente. O que resta no nosso tempo é um novo poder também não humano (tecnocientífico) que inventa o homem mecânico, sem afeto e sem crença política, um indivíduo sem desejos e sem transcendência (*coisas vagas*) e, portanto, sem a potência para dar-se uma forma e dar forma ao social. Eis a "sublime sutileza" dos tiranos dos nossos dias, a absoluta manipulação e o controle da subjetividade, tornando-a disforme e insensível.

5. Há, pois, um problema maior: o homem sem forma. Por viver no mundo que abole a duração, ele não tem o tempo necessário para criar-se como sujeito. É preciso que a forma-sujeito seja arquitetada, trabalhada, recriando a cada momento o nosso projeto original. Só assim nos tornamos artesãos de nós mesmos. É a parte ética do sujeito que, se não é trabalhada, torna-se vazia de forma. Ela é a severa disciplina que desfaz o medo, a impaciência, a cólera. A pressa e a fluidez criam a figura amorfa, facilmente manipulável. Sem forma, não tem como criar laços sociais. Tudo se reduz ao aqui e agora: "O que é difícil de escutar, proscreve. O que é difícil de exprimir deixa de existir". A tendência a um modo de vida cada vez mais apressado e superficial suprime duas das grandes virtudes intelectuais: a atenção e a paciência. Assim, o que pede longa preparação, uma atenção prolongada, uma memória exata, acaba se transformando em coisas indiferentes se não houver duração. Resta apenas o que o poeta define como "o demônio da mudança-pela--mudança". Lemos em Nietzsche que quem não busca a duração perde a forma: "A pressa das pessoas sempre ocupadas leva à morte de todas as formas, e assim morre também o próprio sentido da forma, ouvido e olhar sensíveis à melodia do movimento". Os homens tornam-se, pois, partículas isoladas incapazes de lidar com a ideia de comunidade política, porque homens sem forma não veem ninguém, fechados em si mesmos, sem esforço ou inquietações do mundo que os cercam. Essas partículas se constituem, quando muito, na forma de um "egoísmo organizado". Ao se juntar a outras figuras amorfas, o máximo que se consegue é uma identificação maciça com projetos de poder totalitário, uma vez que não se têm olhos para ver e julgar o movimento. É o fenômeno da massificação. Amorfismo e indiferença política andam juntos. Mais: criam uma "hostilidade em relação à política como lugar de instâncias institucionais que deveriam articular os aspectos individuais e sociais da existência", como nos lembra Franklin Leopoldo e Silva na conferência *Esquecimento da política*. Ora, sabemos que é a relação do homem com o mundo que o cerca que define a sua forma. Em outras palavras, o homem só existe nas formas que lhe são fornecidas de fora, como diz Musil: "É a organização social que dá ao indivíduo a forma de expressão e é apenas através da expressão que o homem se torna homem". Se vivemos uma sociedade sem organização social e política, ou melhor, a era do apolitismo, ou a era de uma política sem forma, o que esperar do homem? Resta a revolta.

6. Acrescento a essa breve nota sobre o amorfismo uma observação sobre o homem técnico e o fim da sensibilidade ética – o momento da indiferença e do sem sentido do mundo. É, de alguma maneira, a ausência de paixão que domina o mundo da técnica. A "naturalidade" do progresso técnico nos impede de sentir suas consequências. Mas convivemos talvez de modo recalcado com uma paixão: o medo, oriundo da competitividade capitalista e do empreendedorismo.

O medo do outro é o principal sentimento despertado pelo regime capitalista, diz Franklin Leopoldo, e o sentimos tão mais profundamente quanto mais o buscamos disfarçar. O progresso tecnológico não está igualmente à disposição de todos: é preciso alcançá-lo e como que produzi-lo cada um à própria maneira. Para isso é preciso um misto de ousadia e medo, mistura fatal quando não devidamente equilibrada. O desequilíbrio, frequente, faz o medo sobressair, recalcado e disfarçado de várias maneiras, das quais a principal é o ódio, enquanto disposição para eliminar o outro competidor. Por isso as relações humanas são tão próximas do desastre. O nazismo nutre-se do medo. Medo de que outro possa ser mais habilidoso no manejo dos negócios humanos.

Tomo, como exemplo do extremo a que pode chegar a apatia, uma das pertinentes análises de Günther Anders sobre o ódio. Ao manter longa correspondência com o piloto que atacou Hiroshima, sobre quem escreveu um livro, Anders procurou, em vez de analisar a impossibilidade de defesa dos agredidos, investigar a ausência de ódio dos agressores. Ao perguntar ao piloto que levava a bomba se ele tinha algum tipo de ódio, ainda que por alguns segundos, antes, durante ou depois do bombardeio que matou mais de 200 mil japoneses, ele responde com outra pergunta: "Por que diabos deveria ter ódio?"

Eis um breve exemplo do homem dominado pela técnica, e que separa o ato do afeto: um ser destituído de sentimento e de pensamento. Ele é um exemplo acabado do homem contemporâneo, ainda na minoridade, e que segue à risca o mandamento: "Obedeça, não pense". Anders defende, em síntese, o valor das paixões, o que, de alguma maneira, dá sentido ao humano: "Aqueles que se odeiam podem, de alguma maneira, cessar de se odiar um dia. A partir de então, cessar também de combater e cessar de se aniquilar. Talvez, começar a se amar". Mas esse otimismo dura pouco. Anders conclui que a máquina domina e, a partir de agora, o ser ou o não ser da humanidade passa a depender do desenvolvimento da técnica e de sua aplicação: "A técnica torna-se hoje o sujeito da história".

7. Uma hipótese: até a própria figura do fascista de hoje é amorfa. Talvez esteja aí uma das características do neofascismo: ele não precisa mais dos militantes marchando pelas ruas, não precisa do carisma de líder, não precisa ser um mito, porque a própria figura do mito é dispensável: o que é Trump, o que é Duterte, o que é Salvini, o que são essas outras figuras ainda menores? São figuras também fugazes e dispensáveis, que podem ser substituídas por quaisquer outras. Não passam de gestores locais de corporações mundiais que preferem ficar à sombra. Se o imperialismo à moda antiga era identificado com o poder de uma nação, a exemplo do imperialismo estadunidense, o que levava a propor a luta em nome do nacionalismo, essa palavra de ordem, perde sentido com a mundialização. A própria ideia de estado-nação se enfraquece diante do poder das corporações. Anteriores e superiores aos neofascistas, há as figuras sem rosto da tecnociência, do capital financeiro mundial – os novos "mitos".

O totalitarismo neoliberal
Marilena Chaui

> Se notardes o modo como os homens procedem, vereis que todos aqueles que conseguem grandes riquezas e grande poder os conseguiram com a fraude ou com a força; e, depois que tomaram tais coisas com engano ou violência, para disfarçar a fealdade da conquista, lhe dão o falso nome de ganho.
>
> Maquiavel, *Histórias florentinas*

> Articular historicamente o passado não significa conhecê-lo tal como foi efetivamente, mas antes tornar-se senhor de uma lembrança que brilha no instante do perigo [...] O dom de atiçar para o passado a chama da esperança cabe somente ao historiógrafo perfeitamente convencido de que diante do inimigo, se este vencer, até os mortos não estarão em segurança. E este inimigo não tem cessado de vencer.
>
> Walter Benjamin, *Teses da Filosofia da História*, Tese 6

> O conhecimento não tem nenhuma luz senão a que brilha sobre o mundo a partir da redenção.
>
> Theodor W. Adorno, *Minima moralia*.

I.

A economia política neoliberal nasceu nos anos 1930 com um grupo de economistas, cientistas políticos e filósofos que, após o final da

Segunda Guerra, em 1947, reuniu-se em Mont Pèlerin, na Suíça, à volta do austríaco von Hayek e do norte-americano Milton Friedman. Esse grupo opunha-se encarniçadamente ao surgimento do Estado de bem-estar de estilo keynesiano e social-democrata e à política estadunidense do New Deal – e, para tanto, elaborou um detalhado projeto econômico e político no qual atacava o chamado Estado-Providência com seus encargos sociais e com a função de regulador das atividades do mercado, afirmando que esse tipo de Estado destruía a liberdade dos indivíduos e a competição, sem as quais não há prosperidade. Sua força político-ideológica criaria a chamada Escola de Chicago.

Suas ideias permaneceram como letra morta até a crise capitalista do início dos anos 1970, quando o capitalismo conheceu, pela primeira vez, um tipo de situação imprevisível, isto é, baixas taxas de crescimento econômico e altas taxas de inflação: a famosa estagflação. O grupo de Hayek e Friedman passou a ser ouvido com respeito porque oferecia uma suposta explicação para a crise: esta, diziam eles, fora causada pelo poder excessivo dos sindicatos e dos movimentos operários, que haviam pressionado por aumentos salariais e exigido o aumento dos encargos sociais do Estado. Essas instâncias teriam, dessa maneira, destruído os níveis de lucro requeridos pelas empresas e desencadeado processos inflacionários incontroláveis. Feito o diagnóstico, o grupo propôs como remédio: 1) um Estado forte para quebrar o poder dos sindicatos e dos movimentos operários, para controlar o dinheiro público e cortar drasticamente os encargos sociais e os investimentos na economia; 2) um Estado cuja meta principal deveria ser a estabilidade monetária, contendo os gastos sociais e restaurando a taxa de desemprego necessária para formar um exército industrial de reserva que quebrasse o poderio dos sindicatos; 3) um Estado que realizasse uma reforma fiscal para incentivar os investimentos privados e que, assim, reduzisse os impostos sobre o capital e sobre as fortunas, aumentando os impostos sobre a renda individual e, portanto, sobre o trabalho, o consumo e o comércio; 4) um Estado que se afastasse da regulação da economia, deixando que o mercado, com sua racionalidade própria, operasse a desregulação; em outras palavras, abolição dos investimentos estatais na produção, abolição do controle estatal sobre o fluxo financeiro, drástica legislação antigreve e vasto programa de privatização. O modelo, que viria a ser denominado neoliberalismo, foi aplicado, primeiro, no Chile de Pinochet, e, a seguir, na Inglaterra de Thatcher e nos Estados Unidos de Reagan, expandindo-se para todo o mundo capitalista e, depois da queda do muro de Berlim, para o Leste Europeu.

Para compreendermos essa política, precisamos entender o nexo necessário entre a economia e a forma anterior do Estado e a nova forma da economia e de Estado que o neoliberalismo implantou.

A economia política que sustentava o Estado de bem-estar tinha, *grosso modo*, três características principais: 1) o fordismo na produção, isto é, as grandes plantas industriais que realizavam a atividade econômica, desde a coleta e produção da matéria-prima até sua distribuição no mercado de bens de consumo, controlando, por meio do planejamento e da chamada "gerência científica", a organização do trabalho, a produção de grandes estoques com produtos de qualidade e longa durabilidade e o controle dos preços; 2) a inclusão crescente dos indivíduos no mercado de trabalho, orientando-se pela ideia de pleno emprego; 3) monopólios e oligopólios que, embora transnacionais ou multinacionais, tinham como referência reguladora o Estado nacional. Para que essa economia realizasse o bem-estar, foi preciso que o Estado nela interviesse como regulador e como parceiro, o que foi feito pela criação do fundo público. Foram as contradições geradas pelo fundo público que, segundo Francisco de Oliveira[1], levaram ao que veio a se chamar de *crise fiscal do Estado* ou *o colapso da modernização*.

O fundo público opera de duas maneiras principais: 1) pelo financiamento simultâneo da acumulação do capital (os gastos públicos com a produção, desde subsídios para a agricultura, a indústria e o comércio, até subsídios para a ciência e a tecnologia, formando amplos setores produtivos estatais que desaguaram no célebre complexo militar-industrial, além da valorização financeira do capital por meio da dívida pública etc.); e 2) pelo financiamento da reprodução da força de trabalho, alcançando toda a população por meio dos gastos sociais (educação gratuita, medicina socializada, previdência social, seguro-desemprego, subsídios para transporte, alimentação e habitação, subsídios para cultura e lazer, salário-família etc.). Em suma, o Estado de bem-estar introduziu a república entendida como gestão dos fundos públicos, os quais se tornam

---

1. Francisco de Oliveira, "O surgimento do antivalor. Capital, força de trabalho e fundo público", in: *Os direitos do antivalor. A economia política da hegemonia imperfeita*, Petrópolis: Vozes, 1998 (Coleção Zero à Esquerda).

precondição da acumulação e da reprodução do capital (e da formação da taxa de lucro) e da reprodução da força de trabalho por meio das despesas sociais. A ação de duplo financiamento gerou um segundo salário, o salário indireto, ao lado do salário direto. Ou seja: o direto é aquele pago privadamente ao trabalho, e o indireto é aquele pago publicamente aos cidadãos para a reprodução de sua força de trabalho. O resultado foi o aumento da capacidade de consumo das classes sociais, particularmente da classe média e da classe trabalhadora; ou seja, o consumo de massa.

Como consequência, o Estado endividou-se e entrou em um processo de dívida pública conhecido como déficit fiscal ou *crise fiscal do Estado*. A isso se deve acrescentar o momento crucial da crise, isto é, o instante de internacionalização oligopólica da produção e da finança, pois os oligopólios multinacionais não enviam aos países de origem os ganhos obtidos em outros países e, portanto, não alimentam o fundo público nacional, que deve continuar financiando o capital e a força de trabalho. O chamado *colapso da modernização* está na origem da aplicação da economia e da política neoliberais.

Com sua presença sob a forma do salário indireto, o fundo público havia desatado o laço que prendia o capital à força de trabalho (ou o salário direto). Essa amarra era o que, no passado, fazia a inovação técnica pelo capital ser uma reação ao aumento real de salário, e, desatado o laço, o impulso à inovação tecnológica tornou-se praticamente ilimitado, provocando expansão dos investimentos e agigantamento das forças produtivas, cuja liquidez é impressionante, mas cujo lucro não é suficiente para concretizar todas as possibilidades tecnológicas. Por isso mesmo, o capital precisa de parcelas da riqueza pública, isto é, do fundo público, na qualidade de financiador dessa concretização. Visto sob a perspectiva da luta política, o neoliberalismo não é, de maneira nenhuma, a crença na racionalidade do mercado, o enxugamento do Estado e a desaparição do fundo público, mas a posição que decide cortar o fundo público no polo de financiamento dos bens e serviços públicos (ou o do salário indireto) e maximizar o uso da riqueza pública nos investimentos exigidos pelo capital, cujos lucros não são suficientes para cobrir todas as possibilidades tecnológicas que ele mesmo abriu.

Com o termo "desregulação", o capital dispensa e rejeita a presença estatal não só no mercado, mas também nas políticas sociais, de sorte que a privatização tanto de empresas quanto de serviços públicos tornou-se estrutural. Disso resulta que a ideia de direitos sociais como pressuposto e garantia dos direitos civis ou políticos tende a desaparecer, porque o que era um direito converte-se em serviço privado regulado pelo mercado e, portanto, torna-se uma mercadoria a que têm acesso apenas aqueles com poder aquisitivo para adquiri-la. Em uma palavra: o neoliberalismo é o encolhimento do espaço público dos direitos e o alargamento do espaço privado dos interesses de mercado. Podemos caracterizar a nova forma do capital com um punhado de traços:

1. O desemprego tornou-se estrutural, deixando de ser acidental ou expressão de uma crise conjuntural, porque a forma contemporânea do capitalismo, ao contrário de sua forma clássica, não opera por inclusão de toda a sociedade no mercado de trabalho e de consumo, mas por exclusão. Essa exclusão se faz não só pela introdução da automação, mas também pela velocidade da rotatividade da mão de obra, que se torna desqualificada e obsoleta muito rapidamente em decorrência do ritmo acelerado das mudanças tecnológicas, particularmente do que recebeu a denominação de *indústria 4.0*[2]. Como consequência, tem-se a perda de poder dos sindicatos e o aumento da pobreza absoluta;

2. O monetarismo e o capital financeiro tornaram-se o coração e o centro nervoso do capitalismo, ampliando a desvalorização do trabalho produtivo e privilegiando a mais abstrata e fetichizada das mercadorias, o dinheiro (em um dia, a bolsa de valores de Nova York ou de Londres é capaz de negociar montantes de dinheiros equivalentes ao PIB anual do Brasil ou da Argentina). O poderio do capital financeiro determina diariamente as políticas dos vários Estados, porque estes, sobretudo os da periferia do sistema, dependem da vontade dos bancos e das financeiras de transferir periodicamente os recursos para determinado país, abandonando outro (é a chamada "bolha financeira");

---

2. Como explica Leda Paulani, "O termo *indústria 4.0* refere-se à combinação de pelo menos quatro elementos novos surgidos do desenvolvimento tecnológico já em embrião na terceira revolução industrial (a dos semicondutores, computadores, eletrônica, tecnologias de informação e comunicação e internet). Esses elementos são: a inteligência artificial, a computação em nuvem, a internet das coisas e a robótica. Segundo Schwab (2016), o termo *indústria 4.0* foi utilizado pela primeira vez na Feira Industrial de Hannover, na Alemanha, em 2011". Leda Paulani, "Ultraliberalismo e forças de extrema direita no mundo e no Brasil: o cenário distópico", conferência *Fathomless Futures: Algorithmic and Imagined*, da Society for the Advancement of Socio-Economics (SASE), Nova York, 2019.

3. A terceirização, isto é, o aumento do setor de serviços, tornou-se estrutural, deixando de ser um suplemento à produção porque, agora, a produção não mais se realiza sob a antiga forma fordista das grandes plantas industriais que concentravam todas as etapas da produção – da aquisição da matéria-prima à distribuição dos produtos –, mas opera por fragmentação e dispersão de todas as esferas e etapas da produção, com a compra de serviços no mundo inteiro e com o abandono dos grandes estoques de longa duração, passando ao chamado *just in time*. Em poucas palavras, trata-se da passagem do fordismo ao toyotismo. Como consequência, desaparecem todos os referenciais que permitiam à classe trabalhadora perceber-se como classe e lutar como classe social, enfraquecendo-se ao se dispersar nas pequenas unidades terceirizadas espalhadas pelo planeta;

4. A ciência e a tecnologia tornaram-se forças produtivas, deixando de ser meros suportes do capital para se converter em agentes de acumulação dele. Consequentemente, mudou o modo de inserção dos cientistas e técnicos na sociedade, uma vez que se tornaram agentes econômicos diretos, e o poder capitalista encontra-se no monopólio dos conhecimentos e da informação; daí provém a expressão "sociedade do conhecimento", que indica que o poder do capital se enraíza na ciência, na tecnologia e na posse de informações (a expressão "indústria 4.0" evidencia essa mudança);

5. A transnacionalização da economia torna desnecessária a figura do Estado nacional como enclave territorial para o capital e dispensa as formas clássicas do imperialismo (colonialismo político-militar, geopolítica de áreas de influência etc), de sorte que o centro econômico, jurídico e político planetário encontra-se no FMI e no Banco Mundial. Estes operam com um único dogma, proposto pelo grupo fundador do neoliberalismo, qual seja: estabilidade econômica e corte do déficit público;

6. A distinção entre países de Primeiro e Terceiro Mundo tende a ser substituída pela existência, em cada país, de uma divisão entre bolsões de riqueza absoluta e de miséria absoluta, isto é, a polarização de classes aparece como polarização entre a opulência absoluta e a indigência absoluta;

7. Opera por lutas e guerras, com as quais efetua a maximização dos lucros, isto é, opera por dominação e extermínio e modifica a antiga

ideia do imperialismo, pois, como explica Harvey[3], o capital se tornou planetário e nada há fora dele – é a realidade econômica total e por isso, para sua expansão, já não precisa da figura da colônia como ocupação política de um território: basta, agora, a delimitação de um espaço e de um tempo para que um território seja ocupado militarmente e devastado economicamente para, a seguir, ser desocupado. O novo imperialismo se realiza segundo o modelo militar definido pela ideia de *operação*: delimitação espacial e temporal de uma ação de ocupação de um território para sua devastação. Harvey denomina o novo imperialismo com a expressão "acumulação por espoliação";

8. As novas tecnologias de informação estruturam um *novo poder planetário de vigilância e de controle* que suplanta os Estados nacionais e as particularidades sociais. Trata-se da Web (World Wide Web), sob a forma da internet e dos multimeios, o sistema de comunicação que integra diferentes veículos e suportes de comunicação e seu potencial interativo, e que nenhum Estado nacional tem condições para, sozinho, implantar, levando por isso à formação de consórcios empresariais regionais/globais (empresas de armamentos, empresas financeiras, operadoras de comunicação, isto é, empresas de telefonia, de comunicação de massa e provedores de serviços de internet, e empresas de computadores) que, por meio do Internet Protocol (com duas sedes nos Estados Unidos e uma no Japão), detêm o monopólio de todos os endereços mundiais e controlam todo o sistema informativo/comunicativo em escala planetária.

Os ideólogos neoliberais falam em "enxugamento" do Estado ou na diminuição de sua presença, o que é falso. O Estado não diminuiu, apenas deslocou sua ação, não apenas dirigindo o fundo público exclusivamente para o capital, mas também, como dissemos acima, ampliando de maneira imensurável o controle e a vigilância sobre a sociedade. Como escreve Homero Santiago[4],

> é possível que o propalado declínio do Estado não seja tão óbvio quando confrontado aos fatos. [...] longe de estar em declínio, o Estado permanece uma peça fundamental de poder, quiçá até um pouco mais que

---

3. David Harvey, *O novo imperialismo*, São Paulo, Loyola, 2013.
4. Homero Santiago, *Entre servidão e liberdade*, São Paulo: Politeia, 2019, p. 264.

noutros tempos; um instrumento de poder que não pode ser desprezado nem sequer por seus mais renitentes inimigos.

A redução do Estado é uma *aparência* para torná-lo apto às novas exigências do capital, pois há, na verdade, sua recomposição em novos termos e da qual um dos elementos essenciais, provavelmente o mais importante, é a redefinição das relações do Estado com a ideia de segurança. Por que a segurança? Se considerarmos que o desemprego se tornou estrutural, que o novo imperialismo desloca milhões de indivíduos na qualidade de imigrantes, migrantes e refugiados de guerras, que as decisões econômicas fundamentais são tomadas pelos organismos supraestatais e financeiros, compreende-se que o capital possa sentir-se social e politicamente ameaçado. Porém não só isso. Estudos e pesquisas recentes sobre a economia neoliberal consideram que, desde 2008, esta se encontra em crise e teria chegado ao ponto de saturação, revelando a ficção do mercado como autorregulação da sociedade. Assim, à pergunta "por que a segurança?", Santiago responde: porque "o mecanismo privilegiado dessa operação é a *limitação* de qualquer poder proveniente do social, e portanto o *controle* rígido da sociedade" pelo Estado, o que é feito por meio das transformações das três ideias básicas de segurança: 1. a "segurança jurídica" passa a significar insegurança para as populações, para os cidadãos; 2. a "segurança social" é substituída pela ideia de segurança *individual*, de inteira responsabilidade do indivíduo; e 3. a "segurança pública" e a ordem que ela visa garantir tornam-se, em última instância, assunto de polícia, ou seja, a noção de "ordem pública" se torna a produção organizada de intranquilidade e insegurança para parcelas marginalizadas da população.

Estamos prontos para compreender por que o neoliberalismo, ao alcançar seu limite interno, explicita o que sempre havia sido: a nova forma do totalitarismo.

II.

Estamos acostumados a identificar o totalitarismo com a presença do líder de massas, ou, à maneira de Claude Lefort, com o surgimento da figura do autocrata como encarnação do povo-uno. Quem se voltar para Trump, Boris Johnson, Orbán, Kaczynski, Salvini, Erdogan ou Bolsonaro dificilmente pensará com essas referências clássicas, pois desapareceram as figuras do líder de massas como autocrata e como representação do povo-uno. É verdade que hoje, embora não se alcem à figura do autocrata, os governantes operam com um dos instrumentos característicos do líder totalitário, qual seja, a relação direta com "o povo", sem mediações institucionais e mesmo contra elas; também se encontram presentes os demais constituintes do totalitarismo: ganha força o discurso de ódio ao outro – racismo, homofobia, misoginia; aumenta o uso das tecnologias de informação, que levam a níveis impensáveis as práticas de vigilância, controle e censura; a biopolítica alcançou procedimentos de poder sobre a vida que lhe permitem operar sem frestas nem brechas; e o cinismo ou a recusa da distinção entre verdade e mentira tornou-se a forma canônica da arte de governar. Sem dúvida, precisamos admitir que o totalitarismo se encontra em plena vigência. No entanto, também precisamos compreender que seu sucesso decorre de uma peculiar invisibilidade, que lhe permite implantar-se sem ser percebido como tal: ele assumiu a forma nova do neoliberalismo.

É interessante observar que, durante os anos 1980-1990, tenha sido cunhada a expressão *pensamento único* para caracterizar a ideologia neoliberal e que, no início do século XXI, Alain Bihr tenha escrito um livro intitulado *La Novlangue néolibérale: la rhétorique du fétichisme capitaliste*,[5] escolhendo o termo cunhado por Orwell na obra *1984*, a "novilíngua", isto é, a invenção de uma linguagem política para "tornar as mentiras verossímeis e os assassinatos respeitáveis e dar a aparência de solidez ao que é apenas vento". No final desse livro, à maneira de Flaubert ou do dicionário de ideias feitas, Bihr oferece um "Pequeno dicionário das ideias feitas do neoliberalismo", com verbetes tais como: capital humano, capitalismo verde, encargos sociais, dívida pública, igualdade, Estado, Europa, flexibilidade e precariedade, fundos de pensão, insegurança, liberalização, mercado, mundialização, desemprego. Vale a pena mencionar o início de alguns deles: *"Capital humano.* Elogiá-lo: 'É o capital mais precioso'."; *"Encargos sociais.* Sempre dizer: 'São muito pesados'."; *"Dívida pública.* Indignar-se: 'É um buraco sem fundo'."; *"Igualdade.* Desconfiar."; *"Estado.*

---

5. Alain Bihr, *La Novlangue néolibérale: la rhétorique du fétichisme capitaliste*, 2. ed., Paris: Éditions Syllepse, 2017.

Sempre se queixar: 'É um parasita e um vampiro que vive às expensas da sociedade'."; "*Flexibilidade e precariedade*. É o preço da eficácia."; "*Individualidade*. Começar as frases sempre com 'Eu...'."; "*Insegurança*. Fazer a apologia do risco: 'Quem não se arrisca não petisca'."; "*Mercado*. Dizer em tom exaltado: 'Não há liberdade sem mercado'."; "*Desemprego*. 'Os desempregados são uns vagabundos'."

Não podemos esquecer que, nos anos 1960, em *O homem unidimensional*, Marcuse analisou a ideologia burguesa com base na linguagem desta como discurso fechado sobre si mesmo e dissolvente dos significados. Para tanto, dois procedimentos foram postos em marcha. Em primeiro lugar, a redução da linguagem exclusivamente à dimensão denotativa, realizando-se de maneira repetitiva e ritualística por meio de frases e fórmulas feitas (*slogans* e clichês) ou de juízos analíticos cujos predicados são fixos e encarregados de produzir a total coincidência entre palavra e coisa, esta última identificada com uma função. Em segundo, ao excluir a dimensão conotativa, produz um discurso que opera com tautologias, expulsando polissemias e contradições, a fim de que a linguagem reconcilie os contrários e as oposições, como na expressão "bomba limpa" (e, diríamos hoje, "capital humano", "empresa cidadã"). Esse duplo procedimento, pelo qual o discurso político e o da propaganda comercial se tornam indiscerníveis, institui o que Marcuse denominou *discurso totalitário*, no qual os fatos mais terríveis e horripilantes são banalizados, impossibilitando o protesto e a recusa.

No entanto, como se observa, não emprego o termo *fascismo* para caracterizar a situação presente. Não o faço por alguns motivos: em primeiro lugar, porque o fascismo tem um cunho militarista que, apesar das ameaças de Trump à Venezuela ou ao Irã, ou do número de militares no núcleo do governo Bolsonaro e suas ligações com as milícias de extermínio, não pode ser identificado com a ideia fascista do povo armado; em segundo, porque o fascismo propõe um nacionalismo extremado que a globalização, ao enfraquecer a ideia de Estado-nação, torna inviável em nosso presente, de maneira que os arroubos nacionalistas de alguns governantes não fazem do nacionalismo o centro mobilizador da política (e, desse ponto de vista, o caso do Brasil é exemplar). Eis por que uso o termo *totalitarismo*, tomando como referência as análises de Adorno e Marcuse não sobre o nazismo, mas sobre os efeitos do surgimento da ideia de *sociedade administrada* e a oposição entre instituição social e organização.

Como sabemos, o movimento do capital tem a peculiaridade de transformar toda e qualquer realidade em objeto do e para o capital, convertendo tudo em mercadoria. Por isso mesmo, produz um sistema universal de equivalências, próprio de uma formação social baseada na troca de equivalentes ou na troca de mercadorias pela mediação de uma mercadoria universal abstrata, o dinheiro como equivalente universal. A isso corresponde o surgimento de uma prática: a prática contemporânea da *administração*. Essa prática se sustenta em dois pressupostos: o de que toda dimensão da realidade social é equivalente a qualquer outra e por isso administrável de fato e de direito, e o de que os princípios administrativos são os mesmos em toda parte, porque todas as manifestações sociais, sendo equivalentes, são regidas pelas mesmas regras. Em outras palavras, a administração é percebida e praticada segundo um conjunto de normas gerais desprovidas de conteúdo particular e que, por seu formalismo, são aplicáveis a todas as manifestações sociais. A prática administrativa se reforça e se amplia à medida que o modo de produção capitalista entra na sua fase neoliberal, que, trazendo a fragmentação e a desarticulação de todas as esferas e dimensões da vida social, passa a exigir que se volte a articulá-las por meio da administração.

A rearticulação administrada transforma uma *instituição* social em uma *organização*, isto é, uma entidade isolada cujo sucesso e cuja eficácia se medem em termos da gestão de recursos e estratégias de desempenho e cuja articulação com as demais organizações se dá por meio da competição.

O que é uma instituição social? É uma ação social, uma prática social fundada no reconhecimento público de sua legitimidade e de suas atribuições, em um princípio de diferenciação que lhe confere autonomia perante outras instituições sociais, e estruturada por ordenamentos, regras, normas e valores de reconhecimento e legitimidade internos a ela. Sua ação se realiza em uma temporalidade aberta porque sua prática a transforma segundo as circunstâncias e suas relações com outras instituições. É histórica.

O que é uma organização? Uma organização difere de uma instituição por definir-se por outra prática social, qual seja, a de sua instrumentalidade, fundada nos dois pressupostos de equivalência e generalidade de todas as esferas sociais, que, como vimos, definem a administração. Uma organização é percebida e praticada segundo um conjunto de normas gerais desprovidas de conteúdo particular que, por seu formalismo, são aplicáveis a todas as manifestações sociais. Está referida ao conjunto de meios particulares para obtenção de um objetivo particular, ou seja, não está referida a ações articuladas às ideias de reconhecimento externo e interno, de legitimidade interna e externa, mas a *operações*, isto é, estratégias balizadas pelas ideias de eficácia e de sucesso no emprego de determinados meios para alcançar o objetivo particular que define a organização. É regida pelas ideias de gestão, planejamento, previsão, controle e êxito, por isso sua temporalidade é efêmera e não constitui uma história.

Por que designar o neoliberalismo como uma nova forma do totalitarismo? Expliquemos.

Totalitarismo: porque em seu núcleo encontra-se o princípio fundamental da formação social totalitária, qual seja, a recusa da especificidade das diferentes instituições sociais e políticas, que são consideradas homogêneas e indiferenciadas porque concebidas como organizações. Como explica Claude Lefort, o totalitarismo é a recusa da heterogeneidade social, da existência de classes sociais, da pluralidade de modos de vida, de comportamentos, de crenças e opiniões, costumes, gostos, ideias para oferecer a imagem de uma sociedade homogênea, em concordância e consonância consigo mesma. Fechada sobre si, diria Marcuse.

Novo: porque, em lugar de a forma do Estado absorver a sociedade, vemos ocorrer o contrário, isto é, a forma da sociedade absorve o Estado. De fato, os totalitarismos anteriores instituíam a estatização da sociedade, o expansionismo imperialista e o nacionalismo exacerbado. O totalitarismo neoliberal pratica, como dissemos, uma outra forma de imperialismo e, não tendo o Estado nacional como enclave territorial do capital, não precisa de nacionalismos extremados. Sua grande novidade está em definir todas as esferas sociais e políticas não apenas como organizações, mas como um tipo determinado de organização que percorre a sociedade de ponta a ponta e de cima a baixo: *a empresa* – a escola é uma empresa, o hospital é uma empresa, o centro cultural é uma empresa. Eis por que o Estado é concebido como empresa, sendo por isso espelho da sociedade e não o contrário, como nos antigos totalitarismos. Vai além: encobre o desemprego estrutural por meio da chamada *uberização* do trabalho e por isso define o indivíduo não como membro de uma classe social, mas como um empreendimento, uma empresa individual ou "capital humano", ou como *empresário de si mesmo*, destinado à competição mortal em todas as organizações, dominado pelo princípio universal da concorrência disfarçada sob o nome de meritocracia (é o que chamo de *neocalvinismo*). O salário não é visto como tal, mas como renda individual, e a educação é considerada um investimento para que a criança e o jovem aprendam a desempenhar comportamentos competitivos. Dessa maneira, desde o nascimento até a entrada no mercado de trabalho, o indivíduo é treinado para ser um investimento bem-sucedido e a interiorizar a culpa quando não vence a competição, desencadeando ódios, ressentimentos e violências de todo tipo, particularmente contra imigrantes, migrantes, negros, índios, idosos, mendigos, sofredores mentais, LGBTQ+, destroçando a percepção de si como membro ou parte de uma classe social, destruindo formas de solidariedade e desencadeando práticas de extermínio.

Politicamente, a consequência da passagem da instituição à organização significa que o Estado deixa de ser considerado uma instituição pública regida pelos princípios e valores de legalidade e legitimidade republicano-democráticos e passa a ser considerado uma empresa. Isso explica por que a política neoliberal se define, em proveito dos interesses privados, pela eliminação de direitos econômicos, sociais e políticos garantidos pelo poder público, transformando-os em serviços definidos pela lógica do mercado, isto é, a privatização dos direitos, transformados em serviços vendidos e comprados no mercado, privatização que aumenta todas as formas de desigualdade e de exclusão. Alargando o espaço dos interesses de mercado e encolhendo o espaço público dos direitos, o neoliberalismo apunhala o coração da democracia.

Por quê? Porque dizemos que uma *sociedade* – e não, à maneira liberal, um *regime* de governo – é democrática quando, além de eleições, partidos políticos, divisão dos três poderes da república, respeito à vontade da maioria e das minorias, institui algo mais profundo, que é condição do próprio regime político, ou seja, quando *institui direitos*. Essa instituição é uma criação social, de tal maneira que a atividade democrática social se realiza como um contrapoder social que determina, dirige, controla e modifica a ação estatal e o poder dos governantes. A sociedade democrática institui direitos pela abertura do campo social à *criação de direitos reais novos e à ampliação e à garantia de direitos existentes*.

E quais são as consequências do novo totalitarismo?

- social e economicamente: ao introduzir o desemprego estrutural e a fragmentação toyotista do trabalho, dá origem a uma nova classe trabalhadora denominada por alguns estudiosos franceses, desde os anos 1980, "precariado", para indicar um novo trabalhador sem emprego estável, sem contrato de trabalho, sem sindicalização, sem seguridade social e que não é simplesmente o trabalhador pobre, pois sua identidade social não é dada pelo trabalho nem pela ocupação. E, além disso, por não ser cidadão pleno, tem a mente alimentada e motivada pelo medo, pela perda da autoestima e da dignidade, pela insegurança – e sobretudo pela ilusão meritocrática de vencer a competição com outros, bem como pela culpa perante o fracasso[6];
- politicamente: põe fim às duas formas democráticas existentes no modo de produção capitalista: (1) elimina a social-democracia, com a privatização dos direitos sociais, que passam a ser regidos pela lógica de mercado, trazendo o aumento da desigualdade e da exclusão; (2) põe fim à democracia liberal representativa, definindo a política como gestão e não mais como discussão e decisão públicas da vontade dos representados por seus representantes eleitos. Os gestores criam a imagem de que são representantes do verdadeiro povo, da maioria silenciosa com a qual se relacionam ininterrupta e diretamente por meio de *blogs*, do Twitter e demais redes sociais – por meio do chamado *digital party*, ou seja, operando sem mediação institucional, pondo em dúvida a validade dos congressos ou dos parlamentos políticos e das instituições jurídicas e promovendo manifestações contra essas instituições; (3) introduz a judicialização da política, pois em uma empresa e entre empresas os conflitos são resolvidos pela via jurídica e não pela via política propriamente dita. Sendo o Estado uma empresa, os conflitos não são tratados como questão pública, mas como questão jurídica. A judicialização da política é um efeito da

---

6. Veja-se João Bernardo, "O toyotismo: exploração e controle da força de trabalho", in: *Democracia totalitária: teoria e prática da empresa soberana*, São Paulo: Cortez, 2001; Jessé de Souza, *Os batalhadores brasileiros: nova classe média ou nova classe trabalhadora?*, Belo Horizonte: Autêntica, 2010; Guy Standing, *O precariado: a nova classe perigosa*, Belo Horizonte: Autêntica, 2013.

formação totalitária empresarial e não um fenômeno autônomo; (4) os gestores operam como gângsteres mafiosos que institucionalizam a corrupção, alimentam o clientelismo e forçam lealdades. Como o fazem? Governando por meio do medo. A gestão mafiosa opera por ameaça e oferece proteção aos ameaçados em troca de lealdades para manter todos em dependência mútua. Como os chefes mafiosos, os governantes têm os *consiglieri*, os conselheiros, isto é, supostos intelectuais que orientam ideologicamente as decisões e os discursos dos governantes; (5) transformam todos os adversários políticos em corruptos: os corruptos são os outros, embora a corrupção mafiosa seja, praticamente, a única regra de governo; (6) passam a ter controle total sobre o judiciário, pois o funcionamento de máfia lhes permite ter dossiês sobre problemas pessoais, familiares e profissionais de magistrados, aos quais oferecem "proteção" em troca de lealdade completa – quando o magistrado não aceita o trato, sabe-se o que lhe acontece;

- ideologicamente: (1) estimula o ódio ao outro, ao diferente, aos socialmente vulneráveis (imigrantes, migrantes, refugiados, LGBTQ+, sofredores mentais, negros, pobres, mulheres, idosos). Esse estímulo ideológico torna-se justificativa para práticas de extermínio; (2) institui o que Marcuse denominou "discurso totalitário" (denotativo, repetitivo, ritualístico, normativo, fechado sobre si). Com a expressão "marxismo cultural", persegue todas as formas e expressões do pensamento crítico, inventando a divisão da sociedade entre o "bom povo", que o apoia, e os "diabólicos", que o contestam. Por orientação dos *consiglieri*, os gestores pretendem fazer uma *limpeza* ideológica, social e política, e para isso propagandeiam que haveria uma conspiração comunista, que seria liderada por intelectuais e artistas de esquerda. Os conselheiros são autodidatas que se formaram lendo manuais e odeiam cientistas, intelectuais e artistas, aproveitando o ressentimento que a classe média e a extrema direita têm dessas figuras do pensamento e da criação, ressentimento produzido pelos liberais, que sempre disseram que o povo não sabe pensar nem votar. Como esses conselheiros são desprovidos de conhecimentos científicos, filosóficos e artísticos, empregam a palavra *comunista* sem qualquer sentido preciso – é um *slogan*: *comunista* significa todo pensamento e toda ação que questionem o *status quo* e o senso comum (por exemplo: que a terra é plana; que não há evolução das espécies; que a defesa do meio ambiente é uma conspiração comunista; que a teoria da relatividade não tem fundamento etc.). São esses conselheiros que oferecem aos governantes os argumentos racistas, homofóbicos, machistas, religiosos etc., isto é, transformam medos, ressentimentos e ódios sociais silenciosos em discurso de poder e justificativa para práticas de censura e de extermínio;

culturalmente: (1) a dimensão planetária dessa forma do capital impede a existência de um "fora", uma alteridade possível, levando à ideia de "fim da história", portanto à perda da ideia de transformação histórica e de um horizonte utópico. Como diz Virilio, vivemos no mundo da atopia – a desaparição do espaço topológico de nossa experiência corporal, psíquica e social – e no mundo da acronia – a desaparição da experiência do tempo, em um mundo sem passado e sem futuro, reduzido a um presente efêmero. Harvey[7] cunhou a expressão "compressão espaço-temporal", que seria trazida pelas tecnologias de informação, as quais reduzem o espaço ao *aqui*, sem geografia e sem topologia (tudo se passa na tela plana como se fosse o mundo), e ao *agora*, sem passado e sem futuro, portanto sem história (tudo se reduz a um presente sem profundidade). Perdemos a dimensão do futuro como possibilidade inscrita na ação humana enquanto poder para determinar o indeterminado e para ultrapassar situações dadas, compreendendo e transformando o sentido delas, fazendo história. Volátil e efêmera, hoje nossa experiência desconhece qualquer sentido de continuidade e se esgota em um presente vivido como instante fugaz. Essa situação, longe de suscitar uma interrogação sobre o presente e o porvir, leva ao abandono de qualquer laço com o possível e ao elogio da contingência e de sua incerteza essencial. O contingente não é percebido como uma indeterminação que a ação humana poderia determinar, mas como o modo de ser dos humanos, das coisas e dos acontecimentos; (2) a compressão do espaço e do tempo e o toyotismo do *just-in-time* transformaram o mercado da moda (isto é, do descartável, do efêmero) em paradigma: as obras de arte e de pensamento duram uma *saison* e, descartadas, desaparecem sem deixar vestígio. Para participar desse mercado efêmero, a literatura, por

---

7. David Harvey, *A condição pós-moderna*, São Paulo: Loyola, 1992.

exemplo, abandona o romance pelo conto, os intelectuais abandonam o livro pelo *paper*, o cinema é vencido pelo videoclipe ou pelas grandes montagens com efeitos especiais. A razão, a verdade e a história são consideradas mitos; o espaço e o tempo são concebidos como sucessão fugaz e volátil de imagens velozes pela compressão dos lugares e dos instantes na irrealidade virtual, que apaga todo contato com o espaço-tempo enquanto estrutura do mundo. A subjetividade deixa de ser considerada reflexão e interrogação, reduzindo-se à intimidade narcísca, e a objetividade não é o conhecimento do que é exterior e diverso do sujeito, e sim um conjunto de estratégias montadas sobre jogos de linguagem, que representam jogos de pensamento, sem que o conhecimento jamais enfrente a realidade como experiência que suscita interrogação; (3) a fugacidade do presente e a ausência de laços com o passado objetivo e de esperança de um futuro emancipador suscitam o reaparecimento de um imaginário da transcendência. Assim, a figura do empresário de si mesmo é sustentada e reforçada pela chamada teologia da prosperidade, desenvolvida pelo neopentecostalismo. Mais do que isso. Os fundamentalismos religiosos e a busca da autoridade decisionista na política são os casos que melhor ilustram o mergulho na contingência bruta e a construção de um imaginário que não a enfrenta nem a compreende, mas simplesmente se esforça por contorná-la, apelando para duas formas inseparáveis de transcendência: a divina (à qual apela o fundamentalismo religioso) e a do governante (à qual apela o elogio da autoridade política forte); psicologicamente: dá-se o surgimento de uma nova forma da subjetividade, marcada por dois traços aparentemente contrários, mas realmente complementares. De um lado, há uma subjetividade depressiva porque marcada pela exigência de vencer toda e qualquer competição e pela culpa pelo fracasso. Como escreveu Marcuse[8]:

O sofrimento, a frustração, a impotência do indivíduo derivam de um sistema funcionando com alta produtividade e eficiência, no qual ele deveria auferir uma existência em nível melhor do que nunca. [...] com

---

8. Herbert Marcuse, *Eros e civilização: uma interpretação filosófica do pensamento de Freud*, 6. ed., Rio de Janeiro: Zahar, 1975, p.97.

sua consciência controlada e vigiada, sua intimidade abolida, suas emoções integradas no conformismo, o indivíduo não dispõe mais de "espaço mental" suficiente para desenvolver-se contra o seu sentimento de culpa, para viver com uma consciência própria.

E, por outro lado, temos uma subjetividade narcisista, produzida pelas práticas das tecnologias eletrônicas de comunicação. Essa nova subjetividade não se define mais pelas relações do corpo com o espaço e o tempo do mundo ou da vida, mas com a complexidade de relações reticulares esparsas e fragmentadas. Essas novas tecnologias operam com a obediência e a sedução no campo mental, porém disfarçadas em uma pretensa liberdade de escolher obedecer, pois os estudos em neurologia revelam que, naqueles que usam massivamente essas tecnologias, há diminuição das capacidades do lobo frontal do cérebro, local onde se realizam o pensamento e os julgamentos, e há grande desenvolvimento da parte do cérebro responsável pelo desejo. Pensa-se menos e deseja-se muito, e as empresas desenvolvem aplicativos para enfatizar, direcionar, induzir e estimular desejos. Curtir se tornou uma obrigação, a *selfie*, o *like* e o *meme* tornaram-se a definição do ser de cada um, pois, agora, existir é ser visto. Dissemos que somente em aparência essas duas formas da subjetividade parecem contrárias, pois, há quase um século, os estudos de Freud revelaram que depressão e narcisismo são duas faces da mesma moeda.

Merleau-Ponty escreveu certa vez que toda gente gosta que o filósofo seja um revoltado. A revolta agrada porque é sempre bom ouvir que as coisas como estão vão muito mal. Dito e ouvido isso, a má consciência se acalma, o silêncio se faz, e toda gente, satisfeita, volta para casa e para seus afazeres. O quadro que aqui tracei poderia parecer um grito de revolta contra o mal. No entanto, quero fazer minhas as palavras do filósofo: "O mal não é criado por nós nem pelos outros, nasce do tecido que fiamos entre nós e que nos sufoca. Que nova gente, suficientemente dura, será paciente o bastante para refazê-lo verdadeiramente? A conclusão não é a revolta, é a *virtù* sem qualquer resignação[9]."

---

9. Merleau-Ponty, *Signes*, Paris: Gallimard, 1960, p. 47.

Segura o *fascio*: os filmes da nossa morte, a propaganda libidinal e o autoritarismo regurgitado[1]
Eugênio Bucci

1. ANTONIETTA E GABRIELE

Na primeira vez que vi o filme *Una giornata particolare*, reagi com enfado. A produção do lendário Carlo Ponti, de 1977, dirigida por Ettore Scola, trazia ninguém menos que Sophia Loren e Marcello Mastroianni nos papéis centrais, com atuações magníficas, e eu ranhetei. No final dos anos 1970, aos vinte anos, eu lia os livros de Trotski, gostava do surrealismo e tentava entender os manifestos que André Breton escreveu para animar a Federação Internacional da Arte Revolucionária e Independente, a Fiari. Breton já tinha morrido, mas isso não tinha importância. Em nome dele, eu via em Ettore Scola um prestidigitador ideológico, um *office boy* do proselitismo antifascista. Não que eu não fosse, também, um antifascista. O meu problema era o proselitismo, a instrumentalização da arte pelo eurocomunismo, ou "eurostalinismo", como eu preferia nomeá-lo, com aquele queixume subjacente de burguesia arrependida. Eu considerava Scola um burocrata do cinema. Eu era sectário e feliz.

Melhor dizendo: eu era sectário e feliz e estava errado. *Una giornata particolare* é uma obra-prima, como fui sentir algumas décadas depois. Ao

---

1. Agradeço a leitura e as sugestões do professor José de Paula Ramos Júnior (ECA-USP), da jornalista Gisele Vitória, da psicanalista Sueli Dallari e do jornalista Carlos Eduardo Lins da Silva. A jornalista e mestranda do Instituto de Relações Internacionais da USP, Ana Helena Rodrigues, colaborou na organização da bibliografia e na revisão.

contar uma história que se passa durante um único dia, um dia historicamente singular, de fato, conta a história do fascismo inteiro. É domingo. Estamos na Itália, em Roma, em 8 de maio de 1938, data em que Hitler e vários de seus ministros visitam a cidade. Mussolini convocou um comício em frente ao Monumento Nacional a Vítor Emanuel II, cujo estilo imperial o arrebatava. Coberta de bandeiras nazistas, a capital italiana celebrava a suástica, para delícia do *Duce*.

Passados os letreiros, as primeiras cenas são imagens em preto e branco produzidas pela propaganda da ditadura italiana. Um narrador de timbre metálico exalta o heroísmo patriótico das celebrações. Vemos Hitler sendo recebido na estação de trem por um Mussolini empertigado, de calças bufantes e botas até os joelhos: um brutamontes de queixo largo embrulhado para presente. *Il Duce* se pavoneia para cima do *Führer*, como em uma corte arrevesada, batendo o pé e dando volteios como se marchasse e dançasse ao mesmo tempo. Ao lado dele, como um ajudante de ordens, o rei Vítor Emanuel III, franzino, fracote, já bastante velhusco, tenta inutilmente encontrar um lugar em cena. Patético. Mussolini refulge absoluto, como o protagonista imperturbável, sem esconder o incômodo que experimenta em precisar ter perto de si aquele rei que titubeia, menor, em passos desorientados.

O tirano alemão extravasa um raro bom humor do alto de seu uniforme solene e tumular, como um sarcófago sob medida. Hitler sorri para todo mundo. Ao erguer o braço direito na conhecida saudação nazista, deixa-se desmanchar em gestos desleixados e gentis: joga a mão solta por cima do ombro, desmunhecando alegremente. No centro de Roma, a multidão lhes presta ovações. Enquadradas de perto, as mulheres por pouco não se põem a chorar. A parada militar evolui. Cavalos trotam sobre as ruas, aviões em acrobacias dão rasantes, canhões desfilam, tanques de guerra deslizam com soldadinhos espetados na capota.

O documentário fascista, em preto e branco, se estende por seis minutos na abertura de *Una giornata particolare*. As massas exultam em adorações gozosas, com símbolos fálicos emoldurando os dois pavões que se insinuam um para o outro. Essas imagens dão o pano de fundo, com fatos históricos, para a trama propriamente dita, agora em cores, que começa em seguida.

Na fachada de um prédio de apartamentos de famílias de trabalhadores modestos, um estandarte com a suástica é desfraldado pouco antes de amanhecer. Um homem desce as escadas carregando um saco nas costas. É o lixeiro. Luzes se acendem em algumas janelas. Os moradores acordam aos poucos. O lixeiro continua o seu trabalho. Despeja mais sacos de lixo numa carrocinha motorizada. Ouve-se o som de talheres nas louças, anunciando o café da manhã.

A câmera mostra as janelas pelo lado de fora, enquanto desenvolve um plano longo, sem cortes, numa panorâmica circular e ascendente. Há mais movimentação dentro dos apartamentos. Num arrojo inesperado, a câmera se aproxima de uma das janelas e não para: avança pela cozinha adentro. Nessa transição de um plano longo sem cortes, que seguirá sem cortes ainda por mais tempo, a noturna paisagem pública do fascismo que nunca dorme dá lugar à esfera íntima de uma família barulhenta que desperta para o domingo especial.

A dona de casa Antonietta (Sophia Loren) está no batente. Passa uma camisa branca na mesa da cozinha. A agitação começa. Seu marido e seus seis filhos acordam e se paramentam, tomados por um civismo eufórico. O café transcorre em ritmo de parada festiva. Terminada a refeição matinal, começa a evacuação do prédio. A câmera vai para as escadas e capta o pandemônio. Os moradores se atropelam, falam alto, correm num alarido para ir ver de perto Hitler e Mussolini. São macacas de auditório animadas com o *show* de um ídolo que lhes povoa os sonhos eróticos. São fãs. As escadarias se congestionam de garotos, garotas, mães e pais de família que por pouco não passam por cima uns dos outros. Vestem suas melhores roupas. Os mais moços envergam fardas, outros levam quepe e camisas pretas, os senhores vão de *impermeabile* por cima do terno, as mulheres se enfeitam com colares e chapéus floridos. São as massas desejantes, sequiosas, apaixonadas por seus comandantes.

Há uma tensão sexual ali, assim como havia no *pas de deux* entre Hitler e Mussolini. Mas a energia sexual daquela pequena massa é menos mediada, mais direta. Há uma forte excitação, há algo de libidinal naquela correria. Terá sido um exagero estilístico de Ettore Scola?

2. A MASSA LIBIDINAL

Num texto de 1921, "Psicologia de massas e análise do eu"[2], Sigmund Freud descreveu os laços que unem os indivíduos para transformá-los em massa. Nessa obra, que antecede em quatro anos a publicação de *Mein Kampf* (*Minha luta*)[3], o livro de Adolf Hitler que deu as diretrizes do nazismo, Freud antecipa o comportamento das massas lideradas por homens carismáticos, autoritários e loucos, como se revelaria mais adiante o próprio Hitler. Num trecho esclarecedor, Freud discorre sobre as "duas massas artificiais", que são a Igreja e o Exército, e, aí, afirma que as massas não são racionais, mas libidinais. Não têm seu amálgama em valores morais ou em argumentos racionais, mas na ilusão de que o líder acalenta um vívido amor por elas. Esse líder pode ser Cristo (para a massa cristã) ou o general (no caso do exército). As massas se sentem intensamente amadas, e os indivíduos, dentro da massa, experimentam a mesma certeza de que são amados. Para Freud, isso funcionaria mais ou menos como compensação afetiva: a modernidade teria enfraquecido o Eu (ego), e este, acometido de um sentimento que poderíamos traduzir aqui, com base na proposição de Freud, como um desamparo ou uma orfandade amorosa, buscaria no líder autoritário a reposição do amor perdido. A cola que agrega a massa deve ser pensada como liga libidinal.

Depois de ler Freud, a excitação quase explícita dos figurantes bem dirigidos por Ettore Scola se explica. Não se trata de licença poética. O extravasamento sensual integra constitutivamente o estado natural das massas modernas, em que afloram os instintos mais selvagens. A propósito, Freud compara as massas à "horda primeva", e afirma que "o líder da massa continua a ser o temido pai primordial". A massa não se sente contrariada com a opressão e a repressão movida pela figura do líder. Ao contrário, "quer ainda ser dominada com força irrestrita, tem ânsia extrema de autoridade, ou [...] sede de submissão. A massa se deixa seduzir por um engenho que não se baseia na percepção e no trabalho do

---

2. Sigmund Freud, *Psicologia das massas e análise do eu e outros textos*. Tradução de Paulo César Souza. São Paulo: Companhia das Letras, 2011.
3. Adolf Hitler, *Minha luta*. São Paulo: Mestre Jou, 1962. Disponível também em: https://ia800702.us.archive.org/23/items/meinkampf_minha_luta/por.pdf. Acesso em 30 ago. 2020.

pensamento, mas na ligação erótica[4]. Nessa passagem, Freud compara a ligação entre a massa e o líder com a ligação entre o hipnotizado e aquele que exerce a hipnose. É essa ligação que ele define como "erótica". A energia sexual, quase bruta, aí está: ela se manifesta na paixão amorosa pelo líder, assim como se manifesta no ódio irracional e violento contra os que são pelo líder classificados como seus inimigos. Em suma, as massas são coagulações libidinais.

Bem sabemos, desde um bom tempo, que partidos, sindicatos, falanges, torcidas de futebol e clubes de criadores de canários não prescindem dos afetos em suas consolidações coletivas. Afetos comparecem a qualquer forma coletiva de mobilização. Não se faz política sem paixões. A questão dos laços libidinais na massa, entretanto, é de outra ordem. Aí, o caráter libidinal inibe ou estanca a liberdade individual e a espontaneidade, canalizando os desejos para um chefe supremo que se alimenta da servidão erótica de que dispõe. Nas massas, os afetos não libertam, mas reprimem. É assim que o fascismo se apropria das energias sexuais de seus seguidores.

Em 2018, quase cem anos depois do pequeno ensaio de Freud, o tema das energias sexuais presentes do fascismo reapareceu em outro livro: *Como funciona o fascismo: a política do 'nós e eles'*, de Jason Stanley[5]. Professor de filosofia em Yale, Stanley não escreve como um historiador. Sua preocupação não é com o fascismo italiano, do passado, mas com o fascismo nos dias de hoje. Para ele, a campanha de Donald Trump em 2016 reabilitou a política norte-americana dos anos 1930, quando o elogio de propostas fascistas era moda e a supremacia branca era defendida abertamente pelo herói nacional Charles Lindenbegh[6]. Vem daquela época o *slogan "America First"*, que a campanha de Trump plagiou.

Na visão de Stanley, os componentes estruturantes do fascismo aparecem como estratégias: "A política fascista inclui muitas estratégias diferentes: o passado mítico, propaganda, anti-intelectualismo, irrealidade, hierarquia, vitimização, lei e ordem, ansiedade sexual, apelos à noção de pátria e desarticulação da união e do bem-estar público[7]."

---

4. Sigmund Freud, *op. cit.*, edição Kindle. O trecho citado se encontra ao final do Capítulo X: "A massa e a horda primeva".
5. Jason Stanley, *Como funciona o fascismo*, Porto Alegre: L&PM, 2018.
6. *Ibid.*, edição eletrônica, "Introdução".
7. *Ibid.*

O autor considera a "ansiedade sexual" tão determinante que dedica a ela um capítulo inteiro de seu livro. A psicologia de massas sob chefes armados e impiedosos, que guardam características do pai primordial, selvagem, inclui o expediente, ao mesmo tempo lúbrico e lúgubre, de canalizar as "ansiedades sexuais" das massas em proveito da fabricação do carisma do líder. Fabrica-se aí, também, o desejo de sujeitar-se, que é o desejo de matar os dissidentes como forma de expressar fidelidade ao líder – fidelidade libidinal.

3. PAI, MARIDO E SOLDADO

Voltemos ao filme de Scola. Depois que o tropel de moradores se lança das escadarias para as ruas, Antonietta se vê sozinha no apartamento. Não que não quisesse se somar aos demais. Ela gostaria de ir, mas não pode, tem trabalho a fazer: arrumar a cozinha, limpar a mesa do café da manhã, dar um jeito nas roupas sujas. A essa altura, o espectador deduz que somente aquela mulher ficou. Solitária, Antonietta se senta à mesa do café. Recolhe pedaços de pão numa lata, guarda a garrafa de leite. Não disfarça a fadiga. Quase cochila. Folheia uma revista. Toma fôlego. Volta à labuta. Vai trocar a água do passarinho que a família cria no apartamento.

É quando irrompe o imponderável. Distraída, a mulher esquece a portinha da gaiola aberta e a ave de estimação escapole, voando pela janela que dá para o pátio interno. Antonietta se apavora: o que vai dizer para o marido? O pássaro vai pousar no batente da vidraça de outro apartamento. O quadro é desesperador.

Nesse momento, a dona de casa observa que, atrás da esquadria em que seu passarinho se exilou, um homem trabalha calmamente em uma escrivaninha. Ela estranha: ali está um cidadão que não quis ir ao grande comício. Algo impensável. Ao mesmo tempo, ela gosta do que vê: ali está alguém que pode ser sua salvação para recuperar a ave perdida. Esperançosa, ela vai bater na porta dele. Os dois resgatam a pequena ave e não param mais de conversar. Ela vai descobrir que o senhor elegante, que usa gravata e colete dentro de casa, se chama Gabriele (Marcelo Mastroianni), é locutor de rádio e apreciador de livros e de música. Gabriele vai ensiná-la a dançar rumba e, em um diálogo mais intenso, revelará que é homossexual. Gabriele vai encantar Antonietta como nenhum outro a encantara antes (claro, estamos falando de um filme italiano). Tomam café na cozinha um do outro. Fazem amor, mais por iniciativa dela do que dele. Entendem-se. Acolhem-se.

O título do filme foi traduzido no Brasil para *Um dia muito especial*. Em inglês, ficou *A special day*. As duas traduções dizem pouco. O substantivo *"giornata"*, em italiano, pode significar "dia", mas também significa "jornada" de trabalho ou "jornada" no sentido político: "marcha" e até "batalha campal". Já o termo *"particolare"*, mais do que "especial", significa "particular", "singular", "individual" ou, ainda, "íntimo", "reservado", "pessoal"[8]. Logo, o título em italiano, *Una giornata particolare*, mais que "um dia especial" ou "muito especial", faz alusão a uma jornada para dentro da intimidade e para fora do alcance do fascismo, para longe do governo de Mussolini e para mais longe ainda da jornada pública, oficial. *Particolare*, a *giornata* vai na contramão do cortejo nazifascista. As duas figuras anônimas que dançam, conversam, tomam café e se beijam delineiam duas subjetividades que não cabem dentro da massa ou no interior do Estado. Ela, uma mãe e esposa que vai se libertar quando beijar o vizinho desconhecido. Ele, um gay dissidente que sabe que será preso. O fascismo abduz o desejo das multidões em favor da idolatria do ditador. Quem cede morre para si e vive para o Estado. Quem não cede vive brevemente e compra uma condenação à morte.

Há uma passagem em que Gabriele examina um caderno de minicartazes fascistas que Antonietta guarda na estante da sala, ao lado de uma pistola dentro do coldre. Um *close* mostra o que está escrito em um deles: homem fascista é "marido, pai e soldado". Eis a sentença de morte do radialista melancólico: ele não é nem marido, nem pai, nem soldado.

4. A TREVA QUE SE PROMOVE

Segundo Jason Stanley, a propaganda é outra estratégia essencial do fascismo. A gente também vê isso em *Una giornata particolare*. A propaganda cerca os dois personagens, confina-os. Situados, os dois tateiam as paredes imaginárias que os encarceram em busca de um ponto de fuga, a exemplo do passarinho que por poucos minutos se livrou da gaiola.

---

8. Carlo Parlagreco, *Dizionário Portoghese-Italiano Iataliano-Portoghese*, São Paulo: Martins Fontes, 1984.

Os outros moradores cederam e se acomodaram dentro das paredes da propaganda oficial: vivem com a alma em posição de sentido dentro das paredes de filmes, folhetos e discursos para a glória do *Duce*.

A propaganda é a arma do negócio fascista, a voz preferencial do Estado, a fisionomia e o fundamento da verdade. O que o Estado quer banir a propaganda antes achincalha, ofende, vilipendia. O fascismo não pensa – faz propaganda. As massas não pensam: acreditam na propaganda. A propaganda interdita o desejo divergente, fornece o laço libidinal que transforma os indivíduos dispersos em massas coesas.

Adolf Hitler, em *Mein Kampf*, publicado em 1925, é quase monotemático: só fala em propaganda. Hitler gosta das massas, mas não tem outro sentimento que não o desprezo pelas pessoas que as integram. Ele escreve:

> O fim da propaganda não é a educação científica de cada um, e sim chamar a atenção da massa sobre determinados fatos, necessidades, etc. [...] Como [...] a sua finalidade [...] é a de despertar a atenção da massa, e não ensinar aos cultos ou àqueles que procuram cultivar seu espírito, a sua ação deve ser cada vez mais dirigida para o sentimento e só muito condicionalmente para a chamada razão[9].

O desprezo fica ainda mais patente nesta outra passagem:

> Toda propaganda deve ser popular e estabelecer o seu nível espiritual de acordo com a capacidade de compreensão do mais ignorante dentre aqueles a quem ela pretende se dirigir. Assim a sua elevação espiritual deverá ser mantida tanto mais baixa quanto maior for a massa humana que ela deverá abranger[10].

O professor Edgard Rebouças, do Departamento de Comunicação da Universidade Federal do Espírito Santo, observou que a palavra

---

9. Adolf Hitler, *Minha luta*, op. cit., p. 170. Disponível em: https://ia800702.us.archive.org/23/items/meinkampf_minha_luta/por.pdf. Acesso em out. 2020.
10. *Ibid.*, p. 170.

"propaganda" é repetida 180 vezes em *Mein Kampf*.[11] Essa contagem diz tudo. Para Hitler, a verdade não tem nada a ver com os fatos – a verdade é aquilo que a propaganda repete que é verdade. Segundo ele, os ingleses só venceram os alemães na Primeira Guerra porque sabiam fazer propaganda melhor.

> A prova do conhecimento que tinham os ingleses do primitivismo do sentimento da grande massa foram as divulgações das crueldades do nosso exército, campanha que se adaptava a esse estado de espírito do povo.
> Essa tática serviu para assegurar, de maneira absoluta, a resistência no *front*, mesmo na ocasião das maiores derrotas. [...]. Foi essa mentira repetida e repisada constantemente, propositadamente, com o fito de influir na grande massa do povo, sempre propensa a extremos. O *desideratum* foi atingido. Todos acreditaram nesse embuste[12].

Note-se que a tese comumente atribuída a Joseph Goebbels, ministro da Propaganda do Terceiro Reich, de que uma mentira repetida mil vezes se torna verdade, já aparecia com todas as letras em *Mein Kampf*. Goebbels gostava de repetir a frase para badalar o chefe.

5. O INTELECTUAL ANTIINTELECTUAL

O documentário *Experimento Goebbels*[13] mergulha na relação neurótica ou mesmo doentia entre Goebbels e Hitler. O texto do filme, narrado em *off*, são excertos dos diários do ministro da propaganda. As imagens vêm dos filmes propagandísticos produzidos a mando de Goebbels.

Depois de se doutorar em filosofia pela Universidade de Heildelberg, em 1921, com uma tese sobre Wilhelm von Schütz, dramaturgo romântico

---

11. Palestra proferida no Congresso Brasileiro de Biblioteconomia e Documentação, realizado em Vitória (ES), no dia 4 de outubro de 2019. Pouco antes, em setembro de 2019, o mesmo Edgard Rebouças mencionou esses dados durante outro simpósio. Ver em Edgard Rebouças, "Comunicação e poder em tempos sombrios: desafios para o olhar crítico sobre o 'Quem' no processo comunicacional", in: *Anais do VI Encontro Internacional do Colégio dos Brasilianistas da Comunicação*, Sociedade Brasileira de Estudos Interdisciplinares da Comunicação – Intercom, 2 set. 2019, Belém.
12. Adolf Hitler, *Minha luta*, op. cit., p. 174.
13. *Das Goebbels-Experiment* (2005, Alemanha/Reino Unido). Direção de Lutz Hachmeister. Roteiro de Lutz Hachmeister e Michael Kloft. Narração de Udo Samel (alemão) e Kenneth Branagh (inglês).

do século XIX, Goebbels se sentiu atraído pela política. Em 1924, entrou para as fileiras do Partido Nacional Socialista dos Trabalhadores Alemães. Como Hitler não gostasse de intelectuais (*Mein Kampf* tem dezenas de passagens hostis à condição dos intelectuais e às pretensões intelectuais), o jovem doutor em filosofia tinha pavor de ser visto como um. Os diários o revelam como alguém ciumento, invejoso, com sinais de comportamento esquizofrênico, que ficava deprimido quando não recebia afagos e elogios do *Führer*. O domínio das técnicas de propaganda foi o atalho que encontrou para crescer na hierarquia partidária.

O jovem nazista tinha talento. Logo percebeu que deveria tocar as massas em suas sinapses do desejo. Acreditava na eficiência de enredos embebidos de sentimentalismo e erotismo insinuado; recriminava os filmes de maior complexidade estética, o que fica bastante claro nas opiniões que ele tem sobre Serguei Eisenstein, o principal cineasta soviético entre os anos 1920 e 1940.

Goebbels via méritos em Eisenstein, mas também via erros crassos. "Podemos aprender muito com esses bolchevistas", escreveu, depois de ver *Os dez dias que abalaram o mundo*. Ele classificou como "muito boas" as tomadas das multidões sublevadas, tanto que exclamou: "Então isso é que é uma revolução!". Fora isso, achou *Os dez dias que abalaram o mundo* exageradamente propagandístico – e, portanto, pouco eficiente. Repeliu a arte conceitual de Eisenstein, com seus fotogramas minuciosamente diagramados e suas justaposições de significantes. Queria tramas mais afetivas, mais fáceis, mais envolventes, mais libidinais – embora não usasse essa palavra. Queria mais romance. Queria melodrama, como nos filmes ingleses e norte-americanos.

Não é difícil entender por que o melodrama, tão popular na indústria cinematográfica, vinha a calhar para a estratégia nazista. Para começar, o melodrama dá projeção ao mocinho e leva a plateia a acreditar que a vontade inquebrantável basta para derrotar o sistema dominante, qualquer que seja esse sistema. Depois, o melodrama faz acreditar que força física decorre da rigidez do caráter, tanto que o mocinho melodramático é voluntarioso e belo: seu corpo musculoso expressa virtuosa força de caráter; sua beleza espelha a pureza de alma. O mocinho não pensa, apenas sente e, por sentir com idealismo e entrega, vence os inimigos. Goebbels gostava disso e fez a fórmula funcionar a favor de si mesmo.

Sob seu comando, a cinematografia alemã promoveu o culto da raça ariana, recorrendo a *closes* sensuais em corpos atléticos de pele clara. Daí brotava o tônus erótico do imaginário que lhe convinha. Os filmes de Leni Riefenstahl, sua cineasta predileta, celebraram a eugenia ariana em uma plasticidade magistral. *O triunfo da vontade*, de 1935, ganharia o estatuto de clássico pouco depois da derrocada do nazismo, com o final da Segunda Guerra. Da mesma cineasta, *Olympia* (1938), documentário sobre os Jogos Olímpicos de 1936, em Berlim, foi premiado pessoalmente pelo próprio Goebbels, ainda que contivesse tomadas do corredor negro Jesse Owens, dos Estados Unidos, ganhador de medalhas de ouro naquela Olimpíada[14].

Exceções à parte, *Olympia* se devota aos corpos dos desportistas arianos, seminus ou mesmo nus, para interpelar o desejo das massas espectadoras e as convocar para adorar o *Führer*. Foi Goebbels quem transformou o mote abraçado pelo *Führer*, "Alemanha acima de tudo" (*Deutschland über alles*), em mandamento fundamental. Não custa lembrar, a propósito, que não foram os nazistas que criaram esse *slogan*; eles apenas o recortaram de um verso de uma canção nacionalista do século XIX para transformá-lo em bordão do Terceiro Reich. Da mesma forma, *ça va sans dire*, não foram os marqueteiros de um certo candidato à presidência da República no Brasil que inventaram o *slogan* "Brasil acima de tudo" – eles apenas copiaram Adolf Hitler: Brasil *über alles*.

No dia 1º de maio de 1945, um dia depois de Hitler ter se suicidado, quando a derrota alemã na Segunda Guerra era irreversível, Goebbels assassinou os seis filhos por envenenamento. Em seguida, ele e a mulher se mataram. Tinha 47 anos. Morto, continuou influente. Como se vê, tem admiradores não declarados no Brasil de 2019.

6. ENTRE FASCISMO E NAZISMO

Mudo outra vez de filme. Passo agora para outro documentário, este soviético, de 1965, dirigido por Mikhail Romm: *O fascismo de todos os dias*[15].

---

14. *O triunfo da vontade*. Direção de Leni Riefenstahl. Alemanha/Reino Unido: Reichsparteitagfilm, 1935; *Olympia*. Direção de Leni Riefenstahl. Alemanha: Olympia-Film, 1938.
15. *O fascismo de todos os dias*. Direção de Mikhail Romm. URSS: Mosfilm, 1965. Tratei desse documentário em um artigo de jornal. Ver Eugênio Bucci, "Taca Fogo", *O Estado de S. Paulo*, 29 ago. 2019, p. A2. Disponível em: https://opiniao.estadao.com.br/noticias/espaco-aberto,taca-fogo,70002986913. Acesso em 30 ago. 2020.

Com imagens cinematográficas originais da propaganda do Terceiro Reich e o texto, sempre em *off*, escrito pelo próprio Romm, a obra se dedica a esmiuçar o processo pelo qual o nazismo converteu homens em massas, e as massas em forças criminosas.

Antes de tratar disso, porém, devo me ocupar de um impasse terminológico: a palavra "fascismo", adotada para nomear o nazismo, pode ser aceita como um rótulo exato?

A resposta vai nos demandar alguns parágrafos. Hannah Arendt, em seu monumental *Origens do totalitarismo*, publicado pela primeira vez em 1951, nos Estados Unidos, sistematizou diferenças determinantes entre as duas modalidades de tirania[16]. Segundo a filósofa, o regime chefiado por Mussolini, pelo menos até 1938, não poderia ser chamado de totalitário. Naquele mesmo ano, o nazismo já se impunha como um paradigma do que ela chamaria de totalitarismo. O que havia na Itália, quando a Segunda Guerra estava prestes a eclodir, não passava de uma "ditadura nacionalista comum" (*"ordinary nationalist dictatorship"*), era apenas uma ditadura como outras tantas[17].

Uma das características pelas quais o regime alemão se distanciou de sua contraparte italiana estava na figura do guarda de esquina. Em *Una giornata particolare*, há uma figura que mostra bem essa característica. É uma personagem feminina e ao mesmo tempo masculina que atravessa o roteiro de ponta a ponta: a zeladora do edifício. *La portiera* (interpretada pela atriz canadense Françoise Berd) é feminina porque, afinal de contas, é uma mulher. Mas é também um pouco masculina, pois o maquiador lhe aplicou um buço pronunciado, dando mais credibilidade ao papel de autoridade enérgica e petulante que lhe coube encarnar. O fascismo, como sabemos, é machista, machista às raias da caricatura, como se vê com a solução estética que Ettore Scola encontrou para *la portiera*.

Essa "carcereira" um tanto disforme cumpre, na zeladoria do condomínio, as atribuições de vigilante dos prazeres dos condôminos. No início do filme, é ela que desfralda o estandarte nazista na frente do prédio. No meio, é ela que se imiscui na vida íntima dos dois condôminos dissidentes

---

16. Hannah Arendt, *The Origins of Totalitarianism*, London: Penguin Books Modern Classics. English Edition. 2017. Edição Kindle.
17. *Ibid.*, c. 8 ("Continental Imperialism: the Pan-Movements"), III ("Party and Movement").

e ralha com Antonietta quando a vê nas cercanias do apartamento de um homem solteiro.

Nos regimes autoritários, o engenho vampiresco da máquina de propaganda depende da presença conspícua desses bedéis, desses capatazes, desses leões de chácara das trevas, desses espiões a serviço do Estado policial. Quanto mais autoritária a máquina estatal, mais opaco é o poder e mais transparente é a vida privada ou íntima de cada um. O autoritarismo restringe a privacidade, ao mesmo tempo que blinda os atos de governo aos olhos do público. Nessa medida, o guarda da esquina completa e prolonga os efeitos da propaganda na Itália de Mussolini.

O nazismo também tinha seus agentes capilarizados, por certo, mas foi além disso: criou substitutos difusos para essa função e logrou impor a cada cidadão os deveres de agente a serviço da polícia política. O Terceiro Reich instituiu uma sociedade em que filhos denunciavam pais e irmãos entregavam irmãos. Desapareceu o ser humano, substituído pelo soldado voluntário do regime que jura fidelidade, até à morte, ao *Führer*. O guarda da esquina não foi descartado ou aposentado, mas a totalidade dos cidadãos-soldados funciona como polícia.

Essa mutação, a partir da qual emerge o totalitarismo, valia tanto para os alemães que moravam na Alemanha quanto para os que se encontravam fora do país. É o que Hannah Arendt anota: "A dicotomia totalitária [*ou o "nós contra eles" ao estilo totalitário*] tornou obrigatório para todo alemão no exterior denunciar o país como se ele fosse um agente secreto e tratava todo estrangeiro como espião para seu governo de origem[18]."

O totalitarismo fez da população inteira um imenso amontoado de destacamentos da polícia política. Cada lar, cada escola, cada esquina virou uma delegacia pronta para ser ativada. Cada indivíduo, um agente.

> A suspeita mútua [...] permeia todas as relações sociais e cria uma atmosfera onipresente, mesmo fora do âmbito especial da polícia secreta, [...] torna-se um método de lidar com o vizinho que todos, voluntariamente ou não, são forçados a seguir. [...] A colaboração da população na denúncia de opositores políticos e no serviço voluntário como in-

---

18. *Ibid.*, c. 12 ("Totalitarianism in Power"), II ("The Secret Police"). No original: "*The totalitarian dichotomy is propagated by making it a duty for every national abroad to report home as though he were a secret agent, and by treating every foreigner as a spy for his home government.*"

formantes certamente não é inédita, mas em países totalitários ela é tão bem organizada que o trabalho de especialistas é quase supérfluo[19].

Hannah Arendt registra que os procedimentos da polícia secreta constituem os valores dominantes da sociedade totalitária: "os agentes da polícia secreta são a única classe dominante". Seus padrões de atuação e sua escala de valores "permeiam toda a textura da sociedade totalitária". Nessa chave, qualquer um do povo, por ambição mesquinha ou por medo paralisante, alista-se para prestar serviços à polícia secreta[20].

As distinções não param por aí. Para que se tenha uma visão mais ampla do que diferenciou nazismo e fascismo, talvez valha apontar ainda outras cinco distinções:

1. Quanto à hierarquia, Hannah Arendt observou que, no Estado autoritário fascista, há uma linha de comando definida e visível atravessando camadas de chefias intermediárias. Já na ordem totalitária, o vínculo das massas se dá mais diretamente com o chefe supremo, de forma que os níveis intermediários se diluem, com exceção daqueles diretamente instituídos por determinação pessoal do *Führer*. As pirâmides hierárquicas, tão típicas do organograma do Estado autoritário, são liquefeitas no nazismo, ficam dissolvidas sob a pressão da onipotência ubíqua do *Führer*. No Estado autoritário, as pessoas têm suas liberdades limitadas. No Estado totalitário, o que se desenha é muito mais aterrorizante: a liberdade individual é suprimida em favor da devoção total de cada um do povo à

---

19. *Ibid.*, c. 12 ("Totalitarianism in Power"), II ("The Secret Police"). No original: *"Mutual suspicion, therefore, permeates all social relationships in totalitarian countries and creates an all-pervasive atmosphere even outside the special purview of the secret police. In totalitarian regimes provocation, once only the specialty of the secret agent, becomes a method of dealing with his neighbor which everybody, willingly or unwillingly, is forced to follow. Everyone, in a way, is the agent provocateur of everyone else; for obviously everybody will call himself an agent provocateur if ever an ordinary friendly exchange of 'dangerous thoughts' (or what in the meantime have become dangerous thoughts) should come to the attention of the authorities. Collaboration of the population in denouncing political opponents and volunteer service as stool pigeons are certainly not unprecedented, but in totalitarian countries they are so well organized that the work of specialists is almost superfluous."*
20. *Ibid.*, c. 12 ("Totalitarianism in Power"), II ("The Secret Police"). No orginal: *"In this sense, the secret police agents are the only openly ruling class in totalitarian countries and their standards and scale of values permeate the entire texture of totalitarian society. From this viewpoint, it may not be too surprising that certain peculiar qualities of the secret police are general qualities of totalitarian society rather than peculiarities of the totalitarian secret police."*

idolatria ao *Führer*, que deve ser obedecido e venerado acima de tudo[21]. Privacidade e liberdade, portanto, tendem a desaparecer no totalitarismo, enquanto o núcleo do poder se torna indevassável.

2. Quanto ao lugar do Exército, que não era o mesmo no nazismo e no fascismo, Hannah Arendt escreve:

> Em contraste com os nazistas e bolcheviques, que destruíram o espírito do exército, subordinando-o aos comissários políticos ou a formações totalitárias de elite, os fascistas podiam usar o exército, esse instrumento de carga nacionalista tão intensa, com o qual se identificaram como se identificaram com o próprio Estado. Eles queriam um estado fascista e um exército também fascista, mas ainda assim um exército e um Estado[22].

3. A relação de um e outro com a Igreja Católica também foi diferente. O Estado nazista, a despeito de ter forjado alianças com o Vaticano, ainda hoje envoltas em zonas de sombra, procurou se distanciar do catolicismo. A Itália fascista não se distanciou tanto.

4. O uso da Justiça e da polícia secreta para perseguir adversários dentro do próprio partido pode ser tomado como outro aspecto distintivo. O *Führer* se valia da polícia secreta e suas insondáveis ramificações para eliminar os possíveis rivais, inclusive aqueles já instalados na cúpula do governo. A mesma deformação foi observada, nos anos 1920, 1930 e 1940, no totalitarismo soviético, que reduziu a Justiça a um cadafalso letal para exterminar bolcheviques históricos, muitos dos quais tinham figurado no comitê central do Partido Bolchevique de 1917. O fascismo não chegou a esse ponto – ou, ao menos, não chegou a esse ponto com igual intensidade.

5. Deixo para o quinto lugar a diferença mais intransponível. O nazismo implementou o Holocausto, que foi o genocídio traduzido em

---

[21]. "Independentemente de sua origem na história romana, a autoridade, não importa de que forma, sempre se destina a restringir ou limitar a liberdade, mas nunca a aboli-la. A dominação totalitária, no entanto, visa abolir a liberdade, eliminando a espontaneidade humana em geral." (*"Quite apart from its origin in Roman history, authority, no matter in what form, always is meant to restrict or limit freedom, but never to abolish it. Totalitarian domination, however, aims at abolishing freedom, even at eliminating human spontaneity in general."*). Ibid., c. 12 ("Totalitarianism in Power"), I ("The So-called Totalitarian State").

[22]. Ibid., c. 8 ("Continental Imperialism: the Pan-Movements"), III ("Party and Movement").

procedimento burocrático-administrativo de Estado, com técnicas rebuscadas de gerenciamento para cumprir o objetivo de Estado de exterminar um povo específico, o povo judeu. A ditadura de Mussolini, em que pese sua subserviência diante de Hitler, não aderiu a essa meta.

Como se vê, fascismo e nazismo se diferenciaram em modelos distintos. Não obstante, persistem identidades entre as duas máquinas distópicas. Em uma perspectiva cautelosa, o nazismo pode ser tratado como uma variação mutante agravada do fascismo. Embora se apresentem com naturezas não idênticas, ambos guardam um tronco comum. Esse tronco tem a ver com o engajamento selvagem das massas no acionamento da opressão contra elas mesmas.

Ademais, o título que Mikhail Romm deu a seu documentário procura levar o espectador a olhar para "o fascismo dos comuns", "o fascismo ordinário" ou "o fascismo cotidiano", que, para ele, ainda tinha lugar em vários países na década de 1960, como nas forças armadas dos Estados Unidos. O foco do cineasta não está, portanto, no modelo de Estado que distingue totalitarismo de autoritarismo, mas em um traço específico e essencial que une os dois, qual seja, a função ativa das massas na consolidação da tirania.

Por esse ângulo, a expressão "fascismo alemão" não seria imprópria para designar o nazismo. Não custa registrar que Theodor Adorno, em ensaio definitivo de 1951, "A teoria freudiana e o padrão da propaganda fascista", também se referiu ao nazismo como "fascismo alemão"[23]. Romm não está sozinho em sua terminologia.

Tanto no nazismo quanto no fascismo, pulsam as tradições regressivas do cesarismo. Em ambos, comparece a virulenta negação das liberdades e dos direitos humanos. Nos dois, as massas inflamadas se antecipam em adorar o chefe supremo e em extirpar com violência os dissidentes. Vistos por essa lente, nazismo e fascismo podem ser pensados como tipos homólogos.

---

23. Theodor W. Adorno, "A teoria freudiana e o padrão da propaganda fascista". Tradução de Gustavo Pedroso. *Margem Esquerda*, n. 7. São Paulo: Boitempo, 2006. Disponível em: https://blogdaboitempo.com.br/2018/10/25/adorno-a-psicanalise-da-adesao-ao-fascismo/. Acesso em 18 out. 2020.

7. O NAZISMO PIROTÉCNICO

Feita a digressão terminológica, retorno ao documentário de Mikhail Romm. Todo em preto e branco, o filme foi montado como um livro de ensaios, subdividido em capítulos, que são abertos com uma frase de Hitler em epígrafe. O capítulo V começa com a seguinte sentença: "Qualquer cabo pode virar professor, mas não é qualquer professor que pode virar cabo".

Para Hitler, é preciso mais talento e mais preparo para ser cabo do que para ser professor, tanto que qualquer cabo pode fazer as vezes de professor, mas nem todo professor pode substituir um cabo. Essa mentalidade não foi ultrapassada. Temos visto, com pesar, que para muita gente do nosso tempo, gente que insiste na apologia de oficiais torturadores[24], escolas militares ensinam mais e melhor do que escolas civis e intelectuais não merecem a bolsa que recebem da Capes, da Fapesp ou do CNPq.

Depois dessa epígrafe, o capítulo V prossegue com cenas noturnas – filmadas pela máquina de propaganda do *Führer*. Num descampado ao ar livre, algo como um pátio gigantesco ou um estádio infinito, jovens perfilados em colunas, em trajes de caserna, marcham alinhados. Cada um deles carrega uma tocha acesa. Sobre o fundo de breu, as chamas desenham rios de fogo, como lava escorrendo nas encostas de um vulcão. A locação aconteceu poucos dias depois de Hitler ser nomeado chanceler da Alemanha, em 30 de janeiro de 1933. O narrador comenta as imagens, falando em *off* (com um detalhe significativo: o narrador é o próprio diretor e autor do texto, Mikhail Romm):

> Durante três dias após a chegada de Hitler ao poder, aconteceram estas Marchas de Tochas, *Fackelzug*. Eu olho para esse rio de fogo e penso: qual era o verdadeiro, o profundo sentido desse espetáculo ígneo? Bem, claro, ele mostrava o poder da nova ordem. Intimidava, exaltava as almas simples. Mas o principal dessas *Fackelzug* é que elas ajudavam a transformar o homem em selvagem. Aliás, transformá-lo em selvagem

---

24. Em 2019, o presidente do Brasil, Jair Bolsonaro, classificou como "herói nacional" o militar torturador Carlos Alberto Brilhante Ustra, que morreu em 2015 com a patente de coronel. Disponível em: https://veja.abril.com.br/politica/bolsonaro-afirma-que-torturador-brilhante-ustra-e-um-heroi-nacional/ Acesso em 20 out. 2020.

em uma situação solene. Assim, ao tornar-se selvagem, ele se sentiria um herói. E, pronto para qualquer tipo de brutalidade, ele se sentiria muito útil ao Terceiro Reich: necessário, acima de tudo, para enfrentar tudo o que se opunha ao nazismo, tudo o que ficasse em seu caminho.

Nessa altura, as tochas, que são centenas, ou quem sabe milhares, começam a formar uma suástica sobre a escuridão. O diretor e narrador Mikhail Romm continua com seu comentário: "Não posso me resignar à ideia de que, na Alemanha, país de grande cultura, tinham chegado ao poder pessoas semianalfabetas, obtusas e presunçosas, que fizeram qualquer coisa para transformar o homem em um selvagem exaltado."

Os processos libidinais que transformavam homens em massas estão representados naquelas tochas e no que vem depois: cenas de livros sendo incinerados nos pátios de universidades. Clássicos da literatura universal, de Lev Tolstói a Thomas Mann, foram queimados nesses rituais. O espectador é posto frente a frente com as labaredas do nazismo – ou do fascismo, em sentido amplo.

Aquelas chamas ardiam para reduzir a cultura a cinzas fumegantes e ainda não se apagaram. Hoje, a censura é disfarçada de expediente burocrático nesse monstrengo a que se convencionou chamar de "economia criativa": autoridades governamentais cortam arbitrariamente roteiros de filmes e exposições. É a transformação da cultura em cinzas por antecipação.

Em muitos ângulos, o documentário de Mikhail Romm nos apresenta ao fascismo que não foi embora. Em um ponto, porém, ele nos desconcerta: não há uma palavra, não há uma imagem que denuncie o totalitarismo soviético. Tendo cumprido sua carreira sob os bigodes de Stálin e sob o beneplácito da burocracia do Kremlin, o diretor não esboça uma vírgula para registrar, ainda que de forma oblíqua, os crimes dos comissários da praça Vermelha. O silêncio de Romm quanto a isso estarrece, pois, se houve um duplo do totalitarismo nazista, esse duplo, mais que o fascismo italiano, foi o totalitarismo que se dizia comunista. Sobre esse ponto, Romm chega a parecer delirante. Às imagens recuperadas dos arquivos do nazismo, sua câmera intercala, singelamente, cenas de crianças felizes e mães joviais nas ruas de Moscou, Varsóvia e Berlim Oriental. Suas tomadas simulam um quê de *nouvelle vague*, câmera na mão, leveza, arejamento. Fora isso, nada sobre os massacres promovidos pelo stalinismo. Terá sido ironia? Terá sido cinismo? Ou apenas uma forma submissa de elogiar a burocracia? Um dia saberemos. Ou nunca.

Faço o reparo, mas não descarto a grandeza de *O fascismo de todos os dias*. É preciso vê-lo. É preciso pensar com ele e com seus longos arcos de análise sobre o arbítrio desumano. Olho na tela para as tochas que brilham mas não iluminam toda aquela escuridão, e um terror me assalta. Penso nas matas brasileiras em chamas. Os que transformam a floresta em incêndio e, principalmente, os que consentem o incêndio a não mais poder. Eles não querem meramente reduzir as reservas ecológicas a um punhado de carvão. Querem queimar os indígenas, suas culturas e suas tradições. Querem queimar a diversidade política, as palavras discordantes, a identidade dos que preferem outras formas de viver, as donas de casa que se apaixonam secretamente pelo vizinho, o locutor de rádio de nome Gabriele. Os incendiários da atualidade querem queimar Gabriele que, sendo *gay*, ama com delicadeza a mulher que o beija na boca.

Nesse momento, diviso o itinerário oculto que foi percorrido pelo mal. Por um desvão da História, as fogueiras do Terceiro Reich que queimavam livros viajaram no tempo para, agora, em nossos dias difíceis, atear fogo à Amazônia. O que incinera as árvores não é o ódio contra as árvores, mas contra os seres humanos que defendem as árvores. As tochas saídas da propaganda nazista de oitenta anos atrás reaparecem hoje para queimar ideias e pensamento. Essas tochas não pretendem apenas, como alguém já assumiu, queimar "a porra da árvore"[25].

8. A TECNOLOGIA VAI MELHOR À DIREITA

O fascismo persiste em quartos escuros do nosso tempo. Por vezes, persiste em cena aberta, à luz do dia. A propaganda que aninhou e alimentou o fascismo e o nazismo nos anos 1930 e 1940 não foi embora. É verdade que os dois regimes, em seus formatos originais, não mais vigoram. A questão é que o ninho comunicacional e cultural em que esses dois

---

25. "'Interesse na Amazônia não é no índio nem na porra da árvore', diz Bolsonaro". *Folha de S.Paulo*, 1º out. 2019. Disponível em: www1.folha.uol.com.br/ambiente/2019/10/o-interesse-na-amazonia-nao-e-no-indio-nem-na-porra-da-arvore-diz-bolsonaro.shtml. Acesso em 20 out. 2020.

pesadelos se apossaram do Estado na Itália e na Alemanha permanece ativo no mundo, talvez mais agora do que há vinte ou quarenta anos.

Vejamos as já conhecidas "bolhas" da extrema direita na internet. Esses aglomerados libidinais, que há muito romperam com os fundamentos do liberalismo, são a nova plataforma dos enredos fascistizantes. No universo digital, a extrema direita cresceu mais do que a esquerda. Não adianta dizer que, nas redes, a extrema direita e a esquerda têm condutas equivalentes. A presumida simetria bilateral não existe nesse caso. As coagulações de extrema direita nas mídias sociais propagam mentiras e amplificam declarações de ódio em volume crescente. A esquerda não opera no mesmo protocolo. A extrema direita, negando a razão, nega também as evidências factuais mais elementares. O mesmo comportamento não se verifica nos polos de esquerda, que, em geral, ainda mantêm relação, mesmo quando contestatória, com o registro dos fatos.

Desprezar os fatos é desprezar a política democrática – e aqui falo dos fatos nos termos estritos em que Hannah Arendt os apresenta em seu clássico *Verdade e política*. Nessa obra, ela afirma que "os fatos e os acontecimentos constituem a própria textura do domínio político"[26]. Ao dizer isso, levantou um alerta do tamanho do século XX para a política: ou as decisões da democracia são lastreadas nos fatos, em debates mediados pela razão, ou o que surge no lugar da política é o fanatismo. Quando deixa de ter apoio na verdade factual, a política se degenera em seu oposto.

Nos Estados Unidos dos nossos dias, essa tendência já foi mais estudada. Lá, as pesquisas vêm comprovando que a extrema direita ignora os fatos. Em um livro publicado em 2019, *The Revolution That Wasn't: How Digital Activism Favors Conservatives* (A revolução que não houve: como o ativismo digital favorece os conservadores)[27], a autora, Jen Schradie, com mestrado em Harvard e PhD pela Universidade da Califórnia em Berkeley, demonstra que o ativismo digital de agrupamentos de direita foi mais bem-sucedido que o ativismo de coletivos de esquerda no uso das tecnologias digitais e, principalmente, das chamadas *fake news*. A autora

---

26. Hannah Arendt. "Verdade e política". In: *Entre o passado e o futuro*. Tradução de Manuel Alberto, Lisboa: Relógio D'Água Editores, 1995. [Ed. bras.: São Paulo: Perspectiva, 2011 (7. ed.)].
27. Jen Schradie, *The Revolution That Wasn't: How Digital Activism Favors Conservatives*. Cambridge: Harvard University Press, 2019.

também mostra que as *fake news* têm mais efeito entre eleitores de direita do que entre eleitores de esquerda.

Sim, a direita vai muito mais longe do que a esquerda quando se trata de romper com a razão e com a verdade factual. O pesquisador e professor da USP Pablo Ortellado lembra outro livro, este publicado em 2018: *Network Propaganda*, de Yochai Benkler, Robert Faris e Hal Roberts[28]. Segundo Ortellado,

> os três autores argumentam que o isolamento dos consumidores de notícias de direita nos Estados Unidos faz com que os exageros e as distorções hiperpartidárias não sejam corrigidos por reportagens factuais dos grandes meios de comunicação, gerando desinformação sistêmica – o que não ocorreria na esquerda, que teria na grande imprensa uma espécie de contraponto[29].

Em um artigo no jornal *Folha de S.Paulo*, Ortellado salientou que, no Brasil, a mesma tendência começa a se desenhar. No Youtube, os *sites* brasileiros da extrema direita não levam em conta o conteúdo da grande imprensa, enquanto os de esquerda comentam regularmente reportagens e artigos dos principais jornais. O pior é constatar que os *sites* da direita são muito maiores, em audiência, que os da esquerda.

Esse fenômeno já se prenunciava no Brasil. Eu mesmo, no final de 2018, em uma palestra na Cuny (City University of New York)[30], reuni indícios, extraídos de dados empíricos, de que o expediente das *fake news* nas eleições presidenciais brasileiras de 2018 foi mais eficiente para a candidatura da extrema direita do que para a candidatura de centro-esquerda. No bojo desse polo ultraconservador, exorbitaram a homofobia mais retrógrada e os catecismos da repressão sexual, além da sanha anticientífica, anti-imprensa e anti-intelectual, em um receituário que mesclava o fundamentalismo religioso obscurantista ao culto da violência à moda

---

28. Yochai Benkler, Robert Faris e Hal Roberts, *Network Propaganda: Manipulation, Disinformation and Radicalization in American Politics*, Oxford: Oxford University Press, 2018.
29. Pablo Ortellado, "Continente isolado". *Folha de S.Paulo*, disponível em: www1.folha.uol.com.br/colunas/pablo-ortellado/2019/10/continente-isolado.shtml. Acesso em 20 out. 2020.
30. Ver em https://namidia.fapesp.br/em-busca-da-veracidade-na-era-das-fake-news/172686 (acesso em 20 out. 2020). O evento foi organizado pela Fapesp. A palestra foi realizada em 28 de novembro de 2018, no Graduate Center da Cuny.

das milícias cariocas. O gesto com a mão em forma de pistola, com o indicador ereto, virou o símbolo fascistofrênico daquela campanha.

9. DO PRÉ-MODERNO AO ANTIMODERNO

Nesse quadro, o discurso de viés fascistizante recrudesce. Em parte, ao menos em parte, a explicação para isso pode ser encontrada no ambiente comunicacional posto em marcha pela superindústria do entretenimento e pelos conglomerados das mídias digitais. Essa indústria não faz propaganda explícita do fascismo, é verdade. Ao contrário, as vozes oficiais que a representam alegam ser contra toda forma de autoritarismo e a favor das liberdades. No entanto, seus padrões de comunicação não primam pelo argumento racional, não convidam à reflexão crítica; preferem os apelos sentimentais e os laços libidinais. Há um problema aí: mesmo onde não há sinais aparentes de discursos fascistizantes, os padrões comunicacionais convidam ao fascínio de soluções autoritárias.

O problema não reside tanto nas expressões explícitas de intolerância, tidas como politicamente incorretas pelos próprios *standards* da indústria, mas nos padrões comunicacionais engendrados por ela, mesmo quando a causa é aparentemente boa (alertas contra o aquecimento global, por exemplo), justa (divulgação de agendas contra a desigualdade e a fome) ou bela (homens e mulheres considerados bonitos e atraentes mobilizados em defesa da floresta amazônica). Também aí, nas campanhas de *marketing* "do bem" (sempre de viés publicitário, que massificam *slogans* acriticamente), o *modus operandi* da comunicação não aciona o pensamento, mas as sensações ou, mais ainda, um sentimentalismo escancaradamente melodramático. A fórmula do melodrama, como se sabe desde Goebbels, predispõe a simplificações infantis das quais emerge não diretamente o fascismo, mas uma cadeia de identificações que se inclinam mais para as soluções de direita, conservadoras, do que para os equacionamentos racionais da política orientada para os direitos humanos. Não deveria nos surpreender que a política, nesses marcos, tenda a ser considerada "chata", ao passo que a propaganda de perfil melodramático é considerada excitante e divertida.

Em resumo, mesmo nas pregações de intenções aparentemente libertárias ou antiautoritárias, o convite ao fascismo resiste latente e prevalente. Basta observar que as massas libidinais da era digital, hospedadas nas bolhas de fanatismo, têm na propaganda a fonte primordial da verdade. Elas se comportam como quem busca líderes e ídolos para tudo, inclusive para as posturas que em tese se inclinariam para a negação das idolatrias. Não raro, as massas se dobram a venerações de algum dublê do pai primordial, como Freud diagnosticou em *Psicologia das massas e análise do eu*, de 1921.

Freud sustentou, como vimos no início deste texto, que os laços libidinais se caracterizam pela recusa da razão, do juízo de fato e de qualquer princípio de realidade. Não por acaso, hoje, as massas libidinais das bolhas de extrema direita festejam as profecias violentas, embaladas na apologia do autoritarismo estatal, e seguem desejando ardentemente ser tiranizadas, "ser dominadas com força irrestrita, têm ânsia extrema de autoridade e sede de submissão". Arde no coração brega das massas o desejo de se entregar a senhores de carne e osso – ou de silício, tanto faz.

Em 1951, Theodor Adorno anteviu o mesmo perigo. Quando escreveu *A teoria freudiana e o padrão da propaganda fascista*, tinha em mente não o fascismo alemão ou italiano, mas a presença de ideários fascistas nos debates públicos nos Estados Unidos, então às voltas com o macarthismo (mais fascista impossível). Adorno percebeu o que espreitava a democracia. Ele anotou: "Como seria impossível para o fascismo ganhar as massas por meio de argumentos racionais, sua propaganda deve necessariamente ser defletida do pensamento discursivo; deve ser orientada psicologicamente, e tem de mobilizar processos irracionais, inconscientes e regressivos[31]."

O que Adorno apontou em 1951, relido agora, não se limita às hostes do fascismo, seja na Itália dos anos 1930, seja nos Estados Unidos dos anos 1950. O velho teórico de Frankfurt parece descrever não a propaganda abertamente fascista, mas o conjunto planetário da comunicação da era digital, em que o entretenimento, a imprensa sensacionalista e as redes sociais, com seus incontáveis falsificadores, se embolam em um jogral babélico, ao mesmo tempo caótico e certeiro. Esse ambiente comunicacional definitivamente não se pauta por "argumentos racionais", mas

---

31. Theodor W. Adorno, "A teoria freudiana e o padrão da propaganda fascista". Tradução de Gustavo Pedroso. *Margem Esquerda*, n. 7. São Paulo: Boitempo, 2006. Disponível em: https://blogdaboitempo.com.br/2018/10/25/adorno-a-psicanalise-da-adesao-ao-fascismo. Acesso em 21 out. 2020.

por "processos irracionais, inconscientes e regressivos", para ficarmos criteriosamente nas palavras de Adorno.

Os processos de que Adorno nos fala se impuseram como uma constante nas redes sociais e na indústria do entretenimento em geral. As identificações, agora nos termos de Freud, trafegam no mesmo registro e, também elas, representam um gargalo para a razão. Lembremos ainda uma vez que, para Freud, as identificações estariam na "pré-história do complexo de Édipo" e seriam "a mais antiga ligação afetiva a uma outra pessoa"[32]. Isso quer dizer que, na formação da subjetividade, o processo de identificação precede o estabelecimento do complexo de Édipo. Sendo infantil, o ambiente comunicacional que privilegia as identificações opera em moldes infantis e não reúne os requisitos para pautar a dialogia indispensável ao exercício da política democrática. A dialética do iluminismo dá uma segunda volta no parafuso. O que governa o aparente caos da comunicação é a ideologia em sua acepção mais funda – e mais desconhecida.

Nesta passagem, devo qualificar o emprego que faço da palavra "ideologia". Não se trata da ideologia em seu sentido mais banalizado, aquele que o senso comum assimilou. Para o senso comum, a ideologia se reduz a um amontoado de *statements* ou a uma lista de enunciados que cabe em uma folha de papel. Acredita-se que os dizeres de um programa partidário encarnam uma ideologia. Há ainda aqueles que são mais reducionistas, os que afirmam que ideologia é tudo o que não convém à verdade que professam, sendo essa verdade o decalque primário da propaganda a que se imaginam filiados.

Foi assim, com esse léxico miserável, que a palavra entrou para a língua corrente, como sinônimo de um rol de intenções ou de valores declarados e conscientes. Em vista do empobrecimento da palavra, de sua pasteurização mesquinha, devo avisar aqui que não é nessa base que invoco o termo. Falo, como adiantei, em ideologia a partir de uma acepção mais funda, e falo dela com o objetivo de designar um efeito de natureza ideológica que tem lugar em camadas bem distantes da superfície da fala, da consciência e da intencionalidade. A ideologia como eu a invoco, talvez aparentada distante daquela que Althusser chamou de "ideologia

---

32. Sigmund Freud, *op. cit.*, edição Kindle. O trecho citado se encontra ao final do capítulo VII, "A identificação".

em geral"[33], é mais sutil, mais traiçoeira, mais inconsciente e mais estruturante. Ela não se dá a perceber no plano do significado, mas nas leis que regem o modo pelo qual o significante adere ao seu significado. É ela quem convoca o sujeito a aderir por sensações, por vínculos libidinais, por identificações – independentemente daquilo que se enuncia, seja contra ou a favor deste ou daquele lado da política. Essa ideologia mais funda, que, insisto, é da ordem do modo de significar e não da ordem do significado, mora na matriz da indústria do entretenimento e das redes sociais. Justamente por ser vaga, é matadora.

Em outro momento, ainda nos anos 1940, Adorno, então em parceria com Max Horkheimer, já tinha se antecipado: "A ideologia assim reduzida a um discurso vago e descompromissado nem por isso se torna mais transparente e, tampouco, mais fraca. Justamente por sua vagueza, a aversão quase científica a fixar-se em qualquer coisa que não se deixe verificar, funciona como instrumento da dominação[34]."

Assim era a "indústria cultural" descrita por Adorno e Horkheimer. Assim foi a Sociedade do Espetáculo, que Guy Debord enxergou e que ainda está aí, de pé. Assim é hoje. Os conglomerados das plataformas sociais, do entretenimento e das tecnologias digitais jogam fora o "trabalho do pensamento" e preferem as "identificações", as sensações (donde o sensacionalismo), as estesias industrializadas. Dada a sua natureza, essa indústria se recusa, até onde consegue, a considerar os regramentos do Estado – regramentos que, para o bem ou para o mal, se estruturam em fundamentos (adulterados ou não) próprios da razão. Sobrevoando as fronteiras nacionais (e os fundamentos racionais), a indústria atua em todo o planeta, instalada em uma altitude operacional acima do alcance das legislações nacionais, e produz para si um lugar a partir do qual pode rejeitar com arrogância qualquer tentativa de regulação democrática. Ela não aceita ser regulada pela democracia; ao contrário, age como quem quer regular os cânones da política, redefinindo o sentido da palavra "liberdade" e da palavra "censura", agora em termos privados.

Tudo isso vai tornando mais improváveis e custosos os espaços críticos pelos quais a democracia pode estabelecer limites para a concentração

---

33. Louis Althusser, *Aparelhos ideológicos de Estado: nota sobre os aparelhos ideológicos de Estado (AIE)*, 2. ed., Rio de Janeiro: Edições Graal, 1985, p. 85.
34. Theodor Adorno e Max Horkheimer, *Dialética do esclarecimento*, São Paulo: Zahar, 1985, p. 137.

de mercado, de poder e de capital. Entregues à própria lógica de acumulação, as mídias digitais e a indústria do entretenimento preferem os "processos irracionais, inconscientes e regressivos" aos argumentos da razão. A democracia se vê diante de barreiras que desconhecia. O autoritarismo latente ou aparente ganha adeptos.

Vivenciamos hoje o advento de uma nova Caverna de Platão. Suas paredes são feitas de imagens eletrônicas, o que já foi indicado por alguns, e de dados digitais, essa nova religião do empirismo que se pensa objetivo. O capitalismo se converteu aos dados e os vê como o petróleo do século XXI, ou seja, como o ativo mais valioso da economia global. Em uma reportagem de capa em 2017, o semanário inglês *The Economist* cravou a emergência do novo ativo[35]. A revista sustenta sua tese no crescimento de empresas promovido pela coleta de dados de seus usuários. São elas: Alphabet (a detentora e controladora do Google), a Amazon, a Apple, o Facebook e a Microsoft. São esses os conglomerados mais valiosos do capitalismo contemporâneo. Eles não são extratores de petróleo, mas de dados – ou, em termos que considero mais abrangentes, são extratores de olhar, que traz os dados como valor adicional.

O capital se especializou em extrair dados da humanidade e os comercializa, isso na superfície registrada por *The Economist*. No fundo, o que a revista não aponta, o capital aprisiona o olhar, por meio do qual aprisiona a imaginação e o desejo. Cativando o olhar das massas, o capitalismo refabrica a linguagem, incessantemente, e mantém coesas as massas (ou as bolhas). São operações complexas, que agora não nos interessam de perto (já desenvolvi o tema em outra ocasião[36]). O que nos interessa, isto sim, é que as fórmulas pelas quais o capital assenta a argamassa da nova Caverna de Platão conservam cativo o olhar, o que corresponde a conservar cativas as massas e, mais ainda, conservar as massas em estado de massas (mesmo quando essas acreditam receber serviços "customizados"). Esse é o foco de meu texto e do qual não devo me desviar.

---

35. "The world's most valuable resource is no longer oil, but data". *The Economist*, 6 maio 2017. Disponível em: www.economist.com/leaders/2017/05/06/the-worlds-most-valuable-resource-is-no-longer-oil-but-data. Acesso em 21 out. 2020.
36. Ver Eugênio Bucci, "Extrativismo de olhar, valor de gozo e palavras em refluxo", *Revista Brasileira de Psicanálise* (Órgão Oficial da Federação Brasileira de Psicanálise), v. 53, n. 3, 2019, pp. 97-116.

Os expedientes pelos quais o capitalismo coleta os dados incluem ofertas que aparentemente conflitam com as mentalidades fascistas, como um certo "libertarismo" comercial, que tem na pornografia um de seus exemplos. Ocorre que aí não há liberdade sexual, mas confinamento do desejo, conforme intuiu Herbert Marcuse ao criar o conceito de "dessublimação repressiva". Com as limitações inevitáveis (o conceito é datado, tendo aparecido no livro *Eros e civilização*, originalmente publicado em 1955), Marcuse percebeu que, ao ofertar canais para a suposta satisfação sexual, o capitalismo não libertava, mas aprisionava em outra escala.

Hoje, em certos mecanismos de coleta de dados em massa, existe algo análogo ao que Marcuse indicou, embora menos rudimentar. O que há de aparentemente libertário nas tecnologias digitais deve ser contraposto, para fins analíticos, à tendência de concentração de multidões de clientes fiéis, quer dizer, à tendência de concentração das massas no interior na nova Caverna de Platão. A nova Caverna de Platão se compõe de campos de concentração do imaginário. Para manter os laços libidinais das massas, enfim, a indústria pode recorrer a procedimentos que, na superfície, aparentam libertar os indivíduos do domínio que ela mesma, indústria, não pode deixar de exercer.

Desse modo, mesmo que as imagens eletrônicas e os dados digitais não proclamem corolários declaradamente fascistas, há dentro deles essa propensão de fundo antidemocrático, com um estilo que lembra, de longe, a propaganda do fascismo, com seu jeito peculiar de aprisionar o desejo e a imaginação das massas excitadas.

Olho a paisagem e me bate um travo na boca do estômago. Avanços tecnológicos favorecem discursos belicosamente contrários à modernidade, como em um regurgitar que nos traz de volta ameaças que deveriam ter sido suplantadas pelo advento da modernidade. As velhas investidas perfunctórias do fascismo italiano e do nazismo alemão, que devassavam a privacidade dos comuns, foram agravadas pelas tecnologias do presente. O estado de vigilância parece absoluto, com algoritmos capazes de antecipar cada movimento íntimo, de cada indivíduo, com precisão microscópica.

Na nova Caverna de Platão, não apenas os cativos não conseguem ver através das paredes que os guardam, como, ainda mais, as paredes conseguem ver tudo através deles, de seus corpos e de suas míseras dissimulações. Outro "grande irmão" se impõe: não mais aquele Grande Irmão orwelliano, não mais a autoridade máxima que a todos examinava, mas outro, mais pervasivo, resultante da bisbilhotice de todos contra todos, em uma espécie de totalitarismo difuso, mesmo que, por enquanto, sem um *Führer* visível. O poder da tecnologia e do capital se faz opaco e intangível, enquanto a intimidade de cada um se mostra com a transparência indefesa de uma gota de orvalho.

O arbítrio regurgitado, que se beneficia das paredes de imagens e dados digitais da nova Caverna de Platão, por vezes se converte em um pastiche de si mesmo, em uma piada de mau gosto. Ouço chefes de Estado cujos enunciados não escondem sua fixação, não no falo, mas diretamente no órgão sexual masculino, em um saudosismo do fascismo literal. Sentem falta do *fascio*, ou, mais do que dele, do *fascinus*.

Fascio é o nome de um feixe de sarrafos amarrados por tiras de couro vermelho, na forma de um porrete, normalmente com uma lâmina de bronze numa das extremidades, como um machado de cabo mais bojudo. Esse objeto de origem etrusca, um símbolo fálico explícito, virou o totem do fascismo italiano[37]. O *fascinus* ou *fascinum* é menos conhecido. Trata-se de um amuleto envolvido em superstições que foi muito popular na cidade antiga de Pompeia, antes que o Vesúvio a calcinasse, em 79 a.C. O objeto, normalmente em proporções pequenas, que cabia na palma da mão, era a escultura de um falo ereto, por vezes dotado de um par de asas. Acreditava-se que, sendo a encarnação de um falo divino (Príapo), teria poderes mágicos de repelir o mau-olhado[38].

37. O termo italiano *fascio*, de raiz latina (*fasces*), designa um artefato de origem etrusca, que consiste em um feixe de estacas finas, ou varas, amarradas umas às outras com correias vermelhas feitas de couro (donde *fasces*), que lembre uma clava, cujo comprimento corresponde mais ou menos à metade da altura de um homem. Na Roma antiga, o *fasces lictoris* – o *fascio* contendo uma lâmina de metal em uma das pontas, como um machado – era carregado em solenidades pelo *lictor*, figura encarregada da segurança dos magistrados. O *fasces* representava o poder dos juízes de flagelar ou decapitar os infratores (Ver mais sobre *fasces* em *Dicionário Oxford de Literatura Clássica*, Rio de Janeiro: Jorge Zahar Editor, 1987, p. 226). No século XIX, os *fasci* eram grupos eventualmente armados, unificados em torno de propósitos políticos ou militares. No século XX, o símbolo foi incorporado como inspiração do fascismo. Em sua primeira formação, o bando de Mussolini atendia pelo nome de "Fasci di Combatimento" (Ver: https://sibila.com.br/cultura/a-historia-etimologica-da-palavra-fascismo/13340. Acesso em 21 out. 2020). Em sua simbologia, o *fascio* evoca união, força, soberania e poder. Em seu aspecto físico, o *fascio* contém todos os elementos de símbolo fálico.

38. Vários desses amuletos estão expostos no Museu Antropológico de Nápoles (no Gabinetto Segreto del Museo Archeologico Nazionale di Napoli). Ver em https://en.m.wikipedia.org/wiki/File:Tintinnabulum_Pompeii_MAN_Napoli_Inv27839.jpg. Acesso em 21 out. 2020. O termo *fascinum* está na origem

Ouço dos mesmos personagens profusas referências verbais à fase anal. São chegados a um escancaramento escatológico da fala, tanto que, por vezes, enunciam expressões pouco usuais na cena política, como aconteceu com a palavra "cocô"[39].

O que fazer em meio ao ranço escatológico? Eu digo apenas que é preciso pensar, nem que seja apenas para alcançar um breve lampejo de liberdade, como Antonietta e Gabriele, em sua *Giornata particolare*. Penso em pensar e isso me faz viver, entrar em movimento. Não sou mais tão sectário, e já não me atrevo a proclamar que sou feliz (não traz sorte). Superei minhas implicâncias com o Ettore Scola, o que não é pouco, e posso declarar que, contra a massa libidinal, contra o gregarismo dos carentes, contra os exércitos das sombras, sou só e sou inteiro quando penso. Sou melhor quando aprendo, humano quando me transformo, livre quando repenso. O fascismo não me matou, mas a tempestade ainda castiga.

---

do verbo *fascinar* e, segundo algumas fontes, do adjetivo *fescenino*. Não há vinculação etimológica segura entre os termos *fascismo* e *fascinum*, mas o magnetismo sonoro inconsciente, produzido pelo provável falso cognato, imanta a fala fálica dos neofascistas deslumbrados.

39. "Bolsonaro sugere 'fazer cocô dia sim, dia não' para reduzir poluição ambiental", G1, 9 ago. 2019. Disponível em https://g1.globo.com/politica/noticia/2019/08/09/bolsonaro-sugere-fazer-coco-dia-sim-dia-nao-para-reduzir-poluicao-ambiental.ghtml. Acesso em 21 out. 2019.

Nossa época e o fascismo: algumas pistas para sentir o fascismo chegar antes que ele se imponha[1]
Pascal Dibie

A diferença dos tempos faz que as coisas nunca se repitam iguais na história. Nenhum acontecimento histórico se reproduz na forma e nas circunstâncias em que se deu uma primeira vez; a diferença do tempo torna a repetição histórica impossível, mesmo se do alto de nossa má experiência acreditamos ver coisas já vistas; na realidade, elas não podem ser tais como acreditamos vê-las; não fazemos senão traduzir nosso olhar antigo sobre um mundo em devir – um devir cujas consequências não podemos imaginar.

Não há mais desfiles de camisas negras, pardas, verdes, em ordem marcial, pelo menos da maneira como os conhecíamos, na forma de desfiles com ruídos de botas, como quando a rua era o único espaço de mobilização geral. É verdade que, apesar de tudo, vozes bizarras chegam hoje da Europa – como as de Salvini na Itália, Orbán na Hungria –, da América do Norte e, sobretudo, da América do Sul... E é aí que nos interrogamos sobre o "amanhã". São vozes que ainda pronunciam a palavra "democracia", mesmo que a substituam por "povo" (lembremos que nem Mussolini, nem Hitler, nem Charles Maurras [teórico do nacionalismo integralista na França] jamais pronunciaram a palavra *democracia*). A questão, a minha questão, é interrogar sobre o que tornou possível o fascismo, a própria essência do fascismo; suas raízes, seu adubo, se alguma vez os teve, devem ser buscados em lugares precisos, em teorias reconhecíveis

---

1. Tradução: Paulo Neves.

e em sinais ostentatórios? Em outras palavras: acabamos de vez com o fascismo em sua forma clássica?

Michaël Foessel[2] volta a essa questão de maneira extremamente interessante: haveria outra forma, ou uma forma nova de fascismo? A própria palavra *fascismo*, esse feixe compacto, amarrado, organizado tal como o conhecemos, talvez não seja mais a correta, mesmo que muitas características da época permaneçam. Hitler começou como um chefinho em miniatura, até que seu bigode ridículo e sua franja preta se impuseram como a própria encarnação do chefe de braço erguido para o céu!

Há, no entanto, algo que me incomoda: os fascismos europeus, assim como de certa maneira agem os populistas de hoje em relação ao nosso mundo cibernético (doravante sem volta), designavam menos "uma rejeição unilateral da modernidade do que a reação violenta a uma dimensão da modernidade"[3]. Ora, essa reação antimoderna aconteceu a partir de condições dadas pela modernidade. É preciso desconfiar: o fascismo, para satisfazer seu desejo de arcaísmo, valeu-se de instrumentos modernos. Ele está disposto a utilizar tudo para triunfar em sua época, mesmo as promessas igualitárias e emancipadoras abertas pela expressão da modernidade (silenciando o resto, mantido em reserva para tirá-lo do impasse, uma vez o poder conquistado e o absolutismo restaurado e imposto no terror). O fascismo, como veremos adiante, amava a técnica; hoje, ele utiliza ao máximo as redes sociais e a manipulação das *fake news*. A nostalgia de um "retorno" (a quê? Eles não sabem) faz a voz do fascismo evocar necessariamente o passado longínquo e a descendência de um povo forte, com um chefe incontestável à frente de um exército orgânico em ordem constante de batalha.

A diferença dos tempos não deve nos cegar, não deve ser lida como se impossibilitasse a vinda de uma nova ordem fascista: sem que tenhamos percebido, estamos já entalados em uma espécie de "fascismo *soft*" que rege nosso cotidiano. Reconheçamos que hoje toda nossa atenção é requisitada por máquinas que se dirigem a consciências individuais. Não esqueçamos esta frase desastrada, mas altamente reveladora, do dirigente de um grupo de televisão: "O que vendemos com Coca-Cola é tempo de

---

2. Michaël Foessel, *Récidive, 1938*, Paris: PUF, 2019.
3. *Ibid.*, p. 14.

cérebro humano disponível"[4], frase que deu muito o que falar na França e que marcou, apesar de seu aspecto superficial, uma virada ética para o lado do telespectador no mundo da mídia.

Gérard Granel[5] diz que "a mobilização deve ser total", o que significa que ela não poupa a menor parcela da substância social. Isso remete a uma mobilização total como a dos anos 1930, à qual nenhuma instituição tradicional devia resistir. O partido marchava unido, e o indivíduo "devia a cada instante estar pronto a colocar sua energia a serviço de uma vontade enunciada pela voz do chefe, do povo ou da ciência". A mobilidade permanente é o instrumento de uma vontade que considera tudo, inclusive as consciências, material disponível para a realização de um projeto. É sobre essa base que devemos lançar um olhar mais suspeitoso aos nossos *smartphones*. Não são mais os tambores que nos convocam à reunião, isso já passou: tornamo-nos uma sociedade a-gregária, todos condenados à solidão conjunta. De fato, hoje nada se assemelha a um povo marchando no mesmo passo; no entanto, tudo se assemelha a uma captura organizada das consciências individuais. Afinal, as massas dos anos 1930 também eram constituídas de indivíduos isolados, que por isso tanto melhor seguiam a cadência quanto mais esta lhes dava a ilusão da comunidade. Como mostrou Hannah Arendt, "a desolação característica central dos regimes totalitários só foi possível para indivíduos que já faziam a experiência (moderna) de sua solidão"[6].

Hoje a injunção vem da internet e não mais dos alto-falantes que difundiam a propaganda nas ruas. Além disso, passamos do político ao econômico e estamos muito mais disponíveis a obedecer aos comerciantes que aos políticos – estes, aliás, muito desacreditados e ao mesmo tempo dependentes do suporte das redes sociais, não podendo passar sem Twitter, Instagram e outros meios. Não esqueçamos que mais de cinco bilhões e meio de indivíduos possuem internet, a maioria deles maravilhados e possuídos por ela. As imposições que nos anos 1930 podiam levar ao sacrifício da vida ou mesmo ao assassinato se multiplicaram de forma exponencial; perseguidores de todo tipo, misóginos, racistas, conspiradores

---

4. *Ibid.*
5. Gérard Granel, "Les Années 30 sont devant nous", *Études*, Paris: Éditions Galilée, 1995, pp. 71-4.
6. *Apud* Michaël Foessel, *Récidive, 1938*, Paris: PUF, 2019, p. 16.

etc. podem despejar o que quiserem contra quem quiserem – é um novo dado a se considerar: ninguém mais está protegido de ninguém.

O político mudou radicalmente de figura, e os *sites* de informação (e mais frequentemente de desinformação) mobilizam o leitor onde certamente ele não esperava. Quase todo mundo vai relatar a mesma coisa: a fascinação, mas também a violência, da internet. As litanias do ódio, que denunciam o apodrecimento da democracia parlamentar, não cessam de se desenvolver (os "coletes-amarelos" na França são um bom exemplo disso). No final das contas, tudo isso tem para nós, amplamente – mas não suficientemente – advertidos pela história, um bafo que poderíamos acreditar "fascista". Resta compreender o que essa palavra pode significar hoje em dia, ou seja, o que se passa realmente. Essa ramificação de uma técnica no pulsional só pode produzir alguma coisa, a dimensão virtual de nossa comunicação pode perfeitamente se tornar amanhã, se já não o é, totalitária, definitivamente totalitária. Um neofascismo pode perfeitamente ser o ganhador desse projeto muito eficaz de instalação do *big data* e da "maquinação" do poder. Em uma de minhas conferências do ciclo Mutações, já falei do projeto, que se poderia dizer antigo, do *big data*, um verdadeiro projeto que não podemos ignorar se quisermos compreender os tempos atuais, e sobretudo os tempos estranhos e um pouco aterrorizantes que se anunciam.

É outro jogo, ou melhor, outro desafio, este de tentar escapar da ganga, amontoada em nossos crânios, dos sistemas de hiper e intracomunicação. Isso nos obriga a mudar nossa linguagem e a maneira de pensar.

Somos ultrapassados pelos sistemas computacionais que nos lançam fora de qualquer poder de decisão, sabendo que esses sistemas são quatro milhões de vezes mais rápidos que os sistemas nervosos humanos. Bernard Stiegler[7], um dos pensadores da mutação atual, fala de "disrupção". A disrupção, ele escreve,

> é o que vai mais rápido que qualquer vontade, tanto individual quanto coletiva, dos consumidores aos "dirigentes", tanto políticos quanto econômicos. Como ela ultrapassa os indivíduos através de perturbações digitais ou perfis com base nos quais satisfaz os "desejos" que

---

7. Bernard Stiegler, *Dans la disruption: comment ne pas devenir fou?*, Paris: Les Liens qui Libèrent, 2016.

nunca foram expressos, e que em realidade são substitutos gregários que privam os indivíduos de sua própria existência ao se anteciparem sempre às suas vontades, esvaziadas de sentido embora alimentem os modelos de negócios da *data economy*, essa disrupção ultrapassa as organizações sociais, que só conseguem apreendê-la quando já virou passado: sempre tarde demais.

Nesse Antropoceno nascente (a ideia de uma era antropocena ainda não foi homologada pelos geólogos, mas tem um sentido em antropologia: corresponderia a uma época da história da Terra que começou quando as atividades humanas tiveram um impacto global significativo sobre o ecossistema terrestre), estamos à beira de excluir a nós mesmos da história do planeta, e nossa vontade de ser e de pensar se esfuma a ponto de aceitarmos uma relação vazia com o mundo e com o outro, ou quem sabe isso tome outra direção, alguma forma de "governo fascistizante intramundial" na qual, sob pretexto de ecologia, a pureza e tudo o que rapidamente a acompanha (eugenismo etc.) se tornem a lei irreversível dos tempos (difíceis) por vir.

Há também outro fator, mais psicológico, absolutamente contrário à era das multidões, que está muito ligado à nossa época e que me inquieta muito: "Acontece que ninguém deseja mais se comunicar nem se projetar no tempo, nem mesmo participar do presente", escreve David Le Breton[8]. A brancura, como uma "paixão de ausência", é aquele estado particular, fora dos movimentos do vínculo social, no qual se desaparece por um tempo e do qual, paradoxalmente, se tem hoje necessidade para continuar a viver. É aquela estranha vontade de apagamento frente à obrigação de se individualizar, aquele "deixa pra lá" que emerge em nós para escapar ao que se tornou muito incômodo, a ameaça, agora visível, de vivermos todos juntos, mas separadamente, uma vida impessoal. Não é esse um adubo para amanhãs difíceis?

Nossa época se tornou "disruptiva", como diz Stiegler,

---

8. David le Breton, *Disparaître de soi: une tentation contemporaine*, Paris, Métailié, 2015 (Collection "Traversées").

precisamente porque não dá nenhum lugar ao segundo tempo (uma época é nomeada quando terminou e é substituída por outra época, nada é mais limitado) e, portanto, a nenhum pensamento: ela só dá lugar a um vazio absoluto do pensamento, a uma *kenosis*[9], a um despojamento de tal radicalidade que o próprio Hegel terá sido incapaz de antecipá-lo. Ao contrário, é o que Nietzsche terá visto chegar "sem alarido", como a prova do niilismo[10].

Continuo na psicologia. Voltarei adiante à obra de Georges Bataille sobre "A estrutura psicológica do fascismo". A unidade moral que permitia fazer sociedade em lugar e época foi substituída por uma *heteromoral* que faz de nossas vidas enfrentamentos constantes, dos quais toda ideia de equilíbrio é proscrita. Sabemos cada vez menos nomear o que nos acontece, cada um agitado por um "narcisismo das pequenas diferenças" que nada mais tem a ver com os "narcisismos sociais" que permitiam idealizar e fazer cultura em conjunto, perante outras culturas. Inventar admirações mútuas é indispensável à civilização que queira viver em coexistência múltipla e pacífica.

A questão, hoje, é: o que fazer quando o "nós", que era evidente, não faz mais sentido para ninguém, a não ser em margens reacionárias religiosas e/ou comunitárias?

O poeta Bernard Noël[11] lembra que

> (...) a lixívia das ilusões nos era mais útil que sua decomposição. (...) Há muito deveríamos ter dado um lugar ao durável, mas a sedução sempre se revelou mais imediatamente eficaz (...) Logo perdemos a alegria sem compreender, primeiro, que o engajamento é inseparável do comércio, e que as leis deste último só provocam excitações efêmeras. (...) Quisemos iniciar o compartilhamento e a reflexão num espaço imperceptivelmente orientado por informações concebidas para intensificar o egoísmo e satisfazer seus desejos imediatos.

---

9. Conceito da teologia cristã que tem o sentido de *esvaziamento* da vontade própria e aceitação do desejo divino. (N.T.)
10. Bernard Stiegler, *Dans la Disruption: comment ne pas devenir fou?*, op. cit., p. 35.
11. Bernard Noël, *Monologue du nous*, Paris: POL, 2015.

Aceitamos ficar sós, constata Bernard Noël, porque muitos o são, mas essa maioria não compreendeu que havia entrado no coração do absurdo, a saber:

> (...) ela não tem mais nenhum meio de agir, pois ela não é o que acredita ser, donde essa tomada de consciência amarga da qual me faço aqui o porta-voz; duplamente amarga porque a ela se junta o desejo de inverter a situação, quando sabemos que não somos mais nós que temos o poder de criá-la. Não nos resta senão negar o nosso Nós, fechar os olhos, cerrar os dentes, fazer silêncio e tentar "resistir" diante do abismo que se abre à nossa frente. Temo que se faça do desespero um vínculo combativo. Então o "Nós" se pergunta o que o compõe e sente a ameaça de um desmembramento[12].

Dito isso, e não obstante o que comentei antes, não vivemos ou não podemos ainda integrar completamente a ideia de "ausência de época", que traz em si a ideia de um pós-humano – voltaremos a isso adiante –, ou seja, de um tempo que não terá mais necessidade de calendário ritualizado para ser vivido, porque não haverá tempo real.

> A ideia da ausência de época é antes de tudo a destruição completa de todo poder simbólico e de todo processo positivo de identificação. Trata-se de uma verdadeira desfiliação do homem de si mesmo, e ela engendra uma identificação negativa que constitui, em suas formas mais acabadas, a loucura mortífera na ausência de época[13].

O propalado "populismo", que alguns presidentes de democracia dizem representar, embora permaneçam legalmente na democracia ou pelo menos façam referência a ela,

> se afirma como um movimento não nomeado, mas a vir muito em breve segundo seus enunciadores (na Itália, no Brasil, na Hungria etc.), que se julgam levados ao poder como expressão de um ressentimento

---

12. *Ibid.*, p. 58.
13. Michaël Foessel, *Récidive, 1938*, Paris: PUF, 2019, pp. 274-5.

popular (e quantos o são!) em relação às instituições representativas e às elites econômicas[14].

Mantendo-se ao lado das elites, esses políticos pregam a democracia liberal como uma democracia desinibida, desembaraçada de seus entraves e do tempo perdido. Essa democracia encarnaria de maneira legítima, pois se reproduz oficialmente, a soberania popular (resultante das urnas) contra as exigências e as coerções do mercado. É o tempo do "progresso", da expressão de um futuro aceitável (todos submetidos aos ditames da informática) e sobretudo de uma doutrina volátil ou não definida, que pode variar do companheirismo ingênuo e lógico dos nacionalistas ao não liberalismo, contanto que não venha da esquerda... Tudo isso no âmago de uma *proof of concept*[15], isto é, em condições capitalistas e com a perspectiva de lucros de investimento a curto prazo. O econômico passou a prevalecer claramente sobre o político, que se apresenta como a única defesa contra a instalação de um fascismo repaginado e razoável – assim como se fala de uma agricultura sustentável –, que não poluiria o econômico e colocaria o mundo em ordem contra as violências (Quais, onde, como, de quem? Isso nunca é esclarecido).

Por ora, essas violências – acusam os populistas – se devem sobretudo aos migrantes. A direita populista imputa hoje às sociedades democráticas uma indecisão ou até mesmo uma covardia, resultante do sufrágio universal e do respeito às regras parlamentares.

Em sua obra *Récidive, 1938*, Michaël Foessel constata que "esse tipo de argumento serviu também para explicar a derrota [da França] em 1940: o que se podia fazer, em um país fatigado pela guerra anterior, hedonista, entorpecido pelas férias pagas, diante do exército disciplinado e ascético de um Estado ditatorial?"

O verdadeiro risco estaria hoje na "descrença da democracia", não em uma fraqueza democrática ou uma ideia política forte que a sobrepujaria (os nacionalistas são péssimos ideólogos e péssimos economistas). Segundo Foessel, alguns acreditam hoje que "chegou a hora de dar nome aos bois e de chamar de fascismo o que vem", mas ele pensa com razão

---

14. *Ibid.*, p. 15.
15. Prova de conceito, para verificar se este pode ser explorado de maneira útil. (N.T.)

(assim espero) que se deve neutralizar o anacronismo da leitura de 1938, partindo do princípio de que a história não se repete. Nada impede, porém, que 1938 possa ajudar a esclarecer a época atual. Ainda é cedo para saber o que acontecerá com a Itália, a Hungria, a Polônia e a Áustria e o que produzirá o *Brexit* inglês, mas já se pode constatar que a Europa está em plena interrogação sobre si mesma.

É preciso compreender que o fascismo não é uma extrapolação política. Ele pertence à ordem do mito, no sentido de que sua construção, seu reconhecimento, com o objetivo de perdurar, é criar um homem novo indestrutível! Infelizmente, o que escrevo aqui de fato se produziu.

Lendo as mitologias grega ou escandinava, dir-se-ia que estamos em um imaginário etéreo: quem poderia pensar que um grupo se apoderaria de uma nação e, a partir de histórias extravagantes de Deus chefe, de raça pura, superior, inferior etc., tentaria realizar concretamente esse imaginário absurdo? Mas foi o que aconteceu. Se falo de imensa construção, é porque se trata realmente de uma montagem, o homem fascista e seu projeto sendo engolidos por um atoleiro científico ao mobilizar milhares de pessoas: cientistas, técnicos, pesquisadores, mitólogos e outros mitômanos que deveriam fazer acreditar e que certamente acabaram eles próprios acreditando no que contavam. Em suma, estavam aí os germes de uma humanidade regenerada, aumentada. Adiante falarei do que hoje nos preocupa, a saber, este cibermundo que se anuncia, do pós-humano e das promessas dos trans-humanistas, da chegada "virtuosa", como se diz hoje, sem falar da questão da virtude religiosa, do que tem por nome "inteligência artificial" e que logo será ultrapassada pelo "quântico"... Note-se que a inteligência artificial já preside amplamente a gestão de nosso cotidiano e de nossas interrogações.

O fascismo é uma construção, eu dizia, e hoje todo mundo reconhece isso, mas para tanto ele precisou ser semeado, nutrido e cultivado. Penso nos formidáveis estudos históricos de Johann Chapoutot, *La Loi du sang: pernser et agir en nazi* [A lei do sangue: pensar e agir como nazista], bem como em *La Révolution culturelle nazie*[16]. Esses livros de maneira nenhuma apagam o absurdo do fascismo. Ao contrário: eles põem em destaque a fraude nazista e sua ascensão.

---

16. Editados pela NRF em 2014 e 2017, respectivamente.

Para o surgimento do nazismo – nacionalista, racista, seguro da superioridade de uma raça germânica fantasma –, foi preciso que a Alemanha lhe preparasse o leito e, com a chegada de Hitler, um novo tipo de orador, capaz de histerizar as multidões; foi preciso também que a psicologia das massas avançasse. Mais ainda, foi preciso elaborar um método para que se pudesse desenvolver sem resistência esse universo intransigente e totalitário.

Paul Valéry, no texto intitulado *Une conquête méthodique* [Uma conquista metódica], escrito em 1897, ficou impressionado com o método alemão que permitiria (ele ainda não sabia, mas já adivinhava) a criação de uma sociedade totalitária e fascista. Ele faz esta constatação: "Uma espécie de teorema geral domina a ação metódica, isto é, a ação alemã. Esse princípio é muito simples. É uma pobre dedução lógica, ou quase nada. Ei-la: 'De todo modo, o vencedor é mais forte que o vencido.'" Segue-se uma longa descrição que aproxima exército e outras "fábricas de vitórias", o comércio alemão sendo servido, como o exército, por uma engenhosa organização dos transportes. Potência militar e econômica formam um par. "O poder bruto e certo", prossegue Valéry, "avança porque nada negligencia, porque divide cuidadosamente todas as dificuldades, de forma que possa pôr todo o seu peso em cada um dos pequenos fragmentos. Seu aspecto mais assustador aparece na guerra."

Valéry toma o exemplo do marechal Moltke (1800-1891), que escreveu suas memórias da guerra de 1870 com a França. A partir de ideias grosseiras, dessas que tornam seu detentor tão temível para os outros, ele conta como o marechal se tornou estrategista:

> Ele faz tábula rasa das ideias militares de seu tempo. Usa apenas ideias científicas e progressos materiais desse tempo. Combina-os com o melhor da estratégia do passado, isto é, com o que será eternamente racional fazer na guerra. Vê no emprego das ferrovias a extensão das famosas marchas rápidas de Napoleão. Retoma e aperfeiçoa a exploração de todos os recursos de um país invadido. Faz a guerra onde for preciso, aterroriza os habitantes para quebrantar a coragem geral. Multiplica os meios de informação, escuta as indicações da opinião pública, das finanças, os boatos, os jornais, o sentimento dos neutros... É um homem sem paixão, sem gênio, que laboriosamente prepara os

acidentes e as desgraças dos outros. É uma figura sem boca e monolítica, uma fortaleza militar (...) Para esse herói glacial, o verdadeiro inimigo é o acaso.

Valéry prossegue:

Sua força reside unicamente no método (...) O método requer uma verdadeira mediocridade do indivíduo (...) Ele se recusa a contar consigo mesmo, o que o torna mais forte que os grandes inventores. Ele rejeita metodicamente os recursos súbitos, as felicidades irregulares (...) Enfim, *ele não morre*: depois dele, outros homens secundários certamente existirão, imitarão sua carreira, que melhor lhes convém e mais os educa. (...) Eis no entanto algo novo. Todo um corpo nacional age em conjunto. As energias concorrentes se arranjam e se voltam para o exterior (...) As classes da sociedade e as profissões diversas adquirem sucessivamente a importância suprema. A Alemanha parece se conformar a um plano cuidadosamente traçado. Cada passo dado por ela aumenta sua existência. De ambição em ambição ela se fez, e a simetria desse progresso dá uma aparência artificial a cada uma dessas tentativas. Por exemplo, ela constrói seu domínio através de guerras precisas. Depois impõe à Europa uma paz armada que todos os outros Estados imaginam anormal. Coloca sua indústria e seu comércio a serviço da guerra. Cria sua marinha militar e comercial simultaneamente, para em seguida procurar colônias (...) A Alemanha deve tudo a uma coisa que é a mais antipática do mundo para alguns temperamentos – particularmente o inglês e o francês –, essa coisa é a *disciplina*. Convém não desprezá-la. Aliás, ela tem outro nome: em matéria intelectual chama-se método... Para um inglês ou um francês, o método é um último recurso, um meio momentâneo ou um sacrifício. Para um alemão é a própria vida. (...) A Alemanha, a Itália, o Japão são nações que adotaram muito tarde um conceito científico tal como a análise das prosperidades e progressos contemporâneos podia fornecer (...) Assim encontramos na Alemanha tanto um caráter nacional naturalmente propício à organização e à divisão do trabalho quanto um Estado novo que quis igualar e depois ultrapassar os Estados mais antigos.

Essa questão do método abordada por Valéry é fundamental para compreender como e por que o fascismo vai se desenvolver com o método:

> É fácil perceber que, com o auxílio de procedimentos dessa natureza, os acasos de um empreendimento se reduzem ao mínimo. As surpresas são previstas. Um bom método contém a resposta a todos os casos possíveis (...) Mas, de todas essas qualidades, as mais interessantes são as seguintes: um método bem feito reduz muito os esforços de invenção.

Foi praticamente só na Alemanha que ele foi total e rigorosamente aplicado, por uma questão de lógica. E com o método vem a disciplina: "Há como uma engenhosa degradação das liberdades sucessivamente permitidas a cada grau. Os resultados da disciplina se assemelham aos do método (...) Ela exige apenas obediência e jamais algo de extraordinário, ela diminui o papel do acaso." E Valéry conclui, a propósito da Alemanha (estamos em 1897): "Creio que estamos assistindo apenas ao começo do método."

Alguns anos atrás, voltei a publicar o livro de um conferencista chinês, Kou-Houng Ming, datado de 1927, sob o título *L'Esprit du peuple chinois* [O espírito do povo chinês][17]. Como Paul Valéry, esse grande conferencista permitiu-se examinar o que engendrariam os fascismos que ele via se desenvolver sob seus olhos, bem como os inacreditáveis tratamentos do homem europeu. Chegou mesmo a fazer um "Apelo ao povo alemão":

> Eu gostaria de lhes dizer que, se não encontrarem um meio de destruir seu ódio estreito, duro, rígido, excessivo à injustiça, se não abandonarem sua crença absoluta na força, eles perecerão (...) e com eles perecerá algo ainda maior, a civilização moderna da Europa, na falta de um guardião poderoso para mantê-la (...) pois é esse ódio muito intenso à injustiça que leva a Alemanha a crer na força e a adorá-la.

Em seguida, Kou-Houng Ming cita Goethe: "Há dois poderes de paz no mundo: o direito e o tato...", e depois Confúcio: "O homem correto

---

17. Paris: L'Aube, 1996.

compreende o direito. A escória compreende os interesses, o rentável". E por fim faz esta advertência à Europa: "As pessoas dizem que o militarismo alemão é hoje o inimigo e o perigo do mundo".

Serge Moscovici, em *L'Âge des foules* [A era das multidões][18], observa que

> (...) a primeira morte do indivíduo começou com a ascensão das massas, essa era das multidões modelada pelas mãos de ideólogos (Gustave Lebon etc.). Tendo levado a toda parte um combate obstinado e violento, as massas parecem ter obtido uma vitória surpreendente e definitiva. (...) Assistimos ao aparecimento de um novo poder: o poder do pensamento mítico. No mundo civilizado, afirmam os psicólogos das multidões, as massas fazem reviver uma irracionalidade que se supunha em via de extinção, resíduo de uma época primitiva cheia de demência e de deuses. Ao invés de diminuir à medida que a civilização evolui, ela apenas cresce e se fortalece. Evacuada da economia pela técnica e pela ciência, a irracionalidade se concentra no poder e se torna cada vez mais seu pivô. Mostra-se incapaz de ser dominada, pois uma epidemia não se detém com a vontade. O indivíduo pode ser convencido, mas a Massa é sugestionada."

Como disse Shakespeare, "o flagelo dos tempos é quando os loucos conduzem os cegos".

Georges Bataille, que quero tomar aqui como testemunha, como intelectual influente entre as duas guerras, participou amplamente da reflexão sobre a evolução da sociedade europeia, mas por vias diferentes e, certamente, um pouco esquecido na análise de fatos como o erotismo e a morte, ou seja, a libido que às vezes o político sublima para não deixar emergir a dúvida nessa psicologia complexa – ele fala claramente de fisiologia – do indivíduo afogado nas massas, sustentadas e arrastadas com estranha delícia, tal como ele teorizará em *La Structure psychologique du fascisme* [A estrutura psicológica do fascismo][19]. Notemos que Bataille era o veículo filosófico e literário de algumas contribuições da antropologia,

---

18. Paris: Fayard, 1981.
19. Paris: Lignes, 2009.

especialmente da obra de Marcel Mauss. Ele simboliza aquele tempo das revistas dos anos 1930, *Documents*, *Minotaure*, ou os caminhos transversais da cultura trilhados no domínio etnológico. Lançou a revista *Critique*, onde a informação antropológica era posta em evidência. Foi nessa época que a antropologia se revelou ao mesmo tempo como arte e como *savoir-faire*, como prática exigente no domínio das palavras e do texto, um saber-dizer e escrever. Nos anos 1950, a coleção *Terre humaine* da editora Plon, de Jean Malaurie, com a publicação do seu livro *Les Derniers Rois de Thulé* [Os últimos reis de Thule] e dos *Tristes trópicos* de Claude Lévi-Strauss, coleção à qual me associei ao publicar *Le Village métamorphosé* [A aldeia metamorfoseada][20], seguiria no mesmo sentido. É uma antropologia na qual me reconheço pessoalmente, como terão percebido.

Em *Les Larmes d'Eros* [As lágrimas de Eros][21], Bataille vê a "vida humana" sair da simplicidade primeira e escolher o caminho maldito da guerra. Guerra ruinosa, de consequências degradantes, guerra que leva à escravidão e, além do mais, à prostituição. Em 1936, Bataille se engajou na luta contra o fascismo, ao mesmo tempo que criava uma espécie de sociedade semissecreta de inspiração nietzschiana e anticristã, para no ano seguinte criar o Collège de Sociologie com Roger Caillois, Pierre Klossowski, Jean Paulhan, Michel Leiris e outros escritores e intelectuais.

"A história, que para Joyce é um pesadelo do qual ele não consegue despertar, seria para o Collège de Sociologie um pesadelo que impede de dormir", escreve Denis Hollier[22], levantando questões que se juntam à nossa interrogação de hoje: "Que ciência dos sonhos explicará esse sono da razão? O que se entende por pensamento perigoso? Ou ainda, que pensamento, por menos que se pense nele, não nos faria perder o sono?"

Tais questões foram colocadas por Bataille e sua geração há muito tempo. Já em *Le Coupable* [O culpado][23] , ele recolhia em sua noite involuntária uma culpabilidade que, à sua maneira, se transformará em uma "gargalhada que sucede a uma excitação sem saída".

---

20. Pascal Dibie, *Le Village métamorphosé*, Paris: Plon, 2006 (col. Terre humaine).
21. Georges Bataille, *Les Larmes d'Eros*, Paris: Pauvert, 1961.
22. No prefácio a Denis Hollier (org.), *Le Collège de sociologie (1937-1939)* [O colégio de sociologia (1937-1939)], Paris: NRF, 1973.
23. Paris, NRF, 1944.

Em 5 de setembro de 1939, em um trem lotado, Bataille começa, "em razão dos acontecimentos", a ler de pé o *Livro das visões* de Ângela de Foligno, uma autora mística do século XIII (1248-1309). Ele escreve:

Deito-me na imensa luz de minha noite, em minha fria embriaguez, em minha angústia; suporto tudo com a condição de saber tudo inútil. Ninguém vê a guerra tão loucamente como eu; sou o único capaz disso; os outros não amam a vida com essa embriaguez sem súplica, não podem se reconhecer nas trevas de um sonho mau. Eles ignoram os caminhos do sonâmbulo que vão de um riso feliz à excitação sem saída. Falarei de guerra e de experiência mística. Não sou indiferente à guerra. Daria de bom grado meu sangue e, mais ainda, meu cansaço, esses momentos de selvageria que se aproximam da morte... mas não esqueço por um instante minha ignorância e que estou perdido em um corredor de caverna: este mundo, o planeta e o céu estrelado não são para mim senão um túmulo estreito (onde me sinto sufocado, se choro ou se me transformo em uma espécie de sol ininteligível). Uma guerra não pode iluminar uma noite tão perfeita. (...) A experiência mística é diferente do erotismo naquilo que ela realiza. O que Ernst Jünger disse da guerra, um despertar em meio aos destroços, aparece primeiro no tormento sem apaziguamento imaginável que acontece em toda orgia. (...) Os deuses riem das razões que os animam, tão profundas elas são, inexprimíveis na língua dos outros. Talvez, por não ter sido esmagado, eu permaneça como um detrito esquecido! Não há resposta a essa agitação extenuante: tudo continua vazio. No entanto se eu... mas não tenho um Deus a suplicar. A glória do homem está na consciência que ele tem de nada conhecer acima da glória e da insatisfação. (...) A fúria do sacrifício se opunha em mim como os dentes de duas engrenagens que se agarram quando o mecanismo entra em movimento. (...) Deus, diz Ângela de Foligno, deu ao filho que ele amava uma pobreza tal que nunca houve pobre igual a ele. (...) Eis o ponto em que largamos o cristianismo e a exuberância. Tenho ódio ao romantismo. O sacrifício pode ser para nós o que foi no começo dos "tempos". Fazemos a experiência do apaziguamento impossível. (...)
O trem no qual escrevo chega a uma região atingida segunda-feira pelas bombas: pústulas negligenciáveis, fingidas, primeiro sinal da peste.

(...) Da guerra eu via o que falta à vida, se fosse cotidiana: aquilo que dá medo comunica o horror e a angústia. (...) A criança que ri, feliz, ignora a insônia dos mundos. É a divindade do riso.

Eis, portanto, uma postura particular perante a guerra, postura que Bataille certamente não foi o único a adotar. Mas é no seu romance *Le Bleu du ciel* [O azul do céu][24] que ele nos explica, assim como outros intelectuais (penso em Henri Lefebvre após sua viagem a Berlim), por quais símbolos, tão simples quanto aterrorizantes, o fascismo se exprimiu.

O fascismo é uma expressão fria do político e não tem outras expressões a não ser simbólicas. É o que faz que ele se imponha aos olhos e à consciência de todos na teatralização de pequenos nadas, feitos para impressionar tanto os que estão fora do movimento, e que devem ser convertidos ou aterrorizados, quanto seus adeptos. Depois que Dirty, a heroína do livro, se despe, tirando seu "vestido de seda de um vermelho vivo como o vermelho da bandeira de cruz gamada", ela encontra o autor no corredor do vagão do trem: "Perturbei duas vezes um oficial da S.A. muito belo e alto... Perdido nas nuvens: como se tivesse ouvido o chamado das Valquírias. Mas certamente seu ouvido era mais sensível aos clarins da caserna". Bataille chega a Frankfurt:

> Ao sair da estação vi de longe, na outra extremidade de uma praça imensa, um teatro muito iluminado e, na entrada, uma apresentação de músicos uniformizados. O ruído era esplêndido, exultante, dilacerava os ouvidos. (...) Eu estava diante de meninos em ordem militar, imóveis, nos degraus de acesso a esse teatro; vestiam calça curta de veludo preto e um casaquinho ornado de alamares, tinham a cabeça descoberta. Pífaros à direita, tambores à esquerda, tocavam com tanta violência e com um ritmo tão esmagador que fiquei sem fôlego diante deles. Nada mais seco que a batida das caixas, nada mais ácido que os pífaros. Esses meninos nazistas (alguns eram louros, com um rosto de boneca) tocavam para raros passantes, na noite, diante da imensa praça vazia sob a chuva; rígidos como estacas de pau, pareciam tomados de uma exultação de cataclismo; o regente, à frente deles, era um

---

24. Georges Bataille, *Le Bleu du ciel*, Paris: NRF, 1957.

rapazola de uma magreza de degenerado, com um rosto rabugento de peixe (de vez em quando ele se virava para latir ordens, praguejava), marcava o compasso com uma comprida vara de tambor principal. Com um gesto obsceno agitava essa vara sobre o baixo-ventre (ela parecia então um pênis de macaco enorme, enfeitado de tranças e fitas coloridas); em um gesto brusco, levantava então a vara até a altura da boca. Do ventre à boca, da boca ao ventre, cada movimento marcado e sacudido por um toque de tambor. O espetáculo era obsceno e aterrorizante. Se eu não dispusesse de um raro sangue-frio, não sei como teria permanecido de pé olhando aqueles bonecos mecânicos, calmo como diante de um muro de pedra. Cada rajada de música, na noite, era um sortilégio que convocava à guerra e ao homicídio. As batidas de tambor chegavam ao paroxismo, na esperança de se resolverem finalmente como rajadas sangrentas de artilharia. Eu olhava de longe um exército de meninos perfilados em ordem de batalha. Estavam imóveis, mas em transe. Eu os via, não longe de mim, enfeitiçados pelo desejo de ir em direção à morte, alucinados por campos ilimitados nos quais, um dia, avançariam, rindo ao sol, deixando para trás os agonizantes e os mortos. A essa maré montante do homicídio, bem mais ácida que a vida (porque a vida não é tão luminosa de sangue quanto a morte), seria impossível opor mais que ninharias, súplicas cômicas de velhas senhoras. Não estava tudo destinado ao incêndio, chamas e trovão juntos, tão pálido quanto o fogo de enxofre que sobe à garganta? (Frankfurt, maio de 1935.)

Os fascistas atribuíram à simbologia política uma função predominante, ao associarem a seus gestos e linguagem expressões e significados explicitamente religiosos. Não se preocupavam com a originalidade de seus rituais e de seus símbolos, mas, sim, com sua capacidade de representar o mito e reforçar o sentimento de identidade do movimento.

Para os fascistas italianos, tratava-se de instrumentos de luta contra os "inimigos da Nação" e de propaganda destinada a impressionar o espectador e angariar prosélitos. Os rituais fundamentais que marcam o estilo de vida particular do partido já estão presentes na Itália em 1921 e 1922: saudação romana, juramento da Esquadra, veneração do símbolo da guerra e da nação, estandartes, culto da pátria e dos mortos, glorificação dos "mártires fascistas", cerimônias de massa... Os fascistas se consideravam os profetas, os apóstolos e os milicianos da nova "religião da pátria".

A ideia fascista, escrevia em 1929 Mario Giampaoli, secretário do Partido Nacional Fascista de Milão, "é, como a ideia cristã, um dogma em devir perpétuo". Como dirá o filósofo Balbino Giuliano, ministro da educação nacional, a religião fascista não está presa a uma teoria definitiva:

> A totalidade explícita da ideia fascista não cabe em um conceito porque ela tem todas as características da grande ideia religiosa que, como o sol, é sempre a mesma e sempre diferente; não cabe em nenhum conceito porque produz em seu seio teorias de conceito, uma vez que se trata, repito, de uma religião e não de uma teologia.

A ideia fascista é um dogma "em devir perpétuo". Para o fascismo, "tudo está no Estado e nada de humano ou de espiritual tem valor fora do Estado. Nesse sentido, o fascismo é totalitário, e o Estado fascista, síntese e unidade de todos os valores, interpreta, desenvolve e aumenta o poder da vida do povo. (...) O Estado é absoluto, diante dele os indivíduos e os grupos são o relativo"[25].

Mussolini afirmava que "toda revolução deve criar novas formas, novos mitos e novos rituais para dar ordem, ritmo e entusiasmo às massas[26].

Com relação ao fascismo italiano, eu gostaria de fazer referência aqui à história da exposição da *Gioventù Fascista* realizada de agosto a outubro de 1932, exemplo que tomo do livro de Emilio Gentile sobre a religião fascista. Essa grande exposição se anunciava como "a maior manifestação fascista nunca antes mostrada, que deverá ser uma glorificação do sacrifício e da fé de todos os camisas-negras, mesmo daqueles que hoje estão longe da pátria". Tratava-se da "construção de uma catedral leiga e efêmera". A exposição deveria ser, para os crentes do fascismo, não como "um inventário de museu ou reunião de móveis", mas como "uma emanação de sentimentos que tocam o coração. Sentimo-nos fanáticos, pois sem fanatismo não podemos nos sentir partidários". Mussolini queria uma exposição "onde palpitasse a vida viril e teatral". Sobre um cubo que

---

25. Cf. Emilio Gentile, *La Religion Fasciste*, Paris: Perrin, 2002.
26. *Ibid.*, p. 169.

simbolizava a pureza geométrica, com duas colunas mecânicas ligadas à cobertura que protegia a entrada, podia-se ler sobre fundo preto a inscrição *Mostra della Rivoluzione Fascista*.

Não sei por que isso me remete à *cozinha futurista* de Marinetti[27], que, além do seu *slogan* "Abaixo a *pasta*" – o que se deve entender como "massa é mole, comam o duro!" –, propunha uma receita que sempre me pareceu ser o "gosto fascista" perfeito: o "frango aviador", o qual, servido na carlinga vibrante e barulhenta de um avião, sobre uma toalha de veludo cor de carmim e cozido a óleo de motor, representava o próprio tipo da refeição moderna e viril.

Para voltar à Alemanha nazista, quero também citar uma anedota muito significativa, lida no capítulo "Vida do povo, morte do parágrafo", do livro já citado de Johann Chapoutot. Ele conta que os nazistas execravam que os alemães tivessem se tornado, do ponto de vista do direito, "escravos dos parágrafos da lei", e moveram uma ação iconoclasta em um acampamento de verão de estagiários advogados e magistrados, realizado em Jüterbog em 1933. A ideia era impedir que estes ficassem isolados em seu canto. Em vez de passar o verão lendo códigos, eram convocados a viver "em plena natureza", entre colegas, em comunidade, "aprendendo a ser soldados do nacional-socialismo e a espinha dorsal do novo Estado", e não trabalhando de maneira egoísta para seu êxito material pessoal.

Foi então montada uma forca e nela pendurada um "§", símbolo de parágrafo, desenhado em cartolina, enquanto era cantado seu próximo desaparecimento sob um sol radiante. O que isso representava para os nazistas? Tratava-se de "matar um parágrafo para que o povo vivesse, matar a morte da abstração para que a vida vivesse". Para os fascistas alemães, era um modo de repudiar o mundo puramente formal do comentário vazio, do trabalho em papel estéril. A corporação dos juristas do Reich impunha aos funcionários que tomassem a maior liberdade com os textos que supostamente deveriam ler e orientar sua ação.

> Não é o parágrafo no sentido material liberal que deve tiranizar a vida, não! Queremos que a vida da nação seja mestra do parágrafo (...) Preservar o lugar da Nação é mais importante que respeitar um artigo de

---

27. Filippo Tommaso Marinetti, *La Cuisine futuriste*, Paris: Métailié, 1982.

lei no sentido antigo do termo. É preciso utilizar tudo que serve ao povo e saber que tudo que prejudica o povo é o contrário do direito. Deverá ser impossível que, em solo alemão, intrigas antialemãs possam gozar de proteção do direito alemão, em detrimento do próprio povo alemão. (...) A morte do parágrafo e a queda da tirania do escrito vão liberar o direito em sua concepção e em seu exercício. Após séculos de dominação, o escrito há de recuar em proveito da vida: o morto não mais pegará o vivo[28].

Atrás dos juristas e dos magistrados vinham os médicos, estes também preparados e associados à tarefa nazista, mas a quem cabia, além de cuidar do corpo dos indivíduos, ser responsáveis pela saúde do corpo social alemão. Baseando-se em documentos, Johann Chapoutot lembra que o médico nazista não deve considerar apenas "o indivíduo doente", mas, "por trás dele, o fluxo hereditário governado pelas leis eternas". O dever moral do médico, o único objeto de seus cuidados e de sua arte, é cuidar do indivíduo e da humanidade; portanto lhe cabe "não apenas zelar pela saúde de um indivíduo, mas pensar no bem-estar e na posteridade do povo inteiro", pondo em prática os preceitos da higiene racial, *Rassenhygiene*, ou seja, "zelar pela saúde das gerações futuras." O homem que eles estão encarregados de preparar deverá ser um tipo de homem total, nazista, evidentemente, e também "vigoroso", isto é, com a potência viril e solar que será traduzida e mostrada como o símbolo tomado da Índia, a suástica, que se tornará a sinistra "cruz gamada"[29].

Já que me refiro ao homem perfeito e à medicina, antes de chegar à *Weltanschauung*, a visão de mundo nazista, quero falar brevemente da raça pura que eles supostamente diziam encarnar e queriam impor. Não devemos esquecer que o Terceiro Reich foi um duplo veneno: o de uma anticonstituição (inaceitável para uma democracia europeia) que conduzia ao fascismo e, menos conhecido porém infinitamente mais eficaz, o da força e necessidade da droga para fazer marchar os homens e as mulheres dessa nova nação a caminho de ressocialização. Em livro recente, intitulado *Der totale Rausch: Drogen im Dritten Reich* [Intoxicação total:

---

28. Johan Chapoutot, *La Loi du sang: penser et agir en nazi*, Paris: NRF, 2014.
29. Ibid.

drogas no Terceiro Reich][30], Norman Ohler mostra que a droga, além de método, foi um complemento à política. Depois que a metanfetamina foi descoberta na Alemanha nos anos 1930, e rapidamente comercializada sob o nome de Pervitin, então, "para o maior benefício do regime, tudo andava mais rápido, trabalhava-se melhor, o entusiasmo estava de volta, um novo impulso se apoderou da Alemanha", escreve Ohler. O Pervitin era tão difundido que, quando começou a guerra, 35 milhões de doses foram encomendadas pela Wehrmacht [Forças armadas]. Diz-se hoje que a *Blitzkrieg* foi literalmente uma guerra de *speed* [a palavra significa rapidez, mas também dá nome a uma droga]. A "droga do povo", também chamada "droga do horror", era acessível a todos, e os alemães contavam sempre com novos consumidores. Na Alemanha, "ciência e economia trabalham de mãos dadas", a pesquisa funciona a todo vapor, uma enfiada de registro de patentes é feita em pouco tempo. Já antes do final do século XIX a Alemanha havia se tornado a fábrica química do mundo, o *made in Germany* sendo uma garantia de qualidade, inclusive para a droga. Tendo perdido suas colônias e conhecido a derrota em 1918, a Alemanha precisava de um "tônico", o que explica que "a droga adquirisse cada vez mais importância no seio de um povo desencantado". O cotidiano dos alemães foi radicalmente acelerado: "dos estudantes aos operários, dos intelectuais aos dirigentes políticos e às mulheres no lar, o Pervitin rapidamente passou a fazer parte do cotidiano".

A droga permite explicar tanto as primeiras vitórias alemãs quanto os desastres militares, a crueldade de batalhões inteiros da S.S. e outros, "a temeridade de Rommel, a cegueira de um Göring morfinômano e, sobretudo, a obstinação do Estado-Maior na frente Leste", sem esquecer o famoso "paciente A" [Hitler] à sombra do Dr. Morell. Em suma, todos os "viciados" do regime, incluindo o povo, adictos em esteroides, opiáceos e cocaína, todos os *pervetinados* (o nome casa bem com pervertidos!) que aspiravam com tanto clamor a uma vida de ordem obrigatória.

Tudo isso para dizer – e este é um fato novo em nossa explicação da "conquista" do fascismo sobre um povo inteiro – que é preciso agora levar em conta essa intoxicação geral do Pervitin (e outras drogas elaboradas

---

30. No Brasil, o livro foi traduzido com o título *High Hitler: como o uso de drogas pelo Führer e pelos nazistas ditou o ritmo do Terceiro Reich*, São Paulo: Crítica, 2015.

na Alemanha por laboratórios confiscados dos judeus!)[31], que teve consequências mundiais. Notemos que a contradição é uma das grandes e terríveis especialidades do fascismo, com causas tanto ideológicas quanto químicas sustentando esse regime de loucos.

Ainda não tive a ocasião de falar do fascismo como "religião da imanência" para os alemães, a julgar pelas palavras de Himmler, grande inspirador do regime. "A religião do povo alemão que está por vir não tem doutrina nem dogma, tampouco se pode dizer exatamente qual é o objeto de sua fé, a não ser a natureza do sangue[32]." E Himmler fornece o credo dessa fé: "Assim como creio em Deus, creio em nosso sangue, o sangue nórdico é o melhor sangue desta terra (...) somos superiores em tudo e a todos. Quando nos livrarmos das inibições e entraves que nos retêm, ninguém poderá nos vencer em qualidade e em força" (1940). É uma religião da natureza em sentido literal. Está ligada com a natureza, com a origem, com o nascimento. Ligada à raça e seus mortos, ela oferece ao indivíduo o sentido de sua existência. É a fé em um destino, o Mais-Antigo – o indivíduo é finito, mas a eternidade do seu sangue assina sua imortalidade através do *Sippe*, sua tribo, sua raça. O grande mistério se dissipa, e a questão das questões, a da morte, encontra sua resposta: a perpetuação do *Erbgut*, o patrimônio hereditário, o projeto do homem na eternidade[33].

Para trazer à luz o religioso do fascismo italiano, devemos voltar aos trabalhos de Albert Mathiez sobre a Revolução Francesa e aos de Durkheim, para quem

> toda religião é um fenômeno social que tem por origem um estado de entusiasmo coletivo e se funda em um sistema de crenças obrigatórias e de práticas externas, igualmente obrigatórias, relativas ao seu culto e suscetíveis de conferir um caráter sagrado aos símbolos que representam o objeto da crença.

---

31. Norman Ohler, *L'Extase totale: le IIIe Reich, les allemands et la drogue*, Paris: La Découverte, pp. 19 ss.
32. Cf. Johann Chapoutot, *op. cit.*, p. 241.
33. *Ibid.*, p. 242.

Em *Les Origines des cultes révolutionnaires, 1789-1792* [As origens dos cultos revolucionários, 1789-1792][34], texto escrito em 1904, Mathiez observava que

> (...) o fenômeno religioso é sempre acompanhado, em seu período de formação, de um estado de superexcitação que é o de uma vida cheia de alegria. (...) Os neófitos, sobretudo, são animados de uma raiva destrutiva contra o símbolo de outros cultos. E com muita frequência, quando podem, lançam uma interdição aos que não compartilham sua fé, que não adoram seu símbolo, que por esse simples crime sofrem punições particulares e são banidos da comunidade da qual fazem parte.

Estudando a Itália de Mussolini, Emilio Gentile[35] assinala que o fascismo nasceu, com efeito, de um "estado de efervescência" coletiva produzido pela guerra e que, no final do conflito, deu origem a diferentes movimentos como o futurismo político e outros mais ou menos efêmeros, que saíram às ruas para afirmar os direitos da vitória e pôr em prática a "revolução italiana", combatendo os "inimigos internos" e a velha classe dirigente para realizar a unidade moral e espiritual da nova Itália.

Os primeiros fascistas se sentiram unidos por sua experiência de fé vivida na exaltação e na vitalidade. Eles traduziam essa experiência pelo sentimento de uma missão regeneradora da nação, pela defesa e a afirmação de seu ideal de guerra patriótica, absolutista e sacralizada. "O fascismo era, para mim e meus companheiros de armas, apenas uma maneira de acompanhar a guerra, de traduzir os valores em uma religião civil", escreve Giuseppe Bottai em 1932, em *L'incontro di une generazioni*.

A adesão ao "feixe de varas" [*fascio*, em italiano, símbolo do fascismo] era vivida como um ato pelo qual o indivíduo consagrava sua vida pessoal à pátria. Unidos pelo culto à nação e ao mito da guerra, os jovens italianos buscavam inventar uma religião civil pela "nova Itália" e dela participar, intérpretes dos ex-combatentes e prosélitos nascidos das trincheiras de 1914-1918. A "revolução italiana" não significava para os fascistas uma mudança social nem a destruição dos pilares da sociedade burguesa que eles

---

34. Albert Mathiez, *Les Origines des cultes révolutionnaires, 1789-1792*, Genebra: Slatkine, 1971.
35. Emilio Gentile, *La Religion fasciste, op. cit.*

declaravam, ao contrário, querer proteger contra o social comunista. Essa revolução queria se abrir de novo ao culto da nação e regenerar o povo para transformá-lo numa comunidade unida e forte, capaz de enfrentar o desafio do mundo moderno.

Para os italianos, tratava-se também de reconquistar o primeiro lugar e de executar sua missão civilizadora para oferecer aos tempos modernos o espírito e a grandeza da romanidade.

> Trabalhamos duramente, escrevia Mussolini em 1920 (bem no começo do fascismo), para traduzir em realidade e dar aos italianos o conceito religioso da nação. O desejo de lançar as bases da grandeza italiana no Mundo, partindo do conceito religioso da italianidade, deve ser a tendência e a diretriz essencial da nossa vida.

Nesse desenvolvimento como movimento de massa, o fascismo italiano elaborou uma nova versão na qual os mitos, oriundos da experiência do fascismo como milícia armada, passaram a ser determinantes. Em razão de sua natureza de partido-milícia, o fascismo constituía uma novidade, a busca de uma religião nacional. Essa religião se tornou pela primeira vez o credo de um movimento de massa, decidido a impor seu culto a todos os italianos, a não tolerar a existência de culturas antagônicas, a tratar os adversários não dispostos a se converter como réprobos e condenados que deviam ser perseguidos, julgados e punidos pela nação.

Se, para os italianos, o mito da criação de uma "nova Itália" parte de uma aspiração que remete ao passado, até Roma, a fim de recuperar o antigo poderio (necessariamente sempre lá), para os alemães não se trata de uma reconstrução, mas de uma lenta e penosa construção que requer antes de tudo método. É para a Grécia que eles se voltarão, com ela se identificarão, o que lhes permitirá, por imitação, se "re-mitificar", passando pela ideia racial que será determinante na história nazista. É nos tempos muito antigos que vão buscá-la, nos grandes arianos da Antiguidade grega. Acreditam que foi esse povo que produziu tanto o mito quanto a *mise-en-scène* artística (poderiam ter se lembrado de que os gregos inventaram, também e sobretudo, a democracia!). Os alemães, portanto, adotarão a dimensão funcional do mito, algo com que pudessem enfim se identificar. Daí por diante o tipo ariano, fundador da civilização por excelência, encontrou seu modelo estético: o atleta grego.

Jean-Luc Nancy, em *Le Mythe nazi* [O mito nazista][36], considera que "não é um tipo oposto, mas a própria ausência de tipo o perigo presente em todos os abastardamentos que são vividos como parasitismo". Não quero aqui me estender sobre a invenção das raças e da raciologia que se impõem por toda parte nas ciências durante esse terrível período, pois já o fiz amplamente em meu livro *La Passion du regard* [A paixão do olhar][37]. Quero apenas repetir que são os fanáticos nacionalistas e racistas que vão se impor, preferindo se ater à hipótese do poder de uma única "raça nórdica", a raça do "Louro alto" que vai entrar na *Weltanschauung* nazista. Mas o hitlerismo, que combinava, como sabemos, uma obediência ao *Führer*, uma arte de aplicação estrita do programa e a exploração lúcida da disponibilidade das massas modernas a se automitificar, vai muito além de uma questão filosófica ou de uma escolha política. Tratava-se claramente de uma crença antropológica na massa criadora, ciumenta de seu sangue ariano para cumprir a missão de dominação civilizadora que cabia a essa nova raça declarada "superior".

"Como o bonapartismo, o fascismo não é mais que uma reativação aguda da instância soberana latente, mas com um caráter de certo modo purificado, porque as milícias que substituem o exército na constituição do poder têm imediatamente esse poder como objeto", escreve Georges Bataille em *La Structure psychologique du fascisme*, obra já mencionada. Interessando-se pela *heterogeneidade*, ele parte do princípio de que

> (...) fora das coisas sagradas propriamente ditas, que são o domínio comum da religião e da magia, o mundo *heterogêneo* compreende o conjunto dos resultados do gasto improdutivo (...) O que vale dizer: tudo o que a sociedade homogênea rejeita, seja como dejeto, seja como valor superior transcendente. São os produtos de excreção do corpo humano e certos materiais análogos (lixo, vermes etc.); as partes do corpo, as pessoas, as palavras ou os atos que têm um valor erótico sugestivo; os diversos processos inconscientes, tais como os sonhos e as neuroses;

---

36. Jean-Luc Nancy, *Le Mythe nazi*, Paris: Ed. L'Aube, 1991.
37. Pascal Dibie, *La Passion du regard*, Paris: Métailié, 1999.

os numerosos elementos ou formas sociais que a parte *homogênea* é incapaz de assimilar; as multidões, as classes guerreiras, aristocráticas e miseráveis, as diferentes espécies de indivíduos violentos ou que pelo menos recusam a regra (loucos, líderes, poetas etc.). (...) Os elementos *heterogêneos* provocam reações afetivas de intensidade variável (...) A violência, a desmedida, o delito, a loucura caracterizam em graus diversos os elementos *heterogêneos*: ativos enquanto pessoas ou enquanto multidões, eles se produzem ao romper as leis da homogeneidade social. (...) A realidade *heterogênea* é a da força e do choque. Ela se apresenta como uma carga.

Bataille fala também dos "líderes fascistas", cuja força de condutor é análoga à que se exerce na hipnose. "O fluxo afetivo que o une a seus partidários (...) é função da consciência comum de poderes e de energias cada vez mais violentos e desmedidos, que se acumulam na pessoa do chefe e nele se tornam indefinidamente disponíveis."

Convém saber que Bataille, além de se interessar pela psicologia do fascismo, voltou sua atenção também à "parte maldita", título de um de seus livros (*La Part maudite*, 1949). Ele constata que nossa *parte maldita*, não importa que tenha dias magros ou gordos, período puritano ou galhofeiro, está fortemente ligada à "noção de gasto", como também à história do erotismo, desse erotismo que será traduzido por *libido*. Os aspectos mais ou menos anedóticos do fascismo, que já expus aqui, dão agora a impressão de jamais terem deixado de fazer referência à libido. Os fascistas são admiradores da força solar, mas o que querem tirar dela é uma luz fria e permanente que faça brilharem suas insígnias de maneira sinistra. Nós, os não fascistas, os simples viventes, apenas levamos em conta o conjunto dos movimentos da energia na terra e colocamos o problema da questão da dissipação da energia excedente. São aquelas coisas das quais não temos constante necessidade e que Bataille chama de "a parte maldita". Em diálogo dele com o físico nuclear Georges Ambrosino, em 1937, ambos constatavam que todo organismo dispõe de mais energia que a necessária ao funcionamento da vida, donde vêm o *crescimento* e a *reprodução* – e o limite ao crescimento tornaria possível a *dilapidação* do excedente de energia. Ora, é o tamanho do espaço terrestre que limita o crescimento global. A *pressão* da vida se dá nesse limite e se manifesta em vários efeitos: primeiro a *extensão*, depois a *dilapidação* ou o *luxo*. Bataille reconhece que a técnica permite ao homem aumentar suas reservas de energia, mas que ela ocasiona dilapidações ainda maiores, como as guerras. Ele via no *luxo autêntico*, obtido na indiferença ao labor dos que o concebem e no desprezo às riquezas, tudo aquilo que brota e "consagra a exuberância da vida à revolta". Essa reflexão sobre *a parte maldita* nos interessa muito particularmente hoje, na medida em que ela é uma visão global do homem orgânico no seio da matéria inorgânica que mistura a termodinâmica e a noção-chave de energia, as ciências ecológicas, como terão notado, e as teorias da complexidade, da informação e da comunicação, a cujo núcleo estamos hoje indissoluvelmente ligados.

A esse propósito, Jacques Testart e Agnès Rousseau, em *Au Péril de l'humain: les promesses suicidaires des transhumanistes* [O humano em perigo: as promessas suicidas dos transumanistas][38], retornam à importante questão da criação de um homem novo, ou melhor, à nossa ambição de "fabricar um ser humano superior, artificial ou até mesmo imortal, cujas imperfeições seriam corrigidas e cujas capacidades seriam melhoradas". De fato, as técnicas que nos permitirão ultrapassar a nós mesmos, tornarmo-nos "homens e mulheres aumentados" graças à genética, à nanociência e à biotecnologia, não vão demorar a chegar. Resta saber se com isso não arriscamos simplesmente virar "o homem-máquina do capitalismo" e conhecer uma mutação que levará embora nossas formas conhecidas e ainda confortadoras de democracia.

O poder não é um exercício aplicável na sequência lógica de um pensamento desnaturado; quando o poder é somente um objeto e, como tal, possuído por um só, o chefe é reconhecido como proprietário incontente dessa força. A esse propósito, destaco a notícia inquietante, mas significativa, divulgada recentemente na mídia brasileira[39], do filho do presidente brasileiro ameaçando, para se livrar de suspeitas e críticas, com uma "volta ao AI-5". Lembremo-nos de que o AI-5 foi uma lei de exceção já utilizada pelo presidente Costa e Silva em 1968 para manter em suas mãos todos os poderes, escapar à constituição e provar que essa propriedade lhe é reconhecida como uma verdade. Para ele, o poder era

---

38. Jacques Testart; Agnès Rousseau, *Au Péril de l'humain: les promesses suicidaires des transhumanistes*, Paris: Seuil, 2018.
39. Quinta-feira, 31 de outubro de 2019.

um bem, e não imaterial; o bem de um só, a quem toda contestação se torna impossível. É de se prever que surja uma milícia, e que ela sirva de guarda a um proprietário que a comanda, e que, nesse caso, o "pai" seja o chefe; ele é quem conduz diretamente essa nova sociedade, que se proclama "o povo".

O próprio Estado perde seu sentido, pois não se trata mais nem de um rei. O que emana da boca do chefe, de mão erguida, é um comando imposto a todos. O fascismo é a incorporação autoproclamada do povo no corpo, na voz, nos gestos de um só: o chefe é o povo que o sustenta, assim como ele sustenta o povo. O fascismo é claramente um nacional-socialismo, uma distopia absoluta que se afirma como a única religião do povo, na qual o povo tem a obrigação de acreditar. A máquina de uma só face, "chefe para o povo – povo para o chefe", apoderou-se abertamente, ruidosamente, ironicamente, devorando-a crua, da instituição democrática; a máquina é um veículo poderoso sempre em movimento; a ideia da guerra ou a própria guerra, com o ódio ao outro e seu "fim imperativo", são o combustível que faz girar o motor a toda velocidade, sempre e somente para a vitória. A máquina também se vale de cada burocrata, que não é mais que um pequeno funcionário infeliz por estar ali onde foi posto, mas onde se sente um raio poderoso lançado e mantido pela mão do chefe. Ele não trabalha mais para administrar a sociedade, mas apenas para a produção e a organização de um só, que faz o conjunto, que o modela e o adapta. Filho natural reconhecido, o burocrata, pequeno-burguês mal-amado, enfim se reconhece, compreende e aplica o poder de uma nação acima das nações.

Eis que hoje nos convencem e nos fazem voluntários para participar de uma rede inextinguível, inextricável, inescusável, inexorável, que, sabemos, não mais nos soltará. Uma rede que alguns filósofos e antropólogos têm consciência de ser o feixe de um novo sistema que se poderia qualificar de "fascismo brando", ou pelo menos de um tipo de totalitarismo que afirma, com o devido respeito, um dogma não dogmático em perpétuo devir.

Nossa época faz não haver mais diferença entre o consumo e a comunicação como única palavra de ordem, a política estando reservada a um círculo fechado, para o qual o dinheiro é central. A rede que nos mobiliza tanto quanto a mobilizamos faz também tudo o que há de artificial hoje nos dominar e ultrapassar cada vez mais. A inteligência artificial só pode produzir uma desumanização do cotidiano e dos nossos relacionamentos. É preciso repetir: essa arreligião do código binário de origem militar enraizou-se com as TICs [tecnologias de informação e comunicação], com a internet, e nos mantém em um estado intencional de guerra interior, como no fascismo, contra os que infringirem ou, pior, denunciarem sua existência. Penso em Julian Assange, com o livro *The New Digital Age* [A nova era digital, de Eric Schmidt e Jared Cohen, 2013], e em Edward Snowden, com seu livro *Permanent Record*, de 2019 [*Eterna vigilância*, no Brasil], um alerta sobre o poder crescente e em breve incontrolável do Gafa [Google, Amazon, Facebook, Apple], assegurando que "o avanço das tecnologias da informação anuncia o fim da vida privada"). Assange e Snowden estão entre aqueles que são perseguidos e presos pelo único crime de haver divulgado o previsto, o pré-pensado, o certo para amanhã.

Nesse magma plástico em que povo, poder, política e mercado se confundem, ler e exumar Georges Bataille, cuja austeridade exterior ocultava um fervilhar interno, é tão necessário quanto ler os filósofos, os antropólogos, os astrofísicos. Penso também que é para o lado das pulsões vulcânicas e loucas – sempre à beira do corpo, mas sempre no humano, sempre junto à "parte maldita", que não duvidamos ser igualmente poderosa, embora recalcada, escondida e negada – que devemos nos voltar mais seriamente hoje; e é revisitando épocas fascistizantes, com atenção extrema voltada ao nosso cotidiano, que poderemos barrar, ou tentar retardar, essa "conquista metódica", já mencionada por Valéry, de uma sociedade "neofascista *soft*" que se anuncia como "teorema geral" e definitivo.

O nó inextricável da ambiguidade: notas sobre o fascismo de hoje
Marcia Sá Cavalcante Schuback

> *Così in cima alla Gerarchia,*
> *Trovo l'ambiguità, il nodo inestricabile*[1]
> Pier Paolo Pasolini, *Gerarchia*

Perdido em meio a uma tempestade sem fim de incêndios e catástrofes de toda espécie e natureza, o sem mundo do mundo parece estar buscando uma seta que indique uma direção a tomar. Na maior parte das setas encontradas, lê-se "à direita". Tomando esse rumo, o mundo se depara cada vez mais com a realidade de uma extrema direita crescente. A virada do mundo para a extrema direita surpreende e desafia grande parte de nossas categorias de entendimento. Como definir o que está acontecendo? Como descrever com intenções teóricas essa guinada para a direita, o conservadorismo e o moralismo, o reacionarismo e o retrocesso que hoje querem apagar da memória todas as revoluções mais recentes: a revolução sexual, a dos costumes, a das hierarquias, a da academia, a das artes, a da sensibilidade, entre outras, que tornaram a década de 1960 um momento da história que chegou até mesmo a revolucionar as ideias e as práticas modernas de revolução? A guinada do liberalismo para o neoliberalismo ocorrida no início da década de 1970 marca sem dúvida o começo de uma reação, ou melhor, de uma "contrarrevolução" em resposta a

---

1. Assim no cume da hierarquia, / Encontro a ambiguidade, o nó inextricável. (Tradução minha.)

essas várias revoluções[2]. Hoje, a "contrarrevolução" da extrema direita se radicaliza e expande[3]. Vários teóricos preferem descrever essa guinada como populismo: "populismo de direita", "populismo nacionalista" ou "nacional-populismo"[4]. Alguns, como Chantal Mouffe e Ernesto Laclau, chegam a sugerir a necessidade de um [re]populismo de esquerda como a única estratégia possível contra os populismos de extrema direita[5]. No meu entender, o conceito de "populismo" não é suficiente para apreender a atual virada do mundo para a extrema direita. Isso porque populismo é mais um estilo político do que uma forma política. Considero que estamos diante de uma nova forma de *fascismo* que se impõe em um mundo que vem perdendo todas as formas de mundo, e até mesmo a forma da forma, um fascismo que se redefine em um mundo em mutação, em um mundo mutante.

Dizendo "nova forma de fascismo", colocamos imediatamente um problema teórico, pois essa expressão assume o "velho" e o "conhecido", *i.e.*, o conceito e a experiência histórica do fascismo para descrever o novo e inaudito, o que nunca aconteceu na história, o que estamos vivendo hoje. No entanto, precisamente por ser contraditória, a designação "nova forma de fascismo" é apropriada por expor a dificuldade da teoria em apreender o que está acontecendo, o *sendo* da história, o que

---

2. Ver as discussões de Étienne Balibar sobre maio de 68, os sentidos de revolução e contrarrevolução, em: https://blogs.mediapart.fr/etienne-balibar/blog/140119/retour-sur-insurrection-sur-l-interpreta tion-de-mai-68-i (acesso em 25 out. 2020); ver também David Lapoujade, *Deux Régimes de fous: textes et entretiens 1975-1995*, Paris: Éditions de Minuit, 2003.
3. Sobre o conceito de contrarrevolução da extrema direita, cf. Piero Ignazi, "The Silent Counter-revolution: Hypotheses on the Emergence of Extreme Right-wing Parties in Europe", in: *European Journal of Political Research*, v. 22, Issue 1, 1992, pp. 3-34.
4. O termo "nacional-populismo" foi proposto por Pierre André Taguieff. Cf. suas discussões, por exemplo, em "La Rhétorique du national-populisme (I)", *Cahiers Bernard-Lazare*, n. 109, juin-juillet 1984, pp. 19-38; (II), *Mots* n. 9, octobre 1984, pp. 113-39.
5. O termo "populismo" é cunhado como tradução do movimento *narodnik*, da Rússia, e passa a ser usado com a fundação do *People's Party* (Partido do Povo) norte-americano. Apesar de suas inúmeras formas, populismo é empregado como termo genérico para defender a necessidade de popularizar a democracia, opondo-se assim ao elitismo e pluralismo. Embora tomado para definir tanto tendências de direita quanto de esquerda, é preciso distinguir esses dois populismos. O de direita se anuncia como crítica à democracia para esvaziá-la enquanto prática social. Ernesto Laclau defendeu o populismo "de esquerda" como possibilidade de mobilizar setores excluídos da sociedade e, assim, como crítica à democracia liberal. Cf. Ernesto Laclau, *La Raison populiste*, Paris: Seuil, 2008. O termo "populismo" oscila portanto entre demagocracia e democracia. O que mais marca o populismo, entretanto, é um certo "estilo" discursivo e demagógico caracterizado pela retórica da "inclusão dos excluídos", onde "incluídos" e "excluídos" podem receber diferentes significados. Cf. Chantal Mouffe, *Pour un Populisme de gauche*, Paris: Albin Michel, 2018.

tenho chamado de "tempo gerundivo da história"⁶, um tempo da mistura, confusão e ambiguidade de toda contradição. Diante da dificuldade de apreender o desconhecido de uma mistura e confusão do que antes podia ser visto como contraditório, a "teoria" tende a escolher os caminhos mais fáceis, que permitem encontrar os traços que ligam o desconhecido ao já conhecido mediante uma comparação do não sabido com o que já se sabe, ou bem considerando o desconhecido e o novo como repetição do velho – hoje ouvimos tantas vezes: isso aqui é Weimar!, os anos 1930 estão diante de nós – ou então assumindo que o velho fascismo nunca havia nos deixado – o que não deixa de ter uma dose de verdade –, ou então que o fascismo só agora encontrou sua forma máxima e acabada.

Sem dúvida, só podemos enfrentar a tarefa de pensar o impensado em uma relação com o já pensado. Sem dúvida, essa relação pode ser pensada de muitas formas. Não estou sozinha ao reivindicar que falar de uma "nova forma de fascismo" é mais adequado do que falar de populismo ou mesmo de "extrema direita". Vários termos que retomam o conceito de fascismo circulam nas atuais discussões teórico-acadêmicas sobre essa virada do mundo à direita. Fala-se por exemplo de "parafascismo", "protofascismo", "fascismo tardio", "quase-fascismo", "pós-fascismo" e "neofascismo"⁷. Enzo Traverso, cientista político italiano que vive e ensina na França, prefere usar a expressão "pós-fascismo" para situar o fascismo de hoje entre populismo e extrema direita⁸. A oscilação terminológica já diz muita coisa, pois indica que nenhum dos conceitos parece inteiramente apropriado, ao mesmo tempo que todos podem ser reconhecidos no que "está acontecendo". A própria noção de extrema direita deve ser questionada, pois a "direita" de hoje é mais do que extrema, já que extrapola a própria diferença entre esquerda e direita⁹. Mais adequado seria chamá-la de "extra-direita", uma extrapolação do próprio extremo. Enquanto título provisório e operativo, proponho o termo *neofascismo*, por deixar soar o

---

6. Cf. Marcia Sá Cavalcante Schuback e Jean-Luc Nancy, "History, Today", in: *Philosophy Today*, v. 60, n. 4, Chicago, DePaul University, 2016.
7. Para um resumo das variações em torno do uso contemporâneo do termo "fascismo" para designar os movimentos de direita, cf. Alberto Toscano, *Notes on late fascism*, 2 april 2017, disponível em <http://www.historicalmaterialism.org/blog/notes-late-fascism>. Acesso em 31 ago. 2020.
8. Enzo Traverso, *Les Nouveaux Visages du fascisme*, Paris: Éditions Textuels, 2017.
9. Cf. Jean-Luc Nancy, "Esquerda/direita", in: Adauto Novaes (org.), *Mutações: a outra margem da política*, São Paulo: Edições Sesc, 2019.

novo e a contradição de se pensar o novo desde o velho, pois essa contradição é um aspecto central dessa nova forma de *liberocídio*, de extermínio da liberdade, que a onda de fascismo que estamos vivendo assume como projeto. Mas repito: por que insistir na expressão *fascismo*, se sua forma não mais corresponde ao fascismo histórico? Por causa da *palavra* – o que buscarei explicitar mais adiante, com efeito, pela palavra *fascio*, que não para de ressoar na palavra *fascismo*, pois nesta, na questão de como hoje se forma o comum, fala alto o feixe de varas amarradas em torno de um machado assassino. Hoje o comum se forma eliminando o comum; hoje, são as formas do comum que exterminam o comum. Aí residem o "novo" e o "inaudito" do fascismo. Daí todos os elementos constitutivos dessa nova forma serem elementos de uma ativa ambiguização de todos os sentidos, uma ruína interna dos sentidos. Com isso, pode-se assumir como uma tese que o propriamente novo nesta guinada fascista não é apenas a própria ambiguidade do termo *fascismo*, pois, em um sentido, é fascismo, mas também não é o fascismo *à la* Mussolini, Franco ou Salazar, mas o *fascismo da ambiguidade dos sentidos*. O cerne aqui é a *dinâmica de ambiguidade* que marca essa nova forma de fascismo.

    Para elucidar o que estou chamando de fascismo da ambiguidade dos sentidos, é preciso partir do que, à primeira vista, constitui uma surpreendente contradição: a contradição de um capitalismo neoliberal, financeiro, impensável sem as novas formas de tecnologia informacionais, da robótica, dos algoritmos, das redes sociais, do espetáculo midiático, da inteligência artificial – ou seja, um capitalismo sem fronteiras que, em sua total conexão, tem de se desconectar irreversivelmente de todo tempo e espaço, um capitalismo estruturalmente "internacionalista", pois hoje o poder se concentra em conglomerações "inter-", "multi-" ou "trans-" nacionais – precisar de governos autoritários, nacionalistas, protecionistas, ufanistas e patriotas. Trata-se de uma surpreendente contradição que, na completa servidão da "racionalidade jurídico-política" à "racionalidade econômico-empresarial"[10], governos de direita, com suas políticas nacionalistas e excludentes, possam se estabelecer. Por toda parte, encontram-se contradições surpreendentes quando discursos antissistêmicos,

---

10. Essas expressões são de Giorgio Agamben. Cf., dele, *O reino e a glória, uma genealogia teológica da economia e do governo*, São Paulo: Boitempo, 2011.

antiglobalistas, antieuropeus, tanto por parte de governos da direita europeia quanto por parte de Estados Unidos, Brasil ou Rússia, são antissistêmicos para expandir o controle do sistema e seu sistema de controle, e não para restringi-lo ou encontrar um novo princípio de ordem do mundo. De fato, não estamos mais diante das oposições clássicas da teoria política entre nacionalismo contra internacionalismo, fascismo contra liberalismo e mesmo fascismo ou totalitarismo contra democracia. Hoje, o fascismo vive muito bem dentro de uma forma democrática e não precisa suspendê-la, embora esteja sempre ameaçando fazê-lo. Se, já na década de 1920, Antonio Gramsci havia visto claramente que democracia e fascismo não se contradizem, mas constituem dois lados da mesma moeda, pois o fascismo surge no seio da democracia liberal quando esta parece não mais conseguir controlar o avanço das lutas sociais e das demandas trabalhistas[11], ele não poderia, naquela época, apreender de que modo, hoje, democracia e fascismo cotidianamente se *conectam*.

Devemos assim partir da constatação de que hoje não há nenhuma contradição entre fascismo e democracia, não tanto por serem, como propôs Gramsci, dois lados da mesma moeda ideológica do liberalismo, mas porque o fascismo se exerce precisamente em um modo e técnica de "conexão", que produz uma ambiguização de todos os sentidos e, portanto, também do sentido de democracia e de fascismo. O que estamos vivendo hoje no Brasil mostra claramente como por várias razões essa nova forma de fascismo não precisa dissolver a democracia que o elegeu. No caso específico do Brasil, primeiro porque a nossa democracia não é suficientemente democrática, pois encontra-se em processo de consolidação, após os 21 anos de ditadura militar, ou seja, do ponto de vista de suas instituições, a democracia brasileira é menos democrática que a democracia. Mas também porque a nova forma de fascismo, que agora nos assola, se sensacionaliza vendendo a imagem de uma democracia mais democrática do que a democracia. Se democracia se define, dentre outras marcas, como um regime baseado na liberdade de expressão, a nova forma de fascismo que recobre o nosso hoje se exibe como se estivesse exercendo mais liberdade de expressão do que as democracias liberais clássicas, por ter a "coragem" de dizer o que bem entender na cara de

---

11. Cf. Texto de Antonio Gramsci "Democrazia e fascismo", publicado em *L'Ordine Nuovo*, 1 nov. 1924.

todo mundo. Em vez de proibir inteiramente a liberdade de expressão e infringir de maneira cabal os mecanismos de censura bem conhecidos do tempo da ditadura militar, o governo fascista brasileiro se vangloria de usar no espaço público as palavras mais baixas, vulgares, violentas, humilhantes, cheias de ódio, homofóbicas, racistas e ordinárias. Com esse uso, substitui o sentido de liberdade de expressão por uma prática de libertarianismo de expressão, gabando-se de ter "coragem" de dizer tudo aquilo que o politicamente correto "censura" dentro de si mesmo. Assim, é o politicamente correto que exerce censura, no modo de uma "auto-censura", ao passo que a fala fascista aparece como excesso da liberdade de expressão. O que acontece assim? Acontece que nessa exacerbação do sentido de "liberdade de expressão", o sentido de liberdade de expressão se vê esvaziado de sentido. Excesso de sentido esvazia o sentido. Mais democracia do que a democracia torna a democracia menos democrática, ou melhor, antidemocrática em si mesma. O fascismo também se apresenta como mais democrático do que a democracia por se proclamar uma democracia capaz de falar diretamente com cada um por meio das redes sociais, pelos seus *twitters* e *whatsapps*, não mais precisando de representantes, pois a democracia "acontece" agora na exibição midiática de tudo o que acontece. Essa democracia ao mesmo tempo mais e menos democrática do que a democracia – o novo fascismo – vive ainda e sobretudo do esvaziamento do sentido de povo mediante a substituição da ideia de povo pela sua privatização e privação, quando tudo se passa diretamente entre o *meio* e cada um. Hoje, povo é amostra, e população, estatísticas, soma de átomos isolados e isolamentos atomizados, reunidos em redes e grupos mediados pelo "virtual" e virtualizados pelo "meio".

No entanto, o que importa para nossa discussão sobre o fascismo da ambiguidade dos sentidos é que as redes sociais constituem o meio mais potente para realizar e estabelecer laços sem laços, relações sem relações, redes sem encontros: o feixe, *fascio*, de uma experiência do comum que extermina o entreaberto do em comum. Assim, a exacerbação do sentido de elos, laços, redes, conexões esvazia o sentido de relação. É a hipérbole ou extrapolação do sentido de relação que esvazia o sentido de relação e da relação dos sentidos. Com isso, tanto o entre nós, espaço aberto do em comum, mais decisivo para uma política viva do que qualquer demarcação de um espaço comum, se vê privatizado e privado de si, quanto o espaço da solidão de cada um, espaço aberto da criação de sentidos, se vê privatizado e privado de si ao ser confundido com o isolamento que inclui ou exclui cada um do mercado e de suas imagens. O novo fascismo continua sem dúvida a exercer as divisas de todo totalitarismo – *dividere et impera*, dividir para imperar, e também *panem et circenses*, pão e circo. Só que agora as exerce intensificando-as ao torná-las ambíguas, pois hoje o fascismo reúne para dividir e assim estimular ainda mais frontalmente cada um a servir de vontade própria ao tirano da neoliberalização de todos os sistemas, e todo pão se transforma em circo, ou seja, toda realidade, sobretudo a do ganha-pão, se transforma em espetáculo. A democracia vai assim se dissolvendo "naturalmente" (o que hoje significa o mesmo que *artificialmente*) não por decreto nem por ato institucional (embora sempre sob a ameaça de sua dissolução institucional e embora vários atos e decretos também estejam sendo passados no congresso enquanto escândalos midiáticos ocupam as primeiras páginas). Ela vai se dissolvendo ao ser preservada como uma forma vazia a partir da desarticulação crescente e contínua da linguagem com as "curtidas" e "não curtidas" em cada segundo da vida. Ela se dissolve quando esvazia o sentido de votação com uma votação contínua em todos os níveis da existência, dando assim a impressão de um "agenciamento" (anglicanismo provindo de *agency*) hiperativo, em uma democracia exercida continuamente nas redes, em uma *"one-click democracy"*[12]. Nesses "exemplos", o que sempre reaparece é como o excesso de sentido esvazia o sentido. É essa dinâmica de esvaziamento de sentido pelo excesso de sentido que define o que estou chamando de fascismo da ambiguidade dos sentidos. O julgamento e a condenação de Lula foram a mostra explícita de como a espetacularização da justiça é o meio mais eficaz para legitimar a injustiça. Se isso sempre aconteceu na história, a diferença hoje é que essa legitimação da injustiça e o esvaziamento do sentido de justiça se dão na frente de todos, em cada tela, pela exacerbação do sentido de justiça, sem que seja preciso disfarçar os mecanismos de toda essa farsa jurídica. A "sociedade do espetáculo", pensada por Guy Debord, não é só aquela que torna tudo espetáculo, mas que faz do espetáculo o seu maior espetáculo. Essa ambiguização de todos os sentidos por meio do esvaziamento de sentido – produzido

---

12. Cf. Barbara Cassin, *Google me: One-click Democracy*, New York: Fordham University Press, 2018.

pelo excesso e extrapolação dos sentidos – é um efetivo instrumento de controle e censura desse novo tipo de fascismo, por tornar a própria censura ambígua quando é o próprio sentido que censura o sentido, gerando agora uma *sensura* do sentido, sensura com *s*[13].

Ao mesmo tempo, a meta desse novo tipo de fascismo é bem clara e precisa: é a "mobilização total", na expressão de Ernst Jünger que se mostra ainda bem relevante para uma política neoliberal cuja ferocidade aumenta com o esgotamento acelerado dos recursos naturais, humanos e não humanos. Se a meta é neoliberalizar tudo, implementar em todos os níveis da existência, em todo corpo e toda alma a racionalidade e a insensibilidade neoliberais (a insensibilidade tornou-se hoje um novo modo de sentir, individual e coletivamente), o que implica globalizar-se, de onde provém a necessidade de políticas nacionalistas, protecionistas, reacionárias, restritivas? Por que construir muros físicos e discursivos, mentais e sensíveis em um mundo que não sabe mais sua localização, seja na terra ou no céu? Por que nacionalismos, quando as nações já se tornaram sucursais do capital planetário? Sem dúvida, para vender as próprias nações o mais rápido possível: basta lembrar o modo como a Amazônia está sendo vendida no *site* da *Amazon* dos negócios internacionais. A necessidade de políticas fascistas para a consolidação absoluta e global do neoliberalismo se explica como a necessidade de o próprio Estado submeter o Estado à economia neoliberal e assim agilizar o máximo possível não só o empreendorismo de todo trabalhador, a anulação de toda lei trabalhista, a privatização de todas as empresas estatais, a terceirização da economia *etc.*, mas, sobretudo, agilizar o empreendorismo estatal, ou seja, para tornar o Estado uma empresa. É a necessidade de esvaziar o sentido de Estado pelo excesso de uma política de Estado contra o Estado. A outra necessidade é a de o Estado minar o espaço público, de a política minar e esvaziar o sentido de política, os movimentos sociais e expressões de resistência. Combinam-se, nesse processo, mecanismos tradicionais de tortura, perseguição e extermínio com o fomento à privatização e à privação do espaço comum, mediante o excesso das redes sociais, da contínua "selfização" de cada indivíduo, pela qual cada um se vê identificado com

---

13. O termo "sensura" com *s* foi proposto pelo escritor francês Bernard Noël no capítulo "L'Outrage aux mots" em *Le Château de Cène*, Paris: Gallimard, 1990.

sua imagem para um consumo – que hoje não é tanto mais das coisas, mas o consumo das imagens das coisas e, sobretudo, das imagens de si mesmo. Narciso não saberia mais se reconhecer no narcisismo contemporâneo, e o moto socrático – conhece-te a ti mesmo – traduz-se "googalmente", isto é, globalmente, por "reconhece-te na imagem formatada de um si-mesmo".

Mas há também um aspecto que me parece o mais decisivo e fundamental para pensarmos o que está acontecendo. É a necessidade de se manter a *forma de forma* para a falta de forma, para a disformidade e deformidade que por definição caracterizam o capitalismo e que alcançam seu paroxismo com o neoliberalismo, o capitalismo tecno-midiático-financeiro. Vivemos um tempo de mutação[14]. Não uma crise, que separa unindo uma forma prévia com uma posterior, mas uma mutação das formas e, sobretudo, do próprio sentido de forma. Sem poder aprofundar aqui a questão da mutação da forma de forma, cabe lembrar que é ancorado em uma reflexão sobre a forma e, mais particularmente, sobre a forma de coisa, que Marx discute e fundamenta o sentido de capitalismo[15]. Lembrando as conhecidas discussões sobre o fetichismo da mercadoria, conceito formulado por Marx no primeiro livro de *O capital*, o próprio do capitalismo é tornar cada coisa *qualquer* coisa. A terminologia técnica de Marx fala da transformação de valor de uso em valor de troca. Importante de se guardar aqui é como, na sua fetichização, ou seja, como, ao se tornar mercadoria, as coisas deixam de ser *essa* coisa, produzida *assim*, existente *de tal ou tal forma*, para se tornar *qualquer* coisa, que pode ser trocada, substituída, usada, abusada, manipulada por qualquer um, em qualquer lugar, de qualquer modo, em qualquer momento. Assim a coisa vê seu sentido de coisa exacerbar-se, extrapolar-se, reificar-se (*verdinglichen*), usando a linguagem conceitual de Luckács, mas precisamente, nessa exacerbação, a coisa perde seu sentido de coisa. O que acontece aqui é a identificação das coisas com a *forma de coisa*, uma forma esvaziada de conteúdo que assim pode receber qualquer conteúdo e valor possíveis, dependendo da "imagem" de coisa que nela se imprima. É nessa linha de leitura que se

---

14. Há vários anos, Adauto Novaes propôs pensar o hoje como tempo de mutação e não de crise, tendo editado inúmeros volumes sobre essa questão.
15. Para uma discussão sobre o conceito de forma em Marx, cf. Gérard Granel, "Le Concept de forme dans *Das Kapital*", in *Apolis*, Paris: T. E. R., 2009, pp. 59-71.

inserem igualmente as discussões de Walter Benjamin sobre o *Capitalismo como religião*[16], religião entendida como culto, isto é, como forma e não como conteúdo de religiosidade. Não é de admirar que o pentecostalismo, religião basicamente de culto e aclamação e não de conteúdo e doutrina, se alie tão facilmente a essa nova forma de fascismo. Pois em questão está mais a forma de religião do que um conteúdo religioso e espiritual; na verdade, em jogo está uma exacerbação da forma de religião que esvazia o próprio sentido de religião enquanto experiência do sagrado e do mistério[17]. A dinâmica de ambiguidade que move e promove essa nova forma de fascismo depende de que se mantenha a *forma* de sentido e de valor, uma forma oca, até mais um formato do que uma forma, onde sentidos e valores podem circular e se intercambiar incessantemente e, desse modo, esvaziar todos os sentidos e valores. Pois capitalismo é ele mesmo essa dinâmica de sentido esvaziando-se pelo seu excesso. Basta lembrar as análises do dinheiro feitas pelo jovem Marx em suas leituras do *Timão de Atenas* de Shakespeare, em que ele mostra como dinheiro não tem de início nada a ver com cifras e números, mas, sim, com circulação e ambiguização de sentido, pelas quais todo valor vira contravalor, todo sentido um antissentido, o feio vira belo, o belo, feio, o mau, bom, e o bom, mau etc.[18]. Dinheiro é uma dinâmica de "equivalência geral", como formulou o Marx mais velho em *O capital*, a dinâmica que transforma cada coisa em qualquer coisa, substituível e descartável, onde tudo passa a ter o valor de um "qualquer", condição para que se opere a redução de tudo a dinheiro e de todo valor a um preço, e que pode ser chamada de "redução monetária". Essa é a base para o fomento de mobilidade e flexibilidade do capital, do empreendorismo, da financialização e monetarização de tudo e todos. Mais complexa que uma coisificação do real, trata-se da substituição de *cada* coisa pela forma de coisa, uma dinâmica de *qualquerização* de tudo o que é, à base da qual se opera uma *transformação*

---

16. Walter Benjamin, *Capitalismo como religião*, São Paulo: Boitempo, 2013. Cf. a leitura feita por Giorgio Agamben sobre esse breve texto de Benjamin em: *Creazione e anarchia: l'opera nell'età della religione capitalista*, Vicenza: Neri Pozza Editore, 2017, pp. 115-32.
17. Talvez nunca tenha ficado tão clara a pertinência da formulação derrideana de "religião sem religião", que, em sua reverberação blanchotiana, guarda a ambiguidade de ser uma constatação de como a religião hoje é vazia de religiosidade e ainda que a religião talvez só possa ser vivida como religiosidade quando separada da religião.
18. Karl Marx. *Manuscritos econômico-filosóficos*, São Paulo: Boitempo, 2004, pp. 157-61.

constante de todo real. Uma transformação constante é, porém, uma contradição, pois exprime uma transformação que não se transforma; na verdade, diz uma transformação que transforma tudo menos o sentido de transformação, uma transformação que não passa de um *status quo*, um dinâmico conformismo. Parece que a descrição aristotélica do primeiro motor imóvel serve bem para definir o capitalismo enquanto o motor que move tudo menos o próprio mover. Trata-se de uma dinâmica onde tudo se torna inseguro, já que nada pode ficar parado onde está, tendo que sempre deixar o lugar e o tempo onde se está para tornar-se qualquer coisa, para poder ser usado a qualquer momento, por quem quer que seja, de qualquer modo, sem nenhum limite, seja natural, técnico ou cultural. No entanto, é preciso assegurar a manutenção e continuidade dessa insegurança, é necessário encontrar formas seguras para essa insegurança, digamos, ontológica. Daí a necessidade de um fascismo que prometa preservar não tanto formas conhecidas, mas, antes de qualquer coisa, as formas do conhecido, não tanto sentidos e valores antigos e estáveis, mas sobretudo a forma estável de valor e de sentido para que sentidos e valores possam continuar a circular, misturar-se e confundir-se e assim alimentar o fogo incendiário da ambiguização de todos os sentidos – inclusive dos sentidos sentidos. A grande confusão é achar que o novo fascismo que nos assola quer de fato uma volta a valores e sentidos conservadores, o que não é propriamente o caso, pois esses valores e sentidos requereriam uma estrutura de mundo inteiramente diversa daquela que o novo fascismo pretende consolidar: a forma de um mundo onde tudo deixa de ser e ter algum sentido ou valor, sendo e tendo apenas a forma vazia de sentido sem sentido e de valor sem nenhum valor. O retrocesso e seus retrógrados "passos atrás" com que a nova forma de fascismo constrói e formata sua imagem explicam-se mais como a necessidade de assegurar, com formas do já conhecido, a contínua insecurização de tudo, de maneira a legitimar a servidão voluntária à neoliberalização de tudo.

    A lógica da ambiguidade, aqui definida como eixo movimentador e mobilizador do novo ou neofascismo, é a lógica da tentativa do incêndio devastador de toda resistência à neoliberalização de tudo e todos, pois, quando todas as palavras e conceitos se tornam ambíguos, podendo significar qualquer coisa, tanto isso quanto aquilo, podendo ser usados contra si mesmos, a resistência encontra-se no constante risco de ter seu não, seu *anti-*, virado contra si mesmo, ambiguizado, confundido, misturado – em um sim que pode passar por não e em um não que pode passar por sim. Pois a lógica da ambiguidade é aquela, como já indicado, de um excesso de sentido esvaziando todos os sentidos, e fundamentalmente o sentido de sentido, e assim também do antissentido.

A presente discussão foi fortemente inspirada pelas reflexões de Pier Paolo Pasolini sobre o neofascismo, elaboradas no final da década de 1960 e começo dos anos 1970. Pasolini é um dos primeiros a usar o termo "neofascismo" em seus artigos na imprensa italiana e em outros escritos teóricos e ensaísticos[19]. Viu com clareza que o "neocapitalismo televisual", como ele designou, só pode se consolidar mediante uma nova forma de fascismo que extrapola o fascismo histórico, formulado e experienciado na década de 1920. Para ele, enquanto a democracia-cristã italiana deve ser vista como uma forma de continuação do fascismo histórico ou "paleofascismo", o que vem à luz com o neocapitalismo é um "fascismo radicalmente, totalmente e imprevisivelmente novo"[20], um "neofascismo". Essa forma imprevisivelmente nova de fascismo só é possível nas sociedades de consumo e de cultura de massa, que realizam o que Pasolini chamou de "genocídio cultural", isto é, o extermínio dos valores, das almas, das linguagens, dos gestos, dos corpos da experiência do comum, isto é, de um "povo"[21]. Trata-se de um genocídio não só de uma raça, mas do humano no humano. O que Hannah Arendt havia descrito como o cerne do totalitarismo, a transformação da vida humana em vida inteiramente supérflua, redundante, descartável e substituível, pela qual o humano é erradicado pelo e no humano[22], Pasolini reconhece, sem nenhuma referência a Arendt, como o cerne dessa forma radical, total e "imprevisivelmente" nova de fascismo. É a forma de um genocídio que não mais precisa exterminar uma raça em campos de concentração, pois consegue cumprir esse extermínio na alma e no corpo de cada um, construindo almas sem alma, corpos sem corpo e, assim, povos sem povo. Nos textos em que trata do neofascismo, Pasolini vê "com meus sentidos", como ele

---

19. Pier Paolo Pasolini, *Saggi sulla politica e sulla società*, Milano: Mondadori, 1999.
20. Idem, "L'Articolo delle lucciole", in: *Saggi sulla politica e sulla società, op. cit*, pp. 404-11.
21. *Ibid*., p. 407.
22. Hannah Arendt, *Origens do totalitarismo: antissemitismo, imperialismo, totalitarismo*, São Paulo: Companhia de Bolso, 2013.

diz, quanto "o poder do consumo" é um poder consumado e absoluto, pois, como bem resumiu Didi-Huberman em suas leituras de Pasolini, é o "poder superexposto do vazio e de uma indiferença transformados em mercadoria"[23]. Ao definir o neofascismo como "genocídio" e "indiferenciação cultural", como "mutação antropológica" e também como "revolução antropológica", Pasolini se inscreve no debate da época sobre a revolução tecnológica dos meios de comunicação de massa, alertando, porém, para como a emancipação dos meios de comunicação é o meio mais poderoso para implementar o que a ideologia inequívoca do fascismo histórico só havia "tentado", mas nunca realmente cumprido: a "mutação" da consciência e da sensibilidade humanas. Ao deixar para trás as narrativas mitológicas do "povo", o heroísmo e o patriotismo, o culto da família e da tradição e também o misticismo da igreja, que definem o fascismo histórico, o neofascismo do poder do consumo cumpre um controle radical e total do fundo da alma humana. Para Pasolini, o fascismo só é fascismo quando substitui todo sentido por "uma abstração potente, [por] um pragmatismo que canceriza toda a sociedade, um tumor central, majoritário [...]"[24]. Isso apenas se realiza quando, "contrariamente à ordem militar e policial imposta por uma minoria relativamente externa à sociedade civil, este [neofascismo] é a emanação de um consenso dominante" (...), "uma doença que contamina o tecido social em todos os níveis, uma doença ideológica que afeta a alma e não isenta nenhuma"[25]. Assim entendido, o neofascismo representa uma ruptura total com as formas de organização e as fórmulas discursivas do "fascismo" histórico, por ser um fascismo vindo do fundo transmutado da consciência humana. O desaparecimento do "espírito" e da "cultura popular" e sua substituição pela cultura midiática são para Pasolini testemunhos ferozes do "genocídio cultural", da "mutação antropológica", da "perda da capacidade linguística" que caracterizam o "poder do consumo"[26].

Pasolini encontra a evidência dessa forma "imprevisivelmente nova" em um acontecimento. Viu com os seus "sentidos" que "alguma coisa" havia acontecido e que essa "alguma coisa" era o desparecimento dos

---

23. Georges Didi-Huberman, *Sobrevivência dos vaga-lumes*, Belo Horizonte: Editora UFMG, 2001, p. 31.
24. Pier Paolo Pasolini, *Saggi sulla politica e sulla società*, Milano: Mondadori, 1999, p. 1530.
25. *Ibid.*
26. Cf. o texto de Pasolini intitulado "Il fascismo degli antifascisti", in: Pasolini, *op. cit.*, pp. 336-43.

vaga-lumes na paisagem italiana[27]. Em um poema como "A Resistência e sua luz"[28] e no célebre texto sobre o desaparecimento dos vaga-lumes"[29], Pasolini explicita a vertigem político-existencial desse acontecimento, pois para ele os vaga-lumes são as luzes intermitentes da resistência ao extermínio da vida na vida que, de modo amplo, define o fascismo. A força poética dessa imagem da resistência tem inspirado várias discussões, sobretudo na busca de se reavivar o sentido de resistência em uma paisagem de mundo como o nosso, cada vez mais resistente às resistências[30]. Para discutir a questão dos vaga-lumes da resistência, ainda é preciso, no entanto, compreender como o "poder do consumo" é capaz de realizar cabalmente o neofascismo, o controle total da consciência e da sensibilidade humanas. Pasolini refere-se ao desaparecimento dos vaga-lumes como o "acontecimento de alguma coisa": "alguma coisa aconteceu". O que aconteceu para que os vaga-lumes desaparecessem? O que aconteceu foi a mutação de toda coisa em "alguma coisa" e coisa alguma, com efeito, a mutação de *toda* coisa em *qualquer* coisa. As discussões de Pasolini deixam entrever não apenas uma mutação antropológica, mas uma mutação ontológica, uma mutação do sentido de ser. Dizendo "alguma coisa", Pasolini toca no cerne do neofascismo, que é *o poder do vazio de sentido*. Esvaziamento do sentido de povo, de gesto, de vida, de humano, de existência, de corpo, de alma, de política, de sociedade, de linguagem, esvaziamento de ser e do seu sentido, enfim, esvaziamento do sentido de sentido. O "poder do consumo", pelo qual se cumpre um "genocídio cultural" e uma "mutação antropológica" é o poder do vazio e da indiferença de sentido, um novo sentido de sentido, a mutação do próprio sentido.

Pasolini não analisa o desparecimento dos vaga-lumes da resistência em termos da lógica da ambiguidade aqui proposta. Ele insiste que esse desaparecimento está intimamente ligado ao desaparecimento da capacidade linguística, de uma mutação no sentido de ser, mas também no ser do sentido, ou seja, na relação entre o homem e a linguagem. Seus ensaios críticos apontam para o esvaziamento dos sentidos, em todos os

27. Pier Paolo Pasolini. "L'articolo delle lucciole", *op. cit.*
28. *Idem*, "La resistenza e la sua luce", in: *La religione del mio tempo*, Milano: Garzanti LIbri, 1961.
29. *Idem*, "L'articolo delle lucciole", *op. cit.*
30. Cf. o livro já referido de Didi-Huberman. Antes desse livro, Nancy Mangabeira Unger havia discutido a "perplexidade dos pirilampos", sem mesmo conhecer os textos de Pasolini, no livro *O encantamento do Humano*, São Paulo: Loyola, 2000.

seus sentidos, sem que desenvolva como os sentidos se esvaziam. Mesmo sem se dar conta da dinâmica de ambiguização, Pasolini chega a perceber o que chamou de "nó inextricável" da ambiguidade como o nó da lógica fascista. Essa expressão aparece em um poema escrito durante sua visita ao Rio de Janeiro em 1971, por onde passa juntamente com Maria Callas a caminho do festival de cinema em Mar del Plata[31]. Refiro-me ao poema intitulado *Gerarchia* (Hierarquia) e aos versos:

> No cume da Hierarquia
> Encontro a ambiguidade, o nó inextricável[32].

Nesse poema, Pasolini narra sua experiência na praia carioca, o encontro com o michê Joaquim, sua visita à favela, em plena ditadura militar, o encontro com uma realidade em que a graça brutal dos delinquentes ou dos soldados se misturava, onde se lutava igualmente tanto pelo fascismo quanto pela liberdade, onde era tão fácil confundir, como ele disse, o torturador e o subversivo, evocando outros de seus versos.

Como enfrentar essa nova forma de fascismo e resistir a ela? Pasolini não deixou de insistir na necessidade de combater o meio com e pelo meio, de fazer filmes, curtas de um olhar flagrando instantes intermitentes de gestos resistentes, de gestos de presença na existência, e de insistir sobre a necessidade das discussões e dos debates, sem dúvida em um sentido hoje cada vez mais raro quando toda conversa tende a virar uma dinâmica de capitalização de autorias, egos, narcisismos, *marketing*, *networking* da resistência. Mas, considerando que essa nova forma de fascismo se realiza e expande mediante a ambiguização de todo sentido e valor, como agir senão enfrentando e resistindo ao cerco farpado da lógica da ambiguidade? Como resistir a essa lógica? Qualquer tentativa de obrigar a linguagem à inequivocação já constituiria um projeto autoritário contra o autoritarismo. Essa lógica opera mediante um esvaziamento contínuo da experiência do pensamento e mais precisamente de como o pensamento

---

31. Sobre a viagem de Pasolini ao Brasil, ver www.centrostudipierpaolopasolinicasarsa.it/altre-geografie/ppp-in-brasile-nel-1970-un-viaggio-e-la-poesia-gerarchia. Acesso em 25 out. 2020.
32. Esse poema de Pasolini foi publicado pela primeira vez em *Trasumanar e organizzar*, Milano: Garzanti, 1971. Foi reeditado em W. Siti (ed.), *Tutte le poesie*, Milano: Mondadori, 2003, pp. 207-11. Para a tradução brasileira, cf. www.sagarana.it/rivista/numero2/gerarchia.html. Acesso em 26 out. 2020.

vem à linguagem e a linguagem ao pensamento. Esse esvaziamento se mostra na confusão entre a experiência de pensar e os pensamentos, entre pensamento e conhecimento, entre pensar e reunir ou sistematizar o já pensado como se compilam dados e informações. Quando filosofia se confunde mais e mais com o conjunto de citações extraídas de obras de filósofos, com uma mera Wikipédia filosófica, qualquer um pode intitular-se filósofo, colocar uma câmera de vídeo, filmar-se com uma biblioteca atrás das costas e, com rifles na mesa, discorrer, *à la* Schopenhauer, sobre como vencer debates sem ter nenhuma razão. Se o neofascismo da ambiguidade esvazia a liberdade de expressão pela exacerbação dessa liberdade, não mais a temendo, pois a confisca sistematicamente para seus fins sem finalidade, uma coisa o neofascismo precisa reprimir com todas as suas armas: a liberdade da experiência de pensamento. Essa liberdade – a liberdade dessa experiência – expõe o inapropriável e incontrolável em toda empreitada de controle e apropriação e, portanto, a luz vaga-lume de uma resistência invencível. Com vistas a conquistar essa liberdade, é preciso trabalhar ativamente contra a contínua naturalização do inaceitável e do imperdoável, operada na e pela linguagem. Cabe aqui sem dúvida um trabalho de filologia crítica, semelhante àquele realizado por Victor Klemperer e suas investigações sobre a *Lingua Tertii Imperii*, a Linguagem do Terceiro Reich[33], onde ele analisou com minúcia e profundidade como o inaceitável e o imperdoável do racismo, da segregação, da exclusão, da perseguição, da tortura, do desprezo, da desumanização, da de-naturação, se imiscuem na alma de cada um, por meio da linguagem cotidiana, medula da linguagem da violência que acompanha cada murro, cada estupro, cada facada, cada tiro, cada humilhação, cada desprezo, cada desrespeito, cada aniquilamento, cada extermínio. Desde o momento em que o presente governo neofascista assumiu o poder no país, vemos não só a violência física se espalhar nas práticas e nos corpos de todos e todas, inclusive de quem quer lutar contra o governo, mas igualmente a violência da, na e pela linguagem alastrar-se e disseminar-se em todas as bocas. Desse modo, deixa-se o governante fascista ser autor de nossas palavras, de nossa língua. É preciso uma outra língua, uma língua do cuidado, uma língua que não é orientada pelo fascismo da ambiguidade.

---

33. Victor Klemperer, *LTI: A linguagem do Terceiro Reich*, São Paulo: Contraponto, 2009.

Mas que seja distinta de uma língua da inequivocação, que é também a língua dos dogmatismos baseados em universalizações e generalizações, a língua de todo autoritarismo e totalitarismo, a língua do fascismo histórico. O que se torna cada vez mais urgente é uma língua da precisão. Sim, uma língua da precisão em todos os sentidos dessa palavra, precisão que sobretudo a poesia nos sabe ensinar.

Em um de seus rabiscos filosóficos, Fernando Pessoa anotou: "fundir-se ou entresser-se". Com essas palavras, formulou com máxima precisão a decisão que para nós hoje se faz urgente: a decisão sobre se a meta é fundir-se, ou seja, deixar-se enredar pelo desejo fascista de união e identificação fusionais, ou trabalhar, isto é, dedicar-se a entresser-se. Como entender essa dedicação a entresser-se? Começando por aprender as línguas múltiplas e diversas do entre-ser, do entre nós, do entre muitos, das entrelinhas, do entrevendo[34], do entreaberto, do entreamar-se e assim inaugurar a experiência – existencial-política – de um *entrear*, de um entre tornado verbo, conjugando-se a cada vez, e no qual o sendo da existência soa vivo de modo a nos convocar para um aprendizado de reexistir, não como o fascismo das formas acabadas, mas como a liberdade de esboços entreabertos uns para os outros.

APÊNDICE
GERARCHIA

Pier Paolo Pasolini, *in: Trasumanar e organizzar* (1971)

Se arrivo in una città
oltre l'oceano
Molto spesso arrivo in una nuova città, portato dal dubbio.
Divenuto da un giorno all'altro pellegrino
di una fede in cui non credo;
rappresentante di una merce da tempo svalutata,
ma è grande, sempre, una strana speranza –
Scendo dall'aeroplano col passo del colpevole,

---

34. "Entrevendo" é o título da bonita exposição de Cildo Meireles no Sesc Pompeia, em São Paulo, ocorrida de 26 de setembro de 2019 a 2 de fevereiro de 2020.

la coda tra le gambe, e un eterno bisogno di pisciare,
che mi fa camminare un po' ripiegato con un sorriso incerto –
C'è da sbrigare la dogana, e, molto spesso, i fotografi:
comune amministrazione che ognuno cura come un'eccezione.
Poi l'ignoto.
Chi passeggia alle quattro del pomeriggio
sulle aiuole piene di alberi
e i boulevards d'una disperata città dove europei poveri
sono venuti a ricreare un mondo a immagine e somiglianza del loro,
spinti dalla povertà a fare di un esilio una vita?
Con un occhio alle mie faccende, ai miei obblighi –
Poi, nelle ore libere,
comincia la mia ricerca, come se anch'essa fosse una colpa –
La gerarchia però è ben chiara nella mia testa.
Non c'è Oceano che tenga.
Di questa gerarchia gli ultimi sono i vecchi.
Sì, i vecchi alla cui categoria comincio ad appartenere
(non parlo del fotografo Saderman che con la moglie
già amica della morte mi accoglie sorridendo
nello studiolo di tutta la loro vita)
Sì, c'è qualche vecchio intellettuale
che nella Gerarchia
si pone all'altezza dei più bei marchettari
i primi che si trovano nei punti subito indovinati
e che come Virgili conducono con popolare delicatezza
qualche vecchio è degno dell'Empireo,
è degno di star accanto al primo ragazzo del popolo
che si dà per mille cruzeiros a Copacabana
ambedue son lo mio duca
che tenendomi per mano con delicatezza,
la delicatezza dell'intellettuale e quella dell'operaio
(per lo più disoccupato)
la scoperta dell'invariabilità della vita
ha bisogno di intelligenza e di amore
Vista dall'hotel di Rua Resende Rio –
l'ascesi ha bisogno del sesso, del cazzo –

quella finestrella dell'hotel dove si paga la stanzetta –
si guarda dentro Rio, in un aspetto dell'eternità,
la notte di pioggia che non porta il fresco,
e bagna le strade miserabili e le macerie,
e gli ultimi cornicioni del liberty dei portoghesi poveri
sublime miracolo!
E dunque Josvé Carrea è il Primo nella Gerarchia,
e con lui Harudo, sceso bambino da Bahia, e Joaquim.
La Favela era come Cafarnao sotto il sole –
Percorsa dai rigagnoli delle fogne
le baracche una sull'altra
ventimila famiglie
(egli sulla spiaggia chiedendomi la sigaretta come un prostituto)
Non sapevamo che a poco a poco ci saremmo rivelati,
prudentemente, una parola dopo l'altra
detta quasi distrattamente:
io sono comunista, e: io sono sovversivo;
faccio il soldato in un reparto appositamente addestrato
per lottare contro i sovversivi e torturarli;
ma loro non lo sanno;
la gente non si rende conto di nulla;
essi pensano a vivere
(mi parla del sottoproletariato)
La Favela, fatalmente, ci attendeva
io gran conoscitor, egli duca –
i suoi genitori ci accolsero, e il fratellino nudo
appena uscito di dietro la tela cerata –
eh sì, invariabilità della vita, la madre
mi parlò come Lìmardi Maria, preparandomi la limonata
sacra all'ospite; la madre bianca ma ancor giovane di carne;
invecchiata come invecchiano le povere, eppur ragazza;
la sua gentilezza con quella del suo compagno,
fraterno al figlio che solo per sua volontà
era ora come un messo della Città –
Ah, sovversivi, ricerco l'amore e trovo voi.
Ricerco la perdizione e trovo la sete di giustizia.

Brasile, mia terra,
terra dei miei veri amici,
che non si occupano di nulla
oppure diventano sovversivi e come santi vengono accecati.
Nel cerchio più basso della Gerarchia di una città
immagine del mondo che da vecchio si fa nuovo,
colloco i vecchi, i vecchi borghesi
ché un vecchio popolano di città resta ragazzo
non ha da difendere niente –
va vestito in canottiera e calzonacci come Joaquim il figlio.
I vecchi, la mia categoria,
che vogliano o non vogliano –
Non si può sfuggire al destino di possedere il Potere,
esso si mette da solo
lentamente e fatalmente in mano ai vecchi,
anche se essi hanno le mani bucate
e sorridono umilmente come martiri satiri –
Accuso i vecchi di avere comunque vissuto,
accuso i vecchi di avere accettato la vita
(e non potevano non accettarla, ma non ci sono
vittime innocenti)
la vita accumulandosi ha dato ciò che essa voleva –
accuso i vecchi di avere fatto la volontà della vita.
Torniamo alla Favela
dove o non si pensa nulla
o si vuole diventare messi della Città
là dove i vecchi sono filo-americani –
Tra i giovani che giocano biechi al pallone
di fronte a cucuzzoli fatati sul freddo Oceano,
chi vuole qualcosa e lo sa, è stato scelto a sorte –
inesperti di imperialismo classico
di ogni delicatezza verso il vecchio Impero da sfruttare
gli Americani dividono tra loro i fratelli superstiziosi
sempre scaldati dal loro sesso come banditi da un fuoco di sterpi –
È così per puro caso che un brasiliano è fascista e un altro sovversivo;
colui che cava gli occhi

può essere scambiato con colui a cui gli occhi sono cavati.
Joaquim non avrebbe potuto mai essere distinto da un sicario.
Perché dunque non amarlo se lo fosse stato?
Anche il sicario è al vertice della Gerarchia,
coi suoi semplici lineamenti appena sbozzati
col suo semplice occhio
senz'altra luce che quella della carne
Così in cima alla Gerarchia,
trovo l'ambiguità, il nodo inestricabile.
O Brasile, mia disgraziata patria,
votata senza scelta alla felicità,
(di tutto son padroni il denaro e la carne,
mentre tu sei così poetico)
dentro ogni tuo abitante mio concittadino,
c'è un angelo che non sa nulla,
sempre chino sul suo sesso,
e si muove, vecchio o giovane,
a prendere le armi e lottare,
indifferentemente, per il fascismo o la libertà –
Oh, Brasile, mia terra natale, dove
le vecchie lotte – bene o male già vinte –
per noi vecchi riacquistano significato –
rispondendo alla grazia di delinquenti o soldati
alla grazia brutale.

HIERARQUIA
Pier Paolo Pasolini (Tradução: Michel Lahud)

Se chego numa cidade
além do oceano
Chego muitas vezes numa cidade nova, transportado pela dúvida.
Convertido de um dia pro outro em peregrino
de uma fé na qual não creio;
representante de uma mercadoria há muito depreciada,
mas é grande, sempre, uma estranha esperança –
Desço do avião com o andar do culpado,

o rabo entre as pernas, e uma necessidade eterna de mijar,
que me faz caminhar um tanto vergado com um sorriso incerto –
Safar-se da alfândega e, muitas vezes, dos fotógrafos:
administração de rotina que cada um trata como exceção.
Depois o desconhecido.
Quem passeia às quatro da tarde
ao longo dos canteiros cheios de árvores
e pelos bulevares de uma cidade desesperada onde europeus pobres
vieram recriar um mundo à imagem e semelhança do deles,
forçados pela pobreza a fazer de um exílio a vida?
De olho no meu trabalho, nos meus deveres –
Depois, nas horas vagas,
começa minha busca, como se também ela fosse uma culpa –
A hierarquia está porém bem clara na minha cabeça.
Não há Oceano que resista.
Dessa hierarquia os últimos são os velhos.
Sim, os velhos, a cuja categoria começo a pertencer
(não falo do fotógrafo Saderman que com sua mulher
amiga já da morte me acolhe sorrindo
no pequeno estúdio de toda a sua vida)
Sim, existem alguns velhos intelectuais
que na Hierarquia
se colocam à altura dos michês mais bonitos
os primeiros a serem encontrados nos lugares que a gente logo descobre
e que como Virgílios nos conduzem com popular delicadeza
alguns velhos são dignos do Empíreo,
são dignos de figurar junto ao primeiro garoto do povo
que se dá por mil cruzeiros em Copacabana
ambos são o meu guia
que me segurando pela mão com delicadeza,
a delicadeza do intelectual e a do operário
(além do mais desempregado)
a descoberta da invariabilidade da vida
requer inteligência e amor
Vista do hotel da rua Resende Rio –
a ascese precisa do sexo, do caralho –

aquela portinhola do hotel onde se paga o cubículo –
se olha o Rio por dentro, numa aparência da eternidade,
a noite de chuva que não refresca,
e banha as ruas miseráveis e os escombros,
e as últimas cornijas do liberty dos portugueses pobres
milagre sublime!
E portanto Josué Carrea é o Primeiro na Hierarquia
e com ele Harudo, que veio criança da Bahia, e Joaquim.
A favela era como Cafarnaum sob o sol –
percorrida pelos regos dos esgotos
barraco sobre barraco
vinte mil famílias
(ele na praia me pedindo cigarro como um prostituto)
Não sabíamos que pouco a pouco nos revelaríamos,
prudentemente, uma palavra após a outra,
dita quase distraidamente:
sou comunista, e: sou subversivo;
sou soldado numa divisão especialmente treinada
para lutar contra os subversivos e torturá-los;
mas eles não sabem;
ninguém se dá conta de nada;
só pensam em viver
(me falando do subproletariado)
A Favela, fatalmente, nos esperava
eu, grande conhecedor, ele, guia –
seus pais nos acolheram, e o irmãozinho nu
recém-saído de trás do oleado –
pois é, invariabilidade da vida, a mãe
conversou comigo como Maria Limardi, me preparando uma limonada
sagrada do hóspede, a mãe de cabelos brancos mas ainda jovem na carne;
envelhecida como envelhecem os pobres, embora moça;
sua gentileza e a de seu companheiro,
fraternal com o filho que por sua exclusiva vontade
era agora como um mensageiro da Cidade –
Ah, subversivos, procuro o amor e encontro vocês.
Procuro a perdição e encontro a sede de justiça.

Brasil, minha terra,
Terra dos meus verdadeiros amigos,
Que não se ocupam de nada
Ou se tornam subversivos e como santos ficam cegos.
No círculo mais baixo da Hierarquia de uma cidade
imagem do mundo que de velho se faz novo,
coloco os velhos, os velhos burgueses,
porque um velho proletário da cidade continua sempre moço
Não tem nada a perder –
anda de calção e camiseta como o filho Joaquim.
Os velhos, a minha categoria,
queiram eles ou não –
Não se pode fugir ao destino de possuir o Poder, ele se coloca sozinho
lenta e fatalmente na mão dos velhos,
mesmo que tenham as mãos furadas
e sorriam humildemente como mártires sátiros –
Acuso os velhos de terem apesar de tudo vivido,
acuso os velhos de terem aceitado a vida
(e não podiam não aceitá-la, mas não existem vítimas inocentes)
a vida se acumulando deu o que queria dar –
acuso os velhos de terem feito a vontade da vida.
Voltemos à Favela
onde as pessoas ou não pensam em nada
ou querem se tornar mensageiras da Cidade
ali onde os velhos são filo-americanos –
dentre os jovens que jogam bola com bravura
em frente a cumeeiros encantados sobre o frio Oceano,
quem quer alguma coisa e sabe que quer, foi escolhido por acaso –
inexperientes em imperialismo clássico
em qualquer delicadeza para com o velho Império a ser desfrutado
os Americanos separam uns dos outros os irmãos supersticiosos
sempre aquecidos por seu sexo como bandidos por uma fogueira de sarças –
É assim por puro acaso que um brasileiro é fascista e um outro subversivo;
aquele que arranca os olhos
pode ser tomado por aquele a quem se arrancam os olhos.
Joaquim não poderia jamais se distinguir de um facínora.

Por que então não amá-lo se o fosse?
Também o facínora está no vértice da Hierarquia,
com seus traços simples apenas esboçados
como seu olho simples
sem outra luz que não a da carne
Assim no cume da Hierarquia
encontro a ambiguidade, o nó inextricável.
Ó Brasil, minha desgraçada pátria,
devotada sem escolha à felicidade
(de tudo o dinheiro e a carne são donos
enquanto tu és assim tão poético)
dentro de cada habitante teu, meu concidadão,
existe um anjo que não sabe nada,
sempre debruçado sobre seu sexo,
e, velho ou jovem, se apressa
a pegar em armas e lutar,
indiferentemente, pelo fascismo ou pela liberdade –
Ó Brasil, minha terra natal, onde
as velhas lutas – bem ou mal, já vencidas –
para nós, velhos, voltam a fazer sentido –
respondendo à graça dos delinquentes ou dos soldados
à graça brutal.

O fascismo e a banalização da violência
Renato Janine Ribeiro

Fascismo é um termo que se usa mais para atacar do que para conhecer. Ficou tão ruim a imagem das ditaduras dessa laia que passou a ser um recurso retórico, quando detestamos um governo de direita, alcunhá-lo assim. O exemplo mais cabal de aplicação injusta – e com resultados contrários aos desejados – desse termo foi o nome de *social-fascismo*, que os comunistas alemães deram à social-democracia, dividindo as forças progressistas no decisivo ano de 1932 e terminando por favorecer a ascensão do nazismo ao poder em 1933. Por isso mesmo, é preciso cautela no emprego dessa palavra.

Alguns traços essenciais caracterizam o fascismo. Em primeiro lugar, o óbvio: situa-se à extrema direita do espectro político. Há uma característica, entre outras, que separa direita e extrema direita: a direita, ou, se preferirem, a família política liberal, *não* costuma ter militantes. Militantes são mais frequentes em partidos de esquerda. É fácil identificar um militante: é alguém que, sem remuneração, distribui panfletos políticos, pinta faixas de propaganda, procura persuadir pessoas da justeza de sua causa, vai a manifestações e exorta outras pessoas a fazer o mesmo. Trata-se de alguém que se empenha de verdade na luta por sua causa política. Importante notar que faz isso sem receber dinheiro. Haverá exceções, quando um sindicato ou associação contrata uma pessoa, geralmente em tempo integral, para coordenar militantes que, contudo, continuam em sua maioria a ter sua renda proveniente de outras fontes, geralmente o trabalho assalariado.

Um dos sinais mais claros do que muitos acreditaram ser a decadência do Partido dos Trabalhadores foi quando ele começou a pagar pessoas para panfletar nas ruas ou segurar bandeiras do partido em eventos públicos. Isso significava que sua capacidade real de mobilização estava baixando e que ele só conseguia realizar tarefas que definem a militância mediante pagamento – ou seja, estava perdendo militantes.

Agora, por que a militância é requisito essencial nas forças de esquerda e se mostra tão rara, praticamente inexistente, no que chamarei de forças liberais ou de direita democrática? Alguém de vocês já viu um moderado de direita panfletando, segurando faixa, pedindo voto na rua? Duvido.

Retomo uma análise que fiz em meu livro *A boa política*, no capítulo "O militante moderno e o cidadão romano"[1]. O historiador francês Paul Veyne, especialista em Antiguidade grega e romana, explica que o cidadão ateniense não podia ser comparado ao cidadão moderno. Nos dois casos, temos cidadãos de democracias, mas o moderno procura participar o *mínimo* possível da coisa pública, enquanto em Atenas a cidadania significava uma participação *constante* nela – no tempo de Péricles, as assembleias populares, na praça (a "ágora"), se realizavam em média a cada nove dias. E Veyne acrescenta: para entendermos o cidadão ateniense, devemos compará-lo ao militante de partido (de esquerda, acrescento) moderno. A cidadania antiga é uma militância.

No meu artigo, inverti os termos da comparação: afirmei que o militante de esquerda às vezes tem dificuldade de entender a sociedade atual, na qual ele é francamente minoritário (o militante, não necessariamente a esquerda), porque acredita que, para haver efetivamente cidadania, todos devam militar em prol de suas causas – e a maioria simplesmente não deseja isso. O militante de esquerda corre o risco de acreditar que vive na Atenas de Péricles, não na sociedade contemporânea. Esse erro de datação responde por muitos fracassos da esquerda. Mas, com isso, reforço o ponto acima: a militância não é a condição da maioria dos cidadãos em uma democracia. Ela é rara. E é mais forte à esquerda.

A direita dificilmente milita porque a liberdade que ela quer não é a do coletivo, a da reunião em praças ou assembleias, mas a liberdade que Isaiah Berlin chamou de negativa, a *liberty from*, não a positiva ou

---

[1]. São Paulo: Companhia das Letras, 2017.

afirmativa, *liberty to*. É claro que os liberais querem uma liberdade para (*to*) empreender, mas acima de tudo desejam estar livres o mais possível da (*from*) tutela do Estado. Como a propriedade e o capital são instrumentos poderosos de geração de riquezas e de independência pelo menos de quem os tem, a direita vai dedicar-se mais à vida privada do que à pública. (Na verdade, ela cairá com frequência na fantasia de que o ideal é que gestores testados e aprovados na empresa privada tragam ao Estado a eficiência que demonstraram no mundo do capital. Isso acarreta mais problemas do que os resolve, porque a tarefa do Estado não só não é gerar lucro como, muitas vezes, é a de contrapor-se ao capital, evitando os efeitos predatórios que a busca ilimitada do ganho pode causar, como a exploração do trabalhador, a devastação do meio ambiente e muitos outros.) O que nos interessa, porém, é que a direita tem poucos militantes. Quem o seria está ocupado em ganhar dinheiro (o que não é uma crítica, de forma alguma; se preferirem, digam: em gerar riquezas).

Ora, se um fragmento da direita milita, essa minoria será quase certamente de *extrema* direita – e provavelmente pouco ou nada capaz de gerar riquezas, o que a faz ser antiliberal ou, como diz um expoente desse espectro político, o chefe de Estado da Hungria, Viktor Orbán, "iliberal". No período que levou ao *impeachment* de Dilma Rousseff, vimos no Brasil uma militância dessa orientação que acampou na frente da Federação das Indústrias do Estado de São Paulo e também perto do quartel-general do Comando Regional do Exército. Suas condições de vida eram precárias: dormiam em tendas, comiam provavelmente mal, mas o interessante é que uma dedicação dessas é típica da esquerda, não da direita (e a direita somente se sujeita a esses sacrifícios – ou, se preferirem, a esse desvio – de sua convicção da importância de gerar riqueza quando se torna extremista).

Daí que, em vez de simplesmente clamar por um Estado que interferisse menos, ou que adotasse políticas liberais no plano econômico, esses militantes compraram um pacote que chamaram de "conservador nos costumes", como se fosse possível conciliar o liberalismo econômico com o conservadorismo comportamental.

Essa conciliação é impossível porque o liberalismo, como já desenvolvi em outro lugar[2], consiste na crença de que cada indivíduo tenha

---

2. *A Pátria Educadora em colapso: reflexões de um ex-ministro sobre a derrocada de Dilma Rousseff e o futuro da educação no Brasil*. São Paulo: Três Estrelas, 2018, pp. 127 ss.

riquezas internas únicas. Ao contrário do que se afirma – levianamente – no Brasil, retirar o Estado do jogo não é o ponto principal, é apenas decorrência, por sinal nem sempre necessária, dessa tese que mencionei e que constitui a antropologia, a teoria do homem, a ética liberal.

Basta ver que nenhum liberal quer que o Estado abra mão do poder de punir. Mas o liberalismo consequente vai além disso: procura eliminar tudo o que bloqueie o florescimento dessas riquezas internas. A intervenção do Estado pode bloquear o indivíduo, mas o mesmo pode ser feito por uma Igreja ou pela própria família. A livre iniciativa econômica assegura a independência do sujeito em relação ao Estado, porém igualmente perante qualquer outra pessoa ou entidade. Assim, a orientação sexual, a escolha religiosa, os valores que não prejudiquem outrem devem ser liberados de qualquer intervenção que gere infelicidade. Por isso, o liberalismo não pode ser fatiado. O conservadorismo comportamental é incompatível com ele.

Para o liberal, o papel do Estado é tão somente o de extirpar as ervas daninhas que entravam o florescimento da planta, o que, por sinal, pode levar a ações afirmativas, como as iniciadas nos Estados Unidos, a fim de garantir que os mais pobres e em especial os negros possam realizar todas as suas potencialidades. A chamada política de cotas, que no Brasil passa por esquerdista, na pátria do capitalismo é rigorosamente uma perspectiva liberal – que, aumentando a igualdade de oportunidades, permite aumentar a riqueza do país. Daí o enquadramento militante do fascismo ser incompatível com essas características fortemente liberais.

★ ★ ★

Essa breve definição de liberalismo e de militância permite ver melhor os traços principais do fascismo. Afirmei que, quando a direita se faz militante, ela se torna extremista e fascista. O fundamental para ela não é mais a geração de riqueza, e sim a repressão ao diferente. O fascismo se baseia em um ódio a certos grupos que ele identifica como culpados do que há de ruim na sociedade. Não há fascismo sem um intenso descontentamento com a vida tal como está.

O fascismo é uma rebeldia, ainda que contra alvos errados e partindo de diagnósticos duvidosos. Também nisso ele se distingue da direita liberal, que é mais uma construção do que uma destruição. O fascismo é destruição. Entende o mundo atual como uma distopia e atribui os elementos nocivos deste mundo a quem destoa de um padrão determinado. É, portanto, altamente identitário. Sempre que possível, escolherá uma identidade dita saudável, bem restritiva, e apontará o que dela diverge como causador de patologias.

É essencial que a identidade assim eleita seja fácil de reconhecer. Pode e deve ser uma cor da pele, uma língua, uma religião, determinados traços físicos. É verdade que o nazismo levou essa obsessão mais longe que o fascismo italiano, mas todo fascismo encerra uma negação do outro – na verdade, de múltiplos outros, porque no pacote destinado à repressão haverá etnias e religiões diferentes, pessoas de orientação política divergente, homossexuais e todos os que estão fora do padrão heterossexual reprodutivo, e por aí vai. Contrapõem-se assim um paradigma que se pretende bastante definido e inúmeras infrações a esse padrão. Opõe-se o *um* aos *outros*: o bom é singular, é a identidade absoluta que temos nós, os bons, a ponto de não nos distinguirmos uns dos outros; os maus são plurais, são dispersos, diversos, unidos porém em ser maus e errados. O paradigma escolhido teria uma beleza, uma inteligência, uma capacidade que contrastam com os outros. Por isso há uma raça superior, ou uma religião ou cultura superior. Procurem uma antologia do preconceito: os povos ditos inferiores o são de todos os pontos de vista – da ética, da estética, da competência, do que seja. O máximo que se pode ter é uma complacência de algum tipo – o negro serviria, por exemplo, para o trabalho bruto (nos tempos da escravidão), para a dança e a sensualidade (mais recentemente). Mas essas escassas qualidades são olhadas de cima para baixo.

Pensar que o nazismo perseguia apenas judeus seria um erro enorme. Para os nazistas, os judeus foram certamente o paradigma do inimigo (já os fascistas italianos só bem mais tarde os discriminaram, sem chegar a fazer deles igual paradigma), mas basta ver a diferença da guerra travada por Hitler a leste e a oeste da Alemanha para perceber que os eslavos e outros povos da Europa oriental sofreram muito mais que os da ocidental.

Esse Outro – esses Outros – não são necessariamente quem se opõe ao governo: são aqueles de quem o governo ou o regime não gosta. A perseguição policial não é uma reação a uma violência delinquente ou subversiva. A perseguição é proativa. No início, está a perseguição. Uma visão paranoica do mundo – a convicção de que a distopia atual é causada pelos outros, inúmeros, ameaçadores – leva à ideia de que, a melhor defesa sendo o ataque, as forças policiais e militares devem tomar a iniciativa de atacar o outro em suas diversas formas. O ódio não é reação, mesmo quando se apresenta como defesa da raça dita pura. O ódio é primordial. Se a vida atual é ruim, então odiemos.

★ ★ ★

O fascismo, ao contrário do mero autoritarismo, conta com ativo apoio popular. Tivemos uma longa ditadura militar, mas com sustentação popular provavelmente minoritária e seguramente passiva. Mesmo no auge de sua popularidade – o período do "milagre", somando general Médici, tortura e censura, tricampeonato de futebol e crescimento econômico –, não houve movimentos paramilitares ou massas populares saindo às ruas para atacar fisicamente os adversários do regime.

Os militantes do fascismo banalizam a violência. Agora, a banalização da violência implica que esta deixa de ser, na célebre definição de Max Weber, monopólio do Estado, exercido pela polícia e pelas Forças Armadas: os próprios cidadãos, desde que favoráveis ao governo, sentem-se autorizados a agredir. Simples cidadãos reivindicam o direito de atacar fisicamente o Outro. O quase bombardeio da barca em que estava Glenn Greenwald em Paraty, na Flip de 2019, é exemplo vivo disso. Mas o fascismo já estava no ar alguns anos antes, quando um pai, andando abraçado com o filho adolescente, foi agredido em uma rua de São Paulo por canalhas que pensavam tratar-se de um casal homossexual.

★ ★ ★

Finalmente, o fascismo odeia inteligência, ciência, cultura, arte. Em suma, distingue-se pelo ódio à criação. Não é fortuito que Hitler, que quis ser pintor, tivesse um gosto estético tosco, e que o nazismo perseguisse, como "degenerada", a melhor arte da época. É verdade que os semifascistas Ezra Pound e Céline, para não falar nos futuristas, brilham no firmamento da cultura do século XX – mas são agulha no palheiro.

Antonio Candido uma vez redigiu um manifesto dos docentes da USP criticando a "mediocridade irrequieta" que comandava a universidade. Em conversa comigo, um colega discordou: a mediocridade, disse ele, nunca é irrequieta. Mas Candido tinha razão. A mediocridade, quando irrequieta, é fascista. Uma mediocridade silenciosa não constitui uma ameaça política ou humana. Mas, quando ela se sente segura de sua ignorância, procede sem pudor ao desmonte de conquistas não só políticas e sociais, mas culturais e ambientais.

O melhor exemplo de como assim se chega ao irracional esteve no episódio citado na Flip, quando algumas dezenas de moradores de Paraty tentaram sabotar a festa literária, que dá projeção e dinheiro para a cidade. Essa é uma metáfora de um país que namora o suicídio. O fascismo tem um pendor para a morte violenta. Começa pelo homicídio e termina no suicídio. Não penso apenas na morte de Hitler, do casal Goebbels, de Himmler e Goering, que todos eles deram cabo de suas vidas. Penso no fato de que, antes de se matarem, Goebbels e sua esposa assassinaram os próprios filhos. E penso na *Götterdämmerung*, no crepúsculo dos deuses, com o qual Hitler queria destruir a Alemanha, por ela não ter sido "digna" dele.

★ ★ ★

Consequência disso é o desgaste ou a destruição das instituições. Mussolini dizia: "Nada acima do Estado, nada contra o Estado" – e, pior ainda, "nada fora do Estado". Ora, em uma democracia o Estado tem várias instituições que se equilibram, fazendo o que chamamos de pesos e contrapesos. A democracia moderna deve muito a essa desconfiança – absolutamente liberal – em relação ao poder, que o considera uma sorte de veneno. Um historiador liberal, lorde Acton, exprimiu-a na frase famosa, mas geralmente citada erroneamente, segundo a qual "o poder tende a corromper, e o poder absoluto corrompe absolutamente"[3]. O erro na citação é que a primeira frase é geralmente mencionada como "o poder corrompe", o que ele não disse. O poder *tende* assim à corrupção dos costumes, mas é apenas uma tendência, que pode e deve ser limitada por outro poder. Montesquieu exprime admiravelmente essa ideia quando diz que, na Espanha, o confronto entre absolutismo régio e o poder excessivo do clero acaba gerando resultado paradoxalmente mais positivo do que se houvesse apenas uma dessas duas péssimas instituições: uma limita a

---

3. Carta ao bispo Mandell Creighton, em 5 de abril de 1887.

outra[4]. O poder, portanto, tende a corromper, mas a corrupção não se efetiva se houver um contrapoder; é o que os anglo-saxões chamam de *checks and balances*, pesos e contrapesos. Contudo, quando não há contraponto, o poder absoluto corrompe completamente.

Se assim se define a limitação democrática aos perigos do poder – graças ao contrapeso das instituições, a seu confronto ainda que cooperativo, à sua limitação recíproca –, as próprias instituições surgem para o caso de governantes *maus*, em qualquer sentido do termo, desde o da incompetência até o da perversidade. Um governante mau pode ser pessoalmente bom: é o ineficiente. Um governante pode também ser maldoso: é o perverso. As instituições evitam que um ou outro utilizem o arsenal do poder para destruir o tecido democrático.

Ora, por isso mesmo, o fascismo faz de tudo para dissolver as instituições. Pode construir instituições paralelas, ilegítimas – mas fortes, nulas *de jure* mas poderosas *de facto*, tais como milícias paramilitares. Pode desqualificar instituições oficiais sistematicamente, como vemos hoje acontecer em relação ao Supremo Tribunal Federal. Pode clamar pela intervenção militar, como sucedeu intensamente no Brasil desde o começo de 2015. O fascismo percebe perfeitamente que as instituições visam impedi-lo de ir além do que a lei permite, que é bem menos do que ele deseja. As instituições procuram, isso quando não colocam o fascismo fora da lei (como é o caso na Alemanha, seriamente escaldada pelo nazismo), normalizá-lo, isto é, reduzi-lo a uma força política normal, obediente à legislação e à Justiça. É exatamente isso o que o fascismo não quer. (E devemos dizer que é assim que o Judiciário e a imprensa brasileira querem atuar, no que me parece uma opção arriscada: se as instituições alemãs, bem mais fortes que as nossas, preferem proibir o nazismo, a negação do genocídio nazista e outras ações e doutrinações fascistas, como poderão nossas instituições, mais novas e frágeis, submeter a antidemocracia a um comportamento democrático?)

Aqui está a diferença entre uma direita conservadora ou mesmo autoritária, mas ainda funcionando no quadro do Estado de direito, e uma extrema direita fascista, para quem Estado de direito e instituições

---

4. *Espírito das leis*, livro II, cap. 4. "Que seria da Espanha e de Portugal, desde a perda de suas leis, sem este poder que sozinho freia o poder arbitrário? Barreira sempre boa, [...] pois, como o despotismo causa na natureza humana males assustadores, até mesmo o mal que o limita é um bem."

constituem inimigos a abater. Aliás, deveríamos incluir entre as instituições os órgãos de pensamento e de comunicação. Os primeiros são as universidades e institutos de pesquisa e de educação. Os segundos são os jornais e a mídia em geral. Visivelmente, tornam-se alvo de ofensiva ilimitada por parte do fascismo. Este deseja eliminar tudo o que a ele se contraponha. Daí que seja também antiliberal: o liberalismo pensa que o poder contém algum veneno; o fascismo quer ter o uso ilimitado desse poder para promover sua agenda, para destruir a distopia que ele acredita hoje existir, para, em suma, realizar sua paradoxal utopia.

★ ★ ★

O último fator do fascismo, em nossa rápida enumeração, é a invasão da vida privada. Uma das bases da democracia é o respeito às escolhas e modos de ser diferentes. Não se podem impor religião, opção filosófica, política, vocação, casamento, a outrem. É o que Benjamin Constant denominou "liberdade moderna", em uma conferência de 1819[5]. É o que o próprio Hobbes já chamava, apesar de defender um Estado forte – subordinado ou identificado a um soberano não passível de controle –, de "liberdade do súdito", a quem não se poderia impor a educação que dará aos filhos, a dieta alimentar, em suma, aquilo que pertence a sua privacidade[6].

Esse é um campo que fica normalmente protegido do autoritarismo. O mesmo Hobbes, quando responde à possível objeção de que o pleno poder de seu soberano tornaria péssima a vida do cidadão, diz que quem leva uma "vida retraída", *a retired life*, fica a salvo dos abusos que porventura um governante pratique[7]. Ora, essa proteção não existe contra o fascismo. Este quer reger a verdade, os fatos e as escolas. Quando, em nossos dias, pais de alunos não querem que seus filhos conheçam a cultura africana – da qual descende mais de metade da população brasileira –, ficamos perto do fascismo. Ou quando se corta o financiamento da pesquisa, em especial daquela que não agrada ao governo de plantão, seja na sociologia, seja na biologia. Isso porque ele quer controlar os corações e as mentes.

5. "Da liberdade dos antigos comparada à dos modernos", disponível em www.fafich.ufmg.br/~luarnaut/Constant_liberdade.pdf. Acesso em 23 out. 2020.
6. *Leviatã* (obra de 1651), cap. XXI.
7. Hobbes, *De cive*, cap. X.

É verdade que toda campanha política é uma luta pela hegemonia, isto é, pelos corações e mentes. Mas, no fascismo, a competição democrática por elas é substituída pela tutela absoluta. Uma coisa é competir dentro de regras do jogo, que frequentemente favorecem quem já está no poder, mas são respeitadas e permitem uma alternância democrática; outra é negar as próprias regras, negar a alternância, tornar ilegítimo todo outro contendor pelo poder que não seja único.

Por isso mesmo, não bastam as instituições para enfrentar o fascismo. Elas são elemento positivo da democracia, mas não serão suficientes se não houver empenho forte dos cidadãos em defender, não só as próprias vidas privadas, como o caráter democrático dessas instituições. E a própria vida privada, que certamente não se curvará ao fascismo, traz um problema – que Constant apontava há duzentos anos: o risco de nos fecharmos nela, nos desinteressando da política. Dizia ele, apesar de lhe agradar mais a liberdade moderna do que a antiga, que a moderna tem o risco de nos confinar em nossas individualidades e, assim, de acabarmos perdendo a dimensão pública, social, política. É um alerta sábio, ainda mais porque foi feito quando a democracia moderna ainda estava em seus primórdios.

Devemos complementar esse alerta com uma ideia de Montesquieu, que de algum modo inspirou quase tudo o que pensei sobre política. Diz ele que os regimes políticos (que em sua tipologia ele reduz a três: república, monarquia e despotismo) têm cada um sua natureza (que é a definição do regime) e seu princípio (que é a paixão, o motor afetivo que faz o regime funcionar). Assim, a república requer a virtude, ou seja, a capacidade de colocar os interesses públicos à frente dos privados; a monarquia, a honra, que coloca o respeito por si próprio acima de tudo o mais, de modo que serve de freio dos nobres a uma tendência do monarca a se tornar absoluto; e o despotismo, o medo, que faz todos obedecerem ao soberano por temor. Embora seja difícil considerar que esses "princípios" pertençam estritamente à esfera dos afetos (todos eles são construídos laboriosamente, em uma escala do mais fácil – o medo – ao mais difícil – a virtude), porque não são pura espontaneidade, eles constituem uma observação preciosa de Montesquieu: não se sustenta um regime político se ele não estiver ancorado em determinada disposição afetiva dos cidadãos (ou súditos).

No caso da república, Montesquieu ainda tem razão em exigir a virtude, que eu procuro geralmente traduzir como abnegação: a disposição a valorizar a coisa pública, a não deixar as vantagens privadas passarem à frente dela. Mas lembremos que o filósofo distinguia as repúblicas em aristocráticas e democráticas. Tenho, há vários anos, diferenciado república – essa busca do bem comum, que significa uma prevalência da vontade sobre o desejo – de democracia – na qual o desejo vale mais. República vem de cima, requer governabilidade, exige sacrifícios. A república, sozinha, tem um quê de aristocrático, que bem se expressa no conceito da primeira república que conhecemos, a romana, que tinha por dirigentes os "patrícios", na verdade um pseudônimo para uma verdadeira nobreza, de espírito, além daquela de sangue. Já democracia vem de baixo, é *grassroots*, provém do desejo dos que nada têm e que querem ter, para poder ser. Não há "boa política" sem a relação – tensa, sim – das duas[8]. Ora, a questão é: não teremos democracia terceirizando-a.

Não apenas nossas instituições são frágeis, datando de poucas décadas, ainda tímidas – tanto que o Supremo Tribunal não julgou questões cruciais, como o confisco da poupança por Collor ou a validade dos artigos de *impeachment* contra Dilma Rousseff –, como, além disso, uma democracia hoje não se sustenta apenas com as instituições. Ela exige uma disposição afetiva do povo. Instituições não são suficientes para a democracia, é a tese que aqui sustento. Teoricamente, poderia pelo menos a *república* – ou o Estado de direito, se o entendermos como quase sinônimo seu – subsistir graças a instituições fortes, embora a *democracia*, até por sua significação etimológica de "poder do povo", exija uma adesão popular. Mas isso apenas teoricamente. Pode uma instituição ser forte sem um povo que a sustente? Volto à tese: a democracia não admite a terceirização da cidadania, sequer em favor das instituições; nem a república admite isso.

Vários amigos, embora tenham horror ao atual governo, não se preocupam muito: pensam que em poucos anos as eleições o substituirão. Alguns acrescentam que o Brasil assim aprenderá melhor o valor da democracia. De minha parte, entendo que eles subestimam a destruição do

---

8. Renato Janine Ribeiro, "Democracia *versus* república: a questão do desejo nas lutas sociais". *In*: Newton Bignotto (org.), *Pensar a república*, Belo Horizonte: Ed. UFMG, 2002, pp. 13-25.

tecido social e político, a liquidação da vida inteligente e a da vida mesma, que estão sendo efetuadas prioritariamente nas áreas da educação e do meio ambiente.

Não há boa política que sobreviva se os cidadãos não tiverem, como dizia Montesquieu, virtude: no caso, a disposição de lutar pelo bem comum, contra um poder que se desmede.

O neoliberalismo, o populismo e a esquerda[1]
Éric Fassin

"Não há alternativa" – TINA, o mantra de Margaret Thatcher ("There Is No Alternative"), define a política dessa pioneira do neoliberalismo pela ultrapassagem do político. Esse novo discurso irá aos poucos se impor ao mesmo tempo no Reino Unido e nos Estados Unidos, com Ronald Reagan, e logo depois em várias partes do mundo. A condição de possibilidade de tal hegemonia é a aliança dos sociais-democratas com essa visão de mundo, de Bill Clinton a Tony Blair e de François Mitterrand a Gerhard Schröder. Desde os anos 1980, é em nome do "realismo" que a esquerda governamental, na Europa e em outros lugares, longe de reivindicar a menor ruptura com o capitalismo, submete-se às exigências do mercado. É preciso acabar com a ideologia: eis a nova ideologia.

Assim, tudo se passa como se a própria realidade fosse de direita. A política cede o lugar à economia. Se a esquerda se junta à direita para se conformar com o fim da política, então realmente não há mais alternativa. Mesmo (e paradoxalmente) após a derrota dos conservadores, vemos o triunfo da Dama de Ferro. Não julgou ela, em 2002, que seu maior sucesso foi o "New Labour" de Tony Blair? "Obrigamos nossos adversários a mudar de opinião." A conversão dos sociais-democratas ao "social-liberalismo", ou seja, na realidade a um neoliberalismo que não tem mais nada de social, confirma essa vitória.

---

1. Tradução: Paulo Neves.

A despolitização da política que resultou dessa convergência entre direita e esquerda ocasiona, por sua vez, dois fenômenos distintos, que seria mais proveitoso pensar juntos: de um lado, o desengajamento de uma parte da população, traduzido em muitos países em um aumento da abstenção; de outro, o recrudescimento da extrema direita, que opõe aos partidos de governo uma dupla recusa: nem direita nem esquerda. Enquanto o primeiro movimento continua a suscitar um interesse apenas superficial, é o segundo que costuma reter toda a atenção. Geralmente é qualificado de "populista". Não mobilizou ele uma retórica que opõe o povo às elites? Por muito tempo o rótulo "populista" foi usado sobretudo de modo pejorativo. Era uma forma de atribuir o racismo e a xenofobia apenas às classes populares, como se as elites fossem poupadas pelas ideologias de extrema direita. Mas será que a palavra "populismo" não era também um meio de eufemizar a ascensão da extrema direita?

A REIVINDICAÇÃO DE UM POPULISMO DE ESQUERDA

O fato é que em vários países as coisas começaram a mudar de alguns anos para cá: com frequência cada vez maior, o populismo adquire conotações positivas. Certamente o termo continua servindo para desqualificar, mas é igualmente utilizado para legitimar. Assim, ele foi reivindicado por figuras políticas não só de extrema direita, como Donald Trump nos Estados Unidos e Jair Bolsonaro no Brasil, mas também de esquerda, do Podemos, na Espanha, encabeçado por Pablo Iglesias e Iñigo Errejón, ao França Insubmissa de Jean-Luc Mélenchon – ou ainda um movimento como o Aufstehen [Levantar-se], lançado na Alemanha por Sahra Wagenknecht. Essa mudança passou por uma reabilitação teórica: assim o "populismo de esquerda" foi promovido com força por Chantal Mouffe, filósofa política cujas análises inspiraram esses movimentos, em particular na Europa.

A estratégia populista é uma boa política para a esquerda? Para responder a essa pergunta é preciso primeiro compreender a argumentação que subjaz à posição "por um populismo de esquerda". O ponto de partida histórico da análise de Chantal Mouffe é claramente o neoliberalismo: segundo ela, em reação contra a despolitização que este provoca, vivemos um "momento populista". Daí o fato de ela propor não uma recusa ao populismo, mas sim modificá-lo, respondendo à sua versão de direita com outra, de esquerda. Pois, na opinião dela, ambos têm em comum, apesar de tudo, um "núcleo democrático". O populismo traduziria, tanto de um lado quanto de outro, uma exigência de participação política contra a apropriação do poder pelas elites que expropriam o povo da política.

Certamente não se devem confundir os dois populismos: ainda que a esquerda seja suspeita, sobretudo quando enaltece a pátria, seu populismo não saberia adotar o racismo e a xenofobia que alimentam seu modelo à direita. Cabe então perguntar: para além de uma retórica que opõe o povo às elites, ou a "gente miúda" à casta, o que os dois populismos podem realmente ter em comum? Ora, é aí que reencontramos a relação com o neoliberalismo: na esquerda, o "momento populista" é visto de bom grado como uma forma de reação à hegemonia neoliberal. A direita seria uma tradução ruim, racista e xenófoba, dessa reação; assim, caberia à esquerda retraduzir essa cólera por uma mudança de registro, do identitário ao econômico.

UM POPULISMO NEOLIBERAL

Essa análise enfrenta duas dificuldades principais. A primeira é que os populistas de direita não são de maneira nenhuma inimigos do neoliberalismo: pensemos em Viktor Orbán, na Hungria, ou em Recep Tayyip Erdogan, na Turquia. Em 2016, Donald Trump fez campanha convocando a "secar o pântano", ou seja, acabar com a corrupção da política pelo dinheiro. Mas, tão logo eleito, nomeou vários bilionários vindos do Goldman Sachs; e Wall Street, longe de temer esse "populista", aplaudiu sua prosperidade. O exemplo do Brasil é ainda mais claro: foi recrutando um Chicago Boy, Paulo Guedes, a quem confiaria um superministério da economia, que Jair Bolsonaro pôde passar da margem ao centro para acabar vencendo a eleição presidencial de 2018. O populismo de direita não é uma reação contra o neoliberalismo: é uma forma particular desse neoliberalismo.

Aliás, seria paradoxal considerar a xenofobia e o racismo reações à globalização neoliberal. O presidente brasileiro por certo redobrou a repressão violenta nas favelas, enquanto o presidente dos Estados Unidos continuou a explorar a suposta ameaça dos imigrantes, desde seu *slogan "Build that wall!"* ["Construam esse muro!"], de 2016, até o *"Muslim Ban"* ["Banimento muçulmano"], que em 2017 fecha as fronteiras aos que provêm de alguns países muçulmanos. Mas os populistas não têm o monopólio da xenofobia: o tratamento aos refugiados no Mediterrâneo não é muito diferente, quer se trate de Marco Minniti, ministro do Interior italiano em 2017, oriundo do Partido Democrata, ou de Matteo Salvini, seu sucessor em 2018, que representa a Liga Norte, partido de extrema direita no governo; ou ainda, não obstante as disputas verbais nesse campo, a posição de Emmanuel Macron, na França, comparada à de Salvini: se este rechaça os barcos de imigrantes, Macron se recusa a abrir-lhes os portos franceses. E, para além dos governos, é realmente a União Europeia que remete os refugiados para a Líbia, país ao qual é confiado o trabalho sujo da xenofobia.

    A articulação entre neoliberalismo e populismo não é de hoje; estava já na origem do neoliberalismo político, pois tanto Ronald Reagan quanto Margaret Thatcher puderam ser qualificados de populistas. O primeiro jogava com a oposição entre uma América profunda – ou seja, a "maioria silenciosa" que se transformou em "maioria moral" – e as elites de Washington. Quanto à segunda, o sociólogo e cientista político Stuart Hall qualificava seu regime de "populismo autoritário": com efeito, o desmantelamento do Estado-providência era apresentado como um combate à burocracia. Contra os trabalhistas, acusados de escolher o Estado, ela pretendia defender o povo. Em suma, o populismo sempre foi um instrumento retórico disponível para fins neoliberais.

POPULISMO E CLASSES POPULARES

    O populismo de esquerda enfrenta uma segunda dificuldade – não mais do ponto de vista da análise política, mas da sociológica. Com efeito, o que é o "povo"? Se o opusermos às "elites", daremos a ele uma extensão considerável: diante do 1% dos mais ricos, seriam os 99% restantes, ou seja, quase todos. No entanto, o populismo de esquerda tende (não sem paradoxo, assim como o antipopulismo) a se identificar com as classes populares, isto é, com uma categoria mais restrita. É assim que Chantal Mouffe identifica o voto populista de direita, que teria sido conquistado da esquerda, com os "principais perdedores da globalização neoliberal".

Ela reconhece que os líderes de extrema direita são culpados de xenofobia e de racismo, mas seus eleitores seriam, antes de mais nada, vítimas.

Essa chave de leitura desempenhou um papel crucial na interpretação dos sucessos populistas de 2016. Ora, se nesse ano ela parece pertinente para o Brexit, em junho, já que as classes populares britânicas de fato rejeitaram a Europa nas urnas, ela é discutível para explicar a eleição de Donald Trump em novembro. Certamente os *swing states* que lhe permitiram obter a vitória em 2016, a saber, Wisconsin, Pensilvânia e Michigan, são três Estados em que as classes populares, duramente afetadas pela desindustrialização, tiveram um papel decisivo. Aliás, o cineasta e ativista Michael Moore já havia anunciado: eles seriam "o Brexit do Cinturão da Ferrugem". Mesmo assim, não foram os pobres que decidiram a eleição. A pesquisa nacional de boca de urna mostrou claramente: Hillary Clinton venceu com doze pontos de vantagem entre a população de baixa renda. A vantagem democrática recuou em relação às eleições precedentes, mas foram os de alta renda que se inclinaram mais para o lado republicano.

Em realidade não foram os operários, desempregados ou não, que votaram em Donald Trump; foram homens brancos, em particular aqueles com baixo nível de educação (o que não deve ser confundido com renda). Mesmo sem falar nos eleitores negros (que votaram onze vezes mais em favor de Hillary Clinton), a pesquisa nacional de boca de urna já apontava: "entre os eleitores brancos, nada indica que a renda tenha influência sobre a probabilidade de votar em Trump." E pesquisas posteriores, como a da cientista política Diana C. Mutz, voltaram a confirmar: "Não foram as dificuldades econômicas, mas as ameaças sentidas sobre o *status* social que explicam a votação de 2016". Em suma, não foram os deserdados do neoliberalismo, foram antes aqueles que se sentiam ameaçados pelas reivindicações das minorias raciais e sexuais ou das mulheres. Trata-se, portanto, de uma lógica identitária, não econômica. O sexismo, a xenofobia e o racismo encarnados por Donald Trump fazem seu sucesso eleitoral, qualquer que seja sua política econômica.

VOTO, ABSTENÇÃO E CLASSE SOCIAL

À primeira vista, o exemplo francês parece contradizer essa análise. De fato, a Frente Nacional (hoje Reagrupamento Nacional) tornou-se "o primeiro partido operário da França" quando o Partido comunista desmoronou – inclusive nas classes populares. Ora, Marine Le Pen pôs o acento na crítica à União Europeia. Contudo, não se deve confundir a defesa do nacionalismo econômico (que encontramos justamente no caso de Donald Trump) com a crítica ao neoliberalismo – mesmo que essas duas lógicas distintas possam às vezes convergir, como em 2005, para rejeitar o Tratado Constitucional Europeu, com um "não" de direita (em favor da nação), mas também com um "não" de esquerda (contra o neoliberalismo).

Além disso, a sociologia do voto operário deve ser completada por uma análise da abstenção, que em realidade é o "primeiro partido" nas classes populares, tanto na França quanto em muitos outros países. Os operários não abandonaram a esquerda em favor da extrema direita. O que houve foi antes um duplo movimento: de um lado, os operários abandonaram a direita para passar à extrema direita; de outro, os operários de esquerda deixaram de votar em partidos que para eles não encarnavam mais a esquerda – sem, com isso, mudar de lado. É bem possível que o mesmo fenômeno explique o recuo relativo de Hillary Clinton no eleitorado popular: não que os operários votem mais em favor dos republicanos, mas que eles votem menos em favor dos democratas. Em suma, a hora não é mais do *slogan* de Bill Clinton em 1992: *"It's the economy, stupid!"* ["É a economia, idiota!"]. Depois de 2016, caberia mais dizer: "É a abstenção, idiota!"

Essa dupla dificuldade nos leva a revisar a leitura da ascensão populista na extrema direita, ou mesmo a contradizê-la. Por um lado, o populismo não é uma reação contra o neoliberalismo, é um sintoma dele. Portanto, faz parte do problema – e, assim, não poderia ser seu remédio. Os neoliberais compreenderam bem isso e não hesitam em aproveitá-lo, quando acham bom, para fins eleitorais. Por outro lado, não se deve confundir populismo com classes populares. Estas não são necessariamente aliadas dele, ao passo que as classes privilegiadas necessariamente o são. A partir desses elementos empíricos, importa sublinhar uma distinção teórica: o populismo não se reduz a uma categoria social, ele é uma ideologia que atravessa a sociedade. É claro que a retórica populista pretende tomar a palavra em nome do povo ou das classes populares, mas não devemos confundir essa retórica com a lógica das coisas, como se o populismo pudesse impor a própria chave de leitura.

A INDIGNAÇÃO E O RESSENTIMENTO

Dados esses elementos que vêm contradizer suas análises, como compreender a estratégia dos populistas de esquerda? Se convém falar aqui de estratégia e não de ideologia, é porque na esquerda essa aposta geralmente se baseia (tanto na França quanto na Alemanha, com a diferença da Espanha, é verdade) na vontade de reconquistar o eleitorado de extrema direita. Como se fosse possível fazer passar os votos da direita para a esquerda. Ora, o exemplo francês mostra que não é assim: já se sabia que a aliança dos desiludidos do Partido Comunista com a Frente Nacional, com frequência evocada pelos comentaristas, não tinha realidade estatística. Mas, na última eleição presidencial, foi possível verificar a ausência de porosidade entre os eleitorados de direita e de esquerda – nos dois sentidos: de 2012 a 2017, os eleitores de Jean-Luc Mélenchon que apoiaram Marine Le Pen foram tão raros quanto os que fizeram o percurso inverso. Isso significa que não acabou a divisão entre a esquerda e a direita.

Qual modelo teórico poderia explicar essa constatação empírica? Para explicar os sucessos eleitorais do populismo, quer seja de direita ou de esquerda, costuma-se qualificar esse voto como voto de protesto. Mas contra o quê? Na verdade, essa cólera é bem diferente conforme se exprima de um lado ou de outro. Com efeito, não basta lembrar que a política envolve tanto as emoções quanto a razão. É preciso esclarecer também que a política mobiliza uma pluralidade de afetos. Assim, é possível distinguir entre o ressentimento que move a extrema direita e a indignação que se faz ouvir à esquerda. Os indignados, tanto na Espanha quanto em outras partes, protestam contra a injustiça do mundo. Não se trata, portanto, apenas deles, de seus próprios interesses: eles se engajam contra as desigualdades.

Em sentido inverso, o ressentimento se manifesta necessariamente em primeira pessoa. Baseia-se na convicção de que tal pessoa ou tal grupo se beneficia em nosso lugar, portanto em detrimento de nós: a felicidade dos outros faria a nossa infelicidade. Assim, o ressentimento não é um combate em favor da igualdade; ao contrário, ele reclama a restauração de privilégios ameaçados – na condição de homem, ou heterossexual, ou branco, em suma, na condição de dominante. Eis por que é preciso revisar a sociologia do ressentimento: este não exprime o sofrimento de vítimas, mesmo se os populistas de direita se apresentem como tais (ao mesmo tempo que denunciam o discurso vitimário dos outros). Aliás, entre os "perdedores" do neoliberalismo, embora alguns cedam às sereias do populismo de direita, outros continuam a votar na esquerda, enquanto muitos se abstêm. Em realidade, o antielitismo não está reservado à "gente de baixo". Caso contrário, como poderia ser apoiado por um bilionário como Donald Trump? Os ricos não são poupados pelo ressentimento. Esse afeto não pertence a uma categoria socioeconômica, ele atravessa todas as classes.

Além do mais, se a indignação de esquerda é claramente dirigida contra as elites, o ressentimento não ataca somente elas: visa também às mulheres, às minorias sexuais, religiosas e raciais, e mesmo (em termos de classe) os "assistidos", ou seja, pobres que são apresentados como privilegiados. É como se alguns fossem penalizados pelas proteções sociais concedidas a outros. O que se reprova nas elites é defender os que não merecem ser defendidos: os "outros". Não é isso, no fundo, que leva a detestar os *"bo-bo"* [*bourgeois* (burguês) e *bohème* (boêmio)], as supostas elites definidas por seu capital cultural mais que econômico, às quais se reprova precisamente seu antissexismo ou seu antirracismo, e mesmo sua complacência com "assistidos"? Enfim, se a indignação é igualitária em seu princípio, o ressentimento é fundamentalmente não igualitário.

A MOBILIZAÇÃO DOS VALORES

Compreende-se, com o contraste entre esses afetos, a impermeabilidade dos eleitorados de esquerda e de extrema direita. Que consequências políticas é possível tirar disso? A primeira é abandonar a ideia de converter o ressentimento em indignação. Bernie Sanders não pode recuperar os eleitores de Donald Trump, como tampouco Jean-Luc Mélenchon recuperaria os de Marine Le Pen. Para a esquerda não se trata, porém, de se conformar em perder as eleições, como se as relações de força fossem imutáveis, e o triunfo da extrema direita, ineluctável. A segunda lição política dessas análises é: em vez de querer seduzir os adversários (com o risco de retomar suas questões, quando não suas respostas), buscar reconquistar o eleitorado... que não vota. Mesmo num país como o Brasil, onde o voto é obrigatório, os votos nulos aumentaram em 60% entre as eleições de 2014 e 2018, e a porcentagem total dos votos nulos e brancos e das abstenções, no ano em que Jair Bolsonaro foi eleito, se elevou a 30%.

A abstenção nunca é simplesmente o sinal de uma despolitização. Na verdade, ela tem um sentido político forte: exprime o desgosto com a política. Ora, é importante levar em conta os abstencionistas sobretudo porque entre eles costumam estar sub-representadas as classes populares e as minorias raciais, ou seja, precisamente as categorias sociais menos suscetíveis de ser tentadas pelo ressentimento contra os desempregados, os negros, os latinos ou os árabes; em suma, aquelas e aqueles que compreenderam bem que são o alvo privilegiado desse ressentimento. Um discurso que busque recuperar os eleitores de extrema direita terá antes a tendência de alienar ainda mais essas categorias nas quais a abstenção está sub-representada. É preciso, ao contrário, reforçar a participação política dessas categorias, dar-lhes razões para se engajar politicamente.

A DEMOCRACIA E OS VALORES DE ESQUERDA

Como fazer? Se a conclusão das análises anteriores é que não devemos esperar uma equivalência entre voto e classe, isto é, se os pobres não estão predestinados a preferir a esquerda, mas tampouco condenados a sucumbir à extrema direita, em suma, se aceitarmos que a política não é determinada sociologicamente de maneira mecânica, então cumpre admitir também que a política se baseia em valores – e devemos chamá--los claramente de ideologia –, que dividem cada grupo social segundo uma clivagem propriamente política. Isso é precisamente o contrário do "realismo", ideologia que não diz o próprio nome e cuja evidência os neoliberais conseguiram impor de maneira hegemônica. Em vez de negar a importância da ideologia, como o faz a direita, a esquerda não pode senão reivindicá-la alto e bom som: se a realidade ditasse sua lei, não haveria alternativa alguma, portanto não haveria esquerda. E, nesse caso, como poderíamos nos espantar com os sucessos da extrema direita?

A democracia supõe escolhas alicerçadas sobre valores. Creio que terão compreendido: para mobilizar um eleitorado desgostoso com a política e partidário da ideia de que não haveria alternativa – portanto mobilizá-lo contra a indiferença –, é preciso mostrar que existem opções diferentes: alguma coisa pode mudar conforme se vote em uns ou em outros. Assim, a clivagem entre direita e esquerda deve ser mantida. Quando o populismo de esquerda quer ser apenas o avesso do populismo de direita, a própria maneira de nomeá-lo, como uma partilha com a outra ideia, mostra que a oposição entre direita e esquerda seria caduca. De fato, a palavra "populismo" é aqui um substantivo, que direita e esquerda apenas qualificam. Ou seja: o populismo vem em primeiro lugar, a esquerda em segundo, ou é mesmo secundária. Os populistas de esquerda, de Iñigo Errejón a Jean-Luc Mélenchon, aderem explicitamente a essa visão das coisas, supondo que as pesquisas mostram uma desafeição por essas antigas categorias. Na verdade, isso é um engano. A razão pela qual ficou mais difícil acreditar na realidade da oposição entre direita e esquerda foi a conversão dos sociais-democratas ao neoliberalismo, que torna essa distinção ilegível. Para a esquerda, portanto, o trabalho político deve ser, hoje, voltar a dar a essa oposição um sentido político. Chantal Mouffe diz que é preciso "construir um povo", ou mesmo "construir o povo" (*Construir Pueblo*). Será que não deveríamos, antes, aspirar a construir a esquerda ou, pelo menos, uma esquerda? Renunciar a isso não seria correr o risco de completar o triunfo póstumo de Margaret Thatcher?

O "MOMENTO NEOFACISTA"

A estratégia populista de esquerda coloca um último problema, talvez mais grave ainda no contexto político atual. Aceitar a ideia de que o populismo coloca boas questões, mas que a direita lhes dá más respostas, para daí concluir que cabe à esquerda encontrar as boas, é expor-se a legitimar a extrema direita. Claro que não se trata de acusar os populistas de esquerda de compartilhar os valores desta última. Mas é significativo que Chantal Mouffe se recuse a agrupar na extrema direita esse populismo, apesar de seu racismo e sua xenofobia. Será que, em vez de elaborar um populismo de esquerda, em oposição ao de direita, não devemos seguir um caminho inverso? Não seria melhor, para nomear os movimentos políticos encarnados por Donald Trump, Jair Bolsonaro ou Viktor Orbán, mas também por Marine Le Pen, Matteo Salvini ou Santiago Abascal, falar antes de neofascismo?

Nomear um "momento populista" serviu para pensar o que teriam em comum movimentos de extrema direita e de esquerda. Inversamente, rebatizá-lo de "momento neofascista" permite evitar qualquer confusão. Pois a clareza é hoje uma urgência democrática. Certamente no passado houve um abuso nas acusações de fascismo, a ponto de esvaziar a palavra de qualquer significação. Mas não estamos mais nesse ponto. O perigo, hoje, não é exagerar a ameaça, mas minimizá-la, pois reaparecem traços do fascismo histórico: racismo e xenofobia, apagamento das fronteiras entre direita e esquerda, líder carismático e celebração da nação, ódio às elites e exaltação do povo etc. É claro que o passado nunca se repete igual, por isso convém falar, em vez de fascismo, de neofascismo. Não é ele que se desdobra hoje em um contexto neoliberal?

Não se trata apenas de ideologia. Nos Estados Unidos, o presidente parece sempre disposto a transgredir a Constituição. Não temem muitos que Donald Trump se recuse a ceder o poder, em caso de derrota eleitoral em novembro de 2020? Nesse país, como em outros, a prática da violência política é cada vez mais presente. Ela se faz ouvir na linguagem e se exerce sobre os corpos, chegando ao ponto de matar. Assim, é a linha divisória entre os regimes, democráticos ou não, que se apaga. Pensemos no duplo "golpe de Estado" que permitiu a eleição de Jair Bolsonaro no Brasil: primeiro em 2016, para destituir Dilma Rousseff; a seguir, em 2018, para afastar Lula da candidatura. Ora, isso foi feito em nome da democracia e em formas democráticas, de tal modo que poderíamos recorrer a um oximoro: "golpe de Estado democrático"...

A hora, portanto, não é mais de se mostrar indulgente com os populistas. A questão evidentemente não é incriminar "o povo" em geral, nem as classes populares em particular, tachando-os de racistas e xenófobos. Trata-se de erigir, contra a ameaça neofascista, um povo de esquerda, dando não apenas às classes populares, mas a todas as categorias socioeconômicas – ou melhor, a uma parte delas, aquelas dispostas a compartilhar seus valores –, razões para que se reconheçam na esquerda em vez de renunciar à esperança política. A questão não é tampouco, como terão compreendido, defender o neoliberalismo contra a ameaça populista, pois já vimos quanto os dois convergem e quanto essa oposição não faz mais sentido. O desafio é outro. Hoje, a recusa de nomear o neofascismo autoriza a nada fazer. Os eufemismos impedem a mobilização de um antifascismo que, longe de ser a caução democrática das políticas econômicas atuais, mostra a responsabilidade do neoliberalismo na escalada do neofascismo.

A economia libidinal do fascismo: relendo a primeira geração da Escola de Frankfurt
Vladimir Safatle

Goebbels chega a minha fábrica. Manda os funcionários se alinharem em duas filas, uma à direita, outra à esquerda. Eu devo ficar entre elas e fazer a saudação a Hitler com o braço. Levo cerca de meia hora para levantar o braço apenas alguns milímetros. Goebbels observa meu esforço como se assistisse a um espetáculo, sem expressar nem aprovação nem desagrado. Quando finalmente consigo erguer o braço até o fim, ele diz apenas seis palavras "Eu não desejo a sua saudação". Daí vira-se e vai na direção da porta de saída. Eu fico exposto daquela maneira em minha própria fábrica, entre meus próprios trabalhadores, com o braço levantado. Fisicamente, só posso ficar assim. Então fixo o olhar no pé torto de Goebbels, enquanto ele se retira, mancando. E permaneço nessa mesma posição até acordar[1].

Esse é o relato do sonho de um pequeno industrial alemão em 1933, ano da ascensão de Hitler à chancelaria. Um sonho no qual talvez se encontre muito da realidade socioeconômica que seria a regra no país a partir de então. Lá estava a figura do poder que reconstitui a sociedade a partir de novas posições nas quais todos estão igualmente distantes do centro. O pequeno patrão agora está ao lado de seus empregados, obrigado a fazer a saudação nazista como todos. Mas há algo nos corpos que não se adestra muito bem. Os gestos são feitos com esforço indescritível. Há

1. Charlotte Beradt, *Sonhos no Terceiro Reich*, São Paulo: Três Estrelas, 2017, p. 30.

algo nos corpos que sai de suas imagens necessárias. O corpo de Goebbels é manco, o do pequeno patrão é exposto em seu descontrole, em seu esforço para sustentar um gesto simples. "Eu não desejo sua saudação" é o que diz o ministro da propaganda de Hitler. Esta é uma maneira de dizer: "seus gestos são vazios, eles denunciam como lhes falta o sedimento da identificação".

Nesse sonho, toda uma dimensão libidinal de resistência e conflito aparece. Por mais que o sujeito procure "fazer como", há o corpo que resiste, há o corpo que manca. Quando ele acordar e estiver na realidade socialmente partilhada levantando o braço para fazer a saudação nazista, o sonho lhe lembrará esse real. Ele lhe produzirá um sentimento de irrealidade que pode a qualquer momento expô-lo em sua inverdade. O corpo lhe lembrará o caráter real de seu próprio desejo e a irrealidade da vida social.

Falar de sonhos talvez seja uma maneira adequada de dar início a uma discussão sobre o fascismo. Pois eles nos lembram não apenas como nossas formações do inconsciente, nossos sintomas, angústias, desejos e fantasias são expressões de dimensões fundamentais da vida social, como elas expressam formas sociais de sofrimento e enraízam estruturas de resistência: eles nos lembram também como a verdade das dinâmicas imanentes a fenômenos sociais, a exemplo do fascismo, exige a mobilização de uma dimensão propriamente "psíquica". Pois, quando falamos de "fascismo", não estamos apenas falando de um fenômeno historicamente situado, vinculado à ascensão de formas totalitárias de governo nos anos 1930 na Europa. Não foram poucos os que insistiram como tal fenômeno histórico era a expressão de latências sempre presentes nas formas hegemônicas de vida no interior das sociedades liberais e que, por isso, poderiam emergir novamente a qualquer momento. Ou seja, as formas fascistas de violência, de exclusão, sua ideologia da identidade, do território, da fronteira, eram expressões possíveis de estruturas latentes da personalidade produzida por nossos processos normais de socialização e individuação.

Isso obriga claramente a um uso do termo *fascismo* que não indique um modelo específico de ordem político-econômica, mas uma forma específica de desagregação social, uma forma específica de violência assentada na generalização de certo tipo de personalidade, o que significa retomar uma perspectiva presente desde a ascensão do fascismo na Alemanha, em 1933. Pois, nesse mesmo ano, foram publicados dois textos propondo uma análise psicológica do fascismo. São eles: *A estrutura psicológica do fascismo*, de Georges Bataille, e *A psicologia de massa do fascismo*, de Wilhelm Reich. Esses dois textos, escritos por autores que não se conheciam e vindos de tradições distintas, inaugurarão uma longa série de trabalhos que procurarão utilizar conceitos clínicos para dar conta tanto do fascismo quanto de seus mecanismos imanentes, como o antissemitismo (muito mais presente no nazismo alemão do que no fascismo italiano), o totalitarismo, a concepção orgânica do corpo social com sua forma de vínculo ao território, o nacionalismo militarista, a concepção imunitária de identidade.

Dois aspectos saltam imediatamente aos olhos na comparação entre esses dois textos. O primeiro consiste em perceber como eles procuram fornecer uma teoria libidinal da regressão social. Ou seja, eles procuram defender a tese de que fenômenos como o fascismo não podem ser explicados se não levamos em conta a economia libidinal que lhe seria própria. Ele não seria um fenômeno de classe, de raça, de nação, mas uma estrutura libidinal que poderia se fazer sentir em qualquer lugar e momento. Para sermos claros, o que esses textos afirmam é a existência de algo como um regime fascista do desejo que deveria ser o verdadeiro alvo de uma ação política.

Essa teoria da estrutura libidinal do fascismo, no entanto, não procurará descrevê-lo como alguma espécie de expressão política do retorno a estruturas arcaicas de comportamento. Alguém como Reich, por exemplo, insistirá que, longe da ressurgência de comportamentos arcaicos, estaríamos diante do resultado final de um trabalho de civilização que confunde socialização e repressão pulsional. Pois até agora não houve processo civilizacional que não se tenha constituído sobre os escombros das pulsões sexuais, tema caro também a Bataille. Daí porque é importante lembrar como "a estruturação autoritária do homem se produz em primeiro lugar através da ancoragem de inibições e de angústias sexuais na matéria viva das pulsões sexuais"[2]. Ou seja, tudo se passa como se eles estivessem a dizer que não é falta de civilização que produz o fascismo,

---

2. Wilhelm Reich, *La Psychologie de masse du fascisme*, Paris: Payot, 1998, p. 75

mas civilização em sua função repressiva bem-sucedida e em sua capacidade de produção de satisfações substitutas à sexualidade reprimida.

No entanto, essas teorias não funcionarão simplesmente como a figura do que Foucault chamará décadas depois de "a hipótese repressiva". Isso porque elas lembrarão como o fascismo será incompreensível a partir da hipótese de um regime repressivo "lei e ordem". Antes, ele é a mobilização contínua e simultânea da transgressão e da repressão. Ele é a articulação entre a suspensão da lei e o culto da lei. É o que visa Reich ao afirmar: "O fascismo não é, como se tende a acreditar, um movimento puramente reacionário, mas ele se apresenta como um amálgama de emoções revolucionárias e de conceitos sociais reacionários"[3]. Bataille diz algo semelhante sobre o fascismo: "a revolução afirmada como um fundamento é ao mesmo tempo fundamentalmente negada desde a dominação interna exercida militarmente por milícias"[4].

Dessa forma, tanto Reich quanto Bataille assumem a proposição política de que o fascismo só pode crescer em situações pré-revolucionárias. De certa forma, ele é a figura maior do que poderíamos chamar de uma contrarrevolução preventiva que se faz passar por revolução, e este *se fazer passar por* é o ponto decisivo aqui. Pois essa é uma forma de esses autores afirmarem que o ponto analítico fundamental passa por compreender por que, em dado momento, setores majoritários da população desejaram o fascismo. Pois uma teoria que eleva o desejo a estrutura fundamental dos laços sociais precisará responder sobre como é possível desejar o fascismo; ela precisará procurar nele os traços conjugados de revolta contra a opressão social e o reforço da opressão.

No que, paradoxalmente, nos encontramos em um terreno clássico para a filosofia política, ao menos desde Étienne de La Boétie. Pois, se o *Discurso sobre a servidão voluntária*, de 1553, pode ser visto como o texto inaugural da literatura política moderna, é por ser ele o primeiro a colocar o problema da servidão a partir dos termos de sua aquiescência. Por que em certos momentos se deseja a servidão, por que em certos momentos se deseja esse processo de concentração radical da soberania na mão de um? Não se trata de descrever a servidão a partir da submissão à força,

---

3. *Ibid.*, p. 17
4. Georges Bataille, *La Structure psychologique du fascisme*, in: *Œuvres complètes*, v. I, Paris: Galllimard, 1970, p. 362.

mas a partir da sua associação à *voluntas*, de um querer e participar à sua própria servidão, e este é o ponto fundamental:

> Gostaria apenas de entender como é possível que tantas pessoas, tantas aldeias, tantas cidades e tantas nações suportem por vezes um único tirano, que tem o poder que elas mesmas lhe dão; cujo poder de prejudicá-las é o poder que elas mesmas aceitam, que só sabe fazer-lhes algum mal porque elas próprias preferem padecer deste mal a contradizer o tirano[5].

O segredo será pensar as modalidades por meio das quais os sujeitos participam de sua própria servidão e como eles serão, ao mesmo tempo, a vítima e o carrasco. A resposta de Reich e Bataille insistirá que não bastam categorias como opressão, repressão, ameaça, embora não se trate de ignorar a presença dos fenômenos que elas descrevem. Há certa liberação que o fascismo realiza, há certa revolta que ele libera, e não será possível compreender sua força sem analisar sua produção. Entender a natureza dessa produção será um dos desafios mais complexos.

FRANKFURT CONTRA O FASCISMO

Neste artigo, gostaria de mostrar como Adorno e Horkheimer pensarão a estrutura de tal desejo a sustentar o fascismo, desejo que deseja sua própria servidão. O interesse dessa abordagem encontra-se no fato de o fascismo aparecer como uma estrutura de personalidade que explicita tendências gerais do processo de formação da própria personalidade enquanto tal. Ou seja, trata-se de dizer que o fascismo é a sombra da própria individualidade moderna. O fascismo é a própria personalidade em sua expressão terrorista.

Partamos, por exemplo, do comentário ao último capítulo da *Dialética do esclarecimento*, "Elementos do antissemitismo: limites do esclarecimento". Do ponto de vista metodológico, esse é o capítulo mais importante do livro. Primeiro, notemos como a análise do fascismo parte aqui de sua dinâmica de segregação, expressa de forma privilegiada no

---

5. Étienne de La Boétie, *Discurso da servidão voluntária*, São Paulo: Nós, 2016, p. 16.

antissemitismo. Isso é uma forma de insistir em que o fascismo é principalmente uma forma específica de segregação e violência. Segundo, tal forma de segregação está, por sua vez, submetida a um modelo de análise do que poderíamos chamar de patologias sociais. Trata-se de compreender o antissemitismo não apenas como um comportamento político, mas como o sintoma de um vínculo social que se organiza tal como uma patologia mental. Dessa forma, as estruturas autoritárias e totalitárias da vida social não serão explicadas apenas a partir de sua necessidade econômica, mas principalmente por meio de seu vínculo com a estrutura psíquica dos sujeitos socializados. Sem negligenciar a pergunta sobre as condições socioeconômicas que geraram o antissemitismo, interessa aos nossos autores, principalmente, compreender como funciona a estrutura psíquica e libidinal do antissemita.

No entanto, essa perspectiva não visa, por sua vez, patologizar o antissemita como alguém que sofreria, porventura, de alguma forma de doença mental. Esta seria uma forma de transformar o antissemitismo em um fenômeno marginal vinculado a indivíduos ou grupos refratários ao processo de esclarecimento e racionalização social. Na verdade, a perspectiva de Adorno e Horkheimer é mais radical e consiste em analisar o antissemitismo como figura da segregação, como "um esquema profundamente arraigado, um ritual da civilização"[6]. Um regime de comportamento organicamente vinculado ao modo como a modernidade constitui individualidades e pensa, tanto psíquica quanto socialmente, ideias como identidade e diferença. Assim, a análise da estrutura psíquica e libidinal do antissemita aparecerá como a lente de aumento que nos permite observar as tensões no interior de todo e qualquer processo de formação do Eu moderno. Ou seja, a segregação será expressão imanente da estrutura da personalidade, será o sintoma privilegiado dos modos de constituição da individualidade. A luta contra a segregação só poderá ser então a luta contra certa psicologia, a decomposição de funções psicológicas próprias à individualidade moderna.

Para realizar esse modelo de análise do antissemitismo, Adorno e Horkheimer precisam colocar em circulação um movimento duplo.

---

6. Theodor W. Adorno; Max Horkheimer, *Dialética do esclarecimento*, Rio de Janeiro: Jorge Zahar, 1992, p. 160.

Primeiro, trata-se de compreender por que, "em razão de sua adaptação deficiente", os judeus seriam o grupo cujos membros "tanto prática quanto teoricamente, atraem sobre si a vontade de destruição que uma falsa ordem social gerou dentro de si mesma"[7]. Argumentos que levam em conta a posição socioeconômica dos judeus na Europa, representantes do capital mas sem direito à posse, assim como a tensão entre as religiões cristã e judaica, serão utilizados. Nessa parte, que vai até o subcapítulo V, o modelo de análise é relativamente tradicional.

No entanto, a partir do subcapítulo V, Adorno e Horkheimer apelarão a uma antropologia filosófica profundamente inspirada na psicanálise freudiana para descrever dois processos complementares: a passagem de uma racionalidade mimética a uma racionalidade conceitual e o processo de formação do Eu como instância autoidentitária. É na maneira como a racionalidade mimética será recalcada para permitir o fortalecimento das ilusões identitárias do Eu que Adorno e Horkheimer verão as raízes psíquicas do antissemitismo e de todo e qualquer processo de segregação social, já que:

> A cólera é descarregada sobre os desamparados que chamam a atenção. E, como as vítimas são intercambiáveis, segundo a conjuntura: vagabundos, judeus, protestantes, católicos, cada uma delas pode tomar o lugar do assassino, na mesma volúpia cega do homicídio, tão logo se converta na norma e se sinta poderosa enquanto tal[8].

Na verdade, essa análise do totalitarismo fascista como patologia social terá dois momentos: este que encontramos em nosso texto e uma análise das mutações da autoridade com base no quadro freudiano fornecido por *Psicologia das massas e análise do Eu*. Podemos encontrar tal elaboração no texto de Adorno "Teoria freudiana e as estruturas da propaganda fascista"[9]. O que vincula os dois desenvolvimentos é o uso contínuo da categoria clínica de "paranoia" para descrever a estrutura psíquica e libidinal no interior do fascismo. Longe de ser uma simples metáfora,

---

7. *Ibid.*, p. 157.
8. *Ibid.*, p. 160.
9. Theodor W. Adorno; *Ensaios de psicologia social e psicanálise*, São Paulo: Editora Unesp, 2016.

tal uso de um conceito clínico para a análise de fenômenos sociais é de extrema importância.

Essa era uma maneira de lembrar que a compreensão de fenômenos como o fascismo seria incompleta se mobilizasse apenas categorias econômicas, sociológicas e políticas. Elas precisariam mobilizar também categorias psicológicas para dar conta da maneira como experiências políticas podem gerir estruturas psíquicas e se enraizar em dimensões nas quais as ações não são motivadas apenas por cálculos de maximização de interesses ou de crença política, mas também por circuitos inconscientes de afetos.

Insistamos mais nesse ponto metodológico. Podemos compreender sociedades como sistemas produtores e gestores de patologias. Inexiste sociedade que não se fundamente em um complexo processo de gestão de patologias, e tal gestão é uma dimensão maior, mas nem sempre completamente explícita, de reprodução social de afetos[10]. Não se trata apenas de se perguntar pelas modalidades de sofrimento que sociedades produzem, já que toda forma de restrição e coerção, toda forma de assunção normativa é necessariamente produtora de sofrimento. No entanto, nem toda forma de restrição e coerção é produtora de patologias, da mesma forma que nem todo sofrimento é traduzível imediatamente em patologia. Um sofrimento patológico é um sofrimento socialmente compreendido como excessivo e, por isso, objeto de tratamento por modalidades de intervenção médica que visam permitir a adequação da vida a valores socialmente estabelecidos com forte carga disciplinar.

Há de se insistir nesse ponto, pois reconhecer-se como portador de uma patologia é indissociável do ato de se reconhecer em uma identidade social com clara força performativa. Uma patologia mental pressupõe um ato de reconhecimento por parte do próprio portador, um ato que o modifica e o inscreve socialmente. Por isso, a discussão sobre os processos de produção de identidade social tem, no debate a respeito da estrutura do sofrimento psíquico, um setor importante de desenvolvimento. Pois, ao ser traduzido em patologia, o sofrimento transforma-se em modo de partilha de identidades que trazem em seu bojo regimes definidos

---

10. A esse respeito, ver Christian Dunker; Nelson Silva Júnior; Vladimir Safatle, *Patologias do social: arqueologias do sofrimento psíquico*, Belo Horizonte: Autêntica, 2018.

de compreensão dos afetos e de expectativas de efeitos. Nesse sentido, podemos dizer que as patologias são setores fundamentais de processos de socialização. Socializamos sujeitos, entre outras coisas, ao fazê-los internalizar modos de inscrever seus sofrimentos, seus "desvios" e descontentamentos em quadros clínicos socialmente reconhecidos. Não se socializa apenas levando sujeitos a internalizar disposições normativas positivas, mas principalmente ao fornecer-lhes uma *gramática social do sofrimento*, ou seja, quadros patológicos oferecidos pelo saber médico de uma época. Não se socializa apenas por meio da enunciação da regra, mas principalmente a partir da gestão das margens.

Por isso, as categorias clínicas utilizadas para descrever patologias próprias a sofrimentos psíquicos são necessariamente *patologias sociais*. Nesse contexto, percebe-se que falar em patologias sociais implica, inicialmente, discutir a maneira como categorias clínicas participam de formas sociais de disciplina.

Mas é fato que a análise de Adorno e Horkheimer a respeito do fascismo como laço social paranoico dizia um pouco mais. Pois se tratava não apenas de compreender como patologias mentais fornecem a inscrição de formas de sofrimento a serem geridas e classificadas: tratava-se de mostrar como essas mesmas patologias se transformavam em modo normal de participação social. Até porque

> Padrões de personalidade que foram descartados como "patológicos" porque não estavam em consonância com os padrões manifestos mais comuns ou com os ideais mais dominantes em uma sociedade mostraram-se em uma investigação mais apurada serem apenas exagerações do que era quase universal sob a superfície dessa sociedade. O que é "patológico" hoje pode, com a modificação de condições sociais, tornar-se a tendência dominante de amanhã[11].

Ou seja, falar em patologias sociais implicava inicialmente *uma reflexão sobre as patologias enquanto categorias que descrevem modos de participação social*, e não *uma reflexão sobre a sociedade como organismo saudável ou doente*. Tal reflexão permitiria, por sua vez, o desenvolvimento de uma

---

11. Theodor W. Adorno et al., *Estudos sobre a personalidade autoritária*, São Paulo: Editora Unesp, 2019, p. 157.

articulação entre clínica e crítica no interior da qual a crítica social aparece indissociável do diagnóstico de limitação do campo de experiências implicado na circulação massiva de quadros de patologias, na transformação reiterada de sofrimento em patologias específicas.

O ANTISSEMITISMO

Tendo isso em mente, partamos da discussão sobre o antissemitismo. Adorno e Horkheimer começam seu texto lembrando que os judeus são o grupo que atrai para si, de maneira privilegiada, a vontade de destruição gerada pela falsa ordem social. Sua caracterização como povo sem pátria, ligado a si apenas pela força da tradição e da religião, teria levado a um "apego inflexível às suas próprias formas de ordenamento da vida" e a uma relação sempre insegura com a ordem dominante. Isso auxiliou a transformação do antissemitismo em modo social maior de racismo.

Adorno e Horkheimer são sensíveis às representações sociais normalmente associadas aos judeus: banqueiros e intelectuais, o dinheiro e o espírito como o sonho renegado daqueles que a dominação mutilou. Na posição de banqueiros, eles seriam os bodes expiatórios da injustiça econômica de uma classe inteira. Pois os judeus ficaram presos ao setor de circulação: sem direito a aceder a posses no setor produtivo, eles se transformaram nos oficiais de justiça para o sistema inteiro, atraindo a si o ódio que normalmente deveria estar direcionado a uma classe inteira. Na Europa, eles se transformaram nos intermediários que representam, para o povo, a conta a pagar pelo progresso:

> Os judeus não foram os únicos a ocupar o setor de circulação, mas ficaram encerrados nele tempo demais para não refletir em sua maneira de ser o ódio que sempre suportaram. Ao contrário de seu colega ariano, o acesso à origem da mais-valia ficou-lhes em larga medida vedado. Foi só após inúmeras dificuldades e tardiamente que lhes foi permitido o acesso à propriedade dos meios de produção[12].

---

12. Theodor W. Adorno; Max Horkheimer, *Dialética do esclarecimento*, op. cit., p. 163.

Desta forma, a revolta contra uma classe econômica se transforma em revolta contra um povo. O conflito socioeconômico se transforma em conflito cultural, em revolta contra formas de vida pretensamente diferentes. Assim, o destino dos judeus esteve ligado ao descontentamento com um processo de racionalização econômica que eles foram obrigados a representar por serem "capitalistas sem propriedade".

Essa explicação ligada à posição econômica dos judeus na Europa será acrescida à defesa de uma relação particularmente problemática entre cristianismo e judaísmo, até porque o judaísmo esteve, durante toda a época de intolerância religiosa na Europa, presente como minoria constantemente vítima de revoltas.

Adorno e Horkheimer desconfiam do propalado universalismo paulino do cristianismo por identificarem uma "nostalgia incontrolada" dos vínculos comunitários religiosos canalizados como "rebeliões racistas" esporádicas: "os descendentes dos visionários evangelizadores são convertidos, segundo o modelo wagneriano dos cavaleiros do Santo Graal, em conjurados da confraria do sangue e em guardas de elite"[13]. A potência comunitária da religião cristã é ativada de forma violenta contra os semitas. Essa nostalgia incontrolada dos vínculos comunitários pode ser mais bem compreendida se lembrarmos a leitura frankfurtiana do cristianismo, que coloca de ponta-cabeça a leitura hegeliana.

MIMESE

Mas essas explicações econômico-culturais são ainda insuficientes. O texto precisará então voltar-se a abordagens de outra ordem. Tais abordagens procuram colocar o problema do antissemitismo no interior de

---

13. *Ibid.*, p. 165. Nesse sentido, eles recuperam considerações também presentes em Freud, para quem "Sempre é possível ligar um grande número de pessoas pelo amor, desde que restem outras contra as quais se exteriorize a agressividade". Ou seja, os vínculos cooperativos baseados no amor ou em alguma forma de intersubjetividade primária só são realmente capazes de sustentar relações sociais alargadas à condição de dar espaço à constituição de diferenças intoleráveis alojadas em um exterior que será objeto contínuo de violência. Tais vínculos de amor permitem a produção de espaços de afirmação identitária a partir de relações libidinais de identificação e investimento. Mas a constituição identitária é indissociável de uma regulação narcísica da coesão social, o que explica por que Freud fazia questão de lembrar que "depois que o apóstolo Paulo fez do amor universal aos homens o fundamento de sua congregação, a intolerância extrema do cristianismo ante os que permaneceram de fora tornou-se uma consequência inevitável" (Sigmund Freud, *O mal-estar na civilização*, in: *Obras completas*, v. 18, São Paulo: Companhia das Letras, 2010, p. 81).

uma teoria geral da segregação e de sua necessidade. O fascismo poderá a partir daí aparecer como uma estrutura de personalidade que explicita tendências gerais do processo de formação da própria personalidade enquanto tal. Ou seja, trata-se de dizer que, de certa forma, *o fascismo é a própria personalidade do indivíduo moderno em sua expressão terrorista*.

Tomemos um ponto estrutural desse raciocínio. A personalidade é caracterizada, entre outros atributos, pela unidade, por ser uma unidade sintética de representações e percepções. Ela é uma função capaz de produzir a coerência das condutas a partir da submissão de todas as faculdades ao desdobramento de uma mesma identidade. Adorno e Horkheimer insistirão, no entanto, que a gênese empírica de tal princípio de unidade exige aquilo que entendem como "recalque da mímesis", a negação das afinidades miméticas entre o que é desidêntico, entre o que não se submete às formas da identidade. Esse processo é empiricamente produzido a partir de dinâmicas de violência e tem consequências imediatamente sociais, já que com o recalque da mimese o problema da relação à alteridade se transforma em questão: "A mera existência do outro é motivo de irritação. Todos os outros são 'muito espaçosos' e devem ser recolocados em seus limites, que são os limites do terror sem limites"[14]. Essa é a maneira frankfurtiana de dizer que a consolidação de uma racionalidade que expulsa as afinidades miméticas de seu horizonte é paga com o retorno, no campo político, do extermínio de todo risco de se perder no outro, de sair do invólucro defensivo de uma identidade construída de maneira compulsiva. Esse extermínio não ocorre sem definir modalidades de "retorno" à mimese recalcada, a uma "mimese da mimese", como se fosse o caso de "colocar diretamente a serviço da dominação a própria rebelião da natureza reprimida contra a essa dominação"[15].

Uma maneira de introduzir o problema do destino da mimese passa pela compreensão de afirmações como

> A natureza que não se purificou nos canais da ordem conceitual para se tornar algo dotado de finalidade; o som estridente do lápis riscando a lousa e penetrando até a medula dos ossos, o *haut goût* que lembra a su-

---

14. Theodor W. Adorno; Max Horkheimer, *Dialética do esclarecimento*, op. cit., p. 171.
15. *Ibid.*, p. 172.

jeira e a putrefação; o suor que poreja a testa da pessoa atarefada; tudo o que não se ajustou inteiramente ou que fira os interditos em que se sedimentou o progresso secular tem um efeito irritante e provoca uma repugnância compulsiva[16].

As figuras mobilizadas aqui indicam certa forma de vínculo libidinal com o que não se purificou na ordem conceitual, com o som que toca os ossos, a mistura promíscua entre putrefação e alimentação, o elemento não ajustado à imagem. Como se houvesse alguma forma de tendência de retorno ao não completamente formado, ao não completamente determinado, ao que não se submete integralmente à "recognição no conceito", ao não completamente unificado pela personalidade. Essa tendência a uma identificação com o que não é provido de semelhança, de uma imitação do que não se assemelha, é exatamente o que Adorno e Horkheimer chamam de "mimese".

Lembremos, neste contexto, alguns traços essenciais do uso frankfurtiano da noção de mimese e suas consequências políticas. Se o pensamento racional deve denegar toda força cognitiva da mimese, é porque se trata de sustentar "a identidade do eu *que não pode perder-se na identificação com um outro*, mas [que] toma possessão de si de uma vez por todas como máscara impenetrável"[17]. A identidade do eu seria, pois, dependente da entificação de um sistema fixo de identidades, de uma rigidez de diferenças categoriais. A projeção de tal sistema sobre o mundo é exatamente aquilo que Adorno e Horkheimer chamam de "falsa projeção" ligada à dinâmica do narcisismo e *a processos de categorização do sujeito cognoscente*.

Nesse sentido, é interessante lembrar até que ponto Adorno e Horkheimer estão dispostos a ir para insistir em que a verdadeira mimese é assimilação do que não é semelhante. Sigamos com uma afirmação canônica sobre o mimetismo. Ele seria o índex de uma "tendência a perder-se no meio ambiente (*Umwelt*) ao invés de desempenhar aí um papel ativo, da propensão a se deixar levar, a regredir à natureza. Freud a qualificou de pulsão de morte (*Todestrieb*), e Caillois, de mimetismo"[18]. Ou seja, a pulsão de morte freudiana expõe a economia libidinal que leva o sujeito

16. *Ibid.*, p. 168.
17. *Ibid.*, p. 24.
18. *Ibid.*, p. 245 [tradução modificada].

a vincular-se a uma natureza compreendida como espaço do inorgânico, figura maior da opacidade material aos processos de reflexão. Essa "tendência a perder-se no meio ambiente" da qual falam Adorno e Horkheimer pensando na pulsão de morte é o resultado do reconhecimento de si no que é desprovido de inscrição simbólica. É tal manifestação da pulsão de morte que deverá ser negada por aqueles que negam a mimese, o que é uma maneira peculiar de dizer que economia pulsional da mimese é baseada na pulsão de morte.

Isso fica ainda mais claro se levarmos a sério o recurso feito por Adorno a Roger Caillois. Operação extremamente esclarecedora, pois nos ajuda a compreender melhor o que significa essa "tendência a perder-se no meio ambiente" da qual fala Adorno. Pois lembremos que, com seu conceito de *psicastenia lendária*, Caillois tentava demonstrar como o mimetismo animal não deveria ser compreendido como um sistema de defesa, mas como uma "tendência a transformar-se em espaço" que implicava distúrbios do "sentimento de personalidade enquanto sentimento de distinção do organismo no meio ambiente"[19]. Falando a respeito dessa tendência, própria do mimetismo, de perder-se no meio ambiente, Caillois afirma:

> O espaço parece ser uma potência devoradora para estes espíritos despossuídos. O espaço os persegue, os apreende, os digere em uma fagocitose gigante. Ao final, ele os substitui. O corpo então se dessolidariza do pensamento, o indivíduo atravessa a fronteira de sua pele e habita do outro lado de seus sentidos. Ele procura ver-se de um ponto qualquer do espaço, do espaço negro, lá onde não se pode colocar coisas. Ele é semelhante, não semelhante a algo, mas simplesmente semelhante[20].

Esse espaço negro no interior do qual não podemos colocar coisas (já que ele não é espaço categorizável, condição transcendental para a constituição de um estado de coisas) é um espaço que nos impede de ser

---

19. O termo "psicastenia" refere-se à nosografia de Pierre Janet, que compreendia a psicastenia como afecção mental caracterizada por rebaixamento da tensão psicológica entre o Eu e o meio, sendo responsável por desordens como sentimentos de incompletude, perda do sentido da realidade e fenômenos ansiosos.
20. Roger Caillois, *Le Mythe et l'homme*, Paris: Gallimard (Collection Folio essais), 1987, p. 111.

semelhantes a *algo* de determinado. O que o fascismo faria seria impedir a experiência social dessa potência de diferenciação e de desidentificação. Mais: o que faria o fascismo, segundo Adorno e Horkheimer, não é apenas perpetuar esse recalque da mimese, mas permitir seu retorno por meio da violência contra aqueles com os quais a afinidade mimética está proibida. Assim, "o impulso recusado é permitido na medida em que o civilizado o desinfeta através de sua identificação incondicional com a instância destruidora"[21]. Há uma "mimese desinfetada" nos rituais de homogeneidade fascista, há uma "mimese desinfetada" na possibilidade de imitação dos judeus a partir do escárnio e da derrisão. Há projeção nos judeus de tudo aquilo que seriam os impulsos que o sujeito não admite como seus e que, no entanto, lhe pertencem. Ou seja, o sujeito segregado é constituído a partir da projeção de tudo aquilo que, no segregador, coloca em risco sua unidade e identidade. O sujeito segregado é a figura do elemento inassimilável interno ao próprio segregador. Daí porque a personalidade autoritária não dirige sua agressividade contra figuras de autoridade internas aos *ingroups*, mas sempre volta sua agressividade a membros dos *outgroups*. É nesse ponto que aparece a mobilização da paranoia como patologia social do fascismo.

A SOMBRA DA RAZÃO

Na estrutura clínica psicanalítica, a paranoia ainda é concebida como um dos três quadros nosográficos próprios à estrutura psicótica, juntamente com a esquizofrenia e a melancolia (ou psicose maníaco-depressiva). Sua caracterização atual, no interior da psicanálise, não é muito distinta daquela que encontramos em Freud. Desde 1895, Freud compreendia a paranoia como um "modo patológico de defesa"[22] que se servia de mecanismos como o delírio[23] e uma forte tendência à projeção de representações inconciliáveis com a coerência ideal do Eu. À ocasião de seu texto paradigmático relativo ao caso Schreber, tais mecanismos de

---

21. Theodor W. Adorno; Max Horkheimer, *Dialética do esclarecimento*, op. cit., p. 172.
22. Cf. Sigmund Freud, "Manuscrit H", in: *La Naissance de la psychanalyse*, Paris: PUF, 1996, p. 98.
23. Em Freud, o delírio paranoico é "uma tradução em representações de palavras do reprimido que retornou maciçamente na forma de signos perceptuais" (Richard Simanke, *A formação da teoria freudiana das psicoses*, Belo Horizonte: Loyola, 2008, p. 100).

defesa encontrarão seu fundamento em uma desesperada reação contra certo impulso homossexual impossível, por razões estruturais, de ser vivenciado como tal pelo sujeito.

Por trás dessa temática aparentemente muito redutora ligada à defesa contra a homossexualidade (que, no limite, nos obrigaria à tese incorreta do ponto de vista da fenomenologia clínica referente à impossibilidade de alguém ser, ao mesmo tempo, paranoico e homossexual explícito) há, no entanto, o que poderíamos chamar de uma *intuição psicanalítica fundamental* a respeito das psicoses. Ela se refere à impossibilidade de alguma forma de mediação simbólica das identificações e da alteridade devido à fixação em um estado de desenvolvimento e de maturação que Freud chamava de "narcísico". Assim, devido a tal fixação, todo reconhecimento de si em um outro aparece como anulação catastrófica dos regimes de identidade que, até então, sustentavam certa estabilidade pré-psicótica. O problema da defesa contra a homossexualidade é, no fundo, o modo freudiano (e bastante problemático) de dizer que, na psicose paranoica, todo reconhecimento de si em outro é vivenciado de maneira ameaçadora e muito invasiva, o que coloca uma personalidade formada da internalização de identificações em rota contínua de colapso. Notemos ainda como tal situação indica um modo de ligação defensiva com a identidade, de negação da "interioridade da diferença", que demonstra a fragilidade, no caso da psicose, dos modos de síntese psíquica fundados na noção funcional de Eu.

Levando-se isso em conta, compreende-se por que o primeiro traço do fascismo que Adorno e Horkheimer associam à paranoia é a natureza projetiva da relação ao mundo: "O antissemitismo baseia-se numa falsa projeção. Ele é o reverso da mimese genuína, profundamente aparentada à mimese que foi recalcada, talvez o traço caracterial patológico em que esta se sedimenta. Se a mimese se torna semelhante ao mundo ambiente, a falsa projeção torna o mundo ambiente semelhante a ela[24]."

A projeção serve para expulsar impulsos que o sujeito não admite como seus, assim como tudo aquilo que quebraria a unidade e a coerência suposta da personalidade. Adorno e Horkheimer admitem que, em certo sentido, perceber é projetar. Ou seja, eles assumem a natureza projetiva da percepção como algo fatalmente inerente ao espírito devido

---

24. Theodor W. Adorno; Max Horkheimer, *Dialética do esclarecimento, op. cit.*, p. 174.

a exigências de autoconservação. No entanto, tal tendência à projeção seria paulatinamente controlada por meio de uma dupla reflexão, de uma reflexão duplicada. O sujeito tem a experiência da resistência que vem do objeto, e tal resistência pode ser integrada a partir de uma reflexão de segundo grau. Daí porque Adorno e Horkheimer podem dizer: "o patológico no antissemitismo não é comportamento projetivo enquanto tal, mas a ausência de reflexão que o caracteriza"[25]. Nota-se claramente uma articulação profunda entre paranoia e narcisismo que está na base da descrição psicanalítica da nosografia. O paranoico projeta o mundo a sua imagem e semelhança, reificando tal projeção.

Por outro lado, contrariamente a outras categorias da psicose, como a esquizofrenia, a paranoia teria como traço diferencial a preservação das funções superiores do raciocínio. Nesse sentido, não é desprovido de interesse perceber como encontramos tal intuição em um trabalho profícuo de psicologia social como *Massa e poder*, de Elias Canetti[26]. Esta absorção de modos formais de raciocínio e comportamento próprios à estrutura normal pode ser identificada, por exemplo, na presença, no interior da paranoia, de algo como um "vício da causalidade" e um "vício da fundamentação". Uma espécie de *princípio de razão suficiente* elevado à defesa patológica: nada acontece que não tenha uma causa. Assim, na "ontologia paranoica" não haverá lugar para noções como contingência e acaso. Por trás da máscara do novo, há sempre o mesmo. Tudo o que é desconhecido deve ser remetido a algo conhecido e referido ao doente. Isso leva o paranoico à necessidade compulsiva do *desmascaramento*. Ele quer que haja algo por trás dos fenômenos ordinários e só se acalma quando uma relação causal é encontrada. Como dirão Adorno e Horkheimer: "A excessiva coerência paranoica, este mau infinito que é o juízo sempre igual, é uma falta de coerência do pensamento. Ao invés de elaborar intelectualmente o fracasso da pretensão absoluta e assim continuar a determinar seu juízo, o paranoico se aferra à pretensão que levou seu juízo ao fracasso[27]."

Essa excessiva coerência seria traço de uma forma de saber chamada por Adorno e Horkheimer de "semicultura" ou "semiformação": "uma semicultura que, por oposição à simples incultura, hipostasia o saber

---

25. *Ibid.*, p. 176.
26. Elias Canetti, *Massa e poder*, São Paulo: Companhia das Letras, 2005, pp. 448-63.
27. Theodor W. Adorno; Max Horkheimer, *Dialética do esclarecimento*, *op. cit.*, p. 181

limitado como verdade, não pode suportar a ruptura entre o interior e o exterior, o destino individual e a lei social, a manifestação e a essência[28]." Eles chegam a dizer que a paranoia seria o sintoma do indivíduo semicultivado, com sua atribuição arbitrária de sentido ao mundo exterior, seus estereótipos e generalizações marcadas por perseguições e grandeza. Ou seja, o traço fundamental dessa semicultura é a hipóstase de relações, a impossibilidade de admitir a limitação do saber, o que leva o sujeito a não suportar rupturas entre o exterior e o interior, o destino individual e a lei social, a manifestação e a essência. "Desde Hamlet, a vacilação tem sido para os modernos um sinal de pensamento e de humanidade[29]." Daí uma tendência às formas do complô, da perseguição. Tal ausência de retificação da experiência era resultado da generalização da reificação da estrutura do conhecimento. A esse respeito, notemos o sentido de afirmações como:

> Hoje, mais provavelmente, as áreas rurais são criadouros de semiformação. Lá, sobretudo graças aos meios de comunicação de massa como o rádio e a televisão, o mundo de representação pré-burguesa, essencialmente apegado à religião tradicional, está subitamente despedaçado. Ele está suplantado pelo espírito da indústria cultural; todavia, o *a priori* do conceito propriamente burguês de formação, a autonomia, não teve tempo para se formar. A consciência passa imediatamente de uma heteronomia a outra; em vez da autoridade da bíblia, se coloca a do campo de esportes, da televisão e das "histórias verdadeiras" que se sustentam na exigência do literal, da factualidade do aqui e agora da imaginação produtiva. O ameaçador ali, que no *Reich* de Hitler se revelou amplamente mais drástico do que as questões relativas à mera sociologia da formação, quiçá até hoje dificilmente foi enxergado de maneira correta[30].

O que diz Adorno? Ele não afirma que semiformação diga respeito a uma incapacidade da circulação de informações, nem que o acesso a

---

28. *Ibid.*, p. 182.
29. *Ibid.*, p. 191.
30. Theodor W. Adorno, "Teoria da semiformação", [Tradução de Newton Ramos de Oliveira], *in*: Bruno Pucci; Antônio A. S. Zuin; Luiz A. Calmon Nabuco Lastória (orgs.), *Teoria crítica e inconformismo: novas perspectivas de pesquisa*, Campinas: Autores Associados, 2010, p. 7-40.

conhecimento, por si só, produza autonomia. Ao contrário, "a consciência passa de uma heteronomia a outra", da autoridade da bíblia à autoridade da indústria cultural, à autoridade dos que denunciam a verdade expressa em complôs inimagináveis. Em todos esses casos, o elemento central é a incapacidade de uma relação cognitiva ao mundo sob o fundo de crise. Digamos que nenhum lugar vazio circula, nenhuma contingência ocorre, nenhum acaso obriga à revisão. Semiformação não está ligada à falta de acesso à pretensa totalidade do saber, mas à impossibilidade de lidar com a fragilidade do saber, com os descompassos entre experiência e saber. Isso pede não apenas uma descrição sociológica das modalidades de circulação do saber, mas uma descrição psicológica da relação entre saber e desejo, do saber como anteparo a certas formas de desejo.

Nesse sentido, é possível dizer que um dos traços fundamentais da paranoia, traço que fornece a base de sua certeza delirante e da incorrigibilidade de seus julgamentos, está vinculado à *naturalização* das estruturas e dos quadros narrativos de organização da experiência. Não é possível ao sujeito tomar distância de suas próprias construções, retificando criticamente suas pretensões a partir dos acasos e contingências da experiência, desconfiando de sua sistematicidade e de sua exigência absoluta de sentido e ligação, pois tais construções foram naturalizadas. Ou seja, *não seria incorreto ver, nessa forma imanente de adesão a suas próprias crenças, um efeito maior daquilo que em teoria social chamaríamos simplesmente de "reificação"*. Isso talvez nos permitisse dizer que a paranoia é uma sombra da razão, pois é o risco aberto quando ocorre uma reificação da própria estrutura do conhecimento. Essa compreensão da paranoia como uma espécie de "patologia da reificação" está claramente presente em Adorno e Horkheimer, quando estes afirmam:

> Sempre que as energias intelectuais estão intencionalmente concentradas no mundo exterior, ou seja, sempre que se trata de perseguir, constatar, captar (que são as funções que, tendo origem na empresa primitiva de subjugação dos animais, se espiritualizaram nos métodos científicos da dominação da natureza), tendemos a ignorar o processo subjetivo imanente à esquematização e a colocar o sistema como a coisa mesma. Como o pensamento patológico, o pensamento objetivador contém a arbitrariedade do fim subjetivo que é estranho à coisa; ele

esquece a coisa e, por isto mesmo, inflige-lhe a violência a que depois é, mais uma vez, submetida na prática[31].

O PROBLEMA DA IDENTIFICAÇÃO NARCÍSICA

Mas, se nos perguntarmos por que certos sujeitos abraçam semiformações, devemos nos dirigir ao outro polo do diagnóstico do fascismo como patologia social, a saber, a redução dos processos identificatórios a identificações narcísicas. Adorno e Horkheimer sabem que nossa época é uma era marcada pelo declínio da autoridade paterna. Esse era um tópico presente nos trabalhos dos frankfurtianos desde os anos 1930. Isso significa, entre outras coisas, que as figuras de autoridade e de liderança não poderiam mais se constituir a partir de representações paternas e ideais sublimados e tipos sociais marcados pelo controle de seus próprios desejos. As identificações não serão simbólicas, elas serão imaginárias. Por isso, as identificações só poderiam ocorrer com personalidades que são a projeção narcísica do próprio sujeito, o que faz o líder fascista tender a aparecer como "o alargamento da própria personalidade do sujeito, uma projeção coletiva de si mesmo, ao invés da imagem de um pai cujo papel durante a última fase da infância do sujeito pode bem ter decaído na sociedade atual"[32]. Adorno explora tal traço ao afirmar que "uma das características fundamentais da propaganda fascista personalizada é o conceito de 'pequeno grande homem', uma pessoa que sugere, ao mesmo tempo, onipotência e a ideia de que ele é apenas mais um do povo, um simples, rude e vigoroso americano, não influenciado por riquezas materiais ou espirituais[33]." Pois as identificações não são construídas a partir de ideais simbólicos. Elas são basicamente identificações narcísicas que parecem compensar o verdadeiro sofrimento psíquico do "declínio do indivíduo e sua subsequente fraqueza"[34], um declínio que não é apenas apanágio de sociedades abertamente totalitárias. Isso talvez explique por que este "mais um do povo" pode ser expresso não apenas pela simplicidade, mas às vezes pelas mesmas fraquezas que temos ou que sentimos,

---

31. Theodor W. Adorno; Max Horkheimer, *Dialética do esclarecimento, op. cit.*, p. 180.
32. Theodor W. Adorno, *op. cit.*, p. 418.
33. *Ibid.*, p. 421.
34. *Ibid.*, p. 411.

pela mesma revolta impotente que expressamos. Por isso "o líder pode adivinhar as necessidades e vontades psicológicas desses suscetíveis à sua propaganda porque ele se assemelha a eles psicologicamente, e deles se distingue pela capacidade de expressar sem inibição o que está latente neles, isto ao invés de encarnar uma superioridade intrínseca"[35]. Ao descrever de maneira mais precisa o processo imanente às identificações narcísicas, Adorno dirá:

> A fragilidade do eu [tema que Adorno traz do psicanalista Hermann Nunberg], que retrocede ao complexo de castração, procura compensação em uma imagem coletiva e onipotente, arrogante e, assim, profundamente semelhante ao próprio eu enfraquecido. Esta tendência, que se incorpora em inumeráveis indivíduos, torna-se ela mesma uma força coletiva, cuja extensão até agora não se estimou corretamente[36].

Ou seja, a figura da liderança fascista é uma compensação à experiência efetiva de enfraquecimento do Eu, ameaçado pelo complexo de castração. Marcado pelo seu enfraquecimento, o Eu não é capaz de estabelecer mediação com aquilo que não lhe é absolutamente semelhante. Por isso, toda capacidade de afinidade mimética será brutalmente denegada, toda presença da alteridade é vista como fonte de frustração. Nesse sentido, Adorno é um dos primeiros a compreender a funcionalidade do narcisismo enquanto modo privilegiado de vínculo social em uma sociedade de enfraquecimento da capacidade de mediação do eu, adiantando em algumas décadas problemas que levarão às discussões sobre a "sociedade narcísica". Ele sabe como tal fraqueza permite, por meio da consolidação narcísica da personalidade com suas reações à consciência tácita da fragilidade dos ideais do Eu, a procura de uma figura de liderança que seja capaz de produzir a unidade que o sujeito é incapaz de produzir internamente. A fraqueza significa aqui a necessidade de o sujeito procurar uma instância organizadora e coordenadora fora si. Daí a tendência que a personalidade autoritária seja refratária à introspecção e marcada pela estereotipia.

---

35. Theodor W. Adorno, "Democratic Leadership and Mass Manipulation". In: *Gesammelte Schriften*, Bande 20, Frankfurt am Main: Suhrkamp Verlag, 1986.
36. Idem, *Ensaios de psicologia social e psicanálise*, op. cit.

Isso nos lembra como essas apropriações frankfurtianas de considerações freudianas servem, entre outras coisas, para nos mostrar como o autoritarismo em suas múltiplas versões não é apenas uma tendência que aparece quando a individualidade é dissolvida. Ele é potencialidade inscrita na própria estrutura narcísica dos indivíduos modernos de nossas democracias liberais. O que não poderia ser diferente para alguém que afirma: "Quanto mais nos aprofundamos na gênese psicológica do caráter totalitário, tanto menos nos contentamos em explicá-lo de forma exclusivamente psicológica, e tanto mais nos damos conta de que seus enrijecimentos psicológicos são um meio de adaptação a uma sociedade enrijecida"[37].

Por ter de lidar com uma sociedade enrijecida, a constituição moderna do indivíduo é potencialmente autoritária, pois ela é narcísica, com tendência a projetar para fora o que parece impedir a constituição de uma identidade autárquica e unitária, além de continuamente aberta à identificação com fantasias arcaicas de amparo e segurança. Conhecemos a ideia clássica segundo a qual situações de anomia, famílias desagregadas e crise econômica são o terreno fértil para ditaduras. Um pouco como quem diz: lá onde a família, a prosperidade e a crença na lei não funcionam bem, lá onde os esteios do indivíduo liberal entram em colapso, a voz sedutora dos discursos totalitários está à espreita. No entanto, se realmente quisermos pensar a extensão do totalitarismo, *seria interessante perguntar por que personalidades autoritárias aparecem também em famílias muito bem ajustadas e sólidas, em sujeitos muito bem adaptados a nossas sociedades e a nosso padrão de prosperidade.*

---

37. *Ibid.*, p. 198.

Fascismo & machismo
Maria Rita Kehl

Nem todo machista é fascista, mas a recíproca não é verdadeira. O machismo fascina o fascista – mesmo quando se trata de uma fascista mulher. Sim, porque o mundo não se divide entre homens/machistas e mulheres/feministas, mas entre sujeitos (machos ou fêmeas) que suportam a própria fragilidade, a própria incompletude, a própria "castração" (o jargão é psicanalítico, mas já se incorporou ao senso comum), e outros que fazem de tudo para recusar essa condição – humana. Os que oprimem os mais frágeis para se iludir de que são onipotentes. Durante muitos séculos, o fato de o órgão sexual feminino ser discreto em comparação com o masculino, somado a outro fato, de que uma mulher casada estaria sujeita a ter "quantos filhos Deus mandasse" – e assim, ter a maternidade como único destino – produziu uma suposta equivalência entre condição feminina e "castração". Na fantasia infantil (isso é Freud, escutando seus primeiros analisandos), o pênis/falo seria a condição humana universal; se as meninas foram privadas dele, devem ter feito algo para merecê-lo. Inferioridade, mau comportamento... As fantasias medievais sobre a sexualidade desenfreada das mulheres/bruxas devem ter contribuído para consolidar a convicção da castração como castigo.

Essa é a origem das *fantasias* de castração. Para a psicanálise, no entanto, a castração é condição de nossa humanidade. Por sermos todxs, homens e mulheres, incompletos e muito menos adaptados à natureza do que os animais, somos movidos pela *falta*; esta que move o desejo. Esta que move a fantasia, a criatividade, o talento, o amor, o erotismo. E que, paradoxalmente, tentamos recusar. O machismo, em especial, é uma posição subjetiva de recusa da castração.

Uso propositalmente a palavra *recusa*, que não é a mesma coisa que rebeldia ou inconformismo. Essas duas últimas disposições psíquicas participam de nossa constelação corriqueira (não vou usar o termo "normal") de afetos. Podemos não nos conformar com e nos rebelar contra condições que não nos favorecem. Podemos, por isso, tentar superá-las. Aliás, quase tudo o que a humanidade produziu de melhor – arte, ciências, laços amorosos, laços solidários... – pode ser entendido como uma série de *tentativas de superar nossa insuficiência*. Nossa condição sempre incompleta.

Mas, para tentar superar a incompletude, é preciso antes reconhecê-la. Esse é o avatar do neurótico, ou seja: dos sujeitos "normais", uma vez que os dois outros destinos psíquicos – a psicose e a perversão – são, por vias diferentes, patológicos[1].

Volto ao primeiro parágrafo. Se a divisão não é necessariamente entre homens e mulheres, mas entre os que suportam a castração e os que fazem qualquer negócio para recusá-la, quero me concentrar nessa segunda categoria para falar dos *perversos*, parentes de primeiro grau dos fascistas. A perversão é a terceira categoria entre as estruturas psíquicas que nos organizam, na passagem pelo Édipo – as outras são a neurose e a psicose. No sexo, ela indica fantasias e práticas que vão além da função genital/reprodutiva. Nesse sentido, não é necessariamente um mau negócio. Qualquer um que tenha um pouco de imaginação inventa práticas "perversas" para apimentar o sexo. E, na fantasia, somos livres para o que quisermos inventar – a fantasia é nossa, não afeta necessariamente o outro. Mas não vou me ocupar disso agora.

A perversão, porém, pode se instalar no laço social. A escravidão, por exemplo – uso indiscriminado, forçado e violento dos corpos dos africanos (trazidos à força para as Américas) – foi uma prática perversa consentida entre as "pessoas de bem". A tortura, praticada amplamente durante a ditadura militar contra presos políticos, continua a ser prática corriqueira contra presos comuns – pretos, pobres... – nas delegacias. O machismo ainda mata; e agora temos um presidente que faz a apologia do uso de armas.

---

1. Não que a neurose não produza suas patologias, mas são de outra ordem.

Se o perverso, na clínica, é considerado *incurável* porque não tem conflitos com as próprias práticas, a perversão na política pode ser detida, ou barrada, pelo engajamento democrático da população.

PERVERSÃO NA POLÍTICA

Como a perversão se instaura na política? O mais óbvio seria dizer: a começar pela mentira. Sim. E, talvez, não. A política é, de certa forma, uma arte de mentir bem. E de trabalhar – no melhor dos casos – para que a enganação funcione. Não sou cientista política, mas alguns fatos me parecem óbvios. Corrupção, por exemplo: é exceção ou regra? Pelo menos no capitalismo (não posso opinar sobre os países que se aproximaram do ideal socialista, mas parece que também lá a corrupção não foi erradicada), os políticos não são muito mais do que funcionários do capital. São pagos (com seus salários) para fazer a coisa andar. Ou "incentivados" (com dinheiro público ou privado) a trapacear no jogo, a favor desse ou daquele. Corrupção. Quem tem dinheiro paga para conseguir a aprovação das leis que favoreçam seus negócios. Quem não tem, depende da justeza das leis. Ora, as leis.

Pareço cínica ao escrever essas coisas com tanta frieza (ou desencanto), mas talvez seja efeito da desilusão com o momento atual – um ex-presidente que tirou o Brasil do mapa da fome (não se assustem, já voltamos ao mapa) foi preso e será julgado por acusações de atos de corrupção, os quais o próprio "corruptor", que seria beneficiado por delação premiada, afirmou que não existiram. Outro, que incentiva a violência e faz declarações dignas de um verdadeiro psicopata, ainda está, no momento que escrevo este texto, achando que vai (des)governar o país até... ?

O que isso tem a ver com fascismo e machismo parece óbvio. Uma campanha vitoriosa baseada em declarações preconceituosas ("tive três filhos homens, no quarto 'fraquejei' e veio uma mulher..."), em incentivo à violência – as mãozinhas apontadas como armas infantis, o sorrisinho cínico – é, sem dúvidas, perversa.

Fascismo, perversão... machismo: a convicção de que o homem vale mais do que a mulher. Acrescida, hoje, do apelo à violência como expressão de potência e exercício de poder.

Fascismo/machismo. A primeira mulher de Mussolini termina seus dias em um hospício. Estaria "louca"? Ainda hoje, quando uma mulher se exalta ou se indigna com alguma atitude do marido, é frequente que ele se defenda dizendo: "Não vou discutir, você está louca". Nesse caso, valeria responder: "Também não vou discutir, você é perverso"; e ir embora. A questão que resta é: por que tantas mulheres *não* vão embora? Será que participam, consciente ou inconscientemente, do pensamento de que uma mulher "sem homem" vale menos?

Pois é: o machismo também pode ser adotado por uma mulher. Bela, recatada e "do lar".

Presidencialismo de assombração: autocracia, estado de natureza, dissolução do social
(notas sobre o experimento político-social-cultural brasileiro em curso)
Renato Lessa

PRENÚNCIOS, ANÚNCIOS, PARADIGMAS

Com a vitória eleitoral (2018) e o início de governo (2019) de Jair Bolsonaro, ao quadro de forte perplexidade que se abateu sobre os analistas da história recente do Brasil somaram-se inúmeras tentativas de compreender o que teria ocorrido. Depois de duas décadas de acumulação "civilizatória" – no sentido dado ao termo por Norbert Elias –, a vitória da extrema direita nos pôs na rota da desconstrução daquele legado, tanto do ponto de vista político e cultural quanto no dos valores sociais. Desde então, não cessamos de nos perguntar: do que se trata?

Em artigo escrito em janeiro de 2019 e publicado no jornal *Folha de S.Paulo*, cogitei a emergência de um *presidencialismo de assombração*, conduzido por um elemento extremista, expressa e confessadamente devotado à tarefa de "destruir o que foi feito" nas décadas anteriores. Inclinação acompanhada de modo invariável por feroz retórica "eliminacionista" contra inimigos políticos e ideológicos – o conjunto da esquerda – e todas as formas de "ativismo social"[1]. Na altura em que escrevi o artigo, tratava-se de algo que começava a ser estruturado como *linguagem* e *modo de classificação das coisas*. Julguei que tal dialeto comportasse quatro núcleos,

---

1. Ver *Folha de S.Paulo*, 5 jan. 2019, Ilustríssima, p. 6. Disponível em: www1.folha.uol.com.br/ilustrissima/2019/01/bolsonaro-inaugura-o-presidencialismo-de-assombracao-diz-renato-lessa.shtml. Acesso em 27 out. 2020.

então enunciados como "paradigmas", dos quais o primeiro aparecia como "premissa maior". Com o transcurso de um ano, creio não ser difícil perceber quanto tais paradigmas se transformaram em premissas práticas, dotadas de desdobramentos políticos e institucionais. Designei-os, pela ordem, com a seguinte nomenclatura: o *paradigma da Ponta da Praia*; o *paradigma do horror à mediação*; o *paradigma patriótico*; e o *paradigma do antimodernismo*. A seguir, breve explicação de cada um deles:

1. O *paradigma da Ponta da Praia* foi apresentado ao país de modo brutal, a poucos dias da eleição de outubro de 2018. Trata-se de alusão a um lugar de "desova" de cadáveres de opositores políticos à ditadura e expressão corrente entre os mais duros sicários dos porões daquele regime. O então candidato da extrema direita prometeu a seguidores enviar a esquerda "para a Ponta da Praia", oferecendo como alternativa menos letal o cárcere e o exílio. Muito mais do que destempero, a enunciação do paradigma revelava o elemento – digamos – cognitivo e operacional que funciona como fundamento de uma visão eliminacionista da política. A figura do "inimigo da pátria" é reposta, indicando o não pertencimento da esquerda e dos desajustados ao conjunto da nação. Trata-se, em suma, da introdução da ideia de "inimigo" na política: o adversário político é um inimigo a ser neutralizado e abatido. O uso da retórica eliminacionista contra a esquerda mescla-se, ainda, a um revisionismo a respeito do "papel positivo" da ditadura militar, assim como da prática da tortura e do assassinato de militantes de oposição àquele regime.

2. O *paradigma do horror à mediação* foi reiterado, durante a diplomação dos eleitos, em fins de 2018, por meio de exortação ao "poder popular". Aspecto cultural estruturante da campanha, tal promoção sempre se fez acompanhar de uma celebração de valores e instintos pré-políticos. O componente de abstração necessário à política desfez-se em prol de um elogio da autenticidade. Os modos de expressão, segundo o paradigma, devem decorrer de substâncias verdadeiras e impulsos autênticos, livres da ação de mecanismos abstratos e artificiais de contenção. É compreensível, nessa chave, o horror ao "politicamente correto": uma vez libertos das imposições do "correto", sentimo-nos "livres" para dar vazão plena ao uso de termos mais generosos com o lado escuro de nossas almas e, se calhar, passarmos ao ato.

Eis-nos diante do horror a uma *cultura política de mediação* e do elogio rasgado da *ação direta*. Por certo, não de "massas" diretamente presentes na arena política, mas de extensas "milícias digitais", em claro processo de reconfiguração da ideia e da prática da "opinião pública": esta deixa de ser a "opinião publicada" – que exige a presença de instituições formais de filtragem e sistematização – e passa a ser o resultado supostamente "espontâneo" de uma ontologia social constituída de afetos e desafetos acolhidos e amplificados pelas *redes (as)sociais*[2].

O paradigma do horror à mediação traz consigo, ainda, a repulsa à representação, acompanhada da identificação fideísta com um Chefe, por vezes teologicamente caucionado. Enquanto o vínculo com a divindade pode ser facilmente inscrito na ordem da alucinação, o desconforto com a representação possui âncora material. Com efeito, se o Chefe é eleito diretamente, pela expressão majoritária do voto, a representação é, dado o princípio da proporcionalidade, fragmentada. Disso resulta que, a despeito dos déficits representativos do sistema, a representação política acaba por se tornar um *limite físico* interposto à vontade do Chefe que encarna a vontade geral. Nesse sentido, foi providencial o esforço político-midiático-judiciário prévio de desqualificação da política representativa, como preparação para a emergência do personagem mítico e providencial.

3. O antiglobalismo, inscrito no *paradigma patriótico*, é mais que doutrina aplicável ao campo das relações internacionais. Ele, na verdade, põe em ação uma oposição de ordem moral entre *local-nacional* e *global*, pela qual os valores positivos se encontram no primeiro par. Trata-se, antes de tudo, de uma defesa da primazia do local: da família, do *oikos*, da cena doméstica, das associações primárias e verdadeiras, como núcleos identitários "naturais" incanceláveis e formadores de sujeitos sociais. Já o "globalismo" – ou universalismo – exige abstração. Implica a presença de uma suplementação capaz de, entre outros utensílios imaginativos, vislumbrar uma humanidade comum para além de imperativos pragmáticos. É esse núcleo do globalismo/universalismo que passa a estar sob foco destrutivo da agenda da extrema direita, em escala global.

---

2. A propósito das relações entre redes sociais e política, ver Giuliano Da Empoli, *Os engenheiros do caos*, São Paulo: Vestígio, 2019.

A virada antiglobalista decorre, ainda, de um conjunto de crenças básicas, propiciadoras de todas as guerras conhecidas e estruturantes da cultura da direita hidrófoba. Um de seus motivos doutrinários pode ser encontrado no clássico livro *Les Déracinés* (*Os Desenraizados*), publicado em 1897 e de autoria de Maurice Barrès, um dos inspiradores da Action Française, movimento de extrema direita e antissemita, *et pour cause* forte inspirador do fascismo. No livro, encontramos o elogio do enraizamento na terra, na família, na pátria e na religião como antídoto à abstração liberal que sustenta o valor da liberdade individual e da legítima pluralidade de finalidades de formas de vida. O valor do enraizamento tinha também indisfarçável dimensão antissemita, a partir da representação do "judeu" como visceralmente apátrida, errante e incapaz de estabelecer vínculos de lealdade e pertencimento nacionais[3]. Robert Dumas, em livro iluminado, chama a atenção para o fato de que "a árvore é o símbolo por excelência" fixado no campo do pensamento nacionalista e conservador de finais do século XIX[4]. Tal como sugere, "o tema da seiva e das raízes fornecerá toda uma paleta de variações políticas e nacionalistas, dos dois lados do Reno, já que, por analogia, a seiva e as raízes se traduzem como o solo e o sangue"[5]. Com efeito, é no mínimo preocupante o lugar ocupado por uma "cultura das raízes" no vocabulário político e social.

Jean-Paul Sartre, em "A infância de um chefe", novela luminosa presente na coletânea *O muro* (1939), descreveu o processo de "cura" de um jovem desenraizado – que nada sabia de si, de suas vontades e do mundo em geral – ocorrido por meio de sua conversão à família, à terra, à pátria. Um elemento essencial e ativo do processo foi representado pelo antissemitismo: a repulsa aos judeus foi condição necessária à descoberta de si do personagem Lucien Fleurier como sujeito ao fim "enraizado". O que se manifesta no processo de "cura" do personagem é o estereótipo, generalizado a partir dos processos de emancipação judaica posteriores à Revolução Francesa, do judeu como "desenraizado", como agente

---

3. A cultura barrèsiana do enraizamento foi genialmente atacada por Jean-Paul Sartre em *A náusea* (1938), livro no qual o personagem principal, Antoine Roquentin, sonha ter esbofeteado Maurice Barrès, em deliciosa forma onírico-literária de vingança, por parte de um sujeito desenraizado e convencido da contingência absoluta de todas as coisas. Cf. Jean-Paul Sartre, *La Nausée*, Paris: Gallimard, 1938 [Ed. bras.: Rio de Janeiro: Nova Fronteira, 2019].
4. Cf. Robert Dumas, *Traité de l'arbre: essai d'une philosophie occidentale*, Paris: Acter Sud, 2002, p. 20.
5. *Ibid.*, p. 76.

globalizador incapaz de dissolver-se na massa do *volk* e, como tal, estranho ao pertencimento nacional. Foi essa a perspectiva que esteve presente na criminosa condenação do também capitão Alfred Dreyfus, em 1894, e que constitui um dos elementos mais fundos do antissemitismo moderno e contemporâneo. As referências a Sartre e ao infortúnio de Alfred Dreyfus parecem-me relevantes para indicar quanto a estrutura cognitiva do argumento antiglobalista, nunca é demais insistir, é antissemita, ainda que seus propugnadores digam – e creiam – que não o são. A estrutura do argumento exige bodes expiatórios, traço indelével da cultura do antissemitismo.

4. Há, ainda e para encerrar a série de paradigmas, o que concerne ao aspecto antimodernista do *presidencialismo de assombração*: o *paradigma antimodernista*. Ao reintroduzir a dimensão teológica no campo político, tal como evidencia a associação entre a eleição presidencial e atos providenciais, o paradigma vincula-nos a uma experiência de mundo inimiga do duplo, da ironia, da cultura do absurdo e das vantagens cognitivas do espírito de contradição. Ainda que tenha havido modernistas sisudos, a estética do humor e da distorção foi fundamental no espírito do modernismo, sob cuja égide temos vivido há cerca de um século. Por diferentes caminhos, o espírito modernista configurou nossa experiência de país. Por vezes com ímpeto renovador reduzido, tal como o fizeram notar Mário de Andrade, em revisão crítica do movimento feita nos anos 1940, e Antonio Candido, quando mencionou a "rotinização do modernismo"[6]. Mesmo com tais reservas, é contra o pano de fundo do modernismo que o paradigma antimodernista, como Nêmesis, pretende reinventar o país e, de modo mais direto, desfazer os efeitos dos últimos trinta anos – talvez os de maior liberdade política e cultural vividos pelo país.

Meu argumento, com a indicação desses quatro paradigmas, visava localizar, em meio à perplexidade e ao assombro causados pela vitória eleitoral da extrema direita, quais seriam as orientações mais gerais do processo que então se abria. Ou, se quisermos, quais poderiam ser os princípios ordenadores do abismo no qual iniciávamos nossa precipitação. Muitos outros esforços de interpretação foram, na verdade, fornecidos.

---

6. Cf. Mário de Andrade, *O movimento modernista*, Rio de Janeiro: Casa do Estudante, 1942, e Antonio Candido, "A Revolução de 1930 e a cultura", *Novos Estudos Cebrap*, v. 2, n. 4, abr. 1984.

Não faltaram, por exemplo, vozes da ciência política institucionalista e conservadora a garantir que, a despeito da instalação de um extremista de direita como chefe de Estado, as instituições estavam sólidas e "funcionavam", um atributo que habitualmente empregamos a aparelhos eletrodomésticos, cuja eficácia não é afetada pelos humores dos que os operam. Nada haveria a temer, de acordo com a politologia panglossiana, dado que o Brasil seria dotado de algo como uma "democracia consolidada", expressão que bem merece constar no inumerável repertório dos oximoros. Mas, como há muito me afastei dos protocolos epistemológicos da politologia institucionalista, julgo não haver normalidade à vista. Trata-se agora de seguir a magnífica máxima da antropóloga Mary Douglas: *"We should now force ourselves to focus on dirt"*[7]; ou, se for permitida tradução um tanto modulada: "É tempo de nos concentrarmos sobre o abjeto".

INTERREGNO

Dadas as declarações e a biografia do eleito em 2018, a ideia de fascismo de modo inevitável compôs o quadro semântico de muitas das tentativas de interpretação. Mas, na maioria dos casos, contava-se com a inerente carga de abjeção presente no termo – *fascismo* – mais como recurso para mostrar e denunciar o caráter sulfuroso do novo experimento do que para refletir a respeito de suas características. A incorporação reativa da ideia de *fascismo* explica-se em boa medida, ainda, como esforço de compreensão do novo experimento político, marcado pela combinação entre forte componente de decisionismo político e busca de legitimação por vias diretas e distintas da democracia liberal.

Impõe-se, nesse sentido, alguma reflexão – ainda que breve – sobre o fascismo, que hoje emerge tanto como *linguagem* e *comportamento* quanto como *fantasma nominal*, como signo ao alcance da mão e da língua para designar experimentos políticos abjetos e extremos. A partir dessa referência inicial, pretendo considerar a experiência brasileira recente, com base na seguinte indagação: passado um ano de instalação do consulado da extrema direita, é possível falar da presença de um experimento dotado

---

7. Cf. Mary Douglas, *Purity and Danger: An analysis of the concepts of pollution and taboo*, London/New York: Routledge and Kegan Paul, 2011 (1966), p. 37.

de características singulares? Devo dizer de partida que suspeito que sim: inclino-me a cogitar – para usar antiga linguagem naturalista e um tanto à moda de Thomas Hobbes, que no século XVII definia o Estado como um "animal artificial" – a presença de um *animal em formação*. Para tal, parto de uma referência ao fascismo, mais analítica do que histórica, para buscar um atalho capaz de indicar particularidades inerentes à experiência brasileira recente.

Devo confessar que, além do título que escolhi para este pequeno ensaio, imaginei também poder utilizar a fortíssima expressão de George Bernanos – *cólera dos imbecis* – por ele cunhada em seu livro *Les Grands Cimetières sous la Lune*, de 1938, escrito a propósito de sua passagem pela Espanha, na qual os crimes cometidos pelos franquistas tanto o horrorizaram, a despeito das inclinações pessoais conservadoras e católicas que abrigava[8]. Trata-se, a meu juízo, de uma intuição interessante para designar algumas configurações coletivas que tantos efeitos de natureza deletéria têm produzido no Brasil dos dias que correm.

FASCISMO(S)

O fascismo, política e militarmente derrotado na década de 1940, nem por isso deixou de ter vigência no horizonte contemporâneo, mesmo nos países nos quais tal derrota ocorreu de modo direto e efetivo. Permanece como gramática e horizonte imaginativo que reaparece em diversas circunstâncias e momentos. Daí a utilidade de uma expressão empregada por Primo Levi a respeito de uma *infecção latente* – e à qual voltarei –, a sugerir a presença de repertórios aderidos tanto pelo campo da linguagem política quanto pelo da sociabilidade, sempre passíveis de atualização por meio de novas formas de expressão e afetados pelas circunstâncias continuamente mutantes. Na verdade, nada morre, nada desaparece: as coisas permanecem em algum lugar e podem ser reativadas como marcadores fundamentais da experiência política, cultural e social. Por vezes é difícil dar-lhes um nome: se lhes atribuímos os nomes originários, arriscamo-nos a sugerir a presença de substâncias imunes ao trânsito do tempo; se lhes negamos esses mesmos nomes, acabamos por supô-las

---

8. Ver Georges Bernanos, *Les Grands Cimetières sous la Lune*, Paris: Plon, 1938.

como aspectos sem historicidade, com foros de "novidades radicais", para usar uma expressão obsoleta do finado Louis Althusser. Apesar da aporia, há que dar nomes às coisas. Vejamos, a seguir, o que se pode fazer.

Um importante estudioso do fascismo, Stanley Payne, em seu livro *A History of Fascism, 1914-1945* [Uma história do fascismo, 1914-1945], de 1995, assim pôs o problema, já na frase de abertura da introdução: "O fascismo, entre os termos políticos mais importantes, permanece talvez como o mais vago de todos"[9]. Há aqui, parece-me evidente, um problema teórico de ordem mais geral, o de saber se configurações históricas particulares podem ser analiticamente reduzidas a conceitos; um problema crucial das ciências sociais, presente, em especial, na obra de Max Weber, que empregou o truque do "tipo ideal" como recurso analítico para lidar com comparações de natureza histórica. Como bom alemão, Weber sabia que, se a órbita do histórico é a do particular e do circunstancial, o âmbito do conceito é de natureza mais universal ou, ao menos, não referido a casos particulares.

No ímpeto de definir o que seja o fascismo, há a tendência de considerá-lo tanto como *regime político* quanto como *doutrina política*, ambos dotados de uma historicidade específica: o experimento originalmente italiano. Ali estaria o modelo – replicado, no entanto, com variantes em outras circunstâncias. Em perspectiva complementar e não necessariamente antagônica, creio ser mais interessante pensar o fascismo como *processo*. A ideia de processo convida-nos a pensar a respeito de elementos formadores que podem permanecer, assumindo novas formas e novas complexidades, assim como simplesmente desaparecer por simples obsolescência. Trata-se de contrapor à sensação de terminalidade de um regime derrotado uma sensibilidade a respeito da *permanência de um processo* marcado pela presença de elementos fascistas, ainda que esparsos, como partes de um *repertório de mundos possíveis*.

Nada de original nesse esforço de detecção de marcas não meramente circunstanciais. Ernst Nolte, outro estudioso incontornável do fascismo, há muito procurou isolar elementos genéricos constituintes de experiências históricas que poderiam receber o selo conceitual de

---

9. Cf. Stanley G. Payne, *A History of Fascism, 1914-1945*. London/New York: Routledge and Kegan Paul, 1995, p. 3.

"fascistas". No quadro que sugeriu, alguns atributos negativos ocupam lugar estruturante: antimarxismo, antiliberalismo e anticonservadorismo; traços aos quais se somariam os aspectos do "princípio da liderança", do "partido-milícia" e da "pretensão ao totalitarismo"[10]. Stanley Payne sugere que, embora a tipologia de Nolte seja útil para detectar a dimensão contenciosa do fascismo, ela pouco diz a respeito do que seriam tanto a agenda positiva de uma "filosofia fascista" quanto o desenho de seus objetivos econômicos[11].

Para que a ideia de *processo* ganhe sentido convincente, creio ser necessária uma caracterização, ainda que sumária, do fascismo originário. Valho-me do excelente livro de Emilio Gentile, *Fascismo: storia e interpretazione* [Fascismo: história e interpretação], que reúne um conjunto de elementos importantes para uma definição do fenômeno[12]. Gentile distinguiu três dimensões na configuração do fascismo, a saber: *organizativa*, *cultural* e *institucional*. Uma breve descrição delas permite perceber o que esteve presente no fascismo original, assim como indica elementos que viriam a passar por mutação e adaptação a tempos posteriores. Vamos, pois, às dimensões e aos aspectos indicados por Gentile:

1. Dimensão organizativa

Movimento de massas com agregação interclassista, em cujos quadros dirigentes e em cuja massa dos militantes prevalecem jovens pertencentes principalmente aos setores médios, em grande parte novatos na atividade política; movimento organizado como partido-milícia, cuja identidade não decorre de hierarquia ou origem de classe, mas, sim, em um sentido de *cameralismo*; seus membros percebem-se como investidos em uma missão de regeneração nacional e se consideram em permanente estado de guerra contra os inimigos políticos, contra os quais mobilizam tanto o terror quanto a tática parlamentar, destruindo a democracia representativa.

---

10. Cf. Ernst Nolte, *Die Krise des liberalen Systems und die faschistischen Bewegungen*, 1968, *apud* Stanley Payne, *A History of Fascism, 1914-1945*, *op. cit.*, p. 5.
11. Cf. Stanley Payne, *op. cit.*
12. Cf. Emilio Gentile, *Fascismo: storia e interpretazione*, Bari: Laterza, 2005.

2. Dimensão cultural

Esta dimensão é subdividida em quatro aspectos:
(i) Uma cultura política fundada em uma forma mítica de pensamento, com ênfase no sentido trágico e ativístico da vida; concebida como manifestação de uma vontade de potência, calcada sobre os mitos da juventude, da virilidade e da militarização da política como modelo de vida e de organização coletiva[13];
(ii) Defesa de uma ideologia com características anti-ideológicas, de corte antimaterialista, anti-individualista, antiliberal, antidemocrático e antissocialista, com inclinações populistas e anticapitalistas;
(iii) Defesa de um estilo político apresentado como "novo", expresso por meio do mito, do rito e de símbolos de uma religião laica instituída para tal fim; aculturação das massas, com vistas à criação de um "homem novo"[14].
(iv) Uma concepção totalitária do primado da política como experiência integral e como revolução contínua, para realizar por meio do Estado totalitário a fusão do indivíduo e das massas na unidade orgânica e mítica da nação, vista como comunidade étnica e moral; defesa de medidas de discriminação e perseguição contra os que não se incluem nessa comunidade, porque inimigos do regime pertencem a raças inferiores ou perigosas para a integridade da nação; ética civil fundada na subordinação total do cidadão ao Estado; dedicação total

---

13. Tais valores estiveram presentes na tomada da cidade de Fiume, na Croácia, liderada pelo poeta Gabriele D'Annunzio, que ali implantou a Regência Italiana de Canaro, em 1919. A expressão do poeta fascista, "La fantasia al potere", implicava a defesa do arrojo e da estetização da política. Trata-se de aspecto particular do fascismo italiano, com forte vínculo com a arte de vanguarda, e não com o passadismo estético que caracterizou a arte nazista.
14. O espírito do "homem novo" foi expresso como poucos por Robert Brasillach, um dos maiores *collabos* e expoentes da extrema direita franceses, editor do abjeto jornal antissemita e pró-nazista *Je suis partout*, que escreveu o seguinte em 1939: "De vinte anos para cá, vimos nascer um tipo humano novo, tão diverso, tão surpreendente, tão diferente do herói cartesiano, tão diferente da alma sensível do enciclopedista do século XIX, tanto quanto do patriota jacobino. Vimos surgir o *homem fascista*. Eis aqui o que é necessário saber, antes de tentar analisar a doutrina social, política, moral e estética que se elaborou e se encarnou um pouco por todos os lados, é importante levar em conta o seguinte: um exemplar humano nasceu, e como a ciência distingue o *Homo faber* e o *Homo sapiens*, será necessário talvez oferecer aos pesquisadores este retrato: o *homo fascista*. Nascido na Itália, sem dúvida, mas que pode reclamar a designação universal da classificação latina" (*apud* Emilio Gentile, *Fascismo: storia e interpretazione, op. cit.*). O *Homo fascistus* é, pois, universalizável. Não parece ser desprezível a presença de alguns de seus traços na composição do *Homo bolsonarus*.

do indivíduo à comunidade nacional, sob a disciplina, a virilidade e o espírito de combate.

3. Dimensão institucional

(i) Aparato de polícia, recurso ao terror organizado; repressão do dissenso e da oposição, por meio do aparato policial e do sistema penal; controle do Judiciário e dos operadores do Direito;
(ii) Partido único;
(iii) Simbiose entre partido e Estado;
(iv) Organização corporativa da sociedade; Estado interventor;
(v) Política externa inspirada na potência.

Com base na tipologia proposta por Gentile, Stanley Payne elaborou a sua própria, também fundada em três dimensões gerais, com seus desdobramentos respectivos[15]:

1. Ideologia e objetivos

(i) Adoção de uma filosofia idealista, vitalista e voluntarista, devotada à realização de uma nova cultura moderna, autodeterminada e secular;
(ii) Criação de um Estado autoritário de novo tipo, não baseado em princípios ou modelos tradicionais;
(iii) Organização de uma estrutura econômica altamente regulada, multiclassista e nacionalmente integrada (corporativa, nacional socialista, sindicalista).
(iv) Avaliação positiva do uso da guerra e da violência – ou da disposição para empregá-las.

2. Negações

(i) Antiliberalismo;
(ii) Anticomunismo;

---

15. Cf. Stanley Payne, *op. cit.*

(iii) Anticonservadorismo (sem alterar o fato de que grupos fascistas comumente buscam alianças à direita).

3. Estilo e organização

(i) Empenho em promover mobilização de massa com estilo e implicações militarizados, visando à constituição de um partido-milícia;
(ii) Ênfase na estetização dos comícios, símbolos, liturgias políticas, apelo a aspectos místicos e emocionais;
(iii) Ênfase extrema no princípio da precedência e dominação masculina, associada a uma concepção orgânica da sociedade;
(iv) Tendência particular a um estilo de comando autoritário, carismático e pessoal, a despeito do fato de que tenha fundamento eleitoral.

Paro por aqui a referência a tentativas de detecção de traços necessários a todo fascismo passado, presente e futuro. Ao olhar os elementos indicados por Nolte, Gentile e Payne, e com os olhos na fenomenologia do experimento brasileiro em curso, parece ser inevitável a sensação de mescla entre semelhanças com alguns dos traços indicados e distinções importantes. Não há no experimento brasileiro, por exemplo, traços de anticonservadorismo, embora a dimensão antiliberal – na política e no trato institucional – seja saliente. Mas uma possível aproximação do que está em curso entre nós com aspectos importantes da tradição fascista exige mais do que um cotejo pontual entre as tipologias fundadas no exemplo italiano e a fenomenologia assombrada que nos assola no tempo presente. Nunca é demais lembrar que as tipologias disponíveis têm como pressuposto a referência a experiências históricas precisas. O próprio título do livro de Stanley Payne não dá margem à dúvida, quando indica o horizonte temporal de sua "História do fascismo": 1914 a 1945.

PROCESSO

Vejamos: qual seria o marcador básico do fascismo, algo que possa indicar que em dado momento e lugar haja fascismo e que de algum modo retenha ao menos alguns dos elementos mencionados? Em outros termos: mais do que refletir sobre *o que* é o fascismo, talvez seja o caso de indagar: *quando* há fascismo? Uma indicação útil pode ser encontrada na seguinte passagem de Primo Levi, inscrita em seu primeiro livro, *Se questo è un uomo*, de 1947:

> Muitos, muitas pessoas ou povos, podem chegar a pensar, conscientemente ou não, que "cada estrangeiro é um inimigo". Em geral, essa convicção jaz no fundo das almas como uma infecção latente; manifesta-se apenas em ações esporádicas e não coordenadas; não fica na origem de um sistema de pensamento. Quando isso ocorre, porém, quando o dogma não enunciado se torna premissa maior de um silogismo, então, como último elo da corrente, está o Campo de Extermínio. Esse é o produto de uma concepção do mundo levada às suas últimas consequências com uma lógica rigorosa. Enquanto a concepção subsistir, suas consequências nos ameaçarão. A história dos campos de extermínio deveria ser compreendida por todos nós como sinistro sinal de perigo[16].

Um elemento central da formulação de Levi é o *veto à ideia de uma humanidade comum*. O estrangeiro, com efeito, é todo aquele que julgo estar fora de minha forma de vida. No caso brasileiro corrente, podem ser indígenas, a população negra e pobre da periferia do Rio de Janeiro, população LGBTQ+ e opositores políticos. Levi deixa entrever, ainda, a ideia de que uma forma de vida pode dever sua consistência à invenção de inimigos, que devem ser excluídos de seu espaço vital. Há aqui nexo forte com o espírito de *cameralismo* mencionado por Emilio Gentile: quem está fora de minha forma de vida é um inimigo.

É importante imaginar as maiores consequências possíveis desse marcador, por meio de uma interpretação paroxística. Levar um pensamento a sério significa considerar o máximo possível de consequências que ele pode produzir, mesmo que não decorram de modo imediato: imaginar sua *máxima produtividade hipotética*. É da natureza desse pensamento – o fascismo – propiciar consequências extremas. Por isso, diz Primo Levi, no final da dedução lógica está o campo de extermínio, como mundo possível. Conceitos extremos, nesse sentido, não devem ser entendidos

---

16. Cf. Primo Levi, *É isto um homem?*, São Paulo: Rocco, 1988, p. 7.

apenas do ponto de vista de sua materialização imediata, mas, sim, sobretudo, pelas oportunidades de ação que podem abrir. Ainda que o ânimo eliminacionista não seja exclusivo do fascismo, ele lhe é inerente, e é isso o que mais importa. O silogismo descrito por Primo Levi constitui uma premissa necessária para que haja algum fascismo. Ademais, como cético, Levi julgava haver algo de intrinsecamente errado com a ideia de levar uma concepção de mundo "às últimas consequências". Se todas elas, por definição, são falíveis, não parece ser prudente dar a elas a prerrogativa de ir às últimas consequências. Quando se trata de concepções eliminacionistas, as últimas consequências não podem ser senão literalmente terminais.

Outra passagem eloquente de Primo Levi dá-nos o sentido de processo e de mutabilidade do fascismo:

> Cada época tem seu fascismo; seus sinais premonitórios são notados onde quer que a concentração de poder negue ao cidadão a possibilidade e a capacidade de expressar e realizar a sua vontade. A isso se chega de muitos modos, não necessariamente com o terror da intimidação policial, mas também negando ou distorcendo informações, corrompendo a justiça, paralisando a educação, divulgando de muitas maneiras sutis a saudade de um mundo no qual a ordem reinava soberana e a segurança de poucos privilegiados se baseava no trabalho forçado e no silêncio forçado da maioria[17].

Das duas passagens citadas, destaco dois aspectos logicamente estruturais: (i) a proposição de que "cada estrangeiro é um inimigo" e (ii) a ideia de que "cada época tem seu fascismo". Já não se trata tanto de encontrar analogias institucionais, mas, sim, de buscar detectar algo que é a um só tempo difuso e produtivo. Em outros termos, o fascismo pode ser tomado como um objeto polimorfo, cuja variação não diz respeito apenas a mutações de ordem institucional. Sendo assim, é o caso de indagar: o que está em jogo quando imaginamos o processo do fascismo? Claro está que o que está em jogo não é um regime político, e sim a *forma da sociedade*, assim como *crenças substanciais* que sustentam a sociabilidade. Do

---

17. Cf. Primo Levi, "Um passado que acreditávamos não mais voltar", *in*: Primo Levi, *A assimetria e a vida: artigos e ensaios*. Organização de Marco Belpoliti, tradução de Ivone Benedetti. São Paulo: Editora Unesp, 2016, p. 56.

ponto de vista analítico, a pergunta *o que está em jogo?* é providencial para ultrapassar indagações restritas à forma do regime político e observar o processo subjacente de reconfiguração da sociabilidade.

A distinção entre *regime político* e *forma da sociedade* foi posta de modo claro em passagem clássica de Jean-Jacques Rousseau, no livro I, capítulo 5, de seu *Contrato social*: "Antes, pois, de examinar o ato pelo qual um povo elege um rei, convirá examinar o *ato pelo qual um povo é povo*, pois este ato, sendo necessariamente anterior ao outro, constitui o verdadeiro *fundamento da sociedade*"[18].

Há na fórmula de Rousseau uma distinção clara entre dois sentidos da ideia de "povo": (i) como população e agregado demográfico, descritível segundo protocolos físicos e quantitativos; (ii) como conjunto que se toma por alguma coisa, por meio de representações a respeito si e crenças de pertencimento.

O que está em jogo, não apenas no Brasil, é uma disputa ligada à forma da sociedade, com implicações que atingem bases fundamentais da sociabilidade. Trata-se, em termos genéricos, da erosão de elementos normativos presentes na esfera pública, fundados nas tradições da democracia liberal e da social democracia, elementos estruturantes da configuração normativa e institucional de grande parte do mundo posterior à Segunda Guerra Mundial. Não é o caso, aqui, de introduzir quadros descritivos, mas de indicar alguns operadores da erosão à qual me refiro e que, a meu juízo, estão empenhados na reconfiguração fascistizante da forma de vida dos humanos:

(i) *O predomínio do caso concreto*: ideia de que as situações nas quais os seres humanos estão inscritos são, antes de tudo, *situações concretas*; todas as elucubrações humanas não passariam de racionalizações de casos concretos. Em oposição à ideia de abstração e à ideia de que as relações entre os humanos são inteligíveis à luz de procedimentos imaginativos e imaginários, que não resultam do "caso concreto".

A perspectiva do "caso concreto" supõe que eu possa me relacionar com outros sujeitos sem predicação. O mundo no qual tais interações dispensam predicados é o mundo das relações – ou correlações – de forças:

---

18. Jean-Jacques Rousseau, *Do contrato social*. Tradução de Lourdes Santos Machado. São Paulo: Nova Cultural, 1999, p. 70.

a política é sobretudo correlação de forças, ou uma relação de tipo *amigo-inimigo*: os sujeitos humanos são, em primeiro lugar, *animais agônicos de combate*, o que se opõe a uma ideia de interação fundada na abstração e no investimento imaginativo por meio de figuras abstratas e genéricas – para não dizer "universais".

(ii) *Princípio da força*: não apenas no sentido de castigo físico – tão sobre-eminente na história do fascismo –, mas em um sentido mais ontológico e visceral; como força motriz, como ímpeto; o mundo não se move se não houver um ímpeto, elemento ativo, contínuo, interventor. Algum agente deve produzir sobre o todo social dinâmicas, movimentos que garantam a dinâmica social: comando, onipotência do pensamento.

(iii) *Mobilização permamente*: não tanto a política de rua, ativa no caso do fascismo italiano, mas de uma potência política alternativa ao confinamento parlamentar da política, sustentada em uma *cultura da presença*. No caso histórico do fascismo italiano, a rua, mais do que sede natural de manifestações de massa, representa a oportunidade de intimidação física dos oponentes (a chamada *política do óleo de rícino*). Trata-se agora de pensar a perspectiva da mobilização permanente em cenários que não exigem a cultura da presença direta, por meio de recursos de ação postos pela disseminação e variedade das redes sociais, lugares de "informação" não mediada e de formação de emoções e crenças. A rua pode ser eventual, mas a substância da mobilização permanente ocorre no plano da vinculação virtual.

Julgo haver aqui uma analogia importante com uma ideia introduzida por Jean-Paul Sartre, em suas *Reflexões sobre a questão judaica*, de 1947, para designar a mobilização antissemita, a ideia de *sociedades efêmeras*, formações que se fazem e desfazem, quando seus membros retornam aos afazeres da vida ordinária: juntam-se, protagonizam atos de ódio e depois se dispersam, mimetizados no comum[19]. Dinâmica análoga foi detectada pelo grande sociólogo brasileiro José de Souza Martins, em seus estudos sobre os linchamentos no Brasil, que ocorrem segundo a modalidade de formações efêmeras, cuja materialidade instantânea se desfaz, uma vez consumado o ato de eliminação[20]. Seus perpetradores são sujeitos

---

19. Cf. Jean-Paul Sartre, *Reflexões sobre a questão judaica*, São Paulo: Difusão Europeia do Livro, 1963.
20. Cf. José de Souza Martins, "Linchamento, o lado sombrio da mente conservadora", *Tempo Social*, 8 (2), pp. 11-26, e "As condições do estudo sociológico dos linchamentos no Brasil", *Estudos Avançados*, 9 (25),

"normais", que levam os filhos à escola, fazem compras, trabalham e pagam impostos. O linchador é um sujeito ordinário que, por meio de uma associação efêmera que atualiza valores latentes, passa ao ato e participa da eliminação da impureza. Formações efêmeras constituem a base da forma virtual do hiperativismo presencial, originariamente inscrito na experiência do fascismo.

UMA VARIANTE BRASILEIRA

O fascismo histórico, independentemente de suas variantes, contém uma característica forte que o distingue: a obsessão por incluir a sociedade no Estado. Mais do que disciplinar a sociedade, o fascismo a traz para dentro do Estado. Em jargão filosófico-político, trata-se da subsunção da sociedade à órbita estatal. É a própria ideia de *totalitarismo* que ali está implicada como horizonte: a sistematização completa das possibilidades de interação social no âmbito do Estado. Uma imagem de mundo, por certo, em tudo contraposta ao liberalismo, percebido pelos fascistas como marcado por uma anarquia individualista e inorgânica, expressa por meio de uma cultura parlamentar fundada na retórica e na "conversa interminável". Como alternativa, o fascismo histórico introduziu o modelo da organização corporativa da sociedade, cujo elemento central é constituído pelo *trabalho* e pelas *profissões*, e não mais pelo cidadão abstrato, sujeito de direitos universais. Este é percebido – não apenas pelos fascistas – como produto de uma ficção liberal. O que o fascismo a isso contrapôs foi a ideia de um *direito concreto*, calcado na divisão social do trabalho. O horizonte da arquitetura corporativista é, pois, o de incluir toda a dinâmica social nos espaços estatais e eliminar toda a dinâmica cívica e política associada ao marco liberal e democrático.

Trata-se de algo que excede de modo claro a fábula hegeliana, que descreve a sociedade civil como sede da fragmentação e da particularidade, e cuja integração se dá por meio de um marco estatal inscrito no direito: os sujeitos particulares são também cidadãos, como efeito de uma síntese entre particularidade e generalidade. Não se trata de uma captura da sociedade civil ao âmbito do Estado, mas de complementaridade

pp. 295-310.

necessária ao próprio tecido social, como antítese à fragmentação predatória e particularista. O fascismo, por certo, é distinto: não é que o Estado seja o contraponto de uma sociedade civil ativa, fragmentada e diversificada; o Estado é o âmbito no qual essa sociedade civil deve se inscrever para que tenha organicidade.

A experiência brasileira pós-1930, não sendo ela fascista ou totalitária, também é distinta da lógica política hegeliana. Um dos pontos de consenso do pensamento político brasileiro dos anos 1930 foi o da necessidade da primazia do Estado na configuração da sociedade[21]. Para nos fixarmos em um exemplo, toda a lógica da legislação do trabalho no Brasil nos anos 1930 teve a ver com o reconhecimento, por vezes de boa-fé, de que o país era um *deserto cívico*, resultante de um legado de três séculos de escravidão, cinquenta anos de governo oligárquico, nenhuma educação pública, cerca de 70% de taxa geral de analfabetismo, eleitorado mínimo, fragmentação social, desolação, redes de transporte e conexões precárias[22] – para não falar do predomínio "natural" de oligarquias e potentados locais. O diagnóstico comum nos anos 1930 indicava a necessidade imperiosa de que o Estado criasse condições mínimas para que sobre a sociedade operassem fatores de "coagulação". Como? Imaginando formas estatais que capturassem a sociedade para dentro do Estado, de modo a conferir-lhe forma e substância.

O operador central dessa nova arquitetura foi o *trabalho*. Em termos concretos, o trabalho urbano e formal. Os brasileiros passam a ser representados como "trabalhadores", em um momento de *nacionalização do povo brasileiro*, algo que até então não havia ocorrido: na República Velha (1889-1930), por causa da dispersão oligárquica e agrária; no Império (1822-1889), pelo fato de que parte expressiva da população – e que constituía praticamente todo o mundo do trabalho – sequer pertencia à nação. O fato é que tal preeminência normativa do Estado na configuração da

---

21. Francisco José de Oliveira Vianna, um dos intelectuais brasileiros mais importantes daqueles anos, é uma referência incontornável para o entendimento dessa perspectiva. Para duas avaliações excelentes do legado de Oliveira Vianna, ver Ângela de Castro Gomes, "A práxis corporativa de Oliveira Vianna", e José Murilo de Carvalho, "A utopia de Oliveira Vianna", ambos publicados em Élide Rugai Bastos; João Quartim de Moraes (orgs.), *O pensamento de Oliveira Vianna*. Campinas: Editora da Unicamp, 1993.
22. Para uma excelente reflexão a respeito da experiência brasileira dos anos 1930, ver o incontornável livro de Ângela de Castro Gomes, *A invenção do trabalhismo*, São Paulo: Vértice, 1988. Para um texto coevo, no qual o diagnóstico da inorganicidade brasileira se apresenta de modo claro, ver o livro de 1932 de Martins de Almeida, *Brasil errado: ensaios dos erros do Brasil como país*, Rio de Janeiro: Topbooks, 2020.

sociedade sobreviveu no Brasil ao fim da ditadura do Estado Novo (1937--1945) e acabou por combinar-se com a progressiva implantação de um ambiente institucional e legal de corte liberal e social-democrático, sobretudo nos períodos compreendidos entre 1946 e 1964 e 1985 e 2018[23].

Estamos hoje diante de um animal político – ou *animal artificial*, para seguir a nomenclatura hobbesiana – em gestação, com características distintas, tanto do fascismo histórico quanto da tradição republicana brasileira pós-1930. Não se trata mais de pôr a sociedade dentro do Estado, mas de devolver a sociedade ao *estado de natureza*; de retirar da sociedade os graus de "estatalidade" que ela contém, para aproximá-la cada vez mais de um ideal de estado de natureza espontâneo. Um cenário no qual as interações humanas são governadas por vontades, instintos, pulsões, e no qual a mediação artificial é mínima, ou mesmo inexistente.

A devolução à qual aludo excede a agenda habitual das reformas econômicas de corte neoliberal, com sua ênfase na desregulação econômica generalizada e nas privatizações de ativos estatais, e dotada ela mesma de grande potencial de desconfiguração social. Por certo, essa agenda está presente na cena brasileira. Ela é concomitante ao fenômeno que aqui destaco, que se refere a um *descolamento da sociedade do marco normativo estatal*. É nesse sentido que falo de uma *devolução da sociedade ao estado de natureza*.

Em termos concretos, tal devolução significa fazer das assimetrias "naturais" de poder o elemento de configuração básica e espontânea da sociabilidade. A expressão "distribuição natural do poder", da lavra de Raymundo Faoro, parece-me mais do que adequada para indicar do que se trata[24]. A fórmula, a meu juízo, designa o imanente e intertemporal da "longa duração" brasileira, aquilo que permanece como imutável ao longo da história do país: a desigualdade e seu papel fulcral não apenas na partilha de recursos econômicos, mas sobretudo na distribuição do poder político real, e não apenas formal e institucional. Com efeito, a "distribuição natural do poder" resulta de longo processo de *acumulação primitiva de poder*. Um de seus indicadores mais eloquentes pode ser detectado,

---

23. Cf. Renato Lessa, "Modos de fazer uma República: demiurgia e invenção institucional na tradição republicana brasileira", *Análise Social*, 204, xlvii (3), 2012, pp. 508-31.
24. Cf. Raymundo Faoro, *Os donos do poder: formação do patronato político brasileiro*. Porto Alegre/São Paulo: Editora Globo/Edusp, 1975, v. 2, p. 561.

por exemplo, na invariância histórica do grau de concentração fundiária no Brasil, que permanece inalterado durante toda a história republicana, em torno de 0,90 da escala medida pelo índice de Gini. Dados do IBGE de 2017 indicam que 1% das propriedades agrárias ocupam metade da área rural brasileira[25].

Não é casual que uma das áreas mais atingidas pela devolução da sociabilidade à "distribuição natural do poder" tenha sido o mundo do trabalho. A progressiva retirada das relações de trabalho do domínio da lei vem sendo acompanhada por sua passagem para a informalidade das relações diretas – não mediadas – entre *patrões* e *empregados* ou, simplesmente pela desconstrução simples dessas duas identidades.

A obrigatoriedade de pagamento por parte da parte perdedora em uma disputa trabalhista dos honorários advocatícios da parte vencedora, instituída pelo governo Temer (2016-2018), implicou fortíssima redução do acesso à Justiça do Trabalho, com diminuição de cerca de 80% dos passivos trabalhistas, sem que isso tenha significado a cessação das circunstâncias reais que os provocaram. O ataque à sustentabilidade dos sindicatos, com a supressão da contribuição sindical obrigatória, produziu impacto devastador sobre a malha sindical brasileira, provocando perda de capacidade operacional e de poder de organização. Mais do que "desregulação" e adaptação às mutações ocorridas no mundo do trabalho, trata-se, entre nós, de devolver o trabalho às relações espontâneas do estado de natureza; fazer sobre ele incidir um mínimo de regulações, tornando-o alvo privilegiado da "distribuição natural do poder". O horizonte histórico da escravidão indica o limite dessa subordinação do trabalho à assimetria básica da sociedade. O ideal das relações trabalhistas foi assim expresso pelo chefe do consulado da extrema direita: o "máximo de informalidade". Trata-se do paraíso do trabalho "autorregulado" e da perspectiva de contarmos com um contingente populacional posto no exterior da nação e da regulação-proteção normativa estatal.

É desnecessário indicar quanto tal mutação afeta a forma básica da sociedade brasileira. O Brasil moderno foi inventado na década de 1930, tendo o trabalho como elemento gravitacional; um elemento de ligadura e de definição da forma da sociedade. Ademais, o mundo do trabalho foi

---

25. Cf. IBGE, disponível em: www.ibge.gov.br. Acesso em 28 out. 2020

um espaço histórico fundamental de constituição de sujeitos políticos, tal como demonstram a história do trabalhismo brasileiro e a mobilização operária dos anos 1980. O trabalho foi, ainda, um experimento significativo que deu passagem à construção de consciência cívica e política, propiciadora da emergência de atores que tiveram forte impacto na democratização política e no combate à desigualdade no país. Não parece ser trivial o fato de que todos os golpes de Estado ocorridos no âmbito da vida democrática brasileira tenham tido como alvo governos de base trabalhista. Em suma, na perspectiva da devolução da sociedade ao estado de natureza, é fundamental que o trabalho seja abatido como objeto de direito público e de regulação.

Outras dimensões devem ser mencionadas como alvos estratégicos da disjunção em curso da sociedade brasileira. Ainda que sua descrição minuciosa exceda os limites destas notas, gostaria de mencionar dois objetivos estratégicos do programa da disjunção[26]:

1. *Ambiente*: trata-se de devolvê-lo à "natureza"; de deixá-lo à própria "natureza", sabendo que esta é afetada historicamente pela "distribuição natural do poder". A natureza enquanto tal deixa de ser sujeito – ou ao menos, objeto – de direito, em um momento no qual a filosofia política e moral considera a sério o tema dos *direitos da natureza*, como dimensão intrínseca, e não como movimento de uma razão antropocêntrica. Trata-se de desconfigurar a natureza como espaço institucional e normativamente protegido, para devolvê-la à espontaneidade da "distribuição natural do poder".

2. *Indígenas*: a lógica da devolução dos indígenas brasileiros à natureza dos circuitos brutais da sociabilidade "civilizada" está associada à crença de que é impossível conceber a nação brasileira como constituída de outras formas de vida. Trata-se de obrigá-los a ser brasileiros, tornando-os ainda mais vulneráveis aos padrões de dominação natural. A presença da questão indígena na retórica e nas iniciativas governamentais é indicadora do lugar estratégico que ocupa no que aqui designo como *programa da desvinculação social brasileira*.

---

26. Vários outros indicadores de disjunção poderiam ser acrescentados. Entre eles, o do rearmamento da população, elemento inequívoco de devolução da sociedade ao estado de natureza. Os dados a esse respeito são alarmantes: entre muitos indicadores, vale destacar o acréscimo de 2 milhões de proprietários de armas de fogo em 2019.

★ ★ ★

A considerar as passagens supracitadas de Primo Levi, a variante brasileira não é estranha ao processo do fascismo. Com efeito, aqui estão instaladas dinâmicas inequívocas de "inimização" da política, associadas a atos declaratórios de eliminação e perspectivas crescentes de brutalização. Ao mesmo tempo, a mutabilidade atribuída por Primo Levi ao fascismo – presente na ideia de que "cada época tem o seu fascismo" – encontra eco na assimetria de poder político real existente na sociedade brasileira, em particular em seus efeitos sobre as periferias urbanas e as populações rurais.

O pretendido experimento de desconfiguração social excede os limites de uma associação entre um programa neoliberal radical e a ameaça de autoritarismo político. É claro que tal associação está presente, tal como atesta o apavorante recrudescimento da violência policial, com destaque absoluto para o estado do Rio de Janeiro, no qual em 2019 mais de 1.800 pessoas foram mortas pela polícia, com inequívoca vitimização preferencial de mulheres e homens negros de áreas ditas periféricas. O escândalo dos números, no entanto, segue a série histórica que acompanha a lógica "natural" do direito ao castigo, imposto pelas forças da ordem às "classes subalternas". A novidade, portanto, não está aí.

O horizonte da novidade apresenta-se na perspectiva de promover, passo a passo, a desvinculação normativa entre Estado e sociedade. Fazer do estado de natureza o ideal da sociabilidade. A devolução da sociedade ao estado de natureza produz uma *desigualdade artificial* – ou seja, induzida – cujos efeitos são proporcionais aos da *desigualdade natural*. O estado de natureza não é composto de sujeitos individuais iguais e equivalentes, ávidos para empreender, mas de uma assimetria longamente fixada na experiência histórica brasileira, bela e tristemente capturada pela expressão de Raymundo Faoro: *distribuição natural do poder*.

Tal é a fórmula da *variante brasileira* de um dos piores legados do século XX: o *ímpeto autocrático* e a *devolução da sociedade ao estado de natureza*. Fascismo 2.0?

1932, nascimento do liberalismo autoritário[1]
Grégoire Chamayou

> *"Quem critica Carl Schmitt não se confronta com a doutrina reinante de ontem, mas, sim, ao pensamento dominante de hoje"*[2].
>
> INGEBORG MAUS

Carl Schmitt e Hermann Heller eram juristas. Teóricos do direito na República de Weimar, além de intelectuais engajados. Afora isso, tudo mais os opunha. Schmitt era conservador, havia muito filiado ao *Zentrum*, partido de centro-direita; Heller era socialista, membro do SPD [Partido Social-democrata]. Schmitt admirava Mussolini, Heller era antifascista; Schmitt era católico, de um antissemitismo discreto, de início, depois declarado, nos anos 1930; Heller era judeu e abominava o racismo. Schmitt se aliou ao partido nazista na primavera de 1933 e colaborou ativamente no regime[3]; Heller teve de tomar, no mesmo ano, o caminho do exílio. Schmitt viveu quase cem anos e terminou tranquilamente seus dias em 1985, em sua aldeia natal de Plettenberg; Heller morreu aos 42 anos, em novembro de 1933, em Madri, onde havia se refugiado. Schmitt entrou para a posteridade – sua obra, traduzida em

---

1. Tradução: Paulo Neves.
2. Ingeborg Maus, *Bürgerliche Rechtstheorie und Faschismus: Zur sozialen Funktion und aktuellen Wirkung der Theorie Carl Schmitts*, Wilhelm Fink Verlag, München, 1980, p. X.
3. Schmitt aderiu ao NSDAP em 1º de maio de 1933. Qualificado de *Kronjurist*, "jurista da coroa", do Terceiro Reich, ele ocupou posição de destaque no regime antes de cair em desgraça. Ver Joseph Bendersky, "The Expendable Kronjurist: Carl Schmitt and National Socialism", *Journal of Contemporary History*, v. 14, n. 2, abr. 1979, pp. 309-28.

muitas línguas, é hoje abundantemente citada, comentada e ensinada –; Heller caiu em um esquecimento quase completo, exceto por círculos restritos de especialistas[4].

Do confronto entre eles nasceu a noção, hoje crucial, de "liberalismo autoritário". Essa fórmula paradoxal, inventada por Hermann Heller, não era o nome de um programa que ele tivesse reivindicado; muito pelo contrário, servia-lhe para designar uma posição oposta, que ele assim batizava para revelar seu verdadeiro teor e combatê-la melhor. Seu foco era, ao mesmo tempo, a política dos "gabinetes presidenciais", no poder na Alemanha desde 1930, e a teorização radical que Schmitt fizera deles na época.

O DISCURSO DE CARL SCHMITT

Em 23 de novembro de 1932, no final da manhã, Carl Schmitt tomou a palavra na "sala do imperador" da *Tonhalle* de Düsseldorf, uma majestosa sala de concertos que vira desfilar os grandes nomes da música clássica alemã, entre os quais Schumann, Liszt e Brahms. Gigantescos lustres com volutas de metal, motivos florais e pingentes de cristal pendiam sobre a cabeça das pessoas no auditório, sentadas nas cadeiras da plateia ou comprimidas nos balcões das galerias. Talvez Schmitt estivesse atrás do mesmo púlpito de madeira de onde, pelo que se vê em fotos de arquivo, Goebbels atacaria, seis anos mais tarde, em 1938, a "música degenerada", especialmente o *jazz*, "música negra" – ele que projetava fazer de Düsseldorf a "capital musical do Reich"[5].

Naquela manhã, o professor de direito constitucional fora convidado para ser orador principal da sexagésima assembleia anual da Langnam-Verein – literalmente, "associação de longo nome" –, como era

---

4. Assinalemos, na França, os trabalhos de Olivier Jouanjan, que traduziu de Hermann Heller *Die Krisis der Staatslehre*, de 1926 (*La Crise de la théorie allemande de l'État*, Paris: Dalloz, 2013). Também de Heller, a revista *Cités*, v. 6, n. 2, 2001, publicou traduções de trechos de *Europa und der Fascismus*, de 1929 (*L'Europe et le fascisme*), e de *Politische Demokratie und soziale Homogenität*, de 1928 (*Démocratie politique et homogénéité sociale*), introduzidos por Jeffrey Andrew Barash e Dominique Séglard. Ver também as atas do colóquio "Trois juristes de gauche sous Weimar: Heller, Neumann, Kirchheimer", *Jus politicum, Revue de droit politique*, n. 23, dez. 2019, com contribuições de, entre outros, Céline Jouin, Olivier Jouanjan, Renaud Baumert, Nathalie Le Bouédec e Augustin Simard.
5. Albrecht Dümling, Peter Girth (dir.), *Entartete Musik: Dokumentation und Kommentar zur Düsseldorfer Ausstellung von 1938*, Düsseldorf: Der Kleine Verlag, 1993, p. 159.

chamada essa poderosa organização patronal do oeste da Alemanha[6]. Comprimiam-se ali mais de 1500 pessoas, a nata do mundo dos negócios, da política e da alta administração – e isso, segundo uma resenha da época, em um "ambiente elétrico"[7].

O objetivo inicial dos organizadores era dar uma aprovação à política econômica do chanceler Papen, especialmente a seu "plano para o emprego", baseado em redução de impostos, para os empregadores, e de salários, para os trabalhadores. Mas essa agenda acabava de ser mudada com o anúncio de sua demissão, em 17 de novembro[8].

Abria-se um período muito incerto e perigoso. Papen governava apenas interinamente, e Hitler exigia ser nomeado a seu posto. Quando a convenção patronal iniciava em Düsseldorf, a carta de candidatura do *Führer* estava em cima da mesa do presidente, em Berlim. A questão corria de boca em boca: deveria ele entregar a chancelaria a Hitler?

Mas Schmitt, em seu discurso, deixou de lado a interrogação do dia: preferiu discorrer de maneira geral sobre as relações entre Estado e economia.

Da guerra total ao Estado total

Para fazer seu diagnóstico, ele utilizava uma nova expressão, que havia forjado recentemente e que seria muito usada. Segundo ele, o Estado em via de mudança estava se tornando "total": "Não vivemos mais," anunciara ele em 1930, "em um Estado mínimo, mas já quase em um Estado total, que se apodera de todos os domínios da vida humana"[9].

---

6. Essa alcunha, que teria vindo de uma frase de Bismarck, é o diminutivo de Associação para a Defesa dos Interesses Econômicos Comuns à Renânia e à Vestfália [*Verein zur Wahrung der gemeinsamen wirtschaftlichen interessen in Rheinland und Westfalen*], fundada em 1871.
7. Anônimo, "Klare Grenze zwischen Staatsmacht und Wirtschaft", *Deutsche Bergwerks-Zeitung*, n. 276, ano 33, 24 nov. 1932, p. 1.
8. Papen havia apresentado seu programa econômico por ocasião de um discurso na União dos Camponeses da Vestfália [*Westfälische Bauernverein*] em 28 de agosto, em Münster. Cf. Henry Ashby Turner, *German Big Business and the Rise of Hitler*, Oxford: Oxford University Press, 1985, p. 276; David Abraham, *The Collapse of the Weimar Republic: Political Economy and Crisis*, Princeton: Princeton University Press, 1981, p. 321.
9. É numa conferência em 5 de dezembro de 1930, na grande sala do Conselho Econômico do Reich em Berlim, que Schmitt emprega pela primeira vez publicamente a expressão "Estado total". Ver a resenha de Friedrich Vorwerk, "Carl Schmitt über den totalen Staat", *Baltische Monatsschrift*, ano 62, 1931, Löffler, Riga, p. 55.

De onde lhe vinha essa ideia? Schmitt a tirara de suas leituras de teorias da guerra, entre elas a do dirigente da Action Française, Léon Daudet, que introduzira em 1918 a noção de "guerra total". "Total" não em razão do seu caráter de guerra mundial, da extensão geográfica do conflito chegando ao mundo inteiro, mas porque os meios utilizados para as hostilidades ultrapassavam agora amplamente o domínio estrito dos assuntos militares: "O que é a guerra total? É a extensão da luta (...) aos domínios político, econômico, comercial, industrial, intelectual, jurídico e financeiro"[10]. O ensaísta reacionário Ernst Jünger retomou essa tese em um curto texto publicado em 1930, onde tematizava a passagem de um regime de "mobilização parcial", típico da antiga razão de Estado monárquica, a uma lógica da "mobilização total", própria ao Estado do século XX, segundo a qual tudo, na sociedade, podia ser considerado um "armamento em potencial" e, como tal, ser o objeto de uma "requisição radical"[11]. Em contraste com a definição clássica de Clausewitz, da guerra como o "prolongamento da política por outros meios", a guerra total era então concebida, por assim dizer, como *a requisição pela política de todos os outros meios*. Foi por analogia com essa ideia que Schmitt construiu seu conceito de Estado total: assim como "a noção de armamento potencial de um Estado (...) abrange tudo, (...) também o Estado novo de que falamos abrange todas as coisas"[12]. Assim como tudo pode se tornar "potencial de guerra", tudo também pode se tornar agora "potencial de Estado".

O contrário do "Estado liberal"

Schmitt via aí a culminância de um processo de transformação estrutural. A julgar por seu esboço de um quadro histórico das metamorfoses do Estado, este teria passado, em três grandes etapas, do "Estado absoluto dos séculos XVII e XVIII" ao "Estado neutro do século XIX liberal", para

---

10. Léon Daudet, *La Guerre totale*, Paris: Nouvelle Librairie Nationale, 1918, p. 8. Ver também Carl Schmitt, "Brief vom 5.9.1960 an den französischen Schriftsteller Jean-Pierre Faye über die Ursprünge des Begriffes 'totaler Staat'", in: Armin Mohler (dir.), *Carl Schmitt – Briefwechsel mit einem seiner Schüler*, Berlin: Akademie Verlag, 1995, pp. 417-9.
11. Ernst Jünger, "La Mobilisation totale" (1930), in: *L'État universel, suivi de La Mobilisation totale*. Tradução francesa Marc de Launay e Henri Plard. Paris: Gallimard, 1990, p. 108.
12. Carl Schmitt, "Le Virage vers l'État total" (1931), in: *Parlamentarisme et démocratie*. Tradução francesa de Jean-Loius Schlegel, Paris: Seuil, 1988, p. 162 (Carl Schmitt, "Die Wendung zum totalen Staat" (1931), in: *Positionen und Begriffe*, Berlin: Duncker & Humblot, 1994, p. 172).

então chegar ao "Estado total"[13]. E quais são as características dessa nova forma?

1) O Estado total se apresenta primeiramente como o antônimo do "Estado mínimo". Ao contrário do ideal de um Estado "guarda-noturno" caro ao liberalismo clássico, o Estado-providência tem um impulso que o leva a estender continuamente seus campos de competência a novos objetos. Sua esfera cresce de modo inexorável até englobar tudo, da guarda das crianças até a subsistência dos velhos.

2) O Estado total é visto a seguir como a "negação polêmica do Estado neutro"[14]. O Estado liberal que pregava a "neutralidade e a não intervenção em relação à religião e à economia"[15] é substituído por um Estado intervencionista. Passa-se de um Estado centrado em tarefas propriamente políticas, e para o qual a economia era "uma realidade não política por definição", para outra coisa, um "Estado econômico, um Estado fiscal, um Estado de assistência"[16].

3) Enquanto o Estado liberal postulava uma demarcação, uma clivagem, um dualismo entre esferas tidas como separadas (a política e a economia, o Estado e a sociedade civil etc.), o Estado total apaga as antigas antíteses e nivela os termos[17]. Ao que era distinção ele opõe a indistinção, a confusão dos gêneros.

4) Contra o movimento que levara o Estado liberal a reconhecer, rompendo com o antigo Estado absoluto, a existência de esferas não políticas e portanto não estatais, o Estado total repolitiza o que fora despolitizado e procede a "uma *politização* de todas as questões econômicas, culturais, religiosas etc. da existência humana"[18]. Mas, por trás dessa apa-

---

13. *Ibid.*, p. 163 (edição alemã, p. 173).
14. Carl Schmitt, *La Notion de politique: théorie du partisan*. Tradução de Marie-Louise Steinhauser, Paris: Flammarion, 992, p. 61. (Cf. *Der Begriff des Politischen* (1932), Berlin: Duncker & Humblot, 1996, p. 12).
15. Carl Schmitt, "Le Virage vers l'État total", in: *Parlamentarisme et démocratie, op. cit.*, p. 154 (Cf. "Die Wendung zum totalen Staat", *op. cit.*, p. 166).
16. Friedrich Vorwerk, "Carl Schmitt über den totalen Staat", *op. cit.*, p. 55.
17. Carl Schmitt, "Konstruktive Verfassungsprobleme", in: *Staat, Grossraum, Nomos*, Berlin: Duncker & Humblot, 1995, p. 58.
18. Carl Schmitt, "Starker Staat und gesunde Wirtschaft" (1932), in: *Staat, Grossraum, Nomos. Arbeiten aus den Jahren 1916-1969*, Berlin: Duncker & Humblot, 1995, p. 73. Schmitt evoca em outro momento "o Estado total que não conhece mais nada de absolutamente não político e que exige a abolição da despolitização do século XIX, acabando especialmente com o axioma de uma economia livre em relação do Estado (isto é, não política) e de um Estado sem ligação com o econômico". Carl Schmitt, *La Notion de politique, op. cit.*, p. 63 (Cf. *Begriff des Politischen, op. cit.*, p. 13).

rente afirmação do político, o que se vê é sua dissolução como categoria determinada: quando tudo se torna político, critica Schmitt, nada mais pode sê-lo especificamente[19].

5) O Estado liberal era limitado em suas intervenções, mas devia também se mostrar "bastante forte para se afirmar em sua autonomia perante as outras forças sociais"[20] e resistir às suas solicitações. Já o Estado total aumenta de tamanho e incha, mas essa obesidade, longe de ser uma manifestação de força, é antes a marca de sua fraqueza, a expressão de sua incapacidade de enfrentar as reivindicações que o assaltam[21].

Eis uma inversão importante em relação ao esquema inicial da "mobilização total": ao contrário do que descreviam Daudet e Jünger, não é mais o Estado que mobiliza, ele é que é mobilizado. Do mesmo modo, não é ele que requisita, ele é que é requisitado. Em vez de uma mobilização ativa, centrípeta, temos agora expansão passiva, centrífuga. Passa-se, portanto, de um Estado concentrado e forte a um Estado diluído e fraco, ou, como diz Schmitt, a um "Estado de fraqueza total"[22]. Assim, longe de saudar esse "Estado total" em formação, ele vê nele um mal a conjurar, um problema a resolver.

A culpa da democracia

A que se deve esse fenômeno? É "na democracia", afirma Schmitt, "que se encontra a causa do Estado total contemporâneo"[23]. Se o Estado se torna "total", é porque um governo democrático é continuamente intimado a "satisfazer as pretensões de todos os interessados"[24], a responder às queixas de uma miríade de interesses subalternos. Em toda parte

---

19. Nesse "Estado total todas as coisas são políticas, pelo menos em potência, e a referência ao Estado não tem mais como definir o caráter distintivo do político", *ibid.*, p. 60 (ed. alemã, p. 11).
20. Carl Schmitt, "Le Virage vers l'État total", *op. cit.*, p. 153 (cf. *Der Begriff des Politischen*, *op. cit.*, p. 166).
21. "Um Estado de partidos pluralista não se torna 'total' por vigor e força, mas por fraqueza; ele intervém em todos os domínios da vida porque deve satisfazer às pretensões de todos os interessados." Carl Schmitt, *Légalité et légitimité*. Tradução de Christian Roy e Augustin Simard. Paris: Éditions de la Maison Sciences de l'Homme, 2016, p. 71. Cf. *Legalität und Legitimität* (1932), Berlin: Duncker & Humblot, 1968, p. 96.
22. Carl Schmitt, "Starker Staat und gesunde Wirtschaft", *op. cit.*, p. 75.
23. Carl Schmitt, *Légalité et legitimité*, *op. cit.*, p 69 (tradução modificada). (Cf. *Legalität und Legitimität*, *op. cit.*, p. 93).
24. *Ibid.*, p. 71 (ed. alemã, p. 96).

ele é chamado e acorre. Se o Estado intervém demais na economia, é porque, em contrapartida, a sociedade intervém demais no Estado. A "estatização" da sociedade é vista como o efeito secundário de uma "societalização" do Estado, ela mesma permitida e alimentada pela forma democrática. O Estado, ao se tornar uma "auto-organização da sociedade", perde ao mesmo tempo sua "autonomia", sua transcendência e sua delimitação[25].

A isso se acrescenta um fenômeno inédito de "auto-organização da sociedade pelo partido"[26]. Partidos políticos existem de longa data, mas eles se metamorfosearam. O começo do século XX conheceu o surto de grandes partidos de massa, o que Schmitt chama de "partidos totais", organizações que pautam a vida inteira de seus membros, do berço ao túmulo, das creches do partido até a cremação assegurada por associações a ele ligadas[27]. Diferentemente da Itália fascista, porém, a Alemanha de Weimar não é o reinado de um partido único ou de um partido-Estado, mas de um pluralismo povoado de "uma multiplicidade de *partidos totais* que realizam a totalidade *neles mesmos*"[28] – razão pela qual "não temos ainda um Estado total"[29], mas somente um "Estado-partido pluralista". Esse pluralismo não impede a virada para a totalização, mas a distorce e a confunde, fragmentando-a. É também a isso que se deve a fraqueza do "Estado-partido de coalizão"[30]: a coexistência antagônica de uma pluralidade de partidos "que aspiram à totalidade" provoca um bloqueio, uma paralisia da decisão política.

---

25. Carl Schmitt, "Le Virage vers l'État total", *op. cit.*, p. 161 (cf. "Die Wendung zum totalen Staat", *op. cit.*, p. 172). "Se a sociedade se organiza para ser ela mesma o Estado, se o Estado e a sociedade são supostamente idênticos, então todos os problemas sociais e econômicos se tornam problemas imediatamente estatais, e é impossível então distinguir entre setores objetivos de natureza política e estatal e setores sociais que escapam à política" (*ibid.*, p. 161, ed. alemã, p. 172). Ver também Carl Schmitt, *La Notion de politique*, *op. cit.*, p. 60 (*Der Begriff des Politischen*, *op. cit.*, p. 11).
26. Carl Schmitt, *Der Hüter der Verfassung* (1931), Berlin: Duncker & Humblot, 1985, p. 84.
27. Carl Schmitt, "Starker Staat und gesunde Wirtschaft", *op. cit.*, p. 75.
28. *Ibid.*
29. "Embora não tenhamos ainda um Estado total, temos vários complexos de partidos sociais que aspiram à totalidade e que se apoderam completamente de seus membros desde sua juventude." Carl Schmitt, *Der Hüter der Verfassung*, *op. cit.*, p. 83.
30. Carl Schmitt, *Der Hüter der Verfassung*, *op. cit.*, p. 88.

"Estado autoritário ou Estado total"

Para Schmitt, portanto, a noção de Estado total é inicialmente um conceito de contraste. É o nome infamante de uma situação que ele rejeita. Mas como sair disso? Qual será o remédio?

Até 1932, essa questão permanecia para ele sem resposta. Sua crítica do Estado total estava colocada, mas suas análises se detinham no limiar de uma solução política. Na verdade, ele buscava uma porta de saída, mas hesitava ainda quanto às formulações. Foram as alfinetadas de um jovem sociólogo conservador, Heinz Ziegler, que o levaram a uma maior clareza. Ziegler, embora homenageasse o mestre, o ultrapassava, de certo modo, à direita. O veredicto de Carl Schmitt sobre o Estado total, dizia ele, é muito correto em sua substância, mas tem um ponto cego: não nos diz de que modo substituí-lo. No entanto, uma coisa é certa: para suplantar o Estado total, para se livrar do Estado-Providência democrático atual, não se pode ressuscitar o Estado liberal do século XIX. E se Schmitt tem razão, se é de fato a democracia, na medida em que ela identifica sociedade e Estado[31], que é a causa desse deplorável processo, então uma conclusão se impõe: é preciso acabar com ela, renunciar de uma vez por todas ao conceito de soberania popular herdado de Rousseau e da Revolução Francesa, assumir a ruptura e tomar partido de um Estado autoritário, pós-democrático[32]. Daí vem o título de seu opúsculo: *Estado autoritário ou Estado total* – subentendido que será ou um ou outro. E Schmitt aprova. Ziegler, ele diz, tem razão: o contrário do Estado total é, de fato, o Estado autoritário[33]. Essa é claramente a alternativa.

---

31. "A democracia nacional e o Estado total se enraízam ambos na identificação do Estado e da sociedade, e é sobre essa equivalência que se baseiam todas as outras identificações que, segundo a definição de Schmitt, constituem a essência da democracia." Heinz Ziegler, *Autoritärer oder totaler Staat*, Tübingen: Mohr, 1932, p. 14.
32. *Ibid.*, p. 22.
33. Importa, escreve Schmitt, "reconhecer que a causa do atual 'Estado total' ou, mais exatamente, da politização total do conjunto da existência humana, se encontra na própria democracia e que precisamos, como explica Heinz Ziegler, de uma autoridade estável para empreender as despolitizações necessárias". Carl Schmitt, *Légalité et légitimité*, *op. cit.*, p. 69 (cf. *Legalität und Legitimität*, *op. cit.* p. 93). Cerca de trinta anos mais tarde, ele retoma a mesma ideia em uma carta a Jean-Pierre Faye: "que o Estado autoritário fosse a única contraposição possível ao Estado total, isso foi apenas sugerido, embora Heinz Ziegler, em seu escrito 'Estado autoritário ou Estado total', de 1932, tenha colocado a alternativa com uma clareza exemplar". (Carl Schmitt, "Brief vom 5.9.1960", *op. cit.*, p. 418). À diferença de Ziegler, porém, Schmitt mantém uma forma de legitimação plebiscitária do poder político. Ver William E. Scheuerman, *Carl Schmitt: The End of Law*, Lanham: Rowman & Littlefield, 1999, p. 100 ss., e Augustin

Em novembro de 1932, ele expõe sua solução diante do patronato alemão: sabendo que é a "fraqueza do Estado (...) que provocou a confusão entre o Estado e a economia (...), somente um Estado muito forte poderia romper esse terrível encabrestamento"[34]. Esse Estado forte é também qualificado de "Estado total", mas em um sentido contrário ao anterior. Schmitt procede aqui a um desdobramento nocional, a uma distinção entre duas espécies de Estados totais, dois homônimos em tudo opostos.

Há, de um lado, o "Estado total quantitativo", que ele rejeita e que corresponde ao que acaba de ser exposto – um Estado fraco por sua extensão. Um Estado "total" *"num sentido puramente quantitativo, de simples volume, e não de intensidade e energia política"*. De outro lado, há o "Estado total qualitativo", que convoca e que será *"total no sentido da qualidade e da energia"*, assim como o Estado fascista se faz chamar de *"stato totalitario"*[35]. Um Estado forte que concentrará nas próprias mãos todo o poder da técnica moderna, a começar pelos meios militares e instrumentos de comunicação de massa; um Estado militar-midiático, guerreiro e propagandista, dotado do que há de melhor na tecnologia em matéria de repressão dos corpos e manipulação dos espíritos. Ao mobilizar meios de poder inéditos, esse Estado não tolerará mais a emergência de forças subversivas em seu seio. Capaz de fazer a diferença entre amigos e inimigos, não mais hesitará em abater os inimigos internos. Pelo menos isso é claro.

Um esclarecimento se faz necessário. Estado total qualitativo e Estado total quantitativo não são apenas, para Schmitt, dois modelos ou dois conceitos opostos, mas também dois elementos de uma mistura contraditória. Por um lado, o Estado atual concentra nas mãos novos meios de poder, mas, por outro, esse aumento de força é o objeto de uma captação e de um desperdício pluralista[36]. Um Estado total fraco se desenvolveu de forma parasitária em um Estado total forte que ele sufoca. Há aí dois modos de totalização em conflito, duas dinâmicas contrárias: uma é ativa,

---

Simard, *La Loi desarmée: Carl Schmitt et la controverse légalité/légitimité sous Weimar*. Québec: Presses Universitaires de Laval, 2009, p. 230 ss.
34. Carl Schmitt, "Starker Staat und gesunde Wirtschaft", *op. cit.*, p. 77. Antes de sua conferência de 23 de novembro de 1932 na Langnam-Verein, Schmitt havia falado, em 4 de novembro, diante da União da Indústria Química Alemã (*Hauptversammlung des Vereins zur Wahrung der Interessen der Chemischen Industrie Deutschlands*). Cf. Carl Schmitt, "Konstruktive Verfassungsprobleme", in: *Staat, Grossraum, Nomos*, Berlin: Dunckler & Humblot, 1995, pp. 55-70.
35. Carl Schmitt, "Starker Staat und gesunde Wirtschaft", *op. cit.*, p. 74
36. Ver William E. Scheuerman, *Carl Schmitt: The End of Law*, *op. cit.*, p. 94.

na qual o Estado mobiliza e se fortalece; a outra, passiva, na qual o Estado é mobilizado e ampliado ao mesmo tempo que é enfraquecido. "Levando em conta esse diagnóstico," comenta William Scheuerman, "não pode haver senão uma única resposta (...): a Alemanha deve ser libertada do pluralismo"[37]. Ou, para dizer de outro modo, com Ingeborg Maus: do ponto de vista de Schmitt, "essa totalização da sociedade só podia ser derrubada pela monopolização autoritária do político"[38].

"Estado forte e economia saudável"

Mas qual seria a finalidade disso? O título do discurso de Schmitt de 1932 anunciava o programa "Estado forte e economia saudável"[39]. Prometer uma "economia saudável", empregar essa metáfora, equivale a considerá-la doente no momento. Ora, a terapia não seria suave. Ao contrário, prevenia Schmitt, tratava-se de "uma intervenção cirúrgica dolorosa"[40]. Era preciso um Estado muito forte para sanear a economia, livrá-la dos corpos estranhos que a parasitavam, mesmo com o risco de fazer cortes violentos na carne.

Em essência, o que Schmitt diz aos patrões alemães é o seguinte: vocês querem "liberar" a economia, querem acabar com o intervencionismo do Estado social, com um gasto público excessivo, com os decorrentes tributos fiscais, com os entraves gerados pelos direitos trabalhistas etc. Está certo. Mas entendam que, para obter isso, isto é, uma certa retração do Estado fora da economia, será preciso algo mais que um Estado mínimo e neutro. O paradoxo é que, para ter menos Estado, vocês precisarão, de certo modo, ter mais Estado. Com efeito, se a expansão do Estado-Providência se deve à sua alta permeabilidade às pressões subalternas, então somente um Estado forte seria capaz de fazer refluir essas intrusões perturbadoras e "desengajar-se das coisas não estatais". Esse é o axioma fundamental: a despolitização é um ato intensamente político[41].

---

37. *Ibid.*, p. 104.
38. Ingeborg Maus, *Bürgerliche Rechtstheorie und Faschismus, op. cit.*, p. 155.
39. Carl Schmitt, "Starker Staat und gesunde Wirtschaft", *op. cit.*
40. *Ibid.*
41. *Ibid.* Pode parecer estranho que Schmitt, que sempre se apresentou como o defensor de uma política ameaçada de desaparecimento, se faça aqui advogado de uma *despolitização*. No entanto, sob esse termo ele busca eliminar não qualquer política, mas somente uma espécie dela, a política partidária,

Enquanto a política democrática confunde o Estado e a sociedade, a política autoritária os distinguirá cuidadosamente; enquanto a primeira politiza a sociedade e "societaliza" o Estado, a segunda despolitizará a sociedade e reforçará o Estado, mas dentro dos limites estreitos de uma distinção bem compreendida entre Estado e economia. Pois Schmitt quer seduzir, mas também tranquilizar o patronato alemão: se lhe promete um Estado forte, propagandista-repressivo, capaz de amordaçar as oposições sociais e políticas, ele assegura também que essa força imensa se deterá respeitosamente à porta das empresas e dos mercados. No seu esquema, o autogoverno privado dos negócios econômicos não será questionado; será, ao contrário, ampliado e santificado.

Entre o Estado e o mercado propriamente dito será intercalado um terceiro termo, um domínio intermediário regido por uma "autoadministração" privada, confiada a grandes corporações patronais[42]. Schmitt tem o cuidado de especificar que essa "autoadministração" que ele elogia não deve ser confundida com o que os socialistas chamam de "democracia econômica"[43]. Que os patrões se tranquilizem: uma vez que ficará nas mãos dos chefes de empresas, a autoadministração continuará saudavelmente autoritária para aqueles e aquelas que continuarem debaixo de sua cúpula. Isso faz parte, ele completa, de uma estratégia que visa a operar "autonomizações despolitizantes"[44]. É um tipo de procedimento que se tornou muito familiar para nós: articular em toda parte, embutindo-as

---

a organização dos interesses sociais em partidos e, com ela, os "métodos do Estado-partido democrático". Trata-se de despolitizar a sociedade a fim de melhor repolitizar o Estado, ou seja, restituir-lhe o monopólio soberano da decisão política. A despolitização schmittiana se distingue da antiga despolitização liberal na medida em que afirma que "nada do que concerne de forma essencial ao Estado pode seriamente ser despolitizado". Carl Schmitt, "Das Problem der innerpolitischen Neutralität des Staates" (1930), in: *Verfassungsrechtliche Aufsätze aus den Jahren 1924-1954*, Berlin: Duncker & Humblot, 1985, p. 57. Assim, como o indica Sandrine Baume, "a realização do Estado soberano reside, para Schmitt, na supressão do político no sentido de confronto entre os representantes de interesses e de valores políticos divergentes". Sandrine Baume, *Carl Schmitt, penseur de l'État: Genèse d'une doctrine*, Paris: Presses de Sciences Po, 2008, p. 39.

42. Carl Schmitt, "Starker Staat und gesunde Wirtschaft", *op. cit.*, p. 80.
43. Tendo em vista a experiência dos conselhos operários, de que restavam vestígios na constituição de Weimar, compromisso jurídico resultante de uma revolução inacabada: o artigo 165 previa, particularmente, a criação de "conselhos econômicos" e "conselhos de trabalhadores" em escala local e nacional. A interpretação desse artigo colocava em conflito leituras politicamente incompatíveis – corporativistas, liberais ou socialistas. A noção de "autoadministração econômica" caracterizava a posição liberal. Sobre esses debates, ver Ernst R. Huber, *Deutsche Verfassungsgeschichte seit 1789, Die Weimar Reichsverfassung* (tomo VI), Stuttgart: Kohlhammer, 1981, p. 390 ss.
44. Carl Schmitt, "Das Problem der innerpolitischen Neutralität des Staates" (1930), *op. cit.*, p. 55.

umas nas outras, formas de autonomização autoritárias e autoritarismos autonomizados.

A CRÍTICA DE HERMANN HELLER

Carl Schmitt e Hermann Heller eram da mesma geração (o primeiro, nascido em 1888; o segundo, em 1891). Nos anos 1920, sem serem íntimos, eles mantinham relações cordiais[45]. A ruptura ocorreu depois que Schmitt estabeleceu sua famosa definição do político como antagonismo amigo / inimigo[46]. Heller se afastou dele imediatamente. Em 1928, em um artigo no qual criticava as ideias do economista liberal Vilfredo Pareto – "pai espiritual do fascismo", inspirador de um "catolicismo ateu[47]" e portador de concepções políticas "neomaquiavelianas" –, ele observa, de passagem, que Schmitt se mostra muito próximo desse pensamento, quando erige como "categoria fundamental da política o par conceitual amigo-inimigo, no qual o acento é colocado sobre o inimigo, visto como existencialmente diferente e a ser aniquilado em caso de conflito"[48].

O inimigo Heller

Schmitt, irritado, escreveu-lhe para negar um amálgama entre seu pensamento e o de Pareto e para contestar que sua teoria do inimigo fosse uma doutrina do aniquilamento[49]. Heller respondeu no dia seguinte, di-

---

45. Em carta de 17 de abril de 1927, Heller agradece calorosamente a Schmitt a hospitalidade em sua casa de Bonn e evoca a leitura que ambos fizeram de Bernanos. Cf. Paul Noack, *Carl Schmitt: eine Biographie*, Berlin: Ullstein/Propyläen, 1993, p. 118. Nos arquivos de Schmitt existem "seis cartas – inicialmente amistosas, depois cada vez mais distanciadas". Cf. Raphael Gross, *Carl Schmitt et les juifs*. Tradução de Denis Trierweiler. Paris: PUF, 2005, p. 5 (Nachlass Carl Schmitt, Verzeichnis der Bestandes im Nordrhein-Westfälischen Hauptstaatsarchiv, *RW*, 265-399, carta 1-6).
46. No artigo que constituía a primeira versão de *A noção de política*. Carl Schmitt, "Der Begriff des Politischen", *Archiv für Sozialwissenschaft und Sozialpolitik*, v. 58, n. 1, 1927, pp. 1-33. Ver Paul Noack, *Carl Schmitt: eine Biographie, op. cit.*, p. 118.
47. Heller alude a Charles Maurras, que teria declarado: "Sou ateu, mas católico". Schmitt sentiu-se profundamente vexado por essa qualificação de ateu, que tomou para si.
48. Hermann Heller, "Bemerkungen zur staats und rechtstheoretischen Problematik der Gegenwart", *Archiv des öffentlichen Rechts*, t. 16, cad. 3, 1929, p. 338.
49. Carta de Schmitt a Heller de 19 de dezembro de 1928, citada por Paul Noack, *Carl Schmitt: eine Biographie, op. cit.* p. 119. Essa carta foi reproduzida em Piet Tommissen, "Problemen rond de houding van Carl Schmitt in 1933", *Liber memorialis. Tien jaar Economische Hogeschool Limburg*. Diepenbeek: V.W.O.L, 1979, pp. 182-3.

zendo-lhe não poder "esconder certas desilusões" a seu respeito, em razão do rumo nauseabundo que suas concepções políticas estavam claramente tomando[50]. O elogio velado ao regime de Mussolini que Schmitt faria em artigo publicado pouco depois veio apenas confirmar as apreensões de Heller, que atacou com virulência, em *A Europa e o fascismo*, publicado em 1929, a assimilação da ditadura fascista, feita por Schmitt, a uma democracia autêntica[51].

Os caminhos deles só voltaram a se cruzar alguns anos mais tarde, em outubro de 1932, por ocasião do processo retumbante depois do "Golpe da Prússia"[52], no Supremo Tribunal de Leipzig. Heller estava ali como advogado do governo da Prússia, enquanto Schmitt defendia o presidente do Reich [Paul Hindenburg]. Eles se enfrentaram asperamente.

Mas, nessa disputa oratória, Heller mostrou-se mais sutil e mais afiado que Schmitt: em vários momentos ridicularizou os argumentos de Schmitt, que sentiu aquilo como uma intolerável humilhação pública[53]. Ele que, havia já alguns anos, vinha exaltando como metafísica a oposição amigo/inimigo, a relação de hostilidade, encontrara enfim, em carne e osso, um adversário à sua altura – e fora humilhado. Seu ressentimento de intelectual ferido se transformou em um delírio antissemita, do qual as páginas de seu diário íntimo guardam vestígios. Heller, que ele qualificava de "horrível"[54], passou a encarnar em seu espírito o arquétipo da "maldade judaica"[55]. De maneira fantasmática, ele revivia a cena do processo como a de sua própria crucificação. Ele, Schmitt, o católico, fora supliciado em

---

50. Paul Noack, *Carl Schmitt: eine Biographie*, op. cit. p. 119. Ver também Joseph W. Bendersky, *Carl Schmitt: Theorist for the Reich*. Princeton: Princeton University Press, 2014, p. 92 ss.
51. Hermann Heller, *Europa und der Fascismus* (1929), in: *Gesammelte Schriften*, t. II, *Recht, Staat, Macht*, Leiden: Sijthoff, 1971, pp. 489; 541.
52. *Putsch* ocorrido em 20 de julho de 1932 pelo presidente do Reich contra o governo da Prússia.
53. Durante o processo, Schmitt mostrou-se muito provocador, e isso não o ajudou. Em 17 de outubro, ele comparou Otto Braun, o dirigente social-democrata da Prússia, a um bode, utilizando uma expressão que significa literalmente "tomar o bode como jardineiro" (*"der Bock zum Gärtner machen"*), equivalente a "fazer entrar a raposa no galinheiro". Ele foi secamente repreendido pelo presidente do tribunal. Heller aproveitou a deixa e observou: "De minha parte, eu não falaria de um bode jardineiro, embora seja tentado a caracterizar assim a relação de alguns juristas constitucionais com a constituição em vigor." *Pressen contra Reich von dem Staatsgerichtshof. Stenogrammbericht der Verhandlungen von den Staatsgerichtshof in Leipzig vom 10 bis 14 und vom 17 Oktober 1932*, Dietz, Berlin, 1933, p. 468 e p. 470.
54. Carl Schmitt, *Tagebücher 1930 bis 1934*, Berlin: Akademie Verlag, 2010, p. 224.
55. Ele anota para si mesmo: "Muitos insultos e insultos típicos da maldade judaica (...) me foram infligidos, seguidamente Hermann Heller me apresentou como ateu". *Ibid.*, p. 424.

praça pública por juristas judeus em Leipzig[56]. Esse motivo clássico do antijudaísmo cristão – os judeus, povo deicida – radicalizou-se em sua mente, com a ajuda das leituras de Léon Bloy[57], como um racismo virulento, culminando em sonhos de vingança, soldados armados acabando com aquela "corja"[58]. Em 1932, Schmitt ainda não era nazista, mas em seu foro íntimo já havia se tornado visceralmente antissemita[59].

Na época, ele via em Hermann Heller um de seus piores inimigos – alguém que ele odiava, mas também temia intelectualmente[60]. Essa oposição entre Schmitt e Heller não pode ser reduzida a uma querela pessoal: através deles, confrontavam-se posições políticas inconciliáveis.

Sob "o Estado forte", um liberalismo autoritário

Tendo tomado conhecimento do discurso de Schmitt aos patrões alemães, Heller respondeu-lhe em um texto curto, que figura entre os mais

---

56. Schmitt escreve em seu diário: "O que o processo de Leipzig me ensinou: para aqueles judeus eu teria me tornado mentalmente doente (...) se eu não tivesse compreendido algo naquele momento, como um raio: aqui me tornei cristão [Cristo], ou melhor, vi que eu era cristão no âmago da minha existência e nada mais (...) A crueldade eterna, inexorável e impiedosa dos judeus contra tudo que é cristão, tudo que é humanamente decente, a cruel realidade de que esse povo, cada membro desse povo, matou o homem mais capaz, mais justo e mais inocente, o Cristo", *Ibid.*, pp. 426-7.
57. Nesse período, o inverno de 1932-1933, ele lê as memórias do antissemita francês Léon Bloy, *Le Mendiant ingrat* [O mendigo ingrato], cujas passagens anota em seu diário.
58. Em 14 de outubro, se lê: "Desejo feroz de liberdade e de vingança. Soldados que acabassem com essa podridão de justiça (...) Judeus por toda a volta, judeus social-democratas, o judeu Heller como prussiano (...) o judeu Navinski como animal (...) jogo de máscaras", *Ibid.*, p. 422. Schmitt parece anotar de forma telegráfica a lembrança de um sonho. Sem nada saber desses cadernos, Heller, por seu lado, indicava – como lembra Olivier Jouanjan – que "não era injustificado submeter o ativismo inconsistente amigo/inimigo de Schmitt a um tratamento psicanalítico" (Heller, *Gesammelte Schriften*, 2. ed. Tübingen: Mohr Siebeck, 1992, t. 3, p. 314). Olivier Jouanjan, "Et si l'on ne faisait rien de Carl Schmitt?", *Philosophiques*, v. 39, n. 2, 2012, p. 476.
59. Em outras palavras, o antissemitismo de Schmitt não é nem posterior à sua adesão ao NSDAP, nem "apenas o resultado de uma baixeza oportunista". Cf. Raphael Gross, *Carl Schmitt et les juifs, op. cit.*, p. 40.
60. Heller "era realmente inteligente, inclusive inteligente politicamente", confessa Schmitt cerca de quarenta anos mais tarde (*"Solange das Imperium da ist"*, *Carl Schmitt im Gespräch mit Klaus Figge und Dieter Groh – 1971*, Berlin: Duncker & Humblot, 2010, p. 65). Depois que Heller foi demitido – porque judeu – de seu cargo de professor na Universidade de Frankfurt, foi um aluno de Schmitt, Ernst Forsthoff, que ocupou a cadeira. Mesmo quando Heller se exilou na Espanha, o círculo de Schmitt continuou a atacá-lo na revista *Deutsches Volkstum*, dirigida pelo companheiro de luta de Schmitt, Wilhelm Stapel, que mantinha Schmitt informado das reações de Heller a seus ataques. (Cf. Raphael Gross, *Carl Schmitt et les juifs, op. cit.*, p. 38.) Quando Heller soube que Schmitt fora nomeado conselheiro de Estado pelos nazistas em recompensa por seus bons e leais serviços, ele lhe enviou de Santander, em 17 de julho de 1933, um cartão-postal sarcástico, intitulado "Pela homenagem tão altamente merecida que prestou ao sr. ministro Goering, receba as felicitações de Hermann Heller". Ver Klaus Meyer, "Hermann Heller: eine biographische Skizze", *Politische Vierteljahresscrift*, v. 8, n. 2, jun. 1967, p. 312.

clarividentes daquele período. Assistimos aí, ele analisava, à emergência de uma nova categoria política, uma síntese estranha: um "liberalismo autoritário"[61]. Essa fórmula lhe servia para caracterizar uma nova "vontade política" da qual Schmitt se fizera teórico e porta-voz, mas que, na prática, já animava a ação governamental.

Se já se tinha ouvido Schmitt dizer que "o Estado atual era um Estado fraco porque 'pluralista'"[62], ele dissimulava até então suas conclusões "sob negações sofisticadas"[63]. Mas, diante de uma plateia de industriais, ele abre enfim o jogo: será o Estado forte, autoritário, "qualitativamente total". Só que essa palavra de ordem, que não é senão o *"leitmotiv* do governo Papen"[64], é vaga. Para esclarecê-la é preciso, segundo Heller, interrogar-se sobre o fundamento e a extensão do poder de Estado assim promovido.

1) Sobre o que se fundará a autoridade do Estado forte? A julgar por seus defensores, sobre o presidente do Reich: ele, e somente ele, será o responsável diante de Deus. Ou seja, estamos diante de uma concepção *autocrática* da autoridade política, que pretende fundá-la apenas em si mesma. Ora, essa concepção não se opõe, como gostariam de nos fazer acreditar, à ausência de autoridade, mas, sim, ao fundamento democrático desta. Heller, aliás, considera que seria uma armadilha, diante dos partidários de um Estado autoritário, cair em um debate estéril entre autoridade e laxismo – antítese enganadora, porque homologa o pressuposto contestável de que um poder democrático seria necessariamente desprovido de autoridade política. O erro da esquerda, diante dessa virada antidemocrática, foi acantonar-se no papel de defensora dos direitos contra os abusos do poder. Ora, essa posição defensiva, centrada na salvaguarda dos direitos e das liberdades, por mais necessária que seja, é insuficiente. Para enfrentar o "liberalismo autoritário" é preciso disputar-lhe o terreno do poder.

2) Qual será, a seguir, a extensão dessa autoridade autocrática? Até onde ela supostamente irá? Os partidários desse Estado total forte querem

---

61. Edição original: Hermann Heller, "Autoritärer Liberalismus?", *Die Neue Rundschau*, v. 44, t. 1, cad. 3, mar. 1933, pp. 289-98.
62. Hermann Heller, "Autoritärer Liberalismus?", *Gesammelte Schriften*, t. 2, *Recht, Staat, Macht*, Sijthoff, Leiden, 1971, pp. 643-53.
63. *Ibid.*, p. 651.
64. Olivier Beaud, *Les Derniers Jours de Weimar: Carl Schmitt face à l'avènement du nazisme*, Paris: Descartes, 1997, p. 59.

realmente um poder sem limite? Não, absolutamente não, esclarece Heller. Esse "devaneio exaltado" eles o deixam a outros, à sua direita. Os Papen ou os Schmitt sabem perfeitamente que o poder em questão não pode ser total. Heller nos dá aqui outro conselho de método: diante de um poder autoritário, não se deixar enganar pela imagem totalizante que ele projeta de si mesmo; não postular que ele exerceria um domínio absoluto, integral e uniforme; ao contrário, ficar atento aos seus limites, às suas carências e às suas disparidades. A boa pergunta a se fazer é: esse Estado é "autoritário", mas exatamente com quem? E com quem ele não é?

A pedra de toque está na relação que esse Estado mantém com "a ordem econômica"[65]. De fato, tão logo se passa "a falar de economia, o Estado 'autoritário' renuncia inteiramente à sua autoridade, e seus porta-vozes 'conservadores' não conhecem outra palavra de ordem senão estas: liberdade da economia em relação ao Estado!"[66] Esse apelo à retirada do Estado do âmbito da economia revela também uma geometria variável, pois não implica, evidentemente, que o Estado pratique "a abstinência na política de subvenções concedidas aos grandes bancos, grandes industriais e grandes empreendimentos agrícolas, mas, sim, que proceda ao desmantelamento autoritário da política social"[67].

Portanto, por trás do "Estado total qualitativo" glorificado por Schmitt se delineia outra coisa: um Estado forte-fraco. Forte, comenta Wolfgang Streeck, "contra as reivindicações democráticas de redistribuição" social, mas "fraco em sua relação com o mercado"[68]. Em suma, um Estado forte com os fracos e fraco com os fortes. E é essa assimetria – a de uma política de classe – que constitui seu núcleo. A estratégia fundamental do liberalismo autoritário se resume assim: promover uma "desestatização da economia" e uma "retirada do Estado (...) na área da política social" por meio de uma "estatização ditatorial" do campo político[69].

---

65. Hermann Heller, "Autoritärer Liberalismus?", *op. cit.*, p. 650.
66. *Ibid.*, p. 650.
67. *Ibid.*, p. 652.
68. Wolfgang Streeck, "Heller, Schmitt and the Euro", *European Law Journal*, v. 21, n. 3, maio 2015, p. 362.
69. Hermann Heller, "Autoritärer Liberalismus?", *op. cit.*, p. 652.

SCHMITT E O LIBERALISMO

Resta uma questão, que tem a ver com a coerência e a pertinência da caracterização proposta por Heller. Com efeito, "liberalismo autoritário" soa, de saída, como uma fórmula paradoxal, um oximoro. Primeiro de maneira geral: supondo-se que o liberalismo implica uma limitação, uma diminuição do poder do Estado, essa locução parece encerrar uma contradição em termos. A seguir de maneira mais específica: qualificar a posição de Schmitt de liberal, ainda que de um tipo autoritário – ele, que não cessa de atacar o liberalismo –, parece um contrassenso. Veremos que não é bem assim, mas existe aí uma dificuldade a se resolver.

Schmitt, o antiliberal

De fato, Schmitt dirige críticas sulfúricas ao liberalismo, mas convém examiná-las mais de perto: qual é o conteúdo desse apregoado antiliberalismo? O que ele ataca e o que ele não ataca? Em suma, de quais liberalismos ele é, exatamente, inimigo?

1) Em primeiro lugar, Schmitt rejeita o liberalismo como visão do mundo, como *modo de pensamento despolitizante* – um pensamento frouxo que impede de apreender a distinção amigo/inimigo e que dissolve as categorias concretas do político em uma sopa morna, mistura de ética e economia[70]. Por causa dessa fraqueza conceitual, o liberalismo não consegue, segundo ele, chegar a uma teoria positiva do Estado[71]: há somente "uma *crítica* liberal da política"[72].

2) Em segundo lugar, Schmitt se opõe ao liberalismo político na medida em que este oculta "um sistema artificial de métodos destinados a

---

70. "O pensamento liberal elude ou ignora o Estado e a política para se mover na polaridade característica e sempre renovada de duas esferas heterogêneas: a moral e a economia." Carl Schmitt, *La Notion de politique*, op. cit., p. 115 (cf. *Der Begriff des Politischen*, op.cit., p. 57).
71. "Sem negar radicalmente o Estado, o liberalismo não soube elaborar uma teoria positiva do Estado ou uma reforma do Estado que lhe seja própria." *Ibid.*, p. 104 (edição alemã, p. 48). O que não impede que, historicamente, os liberais "tenham feito múltiplas alianças com ideias e elementos não liberais (...). Em particular, eles se aliaram com as forças da democracia, políticas em sua essência e, portanto, inteiramente não liberais ou até mesmo orientadas para o Estado total". *Ibid.*, p. 114 (edição alemã, p. 56).
72. *Ibid.*, p. 115.

enfraquecer o Estado"⁷³. Ele visa aí a herança da filosofia das Luzes, como os direitos humanos e o Estado de direito. Historicamente, diz ele, esses princípios se mostraram como conceitos polêmicos. Eram armas ou instrumentos com os quais a burguesia liberal lutou, no período moderno, contra um Estado absolutista cujo poder ela buscava limitar e depois minar. E historicamente esses instrumentos cumpriram seu papel. Só que hoje outros se apoderam deles. A quem eles servem? Aos inimigos da ordem. E seria muita ingenuidade deixar essas armas à disposição deles. Fazê-las universais intocáveis, querer conservá-las a qualquer preço, é trazer a corda para nos enforcarmos. Aos olhos de Schmitt, o liberalismo político faz o papel de idiota útil para os inimigos do Estado. Daí vem esta recomendação: "a luta em favor do Estado e do político (...) necessariamente também é uma luta contra os métodos pelos quais a burguesia liberal do século XIX enfraqueceu e derrubou o Estado monárquico"⁷⁴. Isso implica voltar atrás em relação a certos direitos fundamentais, especialmente a liberdade de imprensa, pelo menos no que concerne aos novos meios de comunicação, rádio e cinema, cujas potencialidades "em termos de psicologia de massa"⁷⁵ são incomparáveis. Uma vez que agora é por eles que "a opinião pública e a vontade geral do povo são formadas"⁷⁶, está fora de questão que o Estado ceda seu controle a quem quer que seja. É preciso apoderar-se deles custe o que custar, ainda que seja preciso, escreve Schmitt, "renunciar (...) às concepções liberais tradicionais da liberdade"⁷⁷.

3) Em terceiro lugar, Schmitt questiona a democracia liberal como apenas uma versão factícia da democracia verdadeira. Para mostrar isso, ele passa em revista os princípios constitutivos da democracia instituída, renegando-os sucessivamente como frutos apenas do "liberalismo". Assim, "a crença no parlamentarismo", em um *government by discussion*, pertence ao mundo das ideias do liberalismo, não pertence à democracia"⁷⁸.

---

73. Carl Schmitt, "Wesen und Werden des faschistischen Staates" (1929), in: *Positionen und Begriffe im Kampf mit Weimar – Genf – Versailles 1923-1939*, Berlin: Duncker & Humblot, 2014, p. 126.
74. *Ibid.*, p 127.
75. Carl Schmitt, "Machtpositionen des modernen Staates" (1933), in: *Verfassungsrechtliche Aufsätze aus den jahren 1924-1954: Materialen zu einer Verfassungslehre*, Berlin: Duncker & Humblot, 1985, p. 369.
76. *Ibid.*, p. 368.
77. *Ibid.*, p. 369
78. Carl Schmitt, "Der Gegensatz von Parlamentarismus und moderner Massendemokratie" (1926), in: *Positionen und Begriffe im Kampf mit Weimar – Genf – Versailles 1923-1939*, op. cit. p. 67.

Do mesmo modo, a "equivalência estabelecida entre democracia e sufrágio com voto secreto pertence ao liberalismo do século XIX, e não à democracia"[79]. Assim, também, "a igualdade de todos os seres humanos como seres humanos não é a democracia, mas certo tipo de liberalismo"[80]. Ficam de fora, portanto, a deliberação, o voto e a igualdade: tudo isso é liberalismo, e não democracia.

Mas o que resta então ao conceito de uma democracia autêntica, não adulterada pelo liberalismo? Resta a ditadura, com Mussolini como modelo. Assim, "o fato de o fascismo renunciar às eleições e desprezar em bloco o *elezionismo* (...) não é antidemocrático, mas antiliberal"[81]. Ou seja, à democracia liberal execrada Schmitt opõe uma "democracia cesarista"[82], uma democracia nominal cujo conteúdo político não é outro senão a ditadura plebiscitária.

Adeus ao *laissez-faire*

Se nos ativéssemos a esse primeiro ponto, poderíamos ter a impressão de que a crítica schmittiana do liberalismo incide apenas sobre seu aspecto político. Mas não é bem isso. De fato, o que ele toma por alvo é o liberalismo econômico clássico – ou pelo menos a imagem mais ou menos estilizada que dele oferece, a de um liberalismo "manchesteriano", adepto de um estrito *laissez-faire*.

Segundo ele, essa doutrina caducou. Queira-se ou não, o Estado mudou, transformou-se em um "Estado econômico" – um Estado fiscal e regulador que, entre outras coisas, outorga imensas subvenções a diversos ramos da indústria e fixa o direito trabalhista[83]. Schmitt insiste

---

79. Carl Schmitt, "Wesen und Werden des faschistischen Staates", *op. cit.*, p. 126.
80. Carl Schmitt, "Der Gegensatz von Parlamentarismus und moderner Massendemokratie", *op. cit.*, p. 70.
81. Carl Schmitt, "Wesen und Werden des faschistischen Staates", *op. cit.*, p 126.
82. Schmitt acrescenta: "O democrata cesarista é um tipo histórico antigo (Salústio!)". *Ibid.*, p. 126. Em outro momento, ele escreve: "Na história da democracia há ditaduras, cesarismos e outros exemplos de métodos admiráveis, não habituais para as tradições liberais do século passado, para formar a vontade do povo." (Carl Schmitt, "Der Gegensatz von Parlamentarismus und moderner Massendemokratie", *op. cit.*, p. 73). Se um ditador não pode se abster da legitimação plebiscitária, toda a arte dessa forma de democracia – ele indica de maneira cínica – consiste em saber colocar ao povo "as questões certas no momento certo". Carl Schmitt, *Légalité et légitimité*, *op. cit.*, p. 69 (cf. *Legalität und Legitimität*, *op. cit.*, pp. 93-4).
83. Carl Schmitt, *Der Hüter der Verfassung*, *op. cit.*, p. 81.

na importância que o orçamento do Estado adquiriu na economia (mais da metade da renda nacional, ele observa, passa agora pelas mãos do Estado fiscal) –, com a consequência de que, "na prática, para a maior parte da renda nacional distribuída, o mecanismo da livre economia e do livre mercado não funciona"; em seu lugar prevalece agora "a influência determinante de uma vontade fundamentalmente extraeconômica, a vontade do Estado"[84].

Tal Estado não pode deixar de intervir na economia. Se ele quisesse se declarar "neutro em relação aos problemas e às decisões econômicas", renunciaria ingenuamente às suas pretensões de dominar[85]. E, de todo modo, dado o peso que possui agora na economia, abster-se e não acionar as alavancas de que dispõe equivaleria indiretamente a uma espécie de intervenção[86]. Nessa situação, "a exigência de não intervenção torna-se uma utopia e até mesmo uma contradição em si"[87]. Portanto, é preciso admitir: "o velho princípio liberal de absoluta não ingerência, de absoluta não intervenção", não está mais na ordem do dia[88].

Se é necessário para o Estado intervir na economia, toda a questão é saber em que direção ele poderá fazê-lo. Ora, o problema, do ponto de vista de Schmitt, é que o Estado, fagocitado por grupos de interesses subalternos, não é mais capaz de fixar uma política econômica autônoma. Sendo o Estado econômico-técnico o produto de uma mutação estrutural, não há como voltar atrás; mas, em contrapartida, isso é possível no que diz respeito ao seu abastardamento democrático. Tal é, pois, a missão do "Estado forte": "autonomizar" a decisão soberana em matéria econômica[89].

---

84. Carl Schmitt, "Le Virage vers l'État total", *op. cit.*, pp. 163-4 (cf. "Die Wendung zum totalen Staat", *op. cit.*, p. 173).
85. Carl Schmitt, *La Notion de politique*, *op. cit.*, p. 141 (cf. *Der Begriff des Politischen*, *op. cit.*, p. 74).
86. A propósito disso, Schmitt evoca "a simples verdade da frase aparentemente paradoxal de Talleyrand, ao falar da política exterior: a não intervenção é uma noção perigosa, ela significa mais ou menos o mesmo que a palavra intervenção". (Carl Schmitt, "Le Virage vers l'État total", *op. cit.*, p. 165 (cf. "Die Wendung zum totalen Staat", *op. cit.*, p. 175.) Ver também Carl Schmitt, *Der Hüter der Verfassung*, *op. cit.*, p. 81.
87. Carl Schmitt, "Le Virage vers l'État total", *op. cit.*, pp. 164-5 (cf. "Die Wendung zum totalen Staat", *op. cit.*, p. 175).
88. Carl Schmitt, *Der Hüter der Verfassung*, *op. cit.*, p. 81.
89. Donde também uma série de paradoxos: ele terá de intervir para não mais intervir, politizar para despolitizar, planificar para não mais planificar etc. Ver Carl Schmitt, "Machtpositionen des modernen Staates" (1933), *op. cit.*, p. 371.

O fato de Schmitt insistir na necessidade de uma intervenção estatal levou com frequência a concluir, sem razão, que haveria da parte dele uma recusa em bloco das posições liberais em economia – mas isso sem notar que, ao rejeitar dessa forma o *laissez-faire*, na verdade ele repudiava apenas certa forma de liberalismo econômico, um liberalismo passado que, a seus olhos, se tornara *obsoleto*.

Ora, ele não é o único na época a fazer tal constatação. Na Alemanha, no mesmo momento, outros autores, jovens economistas liberais, faziam reparos similares aos postulados tradicionais de sua própria corrente. A chegada de um novo liberalismo pressupunha a crítica do antigo.

FONTES SCHMITTIANAS DO "NOVO LIBERALISMO" ALEMÃO

O ano de 1932 foi também o de nascimento do neoliberalismo alemão, data em que apareceram vários textos que foram seus manifestos, os primeiros esboços daquilo que Alexander Rüstow e Walter Eucken chamavam o "novo liberalismo", depois batizado de "ordoliberalismo"[90]. Hermann Heller não se enganava – ele já havia evocado rapidamente, no final do seu texto, a criação de um "Estado neoliberal"[91].

A primeira coisa que chama a atenção na leitura desses escritos de neoliberais alemães do começo dos anos 1930 é que todos citam Schmitt com aprovação. Ele, pensador tido por antiliberal, não é visto de modo nenhum como um adversário; muito pelo contrário, eles concordam

---

90. Como escreve retrospectivamente Rüstow: "Meu falecido amigo Walter Eucken e eu traçamos, em 1932, o caminho do neoliberalismo", Alexander Rüstow, "Sozialpolitik diesseits und jenseits des Klassenkampfes" (1959), in: *Rede und Antwort. 21 Reden und viele Diskussionsbeiträge aus den Jahren 1932 bis 1962*, Ludwigsburg: Hoch, 1963, p. 132. – Esses "novos liberais" foram chamados de "ordoliberais" em referência à revista *Ordo*, surgida em 1948. Para seus textos-manifestos dos anos 1930, ver: Alexander Rüstow, "Freie Wirtschaft – Starker Staat. Die staatspolitischen Voraussetzungen des wirtschaftspolitischen Liberalismus", in: Franz Boese (dir.), *Deutschland und die Weltkrise*, Dresden: Duncker & Humblot, 1932, p. 69 (republicado mais tarde com um título truncado: "Die Staatspolitischen Voraussetzungen des wirtschaftspolitischen Liberalismus", in: A. Rüstow, *Rede und Antwort*, Ludwigsburg: Martin Hoch, 1963, pp. 249-58); Walter Eucken, "Staatliche Strukturwandlungen und die Krisis des Kapitalismus", *Weltwirtschaftliches Archiv*, t. 36, 1932, pp. 297-321; Wilhelm Röpke, "Epochenwende?" (1933), in: W. Röpke, *Wirrnis und Wahrheit*. Erlenbach-Zürich e Stuttgart: Eugen Rentsch, 1962, pp. 105-24; Alfred Müller Armack, *Entwicklungsgesetze des Kapitalismus. Ökonomishe, geschichtstheoretische Studien zur modernen Wirtschaftsverfassung*, Berlin: Junker und Dünnhaupt, 1932. Ver também o estudo de Dieter Haselbach, *Autoritärer Liberalismus und Soziale Marktwirtschaft: Gesedllschaft und Politik im Ordoliberalismus*, Baden-Baden: Nomos, 1991, p. 23 ss.
91. Heller emprega a expressão *"neoliberalen Staat"*. Cf. H. Heller, "Autoritärer Liberalismus?", *op. cit.*, p. 653.

plenamente com seu diagnóstico – mesma análise, mesma crítica a Weimar, mesmo quadro apocalíptico de um Estado-Providência expansionista e impotente.

"O fenômeno que Carl Schmitt chamou, em referência a Jünger, de 'o Estado total", escreve Alexander Rüstow em 1932, longe de ser um sinal de força, é antes a expressão "de sua fraqueza, de sua incapacidade de se defender dos interesses que o assaltam", uma manifestação "não de onipotência, mas de impotência do Estado"[92] – isso em uma situação que é, "para empregar novamente um termo de Carl Schmitt, a de um 'pluralismo' e, a bem dizer, um pluralismo da pior espécie"[93].

Mas essa retomada da teoria schmittiana do Estado total quantitativo é acompanhada de um deslocamento bastante surpreendente. Com efeito, os neoliberais alemães a mobilizam para outra finalidade: ser a base explicativa de sua própria teoria da crise econômica.

De onde vem a crise econômica?

A crise de 1929 havia abalado profundamente a economia real, mas também a economia como disciplina. O período ocasionara uma vasta "crise das teorias da crise", cujo principal efeito teórico foi questionar o postulado neoclássico de que um mercado se autorregula se não for perturbado[94]. A partir de então, nesse campo, as explicações passaram a acentuar majoritariamente fatores internos, endógenos às estruturas do capitalismo.

Mas os liberais não deram o braço a torcer: a razão da crise que durava e se agravava na Alemanha não era interna, mas externa ao sistema econômico. Em seu raciocínio dogmático, o retorno ao equilíbrio teria necessariamente de acontecer – o fato de não ocorrer significava que o curso normal fora perturbado por outros fatores, alheios ao mecanismo

---

92. Alexander Rüstow, "[Freie Wirtschaft – Starker Staat] Die Staatspolitischen Voraussetzungen des wirtschaftpolitischen Liberalismus" (1932), in: A. Rüstow, *Rede und Antwort*, Martin Hoch, 1963, Ludwigsburg, p. 254 ss.
93. *Ibid.*, p. 255. Sobre as posições de Rüstow, ver Werner Bonefeld, "Freedom and the Strong State: On German Ordoliberalism", *New Political Economy*, v. 17, n. 5, nov. 2012, p. 640.
94. Ver Dieter Haselbach, *Autoritärer Liberalismus und Soziale Marktwirtschaft*, *op. cit.*, p. 17 ss.; Claus-Dieter Krohn, *Wirtschaftstheorie als politische interessen. Die akademische Nationalökonomie in Deutschland 1918-1933*, Frankfurt-New York: Campus Verlag, 1981, p. 98 ss.

do mercado⁹⁵. Portanto, dado que a crise não encontrava explicação dentro de seu quadro teórico, eles a atribuíram a um elemento vindo de fora, a um alienígena: a política.

Assim, a origem da crise econômica estava no "intervencionismo e no subvencionismo do poder público"⁹⁶, em uma intrusão estatal – acrescentavam eles, como bons leitores de Schmitt – que não era senão a consequência de uma intervenção indevida das massas na política. A crise econômica, afirmava doutamente Rüstow em 1931, "tem sua origem na perturbação política que sobreveio a 1918 [isto é, na revolução que resultou na República de Weimar]. Por um procedimento contrário à estrutura da Alemanha imperial que se baseava no princípio de autoridade, assistiu-se a uma democratização da fórmula 'O Estado sou eu', desde então ela se tornou acessível a qualquer indivíduo. Nada mais natural então do que ver, nos períodos de dificuldades econômicas, essa nova identificação com o Estado se manifestar imediatamente por intimações dirigidas aos poderes públicos"⁹⁷. Em outras palavras: a crise alemã do início dos anos 1930 mergulhava suas raízes – nada mais que isso – na revolução de 1918-9 e, de maneira mais ampla, em uma deplorável tendência do povo a se identificar com o Estado, em um novo absolutismo democrático. Reconhecemos aí o argumento de Schmitt, sua crítica à "identificação democrática entre Estado e sociedade"⁹⁸. Daí se seguiu, critica Rüstow, "uma invasão fatal das exigências econômicas feitas aos poderes públicos", uma supersolicitação que provocou "um aumento excessivo dos

---

95. Os liberais alemães, explica Claus-Dieter Krohn, atribuíram a crise a um "desmoronamento da política econômica intervencionista". O programa daí resultante preconizava "um ataque brutal contra os sindicatos, cuja existência impedia a autorregulação do mercado de trabalho e dos salários" e "a eliminação dos fatores pretensamente exógenos considerados obstáculos ao crescimento econômico", entre os quais, em primeiro lugar, a permeabilidade muito grande da democracia liberal às pressões dos "grupos de interesses". Claus-Dieter Krohn, "Autoritärer Kapitalismus. Wirtschaftskonzeptionen im Übergang der Weimarer Republik zum Nationalsozialismus", in: Dirk Stegmann, Bernd-Jürgen Wendt, Peter-Christian Witt (dir.), *Industrielle Gesellschaft und politisches System*, Bonn: Verlag Neue Gesellschaft, 1978, p. 115. Ver também Claus-Dieter Krohn, *Wirtschaftstheorien als politischen interessen*, op. cit., p. 31, e Ralf Ptak, "Grundlagen des Neoliberalismus", in: Christoph Butterwegge, Bettina Lösh, Ralf Ptak (dir.), *Kritik des Neoliberalismus*, Wiesbaden: Springer, 2017, p. 17 ss.
96. Alexander Rüstow, ["Freie Wirtschaft – Starker Staat.] Die staatspolitischen Voraussetzungen des wirtschaftspolitischen Liberalismus", *op. cit.*, p. 249.
97. Alexander Rüstow, "L'État économique de l'Allemagne", *La Revue des Vivants*, v. 5, cahier 4, 1931, p. 418.
98. Ver Carl Schmitt, *La Notion de politique*, op.cit., p. 60 (cf. *Der Begriff des Politischen*, op. cit., p. 11).

níveis dos salários", bem como "uma prodigalidade desenfreada [...] em proveito de obras sociais"[99].

Os males que outras teorias econômicas atribuíam ao capitalismo, Rüstow e seus colegas os atribuem então ao Estado[100], mas, para além do Estado, atribuem-no à democracia e, sob a democracia, às classes trabalhadoras, aos sindicatos e suas lutas[101]. Pois eram suas mobilizações e reivindicações, às quais um poder democrático enfraquecido cedia com facilidade, que engendravam uma insuportável sobrecarga do orçamento do Estado, em primeiro lugar, e da economia privada, em segundo, lançando esta última no marasmo[102].

Estranhamente, portanto, para o neoliberalismo tudo começa por uma crise do Estado e por uma teoria do Estado tomada de empréstimo a Carl Schmitt. Esse postulado de uma origem não econômica da crise econômica fazia a solução, para esses *Neueliberalen*, situar-se desde o início no terreno político. Com efeito, se todo o mal vinha de uma perturbação patógena do funcionamento – reputado saudável – do mercado pela política democrática, então o remédio implicaria necessariamente uma forma ou outra de restrição dessa política[103].

---

99. Em suma: nesse discurso, a "supersolicitação" do Estado pela política social e a "sobrecarga" da economia pelos encargos fiscais tornariam necessária uma "revisão total" das finanças públicas. Cf. Lukas Oberndorfer, "Die Renaissance des Autoritären Liberalismus?" – Carl Schmitt und der deutsche Neoliberalismus", *PROKLA*, ano 42, 2012, cad. 168, n. 3, p. 424.

100. Michel Foucault insistiu nessa ideia ao mostrar que os ordoliberais operavam um deslocamento, atribuindo aos "defeitos intrínsecos do Estado e de sua racionalidade própria" os males que outros viam na economia de mercado. Michel Foucault, *Naissance de la biopolitique: Cours au Collège de France (1978-1979)*, Paris: Gallimard/Seuil, 2004, p. 119.

101. Esse era também o discurso de uma parte do patronato. Assim, segundo a VDMA [Verein Deutscher Maschinenbau-Anstalten], organização industrial cujo departamento econômico Rüstow dirigia, os sindicatos eram corresponsáveis pela crise, em razão dos aumentos de salários obtidos nos anos 1920 e das políticas sociais criadas sob sua influência pela República de Weimar. Cf. Matt Bera, *Lobbying Hitler: Industrial Associations between Democracy and Dictatorship*, New York/Oxford: Berghahn, 2016, p. 45.

102. Em suma, para os neoliberais dos anos 1930, a crise econômica tem sua fonte, para dizê-lo em termos anacrônicos, em uma "crise de ingovernabilidade provocada por um excesso de democracia". Cf. Werner Bonefeld, "Authoritarian Liberalism: From Schmitt via Ordoliberalism to the Euro", *Critical Sociology*, v. 43, n. 4-5, 2017, p. 753.

103. O objetivo, explica Claus-Dieter Krohn, era "desativar o sistema pluralista e social-intervencionista por um sistema capital-intervencionista", com o risco de que as normas do liberalismo político fossem "suspensas em favor dessa ordem econômica (...) Com a democratização do poder legislativo, produz-se uma defasagem entre os interesses capitalistas e o sistema parlamentar, na medida em que este elabora o direito e reflete a luta dos diferentes grupos sociais em favor da 'parte' social. (...) A neutralização de uma esfera parlamentar antagônica visa a desembaraçar a esfera da repartição da influência política." (cf. "Autoritärer Kapitalismus", *op. cit.*, p. 128). "Esse modelo autoritário da ordem", conclui Ingelborg Maus, "não estava centrado, portanto, na programabilidade nem mesmo na redução das

O drama, lamentava do mesmo modo Walter Eucken, amigo de Rüstow, é que "a democratização permite aos partidos e às massas, bem como aos grupos de interesses, que organizem uma influência desmedida sobre a condução do Estado e, portanto, sobre a política econômica"[104]. Ora, a coisa vai longe demais, pois, além de uma depressão conjuntural, o que ela provoca é uma mutação estrutural da forma do Estado, pondo assim em perigo as condições institucionais indispensáveis para a economia de mercado. A estrutura estatal-política que historicamente servira de quadro ao desenvolvimento do capitalismo estava sendo substituída por outra, que a estrangulava[105]. A questão era nada menos que a sobrevivência do capitalismo. O que seria dele? Por ora, Eucken entrevia apenas duas possibilidades: ou a intervenção estatal aumentaria sob a pressão popular e então a médio prazo seria o fim do capitalismo, ou o Estado conseguiria, refundando-se sobre novas bases, "retirar-se de uma maneira ou de outra da economia"[106] e o sistema poderia se perpetuar. Mas como operar tal "retirada"? E que rosto teria essa nova forma de Estado, enfim adequada ao capitalismo tardio?

"A ditadura nos limites da democracia"

Rüstow já havia dado os primeiros elementos de resposta em 1919, em conferência de título promissor: "A ditadura nos limites da democracia"[107]. Na abertura da conferência, ele fazia uma exposição convencional das taras da democracia parlamentar: reinado do compromisso, da concessão e da negociação, redução da política a um "mercado de gado"[108], paralisia dos governos de coalizão. Para sair disso, ele pregava uma reforma da

---

crises cíclicas, mas na eliminação do potencial conflito social exacerbado que resultava da depressão econômica". (Ingeborg Maus, *Bürgerliche Rechtstheorie und Faschismus, op. cit.*, p. 129).
104. Walter Eucken, "Staatliche Strukturwandlungen und die Krisis des Kapitalismus", *Weltwirtschaftliches Archiv*, t. 36, 1932, p. 306.
105. *Ibid.*, p. 301. Para esses autores, traduzia Heller, "o capitalismo levou o princípio democrático à consequência de ameaçar seu próprio criador, a burguesia, em seu próprio domínio". Hermann Heller, "Rechtsstaat oder Diktatur?" (1930), *Gesammelte Schriften*, t. II, *Recht, Staat, Macht*, Leiden: Sijthoff, 1971, p. 448.
106. Walter Eucken, "Staatliche Strukturwandlungen und die Krisis des Kapitalismus", *op. cit.*, p. 318.
107. Alexander Rüstow, "Diktatur innerhalb der Grenzen der Demokratie" (1929), *in: Vierteljahreshefte für Zeitgeschichte*, ano 7, cad. 1, 1959, pp. 87-102. Essa conferência foi pronunciada na Deutsche Hochschule für Politik em Berlim, em 5 de julho de 1929 – antes, portanto, do *crack* de Wall Street.
108. Alexander Rüstow, "Diktatur innerhalb der Grenzen der Demokratie", *op. cit.*, p. 91.

Constituição que dotasse o chanceler de poderes especiais, controlada *ex post* por via plebiscitária – o que ele chamava sobriamente de "uma ditadura com período probatório"[109]. Assim ele tomava posição, tranquilamente, em favor de uma ditadura na democracia, ou, se preferirem, de uma "democratura". Se o procedimento escolhido por Rüstow não era exatamente o mesmo que o de Schmitt – o primeiro privilegiando o poder do chanceler, e o segundo, o do presidente do Reich –, eles se uniam quanto à exigência de um exercício mais autoritário do poder do Estado.

O ideal, planejava Rüstow, seria que se apresentasse enfim um dirigente digno desse nome, um homem providencial. Mas ele não vem, ou ainda não veio. O melhor que podemos fazer, enquanto esperamos, é preparar-lhe o terreno. Se modificarmos a Constituição nesse sentido, teremos feito "nossa parte a fim de facilitar a vinda desse guia [*Führer*]"[110] (precisemos que, em 1929, usar esse termo não implicava ainda fazer referência a Hitler. Rüstow exprimia apenas, desse modo, sua vontade de estabelecer as condições institucionais de um cesarismo por vir).

No momento dessa conferência, o debatedor encarregado pelos organizadores de discutir as teses de Rüstow não era outro senão Hermann Heller. Perspicaz como de costume, ele lhe dirigiu basicamente a seguinte pergunta: mas o que aconteceria, caro Rüstow, se esse aparelho de poder ditatorial caísse nas mãos de um homem medíocre, de um "Führer" incompetente ou pior que isso, ao qual fosse dada carta branca?[111] A resposta sobre esse ponto foi no mínimo evasiva.

"Economia livre, Estado forte", ou a convergência Rüstow-Schmitt

Em 28 de setembro de 1932, em Dresden, Rüstow fez outro discurso, com o título significativo de "Economia livre, Estado forte"[112] – muito próximo, quase simétrico, ao do discurso de Schmitt no mês seguinte, "Estado forte e economia saudável". Esse ar de família não se deve ao acaso.

---

109. *Ibid.*, p. 99.
110. *Ibid.*, p. 101.
111. Hermann Heller, "Antwort an Rüstow" (1929), *in*: *Vierteljahrshefte für Zeitgeschichte*, ano 7, cad. 1, 1959, p. 103.
112. Tendo por subtítulo: "As condições estatal-políticas do liberalismo econômico", Alexander Rüstow, "[Freie Wirtschaft – Starker Staat] Die staatspolitischen Voraussetzungen des wirtschaftspolitischen Liberalismus", *op. cit.*

Para além de um jogo de citações cruzadas[113], tais formulações exprimiam uma convergência de fundo[114]. A tese comum era límpida: um Estado "forte" é a condição indispensável de uma economia saneada ou liberada.

A proximidade entre os dois não era apenas política; era também pessoal. Eles eram amigos. Nesses anos, o diário íntimo de Schmitt faz numerosas menções de momentos passados na companhia do "simpático Rüstow."[115]: discussões, telefonemas, passeios no *Tiergarten*, refeições entre amigos[116]. Ele descreve particularmente um jantar que reuniu em uma noite de 1931, entre outros convivas, Alexander Rüstow, Carl Schmitt e Ernst Jünger[117]. Essa inesperada reunião resume, a meu ver, muitas coisas: de um lado, o pai fundador do neoliberalismo; de outro, o exaltado defensor da revolução conservadora; e, no meio, o teórico do estado de exceção. Ilustração perfeita da triangulação em curso, vinheta evocadora daquilo que "liberalismo autoritário" significa na prática.

Em sua conferência de setembro de 1932, Rüstow estabelecia as bases de um "novo liberalismo" e explicitava em que sentido este se distinguiria do antigo. Esse *aggiornamento* teórico dizia respeito primeiramente às relações entre Estado e economia. Era isso que se devia repensar, o que implicava romper com os antigos esquemas, a começar pela velha antítese do intervencionismo e do *laissez-faire*. Para Rüstow, com efeito, nenhum desses dois termos era satisfatório.

---

113. A rede citacional é complexa: Rüstow utilizou a fórmula em sua conferência de 28 de setembro, e Schmitt, por sua vez, a emprega alguns dias mais tarde, em 4 de novembro de 1932, em conferência diante da União Patronal da Indústria Química, mas atribuindo-a ao ministro das finanças de Papen, Lutz Schwerin von Krosigk ("o ministro das finanças do Reich acaba de desenvolver o que me parece ser uma formulação de grande impacto e muito acertada do seu tema e que ele resumiu da seguinte maneira: 'Um Estado forte em uma economia livre'"). (Carl Schmitt, "Konstruktive Verfassungsprobleme", *op.cit*, p. 60). Foram os organizadores da Assembleia Geral da Langnam-Verein, e não o próprio Schmitt, que escolheram o título "Uma economia saudável em um Estado forte". O "Deutsche Bund für freie Wirtschaftspolitik", criado em 1932 por iniciativa de Alexander Rüstow e de Carl Lange, havia organizado paralelamente, no outono de 1932, um simpósio intitulado "Freien Wirtschaft im starken Staat" (Cf. Claus-Dieter Krohn, *Wirtschaftstheorien als politische interessen, op. cit.*, p. 173).

114. Em carta de 4 de julho de 1930, Rüstow informa a Schmitt que "aprova de forma particularmente intensa" suas teses políticas. Por outro lado, procura acionar seus conhecidos, em agosto de 1930, para obter-lhe um cargo na Universidade de Berlim (Cf. Claus-Dieter Krohn, *Wirtschaftstheorien als politische interessen, op. cit.*, p. 175 e notas 37 e 38, p. 243). Em sua conferência de 1932, Rüstow cita as análises de Schmitt para aprová-las.

115. Carl Schmitt, *Tagebücher 1930 bis 1934, op. cit.*, p. 68.

116. Ver especialmente Carl Schmitt, *Tagebücher 1930 bis 1934, op. cit.*, pp. 11; 38; 58; 68; 88; 97; 113; 136; 173 e 240. Enquanto prepara o texto de sua conferência na Langnam-Verein, prevista para 23 de novembro, Schmitt chama Rüstow ao telefone, na noite do dia 20. *Ibid.*, p. 236.

117. Quarta-feira, 3 de junho de 1931, *Ibid.*, p. 113.

A crise, ele reafirmava, fora causada pelo intervencionismo estatal anterior, economicamente nefasto, e, pensando bem, teria sido melhor abster-se do que intervir desse modo. Se a tivessem desdenhado, se tivessem deixado passar a tempestade, a situação teria voltado por si mesma ao equilíbrio, e o mal não teria sido tão profundo quanto é hoje. Mas é preciso ouvir também as objeções que nos fizeram. Quando voltará esse famoso equilíbrio? E, enquanto não volta, o que será das vítimas da crise, da miséria e do desemprego? Não se podem ignorar essas interrogações. Isso não implica – ele matizava – que se deva ceder a toda essa "choradeira"[118] social, mas enfim: não se poderia, em tal situação, ficar de braços cruzados. De modo que, se Rüstow continuava rejeitando o intervencionismo do Estado social, ele não assumia mais a posição liberal de espera, que lhe parecia politicamente insustentável.

Mas então só haveria escolha entre entregar-se aos mecanismos econômicos espontâneos e intervir neles, contrariando seu "curso natural"? Rüstow pensa que não. Segundo ele, há um terceiro caminho – que ele propõe chamar de "intervencionismo liberal". Novo oximoro aparente, nova síntese estranha. Em que medida um intervencionismo estatal pode ser liberal?

A doutrina do *laissez-faire* postulava uma espontaneidade à qual seria suficiente dar livre curso para recuperar o equilíbrio. Rüstow continua a acreditar na existência de uma força de autocorreção, de autocura natural da economia, mas nem por isso considera que se deva permanecer como espectador inativo: pode-se também lubrificar a máquina, acompanhar o processo. Com sua noção de "intervencionismo liberal"[119], ele prega,

---

118. Alexander Rüstow, ["Freie Wirtschaft – Starker Staat.] Die staatspolitischen Voraussetzungen des wirtschaftspolitischen Liberalismus", *op.cit.*, p. 251.
119. *Ibid.*, p. 252. "A Intervenção estatal, comenta François Bilger, havia se tornado um mal necessário que ninguém podia recusar. Colocado diante desse imperativo, um liberal só tinha uma atitude a tomar: exigir que as intervenções do Estado não fossem tais que provocassem uma transformação da economia de mercado, mas, ao contrário, agissem de modo a fazer reviver seus mecanismos, quebrantados e desorientados." (François Bilger, *La Pensée économique liberale dans l'Allemagne contemporaine*, Paris: LGDJ, 1964, p. 174). Bilger lembra que Walter Eucken, o colega de Rüstow, pensava também que "a sensibilidade crescente e profunda da economia às crises (...) se devia ao intervencionismo estatal anterior (...) determinado essencialmente, já que o Estado era muito fraco, pela pressão maior ou menor dos diferentes grupos de interesses. Não era pela rejeição do intervencionismo que ele concluía, mas por intervenções que sistematicamente se opusessem aos interesses de grupos que desorganizam a economia de mercado" (*Ibid.*, pp. 27-8). Wilhelm Röpke desenvolvia teses semelhantes. Cf. Wilhelm Röpke, "Staatsinterventionismus", in: *Handwörterbuch der Staatswissenschafte*, 4. ed., suplemento, Jena: Fischer, 1929, pp. 861-82.

portanto, uma nova modalidade de intervenção, não "contra as leis do mercado, mas na direção das leis do mercado"[120]. Intervir, mas em sentido oposto ao das intervenções anteriores: não mais para preservar o que está destinado a ser destruído, tampouco para fazer perdurar vestígios da situação anterior, mas para fazer advir mais rapidamente a nova situação.

Adeus, portanto, à máxima *laissez-faire*. Mas substituí-la pelo quê? Rüstow citava uma sentença de Sêneca: *"fata volentem ducunt, nolentem trahunt"* – "Os destinos conduzem uma vontade dócil; eles arrastam aquela que resiste"[121]. Tal seria a divisa revisada do neoliberalismo: ir no sentido do vento, aceitar seu destino, abraçar a economia no sentido correto.

Essa nova espécie de intervenção, ele sublinha, atuaria "não para retardar, mas para acelerar os processos naturais"[122]. O intervencionismo liberal se apresenta, em suma, como um aceleracionismo liberal. Assim, a política não é mais vista como um controle de velocidade: não se pode mudar o curso das coisas, somente fazer avançar mais rápido. E é em tal visão providencial-cíclica da história que reside o limite fundamental desse modo de pensamento. Nada mais estranho a esses neoliberais que a filosofia de Walter Benjamin: não lhes vem ao espírito puxar o freio de emergência[123], mas apenas pisar o acelerador – com o risco de se lançar abertamente no precipício.

Que o Estado tivesse intervindo até então desse modo é algo que se devia, sublinha Rüstow, a "razões muito profundas e constrangedoras"[124]. Para escapar a esse determinismo, a passagem a um intervencionismo liberal requer nada menos que outra forma de Estado. Mas qual? Para

---

120. Alexander Rüstow, ["Freie Wirtschaft – Starker Staat.] Die staatspolitischen Voraussetzungen des wirtschaftspolitischen Liberalismus", *op. cit.*, p. 252.
121. *Ibid.*, p. 253. Eis a passagem correspondente em Sêneca: "O melhor é suportar o que não se poderia corrigir e acompanhar sem murmúrio Deus, promotor de todo acontecimento (...). Ó pai, ó rei das alturas celestes, conduz-me para onde quiseres. Obedeço sem hesitação. Por que me furtaria? Então andarei em teus caminhos gemendo. Coração covarde, suportarei o que uma bela alma teria sabido realizar. Os destinos conduzem uma vontade dócil; eles arrastam aquela que resiste." Sêneca, *Cartas a Lucílio* [*Lettres à Lucilius*, tradução francesa de Henri Noblot, t. IV. Paris: Les Belles Lettres, 1959, p. 113].
122. *Ibid.*, p. 253.
123. "Marx disse que as revoluções são a locomotiva da história mundial. (...) É possível que as revoluções sejam, para a humanidade que viaja nesse trem, o ato de puxar o freio de emergência", Walter Benjamin, *Gesammelte Schriften*, t. 1-3, Frankfurt am Main: Suhrkamp, 1972, p. 1232. Passagem traduzida para o francês por Michael Löwy, *Walter Benjamin: avertissement d'incendie*, Paris: Presses Universitaires de France, 2001, p. 78.
124. Alexander Rüstow, ["Freie Wirtschaft – Starker Staat.] Die staatspolitischen Voraussetzungen des wirtschaftspolitischen Liberalismus", *op. cit.*, p. 254.

realizar essa política, explicita o historiador do ordoliberalismo François Bilger, os liberais deviam exigir um Estado forte que se caracterizasse por *"Autorität und Führertum"* (autoridade e vontade de direção)[125].

Se quiserem uma política econômica neoliberal, é preciso um Estado autoritário. Não se terá uma sem o outro. Essa é a conclusão a que chega Rüstow em 1932. Nós, neoliberais, chamados sem razão de "manchesterianos", somos acusados de querer um Estado fraco, uma retirada da autoridade estatal em todas as frentes; trata-se de uma queixa sem fundamento, ele retifica, e por duas razões:

> O antigo liberalismo tinha diante de si um Estado extraordinariamente forte e exigia seu enfraquecimento apenas para que lhe desse espaço onde se desenvolver sob sua proteção. (...) O novo liberalismo (...) que defendo com meus amigos, exige um Estado forte, um Estado acima da economia, acima dos grupos de interesses (...) um Estado forte no interesse de uma política econômica liberal e uma política econômica liberal no interesse de um Estado forte – pois essas duas exigências se condicionam mutuamente[126].

Portanto, o neoliberalismo tal como emerge na Alemanha em 1932 se define como *ao mesmo tempo* intervencionista no plano econômico e autoritário no plano político. E convém insistir nesses *dois* aspectos conjuntamente, sabendo-se que houve uma tendência nas últimas décadas, na historiografia do ordoliberalismo, a negligenciar o segundo.

Ora, em relação a esses dois pontos, a crítica schmittiana do antigo liberalismo se mostra plenamente compatível com as expectativas do neoliberalismo nascente, tanto em sua recusa do *laissez-faire* quanto em sua afirmação de um Estado forte. Schmitt e Rüstow são como os dois vetores cruzados de uma relação recíproca. Um argumenta desde o polo do Estado, o outro desde o da economia, mas eles se juntam no cruzamento dos caminhos. É o encontro de um autoritário que se revela liberal e de um liberal que se afirma autoritário. A partir das duas polaridades

---

125. François Bilger, *La Pensée économique liberale dans l'Allemagne contemporaine*, op. cit., p. 28.
126. Alexander Rüstow, ["Freie Wirtschaft – Starker Staat.] Die staatspolitischen Voraussetzungen des wirtschaftspolitischen Liberalismus", op. cit., p. 258.

convergentes, temos aí as certidões de nascimento concomitantes, em 1932, de um autoritarismo liberal e de um liberalismo autoritário.

A POLÍTICA DO LIBERALISMO AUTORITÁRIO

Se quisermos compreender melhor o sentido desse projeto político, há uma questão que é preciso absolutamente passar a limpo: a relação existente na época entre liberalismo autoritário e nazismo. A questão se coloca de forma delicada em relação a Schmitt. A qual posição política correspondia exatamente seu discurso de novembro de 1932?

Uma defesa de Hitler?

Esse discurso gerou grandes problemas de interpretação. Schmitt, é verdade, emprega às vezes palavras dúbias e se atém a um nível de generalidade tal que suas propostas dificilmente podem ser atribuídas a uma posição partidária precisa. Reconheçamos também que sua prosa nem sempre é de uma grande clareza – o que já observava ironicamente, na época, a correspondente na Alemanha da revista de Louise Weiss, *L'Europe Nouvelle*, ao fazer uma resenha da conferência da Langnam-Verein: "Afastou-se propositalmente do assunto o professor Carl Schmitt (...) para fazer a apologia do regime autoritário. O teórico, apaixonado por distinções sutis e belas construções escolásticas, decepcionou um pouco (...). Pois, afinal, por que se dar tanto trabalho de imaginação para parir uma fórmula tão pouco clara?"[127]

Alguns comentadores, porém, julgaram poder interpretar esse discurso como uma profissão de fé pró-hitleriana, como um apelo mal disfarçado para a nomeação do "Führer" à chancelaria[128]. Schmitt evoca

---

127. Anônimo, "En Allemagne: les marionnettes et l'envers du décor", *L'Europe Nouvelle*, n. 780, 21 jan. 1933, p. 62.
128. Jean-Pierre Faye vê na conferência de Schmitt na Langnam-Verein "o momento mais decisivo do desastre que invadiu o século". Ele acrescenta: "Essa conferência sobre o Estado total terá um efeito decisivo: o texto de uma 'súplica' ou requisição, uma *Eingabe*, endereçada ao presidente do Reich, Hindenburg, e assinada pelos presentes à conferência da União de longo nome" (Jean-Pierre Faye, *L'État total selon Carl Schmitt*. Paris: Germina, 2013, pp. 7 e 9). Mas essa cronologia é errônea: a famosa *Eingabe* data de 19 de novembro de 1932, ou seja, quatro dias *antes* do discurso de Schmitt. Cf. "Office of United States Chief of Counsel for Prosecution of Axis Criminality", *Nazy Conspiracy and Aggression*, v. VI. Washington: US Government Printing Office, 1946, pp. 796-7.

certamente de maneira laudatória o *stato totalitario* dos fascistas. Aqui se manifesta a admiração, que ele não ocultava, por Mussolini; mas louvar o *Duce* na Alemanha de 1932 não implicava ser pró-Hitler[129]. Havia muitos tons entre os camisas-pardas.

Na verdade, sua posição não pode ser adivinhada pelo simples conteúdo dessa conferência. É preciso recorrer a outras fontes. Ora, quando se examina a recepção de seu discurso entre seus contemporâneos, vê-se que estes não ouviam ali – de modo nenhum – um chamado de aliança com o nazismo. A começar por seus primeiros destinatários, os meios patronais, pelo menos com base na resenha feita no dia seguinte pelo *Bergwerks-Zeitung*, o jornal da indústria das minas.

Se Schmitt argumentou em favor de um Estado forte, observava o jornalista, ele também "se exprimiu claramente em favor de uma limitação do intervencionismo estatal na vida econômica"[130]. E essa posição era aplaudida:

> Felicitamo-nos tanto mais com essa formulação clara quanto não podemos deixar de ter a impressão de que certos círculos econômicos (...) não ficaram completamente protegidos da tentação de negligenciar, sob o idealismo nacional do movimento hitleriano, a armadilha do socialismo que, a julgar pelos projetos do Sr. Strasser para a criação de empregos e os do Sr. Feder para a reforma do crédito, deveria ocasionar um aumento e não uma diminuição do intervencionismo estatal[131].

Em frases contorcidas, o autor exprimia aqui a questão fundamental: o autoritarismo que Schmitt propõe se pronuncia claramente em favor da livre empresa, enquanto a coisa é menos certa com os nazistas.

Ora, como dava a entender à meia-voz o autor do mesmo artigo, setores do patronato estavam tendendo a se voltar para esse lado. Quatro dias antes, em 19 de novembro de 1932, uma série de grandes nomes do mundo dos negócios, entre os quais o industrial Fritz Thyssen e o

---

129. Ver Renato Cristi, *Carl Schmitt and Authoritarian Liberalism: Strong State, Free Economy*, Cardiff: University of Wales Press, 1998, p. 29.
130. Anônimo, "Klare Grenze zwischen Staatsmacht und Wirtschaft", *Deutsche Bergwerks-Zeitung*, n. 276, 24. nov. 1932, p. 1.
131. *Ibid.*, p. 1.

ex-presidente do banco central Hjalmar Schacht, haviam endereçado ao presidente Hindenburg uma petição que o intimava a nomear à chancelaria o *"Führer* do maior grupo nacional"[132] (ou seja, Hitler). Uma testemunha conta que a maior parte dos industriais presentes ao discurso de Schmitt em Düsseldorf, "eles, que algumas semanas atrás ainda aclamavam Papen, querem agora a nomeação de Hitler, custe o que custar"[133]. E se Fritz Springorum – o dirigente da Langnam-Verein que no dia fez a apresentação ao discurso de Schmitt – tinha preferido ser discreto, não pondo sua assinatura na referida petição, nos bastidores ele já desenvolvia uma tática de financiamento patronal ao NSDAP [Nationalsozialistische Deutsche Arbeiterpartei – Partido Nacional-Socialista dos Trabalhadores Alemães, ou Partido Nazista] para fins de domesticação política[134].

De qualquer modo, havia uma incerteza. O que incomodava uma parte dos meios patronais no nacional-socialismo era o segundo termo de seu improvável nome composto, sua tendência possivelmente "socialista". De fato, em 1932, para abocanhar o eleitorado de esquerda, a propaganda do NSDAP adotara acentos quase anticapitalistas. Por causa dessa demagogia, uma leve dúvida pairava sobre seu programa econômico[135]. Era isso, e não o resto – nem a brutalidade sanguinária nem o antissemitismo dos nazistas –, que suscitava ainda algumas reticências nas fileiras patronais.

Em tal contexto, o artigo do *Bergwerks-Zeitung* identificava claramente a direção traçada por Schmitt como uma via alternativa, menos arriscada do ponto de vista das classes dominantes, à aventura hitleriana – como um plano B para a burguesia.

De fato, na época, Schmitt aconselhava o gabinete Papen e mantinha ligações estreitas com colaboradores do ministro da defesa Kurt von Schleicher[136]. A seguir ele rapidamente viraria a casaca, apressando-se a

---

132. "Eingabe von Industriellen, Bankiers und Grossagrarien an Reichspräsident Von Hindenburg vom 19 November 1932", in: Reinhard Kühnl, *Der Deutsche Faschismus in Quellen und Dokumenten.* Köln: Pahl-Rugenstein, 1978, p. 160 ss.
133. "Information von Dr. Scholz an Franz Bracht vom 26 November 1932", in: Reinhard Kühnl, *Der Deutsche Faschismus in Quellen und Dokumenten, op. cit.*, p. 163. Ver também David Abraham, *The Collapse of the Weimar Republik: Political Economy and Crisis, op. cit.*, p. 321.
134. *Ibid.*, p. 321.
135. Henry Ashby Turner, *German Big Business and the Rise of Hitler.* Oxford: Oxford University Press, 1985, pp. 279; 287 ss.
136. Entre eles, Erich Marcks e Eugen Ott. Cf. Paul Noack, *Carl Schmitt: eine Biographie, op. cit*, p. 148. Renato

dar seu apoio ao novo poder e filiando-se ao partido nazista já na primavera de 1933, mas em 1932 ainda não apostava em Hitler[137].

Ao saber que Hitler fora nomeado chanceler por Hindenburg em 30 de janeiro de 1933, ele fica abatido[138]. Mas a razão que dá para esse abatimento passageiro é instrutiva: "Eu me senti descartado (...) enquanto conselheiro, na sombra"[139]. Para Schmitt, que, como veremos, efetivamente ocupara um lugar influente nos primeiros círculos do poder, essa nomeação poderia ser o fim de sua posição de conselheiro do príncipe. Se ele não podia exultar nesse dia, não era por escrúpulos antifascistas – Schmitt não era, nunca fora antifascista –, mas porque seus sonhos de carreira e de poder acabavam de ter as asas cortadas.

No outono de 1932, Schmitt não apoiava o *Führer*. Ele buscava antes promover outra opção, politicamente rival, cujo conteúdo pode se resumir assim: um poder presidencial verticalizado, com seu aparelho propagandista e repressivo a serviço de um programa econômico liberal. Seu discurso não era de um nazista, mas de um partidário do extremo-centro.

Cristi interpreta o discurso na Lagnam-Verein como uma tomada de posição em favor de Schleicher (Renato Cristi, *Carl Schmitt and Authoritarian Liberalism*, op. cit., pp. 19; 37). Em 26 de novembro de 1932, três dias depois de seu discurso em Düsseldorf, Schmitt janta na chancelaria. Está sentado à mesa ao lado de Papen, que lhe pede "uma exposição sobre a situação do ponto de vista do direito constitucional" (cf. Carl Schmitt, *Tagebücher 1930 bis 1934*, op. cit., p. 239). Em 29 de novembro, Schmitt continua pensando que Papen será reconduzido às suas funções (mas, em seu lugar, Schleicher será nomeado chanceler em 3 de dezembro): "Papen deve voltar à chancelaria do Reich, o que significa que devo fazer minha exposição". *Ibid.*, p. 240.

137. Prova disso é seu apelo na imprensa, por ocasião das eleições de julho de 1932, a não dar a maioria ao NSDAP (Carl Schmitt, "Der Missbrauch der Legalität", *Tägliche Rundschau*, v. 51, n. 137, 19 jul. 1932). Ver Paul Noack, *Carl Schmitt: eine Biographie*, op. cit, p. 143. Para Schmitt, na época, votar no NSDAP seria "extremamente perigoso", pois havia o risco de dar a esse partido, com a maioria, "uma 'primazia' política de consequências imprevisíveis" (Olivier Beaud, *Les Derniers Jours de Weimar*, op. cit., p. 224). Ver também Stefan Breuer, *Carl Schmitt im Kontext: Intellektuellenpolitik in der Weimarer Republik*, Berlin: Akademie Verlag, 2012, p. 150. Partidário de um fortalecimento do poder presidencial, ele justificava, no verão de 1932, uma eventual interdição dos partidos "inimigos da Constituição", entre os quais, evidentemente, o Partido Comunista, mas também o Partido Nazista. No outono de 1932, porém, mostra-se mais conciliador em relação ao NSDAP: "Essa mudança de atitude é expressão de uma política oportunista: o que era perigoso em julho é agora um movimento a ser aceito". (Olivier Beaud, *Les Derniers Jours de Weimar*, op. cit., pp. 110; 124). Ver também Paul Noack, *Carl Schmitt: eine Biographie*, op. cit., p. 145.
138. Em 27 de janeiro de 1933, ele anota em seu diário: "É o fim do mito Hindenburg. Situação terrível. Schleicher demitido, Papen ou Hitler vai sucedê-lo. O velho senhor [Hindenburg] ficou louco". Carl Schmitt, *Tagebücher 1930 bis 1934*, op. cit., p. 256. Em 28 de janeiro: "Muito deprimido por causa da demissão de Schleicher". Em 31 de janeiro: "Cólera em relação ao estúpido, ao ridículo Hitler". *Ibid.*, p. 257.
139. Carl Schmitt entrevistado por Ansgar Skriver para o documentário radiofônico "Hitlers Machtergreifung vor 40 Jahren im Gedachtnis von heute", *Westdeutscher Rundfunk*, "Hauptabteilung Politik", 30 de janeiro de 1973, *apud* Joseph Bendersky, "The Expendable Kronjurist: Carl Schmitt and National Socialism", op. cit., p. 311.

A austeridade contra a maioria

Na verdade, esse já era o programa do governo havia dois anos. Desde 1930, os gabinetes presidenciais que se sucederam eram ao mesmo tempo autoritários e liberais.

Quando assumiu a chancelaria no final de março de 1930, Heinrich Brüning, membro do *Zentrum* [Partido do Centro Alemão], havia anunciado sua intenção de aplicar um plano drástico de "saneamento" das finanças públicas, que previa, entre outras medidas, a redução do número de funcionários, cortes salariais e uma diminuição do montante do auxílio-desemprego e das pensões de aposentados. Mesmo quando as repercussões da crise de 1929 chegaram ao paroxismo, ele se atinha, comenta Gopal Balakrishnan, a "uma estrita ortodoxia fiscal, a mil léguas de qualquer concepção moderna, anticíclica, do orçamento"[140].

Declarando-se partidário de um "governo acima dos partidos", Brüning advertira que, se seu plano de austeridade fosse recusado pelos deputados, ele estaria disposto a dissolver o parlamento. Foi o que aconteceu em julho de 1930. Assim começou o período dos "gabinetes presidenciais" (isto é, governos apoiados na autoridade do presidente, mas sem maioria no parlamento). Percebe-se mais concretamente aqui a ligação destes dois aspectos, autoritarismo político e liberalismo econômico: era por ser rejeitado majoritariamente que esse programa econômico precisava ser imposto do alto.

Ora, Schmitt desempenhou um papel importante nessa passagem a um Estado liberal-autoritário. Primeiro pela influência de suas ideias e de seus escritos. No começo dos anos 1930, a notoriedade desse pensador "nacionalmente reconhecido como professor de direito constitucional"[141] estendia-se fora dos meios acadêmicos. Sua crítica do "Estado total" havia se tornado um lugar-comum que inspirava, além dos economistas neoliberais, os ideólogos governamentais. Assim Walter Schotte, apelidado "a cabeça programática do governo Papen"[142], apoiava-se na obra *O guardião*

---

140. Gopal Balakrishnan, *L'Ennemi: un portrait intellectuel de Carl Schmitt*, Paris: Éditions Amsterdam, 2005, p. 200.
141. Joseph Bendersky, "The Expendable kronjurist: Carl Schmitt and National Socialism", *op. cit.*, p. 310.
142. Dieter Haselbach, *Autoritärer Liberalismus und Soziale Marktwirtschaft*, *op. cit.*, p. 44.

da Constituição, de Schmitt, para afirmar que a República de Weimar não era mais um Estado liberal, mas um "Estado total" dominado por uma "policracia pluralista", à qual ele opunha um "novo Estado", um "Estado soberano", "presidencial-autoritário"[143].

Mas a contribuição de Schmitt para a mudança política em curso tomou também uma forma bem mais direta. Ao deixar a Universidade de Bonn, em 1928, rumando para a Alta Escola de Comércio de Berlim, ele se aproximou do centro da vida política e econômica do Reich[144]. Na capital, fez amizades com pessoas importantes, como o secretário de Estado das finanças, Johannes Popitz, que o introduzira junto aos meios patronais e governamentais[145]. A partir de 1929, Schmitt coloca suas competências de especialista em direito constitucional a serviço do poder vigente, redigindo memorandos, alguns dos quais tiveram papel importante no rumo dos acontecimentos[146].

"Estado de emergência econômica"

Na primavera de 1930, os assessores de Brüning lhe solicitaram uma opinião. A questão era saber, caso o parlamento se opusesse ao plano de austeridade e fosse dissolvido, se o governo podia ser mantido até as eleições seguintes e, "no intervalo, (...) tomar medidas de emergência já rejeitadas pelo Reichstag"[147]. Schmitt respondeu que sim, dando ao

---

143. Walter Schotte, *Der neue Staat*, Berlin: Neufeld & Henius, 1932, p. 33. Ver Jan Christoph Elfert, *Konzeptionen eines "dritten Reiches". Staat und Wirtschaft im jungkonservativen Denken 1918-1933*, Berlin: Duncker & Humblot, 2018, p. 253. Um dos dirigentes da Langnam-Verein, Max Schlenker, também retoma o tema schmittiano de um Estado ao mesmo tempo fraco e invasivo, um Estado que "não pode ser um Estado forte, mas apenas um campo de batalha para uma disputa de grupos determinados somente a defender seus próprios interesses", e que bloqueia os empresários "por regulamentos e medidas coercitivas" (Max Schlenker, "Gesunde Wirtschaft im starken Staat", *Stahl und Eisen: Zeitschrift für das Deutsche Eisenhüttenwesen*, ano 52, cad. 47, 24 nov. 1932, p. 1168). E, quando o dr. Springorum louva o chanceler Papen por ter lançado uma política de "austeridade rigorosa em todos os domínios da economia pública" e pede que prossiga, é também em termos schmittianos que ele se exprime: para isso é preciso um Estado não enfraquecido, mas fortalecido, pois "um Estado mais forte e mais saudável conhecerá os limites de sua atividade" (Fritz Springorum, "Eröffnungsansprache", in: *Mitteilungen des Vereins zur Wahrung der gemeinsamen wirtschaftlichen Interessen in Rheinland und Westfalen*. Düsseldorf, caderno 21, n. 1, 1932, p. 5).
144. Ver Joseph Bendersky, *Carl Schmitt: Theorist for the Reich*, op. cit., p. 107.
145. Ver também Ellen Kennedy, *Constitutional Failure. Carl Schmitt in Weimar*, Durham e Londres: Duke University Press, 2004, p. 137; Gopal Balakrishnan, *L'Ennemi*, op. cit., p. 163.
146. Joseph Bendersky, *Carl Schmitt: Theorist for the Reich*, op. cit., p. 113 ss.
147. Gopal Balakrishnan, *L'Ennemi*, op. cit., p. 198.

chanceler a argumentação jurídica de que ele precisava para eclipsar a assembleia[148].

Mas o que fazer caso o Reichstag novamente eleito decidisse suspender essas medidas?[149] Schmitt recomendava invocar o artigo 48 da Constituição, que outorgava ao presidente poderes de exceção em caso de estado de emergência, e servir-se dele para legislar por decreto. Mas o recurso a esse procedimento não era evidente nesse contexto. Com efeito, literalmente o artigo 48 estava previsto para situações de grave perturbação da ordem pública ou de ameaça da segurança interna, mas não para questões orçamentárias. Era preciso, portanto, justificar sua extensão a esses novos objetos.

Na verdade, o artigo 48 já fora utilizado, em presidências anteriores, para promulgar medidas econômicas sem a aprovação do Parlamento. E Schmitt não deixou de mencionar esses precedentes[150]. No fundo, porém, a tarefa era reinterpretar conceitualmente a noção de estado de emergência, acrescentando-lhe outro aspecto: além da emergência de segurança ou militar-policial, era preciso justificar a existência de um *estado de emergência econômica ou econômico-financeira*.

Esse ponto é capital: o gesto conceitual decisivo de Schmitt não consistiu apenas em colocar a exceção no centro da soberania – o que desde então foi amplamente observado e comentado –, mas também, e sobretudo, em estender o campo dessa exceção à decisão econômica[151].

---

148. Notar que Schmitt não foi o único jurista consultado sobre esse ponto. Joseph Bendersky, *Carl Schmitt: Theorist for the Reich*, op. cit., p. 123.
149. *Ibid.*, pp. 123-4.
150. Joseph Bendersky, *Carl Schmitt: Theorist for the Reich*, op. cit., p. 124. Schmitt expõe sua argumentação jurídica sobre o uso do artigo 48-2 em Carl Schmitt, *Légalité et légitimité*, op. cit., p. 59 ss (cf. *Legalität und Legitimität*, op. cit., p. 78). Quando um parlamento profundamente dividido por seu "pluralismo" não é mais capaz de formar uma maioria, com o risco de paralisar a decisão política, então cabe ao presidente tomar essa decisão, afirma Schmitt. Mas ele se esquece de esclarecer que justamente essa situação resultara dos decretos econômicos de Brüning. Como lembra o historiador Detlev Peukert: "Quando alguns historiadores, a seguir, atribuíram aos partidos extremistas a responsabilidade da paralisia do Parlamento, eles confundiam a causa e o efeito. A verdade é que um Parlamento perfeitamente capaz de agir, que poderia ter-se mantido até 1932 com uma clara maioria democrática, foi deliberadamente eliminado para impor o regime presidencial". Detlev Peukert, *La République de Weimar*, Paris: Aubier, 1994, p. 261, apud Olivier Beaud, *Les Derniers Jours de Weimar*, op. cit., p. 31.
151. Em *Estado de exceção*, Giorgio Agamben lembra que "em vários momentos, e especialmente em outubro de 1923, o governo recorreu ao artigo 48 para enfrentar a desvalorização do marco, confirmando a tendência moderna a fazer coincidir emergência político-militar e crise econômica", e sublinha "o paralelismo (...) entre emergência militar e emergência econômica que caracteriza a política do século

Foi com base nesse conceito operatório que Brüning pôde se manter no poder, cercear o corpo legislativo e ditar seu programa deflacionista. Foi o ato de nascimento do "liberalismo autoritário" enquanto política concreta. Ora, Schmitt não apenas forneceu os argumentos jurídicos *ad hoc* para essa manobra; ofereceu também a teoria filosófica correspondente.

O "estado de emergência", ele afirma, "revela (...) o próprio núcleo do Estado"[152]. Ora, esse núcleo ontológico do Estado não é imutável. A forma Estado tem uma história; sua essência mudou e, com ela, o conteúdo do estado de exceção. Nessa perspectiva, o deslocamento do objeto da exceção deve ser visto como a expressão sintomática da emergência de um novo atributo essencial do poder de Estado: "o núcleo do Estado atual se manifesta no fato de seu estado de exceção ser um estado de exceção econômica"[153].

Schmitt procede aqui, por assim dizer, a uma historicização da capacidade de instrução do estado de exceção. Se é verdade que a exceção confirma a regra, ela nos informa menos, no caso, sobre a natureza atemporal da soberania do que sobre a configuração ontológico-histórica atual do poder de Estado. Dize-me a que exceção recorres, e eu te direi que Estado tu és. Como o estado de exceção manifesta a historicidade da essência do Estado, é coerente, conclui Schmitt, que a um "Estado econômico" corresponda um "estado de exceção econômica". Não se enganem: o fato de o artigo 48 ser mobilizado nessa área não é um ato arbitrário nem um abuso de poder, é apenas a expressão adequada de uma evolução histórica que nos conduziu do antigo Estado legislativo ao Estado econômico atual[154] – um novo Estado que não poderia se contentar com o velho estado de exceção militar-policial herdado do século XIX.

XX", mas não destaca a teorização schmittiana desse aspecto do estado de exceção. Cf. Giorgio Agamben, *État d'exception, Homo Sacer, II, 1*. Paris: Seuil, pp. 28; 31.
152. Carl Schmitt, *Der Hüter der Verfassung, op. cit.*, p. 131. Em outra passagem, ele também escreve: "Seria errôneo, não só política mas juridicamente, querer retroagir ao século XIX, fornecendo como instrumento (...) ao Estado econômico atual o estado de emergência militar-policial de um Estado que, em princípio, não interferia na economia". Carl Schmitt, "Die staatsrechtliche Bedeutung der Notverordnung, insbesondere ihre Rechtsgültigkeit" (1931), in: *Verfassungsrechtliche Aufsätze aus den Jahren 1924-1954: Materialien zu einer Verfassungslehre*, Berlin: Duncker & Humblot, 1985, p. 259.
153. Carl Schmitt *apud* Friedrich Vorwerk, "Carl Schmitt über den totalen Staat", *op. cit.*, p. 55.
154. Essa evolução "para um estado de emergência econômico-financeira não era de modo algum arbitrária, mas profundamente enraizada na evolução global do nosso Estado" (Carl Schmitt, *Der Hüter der Verfassung, op. cit.*, p. 131). A "prática do estado de exceção econômica e financeira (...) não resulta do arbitrário e do acaso (...) mas é antes a expressão (...) da passagem de um Estado legislativo para o

O liberalismo autoritário não consiste apenas em abastecer uma política econômica liberal de uma repressão maior às contestações que ela suscita, mas também em concentrar nas mãos do executivo a decisão pública em matéria econômico-financeira. "Autoritário" não quer dizer somente "repressivo". Como a etimologia o indica, é autoritário um poder que aspira a ser o único *autor* da decisão política. Um dos atos fundadores do liberalismo autoritário é legislar por decretos em matéria econômica e social.

No começo dos anos 1930, Schmitt passou da condição de teórico da ditadura à de promotor ativo e conselheiro técnico desta. Com sua noção de "estado de exceção econômico-financeiro", ele operou um golpe conceitual que autoriza, na prática, uma espécie de golpe de Estado econômico permanente. E de fato, nos dois anos que ainda separavam a Alemanha do nazismo, é assim que o país foi governado.

A engrenagem austeridade-autoridade

E quais são os efeitos dessa política? Vamos a algumas lembranças históricas.

Efeitos econômicos e sociais, em primeiro lugar. O programa deflacionista de Brüning atingiu em cheio as classes populares, sem barrar a crise econômica. A julgar pelos keynesianos, ele teve antes o efeito de agravá-la[155]. Em realidade, os índices de desemprego alcançaram alturas vertiginosas, passando de 1,4 milhão em 1928 para 5,6 milhões em 1931. Brüning herdou nesses anos um apelido revelador: *Hungerkanzler*, "chanceler da fome"[156].

Estado econômico" (*ibid.*, p. 131). Ver, sobre o mesmo tema, Carl Schmitt, "Die staatsrechtliche Bedeutung der Notverordnung, insbesondere ihre Rechtsgültigkeit", *op. cit.*, p. 259. Como mostrou Augustin Simard, a tática argumentativa de Schmitt consiste geralmente em se apoiar, para suas preconizações políticas, na "caracterização de certa 'situação' ao mesmo tempo coerente e coercitiva, ao mesmo tempo 'espiritual' e concreta, que determina os limites dos possíveis políticos, sociais e humanos para uma determinada época. (...) Em outros termos, é como se a história passada já contivesse em seu seio um sentido unívoco e necessário que seria apenas, para o estudioso, o de reconhecer e deixar exprimir-se." Augustin Simard, *La Loi desarmée, op. cit.*, p. 208.

155. Ver Ursula Büttner, "Politische Alternativen zum Brüningschen Deflationskurs. Ein Beitrag zur Diskussion über 'ökonomische Zwangslagen' in der Endphase der Weimarer Republik", *Vierteljahrschefte für Zeitgeschichte*, v. 37, cad. 2, 1989, p. 218.

156. *Ibid.*, p. 210.

A seguir, efeitos políticos. Ao convocar novas eleições, Brüning esperava obter uma nova relação de forças mais favorável na Câmara. Mas isso não aconteceu. "Os resultados das eleições de 14 de setembro de 1930, resume Balakrishnan, mostram as devastações causadas pela crise na população e a hostilidade a um governo cujas medidas de austeridade pareciam tornar a situação ainda pior"[157]. Essa desordem do jogo político foi marcada por dois fenômenos principais: 1) o crescimento vertiginoso do NSDAP, que passou da condição de grupelho insignificante (2% dos votos em 1928) à de segundo maior partido da Alemanha (18,3%), pouco atrás do SPD [Sozialdemokratische Partei Deutschlands, Partido Social-Democrata da Alemanha]; e isso com um avanço, ainda que menor, no outro extremo, do partido Comunista; 2) a erosão do que era chamado, sob Weimar, o *Bürgerblock*, o "bloco burguês, uma mistura de partidos do centro, de direita e de centro-direita que formavam a base política tradicional de coalizões governamentais conservadoras"[158].

Sob o efeito desses dois fenômenos combinados, aumento nos extremos e queda do bloco burguês, o chanceler não tinha mais nem maioria parlamentar nem base política para sustentar sua política econômica. Apesar de contar apenas com o apoio do presidente, ele persistia nesse caminho, governando a golpes do artigo 48 e de decretos de emergência[159].

Esse poder estava preso ao que se poderia chamar de "engrenagem de austeridade-autoridade": os efeitos socialmente desastrosos de seu programa econômico rejeitado minaram a escassa base política de que ainda dispunha, e em breve ele só pôde persistir nessa direção sendo mais

---

157. Gopal Balakrishnan, *L'Ennemi*, op. cit., p. 205.
158. Ao "bloco burguês" correspondia um esquema de coalizão governamental (*"Bürgerblock-Regierung"* ou *"Bürgerblock-Kabinett"*) criado em 1925 pelo chanceler Hans Luther e retomado em 1927 pelo chanceler Wilhelm Marx. O cálculo das elites políticas conservadoras, observa o historiador David Abraham, era o seguinte: se fosse reconstituído "um *Bürgerblock*, uma república quase-parlamentar seria possível. Caso contrário a escolha seria entre uma espécie de ditadura e o poder da rua" (David Abraham, *The Collapse of the Weimar Republic: Political Economy and Crisis*, op. cit., p. 291). Ver também David Abraham, "Conflits within German Industry and the Collapse of the Weimar Republic", *Past & Present*, n. 88, ago. 1980, pp. 88-128. Para uma atualização contemporânea desse conceito, ver Bruno Amable, Stefano Palombarini, *L'Illusion du bloc bourgeois: Alliances sociales et avenir du modèle français*, Paris: Liber/Raisons d'Agir, 2018.
159. Na verdade, tecnicamente, ele só conservava seu posto graças à tolerância do SPD, que, temendo um novo avanço eleitoral dos nazistas em caso de dissolução, se resignava, em um cálculo trágico, a suportar "a violação das formas democráticas (...) para salvar a substância da democracia", como disse um dirigente social-democrata em 1931, Rudolf Breitscheid, citado por Ellen Kennedy, *Constitutional Failure. Carl Schmitt in Weimar*, op. cit, p. 122.

autoritário para impor medidas que produziam o mesmo tipo de efeitos, e assim sucessivamente.

Liberalismo econômico e autoritarismo político alimentaram, em suas relações recíprocas, uma crise de legitimidade que não cessou de se aprofundar. O bloco burguês se desmanchava, extrema direita e extrema esquerda cresciam, mas nem uma nem outra suficientemente para formar uma maioria, e, como cada uma delas recusava alianças que lhe teriam permitido esmagar a rival, criava-se uma situação de impasse político. O liberalismo autoritário no poder não fora derrubado, mas tampouco podia perdurar sobre uma base democrática, o que originava sua inclinação ditatorial.

"A destruição do sistema de governo parlamentar", lembra o historiador Christian Witt, "não data nem de Hitler, de Schleicher nem de Papen, mas de Brüning, que iniciou o processo impondo medidas financeiras e econômicas por meio do artigo 48"[160]. Diretamente implicado na generalização do recurso aos decretos de emergência para cuja justificação contribuiu, Schmitt foi um dos artífices dessa deriva autoritária, um dos "coveiros de Weimar"[161].

O IMPASSE DE UMA ESTRATÉGIA

Por mais que dois anos antes já se tivesse entrado em um regime presidencial de fato, em novembro de 1932 Schmitt continuava imperturbavelmente a denunciar o reinado de um parlamentarismo todo-poderoso. Mas o retrato que ele fazia de um Estado caído sob o jugo de uma democracia excessiva contrariava completamente a realidade do exercício do poder no crepúsculo de Weimar. Sua pintura do "Estado total quantitativo" era uma ficção política, uma miragem polêmica, um espantalho retórico destinado a melhor promover a contratendência já em curso e que ele apoiava, esperando vê-la triunfar completamente.

Enquanto ele fingia se alarmar com um Estado supostamente fagocitado pela "auto-organização da sociedade", seus colegas juristas de

---

160. Peter-Christian Witt, "Finanzpolitik als Verfassungs und Gesellschaftspolitik. Überlegungen zur Finanzpolitik des Deutschen Reiches in den Jahren 1930 bis 1932", *Geschichte und Gesellschaft*, ano 8, cad. 3, 1982, p. 406.
161. Olivier Beaud, *Les Derniers Jours de Weimar*, op. cit., p. 211.

esquerda chamavam a atenção para um perigo diametralmente oposto. Assim, Franz Neumann prevenia contra o abandono do parlamento em proveito do "governo e, em primeiro lugar, da burocracia ministerial"[162]; Ernst Fraenkel se inquietava com um "absolutismo da burocracia administrativa" que fazia pesar todas as ameaças sobre as liberdades fundamentais[163]; e Otto Kirchheimer apontava a tendência do regime a uma "mistura de cesarismo e de Estado corporativo"[164].

O perigo não vinha, como Schmitt queria fazer acreditar, de uma democratização excessiva; vinha, ao contrário, de um autoritarismo crescente no topo do Estado. Ora, tudo que ele propunha era ir ainda mais fundo nesse caminho. Seu discurso na Langnam-Verein era um apelo à radicalização do liberalismo autoritário que já grassava.

O que o presidente do Reich representa?

O objetivo apregoado era restaurar a autonomia de um Estado forte, "independente no plano político"[165]. Schmitt sonhava com um presidente do Reich "guardião da Constituição", uma figura hierática, por assim dizer, dotada, como diz Olivier Beaud, do "poder quase mágico de ser 'por natureza' imparcial, embora participando do conflito"[166]. Mas essa idealização ocultava uma realidade bem mais prosaica. Na República de Weimar, o presidente, como assinala Franz Neumann, estava "longe de agir como chefe imparcial do Estado": "os grupos políticos organizavam e controlavam a eleição do presidente; ele permanecia ligado aos grupos particulares que o cercavam e o aconselhavam"[167]. Com a criação dos

---

162. Franz Neumann, "Über dir Voraussetzungen und den Rechtsbegriffe einer Wirtschaftsverfassung" (1931), in: Franz Neumann, *Wirtschaft, Staat, Demokratie. Aufsätze 1930-1954*, Frankfurt am Main: Suhrkamp, 1978, p. 84, *apud* Stefan Breuer, *Carl Schmitt im Kontext, op. cit.*, p. 127.
163. Ernst Fraenkel, "Die Krise des Rechtsstaats" (1931), in: E. Fraenkel, *Gesammelte Schrifte, t. 1, Recht und Politik in der Weimarer Republik*. Baden-Baden: Nomos Verlag, 1999, p. 457, *apud* Stefan Breuer, *Carl Schmitt im Kontext, op. cit.*, p. 127.
164. Otto Kirchheimer, *Verfassungsreaktion* (1932), in: O. Kirchheimer, *Funktionen des Staats und der Verfassung: Zehn Analysen*, Frankfurt am Main: Suhrkamp, 1972, p. 74 ss., *apud* Stefan Breuer, *Carl Schmitt im Kontext, op. cit.*, p. 129.
165. Um Estado que, munido de "uma função pública independente, seja capaz de conduzir de novo os negócios (...) no interesse de todos". Carl Schmitt, "Konstruktive Verfassungsprobleme", in: *Staat, Grossraum, Nomos*, Berlin: Duncker & Humblot, 1995, pp. 61; 69.
166. Olivier Beaud, *Les Derniers Jours de Weimar, op. cit.*, p. 221.
167. Franz Neumann, *Béhémoth: structure et pratique du national-socialisme, 1933-1944*, Paris: Payot, 1987, p. 41, *apud* Olivier Beaud, *Les Derniers Jours de Weimar, op. cit.*, p. 221.

"gabinetes presidenciais", essa situação piorou ainda mais: o poder acabou caindo "nas mãos de uma claque que cercava o presidente"[168].

A desparlamentarização do regime era acompanhada pelo fortalecimento não de "especialistas neutros", como os apresentava Schmitt, mas de outra espécie de "grupos de interesses", em relação aos quais ele se mostrava bem menos loquaz. Assim, em seu retrato da "policracia" weimariana, ele esquecia muito oportunamente de mencionar, como observa Balakrishnan, "todos os secretários de Estado e funcionários que faziam intrigas nas antecâmaras do poder. Em nenhuma hipótese ele teria incluído o ministério das Finanças, tido como bastião de soberania independente, embora distribuísse, desde meados dos anos 1920, subvenções em massa à indústria pesada"[169]. Sob o fetiche do presidente do Reich, sob a ficção de um poder independente a serviço do "interesse de todos"[170], o que se vê, da maneira mais realista, é uma casta de conselheiros ligados ao mundo dos negócios, entre os quais, nos primeiros camarotes, estavam Schmitt e seu amigo Popitz.

Um cesarismo burocrático

Schmitt incluía com gosto seu ideal do Estado forte em uma tradição ao mesmo tempo "cesarista" e "democrática"[171]. Em realidade, o que ele operava coincidia mais com o que Gramsci chamava um *cesarismo regressivo e burocrático*[172], isto é, um projeto de autonomização repressiva do aparelho de Estado acima e contra uma sociedade organizada e dividida em partidos, ou, para retomar as palavras do antifascista italiano, de um

---

168. Olivier Beaud, *Les Derniers Jours de Weimar*, op. cit., p. 32. Nesse meio, "uma burocracia descontrolada, a camarilha da corte presidencial e toda espécie de interesses econômicos tinham cada vez mais chances de chegar a seus fins" (Peter-Christian Witt, "Finanzpolitik als Verfassung und Gesellschaftspolitik", *op. cit.*, p. 407). Na prática, essa configuração, observa Michael Wilkinson, "refletia menos o 'político' do imaginário constitucional de Schmitt do que um poder tecnocrático, oportunamente sustentado por interesses econômicos". Michael Wilkinson, "Authoritarian Liberalism in the European Constitutional Imagination: Second Time as Farce?", *European Law Journal*, v. 21, n. 3, maio 2015, p. 314.
169. Gopal Balakrishnan, *L'Ennemi*, op. cit., p. 201.
170. Carl Schmitt, "Das problem der innerpolitischen Neutralität des Staates", op.cit., p. 57.
171. Cf. Carl Schmitt, "Wesen und Werden des faschistischen des Staates", *op. cit.*, p. 126.
172. Antonio Gramsci, *Cahiers de prison, tomo III, Cahiers 10 à 13*. Paris: Gallimard, 1983, p. 415. No momento de uma crise de hegemonia, quando a legitimidade da classe dirigente se desfaz e "os grupos sociais se afastam de seus partidos tradicionais", os tempos são propícios ao cesarismo, isto é, a uma estratégia política que propõe uma "solução de arbitragem" – confiada a uma grande personalidade – de uma situação histórico-política caracterizada por um equilíbrio de forças anunciador de catástrofes". *Ibid.*, p. 415.

governo que age "como um 'partido'", mas colocando-se "acima dos partidos (...) para desagregá-los e para ter 'uma força de apartidários ligados ao governo por laços paternalistas de tipo bonapartista e cesariano'"[173].

A estratégia consistia em ditatorializar o poder de Estado desde o interior, sem se apoiar em um partido de massa[174]. Se Schmitt jogava assim com a carta do Estado contra os partidos, era por certo em coerência com sua própria teoria política, mas também, mais pragmaticamente, por incapacidade objetiva, uma vez que os partidos do "bloco burguês", suportes naturais de tal empreendimento, haviam se derretido como neve ao sol.

Schmitt se referia no final, fosse qual fosse a autoridade do presidente, a um presidente Atlas, último sustentáculo do edifício institucional[175]. Em suma, o que se deve compreender é que uma autoridade autêntica só depende de si mesma para se fundar. Mas isso era fazer da necessidade virtude: considerando, como observa Dieter Haselbach, "que o fundamento social de um Estado forte não se faz presente", não há "outra escolha senão fundar o Estado (...) sobre si mesmo" – o que é uma "determinação tautológica ou, se quiserem, metafísica do poder de Estado"[176]. Portanto, o Estado total é substituído por um Estado tautológico. Mas, se esse enunciado é claramente circular do ponto de vista lógico, ele significa concretamente que esse poder de Estado, isolado e solipsista, não pode contar para sua defesa senão com seus próprios batalhões.

No entanto, o Estado, como o reconhecia Rüstow, não é uma instituição "que flutua no ar e no vazio"[177]; ele é uma instituição da sociedade que deve se amparar socialmente sobre algo. Mas sobre o quê? Sobre que base,

---

173. Antonio Gramsci, *Cahiers de prison*, t. I, *Cahiers 1 a 5*, Paris: Gallimard, 1996, p. 330. Mas, diferentemente da situação a que Gramsci se referia nesse texto, esse cesarismo burocrático se desenvolve aqui em um contexto não de fragilidade, mas de força e crescimento de partidos antagônicos rivais; não de vazio, mas de atividade plena no que diz respeito à política partidária.
174. Schmitt opunha ao Estado forte o que ele chamava "o Estado pluralista de partidos". E, reciprocamente, ele analisa: "o próprio princípio da existência do partido é, por assim dizer, ser um partido contra o Estado". Carl Schmitt, "Konstruktive Verfassungsprobleme", *op. cit.*, p. 63. O modelo proposto por Schmitt em 1932 não é o de um partido-Estado. Ele quer um Estado forte – tão forte, em alguns aspectos, quanto o dos fascistas –, mas esse "terceiro superior" não é concebido à imagem de um partido total que incluísse a sociedade inteira. Ver Renato Cristi, *Carl Schmitt and Authoritarian Liberalism*, op. cit., p. 5.
175. Carl Schmitt, *État fort et économie saine*, op. cit.
176. Dieter Haselbach, *Autoritärer Liberalismus und Soziale Marktwirtschaft*, op. cit., p. 57.
177. Alexander Rüstow, "[Freie Wirtschaft – Starker Staat.] Die staatspolitischen Voraussetzungen des wirtschaftspolitischen Liberalismus", *op.cit.*, p. 257. Ver também Dieter Haselbach, *Autoritärer Liberalismus und Soziale Marktwirtschaft*, op. cit., p. 56.

sobre que forças sociais e políticas reais esse Estado podia se apoiar? Há que constatar que a resposta dos defensores do "Estado forte" era um tanto sumária. Podia-se contar, filosofava Rüstow, com "o 'núcleo decente' que existe no homem"[178], uma faculdade desinteressada presente em todo cidadão, capaz de ser o suporte para um "plebiscito de todos os dias"[179]. Mas, sociologicamente falando, nada mais se saberá a esse respeito.

E quando Schmitt lançava, no final do seu discurso de 1932, um vibrante apelo para "estabelecer um contato imediato com as forças sociais efetivas do povo"[180], ele também não as especificava. Quais seriam essas forças sociais concretas? Em outro momento, ele listava: 1) "indivíduos acima dos partidos", entre os quais, em primeiro lugar, o presidente Hindenburg; 2) a função pública, como a burocracia do Reich, mas, sobretudo, o exército; 3) os peritos; 4) os partidos do centro; 5) os eleitores não organizados[181]. Mas, por mais que passasse em revista toda essa alta-roda, elétrons livres, inválidos condecorados, um quarteirão de generais, um bando de tecnocratas e um *Bürgerblock* [bloco burguês] desagregado, isso não chegava a formar um bloco social e político consequente. Restava, é claro, o patronato, que Schmitt procurava persuadir a permanecer a bordo, mas que estava em via de cair fora, como vimos.

Planos para um *putsch*

O calcanhar de Aquiles desse liberalismo autoritário era não ter um bloco de massa, enquanto seus adversários, à esquerda e à direita, dispunham dele. Não tendo nem partido, nem movimento, nem apoio popular, restavam-lhe apenas o Estado e seu simples aparelho.

---

178. Alexander Rüstow, "[Freie Wirtschaft – Starker Staat.] Die staatspolitischen Voraussetzungen des wirtschaftspolitischen Liberalismus", *op.cit.*, p. 257.
179. *Ibid.*, p. 257.
180. Carl Schmitt, *État fort et économie saine, op. cit.*
181. Carl Schmitt, "Die neutralen Grossen im heutigen Verfassungsstaat", in: *Probleme der Demokratie. Zweite Reihe*, Rothschild, Berlin-Grunewald, 1931, p. 55 ss. Em seu primeiro discurso na Langnam-Verein, Schmitt punha também suas esperanças, por um lado, em uma função pública neutra no plano partidário, como a burocracia do Reich e o exército, tendo "ao centro dessas forças neutras o Presidente do Reich", e, por outro, nas forças ainda não captadas pelos sistemas pluralistas, as massas não organizadas, portadoras da "verdadeira opinião pública". Carl Schmitt, "Aussprache", in: *Mitteilungen des Vereins zur Wahrung der gemeinsamen wirtschaftlichen interessen in Rheinland und Westfalen*, 1930, Düsseldorf, cad. 19, n. 4, p. 461 ss.

Em tal situação, suas opções táticas para manter-se no poder eram limitadas. Ele podia buscar dividir as forças oposicionistas rivais à sua direita e à sua esquerda, recolhendo frações que agregaria a seu redor em uma coalizão transpartidária; podia se aliar com um partido que dispusesse de um bloco de massa a fim de captar parte de sua popularidade, mas mantendo a organização em questão (no caso, o NSDAP) em posição subordinada (o que Hitler recusava categoricamente); ou ainda empregar a força, suspender indefinidamente as eleições e calar as oposições – o que implicava proibir os "partidos inimigos da Constituição" e decretar um toque de recolher por uma repressão armada. Na verdade, até janeiro de 1933, os diversos conselheiros que urdiam suas tramas na sombra dos gabinetes presidenciais oscilavam entre esses diferentes roteiros.

Schmitt, que desempenhara um papel de primeiro plano para dar uma justificativa legal ao "golpe da Prússia" de julho de 1932[182], via aí um ensaio geral para um possível *Putsch* presidencial em escala do Reich. Nos meses seguintes, ele participou diretamente de vários projetos nesse sentido. O homem que tomou a palavra na manhã de 23 de novembro de 1932 na Assembleia da Langnam-Verein, em Düsseldorf, era um conspirador que se dirigia aos patrões.

A insurreição que vinha

Após as eleições legislativas de 31 de julho de 1932, catastróficas para o gabinete Papen, as mais altas autoridades se decidiram em favor de um golpe de Estado. O plano foi adotado no maior segredo, por ocasião da conferência de Neudeck, em 30 de agosto de 1932, tendo, ao redor da mesa, o presidente Hindenburg, o chanceler Papen, o ministro da defesa Schleicher e o ministro do interior Gayl[183]. Seria dissolvido o Reichstag, as eleições seriam adiadas *sine die*, as polícias regionais ficariam sob o controle do Reich, e os partidos radicais, caso se opusessem ao golpe, seriam proscritos[184]. Ora, foi Schmitt, em ligação com funcionários do clã

---

182. Ernst Rudolf Huber, "Carl Schmitt in der Reichskrise der Weimarer Endzeit", *in*: Helmut Quaritsch (dir.), *Complexio Oppositorum, Über Carl Schmitt*, Berlin: Duncker & Humblot, 1988, p. 38.
183. Para uma história detalhada desse projeto de golpe de Estado, ver Lutz Berthold, *Carl Schmitt und der Staatsnotsdandsplan am Ende der Weimarer Republik*, Berlin: Duncker & Humblot, 1999.
184. Ernst Rudolf Huber, "Carl Schmitt in der Reichskrise der Weimarer Endzeit", *op. cit.*, p. 41 ss.

Schleicher, que redigiu as versões preparatórias dos decretos de emergência a promulgar oportunamente pelo presidente.

O golpe de Estado estava previsto para início de setembro, mas no último momento Papen recuou. Quando voltou atrás, no começo de novembro, foi barrado por objeções dos militares. Em janeiro de 1933, uma última tentativa, desta vez feita por Schleicher quando se tornou chanceler, esbarrou na recusa de Hindenburg[185]. Todas essas tentativas foram abortadas, mas por quê? Por um lado, certamente por causa de atritos e contingências – como as tergiversações do executivo –, mas também por razões mais estruturais que levavam essa estratégia a um impasse.

O obstáculo principal é que, como vimos, ela não tinha mais o menor bloco social e político em que se apoiar, ao mesmo tempo que se confrontava a partidos poderosos e organizados. Certamente ela podia contar com o aparelho de Estado e com a lealdade das forças armadas; mas, a partir de certo ponto, isso não é mais suficiente. A política liberal-autoritária no poder havia provocado tal crise de hegemonia que esta se exprimia agora também em termos literalmente estratégicos, muito pragmaticamente militares. No começo de novembro de 1932, oficiais da *Wehrmacht* organizaram um *Kriegspiel*, um "jogo de guerra", uma simulação para avaliar as forças em disputa no caso de uma insurreição concomitante dos comunistas e dos nazistas, o que não deixaria de acontecer se, como previa o plano de golpe de Estado, o presidente decretasse a interdição dos "partidos inimigos da Constituição". Dessas projeções resultava que o exército e a polícia não teriam como reagir se o levante, como era provável, "se apoderasse dos grandes portos marítimos e dos principais centros industriais"[186]. O golpe de Estado em questão teria precipitado o país em uma guerra civil de frentes múltiplas e de resultado muito incerto.

Outros fatores também contribuíram para o fracasso desses planos, mas esse relato mostra que o programa liberal-autoritário se esfacelou em grande parte devido a suas próprias contradições. A mitificação schmittia-

---

185. Nesse último plano de golpe de Estado, Alexander Rüstow seria indicado, em caso de sucesso, ministro da economia: "Em janeiro de 1933, (...) Schleicher tentou obter de Hindenburg poderes plenos (...). Ele já havia estabelecido a lista dos eventuais membros do governo, e Rüstow era previsto como ministro dos assuntos econômicos do Reich." François Bilger, *La Pensée économique libérale dans l'Allemagne contemporaine*, op. cit., p. 30.
186. *Ibid.*, p. 46.

na do Estado forte mal disfarçava as falhas de uma forma politicamente frágil, cujos efeitos adversos minavam suas próprias possibilidades.

As fraquezas do Estado forte

Qual é a viabilidade do liberalismo autoritário como estratégia política? Era essa, no fundo, a questão que Heller colocava em sua época. Sob sua força aparente, advertia ele, essa forma é frágil. Por mais que esse poder se diga "forte, ele se mostra politicamente fraco". Podemos recapitular suas teses.

1) Na medida em que sua política econômica vai diretamente contra os interesses de 90% da população (é o próprio Heller que já empregava essa fórmula dos 90%), esse poder tende a se privar de toda base de massa. Quanto mais se obstina nesse tipo de programa, mais ele perde em legitimidade.

2) A diminuição de sua base política explica seu enrijecimento autocrático. Schmitt pensava, como vimos, que "o Estado total quantitativo" se estendia não por força, mas por fraqueza. Heller inverte o ponto de vista: se o "Estado neoliberal" se faz cada vez mais autoritário, não é por força, mas por fraqueza política.

3) A fé depositada em decisões ou decretos emergenciais como soluções milagrosas para a crise política é, diz Heller, um *"decretinismo"*[187] [*Dekretinismus*] – palavra-valise formada por "decreto" e "cretino", que se aplica à estupidez de acreditar que um poder contestado pode impor duradouramente sua vontade pela simples virtude de éditos presidenciais.

4) Nenhum Estado pode ser "forte" politicamente se não tiver um amplo assentimento. Ora, em um contexto de crise econômica, ele não poderia obtê-lo persistindo em uma política econômica liberal. Só poderia ter sucesso adotando medidas mais ou menos "socialistas" de intervenção na economia. E todo Estado que aspire a ser forte politicamente, insiste Heller, será obrigado a fazer isso em tal situação.

5) Por todas essas razões, o liberalismo autoritário é visto como uma forma precária, como um momento transitório. É algo que não pode se

---

187. Hermann Heller, "Genie und Funktionär der Politik", *Gesammelte Schriften*, t. II, *Recht, Staat, Macht*, Leiden: Sijthoff, 1971, p. 621. Heller toma emprestado esse termo de Karl Renner.

manter nem se manterá. Onde ele vai desembocar? É possível, sugere Heller, que a crise política intensa se transforme, diante de um poder seguro de si mesmo, em uma situação revolucionária. É esse o sentido da referência a 1917 bem no final do seu texto. A menos, é claro, que ocorra outra coisa, que ele discerne lucidamente: a ultrapassagem do liberalismo autoritário por aquilo que ele chama de "comunidade racial autoritária", o horror nazista. Tal é a alternativa: socialismo ou barbárie.

Sabemos o que veio depois.

O CAMINHO PARA O NAZISMO

Coloca-se a partir daí a questão da responsabilidade histórica do liberalismo autoritário na ascensão do nazismo. Ora, muito cedo, entre os contemporâneos, impõe-se a ideia de que ele teve ali papel determinante. Já em 1944, Karl Polanyi enuncia essa tese em *A grande transformação*. Sem empregar a expressão "liberalismo autoritário", ele identifica essa política como tendo sido um dos fatores preponderantes da catástrofe.

"Situação fascista"

Desde os anos 1920, lembrava Polanyi, o mote da política econômica fora restabelecer a moeda por medidas de deflação voluntária: "O ideal do deflacionista passou a ser uma *economia livre sob um governo forte*"[188] – o que significava na prática um autoritarismo político fundado sobre "o estado de exceção e a suspensão das liberdades públicas", junto com um intervencionismo econômico de inspiração liberal apoiado em "preços e salários reajustados pelo governo"[189].

Essa política teve consequências funestas, em primeiro lugar no plano econômico, já que "essa maneira de proceder tendeu a ampliar a crise"[190]. Além disso, à destrutividade social desse programa somou-se a rápida expansão de contramovimentos políticos como o fascismo, que Polanyi

---

188. Karl Polanyi, *La Grande Transformation. Aux origines politiques et économiques de notre temps*. Paris: Gallimard, 2009 (1944), p. 317. Grifo meu.
189. *Ibid.*, p. 317.
190. *Ibid.*, p. 321.

vê como uma patologia reativa e deletéria, um "remédio" enganador e envenenado contra a ofensiva liberal[191].

A virada autoritária sob Weimar favoreceu também uma progressiva aceitação da ditadura, em particular entre as elites conquistadas pelas teorias conservadoras da crise, que atribuíam sua causa a um laxismo democrático. Na Alemanha, os gabinetes presidenciais despojaram as instituições de seus muros de resguardo, aqueles – tão vilipendiados por Schmitt – do "Estado de direito", legando assim um temível arsenal aos futuros detentores do aparelho de Estado. E a repressão que se abateu já antes de 1933 sobre o movimento operário fragilizou as forças organizadas, que eram as únicas capazes de se opor à irresistível ascensão dos nazistas.

Polanyi escreve: "A obstinação com que, durante dez anos críticos, os defensores do liberalismo econômico sustentaram o intervencionismo autoritário a serviço de políticas deflacionistas teve por consequência pura e simples o enfraquecimento decisivo das forças democráticas que, sem isso, teriam podido evitar a catástrofe fascista"[192].

Os ingredientes estavam então reunidos para a formação do que ele chama uma "situação fascista" – antônimo de uma situação revolucionária. Em semelhante caso, "os bastiões da democracia e das liberdades constitucionais", já amplamente abalados pelo regime em vigor, "foram rapidamente varridos por facções de extrema direita ainda ontem minoritárias"[193].

Longe de ser uma fortaleza diante do nazismo, o liberalismo autoritário no poder abriu a ele um caminho. Criou uma situação de crise social e política que os nazistas souberam aproveitar para vencer. Mas a solução não estava predeterminada. Poderia ter sido outra.

Sobre esse aspecto, é importante mencionar outro elemento-chave: a linha política suicida do Partido Comunista Alemão, ditada por Stálin. Seu *slogan* "social-fascismo", que virava as costas tanto aos social-democratas quanto aos nazistas, impedia qualquer estratégia de frente única de

---

191. "O caráter destruidor da solução fascista era evidente (...) tentar esse remédio era espalhar por toda parte uma doença mortal (...) Pode-se descrever a solução fascista ao impasse do capitalismo liberal como uma reforma da economia de mercado feita às custas de todas as instituições democráticas, tanto no domínio das relações industriais quanto no domínio político." *Ibid.*, p. 322.
192. *Ibid.*, p. 318.
193. Assim, lembra Polanyi, o golpe da Prússia, liderado por Papen em julho de 1932, preparou o terreno para a "destruição global" lançada seis meses mais tarde por Hitler contra "as instituições da República de Weimar e os partidos constitucionais". *Ibid.*, p. 325.

defesa ante a ameaça fascista, quando as forças combinadas de tal união poderiam ter virado a mesa[194], mudando assim a sorte do mundo.

Hayek discípulo de Schmitt

Também muito cedo, em sentido contrário às teses de Polanyi, foi formulada uma contranarrativa, uma outra interpretação da história, que isentava o liberalismo autoritário de sua responsabilidade. Em uma inversão completa de perspectiva, esse discurso destacava não mais os perigos que o liberalismo fizera pesar sobre a democracia, "mas a ameaça que a democracia representava para o liberalismo"[195].

Já em 1944, esse revisionismo neoliberal foi popularizado por Friedrich Hayek, em *O caminho para a servidão*. Sob a República de Weimar, ele ousava afirmar: "são sobretudo pessoas de boa vontade que, por sua política socialista, prepararam o terreno para as forças que representam tudo o que elas detestam. Poucos reconhecem que a ascensão do fascismo e do nazismo não era uma reação contra as tendências socialistas do período precedente, mas um resultado necessário dessas tendências"[196]. Tal era o núcleo de sua tese aberrante: o nazismo, que no fundo não passa de uma forma de socialismo, constitui o resultado lógico de uma democracia liberal degenerada, gangrenada pelo socialismo, transformada em democracia ilimitada, democracia total, e com isso tendendo inexoravelmente ao totalitarismo[197]. O nazismo, em suma, é culpa da democracia – e mais: é o prolongamento das tendências socialistas da democracia-Providência de Weimar, e não sua negação mortífera. O artifício era bastante visível, mas não impediu que esse argumento tivesse uma longa posteridade.

---

194. Ver a crítica que Trotski fazia na época à fórmula de Stálin, segundo a qual "a social-democracia é objetivamente a ala moderada do fascismo". Léon Trotski, "Démocratie et fascisme", trecho de "La Révolution allemande et la burocratie stalinienne" (1932), in: Léon Trotski, *Contre le fascisme, 1922-1940*, Paris: Syllepse, 2015, p. 200 ss.
195. Michael Wilkinson, "Authoritarian Liberalism in the European Constitutional Imagination", *op. cit.*, p. 13.
196. *The Condensed Version of the Road to Serfdom by F. A. Hayek as it Appeared in the April 1945 Edition of Reader's Digest*, London: The Institute of Economic Affairs, 1999, p. 31 (retifico aqui o texto, que comporta um erro de retranscrição nessa edição).
197. Por mais que Hayek critique autores que, nos anos 1920 e 1930, "identificam o liberalismo como o inimigo principal do nacional-socialismo", ele não consegue provar, observa Andrew Gamble, "que o socialismo democrático alemão fosse intrinsecamente totalitário, ele que não se fundiu com o nazismo, e sim foi esmagado por suas botas". Andrew Gamble, *Hayek: The Iron Cage of Liberty*, Bolder: Westview Press, 1996, p. 88 ss.

Ora, a fonte de Hayek sobre esse ponto não era outra, como ele mesmo assinalou, senão Schmitt. Com efeito, embora tomando o cuidado de se distanciar de suas posições nazistas ulteriores, ele seguidamente enaltece as análises de Schmitt pré-1933. E mais, ele retoma por conta própria a crítica schmittiana do "Estado total quantitativo": "A fraqueza de um governo democrático onipotente", escreve ele em *Direito, legislação, liberdade*, "foi claramente distinta por Carl Schmitt, o extraordinário analista alemão da política que, nos anos 1920, compreendeu melhor que ninguém o caráter da forma de governo que se desenvolvia então"[198]. E em apoio ele citava, em alemão, estas linhas extraídas de *Legalidade e legitimidade*, obra publicada por Schmitt em 1932:

> Um Estado de partidos pluralista não se torna 'total' por vigor e por força, mas por fraqueza; ele intervém em todos os domínios da vida porque deve satisfazer as pretensões de todos os interessados. Deve especialmente intervir no domínio da economia, até então livre do Estado, mesmo que o faça renunciando a toda direção e a toda influência política[199].

E, quando Hayek introduz sua distinção nocional entre liberalismo e democracia para afirmar, ao mesmo tempo, que "uma democracia pode muito bem exercer poderes totalitários" e que "é concebível que um governo autoritário possa agir sobre a base de princípios liberais"[200] (o que será, diga-se de passagem, o princípio-chave de seu apoio à ditadura de

---

[198]. Ele acrescenta: "governo que, a meu ver, a seguir se colocou regularmente no lado mau, tanto no plano moral quanto intelectual". Friedrich Hayek, *Droit, législation, liberté, v. 3, L'Ordre politique d'un peuple libre*, Paris: PUF, 1979, p. 226, nota 11 (tradução modificada). Ele escreve em outra parte: "A conduta de Carl Schmitt sob o regime hitleriano não altera em nada o fato de que, entre os escritos alemães modernos sobre o tema, o dele está sempre entre os mais sábios e os mais perspicazes". Friedrich Hayek, *The Constitution of Liberty* (1960), Chicago: The University of Chicago Press, 1978, p. 485, nota 1. Ver, sobre a relação de Hayek com Schmitt: Renato Cristi, *Carl Schmitt and Authoritarian Liberalism*, op. cit., p. 147 ss. e William Scheuerman, "The Unholy Alliance of Carl Schmitt and Friedrich Hayek", *Constellations*, v. 4, n. 2, out. 1997, pp. 172-88.

[199]. Carl Schmitt, *Légalité et légitimité*, op. cit., p. 71 (cf. Carl Schmitt, *Legalität und Legitimität*, op. cit., p. 96), apud Friedrich Hayek, *Law, Legislation and Liberty, v. 3: The Political Order of a Free People* (1979), London: Routledge, 1998, nota 11, p. 195. Sobre o mesmo tema, Hayek também se refere a Carl Schmitt, *Die geistesgeschichtliche Lage des heutigen Parlamentarismus* (1923), Berlin: Duncker & Humblot, 1961.

[200]. Friedrich Hayek, *The Constitution of Liberty*, op. cit., p. 103. Sobre esse paradoxo aparente, ver Grégoire Chamayou, *La Société ingouvernable: une généalogie du libéralisme autoritaire*, Paris: La Fabrique, 2018, p. 221 ss.

Pinochet[201]), é ao opúsculo – aliás, bastante confidencial – do schmittiano Heinz Ziegler, *Autoritärer oder totaler Staat*, igualmente publicado em 1932, que ele se refere[202].

No começo dos anos 1930, Schmitt e Ziegler diziam: o pluralismo democrático conduz diretamente a um Estado total fraco e, contra isso, é preciso um Estado autoritário. Hayek não diz outra coisa no pós-guerra: a democracia ilimitada, dado que ela conduz, como viu claramente Schmitt, ao Estado total, não é senão um totalitarismo em devir, e para tanto é preciso limitá-la, mesmo exigindo a passagem, como indicou Ziegler, por um Estado autoritário que nem por isso será menos liberal[203].

Assim ele transpõe o discurso schmittiano pré-1933 para as democracias ocidentais pós-1945. E isso é feito como se nada tivesse acontecido nesse meio-tempo. E sem assinalar, portanto, que a mesma "solução" apresentada no começo dos anos 1930 como uma alternativa ao nazismo lhe foi oferecida de bandeja para sua vitória. Hayek é o contrário de Polanyi. Para ele, o liberalismo autoritário não é uma das fontes do mal, é o remédio; não é o que preparou o caminho para o fascismo, é o que mata no ovo os totalitarismos. Em outras palavras, por uma inversão pelo menos extravagante, ele retorna à posição que levou ao pior, apresentando-a como um antídoto.

Esses argumentos schmittianos voltaram à tona nos anos 1970 – em grande parte graças a Hayek, que foi seu divulgador e transmissor

---

201. Eis o que Hayek declarou a uma jornalista pró-Pinochet, em 1981, em visita ao Chile: "É possível para um ditador governar de maneira liberal. E é igualmente possível que uma democracia governe com uma falta total de liberalismo. Pessoalmente, prefiro um ditador liberal a um governo democrático sem liberalismo." F. Hayek, entrevistado por Renée Sallas, *El Mercurio*, 12 abr. 1981, *apud* Bruce Caldwell e Leonidas Montes, "Friedrich and his visit to Chile", *op. cit.*, pp. 44-5. Ver Grégoire Chamayou, *La Société ingouvernable, op. cit.*, p. 219.
202. Hayek indica: "Sobre a origem da concepção do Estado 'total' e sobre a oposição do totalitarismo ao liberalismo, mas não à democracia, ver (...) H. O. Ziegler, *Autoritärer oder totaler Staat* (Tübingen, 1932)". F. Hayek, *The Constitution of Liberty, op. cit.*, p. 442, nota 1. Hayek também se aproximou nos anos 1930 dos *Neuliberalen*, em particular de Walter Eucken. Ele tinha relações com um grupo de liberais alemães que permaneceram ativos sob Hitler, ligados à VDMA assessorada por Rüstow, e aos quais visitou em Berlim, em 1933. Cf. F. Hayek, *The Fortunes of Liberalism: Essays on Austrian Economics and the Ideal of Freedom*, Chicago: University of Chicago Press, 1992, p. 187 ss.
203. Como mostra Werner Bonefeld, a crítica à democracia de massa elaborada nos anos 1930 pela reação de direita à República de Weimar foi retomada depois da guerra na ideia "antitotalitária", segundo a qual "a democracia de massa conduz à negação da liberdade, e, para o bem de uma sociedade aberta, a democracia precisa ser barrada". W. Bonefeld, "Authoritarian Liberalism: From Schmitt via Ordoliberalism to the Euro", *op.cit.*, p. 748. Ver também G. Chamayou, *La Société ingouvernable, op. cit.*, p. 233 ss.

discreto para o mundo anglo-saxão, mas esquecendo sua fonte inicial. Eles se tornaram, com a distância, uma das matrizes intelectuais das teorias da "crise de governabilidade das democracias" que floresceram na época. Assim como os "novos liberais" alemães de outrora, os neoconservadores e os neoliberais norte-americanos atribuíram as razões da crise a causas exógenas à economia capitalista, a um excesso de democracia, a uma combatividade social excessiva, à sobrecarga de um Estado fraco, incapaz de enfrentar as reivindicações dos sindicatos e outros "grupos de interesses". Retorna a velha crítica ao "Estado total quantitativo", traduzida em outra língua, mas provida de preconizações do mesmo teor.

Como observou William Scheuerman, a teoria crítica, à esquerda, não é a única a ser "perseguida pelo fantasma de Carl Schmitt", segundo a crítica que lhe fizeram, pois os pontos comuns se revelam também numerosos à direita, "entre as análises neoconservadoras contemporâneas do Estado-Providência intervencionista e a teoria de Schmitt sobre o Estado total"[204].

CONCLUSÃO: POR UMA OUTRA LEITURA DO NEOLIBERALISMO

O que se reteve do famoso curso de Michel Foucault sobre o *Nascimento da biopolítica* foi, sobretudo, uma visão do neoliberalismo como "crítica do Estado"[205]. Nessa perspectiva, o neoliberalismo seria, em primeiro lugar, uma corrente animada de uma "fobia do Estado", de uma vontade de limitar o poder do Estado – ou seja, de um antiestatismo mais ou menos acentuado. E, em segundo lugar, seria uma forma de governo que romperia com o *"command and control"*, como se diz em inglês, isto é, que renunciaria pelo menos em parte às relações de comando diretas, verticais e hierárquicas. Isso seria substituído pela ativação, nos sujeitos, de formas de autonomia, de responsabilização, em suma, de autocontrole individual sobre um fundo de concorrência generalizada. Pelo menos é o que se encontra em certa vulgata pós-foucaltiana que prolifera na *critical theory* desde os anos 2000.

---

204. Ver William Scheuerman, *Carl Schmitt: The End of Law, op. cit.*, pp. 85; 109.
205. Michel Foucault, *Naissance de la biopolitique, op. cit.*, p. 194.

Enquanto se permanece aí, não se vê senão a metade do quadro. Para apreender toda a ambiguidade do neoliberalismo em suas relações com o poder de Estado, é preciso também examinar a outra face. E isso me parece tanto mais necessário hoje na medida em que se assiste à emergência ou à reemergência de formas de exercício de poder de Estado que são *ao mesmo tempo* liberais em termos de programa econômico e, em graus diversos, autoritárias no plano político.

Voltar a Weimar

Quando Foucault trata dos ordoliberais, ele se interessa principalmente por sua trajetória no pós-guerra. Certamente ele cita o colóquio Lippmann de 1938, do qual vários desses protagonistas participaram, mas, quanto ao resto, só os aborda a partir de 1948, data de publicação da revista *Ordo*, deixando de lado seus textos do começo dos anos 1930. Ora, esse eclipse tem repercussões importantes sobre sua análise.

Ao fazer iniciar sua genealogia do novo liberalismo alemão após a Segunda Guerra Mundial, ele herda um relato – na verdade um arrazoado *pro domo* [a seu favor] que emana dessa corrente – que o apresenta como oriundo de uma oposição ao nazismo; como uma resposta, no modo de um "isso nunca mais", às atrocidades nazistas[206]. Mas, ao contrário do que essa reconstrução histórica sugere, o projeto neoliberal não apareceu sobre as ruínas fumegantes da Segunda Guerra: apareceu, como vimos, durante a República de Weimar e em oposição a ela, contra sua democracia parlamentar, seus sindicatos e seu Estado social.

Foucault se confronta a seguir com o argumento hayekiano segundo o qual o Estado-Providência seria tomado por um movimento de "crescimento indefinido" que o levaria em linha reta ao "totalitarismo"[207]. O filósofo não se engana com o que denuncia como um "ato de violência

---

206. Os "defensores do pensamento ordoliberal – por exemplo, Rieter e Schmolz (1993) – afirmaram que o ordoliberalismo não tem origem no contexto da crise manifesta da República de Weimar. Para eles, as raízes do ordoliberalismo remontam ao período nazista. Sendo assim, as ideias ordoliberais de economia livre e de Estado forte não fazem parte da reação autoritária liberal-conservadora à República de Weimar". Werner Bonefeld, "Human Economy and Social Policy: On Ordoliberalism and Political Authority", *History of the Human Sciences*, v. 26, n. 2, p. 108. Ver Heinz Rieter e Matthias Schmolz, "The Ideas of German Ordoliberalism, 1938-45: Pointing the Way to a New Economic Order", *The European Journal of the History of Economic Thought*, v. 1, n. 1, 1993, pp. 87-112.
207. Michel Foucault, *Naissance dela biopolitique*, op. cit., p. 118.

teórico"[208], uma tática de amálgama[209] cujo campo de emergência ele identifica: é na "escola liberal alemã", ele observa, "que se acha (...) essa ideia de que o Estado possui em si mesmo uma dinâmica que faz que ele jamais possa se deter em sua amplificação e em sua responsabilização pela sociedade civil inteira"[210]. Mas, por não remontar às fontes dessa temática no *corpus* dos anos 1930, Foucault não observa que os *Neuliberalen* a extraem de Schmitt e da crítica deste ao "Estado total quantitativo"; pela mesma razão, ele negligencia seu corolário prático, a saber: sua apologia do Estado autoritário.

Foucault mostra, certamente, que a originalidade do neoliberalismo está em sua relação com o Estado, em sua ruptura declarada com o *laissez-faire*[211]. Mas, embora identifique claramente esse primeiro aspecto, que Rüstow chamava de "intervencionismo liberal", ele deixa muito de lado o segundo, o autoritarismo liberal que era, no entanto, como esses autores mesmos admitem, seu indispensável complemento[212].

Assim, como observou Wolfgang Streeck, "se Foucault tivesse voltado um pouco mais, a Schmitt e a Heller, ele teria encontrado o motivo fundamental do pensamento que informou e informa ainda as concepções liberais do papel econômico da autoridade do Estado em regime capitalista – a ideia, para retomar o título de um livro publicado nos anos 1980 sobre Margaret Thatcher, de que é preciso um 'Estado forte' para uma 'economia livre'"[213].

Neoliberalismo autoritário e democracia iliberal

O que acontece hoje? Após décadas de contrarreformas socialmente devastadoras, o neoliberalismo tardio se vê, por sua vez, às voltas com

---

208. *Ibid.*, p. 113.
209. *Ibid.*, p. 196.
210. *Ibid.*, p. 195.
211. Abandonando o princípio de não intervenção do Estado na economia, o neoliberalismo se coloca, ao contrário, "sob o signo de uma vigilância, de uma atividade, de uma intervenção permanente". *Ibid.*, p. 137.
212. Em suas notas preparatórias, ele assinala, a propósito de Röpke, o imperativo de "um Estado forte que se imponha acima dos ávidos grupos de interesses", mas não avança nessa pista. *Ibid.*, p. 267.
213. Wolfgang Streeck, "Heller, Schmitt and the Euro", *European Law Journal*, v. 21, n. 3, maio 2015, p. 364. Aqui ele alude a Andrew Gamble, *The Free Economy and the Strong State: The Politics of Thatcherism*, London: Macmillan Education, 1988.

uma "crise de governabilidade" de grande amplitude. A resposta dominante tem o aspecto de um neoliberalismo autoritário de múltiplas faces. Existe uma versão de extremo centro que compartilha com seu predecessor dos anos 1930 a pretensão de poder barrar, com esse tipo de programa, o caminho à extrema direita. Ora, é impressionante constatar a ressurgência, na boca dos representantes atuais dessa corrente, de formulações que, sem que eles o saibam, retomam literalmente o discurso de seu antepassado político.

Emmanuel Macron, em declaração à imprensa em 3 de janeiro de 2018, empregou uma expressão que fez correr muita tinta. Nesse dia ele falou da "tentação das democracias iliberais"[214]. Essa noção foi muito criticada, e com razão[215]. Mas de onde ela vem? Ela costuma ser datada de um artigo publicado em 1997 pelo jornalista norte-americano Fareed Zakaria, "O surgimento da democracia iliberal"[216]. Mas, na realidade, suas origens são bem mais antigas.

Encontramo-la no começo dos anos 1930, em outro pai fundador do ordoliberalismo, Wilhelm Röpke. Retomando as teses do pensador espanhol Ortega y Gasset, Röpke fustigava o "levante das massas" do populacho imprudente, novos bárbaros "que se emancipam da direção de uma elite espiritual"[217] e ameaçam a civilização ocidental. Eis qual era o

---

214. Ele prosseguia: "um fascínio iliberal que, para se espalhar, tira partido das fraquezas da democracia, de sua abertura extrema, de sua incapacidade de selecionar, hierarquizar, reconhecer no fundo uma forma de autoridade." A lição disso é que "se quisermos proteger as democracias liberais, devemos saber ser fortes", o que então foi tomado por uma lei que, em nome da "luta contra as falsas notícias", restringia a liberdade de imprensa. Cf."Voeux du Président de la République Emmanuel Macron", 3 jan. 2018.
215. "Falar de 'democracia iliberal'", analisa Michaël Foessel, "é pôr no crédito do liberalismo tudo o que há de desejável na democracia: promoção dos direitos humanos, independência do poder judiciário, limitação das prerrogativas do governo, pluralismo cultural. Equivale também a fazer pesar sobre a democracia a suspeita de gerar tendências liberticidas. (...) Ora, há uma figura do liberalismo que se caracteriza por uma indiferença aos direitos humanos e à qual os regimes ditos 'iliberais' estão muito longe de se opor: o neoliberalismo. (...) Seria melhor falar aqui de '(neo)liberalismo autoritário.'" Michaël Foessel. "'La Démocratie illibérale' n'existe pas", AOC Media, 5 mar. 2018.
216. Fareed Zakaria, "The Rise of Illiberal Democracy", *Foreign Affairs*, v. 76, n. 6, nov.-dez. 1997, pp. 22-43. Essa noção, que ele opõe tanto a "democracia liberal" quanto a "autocracia liberal", abrange, segundo ele, uma situação em que, a despeito de um princípio de eleições livres, as garantias constitucionais de um Estado de direito são achincalhadas. Zakaria toma do cientista político norte-americano Samuel Huntington essa definição redutora da democracia como processo de seleção dos governantes pelo voto. *Ibid.*, p. 24.
217. Wilhelm Röpke, "Die säkulare Bedeutung der Weltkrise" (jan. 1933), in: *Wirmis und Wahrheit*. Erlenbach-Zürich/Stuttgart: Eugen Rentsch, 1962, p. 102. Ver Dieter Haselbach, *Autoritärer Liberalismus und Soziale Marktwirtschaft: Gesellschaft und Politik im Ordoliberalismus*, Baden-Baden: Nomos, 1991, p. 74.

seu *leitmotiv*: "a ascensão das massas é a causa principal do iliberalismo. (...) O homem de massa luta contra a democracia liberal para substituí-la por uma democracia iliberal"[218]. Não será uma supresa a conclusão que ele tirava daí: "Portanto, embora o liberalismo exija a democracia, é preciso provê-la de limites e garantias para que o liberalismo não seja engolido pela democracia"[219].

"Democracia iliberal" aparece aqui como um anátema elitista ligado aos motivos clássicos do "ódio à democracia"[220]. Além disso, é uma noção vaga que amalgama o heterogêneo e funde os contrários, misturando movimentos e governos, fascismo e socialismo, para lançá-los juntos em um grande saco informe. Mas essa noção é também implicitamente prescritiva. Pois diante dela, diante dessa irrupção e desse levante iliberal das massas, o que se prega é mais uma vez uma limitação maior da democracia. De modo que em breve, da antiga "democracia liberal", não restará mais que o segundo desses dois termos, ele mesmo reduzido a uma dimensão econômica.

Mas, de novo, por quê? Por que essa virada autoritária? Eis como Hermann Heller respondia à questão na época:

> Esse Estado se obriga a ser "autoritário" e forte porque, como Schmitt nos assegura de maneira muito clara, somente tal Estado é capaz de afrouxar os laços "muito apertados" entre o Estado e a economia. E não sem motivo! Pois, em formas democráticas, o povo alemão não toleraria por muito tempo esse Estado neoliberal[221].

É porque seu programa tende a ser rejeitado em massa que o Estado neoliberal se esforça por fazê-lo passar à força. Sua verticalização autoritária é a expressão de seu enfraquecimento político, o sinal, diria Gramsci, de uma crise de hegemonia avançada.

---

218. Wilhelm Röpke, "Epochenwende?" (fev. 1933), in: W. Röpke, *Wirmis und Wahrheit*. Erlenbach-Zürich/Stuttgart: Eugen Rentsch, 1962, pp. 123-4.
219. *Ibid.*, p. 124.
220. Jacques Rancière, *La Haine de la démocratie*, Paris: La Fabrique, 2005.
221. Hermann Heller, "Autoritärer Liberalismus?", *op. cit.*, p. 653.

A democracia e o risco do pensamento
Pedro Duarte

Nenhuma conferência antes dessa, no Ciclo Mutações, deixou-me com tanta dificuldade para saber o que dizer. O assunto que nos provoca poeticamente denuncia que estamos "ainda sob a tempestade". Seu significado político é claro: o Brasil e boa parte do mundo passam por um momento que, alguns anos atrás, poucos poderiam adivinhar. Governos eleitos no interior de democracias operam de maneira autoritária, apoiados por uma massa que, por ser maioria, considera seu direito esmagar tudo que lhe é diferente e oprimir tudo que não lhe é igual.

Os próprios assuntos do Ciclo Mutações, sugeridos a cada ano por Adauto Novaes, captam, como uma antena, que estamos em um novo momento. Quando fiz a minha primeira conferência, em 2013, o assunto era "O silêncio e a prosa do mundo". O sentimento era de que, apesar dos muitos problemas, havia tempo e espaço para pensar, com calma, a relação entre a linguagem e o mundo, as palavras e as coisas. Nos últimos anos, o Ciclo apontou outros assuntos, prementes diante do que se passa agora: "Fontes passionais da violência", "Dissonâncias do progresso" e "A outra margem da política", até chegarmos aqui, tentando entender como é que estamos "ainda sob a tempestade".

Minha dificuldade, entretanto, não advém dessa situação em si. Não é difícil ver a tempestade. O difícil é admitir que ela não passou, que não pertence ao passado, que o tempo não se encarregou de acabar com ela. Em suma, difícil é admitir que se acreditava que a história humana superaria a tempestade, como se o progresso fosse seu motor necessário e irresistível. Não é. Por isso, o difícil, difícil mesmo, é abandonar o espanto de que "ainda" estamos sob a tempestade, e somente aceitar que, talvez, ela nunca tenha passado e pode jamais passar.

Há coisas que, por mais que estudemos, só entendemos quando vivemos. Coisas que sabemos em teoria, mas que só entram no coração quando as sentimos. Por anos, estudei autores da filosofia do século XX que desmentiam a ideia de que a história humana seria o triunfo do progresso civilizatório sobre a calamidade terrível da barbárie. Por anos, estudei quanto o processo civilizatório costumou acarretar, como seu avesso constante, a própria barbárie: a aproximação de diferentes mundos pela expansão marítima europeia no século XVI foi também a história da violência da escravidão, por exemplo – extraordinária e cruel.

Teoricamente, eu estava pronto para aceitar que a história não é um avanço contínuo para o melhor: o cosmopolitismo, a liberdade ou a igualdade. Esses ideais do século XVIII e do XIX não me convenciam. No entanto, em uma escala muito menor, eu e boa parte da minha geração – nascida nas décadas de 1970 e 1980 – acreditamos que vivíamos em um mundo que, pouco a pouco, melhorava. Não esperávamos mais pela realização de um sonho utópico de futuro, mas achávamos que alguns princípios civilizatórios norteadores estavam assegurados.

Havia motivos para acreditar, e eles se situavam menos no conhecimento histórico do passado do que em uma sensação do nosso presente. No Brasil, por exemplo, o processo de redemocratização, embora falho, foi liderado por presidentes da república cujas biografias eram marcadas pela luta contra a ditadura dos anos 1960 e 1970. Fernando Henrique, sociólogo exilado. Lula, sindicalista combativo. Dilma Rousseff, guerrilheira. Pela primeira vez, agora temos um presidente simpático à ditadura e à tortura, bem como avesso à cultura. Não pensamos que, antes disso, houvesse um céu azul com o sol resplandecente, pois que o campo das tensões políticas e sociais permanecia pesado, mas a tempestade, ao menos, havia passado, parecia que nada mais daquilo podia ecoar para nós.

O rompimento, porém, aconteceu pela via eleitoral. Não foi um golpe, como houve em 1964. É verdade que Lula – segundo pesquisas, o principal concorrente do presidente eleito – não pôde se candidatar por estar preso em um processo controverso liderado pelo juiz Sérgio Moro, que se tornaria ministro do novo governo (em um aceite eticamente nefasto).

Mesmo assim, outros candidatos estavam no páreo. E o mais votado foi o truculento Bolsonaro. Houve clamor popular e apoio social na virada que põe em perigo a democracia liberal progressista.

Pode-se apontar, é claro, quanto as distorções midiáticas e quanto a manipulação pelas redes sociais influenciaram nas últimas eleições do país e de boa parte do mundo. Deve-se frisar, como fez recentemente o colunista Antonio Prata[1], a falha de um jornalismo que não chama as coisas pelos seus nomes: o presidente dá declarações autoritárias que são chamadas de enfáticas e faz afirmações mentirosas chamadas de polêmicas. Essas distorções não devem nos fazer perder de vista, porém, que Bolsonaro – não só ele em si, mas o que ele representa – diz algo do Brasil que é real, verdadeiro, profundo; e, por isso, perigoso.

O Brasil de verdade não é só o que me agrada, mas também o que me horroriza. Não é só Darcy Ribeiro e a universidade. É também Ustra e tortura. Não é só projeto democrático, é insistência fascista. Não é só poesia e pensamento, mas censura e perseguição. Por isso estamos ainda sob a tempestade. Por isso meu engano, e de tanta gente, foi acreditar que, só por termos vindo depois, só porque a história seguiu, a tempestade teria passado. O assombro com o fato de que isso ou aquilo ainda seja possível, assim como de que ainda estejamos sob a tempestade, atesta apenas que a ideia de progresso nos ilude constantemente.

Walter Benjamin, no século XX, identificou a tempestade com o progresso, em um dos seus fragmentos sobre o conceito de história. Eu sempre estudei esse fragmento, mas nunca o havia lido sentindo tão de perto a sua verdade quanto agora. Benjamin fala de um anjo da história cujo rosto é dirigido ao passado – e, onde nós vemos uma sequência de acontecimentos, ele vê uma catástrofe que acumula ruínas. O anjo gostaria de deter-se e juntar os pedaços: "Mas uma tempestade sopra do paraíso e prende-se em suas asas com tanta força que ele não pode mais fechá-las. Essa tempestade o impele irresistivelmente para o futuro, ao qual ele vira as costas, enquanto o amontoado de ruínas cresce até o céu. Essa tempestade é o que chamamos progresso[2]."

1. Antonio Prata, "Polemizando a controvérsia", in: *Folha de S.Paulo*, 28 jul. 2019. Disponível em: www1.folha.uol.com.br/colunas/antonioprata/2019/07/polemizando-a-controversia.shtml. Acesso em 28 out. 2020.
2. Walter Benjamin, "Sobre o conceito de história", in: *Magia e técnica, arte e política*. (Obras escolhidas, v.1), São Paulo: Brasiliense, 1994, p. 226.

É sob essa tempestade que ainda estamos. Somos empurrados para o futuro sem que, contudo, possamos vislumbrá-lo. Estamos de costas para ele. Ruínas vão se acumulando – mortes, injustiças, desigualdades sem cessar – através do progresso que prometera a construção de um futuro ideal. É em nome dele que a natureza é devastada, para ficar em um caso emblemático. Veja-se o que se passa com a Amazônia brasileira. Nossas queimadas eram criticadas desde o século XIX. José Bonifácio já falava do insulto à natureza desse crime horrendo, que nos deixaria sem ter nada a dizer no tribunal da razão. Em 1936, Sérgio Buarque de Holanda volta ao assunto: aponta o prejuízo para a fertilidade do solo e, em uma consciência ecológica singela, para a construção dos ninhos dos pássaros[3].

O difícil de suportar, nesse contexto, é que os regimes políticos democráticos não foram capazes de nos proteger da tempestade. O nó – cada vez mais apertado de nossa época – está justamente aí. De acordo com a frase famosa atribuída a Winston Churchill, a democracia seria o pior regime de governo; com a exceção de todos os outros. Nós sempre escutamos essa frase com assentimento talvez menos pelo que há de positivamente edificante na democracia e mais por aquilo de que ela, negativamente, nos protege: o fascismo. E, contudo, parece que já não estamos mais certos de que as democracias sejam uma garantia dessa sorte.

Não por acaso, abundam livros que tentam entender precisamente o modo pelo qual, sob o funcionamento formal das democracias, elas podem ser corroídas por si mesmas. David Runciman escreveu *Como a democracia chega ao fim*, enquanto Steven Levitsky e Daniel Ziblatt publicaram *Como as democracias morrem*. Não se trata, aqui, de descrever a abordagem de cada uma dessas obras, e sim de apontar que elas são sintomáticas. Nos dois casos, a pergunta é: como? Pois ambas observam que, hoje, as ameaças à democracia não viriam de onde esperamos necessariamente. Não são golpes, como os das décadas de 1960 e 1970, que interrompem a normalidade democrática, e tampouco o fascismo como um sistema organizado. Em suma, o passado pode insistir no presente, deixando-nos ainda sob a tempestade, mas o presente não repete o passado, pois vivemos uma mutação.

---

3. Sérgio Buarque de Holanda, *Raízes do Brasil*, São Paulo: Companhia das Letras, 1995, p. 68.

Reconhecer que há uma mutação em curso na nossa experiência com a política e com o mundo não quer dizer adivinhar-lhe o sentido imediatamente. Muito pelo contrário, a pressa do entendimento, aqui, é sempre contraproducente. Reduz o desconhecido ao conhecido, sem se dar conta do que pode haver de sem precedentes em nosso momento. Compreender exige paciência; exige suportar o fardo que o novo milênio coloca sobre nós, sem vergar ao seu peso. Parece-me que, hoje, a ameaça à democracia brota de dentro da democracia, identificando o *demos* à maioria, que deseja governar ditatorialmente sobre a pluralidade política.

O filósofo Martin Heidegger dizia que a questão decisiva hoje seria saber qual é o sistema político capaz de responder aos desafios da era da técnica. Ele não tinha resposta; e acrescentava nem saber se era a democracia. Seu acréscimo, até hoje, nos assusta. Ele considerava que o capitalismo norte-americano era tão capturado pela técnica quanto o comunismo soviético e o nazismo alemão. Logo, a despeito das diferenças, ambos se orientariam pela industrialização econômica e pelo funcionalismo social, pela eficiência produtivista e pela existência mecanizada. O ser apareceria exclusivamente dessa forma em tais alternativas políticas do século XX[4].

É óbvio que a democracia é melhor que regimes totalitários. O problema é outro: como ela dará conta das mutações contemporâneas, para as quais o totalitarismo ofereceu respostas terríveis e destrutivas? Essas mutações do mundo da técnica não dizem respeito só aos equipamentos digitais do mundo, mas à interpretação técnica do próprio mundo. O perigo não são as máquinas em si, é o entendimento maquinizado do ser. O que nos ameaça é uma tecnocracia da vida na qual só vale e só é aquilo que funciona, em um processo cujo sentido seguimos ignorando. Nem mais sabemos qual é o sentido do sentido. Ou o que é pensar. Não é acaso que nos sintamos perdidos sob a tempestade.

Isso pode ocorrer no interior das democracias. Não vivemos necessariamente em um Estado fascista ou totalitário bem definido e estável. Mas, ao mesmo tempo, há um movimento fascista e totalitário entre nós, capaz mesmo de eleger democraticamente governos dessa natureza. Nunca se deve esquecer que mesmo Hitler foi originalmente eleito, como parte do

---

4. Martin Heidegger, "Heidegger e a política. O caso de 1933", *Revista Tempo Brasileiro*, n. 50, jul-set. 1977, p. 78.

sistema político alemão da década de 1930, o que significa que o desafio é identificar o movimento totalitário. Caberia, talvez, distinguirmos entre os regimes fascistas do século XX, de perfil claro, e os movimentos fascistas do século XXI, que se tornaram turvos.

O fascismo do começo do século XX trazia consigo um ímpeto de futuro. O exemplo italiano é eloquente, na medida em que ali a afinidade entre a política e a arte – uma encarnada em Mussolini e a outra em Marinetti – tornou-se possível pelo mesmo apelo à atualização industrial e bélica que os avanços técnicos trariam. O elogio da velocidade e da máquina foi uma das marcas do futurismo de Marinetti. O fascismo do século XXI parece ter perdido qualquer sinal de jovialidade, ainda que jovens possam se identificar com ele. Não há nada de futurista nesse neofascismo contemporâneo. Nisso, aliás, trata-se de parte de uma mutação ampla: a descrença em uma expectativa de futuro e a rarefação de nossa imaginação civilizatória, que tem nos prendido a um presente que não sai de si.

Em meio à mutação que vivemos, sem referências de compreensão provenientes da tradição que possam nos ajudar, parece que tudo pode ser qualquer coisa, que nada escapa ao destino simbolizado pelo dinheiro: a equivalência universal pela qual todas as coisas se tornam cambiáveis. O fascismo hoje convive com a democracia em uma espécie de indistinção perversa. Precisamente por isso, ninguém acredita que qualquer linha é cruzada em momento algum, uma vez que agora tudo se tornou tolerável pelo esvaziamento de sentido de ser. O horror tornou-se o pão nosso de cada dia desde que deixamos de reconhecê-lo como tal.

Nesse sentido, a falta de cuidado com a linguagem está longe de ser apenas uma circunstância lateral de nossa situação. Quando as palavras se tornam ocas, não dizem mais nada. Podemos fazer piadas com as falas toscas de homens que ocupam a presidência de países importantes do mundo, porém o que elas revelam é o esvaziamento da linguagem pela qual as coisas podem ascender a algum sentido. Só o que conta é a *performance* peremptória e grossa, que ganha apelo graças ao contraste com a hipocrisia de meios-tons ao seu redor. É como se as próprias palavras não dissessem nada de preciso, de necessário e exato. Elas passaram a ser usadas como o dinheiro, que não tem especificidade alguma.

O esvaziamento da linguagem advém, agora, mais de seu abuso do que de sua ausência. Nunca se falou, escreveu ou postou tanto. Nunca se disse tão pouco. Isso é uma observação que não diz respeito a um problema de conhecimento, mas à lida humana mesmo. Nossa brutalidade se mostra nas palavras. Por um lado, mais óbvio, há a agressividade de uma linguagem dominada pelo ódio. Por outro, menos evidente, há uma abolição de todo pudor e da verdade da indefinição das relações humanas, de toda demora que o coração exige, em nome do que é direto e rápido, certo e indubitável. Quem o percebeu foi o filósofo Theodor Adorno, explicando a dimensão política que há nessa mutação da linguagem.

> As ordenações práticas da vida, que se apresentam como algo benéfico para os homens, produzem na economia do lucro uma atrofia do humano, e quanto mais se estendem tanto mais cerceiam tudo o que há de delicado. Pois a delicadeza entre os homens é apenas a consciência da possibilidade de relações desinteressadas, que inclusive acaricia consoladoramente os aferrados à utilidade. [...] Todo o véu que se corre no trato entre os homens é sentido como uma perturbação no funcionamento do aparelho, no qual não só estão objetivamente incorporados, mas em que também se olham com orgulho. Que em vez de levantar o chapéu se saúdem com um "olá" de habitual indiferença, que em vez de cartas se enviem *inter office communications* sem cabeçalho e sem assinatura, são outros tantos sintomas de uma enfermidade do contato. [...] Por detrás da pseudodemocrática supressão das fórmulas do trato, da cortesia antiquada, da conversação inútil e nem sequer injustificadamente suspeita de palavreado, por detrás da aparente claridade e da transparência das relações humanas que não toleram qualquer indefinição, anuncia-se a nua crueza. A palavra direta que, sem rodeios, sem hesitação e sem reflexão, se diz ao outro em plena cara tem já a forma e o tom da voz de mando que, sob o fascismo, passa dos mudos aos que guardam silêncio[5].

O trecho extenso de Adorno representa bem o modo como chegamos aqui. O que ele chama de "ordenações práticas da vida" se opõe, em sua procura por otimizar ou efetivar os afazeres, ao mais propriamente humano, em sua delicadeza. Não haveria mais tempo ou espaço para

---

5. Theodor W. Adorno, *Minima moralia*, Lisboa: Edições 70, 2001, p. 32.

isso. Tudo é interesse, de um lado ou do outro. Na nudez absoluta da objetividade eficiente, pouco resta para relações que nos pedem demora. No funcionamento do aparelho, as relações entre os seres humanos são como a relação geométrica entre dois pontos, ou seja, trata-se sempre de achar a linha reta entre eles; o único problema é que, assim, tratamo-nos como pontos, e não mais como humanos. Pior: há quem se orgulhe desse tratamento.

Os exemplos do filósofo alemão do século XX nem chegam aos pés do que vivemos hoje. Levantar o chapéu? Perdemos até o "olá". E os *e-mails* ou as mensagens de WhatsApp não se assinam, sob a pena de se parecer desconhecer a etiqueta básica de tais meios. Tudo é rápido. Direto. Cru. Essa "palavra direta, sem rodeios, sem hesitação e sem reflexão" é a própria rudeza do mundo em que vivemos. No Brasil, sua versão mais recente foi expressa, com um misto de hostilidade e autocongratulação, na fórmula "chega de mimimi". Do ponto de vista político, da pólis que diz respeito aos muitos, e não somente do jogo partidário, esse já seria um modo de expressão do mando de caráter fascista. Todo *mas*, *porém*, *todavia* ou *contudo* aparece como sinal de fraqueza. E assim não se pensa nada.

Não é difícil perceber no que vivemos à sombra do diagnóstico que a pensadora Hannah Arendt elaborou no início dos anos 1960 sobre a "banalidade do mal"[6]. Sua hipótese era que a origem do mal às vezes podia se situar não na malignidade subjetiva interior de alguém, mas na simples recusa a pensar o sentido do que se faz. No entanto, essa banalidade, tal como encontrada no nazismo, por exemplo, era inconsciente de si. O indivíduo era simplesmente tomado pela banalidade. Hoje, o que vemos é o orgulho dessa banalidade. Ela é ostentada como algo positivo. Ser estúpido virou moda. Estamos na época do elogio da burrice. Por isso todo pensamento é suspeito; arte e cultura, assim como ciência e educação, são secundárias, perseguidas, limitadas e censuradas: desde quadrinhos na Bienal do Livro até a atividade docente.

Quem pensa pode vir a desobedecer, como observa o filósofo Frédéric Gros[7]. Não se suporta, por isso, a crítica – e ela é o fundamento do

---

6. Hannah Arendt, *Eichmann em Jerusalém: um relato sobre a banalidade do mal*, São Paulo: Companhia das Letras, 2000, p. 299.
7. Frédéric Gros, *Desobedecer*, São Paulo: Ubu, 2018, p. 18.

republicanismo. Immanuel Kant, o iluminista do século XVIII, já ensinara que nada na vida moderna deveria sobreviver sem passar pelo crivo da crítica. O atual governo brasileiro é, nesse sentido, antimoderno. Tem e faz muitos inimigos. O maior deles, porém, não é um partido ou uma personalidade. É o pensamento, onde quer que esteja. Não deseja liberdade, mas obediência travestida de escolha (entre o que já está dado). O cerne da liberdade, contudo, nunca está na decisão entre isso e aquilo que nos é oferecido, mas na capacidade de escapar à alternativa já estabelecida. Por isso o pensamento já é, em si mesmo, uma liberdade, na medida em que permite recusar a alternativa previamente estabelecida que, em geral, nos é imposta.

Não é de hoje, porém, que a democracia e o pensamento entram em colisão. Pelo contrário. Na origem do Ocidente, já encontramos a decisão democrática condenando a filosofia, conforme fica claro pelo exemplo de Sócrates. O pensador grego foi obrigado a tomar cicuta, acusado de corromper a juventude. Seu exercício do pensamento crítico em praça pública foi visto não só como desobediente, mas como capaz de fomentar desobediência, o que significava um risco para a democracia em vigência na pólis ateniense. O problema talvez pudesse ser então colocado nos seguintes termos: se a democracia se transforma apenas em governo da maioria e escolha entre o que está dado, o pensamento será um risco, na medida em que ele pode questionar a maioria e busca uma liberdade daquilo que ainda não está dado, ou seja, não se contenta com aquilo que se lhe impõe.

Desse ponto de vista, o famoso adágio de Sócrates – "só sei que nada sei" – é revelador. Não é mero reconhecimento de humildade. Mesmo porque, com ele, o pensador grego pretendia anunciar que sabia alguma coisa e que essa coisa – a sua ignorância – já o colocava em certa vantagem, já que a maior parte das pessoas supõe deter uma série de opiniões muito certas e fortes. Dizendo "só sei que nada sei", Sócrates conferia a seu pensamento um caráter de suspensão e investigação. Pensar seria mais tatear do que asseverar, mais interrogar do que afirmar. Talvez por isso Sócrates nunca tenha escrito nada, e sabemos dele apenas o que outros, como Platão, relataram. Escrever podia parecer a ele perder a mobilidade incerta na qual a fala deixa o pensamento viver, fixando demasiadamente as ideias.

Sócrates não queria impor certezas, mas desejava pensar e, se possível, fazer pensar. Seu filosofar peripatético, andando pela praça pública, era uma busca de convivência entre pensar e agir, ou melhor, era uma tentativa de fazer do pensamento uma ação e de agir pelo pensamento. Não se tratava de um convencimento, pois isso supõe que já se saiba de algo que o outro ignora. Tratava-se desse exercício, ao mesmo tempo sutil e decisivo, que é se colocar em um caminho – o caminho do pensamento – cujo fim nunca temos como saber de antemão. Não por acaso, o método de Sócrates ficou conhecido como maiêutica: a arte de parir ideias. Ou seja, não se tratava de inventá-las ou afirmá-las, mas, sim, de ajudá-las a nascer. Pensar é estar aberto à imprevisibilidade do nascimento, já que é uma atividade de suspensão das certezas que trazemos em nós.

Maiêutica

Gerar é escura
lenta
forma in
forme

gerar é
força
silenciosa
firme

gerar é
trabalho
opaco:

só o nascimento
grita[8].

Esse é um poema de Orides Fontela, cujo título, "Maiêutica", remete a Sócrates. O pensamento talvez possa ser como esse "gerar" de que fala

---

8. Orides Fontela, *Poesia reunida*, São Paulo/Rio de Janeiro: Cosac Naify/7Letras, 2012, p. 280.

o poema: força silenciosa, embora firme. Trabalho opaco. Ou seja, não necessariamente o ouvimos e o vemos enquanto ele está gerando. Escura e lenta forma, ainda informe, tomando uma forma. Pois só o nascimento grita. Esse "só" pode significar tanto "apenas", no sentido de "exclusivamente", quanto representar a solidão. Isso é o nascimento que grita, apenas ele e solitariamente ele, gerado pelo pensamento no silêncio que lhe é próprio e que prepara algo de novo no porvir.

O pensamento, aqui, não é mera operação mental, sinônimo de planejamento, cálculo, operação ou execução. Isso tudo ainda se situa dentro – e sem fricção – do funcionamento do aparelho em que se transformou a sociedade moderna. Pensar é a possibilidade de estranhar tal funcionamento e questionar o seu sentido. Pois o pensamento tem uma dimensão destrutiva: ele é capaz de destruir preconceitos – não somente de ordem moral, como o racismo ou a homofobia, mas também da compreensão que temos do mundo: por exemplo, do que é a política. O pensamento não é difícil por exigir nossa inteligência, e sim por nos fazer abandonar princípios com os quais contávamos, as certezas sólidas pelas quais entendíamos o mundo. Por isso, em qualquer regime de governo, ele é um risco para a estabilidade social.

Em tese, a democracia deveria ser menos refratária ao pensamento por garantir a pluralidade, o que incluiria as diferentes formas de pensar. No entanto, nossas democracias atuais parecem cada vez mais frágeis nesse sentido. Elas deixaram o fascismo entrar, ou melhor, vicejar, uma vez que talvez ele jamais tenha, de fato, estado fora. Fascismo, aqui, diz respeito simplesmente à tendência à intolerância, ao controle autocrático ou até o viés autoritário em sociedades de massas, como as que apareceram pioneiramente no Ocidente no século XX. Sua prática, por isso, costuma ser acompanhada da perseguição ao pensamento, na medida em que este é vocacionado a indagar criticamente razões de qualquer controle ou autoritarismo. Quando, mesmo em regimes democráticos, o pensamento é visto como um perigo a ser eliminado, podemos desconfiar que germes de natureza fascista estão aparecendo, ainda que apenas em movimento.

Nesse sentido, vivemos atualmente a banalização da democracia. Todos a elogiam. Ela se tornou um clichê esvaziado de conteúdo ou pensamento, como costumam ser os clichês. Só que houve ainda mais uma volta no parafuso: o *demos*, a maioria investida do poder de maioria, voltou-se então contra o pensamento. Por isso, além de estarmos sob a tempestade, mal conseguimos senti-la ou compreendê-la. Os homens normais não sabem que tudo é possível – e que nenhum regime de governo, apenas pelo seu título, evitará isso. Todas as piores atrocidades podem ocorrer, e não há ano que possa, só porque veio depois, se sentir a salvo. O acúmulo do tempo não nos faz necessariamente melhores. Não se trata, com isso, de negar o valor político evidente da democracia, mas de pensar o seu sentido. Parafraseando Kant, arrisco dizer que o pensamento sem a democracia é vazio, mas que a democracia sem o pensamento é cega.

A credulidade na política e a persistência do fascismo
Helton Adverse

No começo de os *Irmãos Karamázov*, Dostoiévski descreve uma cena na qual Fiódor Pavlovitch Karamázov, justamente o pai dos irmãos Karamázov, visita, no recinto de um mosteiro, o *stárietz* Zossima. "Mestre – pergunta Fiódor Pavlovitch ao *stárietz*, fazendo pastiche da conhecida passagem do Evangelho de Lucas (10, 25) – o que eu devo fazer para herdar a vida eterna?" E Zossima responde: "O principal é não mentir para si mesmo. Quem mente para si mesmo e dá ouvidos à própria mentira chega a um ponto em que não distingue nenhuma verdade nem em si, nem nos outros e, portanto, passa a desrespeitar a si mesmo e aos demais"[1]. O tema que gostaríamos de examinar, a saber, a credulidade na política, pode ser abordado a partir das questões colocadas em primeiro plano por Dostoiévski: a mentira, quando sistematicamente praticada, não somente falsifica a realidade para aqueles a quem ela é dirigida, mas também afeta a capacidade do próprio mentiroso de discernir o verdadeiro do falso. Hannah Arendt chama a atenção para esse risco lembrando a anedota do sentinela da cidade medieval que gostava de fazer "piadas práticas":

> É uma história sobre o que aconteceu uma noite em uma cidade em cuja torre de vigia se encontrava de serviço, dia e noite, um sentinela que deveria avisar ao povo da aproximação do inimigo. O sentinela era um homem dado a piadas práticas, e naquela noite ele soou o alarme

---

1. Fiódor Dostoiévski, *Os irmãos Karamázov*. Tradução de Paulo Bezerra. São Paulo: Editora 34, 2008, p. 72.

apenas para assustar seus concidadãos. Seu sucesso foi estarrecedor: todos correram para os muros, e o último a correr foi o próprio sentinela[2].

Essa anedota complementa a cena de Dostoiévski e nos permite entrar na questão que nos interessa. Por um lado, ela reforça a tese de que a mentira alcança seu efeito mais deletério quando neutraliza no próprio mentiroso a capacidade de distinguir o verdadeiro do falso (isto é, quando o mentiroso se torna vítima de sua própria mentira) e, por outro lado, ela indica o fato de que nossa apreensão da realidade depende de nossa relação com os outros. O sentinela termina por correr aos muros da cidade, acreditando na mentira que inventou, por causa do efeito que ela produziu sobre os demais. Sua certeza interna foi abalada por uma reação coletiva que lança por terra seu projeto de iludir. Gostaríamos, então, de fixar dois pontos (na verdade, duas constatações) para o desenvolvimento de nossas análises: em primeiro lugar, somos capazes de mentir para nós mesmos a ponto de nos tornarmos vítimas de nossa própria mentira, não discernindo mais o verdadeiro do falso; em segundo, o acionamento de nossa capacidade de distinguir o verdadeiro do falso (e, por extensão, nossa capacidade de apreender a realidade) depende dos demais seres humanos com quem compartilhamos o mundo. E, para completar esse esquema inicial, resta afirmar que aquilo que denominamos de "credulidade" – que consiste em nossa disposição geral em acreditar, dirigida tanto àquilo que se apresenta a nossos sentidos quanto às pessoas com quem interagimos – repousa sobre nossa capacidade de discernir o verdadeiro do falso. Em outras palavras, damos nossa aceitação epistêmica (e, em geral, nossa adesão moral e política) somente àquilo que reconhecemos como verdadeiro.

★ ★ ★

Isso posto, podemos passar ao seguinte problema: que relação há entre a credulidade e o fascismo (ou, de modo mais genérico, o totalitarismo)? A pergunta nos parece pertinente porque um traço distintivo do movimento totalitário é sua capacidade de mobilizar a massa, ou seja,

---

2. Hannah Arendt, "Truth and Politics", in: *Bewteen Past and Future*, New York: Penguin Books, 1968, p. 254.

um grande número de pessoas, e essa mobilização apenas é possível na forma de adesão. Ora, mas a que exatamente as massas aderem em um movimento totalitário? Elas aderem a uma visão de mundo, formulada como ideologia. A esse respeito, as análises de Hannah Arendt são esclarecedoras.

Segundo Arendt, a ideologia em um movimento totalitário funciona menos por seu conteúdo do que por sua forma. A ideologia é sobretudo a "lógica de uma ideia"; ela vale por sua "logicalidade", sendo tão importante o que ela é capaz de fazer quanto aquilo que ela diz. Para nossos propósitos, devemos apresentar esse ponto de modo um pouco mais detalhado.

A ideologia é uma *Weltanschauung*, uma visão totalitária do mundo. Nada pode ficar de fora de seu campo de compreensão e, por esse motivo, ela deve se apoiar em poucas premissas, uma exigência para que sua explicação seja pregnante. A partir dessas premissas, a ideologia é capaz de deduzir o mundo, virando de cabeça para baixo nossa experiência comum do conhecimento e colocando-se, por conseguinte, ao abrigo de qualquer refutação que a realidade possa interpor. "As ideologias", diz Arendt, "assumem que apenas uma ideia é suficiente para explicar tudo no desenvolvimento da premissa e que nenhuma experiência pode explicar nada porque tudo está compreendido nesse consistente processo de dedução lógica"[3]. Em última instância, é seu *modus operandi* que a diferencia de qualquer preconceito, ou noção preconcebida, que povoa costumeiramente o mundo social. Assim, o racismo não é nenhuma novidade na Europa do século XX: sua história remonta a séculos ou milênios. Mas, fora do contexto totalitário, a ideia de raça não pode operar como uma visão totalitária de mundo, visto que encontra limitações, contrapontos, hostilidades de outros modos de conceber a realidade. O racismo no contexto não totalitário permanece um elemento isolado, e sua capacidade de produzir efeitos políticos depende de articulação dos ignorantes e fanáticos que o defendem. Mas Arendt esclarece, nunca é demais frisar, que a ideologia totalitária não é uma ampliação de ideias já presentes no mundo; trata-se de apoiar-se sobre sua lógica (sua "logicalidade") para

---

3. Hannah Arendt, *The Origins of Totalitarianism*, San Diego/New York/London: Harcourt Brace & Company, 1975, p. 470.

produzir três efeitos interligados: 1) impedir que qualquer aspecto da realidade possa contradizer sua premissa; 2) substituir a capacidade humana de pensar pela "camisa de força" da lógica e 3) neutralizar a espontaneidade humana, anular a vontade de agir de modo a torná-la não apenas supérflua, mas inimiga da realização do projeto totalitário (o súdito ideal do sistema totalitário não é aquele que adere por convicção, mas aquele que não tem convicção nenhuma). Esses três efeitos convergem na eliminação da liberdade do mundo.

Mas como, exatamente, funciona a ideologia? Arendt destaca três aspectos. Em primeiro lugar, em sua reivindicação de explicação total, "as ideologias têm a tendência a explicar não o que é, mas o que vem a ser (*becomes*), o que nasce e passa"[4], isto é, as ideologias estão sempre preocupadas com o movimento, estão sempre voltadas para a história. Não surpreende, portanto, a preocupação dos nazistas[5] (e também do stalinismo) de reescrever a história, modificando o passado e antecipando o futuro. Sem essa captura do tempo e da história, a visão de mundo não pode ser totalitária nem desenvolver sua segunda característica, que é, como já salientamos, "tornar-se independente de toda experiência da qual ela não pode aprender nada de novo, mesmo que seja algo que acabou de acontecer"[6]. Emancipada da realidade que percebemos com nossos cinco sentidos, a ideologia "insiste em uma realidade mais 'verdadeira' escondida por detrás de todas as coisas perceptíveis, dominando-as a partir desse lugar escondido e requerendo um sexto sentido para nos tornar capazes de dela tomar consciência"[7]. Ora, a ideologia faz as vezes do sexto sentido, ou seja, da capacidade de organizar em um todo inteligível as percepções do mundo que nos cerca. Outro modo de expressar esse ponto é afirmar que a ideologia arruína o senso comum, substituindo-o pela doutrina. (Em outro contexto, Arendt afirmará que "a principal distinção política entre senso comum e lógica é que o senso comum pressupõe um mundo comum no qual todos nós nos integramos, onde podemos viver juntos porque possuímos um sentido que controla e ajusta todos os dados da sensação estritamente particulares àqueles dos outros; ao passo que a lógica

---

4. *Ibid.*
5. A respeito, ver o livro de Johann Chapoutot, *Le Nazisme et l'Antiquité*. Paris: PUF, 2012.
6. Hannah Arendt, *The Origins of Totalitarianism, op. cit*, p. 470.
7. *Ibid.*, pp. 470-1.

e toda autoevidência que procedem do raciocínio lógico podem pleitear uma realidade inteiramente independente do mundo e da existência de outras pessoas"[8]). Essa perda do senso comum é, do ponto vista não apenas cognitivo, mas também epistemológico e social, um dos efeitos mais devastadores da ideologia. A confiança em nossa percepção do mundo é abalada, pois que seu autêntico sentido aguarda se revelar por meio da interpretação ideológica, prerrogativa daqueles que estão hierarquicamente acima do homem comum e, em última instância, direito incontestável do líder (voltaremos ao problema do senso comum logo adiante). Em terceiro e último lugar, e como decorrência dos aspectos anteriores, está o fato de que, se as ideologias não têm o poder de "transformar a realidade, elas atingem a emancipação do pensamento perante a experiência por meio de certos métodos de demonstração"[9]. Pouco importa a natureza desse método (dialético, hipotético-dedutivo ou outro qualquer), desde que, nesse processo, impere a "logicalidade" da ideia ou a consistência lógica do processo argumentativo, exatamente porque esse processo corresponde ao movimento dos processos sobre-humanos, trazendo para o âmbito da argumentação a mesma necessidade e imperiosidade que caracterizam a lei que determina tudo o que acontece. Isso apenas pode ser feito porque a argumentação ideológica "imita" a dupla característica da ideologia, a saber, o movimento e o descolamento da realidade. O "movimento do pensamento", afirma Arendt, não se origina da experiência, mas é autogerado e retém apenas um elemento da realidade para consolidar sua premissa, deixando o resto da cadeia demonstrativa ao abrigo do mundo real. Assim, se aceitamos que existe uma raça superior e que as demais são inadequadas para viver, somos obrigados a aceitar as consequências dessas premissas – vale dizer: que é legítimo o assassinato de todos aqueles que pertencem a raças ditas inferiores. O fato é que o pensamento totalitário se apoia na "tirania da logicalidade", a qual começa, diz Arendt, "com a submissão da mente à lógica como um processo sem fim". E, com essa submissão, ele entrega sua "liberdade interna", assim como sua "liberdade de movimento quando se dobra à tirania"[10].

8. Idem, "Understanding and Politics". In: *Essays in Understanding. 1930-1954*, New York: Schoken Books, 1994, p. 318.
9. Idem, *The Origins of Totalitarianism*, op. cit., p. 471.
10. *Ibid.*, p. 473.

Essas considerações nos ajudam a compreender em que medida a ideologia aniquila a capacidade de pensar, substituindo-a pela "lógica". Esta última não depende da existência de um mundo compartilhado para ser exercida. A esse respeito, Arendt diz o seguinte: "A única capacidade do espírito humano que não precisa de um eu, nem do outro nem do mundo, de modo a funcionar com segurança, e que é tão independente da experiência quanto do pensamento, é o raciocínio lógico cuja premissa é autoevidente"[11].

Com efeito, o raciocínio lógico é, por um lado, independente da realidade, pois que suas premissas nada têm a ver com o mundo que conhecemos empiricamente. Por outro lado, a "lógica", além de rigorosa, detém enorme força coercitiva. Não surpreende Mercier de la Rivière (como lembra a própria Arendt) afirmar que "Euclides é um verdadeiro déspota, e as verdades geométricas que ele nos transmitiu são leis verdadeiramente despóticas"[12]. Com isso, podemos inferir que a força da lógica cumpre sua função política na ideologia enquanto pode ser aplicada na solidão, e a partir de agora começamos a seguir outra pista que vai nos ajudar a melhor compreender o problema da credulidade.

A solidão é uma experiência humana fundamental, que todos nós conhecemos com maior ou menor frequência e intensidade. Contudo, na modernidade, em especial a partir do surgimento das sociedades de massa, a solidão desenvolveu um potencial político quando se desdobra em desolamento. Mais uma vez, o pensamento de Hannah Arendt nos será de grande auxílio.

Em *Origens do totalitarismo*, Arendt distingue três formas de "experiência" humana: o isolamento, o desolamento e a solidão (*isolation, loneliness, solitude*). O isolamento corresponde à situação na qual os seres humanos estão isolados uns dos outros em um espaço público desertificado. É o que ocorre em qualquer regime autoritário (e, da forma mais violenta possível, em um regime totalitário), quando o acesso ao espaço público é impossível pela simples razão de encontrar-se destruído. Em condições assim, cada ser humano é, sob o aspecto político, remetido à própria individualidade, sem poder compartilhar as próprias opiniões e pontos de

---

11. *Ibid.*, p. 477.
12. Mercier de la Rivière, citado por Hannah Arendt em "Truth and Politics", *op. cit.*, p. 240.

vista acerca do mundo comum. Importa frisar, então, que o isolamento é uma condição eminentemente política, entendida por Arendt como resultado inevitável de um regime cuja condição de possibilidade é a supressão da esfera pública.

O desolamento é de natureza diferente, embora possa estar associado com o isolamento. Em linha gerais, trata-se da perda dos laços com os outros e, em sua forma mais acentuada, da perda do laço consigo mesmo. É precisamente esse aprofundamento existencial que falta ao isolamento, pois que este é compreendido essencialmente como uma condição "externa" ao ser humano, visto que suas causas e seus efeitos são tomados exclusivamente na dimensão política. Em contrapartida, o que tipifica o desolamento é precisamente a transformação dessa condição "externa" e temporária em uma experiência existencial, seguindo daí uma de suas características mais pungentes, isto é, o desespero. Esse ponto é sintetizado por Arendt da seguinte maneira:

> Enquanto o isolamento concerne ao domínio da vida política, o desolamento concerne à vida humana como um todo. O governo totalitário, como todas as tiranias, certamente não poderia existir sem destruir o domínio público da vida, isto é, sem destruir, ao isolar os homens, suas capacidades políticas. Mas a dominação totalitária como forma de governo inova na medida em que não se contenta com esse isolamento e destrói também a vida privada. Ela [a dominação totalitária] se baseia no desolamento, na experiência de não pertencimento ao mundo, a qual está entre as experiências mais radicais e desesperadoras do homem[13].

Como podemos ver, enquanto o termo "isolamento" descreve o fenômeno de atomização dos cidadãos de determinada comunidade política sob regimes autoritários, o termo "desolamento" permite explicar como se dá a implementação de um governo totalitário. Este último destrói não apenas a esfera pública, mas igualmente a esfera privada, e essa destruição corresponde à experiência de aniquilação dos laços com o mundo. Mas um ponto crucial para nós é que o totalitarismo promove essa destruição,

---

13. Hannah Arendt, *The Origins of Totalitarianism*, *op. cit.*, p. 475.

mas não a cria como experiência. Na verdade, a experiência do desolamento antecede ao surgimento do governo totalitário. Nunca é demais lembrar que Arendt está convencida (e nós a acompanhamos) de que essa experiência é uma das condições para seu advento. Em outros termos, nós todos conhecemos o desolamento quando nos encontramos apartados de nossos semelhantes, quando sentimos um estranhamento diante da sociedade à qual deveríamos pertencer. O desolamento não se separa do sentimento de desenraizamento e de superfluidade, particularmente associados à sociedade de massas. Com efeito – e certamente Arendt não é a única pensadora que demonstrou sensibilidade a esse fenômeno –, as sociedades modernas são profundamente marcadas por essas experiências, que se traduzem na perturbadora sensação de não pertencer finalmente a lugar nenhum, de não se encaixar ou, ainda, na sensação de que a vida de cada um de nós é facilmente descartável, algo que se anuncia também na literatura russa do século XIX nos livros de Turguêniev, *Diário de um homem supérfluo* e de (novamente) Dostoiévski, *Memórias do subsolo*.

Superfluidade e desenraizamento. Esses sentimentos nos conduzem a um desamparo profundo, radical, no qual estamos separados dos outros e, o que é mais contundente, separados de nós mesmos, abandonados por nós mesmos. Isso não se confunde, então, com o que Arendt chama de *solitude*, sem equivalente em português e que, na ausência de termo melhor, podemos traduzir simplesmente por "solidão". No caso desta última, não estamos completamente sós porque fazemos companhia a nós mesmos. Do ponto de vista de Arendt, a solidão (*solitude*) pode ser um estado extremamente criativo, pois corresponde ao recolhimento necessário para a reflexão ou para o trabalho artístico e, nessa condição, estamos em diálogo com nós mesmos e mobilizamos o legado cultural que herdamos e que nos auxilia na tentativa de construção de sentido para nossas existências. Na verdade, nós necessitamos da solidão toda vez que nos aventuramos a refletir sobre o mundo e sobre o que nele fazemos, o que podemos fazer somente quando carregamos o mundo conosco, dentro de nós, quando fazemos companhia para nós mesmos. Arendt, em algumas ocasiões, lembra a frase de Catão reportada por Cícero: "nunca estou menos só do que quando estou sozinho e nunca sou mais ativo do que quando não estou fazendo nada". Ser capaz de vivenciar a solidão é o sinal de que possuímos espiritualidade, interioridade, uma vida profundamente rica, a que a frase de Catão alude; em suma, ser capaz de solidão é a prova, em última instância, de que somos seres não somente *no* mundo, mas *do* mundo. Em contrapartida, o desolamento é um abandono de si mesmo, uma experiência dolorosa que não raras vezes conduz ao desespero (como observado por Arendt), mas também à depressão. Esse sentimento, irmanado com o desolamento, foi magnificamente expresso por Julia Kristeva, que, em seu livro *Sol negro*, o descreve na chave da melancolia: "o melancólico é um estrangeiro na sua língua materna"[14]. Bela imagem que nos descortina o abandono mais radical que somos capazes de vivenciar, pois que consiste na perda do último abrigo, o refúgio derradeiro que conserva nosso sentimento de pertencer à humanidade: a língua.

Se nos demoramos um pouco sobre essas experiências é porque elas são cruciais para pensarmos o problema da credulidade. Nossa aposta é a de que, quanto mais estivermos expostos ao desolamento e quanto menos formos capazes de experimentar a solidão, mais seremos suscetíveis a dar nosso assentimento àquilo que nos é apresentado como verdade, menos seremos capazes de julgar, menos seremos capazes de diferenciar o verdadeiro do falso. Mas, para entender melhor essas formulações, devemos retomar o problema da ideologia e aquele apenas aventado, isto é, o senso comum.

★ ★ ★

Na perspectiva de Arendt, a ideologia opera pela "logicalidade", como vimos. Mas cabe inquirir as razões que tornam essa "logicalidade" tão poderosa. A resposta não pode ser meramente formal, ou seja, não basta dizer que a lógica detém força coercitiva. Isso seria simplesmente repetir na resposta o que está contido na pergunta. Por isso, parece-nos necessário postular que a ideologia seduz na medida em que a lógica é uma resposta à ausência de pensamento característica do desolamento. E ela apenas pode cumprir essa função se restitui àquele que se encontra nessa condição o sentimento de totalidade. Vale lembrar que a ideologia é um discurso sobre o todo, com o poder incomparável de

---

14. Julia Kristeva, *Sol negro: depressão e melancolia*. Tradução de Carlota Gomes. Rio de Janeiro: Rocco, 1989, p. 55.

enquadrar a realidade em um modelo onicompreensivo: nada fica de fora da explicação ideológica, ela satura a realidade de sentido, não deixando absolutamente nada para o acaso ou a contingência. Como vimos há pouco, a ideologia "deduz" o mundo, ela tem um papel fundamental no projeto de construção de um mundo inteiramente fictício (ao lado do *terror*, do qual não trataremos aqui). Mas o mundo fictício que ela quer produzir deve se diferenciar do mundo real na medida em que dele *elimina toda indeterminação*. Mas não apenas isso. Esse mundo artificial não é, rigorosamente, o mundo partilhado, pois que a partilha implica o reconhecimento da diferença entre aqueles que dele fazem parte, o que Arendt chamava de "pluralidade". O mundo totalitário não é composto de múltiplos indivíduos diferentes entre si; na verdade, essa pluralidade cede lugar a um "homem gigantesco", como se os seres humanos fossem unidos por um "cinturão de ferro", diz Arendt[15], mantido pelo regime do terror. A imagem do homem gigantesco permite compreender que o movimento totalitário, por um lado, visa à produção de um *mundo unitário* e, por outro, visa à produção fantasmática daquilo que Claude Lefort denominou de "povo-Uno"[16].

Para nós importa assinalar que a produção desse mundo implica duas coisas: 1) trata-se do mundo da *mentira organizada*, visto que a ideologia é simultaneamente a transformação da mentira em visão de mundo e a negação da realidade naquilo que ela tem de peculiar, a saber, sua recalcitrância às explicações totalizantes; 2) trata-se, como já indicamos, de uma radical *alienação do mundo*, isto é, de uma perda do mundo comum, partilhado, em que compareçamos como indivíduos únicos diante dos outros e no qual cada um de nós pode manifestar o próprio ponto de vista sobre a realidade em que estamos inseridos. Esses dois tópicos dão continuidade aos dois pontos que havíamos destacado no início do texto, a saber, o risco de cada um de nós acreditar em sua própria mentira e a necessidade da existência de uma comunidade humana para que possamos exercer nossa

---

15. Hannah Arendt, *The Origins of Totalitarianism, op. cit.*, p. 466.
16. Eis como Lefort define o "povo-Uno": "No que este consiste idealmente? Num Grande Vivente, na sociedade concebida como indivíduo coletivo, agindo, fazendo-se, tomando posse de todas as suas faculdades para se realizar, desembaraçando-se de tudo o que lhe é estranho: um *corpo* que tem o recurso de controlar os movimentos de cada um de seus órgãos e de cada um de seus membros" ("Stálin e o stalinismo", *in*: Claude Lefort, *A invenção democrática*. Tradução de Isabel Loureiro e Maria Leonor Loureiro. Belo Horizonte: Autêntica, p. 113).

capacidade de pensar – em especial, a capacidade de distinguir o verdadeiro do falso. E, da mesma forma que esses dois pontos conduziam ao problema da credulidade na política, os dois tópicos acima nos conduzem ao tema do senso comum. Mais precisamente, o esquema que sugerimos pode ser formulado nos seguintes termos: a credulidade na política aumenta na mesma proporção em que diminui o senso comum, da mesma forma que a mentira se dissemina na medida em que nos alienamos do mundo. Vamos tentar compreender esse equacionamento, começando pela noção de senso comum.

Em primeiro lugar, o senso comum não se confunde com o bom senso, embora estejam ligados porque o bom uso de nossa capacidade de pensar é dependente da existência de um mundo comum (como temos insistido). O senso comum não é também uma faculdade espiritual autônoma e não se confunde com a razão, pois que esta opera em um registro diferente, que poderíamos chamar, sem maiores especificações, de "conceitual". Mas o que é, finalmente, o senso comum? Para responder a essa questão, não podemos perder de vista que se trata de um sentido comum, isto é, de um sentido que conhecemos não individualmente, mas na partilha do mundo com os outros. Originalmente, o senso comum é aquilo que percebemos com o outro, aquilo que pode ser objeto de percepção simultaneamente por cada um de nós e pelos outros. Ao menos essa parece ser a forma pela qual Agostinho o entende quando afirma, no capítulo 7 do segundo livro de *Do livre arbítrio*, que existem coisas comuns e de ordem pública, as quais são percebidas por todos, sem alteração[17]. Arendt, leitora de Agostinho, retém algo dessa observação, mas introduz uma importante modificação ao afirmar que o senso comum é, na verdade, um sexto sentido, uma capacidade de unificar aquilo que percebemos com nossos cinco sentidos individuais privados. Mais precisamente, ele é o sentido que nos permite "adequar à realidade como um todo nossos cinco sentidos estritamente individuais, assim como os dados estritamente particulares que eles percebem. É por virtude do senso comum que as outras percepções sensoriais podem desvelar a realidade e não são

---

17. Na tradução inglesa de *Do livre arbítrio*, Agostinho diz a Evódio que existem coisas que são *"common public property"*, isto é, de "propriedade pública comum". Augustine, *On the Free Choice of the Will, On Grace and Free Choice, and Other Writings*. Tradução de Peter King. Cambridge: Cambridge University Press, 2010, p. 46.

meramente sentidas como irritações de nossos nervos ou sensações de resistência de nossos corpos"[18].

Como podemos ver, o senso comum é uma faculdade que cumpre, em primeiro lugar, uma função gnosiológica, pois que permite organizar nossos sentidos de modo que estes produzam uma compreensão das percepções particulares. Mas ele faz muito mais do que isso. O senso comum é a condição sem a qual não poderia haver um mundo comum partilhado. Nesse sentido, ele cumpre uma função eminentemente política.

Podemos, assim, estabelecer uma dupla relação entre o senso comum e o mundo. De uma parte, o senso comum prepara os dados sensíveis em vista da percepção organizada de um mundo; de outra, assegura a comunicação das percepções individuais entre aqueles que partilham um mundo comum. Este último aspecto do senso comum é mais bem compreendido quando lembramos, com Arendt, o conceito kantiano de *sensus communis*. Mas, antes de explicitá-lo, convém atarmos com mais rigor o laço entre senso comum e mundo, pois isso já nos coloca diante da questão da credulidade. E mais uma vez recorremos a Arendt, reproduzindo a frase que dá continuidade àquela que acabamos de citar e que é central para nossos propósitos: "Um decréscimo notável do senso comum em qualquer comunidade dada e um aumento notável da superstição e da credulidade são, assim, signos quase infalíveis da alienação do mundo"[19].

O fenômeno da alienação do mundo implica, portanto, o encolhimento do senso comum e o aumento da credulidade. Esse fenômeno está associado à esgarçadura do espaço público, ao empobrecimento da esfera pública e à concomitante transformação da política em uma atividade essencialmente administrativa. Para Arendt, a experiência política moderna se caracteriza sobretudo por um afastamento dos cidadãos da vida pública e o conseguinte recolhimento na vida privada. Em seus termos, trata-se da "atrofia do espaço da aparência"[20]. Nesse sentido, a alienação do mundo corresponde a uma "despolitização" dos indivíduos, à perda de interesse pelo mundo comum. Socialmente, isso se reflete na atomização dos indivíduos e, do ponto de vista cognitivo, torna-os mais vulneráveis à ideologia. Vale lembrar que a perda do senso comum, concomitante

---

18. Hannah Arendt, *The Human Condition*, Chicago: The University of Chicago Press, 1958, pp. 208-9.
19. *Ibid.*, p. 209.
20. *Ibid.*

à alienação do mundo, dispõe os indivíduos a aceitar a lógica como seu substituto[21]. Afinal de contas, a lógica, como vimos, em nada é afetada pelo isolamento, isto é, nossa capacidade de raciocínio lógico permanece intacta mesmo que o mundo não exista mais.

A alienação do mundo nos torna mais crédulos e mais dispostos a dar nossa adesão às ideologias totalitárias. E, se levarmos em conta a fórmula proposta por Arendt – menos senso comum, mais credulidade –, então somos obrigados a concluir que um dos traços mais marcantes da realidade política atual é precisamente o enfraquecimento de nossa capacidade de distinguir o verdadeiro do falso. E o surgimento das chamadas "redes sociais" certamente contribuiu de alguma forma para o agravamento do problema. Não é nosso objetivo tratar diretamente desse tema, mas é necessário observar que a comunicação realizada nesse âmbito dificilmente pode ser considerada um meio de ampliação de nossa comunidade política e, na linguagem de Arendt, de ampliação do mundo. Fazemos essa ponderação com o único intuito de explicitar em que consiste para Arendt a autêntica partilha das experiências individuais em uma esfera pública e o grau de empobrecimento que decorre de sua ausência. Mas o fazemos também para enfatizar nosso ponto de vista, a saber, aquele segundo o qual o empobrecimento da esfera pública implica um embotamento de nossa capacidade de apreender a realidade e, em última instância, de nossa capacidade de pensar, o que é positivamente percebido como aumento da credulidade. A partir de agora, queremos explorar esse problema seguindo a outra via anunciada mais cedo, isto é, lembrando que o senso comum encontra em Kant uma formulação de grande relevância para Arendt (e para nós).

Podemos começar com uma passagem dos escritos póstumos de Kant, citada por Arendt em suas *Lições sobre a filosofia política de Kant*:

> Diz-se: a liberdade de falar ou de escrever pode ser retirada de nós por aqueles que estão no poder, mas a liberdade de pensar não pode ser tirada de nós de modo algum. Contudo, quanto e quão corretamente

---

21. Arendt afirma textualmente: "onde quer que o senso comum, o sentido político *par excellence*, nos falte em nossa necessidade de compreender, estamos muito dispostos a aceitar a logicalidade como seu substituto, porque a capacidade de raciocínio lógico é comum a todos nós" ("Understanding and Politics", in: *Essays in Understanding. 1930-1954*, op. cit., p. 318).

pensaríamos se não pensássemos em comunidade com outros para quem comunicamos nossos pensamentos e que comunicam os seus para nós! Segue-se então que podemos afirmar com segurança que o poder externo que priva o homem da liberdade de comunicar seus pensamentos *publicamente* também retira sua liberdade de pensar, o único tesouro deixado para nós em nossa vida cívica e o único por meio do qual pode haver um remédio contra todos os males do atual estado de coisas[22].

Como poucos, Kant insistiu na natureza pública de nossa racionalidade, o que a inscreve em uma dimensão comunicativa e, por extensão, lhe confere uma dimensão política. Nesse sentido, ele visita as origens do próprio pensamento filosófico, visto que a condição de possibilidade de seu surgimento na Grécia clássica é precisamente a formação de uma cidade democrática. Sem a criação do espaço público não há pensamento crítico[23]. Afinal de contas, o pensamento crítico é aquele que dá suas razões de ser, isto é, aquilo que fundamenta uma afirmação e torna quem a profere responsável por aquilo que diz perante o outro. A cidade é o crivo pelo qual o pensamento tem de passar se quiser aceder ao *status* de discurso racional, e ela apenas pode ser esse teste porque é composta de muitos. Os critérios de racionalidade estão enraizados na pluralidade humana; em contrapartida, o pensamento solitário sempre corre o risco de derivar na projeção fantasista das idiossincrasias. O pensamento é público e necessita da publicidade para exercer seu papel crítico. Arendt encontra aí, nessa clara consciência do caráter político do pensamento crítico, a raiz do pensamento político de Kant, o que se torna ainda mais evidente quando nos reportamos a seu conceito de *sensus communis* apresentado no parágrafo 40 de sua *Crítica da faculdade de julgar*. Em primeiro lugar, Kant entende o *sensus communis* como uma capacidade de julgar de natureza comunicativa, oposta ao *sensus privatus*, que consiste basicamente na capacidade individual de perceber. Em seguida, afirma:

---

22. Immanuel Kant *apud* Hannah Arendt, *Lectures on Kant's Political Philosophy*, Chicago: The University of Chicago Press, 1992, pp. 40-1.
23. Ao menos essa é a célebre tese que Jean-Pierre Vernant apresenta em *Les Origines de la pensée grecque* (Paris: PUF, 1962), que assumimos também como nossa.

Sob o *sensus communis* devemos incluir a ideia de um sentido (*sense*) *comum a todos*, isto é, de uma faculdade de julgamento que, em sua reflexão, leva em conta (*a priori*) o modo de representação de todos os outros homens no pensamento, *como se* visasse comparar seu julgamento com a razão coletiva da humanidade... Isso é feito comparando nosso julgamento não com os julgamentos reais, mas com os possíveis julgamentos dos outros, e colocando a nós mesmos no lugar de qualquer outro homem, abstraindo das limitações que contingencialmente se ligam a nossos julgamentos[24].

A partir daí é possível estabelecer as máximas do *sensus communis*: 1) pensar por si mesmo (a máxima do Iluminismo); 2) colocar-se, em pensamento, no lugar dos demais (a máxima do pensamento alargado); 3) esteja de acordo consigo mesmo (a máxima da coerência)[25]. Mas está claro que a segunda máxima, ou seja, alargar o pensamento, é, por assim dizer, o núcleo do *sensus communis*, e é graças a ela que podemos compreender que essa faculdade é essencialmente comunicativa. O *sensus communis* é o que possibilita que *comuniquemos* nossos pensamentos; ele indica nossa capacidade de superar a particularidade, à qual estamos por natureza confinados, em direção a uma comunidade que não é alcançada senão por meio de um *ponto de vista geral*. Na linguagem de Kant, estamos diante da natureza *reflexionante* do *sensus communis*, que esclarece então como opera essa modalidade da capacidade de julgar. Gostaríamos de reter essa ideia de *reflexão* para concluir o que viemos perquirindo até agora.

★ ★ ★

A comunicabilidade, inerente ao *sensus communis*, é a forma mesma da *reflexão*, pois o que está em jogo quando comunicamos é a passagem do particular para o universal, ao contrário do que acontece na *determinação*, quando partimos do universal em direção ao particular. Ora, para retomarmos os problemas que estamos examinando, o exercício do pensamento crítico é de natureza comunicativa e, por isso, ele é ao mesmo tempo o que possibilita a existência de um mundo comum, no

---

24. Immanuel Kant *apud* Hannah Arendt, *op. cit.*, p. 71.
25. *Ibid.*

qual partilhamos nossas experiências e pontos de vista, e o que depende da existência desse mundo. Tendo isso em vista, podemos compreender o que acontece quando o mundo partilhado é diminuto, ou quando a esfera pública é empobrecida, como parece acontecer nos dias atuais. Na impossibilidade da reflexão, no sentido kantiano já explicitado, o pensamento reflexivo (em sua acepção corriqueira) perde o ambiente adequado para sua manifestação. E isso não ocorre sem que seja também embotada nossa capacidade de nos colocar no lugar do outro para comunicar nossas experiências. Por fim, nos vemos diante do mesmo cenário que havíamos descrito há pouco, ou seja, a situação na qual indivíduos isolados estão propensos a substituir o pensamento pela "logicalidade".

Feito esse percurso, podemos voltar às cenas iniciais que abriram este texto, a saber, Fiódor Pavlovitch indagando ao *stárietz* Zossima sobre como assegurar a salvação, e o sentinela da cidade medieval correndo para os muros com os demais cidadãos. Adotar como imperativo o "não mentir para si mesmo" significa assumir duas coisas: em primeiro lugar, o fato de que o pensamento crítico é sempre abertura para o outro, mesmo que esse outro esteja somente interiorizado. "Não mentir para si mesmo" pode, assim, significar: se você apagar, em seu interior, a distinção entre o verdadeiro e o falso, se você acreditar na mentira que inventou, então você estará abrindo mão do pensamento crítico, sob o preço de embotar sua capacidade de apreender a realidade e perder a si mesmo; em segundo lugar, "não mentir para si mesmo" pode querer dizer: assuma a responsabilidade pelo que diz e faz, o que é possível somente quando estabelecemos verdadeiramente uma relação reflexiva com nós mesmos, a qual é incompatível com a transformação da mentira em forma de vida.

Com relação ao sentinela, em cuja história se replica o apagamento da distinção entre verdade e mentira, cabe não perder de vista que a decisão de manter intacta a linha divisória entre verdade e mentira não é somente individual; ela é também coletiva, pois que o *senso comum* não é a mera soma dos pontos de vista individuais, ele não é simplesmente o agregado de nossas opiniões, mas consiste ele próprio na partilha de um mundo comum, na transmissão de nossas experiências individuais, no processo de construção coletiva de um *sentido comum*. Por isso Arendt pode afirmar que há uma relação estreita entre o *senso comum* e o *mundo comum*. Quando examinamos o problema da credulidade sob esse ângulo, vemos que é pouco eficaz a formulação de qualquer imperativo moral exortando a uma vida reflexiva como forma de resistência às estratégias de dominação. O que está em jogo é o reconhecimento de que aquilo que pensamos e fazemos não é, em absoluto, independente da esfera pública que somos capazes de construir. Está ainda em questão o fato de que a credulidade na política tem menos a ver com o "acesso à informação" do que com a pauperização dessa esfera[26]. É legítimo, então, concluir que o notável aumento da credulidade na política[27] é um sinal dos tempos, de seu amesquinhamento no que concerne à nossa habilidade de acolher e traduzir nossos sofrimentos e nossas esperanças em uma linguagem coletiva, situação tão bem descrita por Walter Benjamin em *Experiência e pobreza*. Poderíamos também dizer que a credulidade aumenta na medida em que inibimos nosso *senso comum* e negligenciamos o trabalho de construirmos, juntos, um *sentido comum*. Mas que fique claro: ao fazermos esta última observação, não pretendemos, em absoluto, propor uma solução moral para nossos problema políticos, como se faltasse uma palavra de ordem ou uma invectiva para superarmos o problema da credulidade na política. Os meios mais eficazes para evitar os efeitos nefandos da credulidade são, como quisemos mostrar neste texto, de natureza política, o que nos leva a pensar que a política – notoriamente o terreno da simulação e da dissimulação (como dizia Maquiavel) – se revela (ao menos quando a consideramos sob o aspecto do espaço público) capaz de nos oferecer uma proteção contra a mentira.

---

26. Afinal, os nazistas não disfarçaram seu projeto político (ou antipolítico) e, "às vésperas da 'marcha sobre Roma', Mussolini declarou publicamente que o Estado fascista não concederia nenhuma liberdade a seus adversários" (Emilio Gentile, *Qu'est-ce que le Fascisme? Histoire et interprétation*. Tradução de P.-E. Dauzat. Paris: Gallimard, 2004, p. 38).
27. É preciso frisar esse *notável aumento*, pois que a credulidade é inelimínável da política. Maquiavel, que certamente estava autorizado a dizer algo a esse respeito, observa, no capítulo XVIII de *O príncipe*, que sempre haverá alguém que se deixará enganar. Lição, portanto, a não ser esquecida: uma esfera pública fraca é a ocasião propícia para a manipulação política.

O medo da democracia
Franklin Leopoldo e Silva

Em vários países que outrora foram exemplos relativos de democracia, estamos assistindo (e até mesmo participando do processo) a sinais de fragilidade desse regime, o que concretamente aparece com o estímulo, muitas veze exitoso, ao ódio e à violência, algo que se resume em uma decidida discriminação das diferenças. É preciso entender a ameaça que isso representa para a civilização e, concretamente, para o exercício da pluralidade e a convivência com a diferença. Nesse sentido, tudo que será dito aqui tem apenas dois objetivos: que não aceitemos a morte da democracia e que recusemos o pretexto da eficiência para concordar com isso.

Já foi apontada, principalmente por Castoriadis[1] e Nicole Loraux[2], a essência do centro irradiador dessa fraqueza, que faz da democracia o regime instável por excelência. Esse centro, que de modo paradoxal não existe concretamente, pode ser apontado como a falta de fundamento da democracia, se por fundamento entendemos o que faz de alguma coisa algo permanente e estável diante da prova das crises que sobre ela se podem abater. Algo que sustentasse o poder, tornando-o inabalável às circunstâncias; algo que permitisse, quando necessário, que ele se exercesse a partir de princípios férreos que não poderiam ser contrariados.

---

1. Cornelius Castoriadis, *As encruzilhadas do labirinto*, v. IV, Rio de Janeiro: Paz e Terra, 2002. Cf. a parte IV do livro, "Polis", pp. 183 e ss.
2. Nicole Loraux,"Nas origens da democracia: sobre a 'transparência' democrática". Tradução de Rachel de Andrade C. Brasiliano. *Revista USP*, disponível em: www.revistas.usp.br/discurso/article/view/37868/40595. Acesso em 12 set. 2020.

Esse dogmatismo do pensamento único reflete a insatisfação com a instabilidade da democracia, sempre sujeita à pluralidade, a revisões e a novos renascimentos, não apenas quanto à renovação histórica das instituições, mas também quanto à abertura da subjetividade a novas experiências, em uma variação tal que não permite o assentamento da vida política em qualquer instância forte o suficiente para anular os efeitos da pluralidade.

Ora, os gregos entenderam, como efeito da experiência do totalitarismo, da autocracia e da tirania, que os elementos instáveis da democracia representam justamente o fundamento que convém ao regime. E perceberam também que esse estado somente se torna possível pelo comprometimento de todos os cidadãos com a instabilidade e a pluralidade, com o respeito à vontade política do outro como modo de preenchimento dessa *falta* como horizonte constitutivo, embora nunca realizável, da estabilidade e da unidade. Isso significa que o compromisso de todos os cidadãos funciona como princípio regulador de uma necessidade que nunca será satisfeita.

Por que essa concepção de democracia está tão pouco arraigada na modernidade tardia a ponto de nem mesmo aqueles que militam contra a democracia terem perfeita consciência de seus motivos e alguma profundidade na visão dos resultados esperados?

Parece haver um fator ético-político contribuindo para a composição deste quadro que, tudo indica, continua sendo, como já o dissera Sócrates, uma mistura de ignorância e maldade. Seria, no caso da nossa modernidade, o próprio sistema elevado a critério ético de constituição da individualidade pessoal e, assim, elevado a elemento decisivo no que tange à conduta civilizadora dos povos. O interesse, contemporâneo do capitalismo, no sentido em que o utilizamos aqui, é um dos efeitos do liberalismo individualista do século XVII (Locke e a economia clássica), e consiste na prerrogativa do indivíduo no contexto da associação política, de modo que a sociedade passe a repousar sobre o indivíduo dotado de direitos naturais aos quais não pode renunciar em prol de uma perspectiva comunitária. É o que resultou, após um processo longo e complexo, no individualismo que vivemos atualmente, que trata a instância pública e comunitária como suscetível a um uso privado e individual – ou de grupo –, o que não é senão a ampliação instrumental do individualismo puro e simples. Guiado por tal interesse, o indivíduo adota a valorização do ego como justificativa moral e a necessidade econômica como justificativa material. Isso, basicamente, torna paradoxal a associação entre indivíduo e sociedade, na medida em que uma dualidade exacerbada não permite que, a partir dela, se visualize o interesse social autêntico.

Uma causa possível dessa consequência teria sido a transferência do poder da comunidade para o indivíduo, fazendo surgir então o problema da articulação entre os poderes individuais e o que chamamos de interesse social. Por exemplo, a divisão da sociedade pela riqueza individual e as desigualdades que assim se instalam decorrem da impossibilidade estrutural de superar o individualismo congênito, o que se reflete também na diferença formal entre o público e o privado, e a tendência a fortalecer o privado inclusive como apropriação do espaço público. A sociedade de massa não supera o individualismo; apenas acrescenta mais intensidade ao problema, que é cada vez maior nas sociedades herdeiras do ideal burguês de anulação de fato das instâncias coletivas e dos laços comunitários.

Percebe-se aí a possibilidade de instrumentalização da democracia, já vigente nas declarações das revoluções modernas – a Norte-americana e a Francesa. Como se as "liberdades burguesas" tivessem nascido juntamente com a sua impossibilidade. Com efeito, como poderia o sistema capitalista já razoavelmente desenvolvido suportar realmente os projetos de igualdade, liberdade e fraternidade? Ou como poderia crer realmente na declaração de que todos os homens nascem livres? Há uma falsidade intrínseca aos projetos revolucionários declarados mas nunca implementados. Essa falsidade faz parte do mito do caráter burguês e da universalidade do sistema capitalista. Com efeito, o homem universal capitalista-burguês já nasce com a exclusão derivada da desigualdade social. É dessa forma que a universalidade formal burguesa é feita de dissonâncias e intolerâncias que lhe são como que intrínsecas.

Daí a importância que a economia assume atualmente, visto que ela é o fator principal de instauração e de manutenção da desigualdade. A economia atua como o operador da desigualdade, tornando abstrata a liberdade universal que deveria existir na democracia. Os sujeitos estão subordinados aos interesses e ao mesmo tempo aspiram a ser sujeitos *do* sistema de interesses. Tal tensão é constitutiva da modernidade tardia e faz da liberdade um fator apenas operante na superfície das coisas.

A liberdade operante restringe a latitude das ações e conduz rapidamente os sujeitos ao limiar da sobrevivência. É a razão pela qual os sistemas econômicos adotam, no plano político, a liberdade universal como ideal a ser alcançado pelos sistemas, embora o trabalho concreto desminta drasticamente essa pretensão. A liberdade operante e o interesse operante estão em estreita associação, de tal modo que a latitude de liberdade a que cada sujeito tem direito depende da grandeza (matemática) interna de seu modo de operar. A conduta ética torna-se uma questão de cálculo. Essa perspectiva faz entrarem em conflito os atores econômicos, políticos e sociais que, a princípio, deveriam ser preservados em equilíbrio, mas constantemente pendem para o economicismo característico da sociedade capitalista.

Ora, a preocupação com a segurança e com a estabilidade adquire no sistema atual uma característica preponderantemente econômica, razão pela qual os poderes públicos se preocupam quase exclusivamente com a segurança dos ricos, tanto ostensiva quanto preventivamente. Afora os discursos políticos, não há qualquer preocupação significativa com a segurança da população, a menos que isso sirva de pretexto para os procedimentos legais e ilegais de repressão.

Entre os fatores arrolados como motivo de repressão está o exercício, por qualquer forma que seja, das garantias constitucionais da livre expressão e da crítica ao sistema. Ou seja, é preciso manter o sistema desestabilizado para que seja mantido o pretexto da repressão – isto é, do enfrentamento, da guerra e, se possível, da eliminação da parte descontente da população. É preciso também manter as garantias da criminalidade, como a pobreza, a miséria e a violência constitutiva das relações, para que se justifiquem as intervenções que representam a morte levada às populações mais pobres e vulneráveis. E, ainda, é preciso manter a vulnerabilidade como garantia da eventual submissão e dependência, isto é, como suporte do enunciado que tem sido levado à prática: "o homem somente respeita o que teme".

É esta associação, de índole colonialista, entre temor e respeito – ou seja, obediência –, que tem sido propagada como palavra de ordem para garantir a estabilidade em vários setores públicos: educação e política, principalmente. Isso denota a prerrogativa do medo não apenas como meio de submeter a população, mas também como componente indissociável da conduta daqueles que o provocam. O que, aliás, não é novidade: sabe-se que quase todo comportamento político provém da ansiedade que toma os sujeitos quando eles se arriscam à perda do poder, seja pelas eleições, seja pelas reeleições. Assim, o medo pode ser considerado algo fundamental em todo regime totalitário, e as bravatas que constantemente ouvimos não são mais do que a expressão que tenta disfarçar este medo: da verdade, da justiça, em todas as suas formas, porque todo governo de índole totalitária joga com essas duas noções e seus desdobramentos, tentando fazer o medo calar o clamor pela justiça e pela verdade. Mas seria preciso reparar: esse cuidado em não fazer justiça e em não produzir a verdade provém do medo que tais valores despertam naqueles que se sustentam naquilo que lhes é contrário.

Um dos integrantes da Escola de Frankfurt, que hoje já não desperta tanto interesse, Erich Fromm, escreveu em 1941 um livro com o título *O medo à liberdade*, traduzido no Brasil na década de 1970 pela editora Guanabara Koogan[3]. Os motivos que Fromm alega para compreender as justificativas do fenômeno são velhos conhecidos da psicanálise. A novidade é que ele os trata como que mesclados à sociologia e à política, o que lhes confere um interesse social relativamente novo. Ao lado da perspectiva de sucesso material proporcionada pelo individualismo liberal e pela latitude de escolhas que correspondam aos interesses, é preciso levar em conta a ansiedade que deriva da própria liberdade e das responsabilidades que lhe são inerentes. Isso evoluiu para que se coloquem, ao lado das pretensões materiais ligadas à vida moderna, certas ansiedades e angústias que se referem à obrigação do êxito. Se computarmos, entre as causas das neuroses que afligem o homem moderno, as condições sociais que aí se juntam como exigências complementares, mas não menos importantes, chegaremos a resultados que exacerbarão os componentes iniciais do liberalismo. O individualismo, sobre o qual repousa o sistema político liberal, repercute no interior do sujeito como a solidão que ele se vê obrigado a cultivar à medida que a competição aumenta, dificultando as chances de êxito – solidão esta que se põe como efeito de sua nova condição política, mas que repercute em sua interioridade como a

---

3. Erich Fromm, *O medo à liberdade*. Tradução de Octávio Alves Velho. 14. ed. Rio de Janeiro: Guanabara Koogan, 1983.

consequência do individualismo exacerbado, ao qual o indivíduo procura escapar pelo isolamento dos demais.

A reunião que Fromm faz da psicanálise e da filosofia social é marcada pelos dois nomes representativos de cada uma: Freud e Marx, cujas interseções Fromm interpreta para chegar à conclusão de que a neurose moderna é tanto fruto das vivências individuais quanto dos aspectos sociais, e seria preciso dar atenção à dimensão da neurose social que o indivíduo interioriza e que ameaça destruí-lo. Destruição esta de que ele participa ativamente, remetendo-a aos outros ou a dimensões afetivas, culturais e outras, que ele procura impiedosamente fazer desparecer, como uma vingança contra as obrigações sociais que o homem isolado tenta anular – fazendo, para isso, regredir a liberdade que poderia estar nas raízes dessas manifestações. O triunfo dos sistemas autoritários deve-se a essa ansiedade que o indivíduo procura ao mesmo tempo que tenta evitar: a segurança que lhe é oferecida pelos autoritarismos aparece então como solução do problema. Isso explica a adesão ao nazifascismo como maneira de esconder de si a liberdade tornada indesejável. O espectro do nazismo está presente nas considerações de Fromm, assim como de toda a escola de Frankfurt.

Assim se explica a atração que exercem sobre o homem moderno a condição alienada e a servidão voluntária. Já se disse que a grande ameaça que pairava sobre o indivíduo na Antiguidade era a de tornar-se escravo, quando prisioneiro de guerra. Modernamente, essa ameaça transformou-se em fascínio, porque a própria liberdade deixou de exercer sobre os indivíduos a força que exercia em tempos passados. Assim, a alienação passou a ser a condição desejada, desde que ela não suspenda as tendências que se tornaram constitutivas do indivíduo moderno: o consumismo passivo e a indiferença pelo próprio destino na condição de membro de uma comunidade. O interesse que atualmente desperta a condição pós-humana, enquanto indiferença consciente a toda dimensão que ultrapasse a físico-mecânica, é uma prova disso, assim como outros fenômenos, inclusive a indiferença à ameaça ecológica, vista apenas como estratégia antidesenvolvimentista.

Há, entre os diagnósticos psicanalíticos e sociais feitos por Fromm, uma associação entre ideologia e racionalização que não é difícil de compreender. Com efeito, a tentativa de racionalizar o caráter por vezes violento do desejo parece casar-se perfeitamente com a tentativa de tornar falsa (ideologizar) qualquer afirmação, escolha ou conduta que venha a discordar da perspectiva salvífica do autoritarismo, recusado apenas pelos mal-intencionados. É por isso que, em uma atitude fortemente estimulada pela ignorância das significações dos termos, a palavra "ideologia" passou a ser empregada em tom acusatório. "Ideológico" é aquele que pensa de modo diferente. De quê? De uma forma de pensar e de se conduzir que estaria infensa à ideologização. Com isso se dilui a "ideologia conservadora": ela teria sido "racionalizada" como a maneira "normal" de pensar e de ser.

O que há por trás dessa normalidade é um grande medo da perda das condições que fazem o indivíduo contemporâneo, principalmente a instabilidade do trabalho. Se é assim com todas as atividades humanas, não poderia ser diferente com o exercício do poder, sobretudo nas condições da democracia, a que já aludimos. Poder significa sempre mais poder; se apenas conservo o poder anterior, estou perdendo poder diante dos novos desafios. Por isso, à ansiedade de conservação junta-se o temor de perda do poder, ou de não ser o poder de que desfruto suficientemente para enfrentar as novas ocasiões em que devo exercê-lo.

Disso decorrem duas consequências: em primeiro lugar, a exigência de mais poder tende a torná-lo absoluto, o que entra em contradição, pelo menos formal, com a democracia. Há assim uma contradição intrínseca ao exercício do poder em uma democracia: a tendência de mais poder está em conflito com as regras da democracia. O poder é transitório e depende da vontade dos outros. Devo então trabalhar, se desejo o poder, para que tais características deixem de ser reais, e que as circunstâncias do poder se sobreponham às suas regras formais. Devo carregar as tintas no caráter apenas formal das regras democráticas, assim como da Constituição. Por isso todo presidente começa a campanha pela reeleição no dia seguinte ao dia em que toma posse no primeiro mandato.

Segunda regra: a tendência do poder ao seu caráter completo e absoluto não permite conviver com a diferença, hábito que depende da consciência de que o poder é relativo. É aqui que as circunstâncias atuais ensejam a barbárie. Se os instrumentos de poder de que disponho se destinam a obter mais poder, por que me contentarei com uma divisão de fato do poder com aqueles que pensam diferente? Por que me submeterei ao diálogo? É aqui também que se impõe a sabedoria de Platão: aqueles que governarão a cidade devem estar prontos para recusar tal incumbência assim que ela lhes for oferecida. E, no entanto, devem ser obrigados a aceitá-la. Em suma, o poder só deve ser concedido àqueles que não desejam exercê-lo, àqueles que, diante da formação recebida, o consideram supérfluo. E este caráter do poder é que o torna justo: é a estrutura da cidade que mantém a justiça, e não o eventual governante.

Não é estranho ao individualismo contemporâneo que os indivíduos sejam obcecados pelo poder e esperem dele grandes satisfações de seus interesses e de suas convicções. Essa precedência do poder à justiça é a grande característica da governabilidade contemporânea, e faz de todo governo democrático uma ameaça latente de totalitarismo. Trata-se de uma diferença, talvez irremediável, entre a estrutura do regime democrático e o desejo humano. Não se trata de consequências psicológicas, mas, antes, de algo profundamente arraigado na condição humana – portanto de caráter antropológico. Esta é uma das razões pelas quais Castoriadis e Loraux mencionam a constante vigilância da democracia: trata-se de uma vigilância que o ser humano exerce em relação si mesmo, às tendências mais sombrias que permeiam sua relação com o outro.

O que dissemos acerca do poder mostra que o medo não é apenas passivo. É necessário que ele se exerça concretamente e que ele se desdobre no medo que o outro passa a ter, e que seria uma das garantias de manutenção do poder. A história produziu um estranho e irônico paradoxo: no regime democrático, qualquer um pode ascender ao poder; no entanto, a maioria da população se mantém absolutamente afastada dele. Isso deriva do fato de lhe ter sido introjetada a ideia de que, para atingir o poder, seria necessária uma série de condições que poucos podem satisfazer. O que acaba por ser verdade: não que isso seja intrínseco à democracia, mas que o seria em relação àquilo em que a transformaram – e transformaram os "cidadãos". Não se trata mais de servir à pólis, mas de servir-se dela. E, para tanto, são necessárias condições de várias ordens, que somente aqueles infiltrados no esquema de poder podem satisfazer. A primeira delas é a mais absoluta alienação. É notório que aqueles que detêm o poder não governam em seu próprio nome, mas em nome daquilo que, de modo abstrato, se convencionou denominar "o sistema". Essa esfera anônima que detém o poder econômico, como sabemos, é efetivamente o poder. E os governantes são seus representantes fiéis, muito mais do que aqueles que nos representam formalmente. Os governantes o "intuem" de alguma forma: sabem que o poder que aparentemente detêm depende de outros, e que somente estão a ocupá-lo por delegação. Sabem que as regras da democracia podem ser formalmente invocadas para sua destituição assim que deixarem de atender aos interesses do verdadeiro poder. Essa submissão e esse atrelamento também são causa de ansiedade: sei que não estou onde estou por vontade de todos, mas por permissão de poucos, que controlam o "sistema".

É preciso, portanto, controlar o modo de exposição aos outros e diferenciá-lo cuidadosamente do modo de exposição àqueles de quem sou de fato devedor. Tal heteronomia, apesar de todas as vantagens que acarreta, não pode ser infensa à possibilidade, sempre presente, de que a delegação venha a ser revista. Daí a barbárie que domina a exposição aos outros, àqueles que podem ser enganados – seja pela astúcia de um marqueteiro, seja pela tecnologia psicométrica de Cambridge – àqueles que não detêm o controle do processo. Pois os processos eleitorais são cada vez mais controláveis e controlados, de tal modo que a "escolha democrática" passa progressivamente às mãos daqueles que possuem a tecnologia, isto é, a capacidade de calcular o futuro. Esta é a verdadeira habilidade que se requer: não mais a capacidade de pensar, mas a de calcular, com base na situação presente, as determinações que estão por vir. Efeitos do progresso e de sua extensão ao que já se chamou de interioridade do sujeito. O poder não pensa; apenas calcula no sentido de que as possibilidades que agora se apresentam se transformem em realidade determinada.

Com isso já não se pode falar em *experiência democrática* como aquela que, dependendo do debate e do confronto de ideias, acontece em função de indeterminação fundamental do futuro, aquilo que afligia a pólis antiga, exatamente por ser indeterminável. A conduta humana chegou a tais parâmetros de mensuração exata que já é possível determinar e influenciar decisivamente qualquer escolha, seja a do refrigerante, seja a do presidente da república, e isso sob a capa da espontaneidade que recobre os instrumentos tecnológicos de mensuração e determinação. A alienação pode ser provocada e controlada, não sendo mais um fenômeno sujeito às circunstâncias históricas, nem de caráter impessoal; ela é pensada com finalidades bem específicas e implementada sob encomenda, de modo a se dar como um serviço prestado, organizado e bem pago por aqueles que se beneficiaram desse serviço diretamente ligado ao poder e à sua implementação.

Dir-se-ia que as técnicas psicométricas desenvolvidas em Cambridge, que podem influenciar de modo decisivo resultados antes considerados relativamente imprevisíveis, afastam o caráter aleatório dos processos democráticos. Na verdade, como se começa a constatar pelas decorrências políticas desse processo controlado, trata-se de uma traição à democracia. Fenômeno esperado, pelo menos pelos que seguem a evolução (que na verdade seria uma regressão) do regime através da história. Já não se trata de previsibilidade, ao modo do caráter metodológico da ciência moderna, agora estendido à conduta humana. Trata-se de terminar com um dos fenômenos em que ainda se preservava alguma indeterminação, isto é, alguma liberdade. As decisões democráticas, desde a pólis grega, sempre foram precedidas de discussão, deliberação e persuasão, que se davam como o apelo à liberdade do outro, apelo que poderia redundar na concordância ou na oposição. O que se pretende agora, pelo estudo exaustivo das *pegadas digitais* dos indivíduos, é influenciá-lo tão decisivamente quanto ele menos souber que está sendo submetido a técnicas psicológicas que já não são de convencimento, mas de determinação. O aproveitamento prático das camadas mais obscuras da consciência leva a essa determinação, à revelia do próprio indivíduo, alheio ao processo a que está sendo submetido.

Já não se pode contar com fatores relativos à transparência ou à obscuridade das motivações, o que até aqui era a ambivalência que estaria por trás das decisões individuais. O que os gregos chamavam de *opinião*, decorrente da essência política do ser humano, já não conta para nada, desde que seja possível determinar exatamente o resultado de uma decisão, ainda que o indivíduo esteja pouco instruído sobre o processo que o levou a tomá-la, pois esse processo já não lhe pertence. Não se pode dizer que tudo isso seja completa novidade. Sempre se procurou influir nas decisões tomadas democraticamente, desde a retórica antiga até as técnicas mercadológicas modernas. O que se tem de novo, devido ao avanço da ciência e da tecnologia de mensuração, é a possibilidade de determinar exatamente a decisão, pelo conhecimento exaustivo que me é dado do indivíduo a partir do cálculo de suas pegadas digitais. O computador o conhece melhor do que a mãe ou do que o cônjuge, dizem os técnicos no assunto, provavelmente porque o indivíduo passa mais tempo com ele do que com a família ou com os amigos.

Afora o que isso apresenta de possibilidades distópicas além do que já foi criado pela ficção, tendo em vista os desdobramentos que se podem prever a partir dessa tecnologia, o que nos interessa diretamente é o fato de tratar-se do término da democracia, por via de uma regressão mais determinada do que as heranças que os reis deixavam às próprias famílias. O eleito é tão certo quanto o herdeiro, o que varia é a escolha do sistema, a ser implementada pelos processos tecnológicos. Se essa regressão sempre foi o lado oculto da democracia, deixamos a outros a decisão. O que importa mais não é a que se regride, mas a própria regressão como meta, cientificamente fundamentada.

Diante dessa possibilidade apresentada, o que temos a dizer acerca do medo e de seus desdobramentos como a neurose social do homem contemporâneo, segundo Erich Fromm? A psicanálise, no entender de muitos, não pretende em primeiro lugar a "cura", mas o conhecimento racional daquilo que pode fazer agir irracionalmente. Na terminologia tradicional, as paixões. Se o homem souber como dominá-las – e para isso ele tem de conhecê-las –, poderá exercer o dever da razão, isto é, ganhar a guerra que cada um trava dentro de si mesmo, conforme Platão, e instaurar, na medida do possível, a vida racional, ou a conduta orientada pela racionalidade, levando em conta os elementos afetivos que nem sempre podem ser imediata e completamente dominados. Com efeito, já não cabe o otimismo racionalista da tradição, sendo o homem presa de uma dualidade ou de um dualismo que o faz sempre oscilar entre as duas almas de que falava Platão. Conhecendo o que nos prende às malhas da subjetividade e do social, podemos, se não dominar inteiramente esses fatores, pelo menos conviver com eles no sentido de impedir uma total regressão à barbárie. Freud certamente não é um iluminista, muito menos Erich Fromm, mas há neles alguma esperança de que uma continuidade com as pretensões da tradição nos aponte caminhos razoáveis e racionais.

Uma perspectiva de algum modo ainda humanista, portanto. Ou seja, a liberdade, difícil e submetida a toda a sorte de injunções, talvez ainda seja em parte possível. Mas a tradição da ciência e da tecnologia nos ensina que as transformações pelas quais elas são responsáveis podem modificar a vida e a subjetividade de modo significativo. Podem mudar a feição da liberdade ou até mesmo transformá-la em um mito. Ora, o que resta da liberdade perante as tecnologias que nos impõem decisões sem que sequer saibamos que nos são impostas? Certamente a liberdade se transforma em aparência ou em metáfora superestrutural de nosso sistema neuronal. Não sabemos o que nos afeta. Como poderíamos resistir? Assim, temos de considerar que as novidades tecnológicas têm por trás de si o projeto, já relativamente antigo, de supressão da política, projeto poderosamente auxiliado pela falência que é demonstrada pela própria política por via de seus avatares.

Diante do medo à liberdade, a servidão pode ser bem-vinda. Ela nos desobriga de pensar, isto é, de julgar, que é o pensar em sua atividade mais alta. Mas estejamos conscientes da renúncia a que assim nos expomos, que é a recusa da identidade humana, não apenas no que diz respeito à faculdade racional, mas sobretudo no que concerne à liberdade e à responsabilidade. Não nos rendamos ao que Silvio Tendler chamou com acerto de sociedade amnésica, aquela que não se lembra sequer do presente: estender o fio que liga as dimensões temporais é vigiar e salvaguardar a democracia, como o que fazemos na espontaneidade de nossas vivências mais originárias, de acordo com o substrato ético à política.

Jerusalém contra Atenas
José R. Maia Neto[1]

> *"Quid Athenis et Hierosolymis? Quid Academiae et Ecclesiae?"*
> *"O que Atenas tem a ver com Jerusalém? O que a Academia tem a ver com a Igreja?"*
>
> TERTULIANO, *Prescrição contra Heréticos*, 7.9

I. INTRODUÇÃO

O crescimento recente de movimentos políticos nacionalistas de direita e de extrema direita (alguns abertamente neofacistas) tem na religião um dos seus eixos estruturantes. A religião majoritária em determinado estado (ou região geográfica abrangendo mais de um estado) é reivindicada por esses grupos como uma das principais referências de uma ideia de nacionalidade cuja defesa inclui ações discriminatórias e persecutórias contra adeptos de religiões minoritárias e ateus. Esse uso da religião independe da especificidade da denominação religiosa e apresenta, como característica comum, uma apropriação de cunho fundamentalista da religião e a desconfiança – às vezes, até mesmo rejeição – da racionalidade filosófico-científica, vista como elemento exógeno e hostil. Na Índia, por exemplo, o primeiro-ministro nacionalista hindu Narendra Modi e cientistas ligados à burocracia estatal têm feito declarações que, por um lado, rejeitam teorias científicas amplamente aceitas – por supostamente

---

1. Este trabalho contou com o apoio financeiro do CNPq.

contrariarem ensinamentos contidos nos livros sagrados do hinduísmo – e, por outro, atribuem a esses mesmos livros, escritos há mais de 3 mil anos, a descoberta de técnicas científicas recentes[2]. Fenômenos semelhantes têm ocorrido no campo religioso formado pelo judaísmo e pelas religiões de origem judaica: o cristianismo e o islamismo, as duas com mais adeptos no planeta. É conhecida a ação de partidos religiosos ultraortodoxos na tentativa de tornar Israel um estado teocrático. No campo do islamismo, o fundamentalismo tem crescido muito nas últimas décadas e motivado ações políticas extremas, atingindo seu ápice com a formação do Estado Islâmico, que chocou o mundo civilizado com suas práticas obscurantistas. O cristianismo prestou papel semelhante na Idade Média e no início da Modernidade, com as Cruzadas e a Inquisição, mas uma das principais características do período histórico moderno no Ocidente foi justamente a diminuição do papel da religião na vida social e política. O crescimento recente do nacionalismo na Europa e nas Américas, encampando e fomentando perspectivas mais fundamentalistas do cristianismo, representa, portanto, uma reação conservadora para cujo esclarecimento contribuo neste capítulo com um exame histórico de alguns elementos e tendências específicas do pensamento cristão relevantes para a explicação do fenômeno.

A pergunta de Tertuliano citada em epígrafe assinala o início de uma tradição intelectual cristã que contrapõe o judaico-cristianismo ao pensamento filosófico-científico grego. Como se sabe, a religião cristã tem origem nas tradições judaicas, mas se desenvolve durante o chamado helenismo, quando a cultura grega se faz presente, no rastro das conquistas de Alexandre, o Grande, da Grécia até a Índia. Nessa perspectiva, Atenas e Jerusalém são as duas cidades que simbolizam uma dicotomia, por originarem duas formas distintas – para os mais radicais, contrárias – de pensamento. Formas que acentuam, respectivamente, razão e fé, liberdade de investigação e submissão à autoridade ou ao sentimentalismo. Como fica claro na segunda pergunta de Tertuliano, essas duas formas de pensamento foram institucionalizadas, também respectivamente, nas escolas filosóficas (representadas pela *Academia* fundada por Platão, a

---

2. Ver "Cientistas indianos alarmam comunidade científica por descartar teorias de Newton e Einstein". Disponível em: https://oglobo.globo.com/sociedade/cientistas-indianos-alarmam-comunidade-cientifica-por-descartar-teorias-de-newton-einstein-23352376. Acesso em 28 out. 2020.

primeira instituição do gênero, que passa a denominar todas as instituições dedicadas ao ensino e à pesquisa no Ocidente) e nos livros cultuados e difundidos na Igreja, considerados sagrados por conter a revelação de supostas verdades fundamentais sobre a origem e o fim do universo, da vida e dos seres humanos. A sobreposição de temáticas e a convivência das duas tradições nos mesmos ambientes culturais levaram à produção de sínteses (tentativas de conciliação), mas também a tensões e embates dos primórdios do cristianismo aos dias atuais.

O título deste capítulo chama atenção para um conflito entre as duas principais tradições intelectuais do Ocidente, cuja historiografia pode ter contribuído para uma percepção pelas camadas mais ilustradas da população de que o embate estaria, se não resolvido, em vias de resolução, com a definitiva vitória da tradição de origem grega sobre a que se originou no Oriente Médio. Com efeito, a progressiva secularização da sociedade e laicização do Estado, o desencantamento do mundo resultante do grande protagonismo da ciência e da tecnologia, o Iluminismo, a Revolução Francesa, as filosofias progressistas da história dos séculos XVIII e XIX, para citar somente os eventos mais importantes, não seriam indicadores de uma progressiva preponderância cultural de "Atenas" comparativamente à de "Jerusalém"?[3] Com o objetivo de contextualizar a reação conservadora cristã atual, retomo, em linhas bem gerais, a história de dois aspectos desse embate. Na seção III, tratarei da problematização da ética da crença estabelecida por Sócrates com o surgimento do cristianismo. Na seção IV, tratarei da influência política do messianismo milenarista cristão, especialmente na contemporaneidade. Antes de tratar dessas duas questões próprias de Jerusalém, abordo, na seção II, a origem do cerne da tradição referida por "Atenas" – preâmbulo necessário para delinear o contraponto com Jerusalém –, retomando os principais resultados de outro trabalho recente sobre o julgamento de Sócrates. O mestre do fundador da Academia é a referência fundamental na conformação do *ethos* filosófico associado a Atenas, quase tanto quanto Jesus é a figura humana fundamental das Igrejas cristãs que representam Jerusalém. A representação personificada do embate de Jerusalém contra Atenas é a de Jesus contra Sócrates.

---

3. Daqui em diante referidas sem as "aspas".

II. ATENAS CONTRA SÓCRATES

A Atenas que se contrapõe a Jerusalém é a Atenas da filosofia e da ciência, que se desenvolve entre os séculos VI e V a.C., sob forte oposição dos conservadores da época, então autoproclamados "cidadãos de bem"[4]. A investigação racional empírica da natureza pelos filósofos jônicos, especialmente sobre os princípios das coisas e a organização do cosmos, e as novas técnicas argumentativas e oratórias desenvolvidas e praticadas pelos sofistas, levaram a uma reação entre os gregos conservadores que dispunham, na religião homérica, de narrativas mitológicas sobre os mesmos fenômenos investigados pelos filósofos naturalistas e temiam as consequências sociopolíticas das novas técnicas retóricas. O evento mais dramático desse embate foi o julgamento e a condenação de Sócrates[5]. O discurso pronunciado por Sócrates em sua defesa no tribunal, tal como relatado por Platão (presente na ocasião) na *Apologia de Sócrates*, indica que pesaram nas acusações não somente aspectos da prática filosófica precípua de Sócrates, mas também da prática filosófica geral da época que não correspondia à socrática. Essas práticas gerais são o objeto do que Sócrates denomina de "acusações antigas": [1] investigar a natureza "de maneira supérflua e indiscreta", [2] "fortalecendo o argumento mais fraco" e [3] "ensinando estas mesmas coisas a outros"[6]. A primeira acusação [1] visava a atividade dos filósofos da natureza hoje conhecidos como pré-socráticos, e a segunda, [2] o movimento sofista que se desenvolveu na Grécia paralelamente ao naturalista. O ensino da filosofia naturalista pôs em xeque crenças tradicionais religiosas que, na visão dos conservadores, por já "explicarem" os fenômenos naturais, tornam as investigações científicas sobre os mesmos objetos "supérfluas e indiscretas". Já os sofistas eram vistos como potenciais ameaças a valores morais e religiosos

---

4. Platão, "Apologia de Sócrates", *in*: *Diálogos socráticos*. 2. ed. Tradução, textos complementares e notas de Edson Bini. São Paulo: Edipro, 2015, 24b.
5. As fontes primárias e secundárias e os argumentos que fundamentam a interpretação que apresento a seguir estão disponíveis no meu capítulo "Cerceamento religioso da atividade intelectual: o que podemos aprender com o julgamento de Sócrates", do livro *Embates em torno do Estado laico*, organizado por Claudia Masini d'Avila-Levy e Luiz Antônio Cunha. São Paulo: SBPC, 2018, pp. 15-40, disponível em http://portal.sbcnet.org.br/livro/estadolaico.pdf. Acesso em 28 out. 2020.
6. Platão, *op. cit.*, 19b-c.

estabelecidos: a dialética e a retórica, aplicadas às questões político-morais da época, eram capazes de inverter a credibilidade de crenças tradicionais.

Embora muitos anos antes de ser julgado Sócrates já tivesse perdido o interesse pela filosofia natural, e nos diálogos de Platão haja grande esforço em opô-lo aos sofistas, Sócrates reclama de sua associação aos dois movimentos feita pelo teatrólogo cômico Aristófanes[7]. Na peça *As nuvens*, Strepsíades está à beira da ruína por causa dos gastos excessivos do filho. Envia-o então ao "pensatório" de Sócrates para que aprenda técnicas argumentativas capazes de livrá-lo dos débitos. O filho aprende com Sócrates, entre outras coisas, que há argumentos plausíveis que justificam filhos espancarem pais e que trovões não são manifestações da ira de Zeus, mas "nuvens que estrondam rolando umas por cima das outras"[8]. Arrependido por ter confiado a educação do filho ao filósofo, Strepsíades manda pôr fogo no "pensatório" (com Sócrates e discípulos no interior): "Persiga esta gente! Jogue coisas neles! Pau neles, principalmente porque ofendiam os deuses!"[9]. Ao responder às acusações antigas, Sócrates diz, ironicamente, que estão confundindo-o com Anaxágoras[10]. Cerca de trinta anos antes do julgamento de Sócrates, Anaxágoras havia sido banido de Atenas pela impiedade de considerar o Sol não uma divindade, mas "uma massa quente de metal vermelho"[11].

As acusações recentes, formalizadas por Meleto, também tinham como ponto central a educação promovida por Sócrates, considerada nociva. A associação dos jovens atenienses com Sócrates seria corruptora, e não formadora de bons cidadãos, sobretudo por suscitar a descrença (chamada de "ateísmo" na *Apologia* de Platão) nos deuses da pólis. Essas acusações recentes, diferentemente das antigas, diziam respeito à atividade precípua de Sócrates. São também três: [1] não crer nos deuses reconhecidos pelo Estado, [2] introduzir novas divindades e [3] corromper a juventude[12]. Em sua defesa, Sócrates dá uma chancela religiosa – a partir

---

7. *Ibid.*
8. Aristófanes, *As nuvens*. Tradução e apresentação de Mário da Gama Kury. Rio de Janeiro: Zahar, 1995, p. 37 e p. 97.
9. *Ibid*, p. 103.
10. Platão, *op. cit.*, 26d.
11. Diógenes Laércio, *Vidas e doutrinas dos filósofos ilustres*. Tradução, introdução e notas de Mário da Gama Kury. Brasília: Editora da UnB, 1988, II, 12.
12. Platão, *op. cit.*, 24b-c.

dos elementos da religião tradicional – ao que representa: o uso da razão no exame exaustivo e rigoroso das opiniões estabelecidas. O exame que promove das opiniões estabelecidas, sempre resultando em refutações, seria uma verificação da afirmação do oráculo de Delfos de que Sócrates é o mais sábio dos homens. Como Sócrates sabe que nada sabe, esse saber seria o que o diferencia dos demais e, ao refutar a pretensão desses, mostrando a falta de fundamento racional de suas opiniões, Sócrates estaria evidenciando que a posse da verdade é prerrogativa dos deuses. O verdadeiro filósofo, como sugere a etimologia da palavra, busca a verdade. Diferencia-se, portanto, dos que pretendem possuir a verdade e representa uma contraposição ainda mais radical a um homem que pretende ser ele mesmo a divina encarnação da verdade.

Em sua defesa contra a acusação recente de ateísmo [1], Sócrates alega sua incongruência com a acusação [2]; sua alegação é que é aconselhado por um *dáimon* particular, desconhecido da pólis. Ao reagir à defesa de Sócrates, Meleto afirma que a crença socrática nos deuses é somente uma crença filosófica semelhante à de Anaxágoras, e deixa implícito que o *dáimon* não é efetivamente uma divindade. Como sugiro no trabalho citado, penso tratar-se de uma representação religiosa da força de vontade necessária para a observação de uma vida racional. O *dáimon* jamais diz a Sócrates o que fazer, somente o impede de executar alguma ação que estava inclinado a fazer, mas que ainda não havia sido suficientemente examinada.

O incentivo à atitude racional promovido por Sócrates e a insatisfação que ela causou junto à maioria dos atenienses ficam mais claros no diálogo *Teêteto* de Platão, no qual a arte socrática é descrita em analogia à arte das parteiras, a maiêutica[13]. O contexto dramático do diálogo explicita sua relação com a condenação de Sócrates: a conversa com o jovem Teêteto ocorre no dia em que Sócrates terá de comparecer junto às autoridades para ouvir as acusações de Meleto, entre as quais a de que corrompe a juventude[14]. Platão mostra a especificidade e o valor da prática pedagógica socrática, desse modo produzindo outra apologia de seu mestre. Contrariamente à prática pedagógica instrumental sofista – que

---

13. Platão, "Teêteto", in: *Diálogos* I. Tradução, textos complementares e notas de Edson Bini. São Paulo: Edipro, 2015, 150c-151d.
14. *Ibid.*, 210d.

habilita o discípulo a alcançar benefícios jurídicos e políticos através do convencimento de assembleias –, e diferentemente da prática pedagógica de Teodoro – professor que ensina as matemáticas a Teêteto –, o que Sócrates "ensina" é a prática do exame racional, que via de regra termina na dissuasão do interlocutor (e não na persuasão, como no caso do sofista) e que pressupõe, diferentemente da prática do ensino da matemática e de outras disciplinas, a ignorância do mestre. Sócrates apenas ajuda o discípulo a dar à luz opiniões que, por terem pretensão de verdade, exigem que sejam submetidas ao crivo da razão. Sua esterilidade é condição necessária para a excelência da prática, pois, se tivesse opiniões sobre o tema, elas poderiam dar um viés ao exame. Sócrates diz no *Teêteto* que às vezes, ao invés de os interlocutores ficarem felizes ao se verem, pela refutação, livres de uma opinião falsa, reagem com animosidade, como uma mãe reagiria se lhe arrancassem o filho recém-nascido. O principal ponto da analogia com a arte obstetrícia é justamente mostrar, por oposição, que, diferentemente de bebês, doutrinas e crenças devem existir somente à medida que tiverem fundamento racional. As relações da mãe com o bebê e a do "pai" com a opinião diferem de forma radical. A naturalidade e a necessidade de um forte envolvimento emocional da mãe com o recém-nascido se contrapõe ao caráter também natural, mas pernicioso, de semelhante envolvimento com opiniões. O modelo socrático da ética da crença, conhecido como princípio de integridade intelectual, é, portanto, o seguinte: exponha suas crenças ao crivo da razão e mantenha somente aquelas que passarem por esse crivo. Opiniões devem ser mantidas somente se fundamentadas pela razão. Esclarecida a natureza da pedagogia socrática, voltemos à cena do julgamento.

O código penal ateniense permitia ao condenado a proposição de uma pena alternativa à proposta pelo acusador (no caso, Meleto, que pediu a pena de morte). A mesma assembleia votava qual das duas penas seria aplicada. Na *Apologia de Sócrates* e em outro diálogo de Platão, o *Críton*, há indicações de que, se Sócrates tivesse proposto alguma pena alternativa que implicasse o fim de sua atividade filosófica em Atenas, o exílio, por exemplo, tal pena receberia a maioria dos votos[15]. Mas Sócrates

---

15. "[S]erá que devo propor o exílio como minha pena? Talvez aceitásseis isso" (*Apologia*, 37c). Estando preso e aguardando o cumprimento da sentença, Críton propõe ao filósofo um plano de fuga. Sócrates

inicialmente propôs que o Estado lhe fornecesse gratuitamente as refeições no pritaneu, honraria reservada aos atenienses que trouxeram glória à cidade, como os medalhistas olímpicos[16]. Tal proposta é justificada por Sócrates pela sua atividade pedagógica gratuita na cidade, contrariamente à dos sofistas, que cobravam altas taxas dos jovens ou dos respectivos pais[17]. Sua dedicação exclusiva ao relevante serviço que prestava na formação dos jovens, estimulando-os ao exercício racional, o que produzia a excelência da alma (assim como os exercícios físicos produziam a excelência do corpo), implicou a impossibilidade de se dedicar a seus negócios privados, levando-o à pobreza. Sendo público e aberto a todos os cidadãos o serviço que prestava, seria justificado o seu sustento por Atenas. Sócrates diz ainda que não poderia propor o exílio como pena alternativa, pois, se Atenas estava ali condenando sua atividade filosófica, seria incoerente praticá-la alhures[18]. Algum tipo de acordo que o obrigasse a deixar de exercer sua prática filosófica seria também inviável. Como diz Ânito, um dos que testemunharam contra Sócrates no tribunal, tendo sido Sócrates considerado culpado dos crimes imputados (como foi), a única pena possível seria a capital, pois Sócrates jamais deixaria de praticar o que praticava[19]. Sócrates, talvez como Jesus, prefere então a morte a não se tornar o que se tornou na tradição ocidental. Como diz na ocasião, "a vida sem esse exame não é digna de ser vivida"[20]. Assim, o "sacrifício" de Sócrates é em nome da razão humana, da liberdade de investigação. É como se Sócrates – estamos sempre falando do Sócrates de Platão, pois há grande dificuldade em determinar o que pensava o Sócrates histórico (assim como sempre se fala do Jesus descrito no Novo Testamento, e não do histórico) – não fosse um indivíduo de carne e osso[21], mas uma espécie de "encarnação", não da verdade, como Jesus Cristo[22], mas da

---

recusa, dizendo que seria incoerente fazer ilegalmente algo que ele poderia ter feito legalmente. Ver Platão, "Críton", in: *Diálogos socráticos, op. cit.*, 52c.
16. Platão, *Apologia*, 36d.
17. *Ibid.*, 36b-d.
18. *Ibid.*, 37d.
19. *Ibid.*, 29c.
20. *Ibid.*, 38a.
21. Com efeito, pode-se duvidar da viabilidade prática da ignorância socrática, de tamanho desapego em relação à própria vida, e de um racionalismo tão isento de qualquer interesse que não a busca da verdade.
22. "Eu sou o Caminho, a Verdade e a Vida" (*João*, 14.6). Todas as citações da Bíblia são da edição de bolso da editora Loyola, São Paulo, 1983.

razão, que cada indivíduo humano deve cultivar para não se deixar levar por preconceitos (crenças não fundamentadas racionalmente) e por sentimentos como o ódio, causados pelas crenças infundadas. Sócrates é, pois, a personificação da Atenas, nessa ocasião rejeitada pela Atenas histórica, que passa a ser contrastada com Jerusalém[23].

Tertuliano, na citação em epígrafe, sugere que a Academia está para Atenas como a Igreja está para Jerusalém. Penso que a condenação de Sócrates contribuiu, juntamente com o perigo que Platão correu ao atuar politicamente em Siracusa, para a fundação da Academia em uma área rural fora dos muros de Atenas. Essa primeira escola filosófica viabilizou a pesquisa e o ensino da filosofia de maneira relativamente protegida dos interesses religiosos e políticos da pólis. É a primeira das inúmeras instituições acadêmicas do Ocidente que preservam, nos estados democráticos de direito, autonomia e liberdade essenciais para seu funcionamento. Com efeito, a Academia dedicou-se inicialmente (durante a chamada "Velha Academia") às ciências (principalmente a física-matemática). Posteriormente, durante o Helenismo, período durante o qual era referida como "Nova Academia", retoma e revigora a atitude socrática no debate com as filosofias dogmáticas da época (estoicismo e epicurismo eram as principais), introduzindo a *epochè* (suspensão do juízo) sobre todas as opiniões (certamente todas as filosóficas). Os novos acadêmicos argumentavam que nenhuma das doutrinas filosóficas que haviam examinado continha a evidência que justificasse o assentimento. Construíram assim uma maneira de filosofar radicalmente racional, fundamentada no princípio de integridade intelectual defendido por Sócrates. Como afirma Cícero de maneira lapidar, referindo-se aos filósofos acadêmicos, entre os quais ele se incluía, "tanto mais livres também e mais independentes somos: porque nos é íntegro o poder de julgar"[24]. Opiniões previamente adotadas comprometem o uso pleno, íntegro, da razão. Como diz Sócrates dos que foram formados pelos sofistas no *Teêteto*, usando a razão como advogados, buscam persuadir uma audiência (um jurado, por exemplo)

---

23. Diógenes Laércio relata fontes que apontam grande arrependimento em Atenas nos anos seguintes à condenação (cf. *Vidas*, II.43).
24. Marco Túlio Cícero, *Acadêmicas*. Introdução, tradução e notas de José R. Seabra. Belo Horizonte: Edições Nova Acrópole, 2012, II.8.

a adotar determinada opinião a fim de obter um resultado pragmático (a absolvição de um acusado, por exemplo)[25]. O discurso racional fica assim enviesado por esse objetivo, que pode ser também a corroboração de determinada doutrina adotada por um filósofo, uma teoria defendida por um cientista ou a religião de um crente. Este é justamente o sentido da esterilidade de Sócrates: opiniões de interlocutores são rejeitadas não por discordarem das de Sócrates (que não tem nenhuma), mas por não passarem no crivo da razão. A atitude racional é a essência da sabedoria socrática revigorada pelos novos acadêmicos: nada é "mais torpe que o assentimento e aprovação preceder ao conhecimento e à percepção"[26]. A integridade intelectual mantida na liberdade acadêmica de investigação é, como veremos a seguir, a característica essencial de Atenas combatida por Jerusalém.

III. CONTRA A INTEGRIDADE INTELECTUAL

O cristianismo nasce e se propaga em um mundo helenizado e reflete as três principais tradições intelectuais presentes em sua região de origem: a tradição monoteísta e a moral judaica, os cultos religiosos semifilosóficos sírios e persas e a filosofia grega (especialmente o platonismo, o estoicismo e o ceticismo)[27]. O Novo Testamento foi todo escrito em grego. O evangelho de João, em particular, tem evidente intenção apologética, mirando um público influenciado pela filosofia grega. Apresenta o cristianismo como a religião que anuncia a encarnação histórica do princípio das coisas[28]. Já as cartas de Paulo, segundo Randall, introduzem uma noção de fé diferente da noção grega de assentimento intelectual proposta por João. Embora ambos compreendam a adesão ao cristianismo como algo que envolve uma transformação radical salvacionista, "[p]ara João, o Evangelista, a salvação é *conhecer* Deus. A transformação da natureza

---

25. Platão, *Teêteto*, 172d-173a, 178e.
26. Cícero, *op. cit.*, I.45.
27. Ver John Randall jr., *Hellenistic Ways of Deliverance and the Making of the Christian Synthesis*. New York: Columbia University Press, 1970, pp. 135-44. Randall não inclui o ceticismo entre as filosofias influentes na ocasião do nascimento do cristianismo.
28. "No princípio existia o Verbo [*Logos*, no original], o Verbo [...] era Deus. [...] E o Verbo se fez carne e habitou entre nós" (*João*, I.1-14).

humana efetivada pela união com Cristo é uma iluminação intelectual, a mudança do 'âmbito da escuridão' para o 'da luz'".[29] Já para Paulo, a

> Fé não é algo intelectual, não é crença, como a interpretação posterior ortodoxa se tornou enfatizando a crença em um credo; mas algo místico, semelhante ao amor platônico. Crer em Cristo é muito mais do que um compromisso, para Paulo é união completa com Cristo; e a fé não é mero assentimento e aceitação, mas antes total absorção. Essa subordinação dos sacramentos e ênfase na "fé", nesse sentido místico, fizeram de Paulo, mais tarde, o grande inspirador dos reformadores e o pai do protestantismo[30].

Paralelamente a essa diferença, passagens das cartas de Paulo aos romanos, aos coríntios e aos colossenses, comunidades da Igreja provavelmente mais suscetíveis à influência da Academia (no sentido amplo dado pela pergunta de Tertuliano citada na epígrafe), estão entre as principais referências bíblicas dos que opõem Jerusalém e Atenas como duas sabedorias radicalmente distintas. Na segunda carta aos coríntios, como se estivesse fazendo um contraponto à passagem de João acima citada, ou ao menos apontando como a vida e a morte de Jesus alteram radicalmente tanto a concepção judaica quanto a concepção filosófica grega de sabedoria, Paulo diz que "Judeus exigem milagres, e os gregos buscam a sabedoria. Nós, pelo contrário, anunciamos um Cristo crucificado, que é um escândalo para os judeus e loucura para os pagãos"[31]. Aos romanos, diz que pagãos (certamente se refere aos influenciados pela filosofia grega) não glorificaram Deus, "mas se perderam em seus raciocínios falsos"[32]. É mais específico aos colossenses: "Ficais atentos, para que ninguém vos arme uma cilada com a filosofia, esse erro vazio que segue a tradição dos homens e os elementos do mundo e não segue a Cristo"[33]. Encontramos assim em Paulo passagens que alimentam duas tendências anti-intelectuais que se unem e se intensificam nas Igrejas pentecostais

---

29. Randall, *op. cit.*, p. 157.
30. *Ibid.*, p. 155.
31. *Segunda Carta aos Coríntios*, I.23.
32. *Carta aos Romanos*, I.21.
33. *Carta aos Colossenses*, II.8.

e neopentecostais: vivência da fé, muito mais como sentimento do que como assentimento, e descrédito ou mesmo antagonismo em relação à filosofia e à ciência.

A doutrina cristã é elaborada durante a patrística, que se divide entre a grega e a latina. Em geral, a primeira apresenta uma atitude mais favorável à filosofia, buscando justificar o cristianismo junto aos pagãos e mostrando, em particular, afinidades doutrinais com o platonismo e analogias entre relatos históricos bíblicos e mitologias homéricas, argumentando a precedência histórica dos primeiros[34]. Já a patrística latina tendia mais à contraposição do que a compor com a filosofia. Lactâncio (séculos III-IV), por exemplo, no livro III de suas *Instituições divinas*, interessa-se pela Nova Academia cética à medida que ela seria uma filosofia aliada parcial e involuntária de Jerusalém em Atenas, não na proposição de suspensão do juízo, mas no seu aspecto crítico das filosofias dogmáticas gregas, isto é, aquelas (a maioria das de sua época) que pretendessem ter alcançado a verdade.

O alerta de Paulo aos colossenses é citado e exemplificado por Tertuliano (séculos II-III) na *Prescrição contra Heréticos*, 7, capítulo onde encontramos a citação em epígrafe. Tertuliano atribui às doutrinas dos filósofos a origem de diversas heresias que se disseminavam nas igrejas. A prática argumentativa, característica dos filósofos, traz também embaraços para os fiéis. Tertuliano se refere explicitamente aos métodos de argumentação sistematizados por Aristóteles que, utilizados por heréticos, suscitam problemas como o da origem do mal. Tertuliano explicita o que deveria parecer óbvio para um cristão: sendo Jesus Cristo a própria verdade encarnada, perderia todo o sentido a busca pela verdade que caracteriza a filosofia. Como vimos na esterilidade socrática, essa busca é o exame racional que pressupõe a ignorância da verdade, supostamente eliminada com o anúncio da Boa-Nova pelo evangelho.

Tertuliano lembra que, por ter estado em Atenas, Paulo pôde verificar *in loco* a vaidade da sabedoria humana revelada na multiplicidade contraditória das escolas filosóficas[35]. Entretanto, o exemplo de Tertuliano mostra

---

34. Ver Jacyntho Brandão, *Em nome da (in)diferença: o mito grego e os apologistas cristãos do segundo século*, Campinas: Editora Unicamp, 2014.
35. Tertuliano, *Prescrição contra Heréticos*, 8. O conflito das escolas filosóficas, apontado por Tertuliano como indicador da vaidade de toda pretensão meramente humana/racional à verdade, é um tropo

a dificuldade de se livrar de Atenas, dada a presença talvez inarredável da razão na vida humana. Ele mesmo foi influenciado pelo estoicismo, adotando uma visão materialista da alma, mais tarde considerada herética. E sua interpretação da passagem de Paulo por Atenas, descrita nos *Atos dos Apóstolos* XVII, 16-34, é especulativa. O que Paulo busca de fato mostrar aos atenienses é que o monoteísmo judaico-cristão está mais próximo da filosofia grega do que a própria religião pagã.

O principal filósofo da patrística é Agostinho de Hipona (séculos IV--V). É quem mais contribui para o estabelecimento da doutrina cristã. Formado na tradição filosófica grega, vertida ao latim pelos romanos (especialmente por Cícero), Agostinho, assim que se converte, busca conciliar Atenas (através do neoplatonismo já então consolidado por Plotino) e Jerusalém[36]. Uma contribuição bastante relevante de Agostinho para a teologia cristã, embora pouco explorada,[37] é o que chamei em outro trabalho de "promoção filosófica da crença"[38]. Para a colocação do problema, voltemos a Tertuliano. A frase mais famosa que lhe é atribuída – *credo quia absurdum* (creio porque é absurdo) – não é literal. Na verdade, afirmou *certum est, quia impossible* ("é certo pois é impossível")[39]. Embora Terturliano se refira à ressurreição de Cristo, a frase vale para todos os mistérios do cristianismo, à medida que ressalta o fato de o assentimento a eles exigir a reversão do princípio de integridade intelectual. Como disse Paulo: Deus encarnado é loucura (isto é, o contrário da sabedoria) para os gentios. Agostinho argumentou que a maioria das coisas em que acreditamos não são nem podem ser fundamentadas – pelo menos inteiramente – na razão. São assim todas as crenças em fatos que não testemunhamos diretamente, como o de existir uma cidade em que nunca estivemos, ou

---

clássico dos céticos pirrônicos. Ver Sexto Empírico, *Outlines of Pyrrhonism*. Tradução para o inglês de R. G. Bury. Cambridge, MA: Harvard University Press, 1987, I.12, 165.

36. Mais tarde, ao engajar-se contra heréticos, principalmente os pelagianos, Agostinho acaba defendendo uma posição anti-humanista e reduzindo o valor da filosofia.
37. Entre os poucos trabalhos que conheço sobre o tema, destaco os de Isabelle Bochet, "Le Scepticisme de la Nouvelle Académie et la Réflexion d'Augustin sur la légitimité du croire: Le *De Utilitate Credendi*", in: Anne-Isabelle Bouton-Touboulic e Carlos Levy (orgs.), *Scepticisme et religion: constantes et évolutions, de la philosophie hellénistique à la philosophie médiévale*, Turnhout: Brepols, 2016, pp. 193-217, e o de Stéphanie Marchand, "Augustine and Skepticism", in: Diego Machuca e Baron Reed (orgs.), *Skepticism from Antiquity to the Present*, London: Bloomsbury, 2018, pp. 175-85.
38. "Ceticismo, erro, verdade", in: Adauto Novaes (org.), *A Invenção das crenças*, São Paulo: Edições Sesc São Paulo, 2011, pp. 231-237.
39. Tertuliano, *De carne Christi*, 5.4.

o de determinada pessoa ser de fato um amigo, ou se Jesus ressuscitou no terceiro dia. Essas crenças estão fundamentadas em testemunhos: de historiadores a agentes de viagens, amigos, e em Maria Madalena (por intermédio dos evangelistas que relatam esse testemunho). Em todos esses casos, é a confiança na palavra de terceiros, de testemunhas, o que nos faz acreditar. O assentimento a essas coisas, diz Agostinho, não compromete o princípio de integridade intelectual. Por um lado, porque a razão não pode justificar cabalmente o assentimento a questões pela própria natureza da razão e dos fatos. Por outro lado, porque a crença em fatos, tanto presentes quanto passados e até futuros[40], é absolutamente necessária na vida ordinária. Tal assentimento não caracteriza, portanto, uma opinião, condenável como reza o princípio de integridade intelectual, à medida que opiniões concerniriam somente a doutrinas passíveis de demonstração racional. Caracteriza propriamente a crença, cujo fundamento é a confiança que depositamos na autoridade de testemunhas. Agostinho busca assim justificar a adesão ao cristianismo, cujos fatos e doutrinas não podem ser demonstrados pela razão – muitos, aliás, a contrariam totalmente, mas devemos aceitar se confiamos nas testemunhas de Cristo[41].

O maior esforço de conciliação entre a fé cristã e a razão filosófica foi feito entre os séculos XII e XVI pela escolástica (sobretudo por Tomás de Aquino), após a disponibilização de textos e comentários de obras de Aristóteles por filósofos islâmicos e judeus que elaboraram sínteses semelhantes entre suas religiões e a filosofia aristotélica. Essa grande síntese sofre um forte abalo decorrente do surgimento da nova ciência nos séculos XVI e XVII, que põe em xeque o aristotelismo. Caberá principalmente a um discípulo de Agostinho, Blaise Pascal (1623-1662), buscar adaptar o cristianismo ao novo cenário filosófico. A terra – e, portanto, o ser humano – já não tem a centralidade que lhe atribuía a filosofia aristotélica, e o universo passa a ser compreendido como uma grande máquina na qual parece não ter lugar o desígnio, essencial na síntese do aristotelismo com o judaico-cristianismo. Pascal dissocia assim a fé cristã da religião e filosofia naturais, contrastando o "Deus de Abraão, Deus de

---

40. Por exemplo, se não acreditar que ao tomar um avião ou um navio chegarei a Jerusalém, ficarei impossibilitado de visitar essa cidade.
41. O principal texto no qual Agostinho desenvolve sua teoria da crença é *Da utilidade das crenças* XI. Nas *Confissões* V.10-VI.5, relata como essa compreensão foi decisiva para sua conversão.

Isaac, Deus de Jacó" (isto é, o Deus de Jerusalém) com o "dos filósofos e doutos" (isto é, o Deus de Atenas)[42]. Busca uma nova conciliação entre razão e fé. "Dois excessos: excluir a razão, não admitir senão a razão"[43]. Faz uma crítica da razão, demarcando limites ao racionalismo socrático e introduzindo uma nova faculdade no espaço resultante da limitação da razão: o coração. Pascal desenvolve assim a solução agostiniana para o conflito entre o princípio de integridade intelectual e a revelação cristã. "É tendo falta de prova que [os cristãos] não têm falta de sentido" (La 418). Faz parte da "racionalidade" divina da distribuição da graça, por nós desconhecida, e decorre da corrupção causada pelo pecado original a falta de evidência da divindade de Jesus. Deus se esconde no homem Jesus para que somente os de boa vontade, os de bom coração, o reconheçam[44]. "É o coração que sente Deus, e não a razão. Eis o que é a fé. Deus sensível ao coração, não à razão" (La 424). Na perspectiva de Pascal, o racionalismo socrático desconsidera uma dimensão mais fundamental do ser humano, que não se resume nem ao corpo nem à razão. Como já colocara Agostinho, o fundamento das nossas crenças factuais históricas é a confiança em testemunhos. A questão que se coloca é, portanto, confiar na palavra evangélica, nos testemunhos de Jesus, cientes de que nenhuma certeza epistêmica é possível nesse âmbito. Entretanto, grande gênio matemático que era, Pascal apresenta razões pragmáticas, inclusive mensuráveis, em uma antecipação da teoria contemporânea da escolha racional, que justificariam a crença cristã. No famoso argumento conhecido como o da "aposta" (La 418), Pascal argumenta que o princípio de integridade intelectual não é razoável, pois priva o indivíduo de crenças que lhe poderiam trazer grande felicidade. Além disso, planejava argumentar – a morte prematura impediu-o de desenvolver esta parte de sua apologia do cristianismo – que há provas históricas da verdade da revelação cristã que, sendo históricas, não podem ter a certeza das demonstrações matemáticas, mas

---

42. Blaise Pascal, "Memorial", in: *Conversa com o senhor de Sacy sobre Epiteto e Montaigne e outros escritos*. Organização, introdução, tradução e notas de Flávio Loque. São Paulo: Alameda, 2014, p. 88. Retomo aqui e no restante desta seção, de forma resumida e desenvolvendo novos aspectos, o meu livro, inédito no Brasil, *The Christianization of Pyrrhonism. Scepticism and Faith in Pascal, Kierkegaard, and Shestov*, Dordrecht: Kluwer, 1995.
43. Blaise Pascal, *Pensamentos*. Edição, apresentação e notas de Louis Lafuma; tradução de Mário Laranjeira. São Paulo: Martins Fontes, 2001, La 183.
44. "Sim, tu és um Deus escondido" (*Isaías* 45.15).

que seriam mais robustas do que as apresentadas pelas outras religiões. Enfim, como resposta à crise da síntese aristotélico-cristã determinada pelo copernicismo, Pascal acreditava, como se dizia na época, que a função da Bíblia não é revelar como os céus se movem, mas como se mover para o céu, isto é, o caminho da salvação.

A abordagem histórico-científica da historicidade dos fatos narrados no Velho e no Novo Testamentos feita por Pascal tem grande desenvolvimento entre o século de Pascal e o XIX, sem, contudo, apresentar os resultados favoráveis a uma interpretação literal da Bíblia como almejava o autor dos *Pensamentos*[45]. Essa é provavelmente uma das razões pelas quais o filósofo dinamarquês Sören Kierkegaard (1813-1855) reage a essa abordagem, argumentando que a aplicação de métodos científicos históricos à Bíblia é uma equívoca subordinação de Jerusalém a Atenas. Assim é que, para Kierkegaard, propostas como a de Pascal, de racionalidades alternativas ao racionalismo de Atenas (que poderiam justificar o cristianismo), desconsideram e falsificam o que há de peculiar em Jerusalém. Da mesma forma, Kierkegaard reage fortemente à filosofia hegeliana, a qual considera o suprassumo da submissão do cristianismo à teodiceia e à religião natural.

Por meio de seus pseudônimos, Kierkegaard aborda diferentes aspectos do embate de Jerusalém contra Atenas. Johannes de Silentio descreve poeticamente a fé do Antigo Testamento nas figuras de Jó, em *A repetição*, e de Abraão, em *Temor e tremor*. Abraão em particular, o cavaleiro da fé, rompe com a racionalidade e a ética e salta cegamente na fé quando se dispõe a sacrificar o próprio filho, que recupera por meio do absurdo. Outro pseudônimo é mais relevante para o tema em análise, pois examina filosoficamente a fé cristã em contraposição à ética da crença socrática. Trata-se de Johannes Climacus, pseudoautor dos livros *Migalhas filosóficas* e *Pós-escrito às Migalhas filosóficas*. Segundo Climacus, toda crença em fatos históricos requer uma nulificação da incerteza objetiva quanto à efetiva ocorrência do fato[46]. Questões de fato não têm o mesmo

---

[45]. Richard Popkin atribui o desenvolvimento do ceticismo religioso ao surgimento de abordagens histórico-científicas no exame da Bíblia no final do século XVII. Ver Richard Popkin, *História do ceticismo de Erasmo a Spinoza*. Tradução de Danilo Marcondes. Rio de Janeiro: Francisco Alves, 2000, pp. 331-82.

[46]. Sören Kierkegaard, *Migalhas filosóficas*. Tradução de Ernani Reichmann e Álvaro Valls. Petrópolis: Vozes, 1995, pp.103-27.

grau de certeza objetiva tido por demonstrações matemáticas. Assim, ao assentir a fatos, o indivíduo considera verdade o que é incerto. A necessidade dessa adaptação subjetiva é resumida por Climacus na tese "a subjetividade é a verdade"[47]. A partir desse solo epistemológico, Climacus distingue dois paradigmas, que poderíamos chamar de "Atenas" e "Jerusalém". Ele chama o primeiro de "ético-religioso", e o segundo, de "paradoxo-religioso". Segundo Climacus, seguindo aí Agostinho e Pascal, os humanos têm uma necessidade natural – ele fala em "interesse" – de crer em fatos objetivamente incertos. A ética socrática da crença se coloca assim contra essa tendência natural. Para observar o princípio de integridade intelectual, é necessário combater essa tendência, uma tarefa difícil, como exemplificado por Sócrates e pelos céticos gregos. Uma alternativa que se coloca no interior desse paradigma (Atenas) é a desconsideração da existência (a dimensão ética do paradigma) e a fuga para a especulação: voltam-se as costas aos fatos históricos incertos, que exigem a nulificação subjetiva da incerteza, e dá-se assentimento às verdades abstratas especulativas. Segundo Climacus, essa é a via seguida por Platão, contrapondo-se a Sócrates neste ponto, e que é trilhada por filósofos metafísicos cristãos, culminando em Hegel, os quais concebem o Deus do cristianismo à maneira do "Deus dos filósofos", e não do "Deus de Abraão". No paradigma paradoxo-religioso, o paradigma cristão do Novo Testamento, a alternativa especulativa é excluída, pois a verdade deixa o mundo das ideias e encarna historicamente. A fé cristã requer, portanto, uma ruptura com o princípio de integridade intelectual radicalmente maior do que a exigida no paradigma ético-religioso. Por um lado, o sujeito está determinado pelo pecado original. Climacus expressa essa situação com a frase "a subjetividade é a não verdade". Pelo lado do objeto de assentimento, trata-se de um "paradoxo absoluto" para a razão: um Deus homem. O assentimento por um sujeito, que é a não verdade, a tal verdade absolutamente paradoxal, exige uma nulificação de incerteza muito maior do que a exigida no paradigma ético-religioso[48]. Essa violação do princípio de integridade intelectual exigida pelo

---

47. Sören Kierkegaard, *Pós-escrito às Migalhas filosóficas*, 2 vols. Tradução de Álvaro Valls e Marília Almeida. Petrópolis: Vozes, 2013, v. I, pp. 199ff.
48. *Ibid.*, v. I, pp. 199-263; v. II, pp. 13-30 e 67-77.

cristianismo – a tarefa do cristão "é a crucifixão do entendimento"[49] – é descrita positivamente por Climacus por promover a dimensão passional humana que fica reduzida – como argumento na primeira seção, de fato é diretamente combatida – no paradigma socrático.

O último filósofo combatente de Jerusalém contra Atenas que será aqui considerado é o russo Lev Shestov (1866-1938). Autoexilado na França após a Revolução Bolchevique, Shestov foi quem mais radicalizou a contraposição de Jerusalém a Atenas. De origem judaica, ele não diferenciava o cristianismo do judaísmo no que concernia à perspectiva "filosófica". De acordo com Shestov, ambas as religiões essencialmente propunham um Deus voluntarista, para o qual tudo é possível, inclusive e principalmente a violação das leis da física e da lógica. Assim, a encarnação reivindicada pelos cristãos não é um evento fundante, como para todos os pensadores cristãos tratados nesta seção, mas apenas mais um exemplo do absurdo – do ponto de vista da razão dos filósofos e sábios – que o Deus de Jerusalém pode estabelecer[50]. Entretanto, Shestov foi mais influenciado por Lutero do que por qualquer outro teólogo judaico-cristão. Lutero diz que o pecado é o contrário da fé. Shestov interpreta o *sola fide* luterano como implicando que a fé é o contrário do conhecimento[51]. Considera o jardim do Éden do *Gênesis* 2.15 o âmbito da absoluta liberdade do ser humano (à imagem e semelhança da liberdade de Deus) e o pecado original a queda no conhecimento limitado por leis naturais e lógicas. Assim, enquanto para Sócrates todo pecado é ignorância moral (ninguém age mal sabendo que é mal), para Shestov o pecado é conhecimento, significando exatamente isso a árvore do fruto proibido[52].

Talvez por sua origem judaica, Shestov apreciava mais o Velho do que o Novo Testamento. Observa que este último, como apontado acima, apresenta traços helenizantes e enfatiza muito a moralidade[53]. O Velho Testamento, ao contrário, com figuras como Abraão e Jó, deixa explícito o

---

49. Ibid., v. II, p. 278.
50. Lev Shestov, *Kierkegaard and Existential Philosophy*. Tradução para o inglês de Elinor Hewitt. Athens, Ohio: Ohio University Press, 1969, pp. 144-5.
51. Idem, *Luther et l'église*. Tradução para o francês de Sophie Sève. Paris: Presses Universitaires de France, 1957, pp. 101-10 e 117-31.
52. "De todas as árvores do jardim podes comer. Só não podes comer da Árvore do Conhecimento do Bem e do Mal" (*Gênesis* 2.16).
53. Lev Shestov, *Spéculation et révélation*. Tradução para o francês de Sylvie Luneau. Lausanne: L'Age d'Homme, 1981, p. 51.

combate à racionalidade de Atenas. "Enquanto a razão reinar sobre o ser, Jó não recuperará as suas crianças; se a ética é suprema, Abraão está perdido"[54]. A supremacia da vontade de Deus elimina qualquer racionalidade, e o que seria logicamente impossível (por exemplo, algo que aconteceu não ter acontecido) torna-se possível. É assim impossível qualquer conciliação da Bíblia (Jerusalém) com a filosofia (Atenas). Como a racionalidade, segundo Shestov, pertence a Atenas, evidência é um critério de falsidade e não de verdade. Com esse irracionalismo, Shestov leva ao ápice o ataque ao princípio de integridade intelectual estabelecido por Sócrates. Tertuliano, Agostinho, Pascal e Kierkegaard, ressaltando o caráter paradoxal da crença cristã e a sua inadequação ao princípio de integridade intelectual, apontaram que o assentimento a questões de fato, como os relatados na Bíblia, não pode ser regulado pela ética socrática da crença de acordo com a qual fatos – e, segundo Tertuliano e Kierkegaard, especialmente os bíblicos, que contrariam frontalmente a razão – não são passíveis de demonstração. Justificam epistemicamente, portanto, o salto da fé. Shestov opera uma total reversão da ética da crença: o assentimento deve ser dado ao que se contrapõe a toda justificação racional e deve ser retirado de tudo que tem tal justificação.

O fascínio de Shestov por Jerusalém teve uma dimensão biográfica. Ele foi entusiasta do movimento sionista e buscou influenciar a educação do recém-criado Estado de Israel[55]. Provavelmente pensou que, se sua filosofia fosse influente (como a de Sócrates acabou sendo em Atenas), poderia preservar a "nova" – agora judaica – Jerusalém do racionalismo grego.

IV. PREPARANDO A REVOLUÇÃO MESSIÂNICA

Os filósofos cristãos acima relacionados trataram da implicação, para a ética da crença socrática racionalista, do fato de o cristianismo reivindicar a historicidade de Jesus como encarnação do Deus do Velho Testamento. Tais fatos põem em xeque o princípio de integridade intelectual,

---

54. *Ibid.*, p. 201.
55. Shestov visitou e lecionou em universidades (Academias) israelenses pouco antes de morrer. Cf. Nathalie Baranoff-Chestov, *Vie de Léon Chestov*, v. I: "L'Homme du Souterrain (1866-1929)". Tradução para o francês de B. Bronstein-Vinaver. Paris: La Différence, 1991, p. 363.

cuja validade é limitada por Agostinho e Pascal e questionada, com base em uma antropologia que valoriza o sentimentalismo e uma concepção voluntarista da liberdade, por Kierkegaard e Shestov. Todos os quatro elaboraram um problema de natureza intelectual, apontando o paradigma diferente (para os dois últimos, contrário) que o judaico-cristianismo propõe para a ética da crença.

A aceitação da verdade literal dos fatos revelados na Bíblia coloca também, além da questão da historicidade de fatos passados, a questão da historicidade de futuros eventos messiânicos profetizados. Os mais relevantes estão em *Daniel* 7 e no capítulo 20 do *Apocalipse*, último livro do Novo Testamento, escrito por um profeta chamado João, do final do século I. Daniel, profeta do Velho Testamento, relata sua visão de uma sucessão de quatro impérios ou reinos (representados por quatro feras), comumente interpretados como o babilônico, o persa, o grego e o romano. Esse último, descrito como o mais violento, entra em guerra e é derrotado pelos santos, que entregam o quinto império, "um império eterno que jamais passará" ao "Filho do Homem"[56]. O *Apocalipse* representa o embate que precede uma segunda vinda de Cristo em termos monumentais, envolvendo cataclismos naturais e guerras sangrentas. Em um primeiro embate, um anjo prende uma besta que havia seduzido os povos (comumente interpretada como o Anticristo)[57], e os que não haviam sido seduzidos "viveram e reinaram com Cristo durante mil anos"[58]. Um segundo embate ocorre após esses mil anos, quando o Anticristo é solto e torna a "seduzir as nações dos quatro cantos da terra"[59], mas cuja derrota é seguida pelo Juízo Final e a descida do céu da "Cidade Santa, a Nova Jerusalém"[60], quando "não haverá mais morte, nem luto, nem grito, nem dor"[61]. O profeta recebe no final a seguinte recomendação: "Não

---

56. *Daniel*, 7.13-14.
57. "Então vi levantar-se do mar uma besta com dez chifres e sete cabeças." (*Apocalipse*, 13.1.) "Também adoraram a besta... E lhe foi dada uma boca que proferia arrogâncias e blasfêmias. E lhe foi dado o poder para agir durante quarenta e dois meses." (13.4-5.) "Então, vi outra besta subir da terra. ... E seduz os habitantes da terra com os prodígios que lhe foi concedido fazer na presença da besta, convencendo os habitantes da terra a fazerem uma imagem da besta, que tinha voltado à vida depois de ferida mortalmente." (13.11-14.)
58. *Apocalipse*, 20.1-4.
59. *Apocalipse*, 20.7.
60. *Apocalipse*, 21.2.
61. *Apocalipse*, 21.4.

seles as palavras da profecia deste livro, porque o tempo está próximo. [...] Eis que venho em breve, e a minha recompensa está comigo para dar a cada um conforme as suas obras"[62].

Em face de passagens como essas, ao longo de toda a história da cristandade, vários cristãos, mas com muito mais frequência reformadores, especialmente calvinistas, passaram a esperar a próxima ocorrência dos acontecimentos apocalípticos com base em fatos políticos contemporâneos, para cuja realização a ação desses religiosos contra o Anticristo ou seus prepostos poderia, inclusive, ser instrumental. Temos assim a ideia de uma revolução – pois não é possível imaginar transformações sociais mais radicais – messiânica, bem como de ações revolucionárias messiânicas.

O milenarismo é condenado pela Igreja Católica, mas teve adeptos católicos importantes na Idade Média (Joaquim de Fiore), no Renascimento (Savonarola) e no século XVII (Antônio Vieira)[63]. Vieira (1608-1697) adaptou as profecias sebastianistas de Bandarra para a recente emancipação de Portugal do domínio espanhol. Essa emancipação foi vista por Vieira como providencial e preparatória para o início do milênio. Portugal recuperaria o poder que possuía nos séculos XIV e XV, quando, segundo Vieira, com suas conquistas na América do Sul, na África e no Oriente, estabeleceu as condições do Quinto Império Cristão. Graças à expansão marítima de Portugal, esse império, diferentemente dos quatro anteriores, incluiria toda a superfície da Terra, sob domínio espiritual do papa e controle político de dom João IV (de quem Vieira era conselheiro). O rei de Portugal uniria toda a cristandade em uma fabulosa cruzada para derrotar o império turco e libertar Jerusalém. A derrota turca seria imediatamente seguida pela conversão de todos os judeus, muçulmanos, heréticos e pagãos (cuja conversão estava sendo operada pelos jesuítas nos quatro cantos do mundo), dando início a mil anos de impecabilidade, salvação de todos, vidas com mais de trezentos anos de duração e fim do conflito de valores e crenças em toda superfície da Terra[64].

---

62. *Apocalipse*, 22.10-12.
63. As doutrinas messiânicas dos três foram condenadas, e Savonarola foi sentenciado à morte pela Inquisição.
64. As duas principais obras milenaristas de Vieira são a *Clavis Prophetarum, sive de regno Christi, in terris consummato*, e a inacabada *História do futuro, esperança de Portugal, Quinto Império do mundo*, publicadas nas *Obras escolhidas* de Vieira, editadas por Antônio Sérgio e Hernâni Cidade (Lisboa: Livraria Sá da Costa, 1953, respectivamente volumes VIII e IX).

Assim como Vieira atribuiu ao império português (na figura de dom João IV) o protagonismo pré-milenarista e Isaac La Peyrère (1596-1676) atribuiu esse mesmo papel ao império francês (personificado na figura de Luís XIV)[65], vários calvinistas (puritanos) o atribuíram ao domínio inglês e, a partir de meados do século XIX, aos Estados Unidos da América.

Em livro inédito no Brasil, *Messianic Revolution: Radical Religious Politics to the End of the Second Millennium*, David Katz e Richard Popkin apresentam os movimentos políticos messiânicos cristãos mais relevantes, de Girolamo Savonarola (1452-1498), em Florença, e Thomas Müntzer (c. 1490-1525), na Saxônia (atual Alemanha), até a morte, em 19 de abril de 1993, de 74 pessoas no cerco do FBI à comunidade religiosa de David Koresh em Waco, Texas[66], e o atentado, exatamente dois anos depois, a um edifício do governo norte-americano em Oklahoma City, passando pelo suicídio coletivo de 913 fiéis da comunidade religiosa liderada por Jim Jones na Guiana[67].

Katz e Popkin analisam ideias de cristãos messiânicos milenaristas contemporâneos antissemitas e filossemitas. Os primeiros reúnem

> [...] vários ramos da teoria milenarista presentes nos Estados Unidos do pós-Segunda Guerra. Novas versões de antissemitismo, racismo pré-adamita[68], israelismo britânico[69], arianismo neonazista e outras ideologias formam os traços centrais de um messianismo militante revolucionário. Os atraídos por essas ideologias rejeitavam o empoderamento de pessoas de cor, judeus e mulheres em uma sociedade tradicionalmente dominada por homens brancos cristãos. Acreditavam que a ameaça comunista estrangeira estava buscando uma oportunidade para destruir a

---

65. Ver Richard Popkin, *The Third Force in Seventeenth-Century Thought*, Leiden: E. J. Brill, 1992, p. 353.
66. Nascido Vernon Howell (1959-1993), originário de uma Igreja Adventista do Sétimo Dia.
67. Jones (1931-1978), originário de uma igreja da Assembleia de Deus, residiu em Belo Horizonte em 1962. Via a cidade como uma das poucas que sobreviveriam à hecatombe nuclear que realizaria uma das profecias do *Apocalipse* (cf. D. Katz e R. Popkin, *Messianic Revolution: Radical Religious Politics to the End of the Second Millennium*, London: Penguin, 1999, p. 225).
68. Derivado da teoria poligenética de Isaac la Peyrère, segundo a qual somente os judeus são descendentes de Adão.
69. Originado da associação entre o rabino português do século XVII Menasseh Ben Israel e milenaristas ingleses como John Dury e Samuel Hartlib, que atribuíram protagonismo inglês na reunião dos judeus preparatória da segunda vinda de Cristo (cf. Katz e Popkin, *op. cit.*, pp. 81-4). Sobre esse rabino português, que Vieira conheceu em Amsterdã e provavelmente influenciou, ver Richard Popkin, *Menasseh Ben Israel and His World*, Leiden: E. J. Brill, 1989.

sociedade norte-americana já enfraquecida internamente. (...) Combinaram essas várias ideologias com teorias da conspiração sobre as atividades subversivas de judeus, comunistas e membros da maçonaria[70].

Alguns desses grupos formaram e ainda formam milícias armadas (aproveitando-se da facilidade para a compra de armas nos Estados Unidos), aceitando somente a lei divina revelada na Bíblia. É o caso dos autointitulados "homens livres de Montana"[71].

Outra tendência na extrema direita norte-americana, bem mais influente que a anterior, é a filossemita. Essa tendência é alimentada principalmente pelos chamados "televangelistas" norte-americanos, como Jerry Falwell (1933-2007). No comando de um programa que teve milhões de telespectadores, criou o movimento "Maioria Moral", que "galvanizou muitos fundamentalistas, evangélicos e crentes cristãos passivos em atividades políticas com uma agenda bastante conservadora. Falwell também esteve na frente de cristãos norte-americanos apoiadores de Israel durante as duas últimas décadas"[72]. Outro televangelista é Pat Robertson, dono de uma cadeia evangélica de televisão a cabo, a CBN. Grande apoiador da direita israelense, Robertson (nascido em 1930) acreditava no retorno iminente de Jesus a Jerusalém e inclusive planejava o televisionamento ao vivo do evento[73]. Concorreu nas primárias do Partido Republicano em 1988 e fundou a Coalizão Cristã, cujo objetivo é "dar voz aos cristãos no governo contra a decadência moral que ameaça nossa nação ao treinar cristãos para ações políticas efetivas e mobilizar maior número de cristãos para influenciar políticas públicas"[74]. Ronald Reagan era próximo desses televangelistas e admirador de Hal Lindsey (nascido em 1929). Autor do influente *A agonia do grande planeta Terra*[75], Lindsey descreve como os fatos profetizados no *Apocalipse*

---

70. Katz e Popkin, *op. cit.*, pp. 191-2.
71. *Ibid.*, p. 204. Esses grupos às vezes entram em conflito com agentes do Estado, como no caso de Waco.
72. *Ibid.*, pp. 216-7. Falwell "estabeleceu uma 'Embaixada Cristã' em Jerusalém, quando quase todos os países transferiram suas embaixadas para Tel Aviv depois que o parlamento israelense declarou [em 1980] Jerusalém como capital eterna de Israel" (*ibid.*, p. 222).
73. Segundo relato de um ex-produtor de sua rede de TV, citado por Katz e Popkin, *op. cit.*, p. 235.
74. *Ibid.*, p. 235.
75. Originalmente publicado em inglês em 1970, cf. Katz e Popkin, *op. cit.*, p. 205.

[...] estão se tornando realidade diante dos nossos olhos, começando com o estabelecimento do Estado de Israel em 1948. [...] A Guerra Fria, tão importante para o fundamentalismo, é apresentada como a realização das profecias bíblicas dos eventos que ocorreriam imediatamente antes do Juízo Final. A culminação da história, Lindsey explicou, será a batalha de Armagedom [do *Apocalipse*], [...] no norte de Israel, quando os réprobos serão destruídos, os justos, salvos, e Cristo reaparecerá na Terra e governará por mil anos[76].

Reagan considerava a possibilidade de que o Juízo Final decorresse de uma guerra mundial nuclear durante seu mandato. "Não é inconcebível [...] que o flerte de Reagan com a ideia de um holocausto nuclear inspirado por Deus tenha sido um fator que influenciou Gorbachev a convocar, em um curto prazo, a conferência de cúpula da Islândia em outubro de 1986, cujo propósito era promover um completo desarmamento bilateral"[77].

Pat Robertson e Jonathan Falwell, filho do pastor Jerry Falwell, juntamente com vários outros pastores norte-americanos, reuniram-se em 19 de março de 2019 em Washington, com o presidente do Brasil Jair Messias Bolsonaro e o chanceler Ernesto Araújo. Foi o último compromisso oficial de Bolsonaro nos Estados Unidos (o penúltimo foi o encontro com o presidente norte-americano Donald Trump), ocasião em que Robertson fez uma oração agradecendo a Deus pela eleição do político brasileiro, em evento televisionado pela sua rede CBN. Reportagem de Paola De Orte para *O Globo* descreve Robertson como uma

> Lenda viva do movimento evangélico americano [que] ficou famoso graças à amizade que teve com o presidente republicano Ronald Reagan (1981-1989). Sua rede de TV [CBN] foi um dos meios pelos quais o televangelista levou adiante seu projeto de unir política e religião, trazendo os evangélicos para o campo político. O presidente dos Estados Unidos, Donald Trump, concedeu mais de uma dezena de entrevistas à rede. Uma reportagem do *site* Político do ano passado relatava como

---

76. *Ibid.*, pp. 205-206.
77. *Ibid.*, p. 210.

Trump passou a usar a rede evangélica como um canal para espalhar sua mensagem. A cobertura jornalística do presidente é sempre positiva, segundo a matéria, mais até do que a da Fox News, canal conservador mais conhecido entre o público em geral[78].

Katz e Popkin concluem observando o refluxo das ideias apocalípticas nucleares após a administração Reagan em função do crescimento do pós-milenarismo, associado aos movimentos chamados de "reconstrução cristã" e "teologia do domínio". Os pós-milenaristas acreditam que o milênio já começou e que somente no seu fim Cristo retornará. O milênio em curso é marcado por uma maior cristianização decorrente da intensificação da evangelização, em clara oposição ao Estado laico. "O reconstrucionismo insiste na importância de impor a lei bíblica até em descrentes, de maneira que Jesus possa retornar." Os Estados Unidos são vistos como o principal guardião do consenso judaico-cristão que deve ser defendido pelos cristãos "por todos os meios necessários. Se os meios legais falharem, então podem recorrer à desobediência civil e, em última instância, à força"[79].

V. CONSIDERAÇÃO FINAL

Apresentei aqui, de maneira esquemática, dois aspectos do pensamento cristão que colocam em xeque a herança filosófica grega: a reformulação da ética racionalista da crença introduzida por Sócrates, de forma a acomodar as principais doutrinas cristãs, e a justificação, com base na crença em (e interpretação de) profecias, de uma ação política radical, por vezes violenta, conservadora e anti-iluminista. Esses são dois aspectos fundamentais do embate entre as duas principais tradições que convivem no Ocidente: a filosófico-científica, de origem grega (Atenas), e a judaico-cristã, originada no Oriente Médio (Jerusalém)[80]. Um tratamento mais

---

78. Disponível em: https://oglobo.globo.com/mundo/assista-pastor-que-reagan-tornou-famoso-liderou-oracao-por-bolsonaro-nos-eua-pediu-uniao-pela-venezuela-23536661. Acesso em 29 out. 2020.
79. Katz e Popkin, *Messianic Revolution*, op. cit., p. 244.
80. Um terceiro aspecto, também relevante e cuja fonte última é a compreensão paulínia da fé, como indicado no início da seção III acima, é a tradição mística em suas várias versões. Muitos místicos eram também milenaristas, como Jean de Labadie e Anna Maria van Schurman, no século XVII. Adotaram, segundo Popkin, "um ceticismo agressivo contra qualquer fundamento racional para a crença. A razão

amplo do embate exigiria apontar esse mesmo conflito entre fé e razão no interior de cada tradição. Várias escolas ou tendências filosóficas próprias da Academia colocam em questão, sem qualquer motivação religiosa, o racionalismo socrático e o ideário iluminista, assim como são minoritárias – embora barulhentas – as tendências francamente anti-iluministas da Igreja. Esse quadro complexo dificulta a formulação de prognósticos sobre desdobramentos futuros da reação atual de Jerusalém contra Atenas.

(…) precisa ser destruída, para que as ações de Deus governem a alma do fiel. Ao negar evidência para a crença, também negaram que a Escritura [a Bíblia] era necessária para a salvação, opondo-se também a toda lei ou cerimônia religiosa. (…) Consideraram todas as igrejas cristãs existentes corrompidas e desnecessárias para a vida espiritual, embora considerassem a si mesmos cristãos piedosos e ardorosos" (Popkin, *The Third Force*, p. 361).

O estrangeiro e a cidade
Newton Bignotto

Albert Camus, em um de seus últimos escritos, coloca em cena um professor no interior da Argélia, ainda sob o domínio francês, que recebe a visita inesperada de um policial escoltando um prisioneiro, que havia cometido um assassinado. Daru, o professor, é instado a conduzir o árabe a uma vila próxima, onde este será julgado. Como havia nevado muito nos dias anteriores, os dois devem esperar o dia seguinte e torcer para que o sol reapareça e torne a caminhada mais suave. Valendo-se de sua condição de funcionário civil, ele se nega a cumprir a ordem da administração. O policial, no entanto, diz que nada pode fazer e retorna à sua base, deixando o acusado de assassinato nas mãos do professor. Antes de partir, empresta-lhe um revólver para o caso de rebelião do prisioneiro. Esse é o cenário de *O hóspede*, texto que retoma a atmosfera de outros grandes livros de Camus e nos coloca diante do dilema que enfrentamos quando em presença de um "outro" ao qual estamos ligados pela pertença a um espaço, a um tempo, a uma história, mas ao qual nenhum sentimento íntimo nos conecta como parte de uma mesma humanidade[1].

Camus expõe os dilemas de tratar o "outro" entre o dever de obediência à lei e o sentimento difuso de pertença à humanidade que a simples presença de alguém desperta em cada um de nós. Daru não professa um amor abstrato à humanidade ao se negar a entregar o prisioneiro às autoridades. Ao contrário, ele sente repulsa e medo diante de alguém que

---

1. Albert Camus, "L'Hôte", in: *L'Exil et le Royaume*. Paris: Gallimard, 1957.

infringiu o interdito comum a tantas culturas de não matar o próximo. Ao mesmo tempo, no meio da noite atormentada que passa ao lado do prisioneiro, sente-se incomodado com o sentimento de fraternidade que aparece quase automaticamente quando somos expostos ao caráter humano dos pequenos gestos que compõem o cotidiano. No meio da noite, o prisioneiro é apenas mais um homem com suas necessidades e temores.

No dia seguinte, ao tomar a decisão de acompanhar o prisioneiro até o meio do caminho para que ele mesmo se entregue, Daru se coloca em uma posição impossível. Na esfera pública, ele não pode manifestar nem fraternidade nem solidariedade ao acusado. Mas, ao acolhê-lo em sua escola e passar a noite a seu lado, é surpreendido pela obrigação de tratá-lo como um hóspede, como alguém a quem ele deve algo pelo simples fato de sua presença humana. Agindo em uma linha tênue entre o sentimento privado, marcado pela ambiguidade, e a esfera pública, permeada por conflitos impossíveis de serem resolvidos por indivíduos isolados, ele acaba desvelando toda a dificuldade que valores como a hospitalidade encontram para se implantar em uma época marcada pelo individualismo e pela indiferença ao outro. Procurando ao mesmo tempo respeitar a lei, afinal o acusado se entregaria, e não romper os laços de hospitalidade surgidos do convívio com outro ser humano, ele acaba descobrindo a fragilidade da própria posição. Tendo se indisposto com as autoridades francesas, vê sua vida ameaçada quando, ao retornar à escola, encontra escrito na lousa: "Você entregou nosso irmão, você pagará"[2]. Entre duas lealdades opostas, ao Estado e ao grupo étnico, Daru encontra uma nova forma de solidão.

HOSPITALIDADE NO MUNDO ANTIGO

O conto de Camus revela o universo complexo que envolve valores e direitos que colocam em cena a alteridade, espaço de cuja configuração depende em grande medida o rosto das relações entre os povos e a maneira como a vida política contemporânea se estrutura. Fraternidade, solidariedade e hospitalidade são expressões modernas do antigo problema de como tratar o outro, o diferente, o estrangeiro, que nos parecem ao mesmo tempo próximos e ameaçadores em suas diferenças. No mundo

2. *Ibid.*, p. 175.

greco-romano, a ideia de fraternidade (αδελφοσύνης – *adelfosýnis*; *fraternitas*) indicava na maioria das vezes uma relação direta entre irmãos, ou, no limite, entre membros de uma mesma família ou tribo. Raramente, como em Tácito[3], a palavra remetia a uma relação entre povos que se sentem irmãos. Da mesma forma, a solidariedade, que, em português, deriva do francês *solidarité*, tem em primeiro lugar um sentido jurídico, daquele que é solidário com uma dívida, por exemplo. Só mais tarde, no século XVIII, terá um significado mais amplo, implicando a preocupação com os que vivem juntos em uma mesma sociedade, permitindo um desdobramento social da fraternidade abstrata entre cidadãos. Quanto ao tema da hospitalidade, ele é o único que atravessa as épocas e nos permite conversar com o passado, procurando entender como em nosso tempo ele adquiriu uma face trágica e ao mesmo tempo essencial, como mostra o escritor francês.

No mundo antigo, o problema da hospitalidade era parte da análise da relação entre os cidadãos e os estrangeiros. Essa observação banal pode esconder a complexidade do tema, uma vez que aplaina o que era um terreno com um relevo muito acidentado. Tomando como referência Atenas, podemos ver que o "outro" era ao mesmo tempo o *meteco* – estrangeiro que vivia na cidade –, o estrangeiro, que podia ser grego ou habitante de outras terras, muitas delas chamadas de bárbaras, e, por vezes, extratos da pólis, os *pantodapoi*, "pessoas de toda espécie", como os chamava Platão[4], que, por seu comportamento instável, pareciam ameaçar o equilíbrio da cidade. Sem poder mergulhar a fundo na análise do tratamento que foi dado pela Antiguidade ao problema da alteridade política, é possível tomar como referência duas proposições. Em primeiro lugar, em consonância com estudos de Nicole Loraux, pode-se dizer que não há nada na literatura do mundo antigo que nos autorize a dizer que os gregos e os romanos tinham uma concepção isolacionista das cidades,

---

3. Tácito, *Annals*, II, 25. London: Penguin Boooks, 2013. "*Orationem principis secuto patrum consulto primi Aedui senatorum in urbe ius adepti sunt. Datum id foederi antiquo et quia soli Gallorum fraternitatis nomen cum populo Romano usurpant*" (A fala do imperador foi seguida pelo decreto do Senado, e os Aedui foram os primeiros a obter o direito de se tornar senadores de Roma. Esse privilégio era o pagamento por sua antiga aliança e pelo fato de que, entre os gauleses, eram os únicos ligados fraternalmente ao povo de Roma).
4. Platão, "Les Lois", in: *Oeuvres Complètes*, Paris: Gallimard, 1950, v. II. IV, 705a e 707a, pp. 747-8.

fazendo da discriminação um princípio de suas organizações políticas[5]. Na esteira dessa constatação, nossa segunda proposição é que a geografia da alteridade na Antiguidade esteve longe de ser a de uma planície assentada no tempo e no espaço. As concepções de cidadania variavam não só de cidade a cidade, mas também ao longo do tempo[6]. Atenas (assim como Roma), conheceu momentos mais inclusivos, como no período de Clístenes[7], e momentos de maior fechamento. E isso não ocorreu apenas entre o elemento interior – o cidadão – e o exterior – o estrangeiro; ocorreu no conjunto das relações que compõem um corpo político, submetido o tempo todo a modificações mais ou menos profundas em sua estrutura de base. Como afirmou Vidal-Naquet: "a pólis dos cidadãos não pode existir sem a presença dos estrangeiros"[8]. Ou seja, tratar o tema do "outro" e de seu acolhimento pela cidade – a hospitalidade – não é abordar uma questão lateral da teoria política, mas tentar entender como os diversos componentes da pólis, em sua permanente interação, constroem ao longo do tempo a teia de relações de todos os que coabitam no mesmo espaço e os que os rodeiam, em um jogo de aproximação e distanciamento.

Como sabemos, os diversos regimes políticos se estruturam em torno de várias características. Entre elas está a maneira como lidam com a questão da alteridade política. É desse fato que podemos deduzir que a maneira como os estrangeiros são recebidos na cidade ou a maneira como os excluídos são tratados em um corpo político são um elemento essencial da essência dos regimes, e não um apêndice de sua identidade mais profunda. Nesse quadro teórico, faz todo sentido conversar com o passado para tratar o tema no presente, como pretendemos fazer neste texto.

Tendo em vista o que acabamos de dizer, parece-nos que, para abordar a questão da relação com os estrangeiros, sejam os que viviam em terras distantes, sejam os que viviam no interior das cidades gregas ou romanas, o conceito de hospitalidade (*xenia, hospitium*) é um bom ponto de partida. No imaginário grego, havia a ideia de que a hospitalidade

---

5. Nicole Loraux, "A democracia em confronto com o estrangeiro", *in*: Barbara Cassin; Nicole Loraux; Catherine Peschanski, *Gregos, bárbaros, estrangeiros*, Rio de Janeiro: Editora 34, 1993, pp. 11-33.
6. *Ibid.*, p. 24
7. *Ibid.*, p. 17.
8. Pierre Vidal-Naquet, *Economies et sociétés en Grèce ancienne* (*apud* Nicole Loraux, *op. cit.*, p. 16).

estava relacionada a Zeus ou à deusa Atena. Conferir sacralidade ao ato de recepcionar o estrangeiro em suas terras não era, no entanto, suficiente para regular as relações com os diversos estratos de alteridade, que nem sempre tinham o mesmo rosto. Se a hospitalidade era uma constante entre membros da aristocracia de diversas cidades, e, portanto, tinha por vezes um caráter privado, receber bem um estrangeiro fazia parte da estratégia das cidades para tirar o maior proveito dessas relações. Ou seja, a sacralidade do gesto era seguida pelos mais frios cálculos utilitários. Na prática da hospitalidade, o aspecto privado se misturava com o aspecto público, mas era este que sempre prevalecia, pois, no limite, os interesses da comunidade deviam se impor, mesmo quando o que estava em jogo era, por exemplo, o uso das relações estrangeiras para fins de espionagem dos vizinhos[9].

O fato é que a figura do estrangeiro bem recebido em outra cidade era apenas um aspecto do mundo poroso no qual se davam as relações entre membros de sociedades diversas. Quando o estrangeiro era o *meteco*, que fazia parte do cotidiano da cidade, as coisas tinham outro perfil. Como já indicamos, a cidade, assim como nossos Estados modernos, precisam dos estrangeiros. Sua vida econômica depende da presença deles, mas mesmo seus traços fundamentais derivam muitas vezes das ações levadas a cabo pelos excluídos da cidadania. Um exemplo disso é o fato de que uma cidade como Atenas não podia viver sem seus escravos para se desenvolver e garantir os direitos de seus cidadãos, mas também não podia abrir mão de seus *metecos*, sob risco de ver sua economia colapsar. Por essa razão, o debate era muito mais complexo do que aquele que dizia respeito aos escravos, colocados totalmente fora do campo dos direitos, ou dos estrangeiros que viviam em terras distantes. Os estrangeiros que viviam na pólis reivindicavam e eram sujeitos de direitos, mesmo se não pudessem aspirar à cidadania, como no caso de Atenas. Eles pagavam impostos, deviam ter um patrono, mas algumas vezes chegavam a ter direito à palavra (*isêgoria*), ainda que isso não rompesse inteiramente com a dissimetria entre cidadão e estrangeiro.

O importante é que o campo do direito se abria e se alargava em alguns momentos da vida pública por causa dessas reivindicações. Assim

---

9. Rose Mary Sheldon, *Renseignement et espionnage dans la Rome antique*, Paris: Éditions Tallandier, 2019.

como em alguns países, como a França hoje, estrangeiros são admitidos nas franjas da vida política, o mundo antigo mostrava a porosidade do tecido social ao se apresentar aberto aos que vinham de fora. Talvez não estejamos mais falando de hospitalidade no sentido mais preciso do termo, mas nada nos impede de alargar o conceito para aproximá-lo de nós. Nesse aspecto, as práticas dos romanos são ainda mais elucidativas. Roma não podia pretender fechar-se como as cidades gregas, até mesmo por sua ambição de conquista de novos territórios. Por isso, também não podia ter um uso muito restrito da prática da hospitalidade.

No interior do direito romano, que a partir do século II a.C. passou a contar com um verdadeiro *ius migrandi* [direito de migrar], algumas distinções se fizeram necessárias para que a hospitalidade pudesse ser praticada. Na categoria dos *hospites* [hóspedes] havia os *aduentores*, que permaneciam na cidade por tempo limitado. Havia também os *consistentes*, que permaneciam por tempo mais longo. Se, segundo as regras da tradição de hospitalidade, era fácil acolher os primeiros, a permanência mais longa do segundo tipo de visitantes abria as portas para as dúvidas e as tensões que existiam entre o desejo de acolher o outro e a necessidade de preservar a cidade dos perigos exteriores. No caso romano, as coisas eram ainda mais complicadas, pois, na tentativa de incorporar povos conquistados, criavam-se vários problemas, muitas vezes difíceis de resolver. Um exemplo eram os *incolae*, habitantes das colônias de direito latino, mas que não se beneficiavam do direito romano. Deviam ser tratados como estrangeiros e ser enquadrados nas regras da hospitalidade, ou seu estatuto especial merecia outro acolhimento pela cidade? Seja como for, a cidade não só não podia desconhecer os estrangeiros que afluíam de todas as partes, como também não existiria sem eles – a exemplo do que ocorria com a Grécia. No caso romano, sobretudo em suas pretensões imperiais, não havia como simplificar o problema da alteridade. Ele era essencial, com toda a sua complexidade, para se criar a identidade do corpo político.

Cícero teve clara intuição da importância da questão dos estrangeiros e a tratou de uma forma que se aproxima de nossos dilemas contemporâneos. Navegando nas águas do estoicismo, ele admitia que há uma sociedade dos homens que se funda na razão e na linguagem (*ratio et oratio*). Essa organização das relações humanas "é largamente aberta, ela é a sociedade dos homens com os homens, de todos com todos"[10]. É possível, portanto, falar de bens que pertencem a todos, pelo simples fato de se tratar de humanos, e de bens que concernem a comunidades particulares. Socorrer os que necessitam de ajuda, por exemplo, diz respeito a um bem geral, pois é um comando da própria natureza. Para o pensador romano, esse é o ponto de partida para a construção dos laços que unem a todos nos vários níveis de sociabilidade[11]. No processo de criação das sociedades políticas, os laços de afeto particular são aspecto essencial para o fortalecimento progressivo dos vínculos que as compõem, mas não são suficientes para agregar os habitantes de uma cidade a uma organização superior. Por isso, é preciso levar em conta que os vínculos entre cônjuges e os vínculos com os amigos não têm a mesma intensidade nem a mesma finalidade no curso de formação das grandes estruturas do viver em conjunto. Ou seja, há uma escala progressiva nos afetos, que permite ao autor de concluir: "Mas, ao repassar toda a questão com o espírito racional, nenhum laço social nos é mais querido do que o que mantemos com a república"[12].

Cícero nos mostra, assim, que há uma sociedade política situada no tempo, à qual dedicamos toda nossa energia e a qual amamos como a uma entidade superior: a república. Essa comunidade se funda em uma base que, sem ser capaz de criar uma verdadeira *cosmopolis* na história, preside todos os atos que devem estar em conformidade com as leis naturais. Por isso, se em dada situação "estamos dispostos a lesar os outros em proveito próprio, a sociedade humana [*humani generis societatem*], que acima de tudo está de acordo com a natureza, acaba se rompendo"[13]. Há, pois, no pensamento de nosso autor, uma dupla referência às sociedades políticas e à natureza. De um lado, somos seres particulares, que se organizam em formas políticas autônomas e limitadas. A elas dedicamos nossos esforços maiores e até mesmo fazemos dom de nossas vidas. Essa é, podemos dizer, a esfera da política na qual agimos moralmente ou viciosamente. Mas essa esfera não tem autonomia absoluta, uma vez que está inscrita na natureza, que tem as próprias leis e nos indica um caminho a seguir. Cícero não renuncia à vida política em favor de uma vida de

---

10. Cicero, *De Officiis*. Cambridge: Harvard University press, 1975, I, XVI, 51.
11. *Ibid.*, I, XVII, 53.
12. *Ibid.*, I, XVII, 57.
13. *Ibid.*, III, V, 21.

contemplação das verdades naturais. Como pensador político, ele insiste na importância do pertencimento a uma cidade e no fato de que nossas ações mais significativas se dão na esfera do público. Ao mesmo tempo, como herdeiro do estoicismo grego, ele confere grande importância aos comandos naturais que influenciam diretamente as relações humanas. Sem haver contradição entre os dois polos, podemos dizer que política e natureza convivem, em contínuo estado de tensão, em seu pensamento. Daí sua conclusão: "se o homem obedece à natureza, ele não pode ser nocivo ao homem"[14].

Sobre essas bases, o pensador romano ergue seu tratamento da questão do estrangeiro e da hospitalidade. Para ele não é possível apagar as fronteiras entre cidadãos e não cidadãos, pois elas estão fundadas nas leis que regem o corpo político. Dito isso, não há razão para afastar os estrangeiros da cidade. Em primeiro lugar, porque "um ato cruel não é nunca realmente útil"[15]. Ações radicais de exclusão são sempre cruéis, uma vez que negam aos estrangeiros até mesmo sua qualidade de parte do gênero humano. Isso não beneficia em nada a cidade, pois não se trata de corromper sua identidade particular, mas de harmonizá-la com a natureza. Daí a conclusão radical à qual ele chega: "É desumano impedir os estrangeiros de viver em nossas cidades[16]".

Cícero tinha sem dúvida uma concepção generosa da hospitalidade, que não refletia inteiramente a mentalidade da época e nem mesmo de pensadores estoicos como ele. Por isso ele é tão importante para nossas reflexões atuais. Sem apagar artificialmente as fronteiras entre o dentro e o fora da cidade, ele mostra que a fronteira que separa os dois espaços deve ser porosa, sob pena de destruir o corpo político por suas contradições internas. Recorrendo à linguagem contemporânea de Carl Schmitt, podemos dizer que o pensador romano nos alerta para os perigos de tentar entender tudo com base na separação do amigo e do inimigo. Se para muitos ela é a ferramenta ideal para se pensar a relação da cidade com seus outros, para Cícero ela destrói a possibilidade de enfrentar a questão da alteridade de maneira eficaz e realista. Nesse sentido, tratar o problema dos estrangeiros de forma generosa não era para ele uma

14. Ibid., III, V, 25.
15. Ibid., III, XI, 46.
16. Ibid., III, XI, 47. "[...] uso vero urbis prohibere peregrinos sane inhumanum est".

forma de sentimentalismo, mas um reconhecimento de que conceber o corpo político como uma mônada isolada é uma forma de condená-lo à corrupção e à morte. Em outra linguagem, podemos dizer que Cícero nos ensina a pensar a política com base no tema da alteridade em suas formas mais extremas, que se manifestam justamente nas relações com os estrangeiros. Essa visão das coisas será muito importante quando voltarmos à questão da hospitalidade em nossos dias. Antes, porém, teremos de refazer o longo caminho do tema na era do Estado-nação.

A FRATERNIDADE PARA ALÉM DO CRISTIANISMO

Ao longo dos séculos que nos separam da Antiguidade, a fraternidade ocupou um lugar de destaque nos debates sobre a questão da alteridade, na medida em que estava no núcleo da teologia cristã e das práticas dela decorrentes. No entanto, esse quadro não alterou de forma significativa o fato de que no mundo cristão ela era algo que dizia respeito à vida privada, e por vezes à vida religiosa, mas não à política. Será preciso esperar o Renascimento para que o acento posto na vida ativa pudesse abrir um novo caminho para a investigação sobre o papel da alteridade na vida pública. De maneira resumida, podemos dizer que na modernidade o problema da relação dos corpos políticos com seus outros se dará sob a égide do aparecimento dos Direitos Humanos, no século XVIII[17]. Com efeito, a ideia de que existe uma única humanidade, portadora de direitos, foi o ponto de partida para uma série de práticas e de reflexões que, em muitas de suas manifestações, se serviram de noções do mundo antigo para serem levadas a cabo. No entanto, antes de começar a percorrer o caminho que nos conduzirá a examinar mais de perto a relação entre os intensos fluxos migratórios da modernidade ocidental e um novo conceito de hospitalidade, forjado na esteira do desenvolvimento de conceitos como os de fraternidade e, mais tarde, de solidariedade, é preciso lembrar que esse caminho foi povoado de obstáculos, muitos deles criados pela própria época que via a si mesma como filha das Luzes.

O primeiro obstáculo veio do fato de que, junto com o crescimento da esperança na razão e nos efeitos benéficos de seus frutos – a ciência

---

17. Marcel Gauchet, *La Révolution des droits de l'homme*, Paris: Gallimard, 1989.

moderna, em primeiro lugar –, uma velha maneira de pensar o mundo voltou à superfície: a divisão entre civilizados e bárbaros. Na metade do século XVIII, Mirabeau pai lançou mão dessa contraposição para traçar um caminho a ser percorrido pelas sociedades que a seus olhos lideravam o avanço da razão[18]. Por essa senda, passariam ao longo dos séculos seguintes pensadores que desejavam a implantação de uma separação rígida entre as nações, como Gobineau, mas também filósofos, que sinceramente desejavam ver o progresso se expandir pelo mundo, como Condorcet[19]. Em todos os campos, a ideia de uma diferença radical entre partes da humanidade marcou a reflexão sobre noções como as que nos interessam aqui.

O outro fato que teve uma importância inegável foi o de que a criação do Estado-nação, longe de apontar para um cosmopolitismo racional desejado pelos iluministas, esteve na origem de um processo de fechamento das nações em torno de si mesmas. Essa ação contribuiu para o desenvolvimento de um verdadeiro caldeirão identitário, no qual podia até caber a fraternidade, mas não a hospitalidade aplicada a todo o gênero humano, como havia desejado Cícero. Ainda no século XVIII, Montesquieu intuiu a dificuldade de se lidar com a figura do outro, quando se crê ter a certeza da própria superioridade[20]. Narrando as aventuras de dois persas na Paris de seu tempo, ele compreendeu que, sem a consciência das diferenças e a prática da tolerância, as sociedades caminhavam céleres para ver as relações entre os povos apenas na lógica do amigo e do inimigo, confinando a hospitalidade no terreno das ações diplomáticas, com todas as limitações que as caracterizam.

Contrariamente à crença popular de que a tríade liberdade, igualdade, fraternidade sempre esteve inscrita na história dos símbolos revolucionários, ela de fato só foi se estabilizar no final do século XIX, com o estabelecimento da Terceira República[21]. Antes, sofreu forte concorrência de outras fórmulas, que incluíam a justiça, a ordem, a unidade. Das várias

---

18. Jean Starobinski, "Le Mot civilisation", in: *Le Temps de la réflexion*, Paris, Gallimard, 1983, IV, pp. 13-51.
19. Condorcet, *Esquisse d'un tableau historique des progrès de l'esprit humain*, Paris: Garnier-Flammarion, 1988.
20. Montesquieu, *Lettres persanes*, Paris: Le Livre de Poche, 1984.
21. De fato, apenas a partir de 1880 a divisa foi inscrita em todos os frontões dos edifícios públicos. Mona Ozouf, "La dévise républicaine: Liberté, égalité, fraternité", in: Mona Ozouf, *De Révolution en République: les chemins de la France*, Paris: Gallimard, 2015, p. 868.

propostas de Constituição, somente a de 1848 inscreveu a tríade em seu texto. A fraternidade, em particular, fez um percurso errante desde seu aparecimento tímido nas falas dos constituintes em 1789. Com efeito, Mirabeau fala da fraternidade como do começo de uma era de "irmãos", enquanto Roland, em 1792, afirma que a república nada mais é do que a expressão da fraternidade[22]. Mona Ozouf sintetizou muito bem as dificuldades para a fixação da fraternidade ao lado da igualdade e da liberdade: "Entre a liberdade e a igualdade, de um lado, e a fraternidade, do outro, não há uma equivalência de *status*. As duas primeiras são direitos, enquanto a terceira é uma obrigação moral"[23]. Talvez seja essa dimensão que a fez ser tão apreciada pelos jacobinos em sua luta contra os inimigos interiores e exteriores. Ela é um princípio sagrado, à condição de se referir a um conjunto homogêneo de irmãos vivendo juntos e aspirando à mesma organização social e política. Daí a dificuldade de pensar a fraternidade como um valor da humanidade inteira, que se impõe desde o começo da Revolução. Os "irmãos" vivem em um espaço particular e só aspiram ao universal por meio da expansão de seus ideais revolucionários, e não pela aceitação de algo que pudesse se assemelhar a um cosmopolitismo moral.

O percurso sinuoso da ideia ao longo da Revolução vai colocar a nu os seus limites. Mona Ozouf aponta três motivos para a dificuldade de estabelecimento da fraternidade como um polo central da vida política revolucionária e seus desdobramentos no século XIX[24]. Em primeiro lugar, ao adentrar a esfera pública, a fraternidade deixa de concernir à humanidade como um todo, como no caso do cristianismo, e passa a afetar apenas uma parcela do todo, um corpo político particular e, em seu interior, o grupo dos patriotas. Nasce, assim, a figura do inimigo interior, que será tão importante no período do Terror. Em segundo lugar, como referência moral superior, ela não pode existir em um mundo cindido e, por isso, tem de ser adiada para um futuro incerto e glorioso. Por último, em que pese o fato de que, para alguns, a fraternidade decorre da tendência dos homens a viver juntos, em um contexto revolucionário, ela não surge naturalmente. Ela terá de ser emulada para vir a existir. Disso

---

22. François Furet; Mona Ozouf, "Fraternité", in: *Dictionnaire critique de la Révolution Française: idées*, Paris: Champs/Flammarion, 1992, p. 217.
23. *Ibid.*, p. 200.
24. *Ibid.*, pp. 204-5.

nasce a ideia de que os verdadeiros patriotas devem "fraternizar", buscar ativamente a irmandade, que nunca é inteiramente espontânea.

Michelet, com sua predileção pela ideia de fraternidade como centro da ação revolucionária, talvez seja o pensador que melhor expõe seus dilemas e a dificuldade de torná-la uma prática efetiva da república[25]. Para ele, a época de ouro da Revolução foram os anos iniciais de 1789-1790, durante os quais a ideia de Federação saiu dos livros para encarnar em movimentos efetivos de aproximação de pessoas, de comunas e, finalmente, na festa do dia 14 de julho de 1790, de todos os franceses. Nessa chave, fraternidade significava recusa da divisão social, do individualismo, da separação de raças. Michelet contribuiu em muito para a imagem da festa da Federação como de um idílio do povo consigo mesmo. Para ele, naquela ocasião "o povo, pela primeira vez, se viu unido em um mesmo coração"[26]. A Fraternidade significava em primeiro lugar um movimento em direção à unidade, uma busca pela identidade perfeita do povo com a nação. Ela nasceu, no entanto, como uma resistência das pequenas aglomerações, das comunas, aos antigos inimigos do povo, os aristocratas, e aos que queriam destruir as conquistas da Revolução. "Confederação, socorro mútuo, amizade fraterna, fraternidade, eis a ideia [afirma o historiador] do título desses pactos"[27].

Dada sua origem defensiva, a fraternidade se tornou efetiva e cresceu porque primeiramente se formou nas pequenas aglomerações, para progressivamente ir expandindo sua zona de influência até atingir o coração da França inteira: "Assim, para além das desordens, dos medos e dos perigos, eu escuto se elevar pouco a pouco, repetido pelos coros imponentes, dos quais cada um é um grande povo, a palavra poderosa, magnífica, doce e formidável, que tudo contém e tudo acalmará: a fraternidade"[28]. Para Michelet, trata-se, portanto, de um valor com forte conotação afetiva, que pretende alcançar a todos e quebrar o marco das separações que estruturavam a sociedade do antigo regime. Bela imagem da unidade, que não resistiu ao curso da Revolução. O próprio autor, depois de narrar

---

25. Seguimos aqui os passos de Mona Ozouf, que se refere ao historiador em várias ocasiões. Ver: Mona Ozouf, "Liberté, égalité, fraternité", in: Pierre Nora (org.), *Lieux de Mémoire*, v. III: Les France: de l'archive à l'emblème, Paris: Gallimard, 1997, p. 4353-4389.
26. Jules Michelet, *Histoire de la Révolution Française*, Paris: Gallimard, 1952, I, v. 1, p. 286.
27. *Ibid.*, p 326.
28. *Ibid.*, p. 329.

o movimento de aproximação e fusão que marcou o aparecimento da Federação e de sua festa, parece desanimado. Em tom amargo, afirma: "Do espetáculo sublime da fraternidade, eu caio na terra, nas intrigas e complôs"[29]. Virtude sublime e salvadora, mas que tem de ser adiada, pois os homens ainda não estão preparados para viver em harmonia. A política do cotidiano cobrou seu preço para os revolucionários, que pretendiam viver uma vida de plena liberdade.

Michelet mostra que a fraternidade pode e deve ser um valor da política, pois é dela que se pode esperar a realização última da unidade. Essa unidade nasce nas pequenas reuniões de pessoas particulares e progride até a nação inteira. Para o historiador, é possível afirmar que do seio dessa terra particular que é a França é possível realizar um valor universal. Ou seja, há algo na maneira de existir desse país que o torna único e portador de valores que dizem respeito a todos: "Essa tradição é que faz da história da França aquela da humanidade"[30]. Para ele, o país foi capaz de superar a ideia universal abstrata associada à fraternidade cristã e se livrar das reuniões fraternas entre aristocratas, que dominavam o mundo antigo, para erigir um novo mundo.

É à luz dessas considerações que podemos deduzir a relação entre a ideia de fraternidade e a de hospitalidade. Michelet não se preocupa em definir o segundo conceito. Isso de certa forma era desnecessário para ele, pois sua existência se dava como prolongação da ideia de fraternidade. Se a França era a pátria universal dos novos valores revolucionários, isso fazia dela a pátria universal de acolhimento aos estrangeiros. Citando um autor norte-americano, o historiador não hesita em dizer que a França é a segunda pátria de todos os homens livres. Isso fez dela o terreno perfeito para todos os que almejavam fugir do despotismo que grassava em tantos países: "Essa nação, considerada o asilo do mundo, é muito mais do que uma nação, é a fraternidade viva"[31].

O historiador francês nos conduz até a fronteira da hospitalidade, mas escolhe permanecer no terreno da particularidade, tornada universal, para pensar a condição do estrangeiro que bate às portas da cidade. Há certa ingenuidade em suas considerações, que ele mesmo parece

---

29. Ibid., p. 331.
30. Jules Michelet, Le Peuple, Paris: Calmann Levy, 1877, p. 276.
31. Ibid., p. 277.

reconhecer em outros momentos. Mas sua *démarche* nos ajuda a ver que a construção de um conceito de hospitalidade na modernidade seguiu um caminho muito mais tortuoso, no curso de uma época que misturou tolerância e perseguição aos *outros* presentes no mesmo caldeirão político. Se Michelet fala da fraternidade que acena para toda a humanidade do interior da República francesa, o curso dos acontecimentos mostraria os limites dessas formulações – generosas, mas, na maioria das vezes, de implementação impossível no dia a dia tumultuado das relações internacionais. Como mostra Rosanvallon: "Não existe cidadão representável, em outros termos, se o estrangeiro não for designado e circunscrito com precisão"[32]. Os chamados credos universalistas galvanizam a atenção de muitos cidadãos com suas promessas de fraternidade universal, mas, mesmo em uma época de poucas limitações para a circulação das pessoas, se comparada com a atual, demarcar as fronteiras entre o dentro e o fora da cidade era essencial para a afirmação dos direitos cidadãos. A própria França, que Michelet imaginara ser um refúgio para os deserdados do mundo, se viu às voltas com o problema de como tratar juridicamente os habitantes das diversas colônias que conquistou em várias partes do planeta[33]. A fraternidade parecia só fazer sentido quando circunscrita nos estritos limites de uma nacionalidade. Os habitantes dos territórios colonizados ficavam muitas vezes em um limbo jurídico, no qual eram tratados como metade cidadãos, metade estrangeiros. O lento processo de descolonização fez aparecer o caráter ambíguo da terra de ninguém jurídica na qual viviam os que moravam nas colônias sem poder almejar a cidadania plena. Eram *metecos* em suas próprias cidades. A eles, o sentimento de fraternidade alcançava pelos desejos generosos de muitos pensadores utópicos, mas não os alcançava o direito das nações.

A SOLIDARIEDADE E O ESTRANGEIRO INTERIOR

A fraternidade continua inscrita na simbologia republicana francesa, mas sua vida nas entranhas do corpo político se mostrou muito mais difícil de ser vivida do que pensaram os revolucionários do século XVIII.

---

32. Pierre Rosanvallon, *Le Sacre du citoyen*, Paris: Gallimard, 1992, p. 559.
33. *Ibid.*, pp. 560 ss.

No terreno das práticas sociais de acolhimento dos desvalidos, ela foi segundada pela ideia de solidariedade, que se forjou nas lutas sociais do século XIX. De maneira resumida, podemos dizer que ao longo desse século duas correntes de pensamento ocuparam um lugar de destaque no coração e na mente de cidadãos de várias partes do mundo. De um lado, o liberalismo afirmou sua confiança no indivíduo e em sua capacidade para se desenvolver de forma autônoma. Cada um deve procurar realizar da melhor maneira possível seus projetos de vida, que são limitados apenas pelos direitos que asseguram a liberdade de ação dos indivíduos e os impede de destruir a liberdade dos outros. Para essa corrente de pensamento, tal como era compreendida no século XIX, o Estado deve se abster ao máximo de interferir na disputa dos indivíduos pela realização de sonhos particulares. Cabe a cada ser particular garantir a própria vida e conquistar as melhores condições possíveis para a própria velhice. Tal como vemos hoje em países como o Brasil, os liberais clássicos não se importam com a miséria de uma parte da população nem com a falta de assistência a muitos, desde que essa condição não seja o produto do abuso de uma minoria sobre a maioria no terreno da economia. Quer dizer, desde que todos possam livremente disputar a propriedade dos bens, o Estado pode no máximo coletar impostos para garantir a proteção à vida[34]. O fato de que haja ricos e pobres não é uma questão de justiça, mas de economia, e em nada interfere na liberdade.

O outro polo importante do pensamento do século XIX foi o socialismo. Embora seja impossível resumir as muitas correntes que se abrigaram sob essa bandeira, muitas delas se caracterizaram pela preocupação com a justiça, pois, para os socialistas, entregues a eles mesmos, os homens tendem a jogar os outros na miséria e a realizar ao máximo os próprios desejos e ambições. "Para os socialistas", afirma Spitz, "a posição liberal conduz na realidade, nas condições de grande desigualdade, ao triunfo da força"[35]. Muitos consideravam que essa formulação tinha um caráter moral forte, mas não lidava com os dados da realidade tanto social quanto antropológica. O fato, no entanto, é que a preocupação com a justiça vinha junto com o desejo dos revolucionários franceses de transformar

---

34. Jean-Fabien Spitz, *Le Moment républicain en France*, Paris: Gallimard, 2005, p. 184.
35. *Ibid.*, p. 185.

a vida em comum em um terreno de entendimento e também de repartição dos bens e direitos. Por isso, para muitos pensadores socialistas do século XIX, a liberdade exigia a igualdade de condições para que fosse vivida plenamente. No campo da organização das sociedades, esse foi o momento de surgimento dos mecanismos de proteção social como a previdência e os auxílios aos doentes, conjunto de medidas que aos poucos ganhou o nome de Estado-Providência. É curioso constatar como esse debate ainda é atual, sobretudo em um país como o Brasil, marcado por enormes desigualdades e que até hoje desenvolveu o Estado de bem-estar social de maneira muito imperfeita. Ora, é nesse contexto que se imagina que reduzir os benefícios da aposentadoria, sobretudo dos mais pobres, pode ter, como pensavam os economistas liberais de dois séculos atrás, um efeito benéfico para a marcha da sociedade em geral[36].

Nesse contexto é que apareceu na cena intelectual, mas também na cena política, a ideia da solidariedade, enquanto prática do corpo político, e não apenas de parcelas da população unidas por algum laço social. É claro que antes do século XIX existia nas camadas populares a prática da solidariedade, como valor ligado seja à vida familiar, seja ao mundo do trabalho. Tratava-se, no entanto, de algo limitado a círculos restritos de sociabilidade, mais próximo da vida privada e de seus modos de existência do que da vida pública[37]. O que muda progressivamente é o sentimento de que a solidariedade deve avançar e concernir ao mundo mais amplo da cidade e do país. Se o "outro" deve ser objeto de minha atenção, para que eu possa ser verdadeiramente livre, a fraternidade e, em consequência, as práticas solidárias devem ser transformadas em ações públicas efetivas, para que não sejam neutralizadas pelas forças maiores da economia e da política. Assim pensava Léon Bourgeois, homem político importante da Terceira República francesa, prêmio Nobel da Paz em 1920, responsável por formular uma teoria que se queria acima das doutrinas antagônicas do liberalismo e do socialismo. Para ele, existe um laço solidário entre todos os indivíduos[38]. Para que tal laço se transforme em ação, é preciso que seu caráter moral se una aos métodos científicos que a modernidade

---

36. François Ewald, *Histoire de l'État providence*, Paris: Grasset, 1996.
37. Arlette Farge, *La Vie fragile: violence, pouvoirs et solidarités à Paris au XVIIIe siècle*, Paris: Hachette, 1986.
38. Léon Bourgeois, *La Solidarité*, Paris: Armand Collin, 1896, p. 15

ajudou a desenvolver[39]. Nasceu dessa união o movimento chamado de solidarismo, que teve forte impacto na vida política francesa no início do século XX.

Um aspecto fundamental dessa corrente de pensamento, e que nos interessa diretamente nesse texto, é a afirmação de Bourgeois de que "...os homens são ligados entre si por laços de dependência recíproca [...] a lei da solidariedade é universal"[40]. Se é assim, podemos esperar que a solidariedade seja uma lei da natureza que se aplica a todos os seres humanos, independentemente do local e do tempo no qual vivem, ou de seus costumes e tradições. A consequência dessa constatação é que a solidariedade deveria ser o princípio a reger as relações com os estrangeiros e com os que buscam asilo. Essa parece ser a maneira como Bourgeois compreendia os fundamentos de sua teoria, quando afirma: "O conhecimento das leis da solidariedade dos seres deve agir poderosamente sobre as teorias morais. A definição dos direitos e deveres dos homens não pode mais ser procurada fora das relações que os unem solidariamente, uns com os outros, no espaço e no tempo"[41]. Nós não nos tornamos ligados aos outros no curso de nossa existência. Ao nascer, já somos devedores uns dos outros e dos que existiram antes de nós e nos legaram o mundo no qual habitamos. Há, pois, uma espécie de dívida social da qual não podemos fugir e que deve orientar nossas ações morais, mas também nosso comportamento na sociedade. Apoiar, por exemplo, a formação de organismos de previdência não é apenas atuar no tempo presente, é se inserir no fluxo da história e reconhecer a natureza essencial que nos liga a todos os seres humanos de várias épocas. A esse vínculo, o escritor dá o nome de quase-contrato[42].

A solidariedade se funda em uma lei natural, ao mesmo tempo que condiciona o desenvolvimento de leis positivas que nos comandam a cuidar de nós mesmos, mas também a cuidar dos outros e garantir-lhes o acesso às condições objetivas capazes de permitir-lhes desenvolver todas as suas potencialidades[43]. Por essa razão, a questão da justiça estava no

---

39. Ibid., p. 16.
40. Ibid., p. 50.
41. Ibid., p. 80.
42. Ibid., p. 133.
43. Jean-Fabien Spitz, op. cit., p. 187.

centro do movimento *solidarista*. Como resumiu Spitz: "A apuração das dívidas sociais é o primeiro artigo da teoria solidarista da justiça. Cada um deve uma parte do que é e do que possui à colaboração de todos os outros e deve considerar que é obrigado a pagar pela parte social do que é e do que tem".[44] Disso depende a legitimidade da sociedade, "que está fundada em um pacto no qual todos são parceiros"[45].

Bourgeois procura dar rosto e expressão prática ao princípio revolucionário da fraternidade. Para ele, cuidar dos outros não nega os direitos individuais nem coloca o direito de propriedade em questão. Ser solidário é uma maneira de construir uma república livre e justa que supere os dilemas dos dois sistemas de pensamento que galvanizavam as atenções dos políticos do século XIX. Ninguém sintetiza melhor o sentido de seu pensamento do que o próprio Bourgeois, quando conclui:

> Desde agora, podemos dizer que ela [a solidariedade] mantém energicamente a igualdade política e civil, que ela fortalece e garante a liberdade individual e assegura a todas as faculdades humanas seu desenvolvimento pleno, mais do que o dever moral da caridade formulado pelo cristianismo; mais do que a noção mais precisa, mas ainda abstrata e desprovida de sanção, da fraternidade republicana. Ela substitui uma obrigação quase contratual, tendo, como se diz em direito, uma causa e podendo ser submetida a certas sanções: aquela da fonte e da medida do dever rigoroso da solidariedade social[46].

Como já afirmara ao longo do livro, a solidariedade era o porto de chegada da longa viagem em direção ao outro que começara nas religiões antigas, passara pela "doutrina filosófica da fraternidade"[47], para finalmente apresentar a solução para o difícil problema da unidade de um corpo político formado por diferentes.

O pensamento de Léon Bourgeois foi objeto de críticas vindas de todos os lados do amplo espectro do pensamento político, mas também foi capaz de impulsionar uma série de medidas do parlamento francês,

---

44. *Ibid.*,. 208.
45. *Ibid.*, p. 210.
46. Léon Bourgeois, *op. cit.*, p. 156.
47. *Ibid.*, p. 76.

que mudaram o rosto da política em seu tempo. Esses debates não nos interessam aqui. O importante é que, com o *solidarismo*, chegamos a um princípio que parecia ser capaz de dar um novo sentido ao velho problema da hospitalidade. Se ele é válido para todos os homens em qualquer tempo, deveria ser a base para a formulação dos direitos dos que se deslocam pelo mundo. É possível que o pensador francês o enxergasse com essas lentes e que a Primeira Guerra Mundial o tenha convencido de que era essencial desenvolver o direito internacional nessa direção, mas o fato é que seu pensamento teve pouco impacto na cena internacional e acabou sendo reconhecido apenas na esfera das nações soberanas. O estrangeiro continuou sem laços jurídicos ou solidários necessários com a cidade, permaneceu ameaçado em suas fronteiras, no século que começou com uma grande carnificina entre seres que deveriam finalmente ter compreendido a natureza essencial dos laços que os unem e os obrigam.

★ ★ ★

Em que pese a importância decisiva que os dois conceitos tiveram na história do pensamento político moderno e contemporâneo, nem a fraternidade nem a solidariedade pavimentaram o caminho para a recepção dos estrangeiros que se deslocam no mundo em busca de um porto seguro. É claro que questões de direito internacional foram objeto de estudo no terreno jurídico, como prova o aparecimento de tantos organismos de cooperação entre as nações. Tudo se passa, no entanto, como se a hospitalidade tivesse se refugiado no terreno da vida privada para continuar a existir, deixando aos defensores do realismo radical de pensadores como Carl Schmitt o terreno livre para impor a própria concepção da política internacional como o terreno da contraposição do amigo e do inimigo. Como o professor do conto de Camus, ficamos prisioneiros de nosso espaço privado, entre dois fogos, quando resolvemos encarar as dificuldades que se impõem para enfrentar o problema político da hospitalidade.

A HOSPITALIDADE EM TEMPOS DE EXCLUSÃO

A geografia da alteridade de nosso tempo guarda grandes semelhanças com a filosofia da Antiguidade. Também devemos lidar com um número crescente de estrangeiros nas cidades mais ricas do planeta, e sua presença é tão importante quanto foi para os gregos e os romanos. O problema tem várias facetas, mas precisa ser trazido para a esfera do direito e da política se quisermos equacioná-lo minimamente, como foi o caso dos romanos. As semelhanças nos ajudam a elaborar os termos dos problemas, mas nos enganaríamos imaginando circunscrever os desafios atuais dentro dos marcos teóricos de outra época. Podemos falar do direito dos estrangeiros, de sua participação em franjas da cidadania e mesmo em processos lentos de aquisição de nacionalidade, mas nada disso é suficiente para abordar a verdadeira catástrofe humanitária que existe nos quatro cantos do planeta quando se trata de lidar com os desafios impostos pelos intensos fluxos migratórios de nossos dias. É verdade que seria ingênuo pensar que os fluxos migratórios são fenômenos recentes e que, por isso, não sabemos muito bem como lidar com eles. Grandes movimentos de população são a marca da modernidade. Mas os problemas que suscitam não podem nem de longe ser subestimados, pois, assim como, no passado, mudavam a face das sociedades políticas, hoje são parte integrante do quadro das relações internacionais. Pensar uma nova abordagem do tema da hospitalidade é uma necessidade não apenas para a configuração interna das nações, mas para o desenho da cena internacional na qual se decide pela paz e pela guerra entre os povos. A questão, como vimos, é que valores ligados ao problema da alteridade, como a fraternidade e a solidariedade, não foram suficientes para romper as barreiras que nos separam de uma hospitalidade vivida não somente no campo abstrato dos valores, mas como prática efetiva de acolhimento ao estrangeiro jogado em uma terra de ninguém, entre os muitos espaços de direitos nacionais.

Hannah Arendt, que experimentou na pele esse degredo sem porto, nos ajuda a desvendar alguns de seus aspectos mais sombrios. Em textos escritos ainda durante a Segunda Guerra, ela expõe o problema de um ponto de vista diferente daquele normalmente escolhido pelos estudiosos do tema: o ponto de vista do refugiado. Com efeito, naqueles anos, ela não era a pensadora combativa e reconhecida que viria a se tornar nos anos seguintes. Depois de uma fuga na qual não faltaram momentos de grande tensão, ela se viu no meio de uma comunidade desenraizada nos Estados Unidos, que oscilava entre o medo e a esperança. Por meio de textos amargurados, ela mostra a extensão do drama dos que perderam o contato com o cotidiano, com a língua, com a expressão espontânea dos sentimentos, para serem jogados em um mundo no qual não possuem mais uma identidade clara. De forma irônica, ela resume esse novo lugar no qual vivem tantos seres desenraizados: "Aparentemente, ninguém quer saber que a história contemporânea criou um novo tipo de seres humanos – o tipo que é colocado em campos de concentração por seus inimigos e em campos de *internamento* por seus amigos"[48].

Ainda que não possamos igualá-los com os que sofreram as violências da escravidão nem com os imigrantes tradicionais, que deixaram seus países no curso dos séculos anteriores para tentar construir uma nova vida em terras que de alguma forma os acolhiam, os refugiados contemporâneos também se encontram em um limbo jurídico, cultural e existencial. Nesse não lugar, diz Arendt, "se somos salvos nos sentimos humilhados, e se somos ajudados nos sentimos degradados"[49]. A hospitalidade, observada do ponto de vista dos cidadãos de um país, se assemelha aos valores da fraternidade, da solidariedade e, para alguns, da caridade cristã. Mas é quando abordamos o tema do ponto de vista dos refugiados que aprendemos a descortinar toda a sua extensão. Com efeito, os que se veem jogados de um lado para o outro da Terra nos mostram que, nesse lugar, a condição de pertencimento ao gênero humano não assegura o pertencimento a uma comunidade política qualquer nem a um conjunto de direitos. Tudo se passa como se vivessem uma espécie de individualismo radical, próximo do estado de natureza de Hobbes. Se não podemos propriamente falar de uma guerra de todos contra todos, nesse espaço sem determinação geográfica ou de língua, todos vivem permanentemente ameaçados e conscientes de que não há um poder que se ocupe minimamente com a proteção de suas vidas. Basta lembrarmos o número de crianças e adolescentes mortos recentemente nos centros de internação dos Estados Unidos para termos uma ideia do sentimento de desproteção que rege a vida cotidiana das pessoas largadas na fronteira entre os territórios de direito. Não se trata de afirmar que os eventuais responsáveis por maus-tratos não serão punidos de acordo com as leis de seus países. É claro que isso pode ocorrer. O que diferencia o olhar da justiça de um país

---

48. Hannah Arendt, "Nós, refugiados", in: *Escritos judaicos,* Barueri: Amarilys, 2016, p. 479.
49. *Ibid.*, p. 484.

daquele de um refugiado é o fato de que de um lado há um conjunto de normas que estruturam os comportamentos, enquanto de outro há um vazio de direitos preenchido apenas pela esperança e pelo medo.

Como lembra a pensadora judia: "O homem é um animal social, e a vida não é fácil para ele quando os liames sociais são cortados"[50]. Despossuídos de seus laços originais de sociabilidade, os seres humanos se desagregam em face do anonimato, que destrói o conjunto de referências que até então haviam servido de guia para sua existência. Na trilogia de Axel Corti, *Welcome in Vienna*, há uma cena que resume muito bem essa situação. Fugitivo da Alemanha nazista, um cirurgião célebre em Berlim se apresenta a um hospital de Nova York para pleitear um posto à altura de suas competências. Incapaz de se expressar em inglês, o velho médico é recusado e obrigado a aceitar um lugar secundário na limpeza das salas hospitalares. O refugiado aprende na pele que não existe algo como uma comunidade internacional estável, nem mesmo quando estão em jogo capacidades técnicas. Como lembra Arendt: "um dia fomos alguém com quem as pessoas se importavam, éramos amados por amigos e até conhecidos por senhorios por pagar nosso aluguel regularmente. Um dia pudemos comprar nossa comida e andar de metrô sem nos ser dito que éramos indesejados"[51]. Essa situação de relativo conforto e reconhecimento se esvai em um estalar de dedos, quando seres humanos são transformados em párias da humanidade, jogados de um lado para o outro sem poder reivindicar a proteção de nenhuma entidade realmente eficaz para garantir sua simples condição de seres livres.

As observações anteriores mostram a dificuldade de formular o problema da hospitalidade na contemporaneidade. Em certo sentido, podemos colocá-la na linha direta da fraternidade e da solidariedade, pois concerne ao tratamento político do problema da alteridade. Mas há algo que impede sua realização por motivos diferentes daqueles que obstaculizam o tratamento do "outro" no interior da cidade. Para entender essa diferença, talvez possamos pensar em uma cartografia dos valores. Fraternidade e solidariedade são valores e práticas internas da sociedade. Eles existem em um espaço fechado, que nada deve ao que está fora, ao mundo externo.

50. *Ibid.*, p. 487
51. *Ibid.*, p. 484.

Ou seja, se pensarmos na linguagem do pensamento político moderno, podemos dizer que ambas as práticas são tributárias da tópica da soberania nacional e da cidadania, mas nada devem ao direito internacional. Em cada corpo político existem cisões internas e diferenças, por vezes inconciliáveis, entre suas partes, mas são divisões de um corpo que tem no horizonte a unidade. No curso da Revolução Francesa, por exemplo, foi gestada a figura do patriota e a do inimigo interno, que, por seu caráter supostamente nefasto, deveria, aos olhos de parte dos revolucionários, ser tratado como se fosse um elemento externo. A operação de exclusão atinge nesse caso um membro interno da comunidade, que aparentemente age contra a consolidação da identidade coletiva. Dizendo de outra forma, a fraternidade e a solidariedade são pensadas como operações internas de reagrupamento de um todo cindido. Ainda que expressem o que é apenas um desiderato – um corpo político uno –, permitem traçar uma fronteira clara entre o dentro e o fora da sociedade. Nesse contexto, o estrangeiro pode ser tratado como um corpo estranho, como alguém sem direitos, sem que para isso seja quebrado o pacto de constituição da nação. É possível ser solidário com seus concidadãos sem pensar na condição do estrangeiro que bate à porta do país em busca de refúgio.

No tocante à hospitalidade, a situação é totalmente diferente. Ela diz respeito a um conjunto de relações no qual o dentro e o fora negociam o tempo todo. Ou seja, não é possível pensar o outro sem aceitar o fato de que ele porta em si não apenas uma história, que não faz parte do percurso do país de acolhimento, mas que olha para o interior do corpo político de um ponto de vista que não coincide com a percepção de nenhuma das partes desse corpo. É isso que Arendt ensina quando expõe o drama dos refugiados. Nesse lugar de transição, o estrangeiro deixa de ser um outro, abstrato, para ganhar o rosto de seres humanos concretos com sentimentos, sofrimentos, desejos e limites. É isso que impactou tanto o professor do conto de Camus. Em um primeiro momento, o assassino era apenas um incômodo que veio perturbar o curso de seu cotidiano. Um ser externo com o qual ele nada partilhava. No meio da noite, aparece outra face da relação que a partir de então os liga. Não se trata de ter simpatia por ele. Afinal, o personagem havia cometido um crime horrível. Mas sua presença despertava o olhar para uma dimensão do humano, que não podia ser negada: a de pertença a um mesmo universo de significados, que concerne a todos em todas as situações, e não à existência em um círculo fechado de significados. Aquele "estrangeiro" em seu mundo leva Daru a sentir uma proximidade que não lembrava seus compromissos com o Estado francês ou com sua comunidade. Ele trazia para dentro da esfera de suas relações um outro, que a mudava por sua simples presença.

O estrangeiro que bate à porta dos entes soberanos modifica-os, mesmo quando não é desejado. Os refugiados são vistos ao mesmo tempo como um problema de ninguém e um problema de todos. Jogados pelo mundo, sinalizam que as fronteiras nacionais não são suficientes para apagar sua existência em uma cena internacional, mesmo que poucos Estados se disponham a recebê-los. Pode-se fechar a porta e mesmo olhá-los com desconfiança, como fez o personagem de Camus, mas não há como negar que apontam para uma dimensão das sociedades contemporâneas e, mais amplamente, da condição humana, que não pode ser negligenciada se quisermos tratar as relações internacionais com uma abordagem diferente daquela do amigo e do inimigo, que impera no pensamento de muitos analistas do cenário convulsionado do mundo globalizado.

No mundo atual, ao nos referirmos à hospitalidade, não temos mais como falar de um valor sagrado, como na Grécia antiga. Também não podemos recorrer à natureza como fator de equalização dos homens, como fizeram os estoicos. Na ausência de um sentimento de fraternidade alimentado pelas crenças cristãs, só nos resta tentar formular um conceito que dê conta de um cenário no qual as diferenças ao mesmo tempo são recusadas como ameaças das identidades particulares e constituem essas mesmas identidades, ao provocar a abertura das fronteiras dentro das quais os sentimentos nacionais se alimentam e crescem. Os refugiados não são apenas um incômodo externo, são parte de uma realidade que não mais aceita a busca da total autarquia como mola constituinte da teia de relações humanas.

O grande desafio é como lidar com essa porosidade dos espaços nacionais e com o desafio de fazer da hospitalidade um conceito da política. Talvez o sonho de criação de uma federação ampla de nações, alimentado pelos iluministas, tenha sido um dos momentos mais esperançosos da modernidade, mas a história recente acabou por sepultá-lo inteiramente. O que nos resta, então? Seria simplista tentar oferecer uma resposta a uma pergunta tão ampla. Cientes desses riscos, podemos enunciar o problema da hospitalidade de uma maneira que pelo menos contemple dois de seus aspectos essenciais. Em primeiro lugar, trata-se de precisar a quem o tema concerne, quem são os hóspedes dos quais falamos quando apontamos para a urgência do problema. Não se trata, é claro, dos que viajam pelo mundo amparados por convenções e acordos. Também não são os imigrantes desejados por suas competências, ou os que chegaram legalmente aos países de acolhimento. O desafio da hospitalidade aparece quando nos dispomos a pensar a situação dos muitos milhares de apátridas que circulam sem porto seguro nos interstícios do terreno das soberanias particulares. Pouco importa se essas pessoas foram expulsas de seus ambientes de origem pela fome, pela ausência de recursos ou pela violência política. O que as identifica é o fato de que não há um caminho de volta que lhes permita ser reintegradas às suas comunidades de origem, pois estas simplesmente não existem mais para elas. O que define o refugiado, para o qual a hospitalidade interessa como ferramenta que separa a vida da morte, é o fato de ele não possuir direitos associados a nenhuma comunidade política reconhecida.

Identificado o sujeito ao qual o problema se aplica, trata-se de formulá-lo em uma esfera na qual possa oferecer uma base sólida para que esse valor deixe o terreno das relações privadas e ganhe a cena do direito internacional. Sabemos todos da imensa dificuldade do desenvolvimento dessa esfera do direito. Ela esbarra não somente nas diferenças de interesses, mas também na diversidade de costumes e práticas dos países. Nesse contexto, a transformação da hospitalidade em um conceito da política exige que ela esteja calcada em uma base que, com toda a sua ambiguidade, parece-nos ser a única capaz de colocar a questão dos refugiados no cenário do direito: os direitos do Homem. Essa indicação, no entanto, está longe de resolver a questão da conceituação do valor da hospitalidade como algo que diz respeito à política a ao direito.

Como nos lembra Claude Lefort, a evocação dos direitos dos homens, longe de resolver problemas relativos à proteção da liberdade e da igualdade no terreno da política democrática, suscita uma série de interrogações[52]. A primeira delas, que nos interessa de maneira direta, é:

---

52. Claude Lefort, "Os direitos do homem e o Estado-Providência", in: *Pensando o político*, Rio de Janeiro: Paz e Terra, 1991, pp. 37-62.

"seria possível admitir a fórmula dos direitos do homem sem fazer referência a uma natureza do homem?"[53]. Considerando que nosso problema concerne a um conjunto de indivíduos que não possuem mais vínculos com entidades de direito particular, o que pode torná-los elegíveis para um novo corpo legal se não admitirmos que partilham algo advindo de sua pertença ao gênero humano? A condição de "seres humanos" será suficiente para tanto, uma vez que, na prática, a principal característica dos grupos de refugiados é ao mesmo tempo a radical alteridade em relação aos Estados nos quais buscam refúgio e a pluralidade de sua condição de apátridas? Ao reler a Declaração Universal dos Direitos Humanos, constatamos que a proposição de que todos nascem com direitos imprescritíveis é o fundamento de uma concepção de liberdade, que, no entanto, parece apontar mais claramente para a constituição de um ente particular do que para uma sociedade internacional. Como incorporar essa condição em um sistema de direitos internacionais continua a ser o desafio posto a todos os organismos que se ocupam da questão dos apátridas e dos refugiados.

Desde o século XIX, uma das críticas mais ferozes feitas aos direitos humanos incidiu sobre seu suposto caráter abstrato e pelo fato de que serviriam para mascarar a realidade da dominação de classes e entre nações. Essa maneira de ver as coisas implica também uma crítica ao naturalismo que parece fundamentar a Declaração Universal dos Direitos Humanos. Lefort mostra que essa visão esconde o fato primordial de que o caráter formal das proposições era menos importante do que o fato de que

> [...] a concepção naturalista do direito mascarou o extraordinário acontecimento que constituía uma declaração que era uma autodeclaração, isto é, uma declaração na qual os homens, através de seus representantes, mostravam-se simultaneamente como sujeitos e como objetos de enunciação, na qual, a um tempo, nomeavam o homem em cada um, falavam-se entre si, compareciam uns frente aos outros, e, assim procedendo, erigiam-se em testemunhas, em juízes uns dos outros[54].

53. *Ibid.*, p. 37.
54. *Ibid.*, p. 56.

Para retornar ao problema da hospitalidade, podemos assumir que, sem desconhecer o difícil caminho percorrido até aqui, os direitos humanos são uma base realista para fazer do acolhimento do estrangeiro uma matéria de direito internacional, e não somente a manifestação ocasional da boa vontade dos governantes. É óbvio que não existem mecanismos eficazes no plano global para obrigar nações independentes a receber refugiados, mas o reconhecimento do estrangeiro entregue à própria sorte pelas circunstâncias da vida como sujeito de direitos é um passo que já foi adotado por alguns países em momentos de sua história – são episódios que podem servir de exemplo para a adoção de medidas que impeçam que seres humanos sejam jogados em campos de concentração pelos inimigos e em campos de detenção pelos amigos, como sugeriu Arendt. Para realizar esse passo da declaração de direitos em direção a um corpo de leis internacionais, é preciso enfrentar uma série de dificuldades que estamos longe de saber como resolver. Nosso propósito neste texto é bem mais modesto e se limita a balizar o campo das interrogações sobre o tratamento dado na modernidade ao problema mais amplo da alteridade. Esse percurso nos conduziu à afirmação de que, se a hospitalidade não for equiparada à fraternidade e à solidariedade como valor e prática do campo da política, isso não passará de uma declaração de boas intenções. Essa constatação esconde, sabemos, uma série de dificuldades, tanto práticas quanto teóricas, que não pretendemos ter esgotado neste texto. Podemos resumir nosso ponto de chegada conceitual reformulando uma proposição de Hannah Arendt: a hospitalidade é o princípio político que reconhece a todos os seres humanos o direito de ter direitos, mesmo quando excluídos de sua pátria ou local de nascimento e origem. Com isso, avançamos em uma proposição de direito internacional, que em muitas situações colide com direitos nacionais. Mas, se não formos capazes de avançar de forma global nessa direção, continuaremos a presenciar o surgimento de campos de internação, detenção ou de concentração, nos quais seres livres são tratados como objetos e desprovidos de sua dignidade de seres humanos.

CONCLUSÃO

Os estoicos – Cícero em particular – foram capazes de dar um sentido político à hospitalidade por terem pensado que todos os seres humanos podem ser colocados sob o guarda-chuva das leis naturais e da razão (*logos*). Na contemporaneidade, não é mais possível imitá-los em tudo, mas, se quisermos seguir os passos deles e regular a relação com a massa de pessoas que são quase cotidianamente jogadas de um lado a outro do planeta, teremos de transformar em direito o que para muitos é uma virtude privada. Isso implica transformar em terreno jurídico internacional essas verdadeiras terras de ninguém que são os portos, aeroportos e campos de trânsito, nas quais os indivíduos estão sujeitos a todos os constrangimentos impostos pelos Estados nacionais e não possuem nenhum direito. Para fundar a hospitalidade no plano jurídico e transpô-la para a esfera política, só nos resta fazer dos direitos humanos a fonte última para regular as relações entre os estrangeiros e a cidade. Trata-se de trazer para o interior do direito nacional um princípio que é o complemento necessário da fraternidade e da solidariedade. Caso contrário, continuaremos a assistir a cenas deploráveis de pessoas jogadas ao mar ou prisioneiras de zonas de não direito, impotentes como o personagem de Camus, que, no meio do campo de batalha, tinha de combater contra os dois lados e acabou perdido em sua subjetividade acolhedora.

Mal-estar na civilização: figuras do desenraizamento
Olgária Matos

A questão do desenraizamento moderno não é apenas o *dépaysement* e o estranhamento do forasteiro, do imigrante ou do exilado, pois diz respeito à história contemporânea, sobre a qual Hannah Arendt reflete: "a finalidade da análise histórica é pesquisar as origens da alienação do mundo moderno [...], a fim de que possamos chegar a uma compreensão da natureza da sociedade, tal como esta evoluíra e se apresentava no instante em que foi suplantada pelo advento de uma era nova e desconhecida"[1]. Desconhecida não somente pela aceleração do tempo sob a hegemonia tecnológica na sociedade, mas também porque produz disfunções em referências simbólicas e crenças ao romper com o passado – o presente instituindo-se a si mesmo como progresso para o melhor:

> A palavra "progresso", que antes significava simplesmente um movimento para a frente, benéfico *ou* maléfico (falava-se em progresso de uma doença, de um incêndio, do inimigo), tornou-se um bem em si [...]. Durante muito tempo, a própria modernidade só pôde conceber o advento de um mundo melhor ligando-se, de um modo ou outro, a um estado antigo[2], que, no correr do tempo, se degradou. *Re-forma,*

---

1. Hannah Arendt, *A condição humana*. Tradução de Roberto Raposo. Rio de Janeiro: Forense Universitária, 2007, pp. 13-4.
2. Com efeito, de início o Renascimento foi uma ruptura com o passado próximo medieval, mas para se ligar a um passado distante, o mundo grego. Logo, porém, não se tratou mais de reaver a energia e a sabedoria antigas, mas de desfazer-se do passado em geral.

re-volução – quer dizer, restauração de uma forma inicial, volta a um ponto de origem [...], como os astros realizam um movimento no céu e, no caso da Terra, no final de um ano, retorna a seu lugar em relação ao Sol [...]. Ambas passaram a significar repúdio sempre crescente do passado³.

Se, na entrada do Templo de Apolo na Grécia antiga, a inscrição "Conhece-te a ti mesmo" indicava o conhecimento dos limites, recomendando a cada um ocupar o lugar que lhe cabe no universo, ela lembrava ao homem ser ele sobretudo um mortal, e não um deus – com o cosmos significando, por oposição à desmedida e ao caos, um mundo harmonioso e coerente, isto é, a paz. Os gregos com frequência se excediam; inclinados à *hybris*, temiam, por isso mesmo, a Nêmesis que castigava a imoderação. E, porque os antigos, gregos e medievais, não consideravam o mundo um lugar hospitaleiro e isento de males, comparavam-no ao caos primordial ou ao mundo após o pecado original que baniu definitivamente os humanos do Éden, tendo assim presentes, cada um a sua maneira, as palavras de Apolo na *Ilíada*: "As parcas [as tecelãs do destino] fizeram aos homens um coração apto a sofrer e ao mesmo tempo a se alegrar"⁴. Essa é a razão pela qual evocavam os princípios de sabedoria próprios à medida, a felicidade possível a seres temporais, cuja vulnerabilidade abrange também os laços sociais. Conhecer-se a si mesmo significava um *nec plus ultra* para evitar a ruína, a "selvagem perdição"⁵. Referindo-se à escultura da deusa Atena do século V a.C., Olivier Rey observa:

---

3. Olivier Rey, *Une Question de taille*, Paris: Stock, 2015, pp.77-8. Na contemporaneidade, a ideia de progresso foi substituída pela de inovação – esta, despojada dos escrúpulos humanistas ainda presentes na ideia de "progresso".
4. Ao criticar os remédios contra o Mal ministrados por mitos, tradições, religiões e suas maneiras de orientar contra o mal e os sofrimentos, a modernidade o fez como se estes pudessem ser inteiramente eliminados e, assim, trataram mitos, religiões e instituições como se fossem eles os responsáveis pelo sofrimento. Foi assim que a modernidade interpretou o dogma do pecado original: não como um modo de enfrentar a adversidade, e sim como instrumento de propagação e de perenização dos sofrimentos, como se esse dogma desviasse os homens das medidas capazes de defendê-los das aflições. Para a modernidade, o paraíso não foi perdido, ele está ao nosso alcance. Por isso, não se trata mais de transformar o mundo, como na "XI tese sobre Feuerbach", de Marx, mas de alterar o próprio homem, a partir da desqualificação progressiva de todas as faculdades humanas naturais, substituídas por dispositivos técnicos hiperperformáticos, a ciência e a técnica rompendo sua última barreira "natural", o corpo humano, por meio da " inteligência artificial" e da artificialização da vida (cf. Oliver Rey, *Une Folle Solitude: le fantasme de l'homme auto-construit*, Paris: Seuil, 2017).
5. Cf. André Malta, *A selvagem perdição: erro e ruína na Ilíada*, São Paulo: Odysseus, 2006.

Este relevo mostra Atena com um capacete na cabeça e vestida com a túnica ática, apoiada em uma lança cuja extremidade inferior está fixada na base de uma pilastra retangular [...]. Uma de suas possíveis interpretações é a de que ela representava um desses limites que, no estádio, servia para demarcar a linha de partida e a de chegada de atletas, em volta da qual eles deveriam fazer a volta [...]. O olhar pensativo da deusa (denominada *skeptoménè*, "aquela que medita") está dirigido para a delimitação do *agon* [da disputa] ao qual ela preside. Ela designa o limite, ao mesmo tempo que se apoia na lança. O limite não é apenas o lugar em que algo se detém, ele é o que faz advir essa coisa, ele a torna presente[6]. Tornar presente é mostrar o que não dever ser feito pelo homem, o "que aparece no limite de cada coisa [...] e que tem nesse limite sua morada"[7].

Na mudança permanente de valores – antes, experiências morais – em que a herança do passado foi coercitivamente apagada, nada permanece estável ou estabilizador: "Ficamos pobres. Abandonamos uma depois da outra todas as peças do patrimônio humano, tivemos que deixar esse tesouro na casa de penhor, muitas vezes, a um centésimo de seu valor, em troca a moeda do 'atual'"[8]. A essa privação moderna, Walter Benjamin denominou "pobreza de experiência" e "perda da aura", da natureza "cultual" de memórias, objetos e lugares, recordações convertidas antes em narração e consolo que em momentos de perigo: "O conhecimento do passado", escreve Benjamin, "se assemelha ao ato pelo qual ao homem no momento de um perigo repentinamente se apresenta uma lembrança que o salva"[9]. Assim, a Berlim benjaminiana da infância e da *belle époque* não é apenas uma geografia; ela constitui uma imagem espacial, como o lugar de nascimento, uma rua em que "um amor começou ou terminou, onde mortos queridos estão enterrados" – "lugares

---

6. Olivier Rey, *Une Question de taille, op cit.*, p. 171.
7. Cf. Martin Heidegger, "La Provenance de l'art et la destination de la pensée". Tradução de Jean-Louis Chrétien e Michèle Reifenrath. *Cahier de l'Herne*, organização de Michel Haar, 1983, p. 86.
8. Walter Benjamin, "Experiência e pobreza", in: *Obras escolhidas* I. Tradução de Sérgio Paulo Rouanet. São Paulo: Brasiliense, 2008, p. 119 (trad. modificada).
9. *Idem*. Trata-se de uma tradução do original alemão elaborada por Walter Benjamin da tese n. VI, in: *Écrits Français*. Paris: Gallimard, 1991, p. 342.

sagrados" de um universo reservado e íntimo. Nos *Escritos autobiográficos* de Benjamin, lê-se:

> As lembranças, quando tomam consistência, [...] [são] uma questão de espaço, de momentos, de descontinuidade. [...]. A atmosfera da cidade aqui evocada só concede [à minha vida ou aos seres que foram os mais próximos a mim em Berlim] uma existência breve e imprecisa como uma sombra. Eles beiram seus muros como indigentes, surgem em suas janelas como espíritos para logo desaparecerem, eles tomam ar nas soleiras como um *genius loci* e, mesmo que preencham com seus nomes bairros inteiros, é da maneira como o nome de um morto se inscreve na lápide de um túmulo[10].

Não por acaso, na *Crônica berlinense*, Benjamin indica seu projeto de organizar graficamente em um mapa da cidade "o espaço da vida: *bios*", a vida biográfica, localizando, por cores[11], apartamentos de seus parentes e amigos, seus cafés preferidos, ruas e caminhos percorridos, os túmulos em que assistiu a sepultamentos, as escolas e sinagogas que frequentou, lugares perdidos que o tempo dispersou: "Pontos azuis designariam as ruas onde morei. Pontos amarelos, os lugares onde moraram minhas namoradas. Triângulos marrons, os túmulos"[12]. Esses espaços conservam

---

10. Idem, *Écrits autobiographiques*. Tradução de Christophe Jouanlanne e Jean-François Poirier. Paris: Christian Bourgois, 2000.
11. A importância das cores no pensamento de Benjamin diz respeito a uma teoria da visão antikantiana, porque não intelectual, isto é, sem conceito, anterior a sua objetivação pelo entendimento. No fragmento "Arco-íris", de 1913, Walter Benjamin identifica as cores "ao mais íntimo da Imaginação" – "*das innerste der Phantasie*" (Walter Benjamin, *Gesammelte Schriften* VII, organizado por Rolf Tiedemann *et al*. Frankfurt am Main: Suhrkamp Verlag, 1989, VII, p. 23). A cor constitui um princípio de unicidade individualizante que envolve cada uma das lembranças.
12. Cf. Walter Benjamin, "Berliner Kronik", *in*: *G.S.* VII,2, *op. cit.*, p.714; cf ainda Willi Bolle, *Fisiognomia da metrópole moderna*. São Paulo: Edusp/Fapesp, 1994. Walter Benjamin procurava dispor graficamente seus escritos de maneira a que eles falassem aos olhos "como uma imagem do texto". Assim, em 17 de maio de 1932, de Ibiza, Benjamin endereça a Marietta Noeggerath uma representação da rosa dos ventos com indicações precisas sobre as direções dos ventos e da vida. E em suas "Imagens de pensamento", Benjamin anota: "Eis a rosa dos ventos para a determinação de todos os ventos, favoráveis e adversos, que brincam com a existência humana. Nada resta senão determinar o seu centro, o ponto de intersecção do eixo, o lugar da total indiferença ao sucesso e à falta de sucesso. Neste centro, Dom Quixote está em casa, *o homem de uma única convicção*, cuja história ensina que, neste melhor ou pior dos mundos pensáveis, a convicção – só que ele não é concebível – de que é verdadeiro o que se encontra nos livros de cavalaria torna feliz um tolo surrado se esta for a sua única convicção". "Imagens do pensamento", *in*: *Obras escolhidas II*. Tradução de Rubens Rodrigues Torres Filho e José Carlos Martins Barbosa. São Paulo: Brasiliense, 2000, p. 244 (tradução um pouco modificada).

algo de excepcional com características "anímicas, mágicas e oníricas"[13], pois a cidade, suas ruas, edificações e crônicas comunicam vestígios de um passado individual, cultural e histórico: "A reminiscência funda a cadeia da tradição, que transmite os acontecimentos de geração em geração"[14]. Assim, o "bom conselho na infância", que é reapropriado ao longo da vida: "o conto de fadas é ainda hoje o primeiro conselheiro das crianças, porque foi o primeiro da humanidade e sobrevive, secretamente, na narrativa"[15].

Mitos, contos de fadas e lendas contribuem para distinguir o bem e o mal, provendo antecipadamente quem escuta de recursos para o êxito em empreendimentos na vida. Por isso, no mundo grego, a mitologia, com as aventuras dos deuses, era fonte de aprendizado: Zeus representava o poder; Atena, a inteligência; Ares, a agressividade; Apolo, a beleza; Dioniso, a loucura; Afrodite, o amor erótico[16]. Os mitos fundamentavam-se na ideia da *Ananke*, a necessidade inelutável que regulava a natureza sobre a qual o homem não tem poder, pois há sempre o que não se deixa apreender e dominar[17]. Se, nos tempos homéricos, o homem é dito *brotos* – "aquele destinado a morrer" –, e Platão o nomeia *thanatos* – "o mortal" –, é por ser a morte a sanção incontestável de uma vida, cuja brevidade fez os gregos considerarem sua maior invenção a ética do limite. Visão trágica, os antigos conceberam o homem como estrangeiro neste mundo, nu e sem defesa contra ameaças, doenças, predadores, e sem o "saber-viver entre muitos"[18]. Eis o que requer a razão, os artifícios, como a técnica e a

---

13. Cf. Marilena Chaui, *Da realidade sem mistérios ao mistério do mundo*, São Paulo: Brasiliense, 1981.
14. Walter Benjamin, "O narrador", in: *Obras escolhidas I, op. cit.*, p. 211.
15. *Ibid.*, p. 215.
16. Lembre-se de que os gregos desconheciam essa palavra e seu objeto, designando por "afrodisia" o erótico, o "sexual", a dietética e a estética. Cf Michel Foucault, *História da sexualidade*. Tradução de Maria Thereza Costa Albuquerque. Rio de Janeiro: Paz & Terra, 2009. Foucault observa a contemporaneidade da palavra "sexualidade" diferenciada da "afrodisia", indicando que o Oriente criou uma arte erótica, e o Ocidente, uma ciência sexual.
17. Lembre-se de que, em grego, as palavras guturais representam as coisas sobre as quais os homens não têm nenhum poder, como ignoto, enigma, *ananke*, ígneo, palavras de angústia – com efeito, relâmpago é dito ígneo por escapar ao controle do homem. Já *piros*, palavra labial, é o fogo que se pode dominar.
18. Considerando uma das diferenças entre " instinto" e " pulsão" nas obras de Freud, pode-se dizer que Freud se vale menos de *Instinkt* (instinto) que de *Trieb* (pulsão), justamente porque o homem não tem instintos, um saber-sobreviver e um saber-viver, como os outros animais, mas pulsões, estas "indeterminadas". Cf., do autor, *"O mal-estar na civilização"*, entre outros.

política, cujo mito de origem foi narrado no *Protágoras* de Platão[19]. Mitos são a história convertida em experiência[20]. E Ernst Bloch observa:

> Os contos apresentam a revolta do homem frágil contra as potências míticas, a razão do pequeno Polegar contra o gigante. [...] As crianças necessitam dos contos, de homens ferozes, como também de homens corajosos e libertadores [...]. As lendas, diferentemente, celebram os senhores poderosos, e não os pobres e os pequenos que deles escaparam. Nelas, as crianças não conseguem fugir. É, ao contrário, o medo de outrora, a opressão de outrora, o estábulo em que estão aprisionadas, que são acalmados, mesmo que seja no interior da casa do senhor que vai

---

19. Tendo os deuses concluído a modelação dos mortais, confiaram aos heróis Prometeu – etimologicamente *pro-metis*, "aquele que pensa antes", – e Epimeteu –" *epi-metis*", "aquele que pensa depois" – a tarefa de distribuir aos mortais tudo de que necessitassem para viver. Epimeteu forneceu aos animais mais fortes pouca velocidade; aos mais fracos, mais rapidez; atribuiu a alguns a capacidade de voar ou a de se esconder sob a terra; deu-lhes garras para o ataque e para a defesa, meios para se alimentar e se defender das intempéries. Mas, imprevidente que era Epimeteu, chegada a vez do homem, todos os recursos se haviam esgotado. Diante disso, Prometeu reconhece que só resta, em socorro dos homens, roubar dos deuses Atena e Hefesto a sabedoria técnica e o fogo sagrado, oferecendo-os aos mortais. Só a sabedoria política não pôde ser compartilhada, por estar sob a vigilância de Zeus. Platão escreve: "em primeiro lugar, como o homem passou a compartilhar, com a sabedoria técnica e o fogo, a sorte divina, em razão deste parentesco com o divino, foi o único entre os animais a crer nos deuses, aos quais passou a construir templos e estátuas. Em segundo lugar, com aquelas habilidades, rapidamente usou a voz e articulou palavras, construiu moradias, produziu roupas, calçados, leitos e extraiu alimentos da terra. Assim munidos, os homens se espalharam por todas as partes, e não existiam cidades, estando eles à mercê das feras, já que eram muito mais fracos que elas. A arte de que dispunham bastava apenas para obter alimentos, mas era insuficiente para a guerra com os animais ferozes. Procuravam, pois, ficar juntos e salvar-se fundando cidades". Porém, assim que ficavam próximos uns dos outros, praticavam injustiças mútuas, porque não possuíam a arte política. Desse modo, separando-se novamente, pereciam. Zeus, temendo que a estirpe dos humanos pudesse desaparecer inteiramente, ordenou a Hermes (o deus mensageiro, da comunicação) que levasse aos homens a justiça e o respeito para serem os princípios ordenadores de cidades e vínculos produtores de amizade. Então Hermes perguntou a Zeus de que maneira deveria distribuí-los: "Devo fazê-lo como com as artes? Estas foram distribuídas do seguinte modo: uma única pessoa que possui a arte médica é suficiente para muitos que não a possuem, o que também se aplica a todos que possuem uma arte. Então, desse modo, devo distribuir a justiça e o respeito ou devo distribuí-los a todos?". "A todos", respondeu Zeus." (Platão, *Protágoras*, 320, 321c-322, tradução de Maurice Croiset, v. III. Paris: Belles Lettres, 2002).
20. Os mitos são regulados por ritos, palavra que, em sânscrito, significa justamente "ordem" – necessária àqueles aos quais faltam regras de comportamento, com códigos do que é permitido ou proibido. O rito é também sua rememoração. Nesse sentido, mitos e ritos são tentativas mais ou menos exitosas de conferir normas de conduta e convivência para seres mais indeterminados do que livres, constituindo a pré-história das instituições. Cf. Umberto Galimberti, *L'Illusione della Libertà*, Taviano (LE), 2016.

devorar ou poupar as crianças [...]. O conto designa a revolta, a lenda, nascida do mito, o destino que pesou sobre cada um"[21].

Não é pois um acaso ser justamente em 1936 – entre duas guerras mundiais, exilado em Paris à época do Nazismo e do desmoronamento das referências individuais, morais, sociais e políticas herdadas do passado – que Benjamin elabora o ensaio sobre o contador de histórias:

> Esquecemos há muito tempo o ritual sob o qual foi edificada a casa de nossa vida. Quando, porém, ela está para ser assaltada, e as bombas inimigas já a atingem, que extenuadas, extravagantes antiguidades elas não põem a nu ali nos fundamentos! [...] Talvez o que torne o passado tão intenso não seja senão o vestígio de hábitos perdidos, nos quais já não nos poderíamos mais encontrar. Talvez seja a maneira como este passado se combina com os grãozinhos de poeira de nossa morada em ruínas o segredo que o faz sobreviver[22].

Por isso a figura do contador de histórias realiza uma transubstanciação do passado que é a comunicação entre as gerações. E Benjamin anota:

> [...] o primeiro narrador verdadeiro é e continua sendo o narrador de contos de fadas. Esse conto sabia dar um bom conselho, quando ele era difícil de se obter, e oferecer sua ajuda, em caso de emergência. [...]. O conto de fadas nos revela as primeiras medidas tomadas pela humanidade para liberar-se do terror mítico [...]. O conto de fadas ensinou há muitos séculos à humanidade, e continua ensinando às crianças, que o mais aconselhável é enfrentar as forças do mundo mítico com astúcia [...]. O narrador figura entre os mestres e os sábios. Ele sabe dar conselhos: não para alguns casos, como o provérbio, mas para muitos casos, como o sábio"[23].

---

21. Ernst Bloch, "Sur le Conte, le roman de colportage, et la légende", in: *Héritage de ce temps*. Tradução de Jean Lacoste. Paris: Payot, 1978, pp. 154-7.
22. Walter Benjamin, "O jogo de letras", "Infância em Berlim", in: *Obras escolhidas II, op. cit.*, p. 105 (tradução um pouco modificada).
23. Idem, "O narrador", *op. cit.*, pp. 215 e 221.

Os contos são as preces das vidas precárias[24]. E, referindo-as às personagens de Kafka, Benjamin anota:

> Entre [suas] criaturas existe uma tribo singularmente consciente da brevidade da vida [...]. [Também os estudantes são os chefes e porta-vozes dessa tribo] [...]. "Ensina-se em toda parte", diz Plutarco, "em mistérios e sacrifícios, tanto entre os gregos como entre os bárbaros, [...] que devem existir duas essências distintas e duas forças opostas, uma que leva em frente, por um caminho reto, e outra que interrompe o caminho e força a retroceder". É para trás que conduz o estudo, o que converte a existência em escrita. O professor é Bucéfalo [...] que sem o poderoso Alexandre – isto é, livre do conquistador, que só queria caminhar para a frente – toma o caminho de volta." Livre, com seus flancos aliviados da pressão das coxas do cavaleiro, sob uma luz calma, longe do estrépito das batalhas de Alexandre, ele lê e vira as páginas de nossos velhos livros [...]. A porta da justiça é o direito que não é mais praticado, e sim estudado. A porta da justiça é o estudo"[25].

Na modernidade, entretanto, seus estudantes são discípulos que perderam a escrita, a experiência dessa viagem ao passado.

O progresso da secularização[26] do mundo a partir da Reforma e a ciência entendida como "progresso moral" se associaram ao projeto que acelerou o tempo histórico pela tecnologia e pelas revoluções sociais. Consequências da "morte de Deus", elas foram "contrailuministas".

---

24. "Précário" significa o que se obtém por meio de uma prece (*praex*), de um pedido verbal – diferentemente de *quaestio*, um pedido feito por quaisquer meios, mesmo violentos –, e que por isso se revela frágil e arriscado. (Cf. Giorgio Agamben, *Le Feu et le récit*. Tradução de Martin Rueff. Paris: Rivages, 2014, p. 13).
25. Walter Benjamin, "Franz Kafka: a propósito do décimo aniversário de sua morte", in: *Obras escolhidas I*, op. cit., pp. 160, 163-4.
26. Do ponto de vista da história das ideias, a secularização se deu simultaneamente ao processo de cientificização do mundo, quando se desfez não apenas o cosmos antigo – em que o "conhece-te a ti mesmo" fazia um apelo à justa consideração do lugar que o homem ocupa na natureza –, como também o medieval, que, também ele, possuía um conteúdo moral na medida em que era concebido como criação de Deus. A partir do Renascimento, inverteu-se a hierarquia das faculdades humanas, entre Entendimento (finito) e Vontade (infinita). Esta se encontra na base da moderna ilimitação da Ciência e da técnica. Ao *Nec Plus Ultra* antigo – a consideração do limite –, substituiu-se a divisa de Carlos V "*Plus Ultra*", "sempre mais além". Cf. Hannah Arendt, *A condição humana*, op. cit.; Eduardo Subirats, *El Continente vacío*. México: Siglo XXI, 1994; Olivier Rey, op. cit.

Afastando-se da ideia dominante de que a Revolução Francesa resultou da filosofia das Luzes, Nietzsche escreve:

> Todas as coisas quase dementes, histriônicas, bestialmente cruéis, voluptuosas, principalmente sentimentais e autoembriagantes que constituem a *substância* propriamente *revolucionária* e que em Rousseau, antes da Revolução, se tornara corpo e alma – todo este ser colocou também, com pérfido entusiasmo, o *Iluminismo* em sua cabeça fanática, que assim começou a brilhar ela mesma, como numa glória transfiguradora: o *Iluminismo*, que é, no fundo, tão alheio a esse modo de ser, e que, por si mesmo, passaria pelas nuvens tranquilo como um raio de luz, durante muito tempo satisfeito em transformar apenas os indivíduos: de modo que apenas lentamente transformaria também os costumes e as instituições dos povos. Mas então, unido a algo violento e brusco, o próprio Iluminismo se tornou violento e brusco. Sua periculosidade se tornou, assim, quase maior do que a utilidade emancipadora e clarificadora que ele introduziu no grande movimento da Revolução. Quem isso compreende também saberá de qual mistura é preciso extraí-lo, de qual turvação é preciso filtrá-lo: para *prosseguir a obra* do Iluminismo *em si mesma* e sufocar no berço a revolução *a posteriori*, fazer que não tenha sido[27].

Em nome de um aperfeiçoamento ilimitado do homem e do progresso da ciência, o universo se torna um "canteiro de obras permanente", dissipando todos os pertencimentos tradicionais, identitários, culturais e morais. Nesse sentido, Nietzsche anotou:

> Para haver instituições é preciso uma espécie de vontade, de instinto, de imperativo antiliberal [...]: a vontade de tradição, de solidariedade da cadeia das gerações, de responsabilidade. O Ocidente interrompeu esses instintos de onde nascem as instituições, de onde nasce o futuro: tudo o que vai na contramão de seu "espírito moderno"[28].

---

27. Friedrich Nietzsche, *Humano, demasiado humano*. Tradução de Paulo César Souza. São Paulo: Cia das Letras, 2008, p. 266 (tradução um pouco modificada).
28. *Idem*, *Crepúsculo dos ídolos*. Tradução de Paulo César Souza. São Paulo: Cia das Letras, 2008, § 39.

Por faltar ao presente um eixo unificador de coerência e sentido, Baudelaire reconheceu a modernidade como um trauma que fez diminuírem os "vestígios do pecado original" – a modernidade, nesse sentido, rejeitando o ensinamento central das narrativas das religiões, para as quais certo sofrimento é inerente à vida e há males os quais é impossível vencer.

Refletindo sobre a origem dessas narrativas, Giorgio Agamben a reencontra nos mistérios pagãos e no romance antigo. Citando as *Metamorfoses*, de Apuleio[29] – em que o herói, transformado em asno, pôde reaver sua identidade em um ritual iniciático –, anota:

> [...] tal vinculação se manifesta [no fato de que] podemos ver [nos mistérios pagãos e nos romances] uma vida individual ligar-se a um elemento divino ou pelo menos sobre-humano, de tal modo que os episódios e as aventuras de uma existência adquirem uma significação que as ultrapassa e as constitui em mistérios. Tal como o iniciado, assistindo na penumbra de Elêusis à evocação imitativa ou coreografada do rapto de Perséfone por Hades e sua reaparição na Terra na primavera ingressava também ele nos mistérios para nele encontrar uma esperança de salvação para sua vida, também o leitor [de romance], seguindo a intriga de situações e acontecimentos que o romance entrelaça com piedade ou terror em torno de seu personagem, participa, de certa maneira, do destino deste último, não podendo deixar de misturar sua própria existência à esfera do mistério"[30].

Nessa fusão e por esse saber vigoroso que protege aquele que o recebe, o conto permite ao ouvinte ou leitor ter de volta o que provém de um arcano perdido. Como observou Freud, o desamparo (*Hilflosigkeit*) é a fonte originária de todos os motivos morais[31]. Valores morais se formam e se consolidam pela autoridade do tempo, pela gratidão de que eram portadores, sentimento próximo à "piedade" filial na *Eneida* de Virgílio. No poema que relata a partida dos sobreviventes da destruição de Troia, Eneias, o fundador mítico de Roma, levou o pai já envelhecido em seus

---

29. Essa obra, escrita no século II, também é conhecida como *O asno de ouro*.
30. Giorgio Agamben, *op. cit.*, pp. 9-10.
31. Cf. Sigmund Freud, *Inibição, sintoma, angústia, o Futuro de uma Ilusão e outros textos (1926-1929)*. Tradução de Paulo César Souza. São Paulo: Companhia das Letras, 2014.

ombros para o exílio. Sem ser metafórico, esse ato alcança seu ponto mais alto no momento em que Eneias dá uma sepultura ao pai morto durante a viagem, manifestando saber despedir-se do passado, mas sem esquecê-lo, ciente de que ele sobrevive em nós. Por isso sua dignidade, conferida pelo tempo, se inscrevia em uma cultura do respeito com o que nos precedeu e preparou, diversamente da modernidade que produz a crise antigenealógica do presente.

A cultura da pressa, a intensificação dos "estímulos nervosos" e as novas tecnologias comunicacionais associadas ao "novo espírito do capitalismo" – que não mais se funda em valores como a parcimônia, o ascetismo ou a reverência ao trabalho, como nos primórdios da acumulação capitalista[32]–, constituem a infraestrutura para compreender a obsolescência de valores e costumes[33], o que abrange a ética e a política, a ciência e a estética, a educação e o cotidiano. No capitalismo contemporâneo,

> [...] a criação do gosto é a criação do desgosto: [Eis] o instrumento mais eficaz [...] [da] rejeição do velho, do fora de moda e do desejo pretensamente correlato do *novo* – quando não da novidade – isto é, de necessidades correspondentes ao interesse do desenvolvimento industrial, o que será feito pelo sistema das mídias de massa e pelas

---

32. Cf. Max Weber, *A ética protestante e o "espírito" do capitalismo*. Tradução de Antônio Flávio Pierucci. São Paulo: Companhia das Letras, 2004. Hannah Arendt observa que o fim da sociedade do trabalho – antes concebido por Marx como liberação por intermédio das máquinas – é catastrófico para o homem contemporâneo, que, diferentemente do homem grego, que sabia utilizar o tempo livre na ágora, nas assembleias, nos estudos, nos ginásios, nos cultos, não consegue ser o artesão de seu tempo livre, caindo na monotonia e no tédio, fonte de violência e ressentimento. Despojado de seu saber-fazer de *homo faber*, vive agora "em uma sociedade de trabalhadores em trabalho, privados da única dimensão a que foram reduzidos". Cf. *A condição humana, op. cit.*; cf. Olgária Matos, "A preguiça heroica", in: *Palíndromos filosóficos: entre mito e história*, São Paulo: Edunifesp, 2018.
33. Ao analisar a sociedade industrial, Marx e Engels tratam das mudanças antropológicas e do início das indiferenciações sociais de que o acúmulo do capital e a manutenção do mercado em funcionamento necessitam: "As diferenças de sexo e de idade não possuem mais qualquer valor social para a classe operária. Só há instrumentos de trabalho, cujo custo difere conforme a idade e o sexo."(*Manifesto do Partido Comunista*. Tradução de Álvaro Pina e Ivana Jinkings. São Paulo: Boitempo Editorial, 1998, p. 120). Universaliza-se o processo de indiferenciação para fins de consumo, entre jovens e velhos, pais e filhos, professores e alunos, masculino e feminino. A sociedade que produz a desinstitucionalização das instituições – aquelas que, por sua dimensão simbólica, garantiam segurança afetiva, como a família, a escola, a religião, o direito, a lei etc. – resulta no fim dos pertencimentos estáveis, substituídos por agrupamentos "historicistas" produzidos para configurar identidades que perderam experiências comuns transmitidas pela família e pelas instituições. Com o fim do ideário de autonomia, ligado ao indivíduo e à liberdade de deixar um grupo de origem, retorna-se a formas segregadoras de pertencimento.

indústrias da cultura, vetores da indústria do *marketing*, sistema de distribuição de objetos temporais industriais, isto é, os modos de acesso ao tempo das consciências tornam-se progressivamente objeto de uma exploração sistemática[34].

Eis por que Benjamin, em "O narrador", observa o fim das narrativas como crise de ideais e da capacidade de idealização, o " ideal-tipo" do moderno não sendo mais o sujeito e sua formação, mas aquele flexível, adaptável, que não faz mais experiências, mas, sim, experimentações: "a partir de agora, o desafio lançado aos indivíduos não é o de 'ser quem se é' em um ambiente que muda, mas de transformar-se incessantemente e de adaptar-se às circunstâncias flutuantes da vida"[35]. Nesse sentido, a desordem é preferível à ordem, as reestruturações constantes da vida individual e coletivas são valorizadas como "dinamismo" e como valor em si, pondo em questão a vida política e a do espírito. Os tempos longos da narração são substituídos pela compressão do espaço e do tempo, determinante do fim da experiência como temporalidade comum a muitas gerações, quando a distância espacial e temporal conferia ao conto maravilhoso a aura do longínquo, como a *historia magistra vitae*: "A arte de [narrar] é tecida na substância viva da existência e tem um nome: sabedoria. A sabedoria é o lado épico da verdade"[36]. Se, para Benjamin, Leskov é o último narrador tradicional de um mundo que desaparecia, isso não representa necessariamente seu fim: "a narração", escreveu Benjamin, "subsistirá. Mas não sob sua forma 'eterna', em seu aconchego familiar e soberano, e sim sob formas inéditas, audaciosas, de que ainda não sabemos nada"[37].

Assim, os dramas radiofônicos de Benjamin, transmitidos para crianças e adolescentes em Berlim e Frankfurt entre 1927 e 1933 – episódios referentes a ciganas quiromantes, estelionatários, feiticeiras, mas também catástrofes naturais, como a erupção do Vesúvio que destruiu Pompeia e Herculano no século I – são as formas modernas do maravilhoso e do

---

34. Cf. Bernard Stiegler, *De la Misère Symbolique*, Paris: Flammarion, 2013, pp. 56-7.
35. Christian Salmon, *L'Ère du Clash*, Paris: Fayard, 2019, p. 79.
36. Walter Benjamin, "O narrador", *op cit.*, p. 201.
37. Cf. *Écrits Français*, Paris: Gallimard, 1991, p. 201. Para Benjamin, o rádio e o cinema poderiam ser suas novas modalidades.

terrífico que, como parábolas e provérbios, revelam uma parte escondida da História. Em suas programações, tais narrativas constituem a atualidade de um instante histórico, de uma modernidade que desfez o "conteúdo de verdade" das coisas, com a fragilização da identidade do sujeito, antes constituída de suas experiências. E Georges Balandier, por sua vez, observa:

> A hipermodernidade conduz [a experiência] por caminhos embaralhados em que o espaço e o tempo não mais são definidos por referências familiares, tornando-se juntos geradores de *dépaysement*; o momento e seu lugar, o *hic et nunc*, mantêm uma espécie de aliança com a descontinuidade, ao preço da fragmentação da vida, de uma incerteza quanto à definição de si[38].

A partir de meios técnicos de comunicação, a modernidade substituiu a experiência pelo "valor de exibição", em um mundo em que "ser é ser percebido", promovendo o desejo fusional das massas, em um universo de identificações imediatas, de amor ou ódio ao governante e de sociabilidade empática, de que se ausenta o discernimento, comprometendo-se a democracia. Segundo Benjamin,

> [...] a metamorfose do modo de exposição pela técnica da reprodução", escreve Benjamin, "é visível também na política. A crise da democracia pode ser interpretada como uma crise nas condições de exposição do político profissional. As democracias expõem o político de forma imediata, em pessoa [...]. Como as novas técnicas permitem ao orador ser ouvido e visto por um número ilimitado de pessoas, a exposição do político diante dos aparelhos [rádio, cinema, etc.] passa ao primeiro plano. Com isso, os parlamentos se atrofiam, juntamente com o teatro. O rádio e o cinema não modificam apenas a função do intérprete profissional, mas também a função de quem se representa a si mesmo diante desses dois veículos de comunicação, como é o caso do político. O sentido dessa transformação é o mesmo no ator de cinema e no político, qualquer que seja a diferença entre suas tarefas especializa-

---

38. Georges Balandier, *Le Grand Dérangement*, Paris: PUF, 1994, pp. 66-7.

das. Seu objetivo é tornar "mostráveis", sob certas condições sociais, determinadas ações, de modo que todos possam controlá-las [...]. Esse fenômeno determina um novo processo de seleção, uma seleção diante do aparelho, do qual emergem, como vencedores, o campeão, o astro e o ditador"[39].

Propaga-se, pois, não apenas o consumo de mercadorias comunicacionais e a circulação econômica de objetos, mas, simultaneamente, uma nova metafísica das relações humanas, uma vez que tudo o que vincula pessoalmente os indivíduos, o que lhes permite ter em comum uma história, uma relação que se inscreve no tempo, uma "dívida simbólica" – uma fidelidade a honrar – desaparece, substituído pela "realidade virtual"[40], em que tudo se passa "aqui e agora", em um mundo desertificado de coerência, rumo e direção. Por isso Benjamin caracterizou a modernidade na figura de um Anjo de costas para o futuro, para o qual ele é impelido às cegas[41].

A cultura em que se encontrava o narrador ligava-se à formação que era como que seu fundamento. Eis por que Christian Salmon analisa a transformação da narrativa em *storytelling*, em uma "máquina de fabricar histórias e formatar os espíritos":

> As grandes narrativas que orientam a história humana, de Homero a Tolstói, e de Sófocles a Shakespeare, narravam mitos universais e transmitiam as lições das gerações passadas, lições de sabedoria, fruto de experiências acumuladas. O *storytelling* percorre o caminho em sentido contrário: ele investe a realidade com narrativas artificiais, bloqueia as trocas, satura o espaço simbólico [...] de *stories*. O *storytelling* não narra a experiência passada, ele traça as condutas e teleguia os fluxos das emoções. Longe dos "caminhos do reconhecimento" [...] da atividade narrativa, o *storytelling* estabelece engrenagens narrativas, segundo as

---

39. Walter Benjamin, "A obra de arte...", *op. cit.*, p. 183.
40. Cf. Jean-Claude Michéa, *L'Enseignement de l'ignorance*, Paris: Climats, 2006; Christian Salmon, *Storytelling: la machine à fabriquer des histoires et à formater les esprits*, Paris: La Découverte, 2008, pp. 16-7. Cf. também Christian Salmon, *L'Ère du clash*, *op cit*.
41. Walter Benjamin, "tese n. 9", in: *Obras escolhidas I, op. cit.*

quais os indivíduos são levados a se identificar com modelos e a se conformar a protocolos[42].

A experiência que se transmitia pela narração não tinha nenhuma relação com o que seria imediatamente consumido[43]. Por isso ela se inscrevia em uma temporalidade que resiste à transitoriedade, evocando acontecimentos do passado que podem servir de modelo, ensinamento e abertura ao presente, em suas duas personagens fundadoras, o camponês sedentário e o marinheiro nômade. Benjamin anota:

> [...] o mestre artesão sedentário e os aprendizes migrantes trabalhavam juntos na mesma oficina; cada mestre tinha sido um aprendiz ambulante antes de se fixar em sua cidade natal ou no estrangeiro. Se camponeses e marinheiros foram os antepassados dos mestres da arte de narrar, foram os artífices que a aperfeiçoaram. No sistema corporativo, associava-se o saber das terras distantes, trazido para casa pelos migrantes, com o saber do passado, recolhido pelo trabalhador sedentário[44].

Viagem espacial, a do marinheiro, viagem temporal do agricultor: ambos tomam o que contam da experiência, própria ou de outros, criando, pela memória, a posteridade que a transformará:

> Ao instituir o novo sobre o que estava sedimentado na cultura, a [narração] reabre o tempo e forma o futuro, [...] quando o presente é apreendido como aquilo que exige de nós o trabalho [...], de tal forma que nos tornamos capazes de elevar ao plano [da experiência], [...] uma questão, pergunta, problema, dificuldade[45].

---

42. Christian Salmon, *Storytelling: la machine à fabriquer des histoires et à formater les esprits*, op. cit., pp. 16-7. Cf. também Christian Salmon, *L'Ère du clash, op cit.*
43. Walter Benjamin, em seu tempo, escreveu sobre o caráter essencial das coisas inúteis em suas relações com as necessidades espirituais: "E, da mesma forma que uma criança que aprende a pegar as coisas, levanta a mão para a lua como uma bola a seu alcance, a humanidade, em suas [produções culturais], tem diante de si, ao lado das coisas acessíveis, outras que só são, de início, utópicas". (*Écrits Français, op. cit.*, p. 149).
44. "O narrador", *op. cit.*, p. 199.
45. Marilena Chaui, "A universidade pública sob nova perspectiva", *Revista Brasileira de Educação*, set.-dez. 2003, n. 24, p. 12. Adaptamos aqui a questão da educação à da experiência em termos benjaminianos.

Na contemporaneidade, as narrativas prudenciais cederam à informação jornalística, à publicidade, ao *marketing* político, moral e estético, expressando a pobreza da experiência, pois esta não significa apenas escassez de informações, mas também seu excesso – excesso que vem a ser desinformação, como no caso das *fake news*[46] e da pós-verdade:

> *Fake news* é um signo que se transformou em poder de diversão e também álibi para uma censura generalizada do Estado, que mascara as causas sistêmicas do descrédito da palavra pública [...]. É possível, evidentemente, desembaraçar-se das *fake news*, considerando o fenômeno um último avatar da velha desinformação na época das redes sociais, ou, ao contrário, interrogando-o como um sintoma da transmutação do sistema político pela lógica neoliberal, transmutação que tem por efeito desarticular todas as formas de deliberação democrática [...]. As redes sociais disseminam uma espécie de incredulidade generalizada, de suspeita. Assim como a inflação monetária arruína a confiança na moeda, a inflação de "histórias" arruinou a confiança nas narrativas e nos narradores[47].

A obsolescência incessante de notícias e a multiplicação de narrativas provocam diferentes formas de empobrecimento da experiência e de não pertencimento, em particular o desemprego em massa e processos de desprofissionalização que desfazem os conhecimentos duráveis e a ideia de futuro, que se vê privado de seu horizonte de espera, reduzindo-se a uma espera sem horizonte:

> [...] trata-se de uma espera muito específica no momento atual da mundialização. Enquanto o capital se propaga, a força de trabalho das po-

---

46. A questão das "notícias falsas" e da "mentira na política" não é fato recente. O que pode ser considerado novo é a pós-verdade. Em sua obra *Origens do totalitarismo*, Hannah Arendt observa que um dos aspectos do totalitarismo é a destruição da objetividade do mundo, e com isso o desaparecimento do espaço público e a impossibilidade da vida em comum. Diferentemente da mentira, que dissimula ou desnatura a norma do "verdadeiro" e a transgride, na pós-verdade a verdade não conta mais, porque o verdadeiro e o falso se indiferenciam. Cf. Hannah Arendt, *Origens do totalitarismo*. Tradução de Roberto Raposo. São Paulo: Companhia das Letras, 2006; "Verdade e política", in: *Entre o passado e o futuro*. Tradução de Mauro W. Barbosa de Almeida. São Paulo: Perspectiva, 1979.
47. Christian Salmon, *L'Ère du Clash*, *op. cit.*, pp. 69 e 85.

pulações em perpétua peregrinação é compartimentada e comprimida por uma gama variada de coerções, a mais sutil e onipresente de todas sendo a espera, quer dizer, a disciplinarização pela espera [...], a imobilização no interior de uma máquina de compressão e aceleração [...], em uma degradação filosófica da espera. No imediato pós-guerra, o olho clínico de Samuel Beckett [em *Esperando Godot* ou em *Fim de partida*] lhe permitiu fazer um diagnóstico, quando ele viu que este seria a marca do novo curso do mundo[48].

A ruptura com o passado foi a condição necessária à expansão do capitalismo global:

> o dispositivo teórico da Economia Política [...] é o de abolir tudo o que, nos costumes, nos hábitos e nas leis existentes, seja obstáculo ao 'jogo natural' do mercado, isto é, a seu funcionamento sem entraves nem tempos mortos, [...] cuja validade teórica e prática depende da propensão real dos indivíduos para funcionarem como a teoria exige [...], a saber, sem filiação, sem pertencimentos ou enraizamento[49].

Submetidas a metamorfoses constantes, formas de vida perdem sua característica de proteção. Essas mudanças são agora recepcionadas como "aptidão para romper, imediatamente e sem remorsos, todos os laços que podem unir um homem a um lugar, a uma cultura e a outros seres humanos [...]. A incapacidade de amar e as disposições à ingratidão são a própria essência do que se entende por liberdade"[50].

---

48. Cf. Paulo Eduardo Arantes, *O novo tempo do mundo*, São Paulo: Boitempo, 2014, p 182.
49. Jean-Claude Michéa, *op cit*, pp. 21-3. Pertencer significa reconhecer-se com referência a limites no interior dos quais se fazem experiências e se formam identidades.
50. *Ibid.*, p. 22. Em seu livro *Une Question de taille*, Olivier Rey enfatiza a condição da sociedade de massa, em que a dimensão das cidades anula os laços de interdependência, de pertencimento e de bem comum, não apenas por questão numérica, mas pela ausência da ideia de proporção das necessidades do homem. Também Pasolini, analisando o "genocídio cultural" dos operários italianos que tinham sua cultura própria e sua maneira de julgar a realidade, observa que nela se reconheciam e se sentiam bem. A inveja e o ressentimento não tinham incidência sobre eles, tampouco a violência social era disseminada: "eles foram metodicamente destruídos e aburguesados. Sua conotação de classe é agora puramente econômica e não mais igualmente cultural. A cultura das classes populares quase não existe mais: só existe a economia das classes subalternas [...]. A atroz infelicidade ou a agressividade criminosa dos jovens proletários e subproletários provêm justamente do desequilíbrio entre cultura e condição econômica". (Pier Paolo Pasolini, *Lettere luterane*, Torino: Einaudi, 1976, p. 210.)

A indústria da obsolescência dos saberes e de valores não corresponde mais a transformações que ocorrem com o tempo, pois agora seu ritmo é imposto unicamente pela tecnologia e pela circulação e a acumulação do capital, o que marca a diferença entre uma cultura e uma moda:

> Uma cultura certamente sempre está em evolução, pelo menos enquanto ela está viva. Mas esta evolução se opera em um ritmo que confere a esta cultura [...] uma estrutura necessariamente transgeracional, porque significa que ela define sempre um espaço comum a diversas gerações e autoriza, assim, entre outras consequências, o encontro e a comunicação dos jovens e dos velhos [...]. A moda é, ao contrário, um dispositivo intrageracional cuja renovação incessante obedece antes de tudo a considerações econômicas. Organizar a confusão sistemática entre, por um lado, as culturas duráveis que os povos criam, com seu rimo próprio, e por outro, as modas passageiras impostas pelas estratégias industriais, constitui uma das operações de base do entretenimento [*tyttainment*][51].

Nessa perspectiva, Benjamin encontrava na poética de Baudelaire o diagnóstico da inadaptação ao mundo como um estado traumático e patológico, com o *spleen* como "mímesis da morte"[52]. O trauma inibe a experiência, dissipando o "escudo defensivo da consciência", ausentando-nos, com violência, de nós mesmos. Por isso, ao analisá-lo, Freud referia-se ao *Nebenmensch*[53], o próximo, o semelhante que seria objeto de reconhecimento quando protetor, mas que, irrompendo subitamente como estranho e hostil, irredutivelmente exterior e ameaçador, impossibilita qualquer forma de compreensão, conformando uma alteridade radical e um corpo estranho inassimiláveis no interior do sujeito. Como perigo angustiante, não se sabe em que momento nos atingirá aquilo de que nada poderia ser a medida, aquilo a que seria impossível restituir a forma:

---

51. Jean-Claude Michéa, *op. cit*, nota, p. 106-7.
52. Walter Benjamin, *Charles Baudelaire, un poète lyrique à l'apogée du capitalisme*. Tradução de Jean Lacoste. Paris: Payot et Rivages, 2002, p. 123.
53. Cf. Sigmund Freud, *Para além do princípio do prazer*. Tradução de Paulo César Souza. São Paulo: Companhia das Letras, *op cit*. p. 56. Cf. também Simon Critchley, "Das Ding: Lacan and Levinas", *Research in Phenomenology* 28, 1998.

[...] este Outro inassimilável não pode ser [objeto de resiliência], pois arrisca sempre surpreender de novo e nos precipitar do alto de sua aparição, deixando-me sem defesa. O que causa o trauma é a alteridade absoluta, para além de qualquer inter-subjetividade [...]. Ela marca a ausência de proteção e abrigo, pois a aparição do Outro precede o ato de visá-lo, já que ele não se deixa preceder por nenhum sinal precursor, surpreendendo sem que se tenha tempo de se proteger"[54].

Na condição de puro objeto sem defesa, o Outro é capaz de nos ferir em nossa extrema vulnerabilidade, expondo-nos à ferida, determinando um estado de passividade análogo a uma presa imobilizada pelo medo, privando-nos da atividade de pensar. Por isso, Horkheimer e Adorno observam que o encontro com o inassimilável paralisa o pensamento:

> O símbolo da inteligência é a antena do caracol [...]. Diante de um obstáculo, a antena é imediatamente retirada para o abrigo protetor do corpo, ela se identifica de novo com o todo e só muito hesitantemente ousará sair de novo como um órgão independente. Se o perigo ainda estiver presente, ela desaparecerá de novo, e a distância até a repetição da tentativa aumentará. Em seus começos, a vida intelectual é infinitamente delicada [...]. O corpo é paralisado pelo ferimento físico, o espírito, pelo medo[55].

Medo e angústia fazem retornar

[...] o reino das emoções primárias, do culto dos ídolos, uma situação propícia a manipulações e demagogia [...]. Essa situação de mudanças generalizadas e de perda de legitimidade, ou de legitimidade incerta das instituições, induz a uma ansiedade generalizada no "inconsciente coletivo" das populações. Essa ansiedade provoca uma regressão psicológica para posições paranoides, arcaicas. [...] – ideologias e doutrinas maniqueístas –, políticas de reivindicação, de vingança e até mesmo de

---

54. Muriel Salmona, *in*: Susette Boon, Kathy Steele, Onno van der Hart (orgs.), *Gérer la Dissociation d'origine traumatique*. Tradução de Manoëlle Hopchet *et al*. Louvain: De Boeck Supérieur, 2017, p. 12.
55. Theodor W. Adorno; Max Horkheimer, *Dialética do esclarecimento*, Rio de Janeiro: Jorge Zahar, 1992, p 239.

extermínio. [...] Esse fenômeno propriamente falando é anormal, assinala a entrada no que é legítimo denominar uma patologia social"[56].

Se o "trauma" é, como observa Lévinas, "o que afeta imediatamente sem a mediação do *logos*"[57], sua contrapartida é a arte de narrar, que não significa apenas assenhorar-se de experiências terríveis e primordiais por seu amortecimento gradual, mas, também, saborear repetidamente, de modo mais intenso, as vitórias sobre o medo: "o adulto alivia o coração do medo e goza duplamente sua felicidade quando narra sua experiência"[58]. Quando, porém, Benjamin analisa o narrar e o aconselhar, observa-se que, se "conselho" e "sabedoria" declinam na contemporaneidade, é para significar que a narrativa está em extinção, mas não extinta. Por isso Scholem, em sua *História de uma amizade*, transcreve, em uma carta a Benjamin, uma narrativa da mística judaica:

> Quando El Baal tinha uma tarefa difícil diante de si, ele se dirigia a certo lugar nos bosques, acendia um fogo e meditava orando e encontrava a solução. Quando, uma geração mais tarde, o *maggid*[59] de Meseritz se viu diante da mesma tarefa, foi para o mesmo lugar nos bosques e disse: "Nós não podemos mais acender o fogo, mas podemos ainda dizer as preces" – e o que ele desejava fazer tornava-se realidade. Novamente, uma geração depois, Rabbi Moshe Leib de Sassov teve de realizar a mesma tarefa. Ele também foi para os bosques e disse: "nós não podemos mais acender um fogo e nós não conhecemos mais as meditações secretas que estão nas orações, mas conhecemos lugar nos bosques onde isso se passava, isso deve bastar". E bastava. Mas, quando mais uma geração passou, e Rabbi Israel de Rishin, convidado a realizar a mesma tarefa, sentou-se em sua poltrona dourada em seu castelo, ele disse: "Nós não podemos mais acender o fogo, nós não podemos mais fazer as preces, nós não sabemos mais o lugar, mas nós podemos contar [essa história], e isso [já é uma história]"[60].

---

56. Cf. Max Pagès, "Massification, regression, violence dans la société contemporaine", *in*: Nicole Aubert (org.), *L'individu hyper-moderne*, Paris: Erès, 2004, pp. 233-6.
57. Cf. Claude Lévinas, *Autrement qu'être ou au-delà de l'essence*, Paris: PUF, 1978, p. 175).
58. Walter Benjamin, "Brinquedo, brincadeira", *in*: *Obras Escolhidas I, op. cit.*, p. 253.
59. *Maggid*: pregador judeu itinerante.
60. Cf. Gershom Scholem *apud* Giorgio Agamben, *Il fuoco e il racconto*, Roma: Nottetempo, 2014, pp. 7-8.

É possível uma gestão das paixões políticas em sociedades fragmentadas com tendência fascistizante?[1]
Eugène Enriquez

Em 1983 foi lançado na Suíça, pelas Éditions L'Âge d'Homme, um livro de Pierre Ansart, *La Gestion des passions politiques*. Esse livro é agora traduzido no Brasil, aos cuidados de sociólogos e especialistas de ciências políticas[2] que conheceram bem esse sociólogo e tiveram o prazer de trabalhar com ele.

Esse trabalho, de um universitário francês dotado então de boa reputação em seu país (o que é importante sublinhar por ser relativamente raro, tendo em vista que os vários grupos de sociólogos formam verdadeiras *panelinhas antagônicas*), teve certa repercussão no meio acadêmico e foi apreciado em seu justo valor por alguns de seus colegas e amigos, dos quais fazíamos parte, mas certamente teve muito menos sucesso e impacto que seu livro anterior, *Idéologies, conflits et pouvoir* [Ideologias, conflitos e poder], publicado alguns anos antes na França pela PUF (Presses Universitaires de France). Duas razões me parecem explicar o menor interesse suscitado por este novo livro. A primeira é de circunstância: as edições da suíça L'Âge d'Homme têm menor distribuição na França que as edições da PUF. Estas gozam de grande reputação no meio universitário, não apenas por publicarem os *Cahiers Internationaux de Sociologie*, mas também por lançar grandes livros de sociólogos internacionais em

---
1. Tradução: Paulo Neves.
2. Pierre Ansart, *A gestão das paixões políticas*. Tradução de Jacy Seixas. Curitiba: UFPR, 2019.

uma coleção dirigida, na época, por aquele que é considerado o grande mestre da sociologia francesa, conhecido no mundo todo, o sociólogo de origem russa Georges Gurvitch.

A segunda razão é de fundo: o tema "Ideologias, conflitos e poder" é normal e constantemente explorado pela maior parte dos sociólogos que se interessam pelo domínio político. Ao contrário, o das "paixões políticas" parece *a priori* fora das preocupações centrais dos sociólogos. Com efeito, os sociólogos, em sua grande maioria e em sua cegueira diante de um domínio que lhes parece pertencer à psicologia (e em particular à *psicologia dos povos*, que, com ou sem razão, tem má reputação na França, pois tende a essencializar o estilo de comportamento de cada nação), não quiseram se confrontar com esse campo das "paixões políticas", que lhes parece escapar a toda análise objetiva, a toda medida, e que "cheira a enxofre".

De fato, como reconhece o próprio Ansart já nas primeiras linhas de seu livro,

> a dimensão afetiva da vida política, os sentimentos comuns, as paixões coletivas que acompanham as práticas políticas, constituem um domínio de dificuldades, quando não de desafios para o conhecimento. Pois como compreender e explicar a intensidade de uma emoção coletiva e suas consequências, a persistência de um apego, a violência de um amor ou de um ódio político?

Assim, Pierre Ansart se dá conta da originalidade da própria iniciativa, que visa fazer entrar o reino dos sentimentos (e mesmo das paixões) nos estudos sociológicos. Se acrescentarmos o fato de que, entre os autores de referência por ele convocados, encontra-se um psicanalista, e não dos menores – trata-se do próprio Freud –, pode-se compreender que na França daquela época, em que os sociólogos oscilavam entre o "durkheimismo" mais estreito (que desnatura completamente o projeto de Durkheim) e o "individualismo metodológico" proposto por Raymond Boudon, o trabalho de Ansart tenha sido visto como marginal e até mesmo como escandaloso. Isso não acontece mais após o desenvolvimento de uma "sociologia clínica", mas, na época, praticamente apenas Roger Bastide – bem conhecido dos brasileiros, pois viveu por muito tempo por aqui, onde escreveu uma parte essencial de sua obra – teve a coragem de escrever um livro inteiro sobre "sociologia e psicanálise".

De qualquer maneira, a partir da publicação do livro de Ansart, perspectivas novas passaram a ter direito de cidadania nos trabalhos dos sociólogos. Aos poucos começou a surgir uma "sociologia clínica", ou seja, uma sociologia dos sentimentos, das paixões, das pulsões, das identificações, das projeções etc., que antes nunca fora aceita. A partir de 1983, vários livros de sociologia mostraram a fecundidade de uma abordagem multidisciplinar nas ciências da sociedade. Alguns anos mais tarde, Ansart pôde completar seu livro com um novo, do mesmo estilo, *Les Cliniciens des passions politiques* [Os clínicos das paixões políticas]. Psicanalistas e psicossociólogos, por sua vez, como fizera na Alemanha a escola de Frankfurt (Horkheimer, Adorno...), puseram-se a examinar os fenômenos da sociedade.

Esse movimento não desapareceu; ao contrário, a sociologia clínica atualmente se desenvolve e começa a ser estudada nas universidades. O problema não está mais aí, mas se tornou bem mais grave: é a sociedade (ou as sociedades) que Ansart e outros psicossociólogos ou sociólogos clínicos analisavam que tende a desaparecer parcialmente em nossos dias.

Com efeito, o estudo dos sentimentos políticos só é realmente possível em uma sociedade que esteja sempre em movimento (isso se aplica a todas as sociedades, mesmo aquelas rotuladas de "arcaicas"), mas, apesar disso, que seja relativamente estável. Uma sociedade democrática dividida em classes sociais, nas quais os cidadãos são conservadores ou progressistas, de direita ou de esquerda, liberais ou socialistas, reformadores ou revolucionários, crentes ou laicos etc., na qual, em suma, como bem disse Claude Lefort, os homens (e as mulheres) lutam para ocupar por um tempo o "lugar vazio" do poder.

Nossa sociedade atual, que mudou profundamente desde os anos 1990, não corresponde a essas clivagens que por muito tempo estruturaram e definiram desafios bastante claros. O que aconteceu com ela? É o que vamos tentar compreender agora, a partir de questionamentos que qualquer um pode fazer: será que as paixões políticas, baseadas em escolhas precisas, evidentes, continuam a existir em um mundo cada vez mais obcecado pelas catástrofes que lhe predizem nossos atuais futurólogos? Manifestam-se essas paixões da mesma maneira? É possível ainda administrá-las ou simplesmente suportá-las? Tais questões não podiam ser formuladas nem por Ansart nem por outros sociólogos clínicos, pois elas não se exprimiam naquela realidade cotidiana, nem naquela maneira de explorar os problemas. Felizmente, sociólogo não é adivinho nem profeta. Mas nós, que ainda estamos vivos em 2019, não podemos evitar essas questões (a não ser que prefiramos a cegueira), pois agora elas se apresentam a todos com força, a cada dia, e somos obrigados a levá-las em conta se quisermos continuar a exercer nossa função e nossa missão.

Entre o conjunto das características de nossas sociedades atuais, eis as que nos parecem centrais:

1) A invenção do indivíduo "rei", provido de um "ego grandioso" (O. Kernberg), e a importância adquirida pelo movimento politicamente correto;
2) O desenvolvimento da eletrônica, das redes sociais, que provocaram o desenvolvimento do desprezo e do ódio, bem como o da vigilância generalizada;
3) O apagamento progressivo daquilo que Freud chamava de *Kulturarbeit* ("trabalho da cultura", em tradução aproximada, pois não há tradução exata para o termo) e a impossibilidade de constituição de uma "garantia transcendente";
4) Esse conjunto provoca a *edificação* (usando-se o termo, naturalmente, de forma irônica) de um mundo de tipo sádico (e não apenas sadiano – insistiremos na oposição fundamental entre esses dois termos), no qual cada um tende a se tornar *homo hominis lupus* [homem lobo do homem]; tende a não ser mais *sujeito*, mas simples membro de uma sociedade do consumo e do espetáculo (esses dois termos, bastante utilizados, nada perderam de sua força corrosiva), e um artífice consciencioso da "pulsão de morte", rebatizada com razão há alguns anos, pela psicanalista francesa Nathalie Zaltzman, de "o espírito do mal".

Comecemos então nosso penoso périplo, conservando sempre, apesar de tudo, uma distância heurística do que colocamos em evidência, pois, afinal, "o pior nem sempre é certo" e, como disse com força Nietzsche, "é preciso o caos dentro de si para dar à luz (nós acrescentaríamos: "talvez") uma estrela que dança."

1. O INDIVÍDUO REI E O POLITICAMENTE CORRETO

O desenvolvimento do capitalismo, a instauração progressiva de um liberalismo organizado conforme as teorias de Friedrich von Hayek ou de Walter Eucken (e não mais o liberalismo da "mão invisível do mercado", como o imaginavam os liberais do século XVIII), já havia conferido, ao longo do século XIX, um poder exorbitante e uma estatura exagerada a cada indivíduo. Basta lembrar o que escrevia Benjamin Constant, o liberal francês, a propósito da diferença entre a liberdade dos antigos (isto é, os gregos) e a liberdade dos modernos. Para Constant, se a liberdade dos antigos era a possibilidade para o cidadão de elaborar e de promulgar as leis da cidade, a liberdade dos modernos consistia em poderem conduzir os próprios negócios preocupando-se apenas com os próprios interesses privados, sem que os poderes públicos lhes pudessem restringir as possibilidades de ação, ou então fazendo que esses mesmos poderes lhes facilitassem (criando uma legislação que lhes fosse favorável) as iniciativas. Assim podia se desenvolver o "doce comércio" caro a Montesquieu, que deveria impedir as guerras entre os indivíduos e entre as nações. Sabemos o que resulta dessa fórmula agradável mas terrivelmente ingênua.

O capitalismo organizado, mais consciente das implicações possíveis da animosidade entre as nações (lembrando a "escalada aos extremos" que resultou na carnificina da guerra de 1914-1918), abandonou esse simplismo e esse otimismo e fez, após a Segunda Guerra Mundial, a organização progressiva das nações europeias e de outras nações (por exemplo, a OMC, Organização Mundial do Comércio), sob a égide dos Estados Unidos, criar estruturas que permitissem uma troca generalizada sem guerra, bem como a promoção de um indivíduo que, nos negócios, tomasse as decisões mais racionais possíveis (a racionalidade sendo sempre limitada, como mostrou Herbert A. Simon, Prêmio Nobel de Economia).

No entanto, o sucesso do capitalismo organizado não pôde impedir que o grande vencedor da Segunda Guerra fosse a União Soviética, cuja doutrina econômica e política era o comunismo tal como fora progressivamente instaurado por Stálin. O mundo, portanto, não estava unificado: o indivíduo liberal (ou mais ou menos liberal) continuava acantonado em países sob a proteção dos Estados Unidos, e nessas condições permanecia, sob ameaça da possibilidade de uma guerra nuclear, até o dia em que o improvável aconteceu (comprovando assim o conhecido provérbio: "o inesperado sempre acontece"): em novembro de 1989, caiu o muro de Berlim erigido pelos soviéticos.

Essa queda – seguida, após alguns anos, pelo desmoronamento e o desaparecimento da União Soviética (que praticamente ninguém, mesmo entre os analistas políticos mais perspicazes, havia previsto); pela criação de uma federação da Rússia a partir da reunião de territórios que não desejavam independência (entre eles, o Cazaquistão); pela reunificação da Alemanha, com Berlim como capital; pela multiplicação de nações novamente independentes (resultante das lutas de libertação nacional que puseram abaixo os impérios britânico, francês, português, holandês, italiano etc.) – deu a ilusão, no final do último século, de que o mundo havia enfim exorcizado a ameaça (real ou imaginária, os especialistas continuam divididos a esse respeito) do totalitarismo soviético e de uma terceira guerra mundial. A ilusão de que o mundo marchava para o liberalismo político e econômico e para o "fim da história", para falar como Fukuyama, e reconhecia em cada indivíduo um ser autônomo e por isso capaz de falar em seu próprio nome, e não um ser condenado a um campo de extermínio ou ao *gulag*.

O indivíduo torna-se não apenas autônomo: na maior parte do tempo, torna-se também, e sobretudo, um ser independente, provido de um "ego grandioso". A diferença entre autonomia e independência não é apenas terminológica, ela é de substância. Um ser autônomo (ou que constrói progressivamente sua autonomia, objetivo jamais completamente alcançado, como mostrou Castoriadis) é aquele que toma as decisões mais racionais e, ao mesmo tempo, as mais psiquicamente motivadas. Em outras palavras: é um indivíduo que sabe que não é somente um cérebro, mas que busca ter um conhecimento íntimo de si (de seu "foro íntimo"), e também se sente ligado a grupos de pertencimento e de referência (nacionais, religiosos, familiares...) com os quais teceu numerosos vínculos que fazem dele um ser humano – sendo o humano caracterizado pela capacidade de se conceber como um conjunto intersubjetivo que evolui ao longo da vida graças a tudo aquilo, não necessariamente admitido, que recebe dos outros, como várias vezes sublinharam Freud e outros psicanalistas, mas também psicossociólogos e "sociólogos clínicos".

Já o indivíduo independente (como analisou de maneira muito fina Florence Giust-Desprairies) é algo bem distinto. Ele se vê, como o Alexandre da peça de Corneille, "senhor de si e do universo" (mesmo se ocupa no sistema social uma posição menor). Julga que todas as decisões que toma são boas porque são o produto de sua atividade racional, isto é, são o reflexo apenas de sua vontade. Não se sente ligado aos outros, é indiferente aos processos psíquicos (que, no entanto, o animam), aos quais mostra o maior desprezo. Assim, o outro é somente um parceiro diminuído, quando não se torna, ao contrariar suas ações, um adversário ou mesmo um inimigo. Encerrado em si, seguro de si, desprezando os outros (mesmo se finge escutá-los), esse indivíduo quer continuamente se superar, ser mais belo, mais forte. Em resumo: mais performático.

Nossa sociedade atual é mais "apaixonada" por indivíduos independentes que por indivíduos autônomos, pois o independente é particularmente sensível – poderíamos mesmo dizer "submisso" – à publicidade. Ele comprará então todos os produtos que, do ponto de vista dele, têm a virtude de torná-lo um ser invejado pelos outros, pois saberá melhor que eles, graças à panóplia de "utensílios" que o mercado dos bens e dos serviços lhe oferece, mostrar força, vontade, tenacidade, em suma, sua *resiliência*. Ele se tornará também, segundo a expressão de um político francês, "um líder", como entre os alpinistas, e permitirá aos outros, seguidores menores, imitá-lo, pois é o melhor, mas nunca ultrapassá-lo, pois ele sabe "se superar" a cada dia.

Esse retrato do indivíduo independente que acabamos de traçar pode parecer caricatural. Mas infelizmente está muito próximo da verdade. Encontramos diariamente, e cada vez mais, indivíduos tomados do que ainda há pouco se chamava "mania de grandeza", incapazes de ver aquilo que se tornaram: narcisos insuportáveis que, como Narciso, arriscam-se a se afogar um dia no espelho elogioso que forjaram de si mesmos.

No entanto, uma crítica nos pode ser feita, e que aceitamos de bom grado. De fato, de uns anos para cá o indivíduo perfeitamente racional que descrevemos não é mais o único. Ao lado dele aparece um indivíduo independente que sabe exprimir as próprias paixões, que não tem mais a obrigação de ser unicamente racional. Ao contrário, pode deixar falar os próprios sentimentos, as próprias emoções, mas com uma condição: a de saber controlá-las por diferentes técnicas, mais ou menos inspiradas em certa psicologia, em particular a da inteligência emocional. Os indivíduos independentes aprendem assim a ter mais empatia, a saber escutar mais os outros. Mas sempre para poder manipular melhor as próprias paixões, os próprios sentimentos, e para compreender melhor como os outros funcionam, a fim de saber melhor guiá-los ou submetê-los. Portanto nunca se trata de uma experiência aprofundada da vida interior. Conta apenas um controle mais completo de si e da psique de outrem.

Desse modo, cada um tem o direito de fazer o que quiser (com a condição de não invadir "de maneira visível" a liberdade de outrem) e de dizer, não importando em que circunstância, o que lhe agrada. O indivíduo autônomo (ou que tende mais para a autonomia, como indicamos) convive com o indivíduo independente totalmente racional e o indivíduo da "inteligência emocional". Todos têm hoje direito à cidadania, pois em realidade há somente uma paixão política: a paixão pela liberdade individual. Em contraposição, a igualdade ou a fraternidade não são particularmente buscadas, pois elas se opõem, apesar da divisa republicana francesa, ao reinado incontestado da liberdade.

E o Estado? O que ele se torna nesse momento? Bem, como já haviam pregado os liberais, ele deveria ser o mais leve, o menos coercitivo possível, e favorecer a liberdade de falar e agir, oferecendo a cada um a possibilidade de ser o empreendedor da própria vida e de satisfazer assim os próprios "interesses privados".

É verdade que essa visão em toda a sua amplitude foi um pouco modificada pelo aparecimento de um terrorismo vindo do Oriente. O movimento Al Qaeda e, a seguir, a formação de um Estado Islâmico que reinventou o califado e pregou a *jihad* [guerra santa] obrigaram as nações ocidentais a reagir no plano militar. Mas nem por isso a ideologia individualista desapareceu. Embora o Estado continue a assumir suas funções régias, em particular a de fazer a guerra, se esta é (ou parece ser) necessária, e proteger os cidadãos, ele deve agir como um "Estado mínimo" no que concerne a suas outras funções, deixando ao cidadão-rei o direito (ou quase se pode dizer: o dever) de comportar-se como quiser, certamente dentro dos limites de uma lei, mas que lhe é sempre favorável.

Portanto, o aparecimento e o desenvolvimento do terrorismo não foram capazes de frear a primazia do indivíduo sobre o coletivo. A liberdade de expressão continua a existir, só que as nações foram aos poucos percebendo que essa possibilidade podia ter consequências desastrosas para a manutenção de um vínculo social forte, necessário (ao menos teoricamente) para a coesão e também para o dinamismo de qualquer sociedade que queira não apenas suportar, mas construir seu destino.

Com efeito, os seres humanos não são rousseauístas (não nasceram bons e não foram deteriorados, aviltados pela ação da sociedade). Entre suas pulsões, eles devem contar com uma que se opõe à pulsão de vida (à empatia, à simpatia, à compreensão dos outros) e que Freud chamou de pulsão de morte, acompanhada de seus diversos avatares. Aliás, Freud demonstrou que na criança o ódio preexiste ao amor. E mesmo aqueles pouco sensíveis à mensagem freudiana não podem negar a existência de uma violência organizadora entre os homens, que provoca, desde o início da humanidade, violência e destruição mútua. *"Homo hominis lupus"* não é só uma expressão desiludida da língua latina, ela designa um modo de relação entre os seres humanos que em última instância todos reconhecem, a não ser um santo ou um pobre de espírito, e isso faz cada um de nós ver no outro não só um companheiro ou um amigo possível, mas também seu possível perseguidor ou destruidor.

Assim, se os homens têm o direito de falar livremente, se eles podem dizer e exprimir não só sentimentos positivos, mas também os negativos, acerbos e hostis, o que seria de uma sociedade em que cada um pudesse dizer o que pensa do outro? Lewis Carroll, em sua grande sabedoria, previu isso: seria um mundo da suspeita generalizada ou da guerra declarada.

É verdade que os homens há muito se deram conta dessa possibilidade negativa. E a suspeita, o temor aos outros, o desprezo a alguns, a violência contra outros não esperaram nem Freud nem Marx para se tornar elementos centrais das relações entre os humanos. Mas o que foi que aconteceu recentemente e mudou essa situação? Foi o aparecimento de duas palavras, revolucionárias quando coladas uma à outra: *politicamente correto*.

Durante muito tempo, ninguém foi obrigado a falar corretamente daqueles de quem não gostava. O famoso chefe romano Coriolano, de quem Shakespeare nos deixou uma imagem luminosa, detestava a plebe e, embora esta possuísse os direitos da época da república, ele nunca deixou de tentar humilhá-la e fazê-la viver no estado mais indigno. E, quando foi desaprovado por Roma, em vez de aceitar a posição de seus compatriotas, decidiu combatê-los. Somente a palavra dele importava, a ação dele era a correta, ele não podia conceber outra.

Tudo foi mudando aos poucos. Os países colonizados (diretamente ou de maneira enviesada e econômica), depois de lutas encarniçadas contra seus antigos senhores (como na guerra da Indochina), foram aos poucos se libertando e se tornando independentes, mais ou menos senhores do próprio destino.

Em muitos países, os indivíduos minoritários, ou tratados como minorias apenas toleradas em maior ou menor grau, tinham poucos direitos, como no caso dos negros nos estados do sul dos Estados Unidos. Um povo como o judeu, minoritário em todos os países da diáspora, perseguido, linchado e morto em múltiplos *pogroms* movidos por acusações monstruosas, buscou refúgio em países onde acreditava ser relativamente bem-aceito. Mais recentemente, homossexuais, homens ou mulheres, transgêneros e não binários, têm sido hostilizados, expulsos e massacrados em diversos territórios. No momento atual, minorias da Birmânia e da China são perseguidas ou liquidadas sem que muita gente reaja, embora a imprensa internacional noticie a situação.

Percebemos com assombro, e de maneira cada vez mais nítida, que um único tipo humano é considerado hoje preeminente: o homem branco, de origem anglo-saxã ou nórdica. Em muitos países, mulheres lésbicas e transgêneros continuam sendo vistos como a "parte menos interessante da humanidade" (é o que escrevia o nosso grande sociólogo Émile Durkheim em seu livro *O suicídio no final do século XIX*!). As pessoas com deficiência, as pessoas idosas (cujo número, com os progressos da medicina, aumenta a cada ano), os jovens inadaptados, os migrantes etc., vivem em situações degradadas. No fim das contas, 90% dos indivíduos do planeta vivem em situação de minoria e têm pouco direito à palavra.

E foi por isso que o politicamente correto se impôs; em vez de se calarem, como de hábito, eles resistem, se rebelam, e os dominantes são obrigados a dar-lhes algum espaço. De que maneira? Adotando uma linguagem, um modo de falar, uma atitude mais respeitosa para com a esses grupos, a fim de que não se sintam mais desprezados e rejeitados. Assim, nos Estados Unidos e em outros países, não se dirá mais de alguém negro que ele é um *nigger* [termo ofensivo nos EUA], mas, sim *afroamericano*.

Um homossexual será qualificado de *gay*. Um judeu não será chamado de *judeuzinho*, mas de indivíduo de confissão israelita etc.

Não são apenas os grupos confessionais ou raciais que são tratados, na linguagem, de maneira mais aceitável pelos interessados. Isso vale também para grupos profissionais. Assim, os antigos "varredores" tornam-se "garis", as "datilógrafas" (quando ainda existem) são "colaboradoras experientes". É o reinado da eufemização das relações humanas.

Continuam existindo, na alta sociedade, regras mínimas de cortesia. Os manuais de boa conduta sempre existiram, e Norbert Elias soube servir-se deles e interpretá-los sociologicamente. Mas eles não tinham esse valor prescritivo, imperativo, que passa a regular as relações humanas. Um superior não devia ser *muito* condescendente com um "inferior" (um subalterno); devia ficar ao lado dos "senhores" quando se dirigia aos servidores. Agora a sociedade deve ser "nivelada", cada um deve falar ao outro, seja quem for, de maneira respeitosa. A sociedade inteira deve se comportar de maneira correta, "decente", como disse George Orwell, propondo assim um termo muito utilizado atualmente. Com isso, todos podem ter a impressão de ser respeitados, julgados em seu justo valor, ou mesmo compreendidos e estimados. É o reinado da hipocrisia: não sabemos mais se estamos diante de um inimigo potencial ou de um interlocutor simpático com o qual podemos ter relação cortês e positiva.

Esse modo de travestir, de colocar a palavra em surdina, foi primeiro exercido, antes de se generalizar, nos *campi* norte-americanos, lugar de certo grau de *melting pot* [mescla de culturas], onde havia o risco, sem essas medidas restritivas, de se ouvir diariamente palavras chocantes ou ser o objeto de comportamentos inadequados. Com efeito, o politicamente correto não funciona apenas no nível da fala (sabemos desde sempre da capacidade mortífera contida em toda linguagem, ainda que, a nosso ver, Roland Barthes tenha exagerado ao dizer que toda linguagem é fascista), mas também nos atos e comportamentos. O movimento feminista Me Too insistiu neste ponto: "As mulheres não devem ser importunadas".

Podem-se compreender bem essas interdições e limitações porque elas preservam um mínimo de vínculo social positivo, de querer viver junto, de fazer sociedade. Mas quem não percebe que a obrigação de exprimir apenas sentimentos com conotação positiva, de utilizar apenas uma linguagem edulcorada, tem por consequência um recalque e até mesmo uma repressão generalizada de todas as paixões "más", de todas as paixões disruptivas? Ora, se essas paixões são fortes e exigentes, se elas correspondem ao que o indivíduo sente, ele vai querer exprimi-las. E chegará o dia do retorno do recalcado, do fim da repressão, em que as palavras e os atos cuidadosamente guardados transbordarão violentamente na cena social.

O politicamente correto terá então um efeito inesperado (os economistas liberais costumam qualificá-lo de "perverso", pois será contrário e muitas vezes contraditório em relação ao objetivo buscado racionalmente) de "desapaixonar" as relações humanas e sociais. Se a expressão das paixões e dos sentimentos for interditada, mas também se estes puderem um dia romper o obstáculo do recalque, então não haverá mais, nem no primeiro nem no segundo caso, a possibilidade de estabelecer métodos de gestão das paixões. Se tal programa se realizasse, todos seriam obrigados, de um modo ou de outro, a mentir ou a mentir para si mesmo. Ninguém saberia exatamente o que deve ou pode dizer, pois as prescrições tendem a ser cada vez mais rígidas para tentar conter as paixões "más". A palavra verdadeira, tão difícil de emitir, necessária para haver um vínculo social relativamente apaziguado ("relativamente" porque o vínculo social se dá no curso de milhares de interações e inter-relações que se produzem todos os dias, em um "tumulto semelhante ao silêncio", como diz um verso de Paul Valéry[3] que exprime a ambiguidade e a ambivalência de toda relação), corre o risco de desaparecer ou pelo menos de se tornar extremamente rara. E os indivíduos livres, os "super-reis", seriam submetidos então, sem saber nem querer, a uma palavra que chamamos, já em 1996, de palavra em liberdade vigiada.

No final das contas, o politicamente correto ameaça contaminar todas as relações e transformar os indivíduos em atores de um papel que não escreveram, que os afasta de si mesmos e não permite a menor gestão das paixões, muito pelo contrário!

2. O DESENVOLVIMENTO DA ELETRÔNICA E DAS REDES SOCIAIS

O novo reinado da eletrônica não se resume à instalação e ao crescimento das redes sociais. Ele tem sua lógica própria, que objetiva:

---

3. No poema "O cemitério marinho". (N.T.)

"reconhecer e explorar a Terra inteira e fazer os acontecimentos mais distantes serem conhecidos na mesma hora", como profetizava justamente Paul Valéry em texto de 1919; permitir que milhares de pessoas se sirvam de uma série de aplicativos, muito úteis e sempre em expansão; não mais (ou quase não mais) utilizar dinheiro em espécie; desenvolver o reconhecimento facial e vigiar os movimentos de populações, o que permite às autoridades reagir à menor manifestação. Ele transforma o mundo em uma rede (ou em várias redes) de relações que não cessa de crescer. Em outras palavras, ele "encurta" o mundo, que parece ao alcance da mão ou, mais exatamente, da boca, dos ouvidos e dos olhos. Antes (ainda há cerca de 50 anos) tínhamos de explorar o planeta para conhecê-lo; agora ele se oferece em nossos apartamentos, bastando clicar um aparelho de preço razoável. A "viagem em volta do meu quarto" de Xavier de Maistre virou uma viagem por um mundo que aparece tão logo se queira. O indivíduo se sente cada vez mais o "senhor do universo" e espera com impaciência a próxima invenção técnica.

Detenhamos essa enumeração, que poderia ser infinita – pois omitimos os progressos na medicina, as viagens e o conhecimento de outros planetas etc. Limitemo-nos à criação de redes sociais, como o Facebook, a mais conhecida e emblemática de todas. Sublinhemos de saída o que nos parece essencial: essa rede (enorme, com mais de dois bilhões de usuários!) favorece a criação de amigos distantes e, sobretudo, põe em estreita relação unicamente indivíduos com chances de pensar e agir da mesma maneira.

Esse ponto é essencial. Se o Facebook nos permitisse fazer amigos diferentes, que têm pensamento próprio, que podem realmente conversar ou mesmo discutir conosco, seríamos levados a formar grupos vivos, contrastados, inovadores, seríamos levados a nos propor questões e a mudar. Mas não é o que acontece. O objetivo buscado é, ao contrário, criar comunidades de amigos, de indivíduos que querem se assemelhar o máximo possível entre si e que são satisfeitos com sua semelhança.

Tais pessoas não causam medo. Ao contrário: nós as amamos, lhes queremos bem, voltamos a procurá-las... e nos espantamos com a semelhança (na verdade provocada pela maneira como é construída a rede) das opiniões emitidas. "Um grande amigo é uma coisa doce", diz o provérbio. Que delícia, então, quando os "amigos" se contam às centenas e aos milhares! Mas quem diz "amigo" pensa também, imediatamente, no outro, no possível mal, no inimigo. Não foi à toa que um jurista como Carl Schmitt, o preferido de Hitler, construiu toda a sua reflexão sobre o poder político em torno da oposição frontal amigo-inimigo.

Nessas condições, parece perfeitamente normal que um usuário do Facebook, que tem tantos amigos, passe a ter também outro tanto de inimigos. Mas vamos com calma. Se ele tem tantos amigos, é também porque precisou antes se curvar ao politicamente correto. E aí tudo fica claro. O indivíduo que precisou recalcar suas paixões, suas emoções, suas pulsões inquietantes e más, que precisou colocá-las fora da lei, fora de si mesmo, de repente explode. É o retorno do recalcado, o fim das inibições, da repressão social. O "indivíduo-Facebook", anônimo, vai então, nesse momento, não apenas contar seus amigos, mas se comprazer em inventar inimigos que vai ameaçar, perseguir, tratar como criaturas ridículas ou abjetas. Sentirá então um prazer imenso, o de fazer mal, o de lançar talvez ao suicídio ou à loucura alguém que ele não conhece, que não lhe fez nada, que não lhe pode replicar. O sadismo não está distante. Um dos carrascos que povoam os escritos de Sade exprime assim o que tal indivíduo pode sentir: "Que ação voluptuosa é a destruição! Não sei de outra que afague de maneira tão deliciosa. Não há êxtase semelhante ao que sentimos quando nos entregamos a essa divina infâmia".

Assim, a possibilidade de dizer o que se quer, por mais destrutiva que seja a palavra, é a consequência direta do politicamente correto, dos processos de recalque e repressão que lhe estão associados e à suspensão destes últimos. Uma rede de amigos é também uma rede de vigilância generalizada, de suspeita mútua, cuja violência possível e provável não se pode administrar.

No entanto, quando essas redes foram criadas, quantas esperanças elas fizeram surgir! Esse progresso na comunicação parecia ter criado aquela "aldeia global" há muito evocada por McLuhan, e na qual cada um podia conversar amistosamente com todo mundo. Esse resultado por certo foi atingido. E bilhões de pessoas se enviam *e-mails*, textos, trocam fotografias e informações. As redes sociais tiveram assim, em alguns momentos, uma função positiva no crescimento de comunicações autênticas e favoreceram a expressão de sentimentos democráticos. Um exemplo: na Tunísia, o regime execrado de Ben Ali jamais teria sido derrubado pacificamente se as redes sociais não tivessem sido plenamente utilizadas.

Mas esse tipo de exemplo é hoje cada vez mais raro. E o que vemos proliferar nas redes sociais provém dos discursos de desprezo e ódio. O politicamente correto praticamente desapareceu, apagado por seu oposto, dando lugar à maré constante da violência verbal.

Então somos obrigados a constatar que o discurso significativo, que a linguagem em sua inventividade ("Honra dos homens, santa linguagem", escrevia em sua época Paul Valéry) está em via de desaparecer, substituída por contraverdades pronunciadas tanto por homens que têm o poder (como Donald Trump) quanto por indivíduos anônimos, seguros de si mesmos e das próprias convicções.

3. O APAGAMENTO PROGRESSIVO DO *KULTURARBEIT* E A IMPOSSIBILIDADE DE CONSTITUIÇÃO DE UMA GARANTIA TRANSCENDENTE

Partamos de uma constatação raramente enunciada: o social e o cultural, longe de serem intercambiáveis, têm relações antagônicas. Se o registro do social e o da cultura fossem homogêneos, se o social se tornasse "cultura", ele seria o triunfo da espiritualidade, do confronto entre loucura e razão. Mas não é o que acontece.

> Embora abranjam um mesmo campo da realidade humana, eles não pensam essa realidade do mesmo ponto de vista. O ponto de vista sociológico ilumina mais os produtos acabados do vínculo social, ao passo que o ponto de vista psicanalítico busca trazer à luz o conflito subjacente dos processos inconscientes em ação nesses produtos [...].

É o que diz Nathalie Zaltzman em texto que analisa alguns de nossos próprios trabalhos. Nesse sentido, assim ela define o *Kulturarbeit*: "É o movimento exploratório, que o espírito humano realiza, das potencialidades que ele deve ao duplo registro de seu funcionamento: seu capital inconsciente, de um lado, e sua sujeição às exigências da razão, de outro". Em outras palavras, ele é o caminho por que passa quem considera a relação de ódio e de destruição do homem pelo homem. Ele integra a loucura na razão, ele a reconhece, lhe dá sua parte de vida, não se ilude, excluindo-a. É nesse momento que o social pode se tornar cultura, no sentido do *Kulturarbeit* freudiano (lugar de triunfo da espiritualidade, do confronto entre loucura e razão), e cultura como garantia transcendente da vida psíquica (que a humanidade, segundo Pascal, desde suas origens "busca, gemendo"), a qual, na verdade, não é nem de origem divina nem de origem social, mas repousa inteiramente nos ombros de cada homem.

O homem sempre buscou uma garantia para a própria vida (por que vivo?, por que nasci?), sem perceber que é o único a poder assumir um papel tão fundamental e esmagador como esse, uma vez que tal papel o faz inventor, a cada dia, da *kultur* (no sentido freudiano do termo), e o único responsável por seu destino. Tal papel é negado, naturalmente, pelo politicamente correto e pela reação negativa a esse movimento, que se traduz pela invectiva e pelo ódio. Todo o funcionamento da sociedade contemporânea, como vimos, visa promover um indivíduo "fabricado", montado peça por peça e cada vez mais incapaz de analisar a si mesmo e de compreender o outro, o qual se torna um estranho, isto é, a figura fantasmática de um inimigo invasor.

4. EDIFICAÇÃO DE UM INDIVÍDUO COM TENDÊNCIA SÁDICA, TOTALMENTE DEFINIDO POR SEU PERTENCIMENTO À SOCIEDADE DE CONSUMO E DE ESPETÁCULO

A leitura aprofundada da obra de Sade nos convenceu de uma hipótese relativamente ausente no leitor que acaba de ler Sade (e não nos analistas avisados) e a qual podemos enunciar assim: ser *sadiano*, ser apaixonado pelo texto de Sade, impede de ser sádico. Um dos grandes comentadores da obra de Sade, Gilbert Lely, chega ao ponto de dizer: "Tudo que Sade escreve é amor". Talvez ele vá longe demais, mas é na direção certa. Pois, na medida em que o texto escrito esgota a violência, ocupando-a soberanamente, não deixando nenhuma porta de saída, essa violência exposta nos diz, na verdade, que o escrito se basta em si mesmo, que toda a fúria é absorvida no texto, portanto não pode sair dele, ela lhe é consubstancial e, por seu caráter lancinante, obsedante, repetitivo e insuportável, acaba por evocar o inverso: o amor, a paixão recíproca.

Não conhecemos nenhum leitor de Sade que tenha se tornado sádico. Certamente esse é um mau argumento e nada prova, mas nos permite compreender por que Sade, exceto no começo de sua vida de libertino, jamais realizou atos verdadeiramente delituosos, e com frequência mostrou, mesmo em relação a pessoas que o haviam perseguido, uma atitude irreprochável. Em todo caso, pensamos que sua obra (assim como a de um Genet) exprime, de forma disfarçada, um impulso em direção aos outros, fazendo a figura de Sade nos ser simpática mesmo se seus *heróis* nos repugnam profundamente. Afinal, os que vão mais fundo na abjeção não são aqueles que muitas vezes atingem altos níveis de espiritualidade? Seja como for, essa questão merece ser colocada.

Em contraposição, os indivíduos ditos *normais*, aqueles que encontramos todos os dias, sedentos de novos consumos, apaixonados por todo espetáculo inédito do qual poderiam participar ou ao qual poderiam assistir com grande prazer (pois lhes faz esquecer suas vidas cotidianas, geralmente opacas), esses é que nos parecem prontos a se tornar mais ou menos sádicos. Eles são capturados pela ideologia do "ego grandioso", do fantasma de onipotência, da superação contínua, da *performance* inédita. É verdade que nem todos são assim (e alguns se colocam questões ou consideram soluções que não podem ser abordadas aqui; para isso, seria necessário escrever outro texto). Mas o leitor deste artigo pode reconhecer o domínio da pulsão de destruição, da pulsão de morte ou daquilo que Nathalie Zaltzman chamou "o espírito do mal", sobre grande parte das populações que não se interessam pelo trabalho da cultura, quando não o desprezam totalmente, preocupadas apenas com o que lhes pode dar satisfação imediata, populações formadas por indivíduos semelhantes uns aos outros, com as mesmas preocupações e os mesmos desejos.

A culminação desse processo é a criação de um indivíduo que engana a si mesmo e que, acreditando ser independente, será cada vez mais massificado, abestalhado e satisfeito com sua estupidez. O poeta Arthur Rimbaud já observou, no século XIX, a capacidade dos seres humanos de querer viver sem perspectivas, sem ideais, sem imaginação e satisfeitos com uma vida medíocre. Ele certamente ficaria desolado ao ver que os homens do século XXI estão a ponto de tomar um caminho que lhes promete apenas uma estupidez generalizada e a feiura das almas. "Eis o tempo dos assassinos", ele profetizou. Os poetas geralmente são mais lúcidos que os mais bem formados sociólogos! Quanto à "gestão das paixões políticas", ela não é mais que um sonho que virou pesadelo.

Filosofar à sombra do niilismo extremo
Oswaldo Giacoia Junior

> *Um temporal estava em nosso ar, a natureza que somos escureceu – pois não tínhamos um caminho. A fórmula de nossa felicidade: um Sim, um Não, uma linha reta, uma meta...*[1]

Vivemos em meio a fatos que desconcertam nossa capacidade de julgamento e análise, que desestabilizam zonas de conforto nas quais tentamos nos manter ao abrigo de ameaçadoras turbulências. Para nós, o pensamento parece ter de exercer-se inevitavelmente sob a tempestade. Em muitos casos, a significação usual das coisas parece ter-se tornado evanescente, distorcida, inquietante e confusa, a ponto de não podermos mais discernir o que é velho e ultrapassado do novo que apenas se insinua, como um fugaz pressentimento de possibilidades de futuro. Temos dificuldade em distinguir com segurança o verdadeiro do falso, o certo do errado, o aparente do real. O panorama do presente aproxima-se muito do cenário sombrio, descrito por Nietzsche como o niilismo extremo. Nós nos enredamos hoje em dificuldades e problemas análogos àqueles anunciados por Nietzsche há dois séculos, e a mesma pergunta pelo sentido do que se passa conosco está longe de ter sido ainda suficientemente levada em consideração por nós – talvez nem sequer a tenhamos alguma vez propriamente *pensado* –, ainda que a tempestade em meio à qual

---

1. Friedrich Nietzsche, *O Anticristo: maldição ao cristianismo*. Tradução de Paulo César de Souza. São Paulo: Companhia das Letras, 2007, p. 10.

procuramos, com dificuldade, nos firmar, nos confronte sempre de novo com as mais desestabilizadoras figuras do ominoso.

No Brasil de hoje, Adauto Novaes é um dos poucos pensadores que se dedicam a refletir sobre esse desconcerto, constatando que sob a égide da mutação ainda nos encontramos em plena borrasca. Com vistas ao aspecto político desse cenário, escreve Novaes:

> Muitos pensam e agem como se o que acontece hoje na política fosse apenas coisa passageira, um tropeço da "civilização", não propriamente uma mutação. Ainda que reconheçam que é um salto nas trevas, na barbárie, não pensam que talvez a ascensão do neofascismo seja o último refúgio, ou expressão, de um neoliberalismo que se construiu há décadas[2].

Considero necessário e urgente refletir sobre este σκανδαλον (*skándalon*), salto nas trevas ou erosão do solo que nos sustentava até então: a barbárie neofacista teria sido gestada e nutrida no âmago do neoliberalismo, ocultando-se sob suas variadas metamorfoses? Mas o neoliberalismo não seria justamente a tecnologia de poder político criada para conjurar o espectro do totalitarismo, a sinistra ameaça nazifascista, esta "invariante econômico-política" indiferente à alternativa entre capitalismo e socialismo, que seria *um campo de adversidade por excelência*, a ser tenazmente combatido para a realização de uma sociedade liberal, com protagonismo do mercado?[3]

Se assim é, então essa constatação nos aproxima realmente do que Nietzsche considerava o *período de obscuridade* (*Unklarheit*) e confusão. A falta de clareza faz parte de um momento no processo de escalada do niilismo europeu, que tipifica, segundo Nietzsche, a disposição de espírito própria da modernidade cultural e política, que vivencia como crise uma desorientação permanente, manifestada na impossibilidade de distinguir e julgar com segurança seus próprios cursos de ação, em uma perda daquela dimensão de sentido que distingue acima e abaixo, esquerda e direita,

---

2. Ver o ensaio de Adauto Novaes neste livro, p. 22.
3. Michel Foucault, *Nascimento da biopolítica*. Tradução de Eduardo Brandão. São Paulo: Martins Fontes, 2008, pp. 140 ss.

o sim e o não, e gera uma pronunciada tendência, ou mesmo compulsão, a conciliar tudo com tudo. "'Não sei para onde vou; sou todo aquele que não sabe para onde vai' – suspira o homem moderno... *Dessa* modernidade estávamos doentes – da paz viciada, do compromisso covarde, de todo desasseio do moderno Sim e Não"[4].

A expressão "não sei para onde vou" denota a incerteza e a hesitação próprias do desorientado, de quem não sabe entrar nem sair, tampouco distinguir entre fato e valor, regra e exceção. Nesse sentido, a modernidade seria, para Nietzsche, a era da indistinção e da incerteza, de um desconcertante ofuscamento ou obliteração da visão, que surge como contraditória herança do esclarecimento (*Aufklärung*), daquele movimento histórico, político e cultural da ilustração no qual a modernidade depositava suas esperanças de emancipação intelectual e moral.

Essa frustração carrega as marcas históricas do efeito corrosivo do niilismo extremo:

> *Proposição principal*: em que medida o *niilismo perfeito* é a consequência necessária dos ideais de até agora.
> – O niilismo *imperfeito*, suas formas: nós vivemos em meio a elas – as *tentativas de escapar do niilismo* sem transvalorar aqueles valores: produzem o contrário, elas tornam o problema mais agudo[5].

Portanto, os impasses que enfrentamos, juntamente com os desafios e as angústias que nos oprimem, fazem parte de um acontecimento epocal e necessário: o que neles vem à luz é a derradeira consequência dos valores até então vigentes, de modo que o niilismo "é a lógica, pensada até o fim, de nossos grandes valores e ideais"[6].

Por conseguinte, é necessário antes de tudo fazer a experiência do niilismo completo, para descobrir, em seu estrato mais profundo, qual era o *valor de tais valores*, que até hoje serviram de alicerce e princípios

---

4. Friedrich Nietzsche, *O Anticristo: maldição ao cristianismo 1, op. cit.*, p. 10. No original: "*'Ich Weiss nicht aus, noch ein'*[...]" Friedrich Nietzsche, "Der Antichrist: Fluch auf das Christentum", *in*: Giorgio Colli; Mazzino Montinari (eds.), *Sämtliche Werke: Kritische Studienausgabe* (edição crítica), Berlin; de Gruyter; München: DTV, 1980, v. 6, p. 168.
5. Idem, "Fragmento inédito n. 10 [42], outono de 1877", *in*: *Sämtliche Werke, op. cit.*, v. 12, p. 476.
6. Idem, "Fragmento inédito n. 11 [411], nov. 1887-mar. 1888", *in*: *Sämtliche Werke, op. cit.*, v. 13, pp. 189 ss.

de orientação para nossas vidas, tanto na esfera do conhecimento quanto naquela da crença e da ação. Por isso, não há como contornar a injunção dessa falta de clareza, sendo necessário atravessar um limiar de insegurança. Pois a ascensão do niilismo extremo traz consigo o *nihilum* como o espectro sinistro que solapa o valor e desacredita as bases em que se firmaram nossas avaliações, revelando o substrato imponderável de nossas crenças e suas justificações éticas e epistêmicas. Nesse sentido, a escalada do niilismo libera o acesso aos subterrâneos do ideal, ao seu lado ominoso e sombrio, à negatividade (*nihil*) velada por sua face solar e emancipatória, juntamente com o que nela há também de selvageria e destruição.

É sob a pressão desse antagonismo que nossos referenciais mais elevados podem mostrar-se como chegaram a ser *o que efetivamente são e como funcionam na atualidade*, no vácuo axiológico no qual se encontra suspensa nossa existência atual. Nesse vácuo torna-se manifesto o caráter bifrontal de todo acontecimento historicamente decisivo, tanto no pensar quanto no agir. Para fazer uso de uma significativa metáfora de Giorgio Agamben, vivemos uma realidade espectral, em que a máquina biopolítica da modernidade, tendo sido transtornada em seu princípio de constituição e funcionamento, passa a girar no vazio e converte a biopolítica em tanatopoder. Vivemos, então, um tempo no qual o conhecimento histórico das condições de proveniência dos valores mais elevados de nossa civilização desperta a suspeita de que eles podem ter sido também instrumentalizados como dispositivos de captura e dominação, suscitando a desconfiança e a vertigem de não podermos mais acreditar em valor nenhum, essa aflição diante do inelutável que nos esforçamos por elidir.

Sob a pressão dessas circunstâncias, assedia-nos então a pergunta: seriam tais fenômenos os sintomas de uma inaudita barbárie em meio ao extraordinário progresso das ciências e das técnicas, da prodigiosa abundância de recursos materiais e espirituais – uma *barbárie civilizada*, portanto? Seria este, então, o saldo remanescente de nosso processo civilizatório, a saber, escravidão mental e regressão do espírito? Este é o *pathos* que Nietzsche descreve como o afeto que acompanha o advento do niilismo extremo, uma experiência que, segundo ele, deveria tornar-se figura do mundo nos dois séculos subsequentes à publicação de suas últimas obras:

"este *Pathos* está aí [*ist da*], o novo horror [*der neue Schauder*]... O que eu narro é a história dos próximos dois séculos..."[7]

O que estaria em mutação na escalada do niilismo, da qual seriam sinais, entre outros acontecimentos, a falta de clareza no pensamento, a indistinção no juízo, o turvamento da percepção? Nessa crise ética e política que tentamos atravessar, o que se torna obliterado é a perspectiva do sentido dos fatos, à deriva na irracionalidade circundante. Como distinguir, nessa atmosfera, entre causa e efeito, entre o velho, o sobrevivido, e o novo, portador de futuro, já que a própria irracionalidade dominante pode ser interpretada também como sintoma de mutação em curso, de algo que apenas se esboça? A constelação formada pelos valores instituídos e abandonados fornece, por certo, alguns indicadores de direção. Eles compõem um círculo cada vez maior, mais completo e repleto de referenciais, que, no entanto e ao mesmo tempo, é sentido por nós cada vez mais no registro do vazio e da falta. Valores e princípios existem, circulam e se reconduzem, mas desgastados, corroídos pelo niilismo, razão pela qual já não se oferecem mais como fundamentos teóricos hígidos, nem como diretrizes normativas confiáveis para a práxis moral e política – eles vigem, mas privados de conteúdo e força vinculante, e nós fazemos a experiência dessa perda, sentida como fracasso, assim como da vanidade dos nossos esforços para compreender e agir.

A experiência refletida dessa situação constitui, para Nietzsche, *o nosso problema-limite*, pois nossa percepção e nossa interpretação do presente são tributárias das mesmas formas de pensamento, categorias analíticas e modelos de ação que examinamos e criticamos, em um circuito de autorreferencialidade incontornável. Somos nós mesmos, ao dissecar nossa própria carne, que nos reduplicamos em sujeitos e objetos de nossos experimentos. E com isso nos enredamos em um antagonismo dilacerador, na

> [...] suspeita de uma oposição entre o mundo em que até agora nos sentíamos em casa com nossas venerações – em virtude das quais, talvez, tolerávamos viver – e um outro mundo, que somos nós próprios: uma inexorável, radical, profundíssima suspeita sobre nós mesmos, que se apodera de nós, europeus, cada vez mais, cada vez pior, e facilmente

---

7. Idem, "Fragmento inédito n. 11 [119], nov. 1887-mar. 1888", in: *Sämtliche Werke*, op. cit., v. 13, p. 56 ss.

poderia colocar as gerações vindouras diante deste terrível ou-ou: "ou abolir vossas venerações, ou – vós mesmos!" Este último seria o niilismo; mas o primeiro não seria também... o niilismo? – Esse é nosso ponto de interrogação[8].

O franco e intimorato reconhecimento dessa condição dilemática é o tributo exigido pela probidade intelectual, que constitui, para Nietzsche, a derradeira virtude do homem moderno, o *resto do ideal ascético*, que nós mesmos somos, daqueles ideais que até então nos proporcionaram uma janela de sentido para a existência. Essa honestidade incorporada nos compele a assumir, em toda a sua radicalidade, a incômoda condição de *resto*, que forma o caroço, o âmago, mas também a potência de execução do ideal.

Constatamos em nós necessidades implantadas pela duradoura interpretação moral, que agora nos parecem como necessidades do não verdadeiro: por outro lado, é nelas que parece apoiar-se o valor, é por elas que suportávamos viver. Este antagonismo: *não* estimar o que conhecemos, e não mais *poder* estimar aquilo com o que gostaríamos de continuar a nos enganar, resulta num processo de dissolução[9].

Esse legado espiritual nos capacita e ao mesmo tempo constrange para a tarefa da inversão e (autos)supressão do ideal, mediante a exigência de não reproduzir nem perpetuar suas armadilhas.

O niilismo imperfeito, para Nietzsche, é o fator dominante nesse processo de dissolução; por isso vivemos em meio a tentativas vãs de escapar do niilismo, sem realizar a transvaloração dos valores niilistas, incapazes de manter sua cogência e doação de sentido. Por isso só conseguimos produzir o contrário das metas visadas, tornando ainda mais agudo o nosso problema: ter de viver com o niilismo em meio à tempestade[10]. Ultrapassar esse limite exige o trânsito dessa figura para outra modalidade

---

8. Idem, *A gaia ciência*. "Aforismo 346", in: *Obra incompleta*. Tradução de Rubens R. Torres Filho. Coleção Os Pensadores, 1. ed. São Paulo: Abril Cultural, 1974, p. 223.
9. Idem, "Fragmento inédito n. 5 [71], verão de 1886-outono de 1887", in: *Sämtliche Werke, op. cit.*, v. 12, pp. 211 ss.
10. Idem, "Fragmento inédito n. 10 [42], outono de 1887", in: *Sämtliche Werke, op. cit.*, v. 12, p. 476.

de existência, permanecendo, no entanto, ainda em meio ao niilismo. "*O niilista perfeito* – olho do niilista, *que idealiza mesmo naquilo que há de horrível*, que pratica infidelidade para com suas recordações – ele as deixa cair, desfolhar-se; ele não se protege mais contra colorações pálido-cadavéricas, como o faz a fraqueza, que rega e conserva o que é distante e passado; e aquilo que ele não faz em relação a si mesmo, ele também não o faz em relação ao passado inteiro do homem – ele o deixa cair"[11].

Deixar cair, desfolhar-se, não temer e não proteger-se contra a decomposição e a palidez cadavérica, renunciar à tentação de perpetuar o remoto e o passado: essa seria, em Nietzsche, uma perspectiva de superação do niilismo imperfeito, um gesto difícil, a exigir um excedente de coragem e violência contra si mesmo. À sombra do niilismo incompleto e passivo, as mais variadas tentativas de elisão ocupam o procênio, insinuando-se em tudo o que conforta, tranquiliza, cura, acomoda, entorpece, ofusca, confunde, insinuando-se em diferentes disfarces, sejam eles religiosos, estéticos, morais ou políticos. É nessa penumbra que avulta o risco de escolher instintivamente o que nos é mais pernicioso. O niilismo imperfeito é, portanto, a expressão de um estado de aturdimento, que vive e se consome na nostalgia do absoluto perdido, no apego desesperado aos sucedâneos de Deus, no espaço vazio do ideal decaído; oferece, portanto, as condições mais propícias para o risco da escolha nefasta.

É nesse cenário de pouca clareza e confusão generalizada que assume toda a sua dramática expressividade o conceito de estado de exceção, pois seu núcleo resgata a indistinção estrutural entre regra e seu contrário – o normal e o excepcional –, polos que se indiferenciam e se indeterminam reciprocamente, em uma confusão que transtorna a capacidade de discriminação e julgamento. Pois o que vige nesse cenário é a imbricação conflitante e anômala entre qualidades antitéticas, em uma fusão que não suprime a antinomia; antes, assegura sua vigência, mas em um estado de suspensão, que a conserva e incrementa. Uma metáfora provocativa desse estado de coisas é formulada por Agamben em termos do subsolo biopolítico que sustenta a continuidade entre a democracia liberal e o totalitarismo.

---

11. *Idem*, "Fragmento inédito n. 10 [43], outono de 1887", in: *Sämtliche Werke, op. cit.*, v. 12, p. 476.

O totalitarismo moderno pode ser definido [...] como a instauração, por meio do estado de exceção, de uma guerra civil legal, que permite a eliminação física não só dos adversários políticos, mas também de categorias inteiras de cidadãos que, por qualquer razão, pareçam não integráveis ao sistema político. Desde então, a criação voluntária de um estado de emergência permanente (ainda que, eventualmente, não declarado no sentido técnico) tornou-se uma das práticas essenciais dos Estados contemporâneos, inclusive dos chamados democráticos. Diante do incessante avanço do que foi definido como uma "guerra civil mundial", o estado de exceção tende cada vez mais a se apresentar como o paradigma de governo dominante na política contemporânea. Esse deslocamento de uma medida provisória e excepcional para uma técnica de governo ameaça transformar radicalmente – e, de fato, já transformou de modo muito perceptível – a estrutura e o sentido da distinção tradicional entre os diversos tipos de constituição. O estado de exceção apresenta-se, nessa perspectiva, como um patamar de indeterminação entre democracia e absolutismo[12].

Essa oposição pode ser pensada também nos termos da estranha vigência da Constituição durante o estado de emergência, no qual, por força da própria Constituição, ficam suspensas as garantias constitucionais de liberdades públicas. Dá-se, pois, a mesma confluência entre facticidade e validade, uma anomalia e atopia que constitui o cerne do conceito de estado de exceção em Giorgio Agamben. Por isso podemos utilizá-lo como ferramenta hermenêutica para uma reflexão sobre os problemas filosóficos e jurídico-políticos cruciais da atualidade. Pois estes podem ser equacionados justamente sob o vértice da *confusio, -onis*, cujo diagnóstico, por isso mesmo, já forma também parte de sua crítica, pois confundir significa fundir em um único todo duas entidades distintas, que só por equivocidade podem ser reunidas em um só elemento; portanto o diagnóstico que analisa e separa já realiza também a crítica desse estado.

É na literatura de Kafka que Agamben detecta a melhor expressão de um estado de coisas no qual a lei – que deveria servir de parâmetro normativo para qualificar e julgar os fatos e situações de vida –, tendo

---

12. Giorgio Agamben, *Estado de exceção*. Tradução de Iraci D. Poleti. São Paulo: Boitempo, 2004, p. 13.

ultrapassado todos os seus limites, acaba por tornar-se idêntica à vida que deveria ordenar, à qual deveria conferir algum sentido normativo e regular, só podendo fazê-lo a partir de uma distância necessária do plano fáctico. Essa confusão entre os planos do ser e do valor, do fato e da norma, da empiricidade e do sentido, tipifica o sequestro da vida pela lei, tal como dramatizada na condição existencial dos personagens de Kafka, de maneira muito especial na parábola intitulada "O portal da lei", que faz parte do romance *O processo*.

Nessa existência pantanosa, típica das narrativas de Kafka, todos são ao mesmo tempo acusadores e acusados, defensores, juízes, carrascos e vítimas, todos culpados e condenados pela lei. Os personagens circulam pateticamente em uma zona cinzenta, um limbo onde nunca se pode chegar a qualquer distinção inequívoca. Esse é o cenário ideal para a emergência da face obscura da Lei, para o desvelamento de sua cumplicidade com as relações de domínio e sujeição, a irrupção do lado discricionário e imperioso do arbítrio, o monopólio estatal da força, sangrento e letal, mas juridicamente legitimado. O estado de exceção põe a nu a continuidade entre direito, poder e violência.

A atual crise de valores na esfera política, que afeta particularmente a democracia representativa, pode apresentar-se como uma instanciação desse estado de coisas e pode, pois, ser adequadamente equacionada à luz das análises de Nietzsche e Agamben. Consideremos para tanto um dos marcos mais distintivos da modernidade política: o ideal republicano de governo representativo, que forma o núcleo da autocompreensão ético-política da sociedade ocidental moderna. Análises recentes da democracia e do Estado democrático de direito demonstram que um dos fatores mais relevantes no conjunto dos impasses que hoje assediam esse modelo encontra-se justamente na crise de legitimidade da representação política – uma crise que põe diretamente em questão o futuro da democracia e do Estado democrático de direito, a despeito da opinião consolidada de que esta permanece a melhor de todas as alternativas entre os regimes políticos conhecidos.

Analistas políticos como Sonia Alonso, John Keane e Wolfgang Merkel reconhecem que a assimetria política na representação de interesses e grupos está esvaziando o princípio central de igualdade política da democracia, de modo que várias instituições centrais da democracia representativa (eleições, partidos, parlamentos) perdem crescentemente sua legitimidade pública. A adesão formal aos partidos políticos caiu drasticamente, bem como tornou-se volátil a participação dos eleitores nas eleições, pelo menos nos países em que o voto é opcional. Os níveis de confiança nos políticos e nos governos encontram-se em queda generalizada, em sintonia com a percepção de que meios de formação de políticas públicas são deformados pelo poder privado de bancos, de interesses empresariais organizados e pela atuação de lobistas, dando ensejo a uma promiscuidade entre o público e o privado[13]. Tudo se passa, pois, como se à pós-modernidade correspondesse a pós-democracia, na qual continuariam em vigor todas as instituições tradicionais da democracia representativa, limitadas, porém, ao desempenho de um papel político meramente nominal, uma vez que as forças políticas e os impulsos de inovação têm sido transferidos, de fato, da arena democrática para pequenos círculos formados por elites empresariais, com finalidades econômico-políticas.

Nessa pós-democracia, o sistema eleitoral permanece em funcionamento, transformando-se, porém, o debate público das propostas para a formação de agendas políticas em um espetáculo midiático rigidamente controlado pelas tecnologias de comunicação de massas, sob a forma de programas conduzidos por equipes profissionais de *experts* em técnicas de persuasão. Nesses processos, entra em jogo um pequeno número de questões escolhidas por equipes de especialistas, e a massa dos cidadãos desempenha um papel meramente passivo, quiescente, apático, apenas respondendo (sim ou não) aos sinais emitidos pelo *marketing* eleitoral. Eleições livres e políticas públicas fornecem a senha para um megaespetáculo encenado, cujos fatores determinantes são formatados por interesses privados, na interação entre os governos eleitos e as elites representantes de interesses corporativos.

Tendências como essas fazem parte da racionalização integral dos modelos de ação social e constituem um dos aspectos mais preocupantes na transição da democracia representativa – tal como conhecida até hoje (a democracia de partidos) – para a assim chamada pós-democracia, ou mesmo para a democracia de auditórios, na qual eleitores/consumidores

---

13. Cf. Sonia Alonso; John Keane; Wolfgang Merkel, "Rethinking the Future of Representative Democracy", *in*: Sonia Alonso *et al.*, *The Future of Representative Democracy*, Cambridge: Cambridge University Press, 2011, p. 25.

permanentemente conectados a monitores ligados em redes sociais de extensão global figuram como atores no cenário do *marketing* político. A atuação assertiva e indutora desses processos é determinante de estratégias de governança e tem como condição de possibilidade a atualização permanente do potencial técnico-científico da sociedade, com seus recursos materiais e humanos.

> A democracia baseada em assembleia pertencia a uma era dominada pela palavra falada, apoiada por leis escritas em papiro e pedra, e por mensagens enviadas a pé, sobre jumento e cavalo. A democracia representativa surgiu na era da cultura impressa – o livro, o panfleto e o jornal –, telegrafou e enviou mensagens; e entrou em crise depois do advento dos primeiros meios de comunicação de massa, especialmente o rádio, o cinema e (na sua infância) a televisão. Em contrapartida, a democracia de audiência está intimamente ligada ao crescimento de sociedades saturadas de multimídia – sociedades cujas estruturas de poder são continuamente *devoradas* por instituições de monitoramento, operando dentro de uma nova galáxia de meios, característica do *ethos* da abundância comunicativa"[14] [esse mesmo *ethos* que, no entanto, nos impede de discernir entre *news* e *fake news*].

Sob tais coordenadas, modificam-se consideravelmente os padrões fixados para a ação política. Com efeito, o agir em conjunto lastreado em instituições, com suas coordenadas próprias de espaço e tempo, seus fins específicos voltados para o interesse público, parece ter sido substituído pelo paradigma da organização, cuja natureza corporativa e empresarial obedece a outra lógica, tem como meta outro plano de fins, e desdobra-se em uma temporalidade diferente, sem medida comum com o tempo das instituições propriamente políticas. O modelo da organização desloca a ação para fora da atuação conjunta no espaço público que, desde a democracia ateniense, definiu o horizonte da experiência política no Ocidente.

A política, constituída pelas elites econômicas e pela tecnociência, supõe o fechamento necessário para a continuidade do *status*. São forças

---

14. John Keane, "Monitory Democracy", *in*: Sonia Alonso *et al.*, *op. cit.*, p. 189.

impessoais que conduzem a democracia e os seres humanos. Daí a preocupação do poeta: o espírito vai se transformando em coisa supérflua. E, com ele, o pensamento também se torna coisa supérflua. Criam-se, em consequência, dispositivos para fazer concordar o "pensamento" com os dispositivos – o pensamento livre é considerado o maior dos males[15].

O diagnóstico crítico da política mundial feito por Agamben acaba por implicar, em seus últimos livros, a constatação de uma agonia da política, o esgotamento do paradigma da ação como luta. Em uma dessas obras[16], o personagem central é uma máscara do teatro, a de Pulcinella, a principal figura da *commedia del'arte* italiana, que, ao mesmo tempo que simboliza o fim da política em nossos dias, resgata a memória da relação ancestral em nossa tradição entre a filosofia, a política e a comédia. Para Agamben, certamente Pulcinella é a imagem do resto sobrevivente ao fim da política, que se conecta filosoficamente com os conceitos de desativação, inoperosidade e profanação.

No entanto, apesar de tudo, Pulcinella não é apenas uma figura impolítica. Trata-se, ao contrário, do signo de outra política, para a qual nos faltam os nomes, uma política que começa quando toda ação, no sentido tradicional de ação política, tornou-se inviável, pois não é mais capaz de dar suporte à vida digna e garantir o futuro da *pólis*. O recurso à comédia e à produtividade do paradoxo traz consigo os sinais de uma abertura possível para uma nova dimensão da política, cuja figuração Agamben encontra nas conclusões ou desfechos das narrativas de Kafka (em suas *Ausgänge*). A palavra *Ausgang* pode ser traduzida tanto por *saída* quanto por *conclusão*, *encerramento* ou *desfecho*. Em Kafka, tais saídas/conclusões são encenadas em gestos que operam a súbita e desconcertante reviravolta em uma situação de beco sem saída, que inverte os termos em relação e abre uma janela de possibilidades, ainda que inteiramente paradoxais, articulando mistério e solução, desespero e esperança. Em sentido análogo, as pantomimas e tiradas sarcásticas de Pulcinella, articuladas em um conjunto gestual expressivo, mostram, segundo Agamben,

---

15. Adauto Novaes, p. 28 deste volume.
16. *Pulcinella ovvero Divertimento per li regazzi*, Milano: Nottetempo, 2015.

[...] o que pode um corpo quando não pode mais agir politicamente. Por isso ele me interessa. Penso que o modelo da política que conhecemos, fundado sobre a ação e sobre a luta, no contexto do domínio da economia e do estado de segurança em que vivemos, tenha se tornado obsoleto. O paradigma da luta, que monopolizou a imaginação política da modernidade, deve ser substituído por aquele da linha de fuga. Penso que na Grécia o Syriza teve de capitular justamente porque havia se empenhado numa luta sem saída, renunciando à única via possível: a saída da Europa. E isso não é verdade apenas na política, mas também para a existência individual: o essencial, em todo caso, e Kafka não se cansa de lembrar, não é lutar, mas encontrar uma linha de fuga. Como diz Pulcinella: *ubi fracassorium, ibi fuggitorium*, onde há uma catástrofe, aí há uma linha de fuga[17].

Na relação tensa e problemática entre o cômico e o trágico alegorizada por Pulcinella, podemos divisar, segundo Agamben, um gesto de desativação, que produz inoperosidade e indica uma promissora linha de fuga; esta, por sua vez, tanto reata com suas origens históricas – no sentido da vigência do arcaico que determina o presente – como abre o horizonte para o que advém de novidade. *Ubi fracassorium, ibi fuggitorium* – o sintagma anuncia uma política vindoura, para a qual ainda não temos nome, e remete ao verso de Hölderlin, segundo o qual lá onde mora o perigo cresce também aquilo que salva.

O gesto não é, de fato, simplesmente privado de obra, mas define, antes, a própria atividade especial, através da qual se opera a neutralização das obras a que estava ligado enquanto meio (a criação e a conservação do direito pela violência pura, os movimentos cotidianos voltados para um fim, no caso da dança e do mimo). Ele é, pois, uma atividade ou uma potência que consiste em desativar e tornar inoperantes as obras humanas, e, desse modo, abri-las para um novo uso possível. Isso vale

---

17. Giorgio Agamben, *Do desastre nos salvará a vileza de Pulcinella*. Entrevista concedida a Alessandro Leogrande. Tradução de Vinícius N. Honesko. Publicada no jornal *Pagina 99*, 21 nov. 2015, pp. 24-5. Disponível em: http://flanagens.blogspot.com/2016/09/do-desastre-nos-salvara-vileza-de.html. Acesso em 2 nov. 2020.

tanto para as operações do corpo quanto para aquelas da mente: o gesto expõe e contempla a sensação na sensação, o pensamento no pensamento, a arte na arte, a palavra na palavra, a ação na ação[18].

É possível detectar em tais passagens os sinais de um rico parentesco entre as arqueogenealogias da modernidade feitas por Nietzsche e Agamben, já que a situação figurada neste último guarda estreita analogia com a diferenciação nietzschiana entre niilismo perfeito e imperfeito, incompleto e completo. Do ponto de vista de seu desfecho ou saída, o niilismo perfeito seria, então, para Nietzsche, "lógica e psicologicamente" o pressuposto de um *"contramovimento"*; somente "sobre ele (*auf ihn*)" e a partir dele (*aus ihn*) poderá advir, como uma nova *posição (Setzung)*, a transvaloração de todos os valores. Por isso Nietzsche considera-se a si mesmo "o primeiro niilista da Europa, que, porém, já viveu o niilismo em si mesmo – que tem o niilismo atrás de si, debaixo de si, fora de si".

Mas essa é uma posição a ser compreendida como *um problema*, não como uma solução simples, pois o reconhecimento dos termos, dados e limites no interior dos quais nos situamos pertence necessariamente às mesmas estruturas que são objeto de nosso exame, de modo que a crítica se vê forçada a repetir tais estruturas. Seria necessário coragem para assumir, sem disfarces, esta condição de existência problemática, duradouramente provisória, atópica. "Mesmo o mais corajoso de nós raras vezes tem a coragem para o que realmente *sabe*..."[19] O próprio Nietzsche não tinha ilusões a respeito de sua situação:

> Que, no fundo, que eu tenha sido niilista até agora, isso eu só o confessei para mim mesmo há pouco tempo: a energia e a temeridade com que segui adiante como niilista enganaram-me a respeito deste fato fundamental. Quando alguém se coloca frente a frente com uma meta, parece então impossível que "a ausência de meta em si" seja nosso principal artigo de fé[20].

---

18. Idem, *Karman: breve trattato sull'azione, la colpa e il gesto*, Torino: Bollati Boringhieri, 2017, p. 138.
19. Friedrich Nietzsche, "Máximas e flechas", *Crepúsculo dos ídolos*. Tradução de Paulo César de Souza. São Paulo: Companhia das Letras, 2006, p. 09.
20. Idem, "Fragmento inédito n. 9 [123], outono de 1887", in: *Sämtliche Werke, op. cit.*, v. 12, p. 45.

Probidade intelectual é a exigência ética que corresponde à coragem exigida para o exercício de um pensamento que se mantém firme mesmo fazendo a experiência da insubsistência dos fundamentos inconcussos, de toda segurança e estabilidade, na renúncia à ilusão das certezas absolutas e na "friabilidade de todos os solos", para usar uma imagem de Michel Foucault.

A meu ver, tal perspectiva é de considerável significação e integridade, sobretudo se levarmos em conta que nos defrontamos com fenômenos que indicam forte e generalizada tendência na direção de um impasse relativo à ação e à luta política em nossas sociedades, uma crise permanente dos modelos que, desde Aristóteles, se firmaram como categorias fundamentais da filosofia e da práxis política. É possível que, sob tais condições, estejamos em face de um eclipse da política e de seus paradigmas, postos sob a égide da economia planetária, da gestão securitária e biopolítica da vida. Como o primeiro niilista completo da Europa, Nietzsche pode ser considerado aquele que *"olha para trás, quando narra o que virá"*: a saber, que a história dos próximos séculos trará consigo a ascensão, em toda a sua ambiguidade, das diferentes formas do niilismo, inclusive, e talvez sobretudo, de sua forma mais radical e complexa: aquela da autorreferencialidade, que relativiza a possibilidade de completa superação desse estado.

Nessas condições, "quais são aqueles que se demonstrarão como os *mais fortes*? Os mais comedidos, aqueles que não têm *necessidade* de extremos artigos de fé"[21]. Ou, para dizê-lo com Agamben, mesmo em tais condições, ainda sob a tempestade, sempre "ainda há algo para fazer quando não é mais possível agir, e ainda há algo para dizer quando não é mais possível falar"[22]. Para Nietzsche, teria chegado o momento de repensar sem reservas o que ele designava como uma sociedade de atores, que se realiza integralmente na modernidade cultural e política. Para fazer a crítica desse estado, é necessário compreender-se como ocupante de um lugar ao mesmo tempo dentro e fora dele, assumindo uma autorreferencialidade radical.

---

21. Idem, "Fragmento inédito n. 5 [71], verão de 1886 – outono de 1887", in: *Sämtliche Werke*, op. cit., v. 12, pp. 211 ss.
22. Giorgio Agamben, *Do desastre nos salvará a vileza de Pulcinella*. Entrevista concedida a Alessandro Leogrande, *op. cit.*

Talvez resida justamente aí a misteriosa eficácia daquela postura antitética desde muito cedo chamada por Nietzsche de *unzeitgemäss*: inatual ou extemporâneo. Somente aquele que não coincide integralmente com seu tempo, o extemporâneo não submetido às injunções do *establishment*, pode efetivamente compreendê-lo em sua profundidade, pois é capaz de desvendar sentido também em suas sombras:

> contemporâneo é aquele que mantém o olhar fixo em seu tempo, para perceber não as suas luzes, mas sim as suas sombras. Todos os tempos são, para quem experimenta sua contemporaneidade, escuros. Contemporâneo é quem sabe ver essa sombra, quem está em condições de escrever umedecendo a pena nas trevas do presente. Mas o que significa "ver a escuridão", "perceber a sombra"?[23]

Ver a escuridão e perceber a sombra implica subtrair-se do falso brilho, desconfiar da enganosa transparência, resistir ao esplendor que ofusca e entorpece, à dissimulação que alicia, ou, para dizê-lo com Nietzsche, tomar consciência de si como inquieto ponto de interrogação, como má consciência de seu tempo.

---

23. Idem, *O que é contemporâneo? e outros ensaios*. Tradução de Vinicius Nicastro Honesko. Chapecó: Argos, 2009, pp. 62 ss.

Os direitos humanos *vs.* o neofascismo
Antonio Cicero

Há quem considere que o populismo de direita, que tomou o poder em vários países, inclusive no Brasil, seja uma espécie de neofascismo. Há quem negue isso. Quanto a mim, penso que de fato estamos passando por uma forte ameaça nesse sentido.

Para embasar minha tese, preciso, em primeiro lugar, dizer em que consiste o neofascismo. Ora, evidentemente não é possível dizer em que consiste o neofascismo sem antes ter dito em que consiste o próprio fascismo. Pois bem, penso que o fascismo consiste, em primeiro lugar, em uma espécie de neobarbárie – agora é preciso explicar em que consiste a neobarbárie, e, naturalmente, não é possível fazê-lo sem, antes, esclarecer em que consiste a barbárie... Começo, portanto, pela tentativa de definir esse primeiro ponto.

"O bárbaro é em primeiro lugar o homem que crê na barbárie"[1]. Essa é uma das mais famosas proposições contidas na brochura *Raça e história*, que Lévi-Strauss escreveu na década de 1950 por encomenda da Unesco. Dado que, nesse contexto, as palavras "bárbaro" e "barbárie" têm sentido pejorativo, trata-se de uma proposição paradoxal, pois, evidentemente, aquele que a enuncia crê na barbárie do homem que crê na barbárie: o que significa que ele está a chamar a si próprio de "bárbaro".

---

1. Claude Lévi-Strauss, "Race et histoire", in: *Race et histoire, race et culture*, Paris: Albin Michel/Éditions Unesco, 2001, p. 46.

É óbvio que Lévi-Strauss não tencionava qualificar-se de bárbaro. Afinal, a frase citada pode ser entendida, por um lado, como uma mera *boutade*, cujo sentido real, puramente negativo, é justamente o de desmoralizar a própria noção excessivamente valorativa – mais precisamente, pejorativa – de "barbárie".

Por outro lado, creio ser mais correto entendê-la com base em outras afirmações de Lévi-Strauss na brochura citada, como a declaração de que bárbaro é o ser humano que a antropologia qualifica de etnocêntrico, isto é, aquele que não considera plenamente humano o membro de uma cultura diferente da dele[2]; aquele que, pura e simplesmente, repudia as formas culturais, isto é, as formas morais, religiosas, sociais, estéticas etc., mais distantes das formas com as quais se identifica[3]; aquele que critica as formas das demais culturas segundo os critérios da cultura a que pertence.

Sendo assim, diremos que, em oposição ao bárbaro, o civilizado é o ser humano que a antropologia não qualifica de etnocêntrico: aquele que considera plenamente humano até mesmo o membro de uma cultura diferente da sua; aquele que é capaz de aceitar a existência de formas culturais, isto é, de formas morais, religiosas, sociais, estéticas etc., extremamente diferentes das formas com as quais se identifica; aquele que não critica as formas das demais culturas segundo os critérios da cultura a que pertence.

Dessas quatro proposições sobre o civilizado, a última é sem dúvida a mais sujeita a ser questionada. Como pode o civilizado deixar de julgar e criticar as formas das demais culturas segundo os critérios da cultura a que pertence?

Parece-me que há três possibilidades. A primeira é que ele simplesmente não critique as formas das demais culturas; a segunda é que ele as critique segundo os critérios de uma cultura à qual não pertença; a terceira é que ele as critique segundo critérios que não provenham de nenhuma cultura em particular. Neste último caso, porém, tais critérios não culturais o habilitariam a criticar não apenas as *demais* culturas, mas também aquela a que ele próprio pertence.

---

2. *Ibid.*, p. 45.
3. *Ibid.*, p. 43.

A primeira possibilidade – não criticar – parece, à primeira vista, a mais sábia: não julgar, não condenar; não se intrometer no que não lhe diz respeito; viver e deixar viver, viver e deixar morrer... Contudo, não é realmente possível proceder assim, senão quando as demais culturas forem praticamente inacessíveis àquele que se recusa a julgá-las. Do contrário, é impossível não comparar, e comparar já é julgar. Ora, no mundo cada vez menor e mais populoso em que vivemos, torna-se sempre mais difícil não comparar. Se, noutro quadrante do mundo, a mão de um adolescente é amputada porque ele roubou uma bisnaga de pão, posso evitar pensar no assunto caso tenha informação escassa, de terceira ou quarta mão, sobre o caso. Se, porém, assisto à amputação pela televisão, a situação já é outra. E também é possível que o ato que me repugna aconteça ao meu lado, caso, por exemplo, eu mesmo esteja de viagem pelo outro quadrante do mundo, ou caso a amputação seja praticada por membros de uma comunidade de imigrantes que, embora pertencentes a outra cultura, habitem a cidade em que vivo. Em situações como essas, se tal ato normalmente me revolta, eu me revoltarei, isto é, eu o criticarei e condenarei: a menos, talvez, que imagine que seres pertencentes a uma cultura diferente da minha não sejam plenamente humanos. Isso, porém, corresponderia à primeira característica, acima explicitada, da barbárie.

A segunda possibilidade – criticar todas as formas e crenças de todas as culturas segundo os critérios de uma cultura à qual não se pertença – seria, na verdade, a troca do etnocentrismo pelo xenocentrismo[4]; ora, o xenocentrismo não passa de uma forma de etnocentrismo, com a diferença de não ser praticado segundo os critérios da cultura de origem, mas segundo os critérios de uma cultura adotada: portanto, trata-se igualmente de uma forma de barbárie.

Resta a terceira possibilidade: criticar as formas e crenças de todas as culturas, inclusive as da cultura a que se pertence, segundo critérios que não pertençam a nenhuma cultura. Nesse caso, o etnocentrismo é superado, não apenas no sentido convencional do termo, mas também no sentido de que deixa de ser absolutamente central para o indivíduo a sua própria etnia: e talvez a vitória sobre este etnocentrismo seja uma

---

4. Termo sugerido por Donald P. Kent e Robert G. Brunight, "Group Centrism in Complex Societies", *The American Journal of Sociology*, nov. 1951, v. 57, n. 3, p. 256.

condição necessária para a vitória sobre o etnocentrismo no sentido convencional.

Mas não podemos deixar de nos perguntar: isso é possível? Sim. Na Europa, podemos observá-lo ao final da Renascença, no pensamento de Montaigne, por exemplo. Lembremo-nos de seu ensaio sobre os canibais brasileiros. Montaigne diz achar "que não há nada de bárbaro e de selvagem nessa nação, segundo o que me disseram, senão que cada qual chama de barbárie o que não é seu costume"[5]. Em seguida, tendo descrito como os índios brasileiros matavam e comiam seus prisioneiros de guerra, ele explica que não acha errado que censuremos o horror barbaresco que há em tal ação, "mas, sim, que, julgando bem os seus erros, sejamos tão cegos quanto aos nossos"[6].

E, lembrando os horrores que, em sua época, eram cometidos na Europa em nome da piedade e da religião (pensemos, por exemplo, na Inquisição), afirma que "podemos, portanto, chamá-los [aos canibais] de 'bárbaros' tendo em vista as *regras da razão*[7], mas não tendo em vista a nós mesmos, que os superamos em toda espécie de barbárie"[8]. Vê-se assim que Montaigne sabe que, uma vez que qualquer cultura particular – inclusive a cultura cristã, a que ele mesmo pertence – pode ser objeto da crítica da razão, esta não pertence a nenhuma cultura particular.

Na mesma linha de raciocínio, ao criticar "certa imagem de probidade escolástica, escrava de preceitos e coagida pela esperança e pelo medo", Montaigne diz preferir pensar que a probidade não seja feita pelas religiões, que apenas a completariam e autorizariam; que ela consiga "se sustentar sem ajuda, nascida em nós de suas próprias raízes pela *semente da razão universal impressa em todo homem não desnaturado*"[9]. E arremata: "a experiência nos faz ver uma distinção enorme entre a devoção e a consciência". Ou seja, a devoção, isto é, a religião, não é o fundamento da ética, que se encontra na razão. Não são a esperança (do céu) nem o medo (do inferno) difundidos pela religião que produzem a honestidade. A razão, que constitui o verdadeiro fundamento da ética, não pertence à

---

5. Michel de Montaigne, "Des Canibales", *in: Essais*, Paris: Garnier, 1948, livre I, c. XXXI, p. 234.
6. *Ibid.*, p. 239.
7. Ênfase minha.
8. *Ibid.*
9. Michel de Montaigne, "De La Phisionomie", *in Essais, op. cit.*, livre III, c. XII, p. 307. Ênfase minha.

cultura que critica. Montaigne é, portanto, civilizado, no sentido em que acima definimos esse termo.

Na verdade, a razão crítica, longe de ser um produto da cultura europeia ou ocidental, foi capaz de se manifestar com tal força em Montaigne exatamente graças à crise em que se encontrava a cultura tradicional na Europa do século XVI.

Normalmente, pensamos no século de Leonardo da Vinci como, nas palavras de Alexandre Koyré, uma "ampliação sem igual da imagem histórica, geográfica, científica do homem e do mundo. Efervescência confusa e fecunda de ideias novas e ideias renovadas. Renascimento de um mundo esquecido e nascimento de um mundo novo."[10] Tendemos a nos esquecer de que ele foi também, segundo a descrição do mesmo autor,

> [...] crítica, desmoronamento e enfim dissolução e mesmo destruição e morte progressiva das antigas crenças, das antigas concepções, das antigas verdades tradicionais que davam ao homem a certeza do saber e a segurança da ação. [...] Ele [o século XVI] desmoronou tudo, destruiu tudo: a unidade política, religiosa, espiritual da Europa; a certeza da ciência e a da fé; a autoridade da Bíblia e a de Aristóteles; o prestígio da Igreja e o do Estado[11].

De fato, o próprio Montaigne dizia: "Olhemos em volta, tudo rui em torno de nós: em todos os grandes Estados, seja da cristandade, seja em outras partes que conhecemos, olhai, e encontrareis uma evidente ameaça de mudança e ruína"[12].

Uma das maiores imposturas históricas já ocorridas é a pretensão – hoje defendida pelos relativistas culturais – de que a razão, longe de ser universal, pertença à cultura ocidental. Acreditando nesse mito – ocidental e etnocêntrico –, muitos não ocidentais consideram a racionalidade filosófica, ética, jurídica e política alienígena. Resultado: rejeitam-na, criando, com isso, um terreno fértil para o perigoso crescimento da irracionalidade religiosa e, consequentemente, do terrorismo, que hoje presenciamos.

---

10. Alexandre Koyré, *Entretiens sur Descartes*. New York: Brentano's, 1944, p. 34.
11. *Ibid.*
12. Michel de Montaigne, "De la vanité", in: *Essays, op. cit.*, livre III, c. IX, p. 195.

Contra o mito de que a razão pertence ao Ocidente, o indiano Amartya Sen, detentor do Prêmio Nobel de economia, lembra por exemplo que, ainda no século XVI, Akbar, o imperador mogul da Índia, afirmava que a fé não podia ter prioridade sobre a razão, argumentando que é por meio da razão que cada um deve justificar – e, se necessário, rejeitar – a fé que herdou. Ademais, tendo sido atacado pelos tradicionalistas, favoráveis à fé instintiva, Akbar afirmou que a necessidade de cultivar a razão e rejeitar o tradicionalismo é tão patente que não necessita de argumentação, pois "se o tradicionalismo fosse certo, os profetas teriam apenas seguido os mais velhos (e não teriam apresentado novas mensagens)". É a identidade racional de Akbar que aqui prevalece sobre sua identidade muçulmana e tradicional[13]. Nesse sentido, ele, como Montaigne, é civilizado.

Pois bem, no Ocidente, a civilização de Montaigne é aprofundada, radicalizada e sistematizada por Descartes, no século XVII, quando, ao submeter toda cultura e todo pretenso conhecimento ao exame da razão crítica com base no que chama de "dúvida hiperbólica", ele funda a filosofia moderna e, em particular, a filosofia da ilustração, que é como se chama o iluminismo europeu do século XVIII. E é a partir da segunda metade do século XVIII que se começa a empregar a própria palavra "civilização" no sentido em que a entendemos aqui. Lucien Febvre observa que Diderot, por exemplo, busca "no progresso das luzes a fonte de uma civilização considerada como uma ascensão para a razão".

Ao final da ilustração, Immanuel Kant afirma que "nossa época é a própria época da *crítica*, à qual tudo deve submeter-se. A *religião*, através de sua *santidade*, e a *legislação*, através de sua *majestade*, querem comumente a ela se subtrair. Mas com isso suscitam uma justa suspeição contra si e não podem aspirar ao respeito irrestrito que a razão somente concede ao que consegue suportar o seu exame livre e público"[14].

A revolução efetuada pela ilustração foi extraordinária. Antes da ilustração, os indivíduos deviam se submeter às determinações das instituições culturais, religiosas e políticas. Depois dela, são essas instituições culturais, religiosas e políticas que, como diz Kant, devem se submeter

---

13. Amartya Sen, "The priority of reason", in: *Identity and Violence. The Illusion of Destiny*, New York: W. W. Norton & Company, 2006. Edição Kindle, posição 2416.
14. Immanuel Kant, *Kritik der reinen Vernunft*, Darmstadt: Wissenschaftliche Buchgesellschaft, Sonderausgabe, 1983, p. A xi (nota de pé de página).

à crítica racional, efetuada pelos indivíduos. Torna-se, assim, inaceitável qualquer lei que, para cercear a liberdade de um cidadão, tente se legitimar na autoridade de crenças positivas, quer de origem laica, quer de origem religiosa. Não é mais aceitável a restrição da liberdade de um cidadão, senão na medida em isso seja necessário para compatibilizar a maximização da sua liberdade com a maximização da liberdade de qualquer uma das demais pessoas que, contingentemente, ele poderia ter sido.

O civilizado entende que cada qual pode ter as convicções particulares e positivas que bem entender, publicá-las e defendê-las. Ele sabe, entretanto, que cada qual possui os mesmos direitos, nem mais nem menos, que qualquer outro indivíduo ou grupo que tenha convicções particulares e positivas iguais ou diferentes. Dado que nenhuma convicção particular e positiva possui necessidade absoluta e universal, o princípio racional que tem validade absoluta e universal é o de que cada qual tem o direito de o defender, questionar, criticar, atacar, satirizar ou desrespeitar as ideias que bem entender, sejam de origem laica, sejam de origem religiosa. Afinal, como dizia Descartes, "a pluralidade de vozes não é uma prova que valha nada para as verdades um pouco difíceis de descobrir, porque é bem mais provável que um homem só as tenha encontrado do que todo um povo"[15]. Em suma, a função da lei é zelar pela compatibilização da maximização da liberdade de todos os indivíduos e de todas as manifestações culturais.

Voltemos por um momento a considerar o bárbaro ou etnocêntrico. Na verdade, o etnocentrismo não passa de um dos modos pelos quais o bárbaro se esforça para manter a identidade – a mesmice – das formas que compõem sua cultura. Nesse afã, o bárbaro – dado que se identifica com essas formas – supõe não estar senão fazendo tudo o que pode para preservar seu próprio ser[16].

Para realmente manter a identidade das formas culturais com que se identifica, o bárbaro precisa não apenas ser etnocêntrico; precisa também ser repressor, tanto em relação à razão natural quanto aos impulsos provenientes da natureza. Note-se que ele não reprime somente os impulsos

---

15. René Descartes, *Discours de la méthode*, Paris: Vrin, 1976, p. 16.
16. Como diz Spinoza, *"unaquaeque res, quantum in se est, in suo esse perseverare conatur"* [nada pode ser destruído a não ser por uma causa exterior], Baruch Spinoza, *Éthique*, Paris: Vrin, 1977, pars tertia, prop. VI, p. 260.

destrutivos – como, digamos, a crítica à religião estabelecida –, mas também os impulsos criativos, a exemplo da criação de novas formas de arte. Do ponto de vista da preservação da identidade cultural, os destrutivos são mais obviamente danosos; os criativos, porém, exatamente por não serem tão obviamente danosos, são mais perigosos, pois mais insidiosos, uma vez que as novas formas produzidas ou sugeridas pela inventividade ou pela razão são capazes de gradualmente relativizar e de tomar o lugar das formas já dadas.

O bárbaro não reconhece como naturais os impulsos que reprime. Estes são por ele tidos como, ao contrário, antinaturais ou monstruosos. Assim, tendo em primeiro lugar ignorado a criatividade da natureza, isto é, tendo ignorado a natureza como *natura naturans* – como natureza criativa –, ele a considera exclusivamente *natura naturata* – natureza criada –, ou conjunto de formas positivas. Em segundo lugar, ele toma essas formas positivas como eternas; em terceiro lugar, ele tenta naturalizar as próprias formas culturais, isto é, suas formas morais, religiosas, sociais, estéticas, políticas etc., identificando-as com formas naturais putativamente eternas. À medida que se encontre em seu poder fechar o conjunto das formas culturais admissíveis, ele o faz, classificando qualquer nova forma natural ou artificial como antinatural, *contra naturam* ou "bárbara". "Chamamos contra natureza", observa Montaigne, "o que surge contra o costume". E imediatamente observa, com sua característica perspicácia: "Nada existe que não esteja de acordo com ela [com a natureza], seja o que for. *Que essa razão universal e natural expulse de nós o erro e o espanto que a novidade nos traz*"[17].

A barbárie de uma coletividade é tanto mais completa quanto mais cada membro dessa coletividade tome as convenções culturais como se fossem naturais e/ou de origem sobrenatural, de modo que, por um lado, cumpra à risca os papéis sociais que lhe hajam sido designados e, por outro, espere que os demais membros da comunidade façam o mesmo quanto a seus respectivos papéis, como se essa fosse a única atitude admissível e como se tais papéis sociais, jamais questionados, fossem os únicos concebíveis.

---

17. Ênfase minha. Michel de Montaigne, "D'un Enfant mostrueux", in: *Essays, op. cit.*, livre II, c. XXX, p. 435.

Evidentemente, descrevo aqui uma espécie de tipo ideal. Essa expressão, aliás, para além de Max Weber, lembra Platão, que, por meio do personagem Ateniense, do diálogo *As leis*, sonha precisamente com uma comunidade em que os pensamentos humanos e as naturezas das almas sejam cultivados por leis "inalteradas por muitos e longos tempos, de modo que ninguém tenha lembrança nem jamais tenha ouvido falar de que elas hajam sido, algum dia, diferentes do que são agora", pois, em tal situação, "a alma inteira as reverencia e teme mudar qualquer uma das coisas estabelecidas"[18]. Ora, assim seriam exatamente as almas dos bárbaros de que falo.

É importante frisar que a barbárie que estou descrevendo é a barbárie paradigmática. Podemos classificá-la como a *barbárie defensiva primária*, aquela que membros de determinada comunidade exercem como mecanismo de defesa de sua identidade cultural em face de outras culturas e da natureza.

Há, porém, um segundo tipo de barbárie, que podemos classificar de *barbárie defensiva secundária* ou *barbárie reativa*, que é aquela que membros de determinada coletividade exercem na tentativa de recomposição de uma cultura cuja identidade consideram dilacerada, ameaçada, desprezada ou dominada pelo contato com a cultura e/ou com a civilização de outras coletividades. Na Europa, em particular a partir da difusão do pensamento de Descartes, essa reação barbárica cresceu à medida que se difundiam as ideias iluministas e civilizatórias que ela combatia[19]. Para os reacionários, a filosofia moderna, desprezando veneráveis tradições, solapava os fundamentos da religião em nome da razão; os da comunidade, em nome do individualismo e do cosmopolitismo; e os da hierarquia social, em nome da igualdade, em princípio, de todos os seres humanos. Aonde, segundo pensavam, poderia conduzir tudo isso senão à decadência? Vários inimigos do iluminismo e da civilização – alemães, franceses e ingleses – surgiram desde o século XVIII, na própria época da ilustração. Pense-se em Hamann, Herder, Joseph de Maistre, Chateaubriand e Edmund Burke.

---

18. Plato, *Leges*, Oxford: Clarendon Press, 1907, v. IV, p. 798 a-b.
19. Jonathan I. Israel, *Radical Enlightenment*, Oxford: Oxford University Press, 2001, part I, c. 2.

No século XIX, o sociólogo alemão Ferdinand Tönnies estabeleceu uma dicotomia famosa. Refiro-me à que separa comunidade (*Gemeinschaft*) de sociedade (*Gesellschaft*). Para ele, na comunidade tende a predominar o sentimento de copertinência (*Zusammengehörigkeitsgefühl*), na base de uma concordância espontânea de pontos de vista, interesses e finalidades. Assim, a comunidade seria orgânica, vivendo da economia doméstica, da agricultura e do artesanato, e enraizada em laços concretos de parentesco, amizade, vizinhança, costume, tradição, religião, correspondentes ao que é denominado "vontade essencial".

Já na sociedade, predominaria a "vontade racional" ou o cálculo, baseada na mera associação mecânica de seus membros. Assim, ali tenderiam a generalizar-se as relações competitivas ou contratuais, cada qual mantendo, à parte determinadas convenções explícitas, os próprios pontos de vista, interesses e finalidades. Segundo Tönnies, se a família é a base da comunidade[20], "a grande cidade é o modelo da pura sociedade"[21].

É costumário contrastar-se o individualismo típico da sociedade com a solidariedade, típica da comunidade. A aproximação entre a comunidade e a cultura, de uma parte, e a sociedade e a civilização, de outra, é sugerida pelo próprio Tönnies, ao dizer que "[...] observam-se entre os povos históricos o processo de desenvolvimento da sociedade de mercado e o sistema da racionalidade do mercado evoluir a partir das formas de vida e vontade baseadas na comunidade. No lugar da cultura do povo, obtém-se a civilização do Estado"[22].

É evidente que as caracterizações de Tönnies já são tendenciosamente favoráveis à comunidade familiar, onde se encontra a solidariedade, e desfavoráveis à sociedade individualista. Porém a verdade é que, por um lado, a comunidade pode ser repressiva, impondo comportamentos padronizados e desprezando a individualidade de vários de seus membros, e, por outro, nada impede que na sociedade a relativa individualidade de seus membros seja compatível com o estabelecimento voluntário de inúmeras comunidades de amigos, dentro ou fora dos círculos familiares.

---

20. Ferdinand Tönnies, *Community and Civil Society*. Tradução de J. Harris e M. Hollis. Cambridge: Cambridge University Press, 2001, p. 253.
21. *Ibid*.
22. *Ibid*., pp. 249-50.

Para melhor caracterizar o movimento anticivilizatório, falarei agora de como ele ocorreu na Alemanha, onde se manifestou da forma mais forte, chegando até o nazismo. Em primeiro lugar, a autoconsciência nacionalista alemã concebia, por um lado, o povo alemão como descendente dos bárbaros germânicos invasores de Roma, que, em oposição a estes, representava a civilização. Por outro, mesmo antes de ocorrer a Revolução Francesa, a nação alemã era tida como antinômica à francesa. Assim, enquanto os iluministas franceses cultivavam os valores da civilização, os intelectuais alemães tendiam a considerar esses valores anticulturais. O sociólogo Norbert Elias, judeu alemão, mostra como esse antagonismo entre as duas nações recobria outro, social, interno à Alemanha, entre a nobreza da corte – francófila e francófona – e a *intelligentsia* de classe média, que se sentia humilhada por aquela[23]. O fato é que a cultura é valorizada como natural, profunda e autêntica, e a civilização, desprezada como artificial, superficial e inautêntica. Assim, Nietzsche pensa que

> [...] os pontos altos da cultura e da civilização se encontram longe um do outro; é preciso não se equivocar no que diz respeito ao antagonismo abissal entre cultura e civilização. Os grandes momentos da cultura foram sempre, do ponto de vista moral, tempos de corrupção; e reciprocamente as épocas da domesticação voluntária ou forçada do ser humano ("civilização"), tempos de impaciência para com as naturezas mais espirituais e ousadas. A civilização quer algo diferente do que a cultura quer: talvez algo inverso...[24]

A partir de semelhantes concepções, Oswald Spengler afirma que "as civilizações são os estados mais extremos e artificiosos de que uma espécie superior de seres humanos é capaz. Elas são uma conclusão; decorrem do processo criador como o produto criado; da vida como a morte, do desenvolvimento como a rigidez [...]"[25]. Portanto a cultura está para a juventude como a civilização está para a velhice e a morte. Lembremos: na Primeira Guerra, os aliados consideravam estar lutando contra os alemães

---

23. Norbert Elias, *Über den Prozeß der Zivilisation*, v. I. Frankfurt-am-Main: Suhrkamp, 1977, p. 96.
24. Friedrich Nietzsche, "Aus dem Nachlass der Achtzigerjahre", *in: Werke*. Organização de Karl Schlechta. Berlin: Direkt Media, 2000: Digitale Bibliothek Band 31, p. 837, § 121.
25. Oswald Spengler, *Der Untergang des Abendlandes*. München: Beck, 1923, p. 42.

em nome da civilização, de modo que Bergson, por exemplo, era capaz de declarar em 1914 que "a luta iniciada contra a Alemanha é a luta mesma da civilização contra a barbárie"[26]; dessa forma, entenderemos que várias ideias hostis à civilização tenham circulado a partir de 1919, como uma espécie de vingança, no plano ideal, dos alemães contra a França. Assim, nesse mesmo ano, Georg Simmel, por exemplo, se refere aprobativamente ao fato de o termo "civilização" ser então usado comumente como pejorativo, referente a algo total ou relativamente exterior à verdadeira cultura[27]. Em 1934, em seu *Deutscher Sozialismus,* Werner Sombart propõe ao socialismo alemão a missão de alcançar "uma condição que chamamos cultura... e dissolver a condição existente que chamamos civilização"[28].

À valorização da cultura e à concomitante desvalorização da civilização corresponde a idealização da barbárie. Assim, Nietzsche havia também afirmado que, na história de cada povo, chega um momento em que a elite deve impedir

> [...] a continuação da experimentação e da condição fluida dos valores, o exercício *in infinitum* do exame, da escolha, da crítica dos valores. Contra isso, erige-se uma dupla muralha: por um lado, a *revelação*, isto é, a afirmação de que as razões das leis não são de origem humana, não foram buscadas e descobertas lentamente e através de erros, mas de origem divina, meramente transmitidas inteiras, perfeitas, sem história, uma dádiva, um milagre... e, por outro lado, a *tradição*, isto é, a afirmação de que a lei já vigora há tempos imemoriais, que seria ímpio, seria um crime contra os antepassados colocá-las em dúvida. A autoridade das leis se fundamenta com as teses: Deus as deu, os antepassados as viveram[29].

---

26. *Apud* Stéphane Audoin-Rouzeau; Annette Becker, *14-18, retrouver la Guerre,* Paris: Gallimard, 2000, p. 168.
27. Georg Simmel, "Der Begriff und die Tragödie der Kultur", in: *Philosophische Kultur,* Leipzig: Alfred Kröner, 1919, pp. 223-53.
28. *Apud* Jeffrey Herf, *Reactionary Modernism: Technology, Culture and Politics in Weimar and the Third Reich,* Cambridge: Cambridge University Press, 1986, p. 148.
29. Friedrich Nietzsche, "Der Antichrist: Fluch auf das Christentum", §57, in: *Werke, op. cit.,* Digitale Bibliothek, Band 31, p. 1225.

Segundo Nietzsche, esse teria sido o admirável procedimento dos defensores do Código de Manu, que sistematizara as leis religiosas e sociais do hinduísmo. Curiosamente, Nietzsche faz isso ao defender a superioridade do hinduísmo sobre o cristianismo. Ora, hoje é evidente que o procedimento que ele atribui aos hinduístas é exatamente o que também praticam, até hoje, os cristãos fundamentalistas, isto é, "bárbaros"...

Trata-se da *pia fraus*, a "fraude pia", chamada por Nietzsche também de *heilige Lüge*, isto é, de "mentira sagrada". Trata-se de uma maquinação política que o aristocratista Nietzsche aprendeu através da leitura das obras do aristocrata Platão. Não terá escapado ao leitor a semelhança entre a comunidade que se obteria com o auxílio da mentira descrita por Nietzsche e a comunidade que o filósofo ateniense idealiza no trecho acima citado de *As leis*. A própria ideia do direito dos governantes a recorrer à mentira sagrada tem Platão como uma de suas fontes[30]. De fato, imediatamente em seguida ao trecho em questão, que idealiza uma situação em que ninguém se lembre de que algum dia tivessem existido leis diferentes daquelas vigentes, o personagem Ateniense comenta que "o legislador deve, portanto, seja como for, excogitar um artifício pelo qual a sua pólis ficará assim"[31]. É claro que o que Platão tem em mente aqui é, para usar a expressão que ele já empregara na mesma obra[32], uma "mentira útil". Em *A república*, ele afirma explicitamente que os governantes, para o bem dos governados[33], devem contar-lhes o que chama de "mentiras nobres"[34].

Evidentemente, como nem Platão nem Nietzsche viveram em comunidades bárbaras primárias, o que cada um deles propunha era uma espécie de barbárie restaurada, ou de nova barbárie: contra a civilização da Atenas do século IV, no caso do primeiro, e da Europa do século XIX,

---

30. A outra fonte da noção do direito dos governantes à mentira sagrada é sem dúvida Crítias, o igualmente aristocrático primo da mãe de Platão. Graças a uma citação de Sexto Empírico, preservou-se um fragmento da sua peça *Sísifo*, no qual o personagem principal afirma que os deuses foram inventados para que cada indivíduo, temendo estar sendo permanentemente, até mesmo em seus mais secretos pensamentos, observado e julgado por eles, jamais ouse violar a lei, ainda que nenhum outro ser humano testemunhe seus atos. Isso mostra que, ao contrário daquilo em que Foucault queria crer, o pan-óptico com que sonhou Bentham não surgiu na época moderna. A religião já o havia não apenas sonhado, mas realizado...
31. Plato, *Leges, op. cit.*, p. 798 b.
32. *Ibid.*, 663 d.
33. *Idem*, *Republic*, Oxford: Clarendon Press, 1902, pp. 382 d, 389 b, 459 c.
34. *Ibid.*, 414 b.

no caso do segundo. O que ambos desejam é o que já classificamos de *barbárie reativa*. É essa, na verdade, a modalidade de barbárie que melhor conhecemos no século XXI.

No mesmo parágrafo em que elogia a mentira sagrada, Nietzsche se pergunta retoricamente: "Quem eu mais odeio, dessa gentalha de hoje em dia?" E responde: "a gentalha socialista, os apóstolos da chandala, que corroem o instinto, o prazer, o sentimento de satisfação do trabalhador com sua existenciazinha – que o tornam invejoso, que lhe ensinam a vingança (...). A injustiça jamais se encontra na desigualdade de direitos, mas na aspiração a direitos *iguais*..."[35]. Pois bem, não é só em Nietzsche que o ódio à igualdade e à universalidade dos direitos, à democracia, ao socialismo etc. se encontra entre os principais motivos do desprezo pela civilização em que esses ideais se realizam ou apenas se manifestam.

Em seu livro *A genealogia da moral*, Nietzsche tece fantasias precisamente sobre os bárbaros germânicos, as suas *blonde Bestie*, "feras louras". Uma de suas anotações póstumas afirma que, além dos bárbaros que vêm do fundo, "há outro tipo de bárbaros, que vêm do alto: uma espécie de naturezas conquistadoras e dominadoras que buscam um material a que possam dar forma"[36]. Em 1899, Houston Stewart Chamberlain, genro de Richard Wagner e, como este e Nietzsche, um dos ídolos de Adolf Hitler, compara a conquista do Império Romano do Ocidente pelos bárbaros ao "haja luz", da Bíblia[37].

Em 1932, o escritor Ernst Jünger, apreciado pelos nazistas, afirma: "queiram uns reconhecê-lo como uma recaída em uma barbárie moderna, outros saudá-lo como um banho de aço – mais importante é ver que um novo e ainda incontrolado influxo de forças elementares se apossou do nosso mundo"[38]. Spengler diz, em 1933, que "a barbárie é o que chamo de raça forte, o eterno guerreiro, no tipo da fera predatória que é o homem"[39]. No mesmo ano, Hitler declara: "Sim, somos bárbaros. *Queremos*

---

35. Friedrich Nietzsche, *op. cit.*, p. 1228.
36. *Idem*, "Aus dem Nachlass der Achtzigerjahre", *in*: *Werke, op. cit.*, Digitale Bibliothek, Band 31, p. 845.
37. *Apud* Manfred Schneider, "Barbaren zwischen Poesie und Politik: Erneuerungskonzepte im 20. Jahrhundert". Salzburg, 2005. Disponível em: https://w-k.sbg.ac.at/fileadmin/Media/arts_and_festival_culture/schneider_manus_050803.pdf, p. 13. Acesso em 3 nov. 2020.
38. Ernst Jünger, *Der Arbeiter*. Stuttgart: Ernst Klett, 1981, p. 58.
39. *Apud* Franz Martin Wimmer, "Rassismus und Kulturphilosophie", *in*: Gernot Heiss (org.). *Willfährige Wissenschaft: die Universität Wien 1938-1945*. Wien: Verlag für Wissenschaftskritik, 1989, p. 12.

sê-lo. Trata-se de um título honorífico. Somos *nós* que rejuvenescemos o mundo. Este mundo está no fim"[40].

O pressuposto de tais ideias é que a civilização moderna está culturalmente velha, decadente, impotente e que, assim como o mundo antigo teria sido rejuvenescido em sua cultura pela invasão dos bárbaros germânicos, também o mundo moderno precisa ser rejuvenescido por novos bárbaros. Cabe, em primeiro lugar, observar que a presunção embutida nesse pressuposto é absurda. O mundo antigo não foi culturalmente rejuvenescido pelos bárbaros germânicos. Ele já havia sido tomado pelos bárbaros internos, que eram os cristãos, e estes, longe de serem conquistados pelos bárbaros germânicos, os conquistaram. Os bárbaros cristãos, em vez de rejuvenescer culturalmente o mundo antigo, enclausuraram-no espiritualmente, inibindo qualquer criatividade significativa desde o século V até o século XII. Não houve luz; houve trevas. Mas não menos ridícula é a tese de que, no que tange à cultura, a civilização dos séculos XIX e XX estava em seus estertores, quando a verdade é que em poucas outras épocas históricas, se é que isso ocorreu em alguma, tanta criatividade e ousadia se manifestaram nas artes, na literatura, na filosofia ou na ciência.

Os bárbaros de hoje, como os fundamentalistas islâmicos ou cristãos, reagem exatamente à vitalidade – logo, à juventude – da civilização. Em nossos dias, a barbárie, como diz Andreas Breitenstein, odeia a civilização, "não pelo que esta faz, mas pelo que é – livre e progressista, secular e *sexy*, individualista e multicultural, rica de formas e possibilidades de vida"[41]. Aliás, lembro que quando, nos Estados Unidos, alguém tentou definir o já citado Amartya Sen como "asiático", ele respondeu:

> Posso ser ao mesmo tempo asiático, cidadão indiano, bengali com ancestrais de Bangladesh, residente americano ou britânico, economista, filósofo amador, escritor, sanscritista, alguém que crê fortemente no secularismo e na democracia, homem, feminista, heterossexual, defensor dos direitos de *gays* e lésbicas, praticante de um estilo de vida não religioso, de *background* hindu, não brâmane, descrente em vida depois

---

40. *Apud* Manfred Schneider, "Barbaren zwischen Poesie und Politik: Erneuerungskonzepte im 20. Jahrhundert", *op. cit.*
41. Andreas Breitenstein, "Der Terror in den Köpfen", *Neue Zürcher Zeitung*, Zürich, 23 jul. 2005.

da vida (e, caso interrogado, descrente em vida antes da vida também). Isso é apenas um pequeno exemplo das diversas categorias às quais posso simultaneamente pertencer. [...] Há, naturalmente, um número enorme de outras categorias que, dependendo das circunstâncias, podem me atrair e engajar[42].

Cabe-nos lutar para aprofundar e universalizar a civilização, para que todos – todos os que desejem – possam desfrutar das infinitas possibilidades que ela oferece.

Creio que o que foi dito até agora permite entender em que sentido o fascismo consiste em uma neobarbárie. Trata-se, claramente, de uma barbárie reativa. Em ensaio intitulado "Trump e o Ocidente", o atual chanceler brasileiro Ernesto Araújo considera que conceitos como o de "racismo", "justiça social", "direitos humanos", "direito" *tout court* e "humano" são intelectualmente inanes e superficiais[43].

Naturalmente, se os direitos humanos foram produzidos pelo iluminismo, então quem os despreza, como o ministro Ernesto Araújo, não pode ser senão contra todo o iluminismo. Assim, não surpreende que ele – seguindo, segundo ele próprio, Donald Trump – lamente o fato de que

> desde o "iluminismo" toda a tradição liberal e revolucionária constituiu-se numa rejeição do passado – em suas várias facetas de rejeição do heróis, rejeição do culto religioso e rejeição da família (a família, esse indispensável microcosmo da história, que liga o indivíduo ao tempo, assim como a nação liga um povo a um tempo)[44].

Vejam bem: Araújo quer, contra o iluminismo, proteger o culto religioso, a família e a nação. Como não nos lembrarmos do bordão fascista italiano *"Dio, patria, famiglia"*, que foi adotado pelos integralistas brasileiros e por Salazar como "Deus, pátria, família"? Na prática, "Deus" aqui significa o cristianismo, contra todas as demais religiões, contra qualquer

---

42. Amartya Sen, *Identity and Violence: the illusion of destiny*. New York: W. W. Norton & Company, 2006, p. 19.
43. Ernesto Henrique Fraga Araújo, "Trump e o Ocidente", *Cadernos de Política Exterior*, ano II, n. 6, Instituto de Pesquisa de Relações Internacionais – IPRI, segundo semestre de 2017.
44. Ibid.

heresia, e, naturalmente, contra o agnosticismo e o ateísmo. "Pátria" significa a nação a que se refere esse lema, em oposição a todas as demais nações. "Família" significa exclusivamente a família nuclear cristã. Naturalmente, para os nazistas, pátria e família se fundiam na noção de raça. De todo modo, são declaradas sagradas ou intocáveis as instituições estabelecidas pela cultura tradicional, em oposição a todas as demais culturas. Eis o neofascismo, que também poderíamos chamar de neo-neobarbárie, tentando se instalar em nosso país.

Vou fazer uma última observação. Etimologicamente, a palavra "democracia", de origem grega, significa "poder ou governo do povo". Assim, frequentemente supõe-se ser a escolha de um governante pelo povo, por meio do voto, a principal característica da democracia. Porém a verdade é que atualmente têm chegado ao poder, por meio do voto, ditadores como Putin, na Rússia, Maduro, na Venezuela, Erdogan, na Turquia etc. Devemos reconhecer que hoje em dia costumamos usar a palavra "democracia" como a significar, sobretudo, o oposto do totalitarismo. Democrático é, antes de mais nada, o Estado em que os direitos são plenamente reconhecidos e implementados. Assim, são absurdas as invectivas de governantes que, por terem sido eleitos pelo povo, acusam de antidemocráticas instituições como o judiciário, que limitam o seu poder, ou a imprensa, que os criticam. Evidentemente antidemocráticas são as próprias atitudes ditatoriais desses governos ao tentar limitar ou censurar tais instituições.

Termodinâmica da história: horizontes da tecnociência e cenários para a civilização
Luiz Alberto Oliveira

Em tempos de tempestade, é prudente ouvir os velhos marinheiros:

Para que a roda gire, para que a vida viva, são necessárias as impurezas, e as impurezas das impurezas: mesmo com a terra, como se sabe, se se quiser que seja fértil. É preciso o dissenso, o diverso, o sal e a mostarda: o fascismo não os quer, e por isso não és fascista; quer todos iguais, e não és igual.

Primo Levi, *A tabela periódica*[1], "Zinco"

Então comecemos. Costuma-se entender a astronomia como a "primeira" das ciências, em vista da antiguidade imemorial da atividade de contemplar as configurações celestes. Todas as culturas humanas exibem alguma vinculação do céu e de suas mudanças com os afazeres e vicissitudes da sociedade. Revoluções na astronomia têm assim um caráter refundador das próprias bases do conhecimento sobre o mundo natural, como bem demonstra a história do pensamento[2].

Um dos momentos decisivos dessa história ocorreu nas primeiras décadas do século XX, com a observação de que os agregados de estrelas que chamamos de galáxias apresentavam um padrão coletivo de movimentação, indicando estarem submetidas a um dinamismo global. Ou

---
1. Cf. Primo Levi, *A tabela periódica*, Rio de Janeiro: Relume, 1994.
2. Cf. Giorgio de Santillana; Hertha von Dechend, *Hamlet's Mill: an Essay Investigating the Origins of Human Knowledge and Its Transmission Through Myth*, Boston: David Godine Eds., 1985.

seja, para além dos eventos físicos locais, haveria uma modalidade específica de transformação que ocorreria com o universo astronômico como um todo; dito de outro modo, a totalidade seria, ela mesma, histórica, evolutiva. Essa constatação tem imensas consequências, pois implica, como corolário direto, que o estado natural do tudo-o-que-existe, isto é, do universo astronômico enquanto expressão mais abrangente do existir material, é o inacabamento[3].

Para muitos, a observação empírica desse processo evolutivo global – que hoje chamamos de expansão de Hubble – foi a maior descoberta jamais feita sobre a natureza, pois constitui a infraestrutura dinâmica, em última instância, para todas as outras variedades de transformação que hoje observamos – da geração de estrelas à formação de sistemas planetários, da aparição dos elementos químicos à evolução biológica. E, naturalmente, à emergência da cultura. As dimensões de nossa existência e suas expressões concretas – as formações da matéria, as organizações da vida, as invenções do pensamento – decorrem diretamente da evolução cósmica[4]. Assim, podemos hoje apreciar a precisão da metáfora de Borges – "A Biblioteca (que alguns chamam de Universo)", na inesquecível abertura de "A Biblioteca de Babel" –, aproximando a natureza e a literatura[5]. De fato, em que consiste a escrita? Das letras do alfabeto, que se associam formando fonemas, cuja combinação produz palavras, que se encadeiam em frases, que compõem parágrafos e a seguir seções, que se integram em capítulos, cujos conjuntos perfazem livros, que se distribuem pelas estantes da biblioteca, cuja última expressão não é senão a própria literatura.

Ora, de modo inteiramente homólogo vemos que a matéria consiste de partículas elementares, que se associam formando núcleons, os componentes dos núcleos atômicos, que, ao se combinarem com elétrons, formam os átomos dos elementos químicos que encontramos na tabela periódica, cujas reações produzem moléculas, de que são feitos os corpos, tanto terrestres quanto celestes, e daí teremos astros e planetas, organizados em sistemas estelares (como o sistema solar), que compõem os vastos arranjos de estrelas que chamamos de galáxias (como a nossa Via

---

3. Cf. Mario Novello, *O universo inacabado: a nova face da ciência*, São Paulo: n-1 Edições, 2018.
4. Cf. Hubert Reeves, *Um pouco mais de azul: a evolução cósmica*, São Paulo: Martins Fontes, 1986.
5. Cf. Jorge Luis Borges, *Ficções*, Rio de Janeiro: Globo, 1997.

Láctea), que se ordenam em grupos (como o chamado Grupo Local), que integram aglomerados (como o chamado Aglomerado Local), que por sua vez formam superaglomerados (como Laniakea, "céu imensurável" em havaiano, onde residimos), os componentes da totalidade que denominamos de universo (mais precisamente, universo conhecido), que não seria mais, especulam alguns, que um dos ramos de um inumerável multiverso[6]... O que é decisivo é percebermos que ambas as estruturas são complexamente organizadas: unidades que em certo nível se combinam para compor as unidades do nível seguinte, porém de modo não reducionista – a regra de associação dos elementos do primeiro nível certamente permite a produção dos elementos do segundo, mas *não determina estritamente* a regra de associação que os próprios elementos do segundo nível seguirão (senão a poesia, por exemplo, seria impossível!). Em ambas as totalidades, portanto, a da arte e a da natureza (ou seriam uma só?!), o surgimento de novas formas, de novas modalidades de organização, é não apenas permitido como esperado. Assim, a compreensão de que somos seres complexos em um sistema complexo é capital para refletirmos sobre nosso presente estatuto de criaturas pensantes; o cosmólogo John Barrow assinala que, ao apreendermos o universo astronômico e reconhecermos nosso pertencimento a ele, como seres (em escala crescente de dimensão) terranos, solares, via-lácticos, aglomeráticos, laniakeanos e, enfim, cósmicos – o todo passa também a fazer parte de nós[7].

Isso nos leva a uma questão filosófico-científica – que, como veremos, tem imediatamente um transbordo ético-político – sobre como assimilar essa nova condição de seres cósmicos à nossa cognição de primatas recém-saídos do Pleistoceno[8]. A questão mais evidente desse campo problemático parece ser a de como engrenar as durações breves típicas da cultura com os larguíssimos andamentos dos processos naturais. Com efeito, a fusão entre técnica e ciência, ou seja, entre conhecimento e ação, que caracteriza a civilização contemporânea, implica que a capacidade crescente de discernir a variedade de ritmos presentes nos sistemas

---

6. Cf. Simon Saunders *et al.*, *Many Worlds? Everett, Quantum Theory, and Reality*. New York: Oxford University Press, 2010.
7. Cf. John D. Barrow, *The Book of Universes: Exploring the Limits of the Cosmos*, New York: W. W. Norton, 2011.
8. Cf. Steven Mithen, *A pré-história da mente*, São Paulo: Editora Unesp, 1998.

naturais – dos moleculares aos astrofísicos, abrangendo de trilionésimos de segundo a bilhões de anos – é inseparável de uma capacidade paralela de atuar sobre eles. Isso equivale a deslocarmos o âmbito da intervenção técnica na reprodução de ovelhas, digamos, para o domínio dos prazos e escalas da reprodução do genoma das ovelhas – isto é, a seleção de características desejáveis desloca-se dos meses de gestação para os minutos de inseminação, e do contexto ambiental, pastoril, para o laboratorial, molecular. Através da tecnociência, a evolução acha-se, ela própria, em vias de evoluir[9].

Exploremos um pouco mais detidamente essa constelação de processos e seu continuado desdobramento em dimensões consecutivas de expressão, que são os domínios de nossa existência: Matéria, Vida, Pensamento. Toda formação material apresenta-se como um conjunto ordenado de ocorrências, ou seja, de fenômenos estruturados segundo durações, comprimentos e escalas. Nesse plano básico, imperam os princípios da termodinâmica, regulando as trocas de atividade entre diferentes sistemas e entre partes de um mesmo sistema, isto é, estabelecendo as regras de comportamento – ou funções – que decorrem dos arranjos específicos – ou formas – desses sistemas materiais. Assim, em qualquer sistema, todo processo sucede por variações de modalidades de composição, atividade e organização, tanto por circulação interna quanto por interação com seu contexto exterior[10]. A lei física mais geral que conhecemos, o chamado Segundo Princípio da Termodinâmica, determina que, se isolarmos um sistema – *qualquer* sistema – de seu ambiente, ou seja, se permitirmos somente a circulação interna de materiais, energia e informação, esse sistema se entropizará, ou seja, perderá organização. A manutenção de estruturas complexas e, em particular, a possibilidade de processos neguentrópicos de aumento do grau de organização dessas estruturas só podem ter lugar, portanto, em sistemas abertos, sempre disponíveis para a interpenetração com fluxos externos. A formação de novas variedades de organização, encarnadas em novas distribuições de simetrias e assimetrias espaciais, corresponderá assim à catálise, ou emergência, de novos ritmos, novas cadências para a circulação dos fluxos; trata-se sempre do

---

9. Cf. Patricia Fara, *Science: A Four Thousand Year History*, Oxford: Orford University Press, 2010.
10. Cf. Robert M. Hazen; James Trefil, *Saber ciência*, São Paulo: Cultura, 1995.

engendramento de modos inovadores de o sistema dobrar-se e desdobrar-se sobre si e seu entorno[11].

É no âmbito dessa integração topológica de ambiente e genoma, reiteração e circunstância, que vemos emergir certa arquitetura de sistemas capaz não só de reproduzir-se como também, ao longo dos ciclos de reprodução, de diferençar-se, que caracterizará o campo da vida. Os organismos vivos são como fábricas que produzem seus próprios equipamentos, de tal modo que podem dar lugar a réplicas de si mesmos, e os genomas dos organismos são como os planos de implantação e estruturação de cada nova planta industrial, registrados em códices em escala molecular, redigidos em desoxirribonuclês. Variações ocorridas na reimpressão dos códigos genômicos, qualquer que seja sua causa, podem levar ao fracasso da reprodução ou, em certos casos, a novas modalidades de arranjo arquitetônico dos organismos, ou seja, a novos caracteres e funcionalidades, que eventualmente se consolidarão em uma nova espécie. Essa sequência dinâmica de repetições e variações constitui a regra operacional que rege os seres vivos: a evolução[12].

Examinando o vasto panorama da evolução biológica terrestre, é possível descortinar regularidades e descontinuidades, períodos de conservação e episódios de extinção – e de multiplicação – de espécies. Um dos traços mais marcantes desse panorama é o surgimento de organismos e sistemas de organismos cada vez mais complexos, como assinalado pela proliferação, há cerca de 500 milhões de anos, dos seres multicelulares. Desde então, tanto a estrutura interna desses seres exibiu crescente especialização de grupos de componentes, dando lugar a órgãos e sistemas funcionais, quanto as interações de distintas espécies entre si e com o ambiente físico-químico adquiriram modalidades numerosas e diversificadas[13]. Um conceito original que ilustra com clareza essa tessitura enriquecida de linhas dinâmicas de associação e dissociação foi introduzido há cerca de um século por Jakob von Uexküll. Segundo ele, cada espécime recortaria a pluralidade de estímulos advindos do ambiente segundo a

---

11. Cf. Ilya Prigogine, *From Being to Becoming; Time and Complexity in the Physical Sciences*, New York: Freeman, 1980.
12. Cf. Ernst Mayr, *O que é a evolução*, Rio de Janeiro: Rocco, 2009.
13. Cf. Guillaume Lecointre; Hervé Le Guyader, *The Tree of Life: A Phylogenetic Classification*, Cambridge: Belknap, 2006.

compleição de seu respectivo aparato sensório-motor, ou seja, de acordo com as características perceptuais de cada espécie, o ambiente natural comum seria refratado em diversos mundos próprios, contextos funcionais distintos, ainda que espacialmente coincidentes, definidos e praticados por meio de campos afetivos pertinentes a cada tipo de capacidade sensorial e cognitiva[14]. Gilles Deleuze oferece um saboroso resumo da proposta de Uexküll examinando o domínio afetivo de um carrapato, seus afetos – luz do sol, cheiro de suor, calor do sangue – e suas ações correspondentes[15]. O que importa, para nós, é a conclusão de que um mesmo território ambiental comporta uma imensa variedade de mundos próprios, interpenetrando-se alguns, indiferentes outros, imperceptíveis ainda outros, de acordo com a rede de interações que cada indivíduo de cada espécie estabelece em sua vizinhança. Assim, processos sofisticados de predação e cooperação serão definidos a partir de diferentes poderes de afetar e ser afetado.

O mundo próprio do *Homo sapiens*, por exemplo, tem como suporte as faixas perceptuais relativamente estreitas em que nossos sentidos operam. Uma minúscula franja do espectro electromagnético de frequências delimita a banda da luz visível a que temos acesso; as fronteiras imediatas do infravermelho e do ultravioleta – que outras espécies são adaptadas a perceber – já nos escapam. Do mesmo modo, nossa escala auditiva, que abrange de 20 a 20.000 Hz, não se compara à habilidade dos elefantes de ouvir infrassons, nem à dos morcegos de escutar ultrassons. E, no que tange aos sentidos do paladar e do olfato, simplesmente não há comparação de nossos limitados limiares de estímulo com a aguda sensibilidade bioquímica das mariposas, por exemplo. De fato, para nós, a densa atmosfera de odores e sinais químicos emitidos por uma infinidade de seres à nossa volta, quer para comunicar-se com parceiros da mesma espécie – os feromônios –, quer para influenciar membros de outras espécies – os alomônios –, é como uma gigantesca orquestra muda executando uma sinfonia inaudível[16]. Vale observar que todas as criações da arte humana – todas – foram e são circunscritas a essas faixas sensoriais restritas.

14. Cf. Jakob von Uexküll, *A Foray into the Worlds of Animals and Humans*, Minneapolis: University of Minnesota Press, 2010.
15. Cf. Gilles Deleuze; Félix Guattari, *Mil Platôs*, v. 4, São Paulo: Editora 34, 2012.
16. Cf. Bill Bryson, *A Short History of Nearly Everything*, London: Black Swan, 2004.

Há um fator, porém, que singulariza o comportamento humano: o poder de transformar artificialmente a amplitude de seu mundo próprio. Edward O. Wilson assinala que, dentre os milhões de espécies conhecidas, somente dezenove famílias – dezenove – exibem as características de organização coletiva que ele denomina de *eussocialidade*, a saber: catorze variedades de insetos (formigas, cupins, abelhas e vespas), três de crustáceos (camarões) e duas de mamíferos – duas espécies de ratos de toca[17]. Wilson, não sem controvérsia, acrescenta à lista uma espécie primata: o *Homo sapiens*. Dentre tantas derivas evolutivas, portanto, somente essas poucas conduziram à presença simultânea e coordenada de três aspectos ou capacidades: compartilhar um ninho; coexistirem, neste ninho, diferentes gerações; e haver entre os membros do grupo uma repartição definida de tarefas. Nos cupinzeiros, por exemplo, a resistente estrutura feita de um amálgama de argila e saliva, dotada de ambientes com temperatura e umidade reguladas, abriga de larvas a operárias adultas, rainha, zangões e soldados de temíveis mandíbulas, todos praticamente cegos, mas interagindo por uma sofisticada rede de intercâmbio de feromônios que permite a realização de empreendimentos comuns de grande porte – como a própria construção do ninho exemplifica. O notável sucesso evolutivo dos insetos eussociais, porém, não parece suficiente para explicar as particularidades da sociabilidade humana. De fato, os aspectos decisivos parecem ser a flexibilidade aparentemente inesgotável do modo de comunicação humana, por intermédio da linguagem, em combinação com a proliferação também incontável de meios de intervenção sobre o ambiente, a partir da técnica. Ao simbolizar e artificializar, a eussocialidade dos humanos deu lugar à potência ilimitada do pensamento[18].

Tal como em outros processos em sistemas complexos, esse desenvolvimento singular parece não ter uma causa única ou primordial, sendo talvez mais bem apreendido por meio da convergência de numerosos fatores heterogêneos, que vão desde mudanças ambientais de fundo tectônico à adoção do bipedalismo, e da neotenia (a maturidade progressiva dos recém-nascidos, que demandam cuidados intensivos até lograrem alcançar um mínimo de autonomia[19]) à destreza digital proporcionada

---

17. Cf. Edward O. Wilson, *The Social Conquest of Earth*, New York: W. W. Norton, 2012.
18. Cf. André Leroi-Gourhan, *O gesto e a palavra*, Lisboa: Edições 70, 1983.
19. Cf. Stephen Jay Gould, *Vida maravilhosa*, São Paulo: Companhia das Letras, 1990.

pela oposição dos polegares. Pelo que se pode supor, duas linhas decisivas de transformação transcorreram mais ou menos em paralelo, e reforçando-se mutuamente: a necessidade de coesão do grupo, levando a uma rica rede de laços e posições sociais exercida por meio de intensas trocas de gestos e sinais, inclusive as vocalizações; e uma crescente capacidade de manufaturar utensílios, infundindo ou realçando caracteres desejáveis de diferentes materiais, em particular a pedra. Há evidências de que há mais de dois milhões de anos nossos ancestrais praticavam a produção de instrumentos líticos, suplementando as muito limitadas capacidades de nossos corpos frágeis; contudo, a eussocialidade humana foi de fato avançada não pelo manejo das propriedades e formas de qualquer material, e sim pela conquista do controle de um *processo*: o fogo[20]. Desde mais de um milhão de anos, ao mudar a dieta disponível, aumentar a durabilidade dos alimentos, oferecer conforto nas intempéries e proteção contra predadores, o fogo passou a ocupar o centro do ninho humano. Podemos imaginar, nascendo nesse fogo central, uma espiral cada vez mais ampliada de gestos e palavras, de práticas e ideias, que acabaria por sobrepor ao ambiente natural um segundo domínio de agir, uma nova modalidade de ser: a cultura[21].

Ao tornar-se um fator constitutivo do ser humano, para além das dimensões material e vital, a cultura – o campo do pensamento – institui uma dobra topológica pela qual o indivíduo só pode efetivamente se integrar ao grupo se, de modo recíproco, o grupo se inserir nele e o dotar, paradoxalmente, dos meios para esse pertencimento. Gilbert Simondon aponta que a individuação psíquica – o desenvolvimento das formações subjetivas – é inseparável da coletiva – o estabelecimento das relações sociais. A pessoa somente se humaniza ao partilhar do humano[22]. Dito de outro modo: tanto habitamos quanto somos habitados pela comunidade que formamos e em que somos formados. A circularidade implícita em ser constituído pela cultura e ser igualmente seu agente de produção e operação sugere um inacabamento perpétuo, irremovível; uma contínua abertura que não cessa de desdobrar-se e, ao mesmo tempo, precipitar-se sobre si mesma. Esse deslimite seria, em última instância, o contexto para

20. Cf. Géza Szamosi, *Tempo e espaço: as dimensões gêmeas*, Rio de Janeiro: Jorge Zahar, 1988.
21. Cf. Craig Stanford, *Como nos tornamos humanos*, Rio de Janeiro: Campus, 2004.
22. Cf. Gilbert Simondon, *L'Individuation psychique et collective*, Paris: Aubier, 1989.

a liberdade, pois novas multiplicidades e novas unidades estariam sempre se compondo e dissolvendo na variedade deslizante dos acontecimentos[23].

A sinergia deslinear entre técnica e palavra, ou entre cultura material e cultura simbólica, permitiu às diversas sociedades praticar modalidades inovadoras de temporalização. De fato, como o filósofo do *design* Sanford Kwinter observa, todo artefato humano requer, para sua elaboração e uso prático, que as durações e velocidades que vigoram em seu substrato material sejam transladadas – Simondon diria: "transduzidas" – para ritmos e movimentos em escala humana. Do machado de pedra ao algodão-pólvora, trata-se sempre de abordar consistências e durabilidades não humanas para fazê-las apreensíveis e utilizáveis, ou seja, engrenar suas propriedades e rapidez com os andamentos e grandezas tipicamente humanos. A potência instantânea, isto é, incontrolável, de uma explosão é agora precedida pela passividade dócil e prolongada do bastão de dinamite: a expansão infinitamente rápida converte-se em ocorrência episódica, predizível e manejável, de uma ação imobilizada, de um movimento infinitamente sobrestado. A cada campo fenomênico que é apropriado pela habilidade prática do artífice ou investigador, novos componentes passam a tornar-se parte do mundo próprio humano; até então alheios ou inacessíveis, esses grupos de fenômenos reunidos e articulados em artefatos adquirem origem e finalidade, ou seja, uma temporalidade histórica, distinta e inovadora, que vem acrescentar-se às durações materiais do substrato[24].

Ora, se entendemos, com Mário Novello[25], a ciência como uma forma de diálogo com a natureza, concluímos de imediato que esse diálogo será um poderoso fomentador de inovações, e portanto de renovação ou mesmo de revolução de nosso estar no mundo. Por meio de observações e experimentos, formulam-se perguntas para os fenômenos; os resultados servirão de base para a elaboração de novas observações e experimentos, ou seja, de novas perguntas. Como assinala David Deutsch, a natureza é um oráculo inesgotável: se soubermos fazer a pergunta, sempre receberemos resposta, gérmen de nova indagação. Esse dialogar entre natureza e pensamento é autocatalítico, pois medições mais acuradas levarão a

---

23. Cf. Gilbert Simondon, *L'Individu et sa genèse physico-biologique*, Grenoble: Millon, 1995.
24. Cf. Jesse Reiser; Nanako Umemoto, *Atlas of Novel Tectonics,* New York: Princeton Architectural Press, 2005.
25. Cf. Mário Novello, *Os jogos da natureza*, Rio de Janeiro: Campus, 2004.

instrumentos mais precisos, que produzirão medições mais acuradas, e assim sucessivamente. Do mesmo modo, hipóteses audaciosas levarão a acertos inesperados ou erros fecundos, que circunscreverão de modo original o campo de questões em tela, dando lugar a novas ideias e pontos de vista que eventualmente conduzirão a uma ampla reformulação do saber até então acumulado[26].

A coordenação desses blocos de fatos – agora convertidos em evidências – segundo séries causais distintas conduziu, ao longo do desenvolvimento da ciência, à progressiva apreensão de mais e mais escalas não humanas – isto é, períodos, tamanhos, densidades, temperaturas e velocidades inteiramente estrangeiros à experiência cotidiana, desarmada de instrumentos, tornam-se suscetíveis de aferição e, portanto, de exploração. Aspectos como a gênese, o funcionamento e a extinção de estrelas, de acordo com suas características de massa e composição, puderam ser investigados e, em muito casos, elucidados – embora os bilhões de anos, milhões de graus e quintilhões de toneladas neles envolvidos sejam rigorosamente inalcançáveis por nossos sentidos, ou seja, residam muito além de nosso mundo próprio[27]. É assim que sabemos hoje que a evolução darwiniana é o princípio governante da vida terrestre, conhecemos o dinamismo das placas tectônicas que reflete o metabolismo geológico do planeta e vislumbramos os caracteres da própria expansão do cosmos. Hoje, a instalação e a difusão do conhecimento tecnocientífico baseado em evidências tornaram-se elemento central da cultura globalizada (para cuja constituição foram um dos principais fatores). Assim, vivenciamos em nossos dias o estabelecimento da evolução cósmica como pano de fundo material-histórico da compreensão do que somos; dito de outro modo, somos tanto testemunhas quanto atores de um vasto deslocamento das próprias fundações de nossa visão de mundo, ao se substituir a pretensa atemporalidade da *forma* humana, apoiada no venerando par conceitual substância/indivíduo, pela historicidade intrínseca da *experiência* humana, entendida a partir do par conceitual inovador informação/processo[28].

---

26. Cf. David Deutsch, *A essência da realidade*, São Paulo: Makron, 2000.
27. Cf. Timothy Morton, *Hyperobjects: Philosophy and Ecology after the End of the World*. Minneapolis: University of Minnesota Press, 2013.
28. Cf. Adauto Novaes (org.), *Mutações: novas configurações de mundo*, São Paulo: Edições Sesc São Paulo, 2017.

Uma primeira consequência desta revisão é compreender a história, o período em que se estabeleceu e prosperou a cultura, como um estágio emergente e provisório da vasta série de desdobramentos de que consiste, em conjunto, a epopeia cósmica do existir, isto é, a singular ocasião em que o Todo principia a se dar conta de si. Para assentar o entendimento sobre a humanidade e sua cultura nessas bases fundamentais – instalar a história na Grande História (*Big History*), como sugere David Christian[29] –, é necessário apreender a complexa convolução das dimensões material, vital e cognitiva de nossa existência enquanto agentes cósmicos, planetários, ecobiológicos, cognoscentes e culturais; a exploração dessa vasta constelação de transiências e diversidades requer a coordenação das atividades que Claudio Ulpiano denominava de potências do Espírito – a filosofia, a arte, a ciência[30]. E aqui se torna decisiva a observação de John Myhill: *nenhuma descrição do Universo pode ser completa se não for poética*[31].

Para isso, deve ocorrer a superação de um forte entrave de caráter epistemológico. Os sucessos da física clássica, desde sua consolidação, em princípios do século XIX, tiveram grande repercussão em diversos outros campos de saber, inclusive no campo das chamadas humanidades, da sociologia (que tomou de empréstimo expressões como "movimento das massas" e "forças sociais") à psicologia (como no célebre "projeto" do aparelho psíquico que Freud idealizou nos primórdios do desenvolvimento da psicanálise). O obstáculo que repetidamente se apresentou a essas abordagens, porém, dizia respeito à extremada complexidade (no sentido vernacular de "redobramento") dos fatores presentes na estrutura e atuantes no dinamismo das comunidades humanas, tanto na dimensão pessoal ou subjetiva quanto, em especial, na dimensão coletiva ou política[32]. Choques de partículas ou mudanças de estado em um fluido podem ser descritos em termos de grandezas e variáveis bem-postas – *momentum*, energia, entropia[33] –, mas como replicar essa boa formulação quando se

---

29. Cf. David Christian, *Maps of Time: An Introduction to Big History*, Berkeley: University of California Press, 2005.
30. Cf. Claudio Ulpiano, *Gilles Deleuze: a grande aventura do pensamento*, Funemac Livros/CeCUlp, Macaé, 2013.
31. Cf. John Barrow, *Impossibility: The Limits of Science and the Science of Limits*, Oxford: Oxford University Press, 1998.
32. Ilya Prigogine; Isabelle Stengers, *A nova aliança*, Brasília: Editora UnB, 1984.
33. Freeman Dyson, *Perturbando o Universo*, Brasília: Editora UnB, 1981.

trata de cidadãos e ativistas ou de povos e nações? Dificuldades de toda sorte acabaram por sugerir uma tal heterogeneidade entre sistemas naturais e culturais que seria virtualmente impossível, ou em todo caso inútil, procurar aplicar tratamentos que são eficazes no âmbito das ciências da natureza ao caso de sociedades e civilizações, ou seja, da história. A recíproca, evidentemente, seria igualmente verdadeira[34].

Assim, alguns dos avanços mais decisivos do conhecimento nas últimas décadas se deram precisamente com a progressiva diluição das antigas fronteiras acadêmicas que distinguiam de modo cabal as chamadas ciências da natureza das ciências humanas. Como observou C. P. Snow no hoje clássico *As duas culturas*[35], essa dicotomia vigorou em função da crença generalizada entre os praticantes de ambas as modalidades de saber em que, sendo os objetos de estudo da história essencialmente singulares, imprevisíveis e irrepetíveis, os métodos quantitativos extensamente empregados na investigação dos sistemas naturais não teriam viabilidade ou eficácia. Se não há como realizar experimentações controladas nem medições precisas no exame dos fenômenos sociais e culturais, o próprio núcleo desses métodos empíricos, tão efetivos no caso do estudo da natureza, seria inaplicável aos campos de interesse das humanidades.

Já a partir de meados do século XX, todavia, avanços notáveis na matemática não linear, como nas chamadas "teorias do caos" de Smale e Lorenz, e concepções audaciosas sobre sistemas termodinâmicos longe do equilíbrio, como nos trabalhos de Prigogine, renovaram de modo substancial os paradigmas sobre o comportamento de sistemas complexos. Da ecologia à economia, da meteorologia à aerodinâmica, esses novos conceitos, aliados ao poder sem precedentes de modelização proporcionado pela computação eletrônica, deram lugar a autênticos saltos na compreensão de diversas classes de fenômenos até então inacessíveis. Um dos aspectos cruciais desses desenvolvimentos foi o progressivo entendimento de que a relação entre todo e parte, ou entre sistema e elemento, no caso de sistemas complexos em que sucedem comportamentos não lineares, simplesmente não poderia ser abordada sob o viés reducionista tradicional, uma vez que um terceiro polo, essencial à descrição desse tipo

---

34. Manuel DeLanda, *Intensive Science and Virtual Philosophy*, London: Continuum Press, 2005.
35. Cf. Charles Percy Snow, *The Two Cultures*, Cambridge: Cambridge University Press, 2012.

de processo, teria de ser acrescentado ao diagrama funcional correspondente – a figura de meio, ou contexto. Como observa John Holland, uma ordem até então oculta começa assim a se revelar em uma variedade de aspectos e domínios do mundo natural – e do mundo humano[36].

Assim, esses excepcionais desenvolvimentos da matemática e das modelagens computacionais tornaram possível explorar o comportamento de sistemas complexos tanto naturais quanto artificiais. Quer se trate de sistemas materiais, biológicos ou culturais, modalidades homólogas de processos não lineares e a ocorrência em comum de fenômenos críticos longe do equilíbrio levaram ao rompimento e à superação dessas fronteiras tradicionais. Manuel DeLanda, por exemplo, observa que a famosa sentença "a luta de classes é o motor da História" é certamente metafórica – pois não há nos processos históricos pistões, ou bobinas, ou qualquer elemento objetivo semelhante às partes de uma máquina[37]. Contudo, o enunciado "um furacão é uma máquina termodinâmica" tem referências materiais concretas – a água do oceano retém calor (como uma caldeira), que esquenta a atmosfera (como um conversor), colocando em movimento os ventos (como um acionador). O fenômeno meteorológico e o dispositivo industrial têm em comum o mesmo *diagrama funcional*, encarnando estruturas dinâmicas homólogas, e não análogas.

Na mesma linha de argumentação, Jane Bennett demanda uma revisão do conteúdo semântico do termo "geopolítica" – porque, se antes se entendia que as vicissitudes da pólis se davam sobre o suporte indiferente de *geos*, em tempos de planetarização as ações humanas tornam-se fatores importantes de modificação dos estados de coisa do ambiente[38]. Jared Diamond, por sua vez, advoga em favor da noção de "experimentos naturais de história" para dar sentido a determinados padrões que se reiteram no percurso de diferentes sociedades, refletindo a complexa interação dos dinamismos sociais dessas culturas com as circunstâncias voláteis dos sistemas ambientais que as sustentam[39] – argumentação que se alinha com as considerações de alguns cosmólogos e astrofísicos sobre as condições para a emergência e o desenvolvimento da evolução cósmica,

---

36. John H. Holland, *A ordem oculta*, Lisboa: Gradiva, 1997.
37. Cf. Manuel DeLanda, *A Thousand Years of Nonlinear History*, New York: Swerve Editions, 2000.
38. Jane Bennett, *Vibrant Matter: A Political Ecology of Things*, Durham: Duke University Press, 2010.
39. Jared Diamond; James A. Robinson (eds.), *Natural Experiments of History*, Cambridge: Belknap, 2010.

igualmente irrepetíveis e incontroladas (vale observar de passagem que a própria aplicação do termo "evolução" na descrição do comportamento do singular sistema físico que chamamos de universo já acarreta interessantes perplexidades...). Mas talvez a evidência mais transparente desse desfazimento de limites entre natureza e sociedade, ou entre naturatos e artefatos, advenha da pesquisa de Geoffrey West, antigo diretor do Santa Fe Institute, e colaboradores, que encontram padrões similares ("leis de escala") tanto na relação entre massa corporal e longevidade na ordem dos mamíferos quanto na relação entre aumento da população e intensidade da atividade econômica em cidades. De organismos a empresas, essas formas homólogas de regularidade indicam, segundo West, a atuação infraestrutural de princípios similares de organização e comportamento[40].

Essas novas perspectivas integradoras acerca dos sistemas naturais e culturais apenas principiam a se instalar, em diversos domínios de saber, e suas potencialidades estão longe de ser completamente aferidas. Parece plausível, no entanto, especular que o estamento acadêmico atual não permanecerá o mesmo a partir da difusão dessas abordagens inovadoras. Vale mencionar, por exemplo, a sugestão do físico Victor Weisskopf para superar a obsoleta dicotomia entre as chamadas ciências naturais e as humanidades (ou entre ciências "exatas" e "históricas"), em favor da distribuição dos diferentes saberes segundo dois polos: ciências cósmicas ou da unidade, e ciências terranas ou da pluralidade. Em um polo, temos os saberes sobre os corpos, seus componentes e suas composições em diversas escalas – física de partículas elementares, química, astrofísica, cosmologia; no outro, os saberes sobre as ricas organizações e os densos fluxos de informação característicos do sistema complexo Terra, abrangendo da geologia à fisiologia, da psicologia à cibernética[41].

Em resumo, em vista da impressionante densidade de transformações de que se acha impregnada a presente era – que alguns pretendem mesmo distinguir como uma nova época geológica, o *Antropoceno*, vinculando explicitamente os domínios natural e cultural[42] –, a valorização

---

40. Cf. Geoffrey West, *Scale: The Universal Laws of Life, Growth, and Death in Organisms, Cities, and Companies*, New York: Penguin, 2018.
41. Cf. Victor Weisskopf, "The Development of Science this Century 2 - from 1946 to 1970". Disponível em: https://cds.cern.ch/record/1732289/files/vol34-issue5-p009-e.pdf. Acesso em 3 nov. 2020.
42. Dianne Dumanoski, *The End of the Long Summer: Why We Must Remake Our Civilization to Survive on a Volatile Earth*, New York: Three Rivers Press, 2009.

de abordagens sintéticas, complementando a tradição analítica moderna, pode efetivamente ser o meio de explorar o horizonte inédito de intensas mudanças – melhor, talvez, chamá-las de *mutações* – dos mais diversos aspectos que até aqui têm integrado e definido o que costumamos entender como humanidade, em sua relação com o que chamamos de Natureza[43]. Trata-se assim de fazer convergir o que até aqui se achava dissociado – os dois grandes domínios de mudança, a termodinâmica e a história.

De fato, seja qual for a dimensão examinada – corporal, fisiológica, cognitiva, comunicacional, simbólica, social, econômica, política –, os elementos que constituíam a condição humana parecem estar, panoramicamente, em estado de transiência, em deslizamento. Seguindo as ideias de Carl Sagan, parece claro que a civilização engendrada pelo *Homo sapiens* desde a última Era do Gelo está prestes a completar sua planetarização – o passo seminal para que possa eventualmente disseminar-se para outros sistemas planetários e tornar-se, assim, multiestelar[44]. Os requisitos tecnocientíficos para essa mudança de fase civilizacional estão presentes hoje: vasta remodelação dos hábitats naturais por causa da expansão das atividades econômicas, amplo poder de manipulação de estruturas e processos microscópicos – sejam materiais, biológicos ou informacionais. A aceleração exponencial de ambos os domínios de intervenção, macro e micro, a artificialização virulenta do território e de seus integrantes que ocorre em nossos dias não deixa dúvidas: a humanidade entrou em um regime intrinsecamente deslinear em que, tipicamente, o desenrolar da dinâmica do sistema se converte em contexto para a continuidade do próprio processo. Sistemas em que vigora um tal regime deslinear são capazes de autoadaptar-se e autogerir-se – desde que o façam incorporando uma instabilidade estrutural, irremovível, a seu desempenho, isto é, sigam trajetórias dinâmicas caóticas, nas quais escolhas de percurso que forem feitas em um breve período de viabilidade influenciarão de modo definitivo a configuração futura do sistema – no caso, da civilização[45].

Pois, no próprio momento em que o homem vislumbra a substituição de seu estatuto ontológico prévio – de ente universal para agente

---

43. Cf. Adauto Novaes (org.), *Mutações: entre dois mundos*, São Paulo: Edições Sesc-SP, 2017.
44. Cf. Carl Sagan, *Bilhões e bilhões: reflexões sobre a vida e morte na virada do milênio*, São Paulo: Companhia das Letras, 1998.
45. Cf. Melanie Mitchell, *Complexity: A Guided Tour*, Oxford: Oxford University Press, 2009.

cósmico –, seu desenvolvimento se precipita rumo a um ponto crítico: estão em jogo a valorização do ambiente natural ou sua exploração sem freios, a distribuição equânime dos bens econômicos ou sua concentração exacerbada. No mesmo momento em que logramos o esclarecimento sobre os modos de ação para construir nosso futuro como espécie, testemunhamos, em diversos países e setores sociais, a operação de poderosas forças – mandatários políticos, autoridades judiciais, próceres religiosos, lideranças empresariais – fomentando ativamente a ignorância e a superstição, revivendo posturas de índole fascista e agindo como se os biomas, os ambientes e os povos não fossem senão peças ilimitadamente manipuláveis da máquina financista que hoje subordina a chamada "elite" capitalista mundial. Douglas Rushkoff, abordando a desigualdade abismal de meios e recursos que se consolidou nas últimas décadas de globalização capitalista neoliberal, esboça o paradoxo talvez supremo dessa "elite" planetária que se vê tanto produzindo quanto antecipando a ruína do mundo em que ela mesma e todos nós viveremos[46]...

Dito de outro modo: a mobilização sempre mais acelerada da tecnociência tem hoje como consequência não apenas a suspensão das "coisas vagas" de que o Espírito sempre careceu e privilegiou, mas também a precipitação do próprio espaço da política em um domínio de ideologização rasteira, no qual o estatuto dos fatos e demonstrações é abolido em função de opiniões e crenças manifestas com violência. A atomização individualista de que tantas vezes nos advertiram Francis Wolff e Franklin Leopoldo e Silva se multiplica no vazio de um humanismo solidário, que parece colapsar sob sua própria sombra; sua contraparte é a ascendência do diagrama abstrato do "mercado" sobre os fluxos materiais da vida, promovendo a comoditização infinita dos seres, dos territórios, dos povos, do tempo[47]. Os riscos de cenários de descalabro ambiental e da desigualdade intolerável, índices de um colapso temporário ou irreversível do sistema, apontam para duas possíveis formas de estabilização, dificilmente compatíveis: a horizontalidade democrática e distributiva, de um lado; e a verticalidade totalitária e concentradora, de outro. Peter Frase examina tanto os cenários extremos, puros, advindos dessas tendências,

---

46. Cf. Douglas Rushkoff, "Survival of the Richest", disponível em: https://onezero.medium.com/survival-of-the-richest-9ef6cdddocc1. Acesso em 3 nov. 2020.
47. Cf. Adauto Novaes (org.), *A condição humana*, São Paulo: Agir/Edições Sesc São Paulo, 2009.

quanto os mesclados e mediados, e conclui que de todo modo essa disputa de valores deverá determinar o caminho de consolidação do sistema civilizacional terreno[48]. Em suma, a disputa do caminho que pessoal e coletivamente trilharemos nas próximas décadas se dará em função do enfrentamento – que já se faz presente – entre democracia e totalitarismo. A qual dessas diretrizes as imensas potências da técnica se alinharão? E por quais meios? Essa reflexão talvez seja a tarefa mais decisiva que, na atualidade, cabe ao Espírito cumprir[49].

Se, como admitido acima, a expansão da tecnociência será obrigatoriamente um dos principais vetores pelos quais a experiência humana deve avançar, é cada vez mais indispensável debater os aspectos éticos, políticos e históricos desta circunstância singular – os primórdios de uma transição autogerada rumo a um novo estatuto cósmico-civilizacional. Dito de outro modo, trata-se de refletir sobre a constituição do *Homo sapiens* 2.0, hoje em gestação, e o destino de seu futuro astronômico. Nossa proveniência como espécie inteligente remonta às durações do "tempo profundo" de Lyell e Darwin – aos milhares de anos das invenções da cultura, às centenas de milhões de anos das organizações da vida, aos bilhões de anos das formações da matéria[50]. Essas figuras extremas de temporalidade reabrem-se, naturalmente, à nossa frente. O que se poderia inferir de uma imensidão futura, digamos um milhão de anos adiante, da experiência humana? O que se poderia objetivamente dizer? Nada seguro, por certo, ou somente uma intuição, ou suspeita, ou aspiração: perante as criações da arte e da música, da literatura e da arquitetura, da filosofia e da ciência já realizadas no ainda tão breve decurso de nossa existência, talvez esteja à nossa espera o infinito[51].

---

48. Cf. Peter Frase, *Four Futures: Life after Capitalism*, London: Verso Books, 2016.
49. Cf. Adauto Novaes (org.), *Mutações: entre dois mundos*, São Paulo: Edições Sesc São Paulo, 2017.
50. Cf. Stephen Jay Gould, *Seta do tempo, ciclo do tempo: mito e metáfora na descoberta do tempo geológico*, São Paulo: Companhia das Letras, 1991.
51. Cf. Jorge Luis Borges, *O Aleph*, Rio de Janeiro: Globo, 1997.

Diante da guerra nuclear[1]
Jean-Pierre Dupuy

1. O PERIGO ATÔMICO E AS RAZÕES DA NOSSA DESPREOCUPAÇÃO

A ameaça de uma guerra nuclear é mais real do que nunca. Um dos melhores especialistas nesse domínio, William Perry, que foi o secretário de Defesa do presidente Clinton e ensina hoje em Stanford, a considera equivalente ao que foi em um dos piores momentos da Guerra Fria, quando os Estados Unidos e a União Soviética produziram, em poucos meses de intervalo, a bomba termonuclear. Na época havia muito medo, hoje a situação deixa a grande maioria das pessoas indiferentes. Em meu livro *A guerra que não pode acontecer: ensaio de metafísica nuclear*[2], tento mostrar a importância do perigo e o que nos faz permanecer cegos diante dele. Vejo três razões para isso.

Comecemos pela mais visível, as tensões internacionais. A presença de dirigentes que parecem agir de forma irracional ou mesmo louca na chefia das duas únicas grandes potências nucleares, Estados Unidos e Rússia, evidentemente é um fator agravante. Conflitos mais locais, como o que opõe Trump ao líder da Coreia do Norte, Kim Jong-un, poderiam facilmente degenerar. Em 2017, a agressão verbal entre eles atingiu picos que fizeram temer o pior. Mas não devemos exagerar a importância desse

---

1. Tradução: Paulo Neves.
2. *La Guerre qui ne peut pas avoir lieu: essai de métaphysique nucléaire*, Paris: Desclée de Brouwer, 2019.

primeiro fator[3]. A ameaça nuclear não é algo que aparece, produzindo grandes manchetes na mídia, e depois desaparece. Desde setembro de 1945, ela nunca deixou de pairar acima de nossa cabeça.

Bem mais preocupantes são as modalidades de emprego da arma nuclear. As armas convencionais conhecem apenas duas opções: a defesa e o ataque. A arma atômica introduz um terceiro elemento: a dissuasão. Vejamos a diferença entre defesa e dissuasão:

A *defesa*: em seu famoso discurso de 23 de março de 1983 sobre o projeto "Guerra nas Estrelas", Ronald Reagan defendeu a ideia de que os Estados Unidos podiam e deviam se proteger contra um ataque nuclear inimigo por um "escudo" feito de mísseis antimísseis. Seus sucessores, até Clinton, Bush, Obama e certamente Trump, jamais renunciaram a esse projeto, que no entanto estava condenado ao fracasso. É tal a força de destruição da arma atômica que o primeiro míssil que atravessasse o escudo seria o míssil suficiente. Em matéria industrial, não se conhece 100% de garantia.

A *dissuasão* consiste em ameaçar o inimigo, se ele atacar nossos interesses vitais, com represálias *incomensuráveis* que poderiam chegar ao extremo, isto é, ao aniquilamento mútuo. Portanto, em princípio, ninguém tem interesse em ser o primeiro a atacar. A melhor garantia disso é renunciar à defesa, nesse sentido que acabamos de considerar. Se viéssemos a lançar nossos mísseis no território do inimigo, supondo que ele tivesse uma capacidade de retaliação, sua resposta teria o campo livre. A encarnação dessa condição é, evidentemente, o Tratado sobre Mísseis Antibalísticos (ABM, Anti-Ballistic Missile) assinado por Leonid Brejnev e Richard Nixon em 1972. Cada nação oferece às possíveis represálias da outra sua própria população em holocausto. Aqui a segurança é filha do terror. Se uma das duas nações se protegesse, a outra poderia acreditar que a primeira se julga invulnerável e, para prevenir um ataque dela, atacaria primeiro.

O vício lógico que está no âmago da dissuasão é que ela é racional apenas na medida em que se baseia em uma ameaça cuja execução seria o cúmulo da irracionalidade. Pois, se a nação atacada executasse sua

---

3. O fato de Trump estar hoje cortejando tanto Putin quanto Kim, longe de nos tranquilizar, deveria nos assustar ainda mais.

ameaça de represália, ela se suicidaria. A dissuasão pode funcionar por tempo indeterminado. Porém, tão logo o equilíbrio do terror é perturbado, a porta se abre para a "destruição mútua assegurada" (*Mutual Assured Desctruction* – MAD, em inglês).

2. REPRESÁLIAS POR ANTECIPAÇÃO

Convém, portanto, não dar importância demais à dissuasão. Segundo o "planejador de guerra nuclear" Daniel Ellsberg,[4] não houve um único presidente norte-americano desde Truman que tenha se comprometido a não ser o primeiro a empregar a arma nuclear. Muitos se prepararam para um ataque dito "preemptivo" em resposta ao que julgavam ser um ataque iminente do adversário, fosse ele convencional ou nuclear. A preempção é uma represália por antecipação: trata-se, paradoxalmente, de *"strike second first"* (ser o primeiro a atacar em segundo lugar). Com a União Soviética, nunca se pensou prioritariamente em dissuadir um ataque nuclear surpresa, mas, sim, em minimizar os danos causados pela maneira como ela responderia a um primeiro ataque norte-americano. E isso continua valendo para a Rússia de Putin.

Ellsberg encontrou uma clara confirmação dessa tese quando, em fevereiro de 2018, John Bolton, antes de se tornar o novo conselheiro de Segurança Nacional de Trump, julgou perfeitamente legítimo que os Estados Unidos reagissem à ameaça iminente feita, segundo ele, pela Coreia do Norte, atacando-a primeiro.

A bomba atômica não é de maneira alguma uma arma que não será usada, como a teoria da dissuasão gostaria que fosse; trata-se de uma arma com a qual se anuncia estar pronto a utilizá-la – caso o outro ameace ou mesmo para impor os próprios interesses. No debate clássico sobre a escolha entre preempção e dissuasão, a primeira sempre prevaleceu.

O mundo é, portanto, bem mais perigoso do que pensávamos, tranquilizados que estávamos pela tese de que a arma atômica é tão

---

4. Ver seu último livro, *The Doomsday Machine: Confessions of a Nuclear War Planner*, London: Bloomsbury, 2017. Daniel Ellsberg é mundialmente conhecido por ter liberado ao público os famosos "Pentagon Papers" que, combinados com o Watergate, haveriam de precipitar a queda de Nixon. Menos sabido é que foi ele, convocado por Robert McNamara, que em 1962 preparou os planos de uma guerra nuclear total contra a União Soviética. Se executados, esses planos teriam causado um bilhão de mortos, ou seja, um terço da população mundial da época.

perigosamente destrutiva que somente loucos pensariam em utilizá-la, e que serviria apenas para impedir que os outros a utilizem. E isso me leva à terceira razão da nossa despreocupação: não vemos quem poderia querer desencadear uma guerra nuclear. Esse é nosso principal ponto cego. Não compreendemos que ninguém terá desejado a guerra nuclear que se anuncia: nem Trump, nem Putin, nem Xi Jinping, nem mesmo Kim, como tampouco a queriam em 1962 Kennedy e Kruschev. O maior perigo não vem das más intenções, mas do que podemos chamar, para usar um termo genérico, de *acidente*. Pode ser um erro de cálculo estratégico, um contrassenso a partir de uma declaração de outrem, um acesso de raiva, um falso alerta, alguém que aperta um botão ou clica um *link* errado. Tudo isso que enunciamos contribui para maximizar as chances de deflagração de uma guerra nuclear. Um exemplo será suficiente para ilustrar isso.

3. O ACIDENTE COMO RESPONSÁVEL

Em 13 de janeiro de 2018, os habitantes do arquipélago do Havaí foram tomados de pavor durante 38 longos minutos. Eles não apenas estavam convencidos de que morreriam, mas sentiam-se pegos em uma armadilha atroz, incapazes de imaginar o que fazer para escapar ao horror. Às 8h10 da manhã, todos que estavam no arquipélago, habitantes e turistas, receberam em seus celulares um alerta que dizia: "BALLISTIC MISSILE THREAT INBOUND TO HAWAII. SEEK IMMEDIATE SHELTER. THIS IS NOT A DRILL"[5]. Levar a sério o alerta era tanto mais inevitável na medida em que o Havaí se encontra próximo de uma linha que liga a Coreia à Califórnia. Na verdade, um funcionário civil havia tomado como um alerta verdadeiro uma mensagem registrada por ocasião de um exercício aéreo, e a divulgara *urbi et orbi* [para todo o mundo]. O fato causou mais medo que constrangimento.

No entanto, o roteiro poderia ter sido um pouco diferente. Se fosse um militar na origem do falso alerta, a prática que os norte-americanos ensinaram aos russos teria sido executada de imediato. Seu codinome em inglês é *"launch on warning"*, que se pode traduzir por "lançamento desencadeado por um alerta". Se um sistema defensivo detecta o lançamento

---

5. "Mísseis balísticos chegam ao Havaí. Procurem imediatamente abrigo. Isto não é um exercício aéreo."

de mísseis nucleares inimigos, ele imediatamente aciona seus próprios mísseis nucleares, sem esperar que os primeiros atinjam seus alvos. Isso é uma garantia contra o risco de se ver sem força defensiva se esta for destruída por mísseis inimigos. Mas é, sobretudo, um salto sobre uma etapa capital da dissuasão, a saber, a decisão de lançar a prometida represália, tomada por aquele a quem, em princípio, cabe tal decisão, o chefe de Estado. Poupam-se assim os dilemas éticos, fontes intoleráveis de perda de tempo quando cada minuto conta. A loucura de que falávamos está inscrita agora em um mecanismo.

O problema é que os sistemas de alerta são conhecidos por funcionar de maneira muito aproximada, com um índice elevado de falsos sinais, em especial os sistemas russos. Em suas memórias, Robert McNamara conta em dezenas o número de vezes durante a Guerra Fria em que não houve um acidente fatal por um triz. O exemplo do Havaí mostra que o fim da Guerra Fria não mudou em nada essa situação.

É inegável que as tensões internacionais e o nervosismo dos atores aumentam as chances de disparo acidental de uma escalada rumo ao aniquilamento mútuo, como o ilustra, uma vez mais, o exemplo havaiano: não por acaso, ele aconteceu alguns meses depois que Trump e Kim, em 2017, se atacaram um ao outro com uma agressividade demente. As vicissitudes da geopolítica, porém, são pouca coisa se comparadas ao perigo mortal que representa o confronto, mesmo mudo, dos arsenais nucleares desmedidos, que com razão Daniel Ellsberg chama de "máquinas apocalípticas" (*Doomsday machines*).

4. RACIONALIDADE E ÉTICA DA ARMA NUCLEAR

A questão da racionalidade da posse da arma nuclear remete à da eficácia da dissuasão. De fato, a princípio essa arma não serve nem para atacar nem para se defender, mas simplesmente para dissuadir os outros de utilizá-la. A dissuasão tem sido eficaz? A resposta simplista consiste em assinalar que não houve nenhum apocalipse nuclear desde 1945. A de Robert McNamara, que foi o secretário de Defesa dos presidentes Kennedy e Johnson, não é menos sumária: foi a sorte que nos salvou. Veremos que na verdade essa é uma questão muito difícil.

Mas como atua a ética nesse assunto? Para as pessoas sérias que se dizem realistas, quando a sobrevivência do mundo está em jogo não se perde tempo com coisas fúteis. No entanto, em democracia, quando as forças armadas são legítimas, elas sugerem uma postura que escapa à oposição estéril entre realismo e pacifismo. Ora, penso ter mostrado que, se alguém consegue justificar a eficácia da dissuasão, é obrigado a concluir também que a simples posse da arma nuclear é uma abominação moral. A questão da racionalidade e a da ética estão intimamente ligadas.

Começo pela ética. A filosofia moral se divide entre dois grandes polos, o consequencialismo e a deontologia[6]. A origem do conflito que os opõe é o seguinte caso: pode-se condenar à morte uma pessoa, sabidamente inocente, por um crime que pôs uma multidão em fúria, se esse sacrifício, ao acalmar a matilha, evitar a morte de várias outras pessoas igualmente inocentes? O consequencialismo, que se interessa apenas pelas consequências, responde não só que se pode, mas que se deve fazer isso. A deontologia, que julga os atos por sua conformidade a imperativos que têm um valor absoluto, isto é, independentemente do valor das consequências (no caso, "Não matarás"), responde que não.

A ética da dissuasão nuclear leva ao extremo o conflito entre essas duas fontes da moral ordinária. É moral para os Estados Unidos praticar a dissuasão em relação à Coreia do Norte? Isso implica a ameaça de matar um milhão de civis norte-coreanos (sem contar os danos colaterais na Coreia do Sul) para dissuadir aquele país de atacar primeiro, seja a Coreia do Sul, o território dos Estados Unidos na ilha de Guam ou mesmo o Japão. Se essa, como afirma meu colega de Stanford, Scott Sagan[7], é a melhor ou mesmo a única solução para assegurar a paz, o consequencialismo conclui: (1) *É justificável a intenção de matar um milhão de cidadãos norte-coreanos.*

A deontologia, por sua vez, afirma: (2) *É errado matar um milhão de pessoas, sejam elas quem forem.*

O que impede (1) e (2) de serem claramente contraditórias é que, de um lado, há uma intenção; do outro, um ato. Para fazer aparecer a contradição, é preciso que intervenha um princípio que herdamos das morais

---

6. Não tomar essa palavra no sentido que ela tem quando se fala de deontologia profissional. Refiro-me aqui a uma teoria dos deveres, cujo exemplo mais importante se encontra em Kant.
7. Ver Scott Sagan, "The Korean Missile Crisis: Why Deterrence Is Still the Best Option" [A crise dos mísseis da Coreia: por que a dissuasão é ainda a melhor opção], *Foreign Affairs*, set. 2017.

da intencionalidade, e que diz: (3) *Se é errado fazer X, então é errado ter essa intenção, seja qual for o X.*

Assim como a questão do sacrifício, que decerto remonta aos primórdios da humanidade, a arma nuclear coloca violentamente a moral em contradição consigo mesma. Conforme eu já disse, os realistas podem afirmar não dar a menor importância a isso, mas não podem evitar que a dissuasão corra o risco de ilegitimidade.

É preciso admitir, porém, que esse argumento tem um ponto fraco, que é o princípio 3. Pode-se recusá-lo, ou enfraquecê-lo, como faz a doutrina francesa quando enuncia que, se a França tem a intenção de liquidar 60 milhões de habitantes de uma nação que atacasse seus interesses vitais, é precisamente para fazer, graças à dissuasão, que as circunstâncias que a levariam a tal ato não ocorram. Os especialistas falam de intenção autoinvalidante, o propósito que se teria de não transformar realmente a intenção em ato, o que equivale a propor o enigma sem esclarecê-lo.

Para que haja essa oposição radical entre deontologia e consequencialismo, é preciso ainda que a dissuasão nuclear seja eficaz, hipótese crucial sustentada pela proposição 1. Mostrar o que seria tal eficácia é um empreendimento muito difícil, pois implica alguns dos conceitos mais árduos da metafísica, que receio poder abordar aqui apenas superficialmente.

Já que nenhum dado histórico permite resolver a questão, é preciso recorrer a argumentos *a priori*. Ao longo da Guerra Fria, dois deles foram propostos e discutidos tanto por filósofos quanto por estrategistas, que concluíam pela ineficácia da dissuasão. O que fez correr mais tinta é o caráter não acreditável da ameaça dissuasiva. Se o Estado-nação que ameaça seu adversário de desencadear uma escalada mortal e suicida caso seus interesses vitais corram perigo for dotado de uma racionalidade mínima ao ser posto contra a parede – digamos, havendo um primeiro ataque que destrua parte do seu território –, ele não colocará a ameaça em execução. Se o fizesse, levaria a escalada ao extremo, isto é, ao aniquilamento mútuo e, ainda por cima, ao aniquilamento do mundo ao redor[8]. Seria preciso ser louco para escolher essa opção. Portanto, o paradoxo que há no âmago

---

8. O que em inglês se traduz pela expressão *Mutually Assured Destruction*, cuja sigla MAD, que significa "louco", passou a designar a própria dissuasão.

da dissuasão nuclear é que ela só é racional na medida em que se baseia em uma ameaça cuja execução seria o cúmulo da irracionalidade.

Esse argumento, que conclui pela ineficácia da dissuasão, é acompanhado do seguinte raciocínio: pensemos na dissuasão em geral, por exemplo a que constitui o sistema penal. Para que ela funcione, ela não deve funcionar 100%. Transgressões são necessárias para que todo mundo veja o que isso custa. É o chamado efeito de demonstração. Só que esse efeito é nulo no caso nuclear: o atacante potencial não tem acesso a nenhuma base empírica que lhe diga como reagiria seu inimigo caso este fosse vítima de um primeiro ataque nuclear. O primeiro revés seria o revés suficiente, tanto para um quanto para outro.

Será possível contornar esses dois argumentos e sustentar que a dissuasão nuclear é eficaz, no sentido de que a ameaça mútua de represálias basta para impedir o desencadeamento da guerra? Também aqui isso só é possível por um contra-argumento teórico, e este de fato existe, tendo recebido o nome de "dissuasão existencial". O golpe dado pelos teóricos dessa doutrina consiste em não levar em conta a ameaça, as intenções, os planos, em suma, aquilo que faz a essência da estratégia militar. Entre esses teóricos há espíritos muito fortes, como Bernard Brodie, chamado de "Clausewitz americano", que foi o primeiro grande teórico da MAD, bem como o metafísico norte-americano David. K. Lewis, este apelidado de "Leibniz do século XX", por haver retomado para novas finalidades a teoria dos mundos possíveis. Eis uma citação de Lewis: "Não são as intenções, é a força que dissuade [...] Nós planejamos a guerra simplesmente em função da nossa força, mesmo quando ela não faz parte de nossas intenções"[9].

Pude mostrar, baseando-me nos trabalhos de Lewis, que essa doutrina convoca uma metafísica do futuro na qual os acontecimentos necessariamente advêm, como em Aristóteles: eles não podem deixar de advir. Isso implica que o potencial e o atual coincidem. Entre ameaçar o inimigo com uma escalada que destruirá um terço da população mundial e fazê-lo realmente, não há diferença. Mas atenção: não se trata de uma tese sociológica à maneira de Ivan Illich ou de Jacques Ellul, segundo a

---

9. David K. Lewis, "Finite Counterforce", in: Henry Shue (ed.), *Nuclear Deterrence and Moral Restraint*, Cambridge: Cambridge University Press, 1989.

qual a partir do momento em que um instrumento existe, mesmo que de morte, ele será necessariamente utilizado. Trata-se de uma tese ontológica. Nesse caso, toda força nuclear que tem meios de matar um bilhão de pessoas de certo modo já as matou, nesse tempo em que o futuro e o presente se comunicam instantaneamente, sem passar pela mediação dos atos mentais que são as intenções, os planos, as promessas e as ameaças. Na apresentação que fiz acima do paradoxo ético, a proposição 3 não tem mais razão de ser. A oposição entre 1 e 2 é frontal. Portanto, em teoria pode-se *salvar* a racionalidade da dissuasão nuclear, mas deve-se concluir que, no plano da moral, ela é a abominação da desolação.

Sobre os autores

ADAUTO NOVAES é jornalista e professor. Por vinte anos, foi diretor do Centro de Estudos e Pesquisas da Fundação Nacional de Arte, Ministério da Cultura. Em 2000, fundou a empresa de produção cultural Artepensamento e, desde então, organiza ciclos de conferências que resultam em livros. Pelas Edições Sesc São Paulo, publicou: *Ensaios sobre o medo* (em coedição com a editora Senac São Paulo, 2007); *Mutações: ensaios sobre as novas configurações do mundo* (em coedição com a editora Agir, 2008); *Vida, vício, virtude* (em coedição com a editora Senac São Paulo, 2009); *A condição humana* (em coedição com a editora Agir, 2009); *Mutações: a experiência do pensamento* (2010); *Mutações: a invenção das crenças* (2011); *Mutações: elogio à preguiça* (ganhador do Prêmio Jabuti, 2012); *Mutações: o futuro não é mais o que era* (2013); *Mutações: o silêncio e a prosa do mundo* (2014); *Mutações: fontes passionais da violência* (ganhador do Prêmio Jabuti, 2015); *Mutações: o novo espírito utópico* (2016); *Mutações: dissonâncias do progresso* (2019); e *Mutações: a outra margem da política* (2019).

ANTONIO CICERO é autor, entre outros trabalhos, dos livros de poemas *Guardar* (1996), *A cidade e os livros* (2002), *O livro de sombras* (2011, em parceria com artista plástico Luciano Figueiredo), e *Porventura* (2012), todos pela editora Record, além dos livros de ensaios filosóficos *O mundo desde o fim* (Francisco Alves, 1995), *Finalidades sem fim* (Companhia das Letras, 2005) e *Poesia e filosofia* (Civilização Brasileira, 2012). Várias de suas entrevistas foram reunidas no livro *Encontros: Antonio Cicero* (Azougue, 2013, organizado por Arthur Nogueira). Organizou o livro de ensaios *Forma e sentido contemporâneo: poesia* (EdUERJ, 2012) e, em parceria com Waly Salomão, o volume de ensaios *O relativismo enquanto visão do mundo* (Francisco Alves, 1994). Em parceria com Eucanaã Ferraz, organizou a *Nova antologia poética* de Vinícius de Morais (Companhia das Letras, 2003). É também autor de numerosas letras de canções, em parceria com compositores como Marina Lima, Adriana Calcanhotto e João Bosco. Em 2012, foi agraciado com o Prêmio Alceu Amoroso Lima – Poesia e Liberdade. Em 2013, recebeu o Prêmio de Poesia da Academia Brasileira de Letras por seu livro *Porventura*. Em 2017, lançou o livro *Poesia e crítica: ensaios*.

ÉRIC FASSIN estudou na École Normale Superieure de Paris e é professor de sociologia na Universidade de Paris 8 – Saint Denis, no Departamento de Ciência Política. Publicou, entre outras obras: *Gauche: l'avenir d'une désillusion* (Textuel, 2014) e *La Gauche et la stratégie populiste* (Fondation Seligmann, 2017).

EUGÈNE ENRIQUEZ é professor emérito de sociologia na Universidade de Paris 7. Foi presidente do comitê de pesquisas de sociologia clínica da Associação Internacional de Sociologia. É autor de muitos artigos e dos livros *De La Horde à l'État* (Gallimard, 2003; tradução brasileira: *Da horda ao Estado*, Jorge Zahar, 1999); *As figuras do poder* (Via Lettera, 2007); *Le Gout de l'altérité* (Desclée de Brouwer, 1999); *A organização em análise* (Vozes, 1999); *La Face obscure des démocraties modernes* (com Claudine Haroche, Eres, 2002); *Clinique du pouvoir* (Eres, 2007); e *Désir et resistance: la construction du sujet* (com Claudine Haroche e Joël Birman, Parangon, 2010). Contribuiu com artigos para os livros das Edições Sesc SP *Mutações: ensaios sobre as novas configurações do mundo* (em parceria com editora Agir, 2008); *Mutações: a experiência do pensamento* (2010); *Mutações: elogio à preguiça* (2012); *Mutações: o futuro não é mais o que era* (2013); *Mutações: o silêncio e a prosa do mundo* (2014) e *Mutações: a outra margem da política* (2019).

EUGÊNIO BUCCI é professor livre-docente da Escola de Comunicações e Artes (ECA) e assessor sênior do reitor da Universidade de São Paulo (USP). Escreve quinzenalmente na "Página 2" do jornal *O Estado de S. Paulo*. É colunista quinzenal da revista *Época*. Ganhou os prêmios Luiz Beltrão de

Ciências de Comunicação, na categoria Liderança Emergente (2011); Excelência Jornalística 2011, da Sociedade Interamericana de Imprensa (SIP); e o Prêmio Esso de Melhor Contribuição à Imprensa (2013), concedido à *Revista de Jornalismo Espm*, da qual é diretor de redação. Publicou, entre outros livros e ensaios: *Brasil em tempo de TV* (Boitempo, 1996); *Sobre ética na imprensa* (Companhia das Letras, 2000), *Do B: crônicas críticas para o Caderno B do Jornal do Brasil* (Record, 2003) e *O Estado de Narciso: a comunicação pública a serviço da vaidade particular* (Companhia das Letras, 2015). Pelas Edições Sesc São Paulo, participou com ensaios nas obras: *A condição humana* (em coedição com a editora Agir, 2009); *Mutações: a experiência do pensamento* (2010); *Mutações: a invenção das crenças* (2011); *Mutações: o silêncio e a prosa do mundo* (2014); *Mutações: fontes passionais da violência* (2015); *Mutações: o novo espírito utópico* (2016); *Mutações: dissonâncias do progresso* (2019); e *Mutações: a outra margem da política* (2019).

FRANKLIN LEOPOLDO E SILVA é professor aposentado do Departamento de Filosofia da Universidade de São Paulo (USP) e professor visitante no Departamento de Filosofia da UFSCar. Autor de diversos livros, publicou, pelas Edições Sesc São Paulo, ensaios nos livros: *Mutações: ensaios sobre as novas configurações do mundo* (em coedição com a editora Agir, 2008); *Vida, vício, virtude* (em coedição com a editora Senac São Paulo, 2009); *A condição humana* (em coedição com a editora Agir, 2009); *Mutações: a experiência do pensamento* (2010); *Mutações: a invenção das crenças* (2011); *Mutações: elogio à preguiça* (2012); *Mutações: o futuro não é mais o que era* (2013); *Mutações: o silêncio e a prosa do mundo* (2014); *Mutações: fontes passionais da violência* (2015); *Mutações: o novo espírito utópico* (2016); *Mutações: dissonâncias do progresso* (2019); e *Mutações: a outra margem da política* (2019).

GRÉGOIRE CHAMAYOU é filósofo e pesquisador do CNRS (Centre National de la Recherche Scientifique), na França. Publicou, entre outras, as obras: *Les Corps vils* (La Découverte, 2008); *Les chasses à l'homme* (La Fabrique, 2010); *Théorie du drone* (La Fabrique, 2013 – edição brasileira em 2019) e *La Société ingouvernable: une généalogie du libéralisme autoritaire* (La Fabrique, 2018).

Helton Adverse é professor do Departamento de Filosofia da UFMG. Doutor em filosofia pela mesma instituição, tendo realizado estágio de pesquisa de pós-doutoramento na École des Hautes Études en Sciences Sociales, em Paris, atua na área da filosofia política, com ênfase no pensamento político italiano do Renascimento e na filosofia política contemporânea. Seus diversos trabalhos publicados na área privilegiam dois temas: a tradição republicana e o sentido do político.

Jean-Pierre Dupuy é professor na École Polytechnique, em Paris, e na Universidade de Stanford, na Califórnia, da qual é também pesquisador e membro do Programa de Ciência-Tecnologia-Sociedade e do Fórum de Sistemas Simbólicos. Pelas Edições Sesc São Paulo, participou das coletâneas: *Mutações: ensaios sobre as novas configurações do mundo* (em coedição com a editora Agir, 2008), *A condição humana* (coedição com a editora Agir, 2009); *Mutações: a experiência do pensamento* (2010); *Mutações: a invenção das crenças* (2011); *Mutações: elogio à preguiça* (2012); *Mutações: o futuro não é mais o que era* (2013); *Mutações: o silêncio e a prosa do mundo* (2014); *Mutações: fontes passionais da violência* (2012); e *Mutações: a outra margem da política* (2019).

José R. Maia Neto é professor do Departamento de Filosofia da UFMG, mestre em filosofia pela PUC-Rio e doutor em filosofia pela Washington University. Publicou os livros *Machado de Assis, the Brazilian Pyrrhonian* (Purdue University Press, 1994; tradução brasileira: *O ceticismo na obra de Machado de Assis*, Annablume, 2007) e *The Christianization of Pyrrhonism: Skepticism and Faith in Pascal, Kierkegaard and Shestov* (Kluwer, 1995). Organizou, em parceira com Richard H. Popkin, os livros *Skepticism in Renaissance and Post-Renaissance Thought: New Interpretations* (Humanity Books, 2004) e *Skepticism: an Anthology* (Prometheus Books, 2007). Com Gianni Paganini, organizou *Renaissance Skepticisms* (Springer, 2009), e, com Gianni Paganini e John Laursen, *Skepticism in the Modern Age: Building on the Work of Richard Popkin* (Brill, 2009). Participou das coletâneas *O silêncio dos intelectuais* (Companhia das Letras, 2006) e *Mutações: a invenção das crenças* (Edições Sesc São Paulo, 2011).

Luiz Alberto Oliveira é físico, doutor em cosmologia, pesquisador do Instituto de Cosmologia, Relatividade e Astrofísica (ICRA), do Centro Brasileiro de Pesquisas Físicas (CBPF/MCT), onde também atua como professor de história e filosofia da ciência. É ainda curador de ciências do Museu do Amanhã e professor convidado da Casa do Saber, no Rio de Janeiro, e do Escritório Oscar Niemeyer. Pela Companhia das Letras, escreveu ensaios para os livros *Tempo e história* (1992), *A crise da razão* (1996), *O avesso da liberdade* (2002); *O homem-máquina: a ciência manipula o corpo* (2003). Pelas Edições Sesc São Paulo, participou de *Ensaios sobre o medo* (com Senac São Paulo, 2009); *Mutações: ensaios sobre as novas configurações do mundo* (em coedição com a editora Agir, 2008); *Mutações: a condição humana* (em coedição com a editora Agir, 2009); *Mutações: a experiência do pensamento* (2010); *Mutações: elogio à preguiça* (ganhador do Prêmio Jabuti, 2012); e *Mutações: o futuro não é mais o que era* (2013).

Marcia Sá Cavalcante Schuback é professora titular de filosofia na Universidade de Södertörn (Suécia). Entre 1994 e 2000, foi professora adjunta do Instituto de Filosofia e Ciências Sociais da UFRJ. Suas principais áreas de trabalho são hermenêutica, fenomenologia, idealismo alemão, filosofia francesa contemporânea e estética poética e musical. Possui uma extensa lista de publicação em várias línguas. Dentre os seus livros, destacam-se *O começo de Deus: a filosofia do devir no pensamento tardio de F. W. Schelling* (Vozes, 1998); *A Doutrina dos sons de Goethe a caminho da música nova de Webern* (UFRJ, 1999); *Para ler os medievais: ensaio de hermenêutica imaginativa* (Vozes, 2000); *Lovtal till intet: essäer om filosofisk hermeneutik* [Elogio ao nada: ensaios de hermenêutica filosófica], (Glänta Produktion, 2006); *Att tänka i skisser: essäer om bildens filosofi och filosofins bilder* [Pensar por esboços: ensaios sobre a filosofia da imagem e as imagens da filosofia], (Glänta Produktion, 2011); *Olho a olho, ensaios de longe* (7Letras, 2011); *Being with the Without* (com Jean-Luc Nancy, pela Axl Books, 2013); *Dis-orentations: Philosophy, Literature and the Lost Grounds of Modernity* (com Tora Lane, pela KDPPR, 2015); *The End of the World: Contemporary Philosophy and Art* (com Susanna Lindberg, pela Rowman & Littlefield, 2017). É tradutora de várias obras de filosofia e poesia, entre as quais *Ser e tempo*, *Heráclito* e *A caminho da linguagem*, de Martin Heidegger; *Hipérion* e *Escritos Teóricos*, de F. Hölderlin; e *Reflexões sobre o sonho e outros escritos filosóficos*, de Paul Valéry.

Maria Rita Kehl é doutora em psicanálise pela PUC-SP. Integrou o grupo de trabalho da Comissão Nacional da Verdade. Atuante na imprensa brasileira desde 1974, é autora de diversos livros, dentre os quais se destacam: *O tempo e o cão* (Boitempo, 2009; Prêmio Jabuti em 2010), *Ressentimento* (Casa do Psicólogo, 2004), *Videologias* (em parceria com Eugenio Bucci, Boitempo, 2004), *Sobre ética e psicanálise* (Companhia das Letras, 2001). Pelas Edições Sesc São Paulo, participou das coletâneas: *Ensaios sobre o medo* (em coedição com a editora Senac São Paulo, 2007); *Mutações: ensaios sobre as novas configurações do mundo* (em coedição com a editora Agir, 2008); *Vida, vício, virtude* (2009); *Mutações: elogio à preguiça* (2012); *Mutações: fontes passionais da violência* (2012); *Mutações: o novo espírito utópico* (2016); *Mutações: dissonâncias do progresso* (2019); e *Mutações: a outra margem da política* (2019).

Marilena Chaui é mestre, doutora, livre-docente e titular em filosofia pela Universidade de São Paulo, onde leciona desde 1967. Especialista em história da filosofia moderna e filosofia política, dirige dois grupos de pesquisa (filosofia do século XVII e filosofia política contemporânea). É membro fundador da Association des Amis de Spinoza (Paris) e da Associazione Italiana degli Amici di Spinoza (Milão/Pisa). Doutora *honoris causa* pela Universidade de Paris 8 e pela Universidade Nacional de Córdoba, recebeu os prêmios APCA (1982), por *Cultura e democracia*; Jabuti (1994), por *Convite à filosofia*; e Sérgio Buarque de Holanda e Jabuti (2000), por *A nervura do real: imanência e liberdade em Espinosa*.

Newton Bignotto é doutor em filosofia pela École des Hautes Études en Sciences Sociales, Paris, e ensina filosofia política na Universidade Federal de Minas Gerais (UFMG). Publicou: *As aventuras da virtude: as ideias republicanas na França do século XVIII* (Companhia das Letras, 2010); *Republicanismo e realismo: um perfil de Francesco Guicciardini* (Editora da UFMG, 2006); *Maquiavel* (Zahar, 2003); *Origens do republicanismo moderno* (Editora da UFMG, 2001); *O tirano e a cidade* (Discurso Editorial, 1998) e *Maquiavel republicano* (Loyola, 1991). Participou como ensaísta dos livros: *Ética* (2007); *Tempo e história* (1992); *A crise da razão* (1996); *A descoberta do homem e do mundo* (1998); *O avesso da liberdade* (2002); *Civilização e barbárie* (2004); *A crise do Estado-nação* (2003); *O silêncio dos intelectuais* (2006), todos pela Companhia das Letras; e *O esquecimento da política* (Agir, 2007). Pelas Edições Sesc SP, participou das coleções: *Mutações: ensaios sobre as novas configurações do mundo* (em coedição com a editora Agir, 2008); *A condição humana* (em coedição com a editora Agir, 2009); *Mutações: a experiência do pensamento* (2010); *Mutações: a invenção das crenças* (2011); *Mutações: o futuro não é mais o que era* (2013) *Mutações: o silêncio e a prosa do mundo* (2014); e *Mutações: a outra margem da política* (2019).

OLGÁRIA MATOS é doutora pela École des Hautes Études, Paris, e pelo Departamento de Filosofia da FFLCH-USP. É professora titular do Departamento de Filosofia da USP e da Unifesp. Escreveu: *Rousseau: uma arqueologia da desigualdade* (Editores Associados, 1978); *Os arcanos do inteiramente outro: a Escola de Frankfurt, a melancolia, a revolução* (Brasiliense, 1989); *A Escola de Frankfurt: sombras e luzes do iluminismo* (Moderna, 1993) e *Discretas esperanças: reflexões filosóficas sobre o mundo contemporâneo* (Nova Alexandria, 2006). Colaborou na edição brasileira de *Passagens*, de Walter Benjamin, e prefaciou *Aufklärung na Metrópole: Paris e a Via Láctea* (Editora da Unesp). Pelas Edições Sesc São Paulo, participou das coletâneas: *Mutações: ensaios sobre as novas configurações do mundo* (em coedição com a editora Agir, 2008); *Mutações: a experiência do pensamento* (2010); *Mutações: a invenção das crenças* (2011); *Mutações: elogio à preguiça* (2012); *Mutações: o futuro não é mais o que era* (2013); *Mutações: o silêncio e a prosa do mundo* (2014); *Mutações: fontes passionais da violência* (2015); *Mutações: o novo espírito utópico* (2016); *Mutações: dissonâncias do progresso* (2019); e *Mutações: a outra margem da política* (2019).

OSWALDO GIACOIA JUNIOR é professor do Departamento de Filosofia da Unicamp. Doutor em filosofia com tese sobre a filosofia da cultura de Friedrich Nietzsche pela Universidade Livre de Berlim, publicou, entre outros livros: *Os labirintos da alma* (Unicamp, 1997); *Nietzsche como psicólogo* (Unisinos, 2004) e *Sonhos e pesadelos da razão esclarecida* (UPF Editora, 2005). Pelas Edições Sesc São Paulo, participou com ensaios nas coletâneas: *Mutações: ensaios sobre as novas configurações do mundo* (em coedição com a editora Agir, 2008); *A condição humana* (em coedição com a editora Agir, 2009); *Mutações: a experiência do pensamento* (2010); *Mutações: a invenção das crenças* (2011); *Mutações: elogio à preguiça* (2012); *Mutações: o futuro não é mais o que era* (2013); *Mutações: o silêncio e a prosa do mundo* (2014); *Mutações: fontes passionais da violência* (2015); *Mutações: o novo espírito utópico* (2016); *Mutações: dissonâncias do progresso* (2019); e *Mutações: a outra margem da política* (2019).

Pascal Dibie é professor de antropologia na Universidade de Paris-Diderot, onde é codiretor do Pôle Pluriformation des Sciences de la Ville, além de ser membro do laboratório Urmis (Unité de Recherche Migrations et Société). Dirige a coleção Traversées, da Editions Métailié, e é autor das obras *Ethnologie de la chambre à coucher* (Éditions Métailié, 2000; edição brasileira: *O quarto de dormir*, Globo, 1988); *La Tribu sacrée: ethnologie des prêtres* (B. Grasset, 1993); *La Passion du regard: essai contre les sciences froides* (Éditions Métailié, 1998). Pelas Edições Sesc São Paulo, participou com ensaios nos livros: *A condição humana* (em coedição com a editora Agir, 2009); *Mutações: a invenção das crenças* (2011); *Mutações: o silêncio e a prosa do mundo* (2014); *Mutações: fontes passionais da violência* (2015); e *Mutações: o novo espírito utópico* (2016).

Pedro Duarte é professor-doutor de filosofia na PUC-Rio. Foi professor visitante nas universidades Brown (EUA), Södertörns (Suécia) e Emory (EUA), nesta como Fulbright Distinguished Chair. É autor do livro *Estio do tempo: romantismo e estética moderna* (Zahar, 2011); *A palavra modernista: vanguarda e manifesto* (Casa da Palavra, 2014); e *Tropicália ou Panis et circencis* (Cobogó, 2018). Pelas Edições Sesc São Paulo, participou das coletâneas *Mutações: o silêncio e a prosa do mundo* (2014); *Mutações: fontes passionais da violência* (2015); *Mutações: o novo espírito utópico* (2016); e *Mutações: a outra margem da política* (2019). É tradutor do livro *Liberdade para ser livre*, de Hannah Arendt (Bazar do Tempo, 2018). Co-autor, roteirista e curador da série de TV *Alegorias do Brasil*, junto com o diretor Murilo Salles (Canal Curta!).

Renato Janine Ribeiro é mestre pela Sorbonne e doutor pela USP, universidade onde é professor. É cientista político, escritor e colunista. Ganhador do Prêmio Jabuti de Literatura em 2001, foi condecorado também com a Ordem Nacional do Mérito Científico e com a Ordem de Rio Branco. Foi ministro da educação em 2015. Membro dos conselhos do

SBPC, do CNPq e da Capes, escreveu *A etiqueta no antigo regime* (Moderna, 1999); *A marca do Leviatã* (Ática, 2003); *A última razão dos reis: ensaios de filosofia e política* (Companhia das Letras, 2003); *Ao leitor sem medo – Hobbes escrevendo contra o seu tempo* (Editora da UFMG, 2003); *A universidade e a vida atual* (Campus, 2003); e *A sociedade contra o social: o alto custo da vida pública no Brasil* (Companhia das Letras, 2005). Participou das seguintes coletâneas: *Os sentidos da paixão* (1987); *O olhar* (1988); *Ética* (1992); *Tempo e história* (1992); *Artepensamento* (1994); *Libertinos libertários* (1996); *A crise da razão* (1996); *O avesso da liberdade* (2002); *O homem-máquina* (2003); *Civilização e barbárie* (2004); *O silêncio dos intelectuais* (2006) – todas pela Companhia das Letras –; *A crise do Estado-nação* (Civilização Brasileira, 2003); *Muito além do espetáculo* (Senac São Paulo, 2005); *Vida, Vício, virtude* (Senac São Paulo; Edições Sesc São Paulo, 2009).

RENATO LESSA é professor titular de teoria e filosofia política do Departamento de Ciência Política da Universidade Federal Fluminense (UFF), no qual é também coordenador acadêmico do Laboratório de Estudos Hum(e)anos. É presidente do Instituto Ciência Hoje e Investigador Associado do Instituto de Ciências Sociais, da Universidade de Lisboa, e do Instituto de Filosofia da Linguagem, da Universidade Nova de Lisboa. Dentre os livros e ensaios sobre filosofia política que publicou, destacam-se: *Veneno pirrônico: ensaios sobre o ceticismo* (Francisco Alves, 1997); *Agonia, aposta e ceticismo: ensaios de filosofia política* (Editora da UFMG, 2003); *Ceticismo, crenças e filosofia política* (Gradiva, 2004); *Pensar a Shoah* (Relume Dumará, 2005); *La fabbrica delle credenze* (Iride, 2008); *Montaigne's and Bayle's Variations* (Brill, 2009); "The Ways of Scepticism" (*European Journal of Philosophy and Public Debate*, 2009) e *Da interpretação à ciência: por uma história filosófica do conhecimento político no Brasil* (Lua Nova, 2011). Pelas Edições Sesc São Paulo, participou das coletâneas: *Mutações: ensaios sobre as novas configurações do mundo* (em coedição com a editora Agir, 2008); *Vida, vício, virtude* (em coedição com a editora Senac São Paulo, 2009); *A condição humana* (em coedição com a editora Agir, 2009); *Mutações: a experiência do pensamento* (2010); *Mutações: a invenção das crenças* (2011); *Mutações: elogio à preguiça* (2012); *Mutações: o futuro não é mais o que era* (2013); *Mutações: o silêncio e a prosa do mundo* (2014); *Mutações: o novo espírito utópico* (2016); e *Mutações: a outra margem da política* (2019).

Vladimir Safatle é professor livre-docente do Departamento de Filosofia da USP, foi professor visitante das Universidades de Paris 7, Paris 8, Toulouse e Louvain e é bolsista de produtividade do CNPq. É autor, entre outras obras, de: *O circuito dos afetos: corpos políticos, desamparo e o fim do indivíduo* (Autêntica, 2. ed., 2016); *Fetichismo: colonizar o outro* (Civilização Brasileira, 2010); *La Passion du négatif: Lacan et la dialectique* (Georg Olms, 2010); *Cinismo e falência da crítica* (Boitempo, 2008); *Lacan* (Publifolha, 2007); e *A paixão do negativo: Lacan e a dialética* (Editora Unesp, 2006). Desenvolve pesquisas nas áreas de epistemologia da psicanálise, desdobramentos da tradição dialética hegeliana na filosofia do século xx e filosofia da música. Pelas Edições Sesc São Paulo, participou das coletâneas: *A condição humana* (em coedição com a editora Agir, 2009); *Mutações: a experiência do pensamento* (2010); *Mutações: a invenção das crenças* (2011); *Mutações: elogio à preguiça* (2012); *Mutações: o futuro não é mais o que era* (2013); *Mutações: o silêncio e a prosa do mundo* (2014); *Mutações: fontes passionais da violência* (2015); *Mutações: o novo espírito utópico* (2016); *Mutações: dissonâncias do progresso* (2019); e *Mutações: a outra margem da política* (2019).

Índice onomástico

Abascal, Santiago: 158
Abraham, David: 248
Acton, lorde (John Emerich Edward Dalberg-Acton): 143
Adorno, Theodor Ludwig Wiesengrund: 23, 33, 42, 66, 73, 74, 75, 165, 166, 167, 169, 170, 171, 172, 173, 174, 175, 176, 177, 178, 179, 180, 181, 273, 381, 385
Agamben, Giorgio: 28, 114, 120, 245, 372, 404, 407, 408, 409, 412, 413, 414, 415
Agostinho (Aurélio Agostinho de Hipona): 289, 321, 322, 325, 327, 328
Akbar, Jalaludim Maomé: 422
Alain (Émile-Auguste Chartier): 15, 24
Alonso, Sonia: 409
Althusser, Louis: 74, 194
Ambrosino, Georges: 106
Anaxágoras de Clazómenas: 313, 314
Anders, Günter: 18, 31, 32
Andrade, Mário de: 191
Ânito: 316
Ansart, Pierre: 383, 384, 385, 386
Apuleio, Lúcio: 372
Araújo, Ernesto: 332, 432
Arendt, Hannah: 20, 62, 63, 64, 65, 70, 83, 122, 274, 279, 281, 282, 283, 284, 285, 286, 287, 288, 289, 290, 291, 292, 294, 354, 355, 356, 357, 361, 363, 373, 378
Aristófanes: 313
Aristóteles: 320, 322, 415, 421, 460
Assange, Julian: 109

Balakrishnan, Gopal: 243, 248, 251
Balandier, Georges: 375
Balibar, Étienne: 112
Barash, Jeffrey Andrew: 210
Barrès, Maurice: 190
Barthes, Roland: 345, 393
Bastide, Roger: 384
Bataille, Georges: 86, 93, 94, 95, 96, 105, 106, 107, 109, 163, 164, 165
Baudelaire, Charles-Pierre: 29, 372, 380
Baudrillard, Jean: 22
Baumert, Renaud: 210
Beaud, Olivier: 250
Beckett, Samuel: 379
Ben Ali, Zine El Abidine: 396
Benjamin, Walter: 33, 120, 145, 237, 269, 295, 365, 366, 369, 370, 374, 375, 376, 377, 380, 382, 387
Benkler, Yochai: 71
Bennett, Jane: 447

Berd, Françoise: 62
Bergson, Henri: 428
Berlin, Isaiah: 138
Bernanos, Georges: 17, 193, 220
Bihr, Alain: 41
Bilger, François: 236, 238, 255
Bismarck, Otto Eduard Leopold von: 211
Blair, Tony: 149
Bloch, Ernst: 368
Bloy, Léon: 222
Bochet, Isabelle: 321
Bolsonaro, Jair Messias: 13, 40, 42, 67, 150, 151, 157, 158, 159, 187, 269, 332
Bolton, John: 455
Bonefeld, Werner: 261
Bottai, Giuseppe: 103
Bourgeois, Léon: 350, 351, 352
Bouveresse, Jacques: 16
Brahms, Johannes: 210
Branagh, Kenneth: 59
Brasillach, Robert: 196
Breitenstein, Andreas: 431
Breitscheid, Rudolf: 248
Brejnev, Leonid: 454
Breton, André: 51
Brodie, Bernard: 460
Brunight, Robert G.: 419
Brüning, Heinrich: 243, 244, 245, 246, 247, 248, 249
Burke, Edmund: 425
Bush, George W.: 454

Caillois, Roger: 94, 173, 174,
Callas, Maria: 125
Camus, Albert: 15, 16, 335, 336, 353, 357, 358, 362
Candido, Antonio: 142, 143, 191
Canetti, Elias: 177
Cardoso, Fernando Henrique: 268
Carroll, Lewis (Charles Lutwidge Dodgson): 391
Castoriadis, Cornelius: 297, 304, 388

Catão, Marco Pórcio: 286, 287
Céline, Louis-Ferdinand (Louis-Ferdinand Destouches): 142
Chamberlain, Houston Stewart: 430
Chapoutot, Johann: 89, 99, 100, 282
Chateaubriand, François-René de: 425
Churchill, Winston: 270
Cícero, Marco Túlio: 286, 317, 318, 321, 340, 341, 342, 343, 344, 361
Cidade, Hernâni: 329
Climacus, Johannes: 324, 325, 326
Clinton, Bill: 149, 154, 453, 454
Clinton, Hillary: 153, 154
Cohen, Jared: 109
Condorcet, marquês de (Marie Jean Antoine Nicolas de Caritat): 344
Confúcio: 92
Constant, Benjamin: 145, 146, 387
Coriolano, Cáio Márcio: 391
Corti, Axel: 356
Creighton, Mandell: 143
Cristi, Renato: 242
Crítias: 429

D'Annunzio, Gabriele: 196
Da Empoli, Giuliano: 189
Da Vinci, Leonardo (Leonardo di Ser Piero da Vinci): 421
Dallari, Sueli: 51
Darwin, Charles: 451
Daudet, Léon: 212, 214
De Orte, Paola: 332
Debord, Guy: 75, 117
DeLanda, Manuel: 447
Deleuze, Gilles: 440
Depraz, Natalie: 26
Descartes, René: 422, 423, 425
Deutsch, David: 443
Diamond, Jared: 447
Didi-Huberman, Georges: 123
Dostoiévski, Fiódor: 279, 286
Douglas, Mary: 192

Dreyfus, Alfred: 191
Dumas, Robert: 190
Dupuy, Jean-Pierre: 18, 19
Durkheim, David Émile: 102, 384, 392
Dury, John: 330
Duterte, Rodrigo "Digong" Roa: 32

Eichmann, Otto Adolf: 19
Einstein, Albert: 18
Eisenstein, Serguei: 60
Elias, Norbert: 187, 393, 427
Ellsberg, Daniel: 455, 457
Ellul, Jacques: 460
Erdogan, Recep Tayyip: 40, 151, 433
Errejón, Iñigo: 150, 158
Eucken, Walter: 229, 233, 236, 261, 387
Evódio de Antioquia: 289

Falwell, Jerry: 331, 332
Faoro, Raymundo: 205, 208
Faris, Robert: 71
Faye, Jean-Pierre: 212, 216, 239
Febvre, Lucien: 422
Fiore, Joaquim de: 329
Flaubert, Gustave: 41
Fleurier, Lucien: 190
Foessel, Michaël: 11, 12, 13, 82, 83, 88, 265
Fontela, Orides: 276
Forsthoff, Ernst: 222
Foucault, Michel: 164, 232, 262, 263, 264, 415, 429
Fraenkel, Ernst: 250
Franco, Francisco: 19, 114
Freud, Sigmund Schlomo: 50, 54, 55, 73, 74, 171, 173, 175, 176, 183, 302, 307, 367, 372, 380, 384, 386, 388, 391, 445
Friedman, Milton: 34
Fromm, Erich: 301, 302, 307
Fukuyama, Yoshihiro Francis: 388

Gamble, Andrew: 259, 264
Genet, Jean: 399

Gentile, Emilio: 98, 103, 195, 196, 197, 198, 199
Giampaoli, Mario: 98
Giuliano, Balbino: 98
Giust-Desprairies, Florence: 389
Gobineau, Joseph Arthur de: 344
Goebbels, Joseph: 59, 60, 61, 72, 143, 161, 162, 210
Goering, Hermann Wilhelm: 18, 143, 222
Goethe, Johann Wolfgang von: 92
Gomes, Ângela de Castro: 204
Gorbatchev, Mikhail Sergeevitch: 332
Gramsci, Antonio: 115, 251, 252, 266
Granel, Gérard: 83
Greenwald, Glenn: 142
Gros, Frédéric: 274
Guedes, Paulo: 151
Gurvitch, Georges: 384

Hachmeister, Lutz: 59
Hall, Stuart: 152
Hamann, Johann Georg: 425
Hartlib, Samuel: 330
Harvey, David: 39, 48
Haselbach, Dieter: 229, 252
Hayek, Friedrich August von: 34, 259, 260, 261, 387
Hegel, Georg Wilhelm Friedrich: 86, 325
Heidegger, Martin: 17, 271
Heller, Hermann: 209, 210, 220, 221, 222, 223, 224, 225, 229, 233, 234, 256, 257, 264, 266
Herder: 425
Himmler, Heinrich Luitpold: 18, 102, 143
Hindenburg, Paul: 221, 239, 241, 242, 253, 254, 255
Hitler, Adolf: 13, 14, 15, 18, 52, 53, 54, 58, 59, 60, 61, 66, 67, 81, 82, 90, 101, 141, 142, 143, 161, 162, 178, 211, 234, 239, 240, 241, 242, 249, 254, 258, 261, 271, 396, 430
Hobbes, Thomas: 145, 193, 355
Holanda, Sérgio Buarque de: 270

Hölderlin, Johann Christian Friedrich: 413
Holland, John: 447
Hollier, Denis: 94
Homero: 376
Horkheimer, Max: 75, 165, 166, 167, 169, 170, 171, 172, 173, 174, 175, 176, 177, 179, 180, 381, 385
Huntington, Samuel: 265
Husserl, Edmund: 23, 25, 26, 27

Iglesias, Pablo: 150

Janet, Pierre: 174
Jesus: 311, 316, 319, 320, 322, 323, 327, 333
Jinping, Xi: 456
João IV, dom: 329, 330
Johnson, Boris: 18, 40, 457
Jong Un, Kim: 453
Jouanjan, Olivier: 210, 222
Joyce, James: 94
Jünger, Ernst: 95, 118, 212, 214, 230, 235, 430

Kaczynski, Theodore John: 40
Kafka, Franz: 370, 408, 409, 412, 413
Kant, Immanuel: 275, 278, 291, 292, 293, 422, 458
Katz, David: 330, 333
Keane, John: 409
Kennedy, John Fitzgerald: 18, 456, 457
Kent, Donald P.: 419
Kernberg, Otto: 386
Kierkegaard, Sören: 324, 327, 328
Kirchheimer, Otto: 250
Klemperer, Victor: 126
Kloft, Michael: 59
Klossowski, Pierre: 94
Koresh, David: 330
Koyré, Alexandre: 421
Kristeva, Julia: 287
Krohn, Claus-Dieter: 231, 232
Krosigk, Lutz Schwerin von: 235
Kruchev, Nikita Serguêievitch: 456

La Boétie, Étienne de: 164
La Peyrère, Isaac: 330
Labadie, Jean de: 333
Laclau, Ernesto: 112
Laércio, Diógenes: 317
Lange, Carl: 235
Le Bouédec, Nathalie: 210
Le Breton, David: 85
Le Pen, Marine: 22, 154, 155, 156, 158
Lebon, Gustave: 93
Lefebvre, Henri: 96
Lefort, Claude: 20, 40, 44, 288, 359, 360, 385
Leiris, Michel: 94
Lely, Gilbert: 398
LeMay, Curtis: 18
Lênin (Vladimir Ilyich Ulianov): 20
Leopoldo e Silva, Franklin: 19, 29, 30, 450
Levi, Primo: 193, 199, 200, 208, 435
Lévinas, Emmanuel: 382
Lévi-Strauss, Claude: 94, 417, 418
Levitsky, Steven: 270
Lewis, David K.: 460
Lindenbegh, Charles: 55
Lindsey, Hal: 331, 332
Lins da Silva, Carlos Eduardo: 51
Lippmann, Walter: 12, 263
Liszt, Franz: 210
Locke, John: 298
Loraux, Nicole: 297, 304, 337
Loren, Sophia: 51, 53
Lorenz, Edward: 446
Luckács, György: 119
Lula (Luís Ignácio Lula da Silva): 117, 159, 268
Lyell, Charles: 451

Macron, Emmanuel: 152, 265
Madalena, Maria: 322
Maistre, Joseph de: 425
Maistre, Xavier de: 395
Malaurie, Jean: 94
Mann, Thomas: 68

Maquiavel, Nicolau: 33, 295
Marcks, Erich: 241
Marcuse, Herbert: 42, 44, 47, 49, 77
Marinetti, Filippo Tommaso: 99, 272
Martins, José de Souza: 202
Marx, Karl: 119, 120, 237, 302, 364, 373, 391
Marx, Wilhelm: 248
Mastroianni, Marcello: 51, 56
Mathiez, Albert: 102, 103
Maurer, Reinhart: 17
Maurras, Charles-Marie-Photius: 13, 81, 220
Maus, Ingeborg: 209, 218, 232, 233
Mauss, Marcel: 94
McGuiness, Brian: 16
McLuhan, Marshall: 396
McNamara, Robert: 18, 19, 455, 457
Médici, Emílio Garrastazu: 142
Meireles, Cildo: 127
Mélenchon, Jean-Luc: 150, 155, 156, 158
Meleto: 313, 314, 315
Merkel, Wolfgang: 409
Merleau-Ponty, Maurice: 15, 24, 26, 50
Michelet, Jules: 346, 347, 348
Ming, Kou-Houng: 92
Minniti, Marco: 152
Mirabeau, conde de (Honoré Gabriel Riqueti): 344, 345
Mitterrand, François: 149
Modi, Narendra Damodardas: 309
Moltke, marechal (Helmuth Karl Bernhard): 90
Monk, Ray: 17
Montaigne, Michel Eyquem de: 420, 421, 422, 424
Montesquieu, barão de (Charles-Louis de Secondat): 143, 146, 147, 148, 344, 387
Morell, Dr. (Theodor Gilbert Morell): 101
Moro, Sérgio: 268
Morris, Errol: 19
Moscovici, Serge: 93
Mouffe, Chantal: 112, 150, 152, 158

Müntzer, Thomas: 330
Musil, Robert: 21, 31
Mussolini, Benito Amilcare Andrea: 13, 28, 52, 53, 57, 62, 63, 66, 78, 81, 98, 103, 104, 114, 143, 186, 209, 221, 227, 240, 272, 295
Mutz, Diana C.: 153
Myhill, John: 445

Nancy, Jean-Luc: 105
Navinski, judeu: 222
Neumann, Franz: 250
Nietzsche, Friedrich Wilhelm: 30, 86, 371, 386, 401, 402, 403, 404, 405, 406, 407, 409, 414, 415, 416, 427, 428, 429, 430
Nixon, Richard: 454, 455
Noël, Bernard: 86, 87, 118
Nolte, Ernst: 194, 195, 198
Novaes, Adauto: 119, 267, 402
Novello, Mário: 443
Nunberg, Hermann: 181

Obama, Barack Hussein: 454
Ohler, Norman: 101
Orbán, Viktor: 13, 40, 81, 139, 151, 158
Ortega y Gasset, José: 265
Ortellado, Pablo: 71
Orwell, George (Eric Arthur Blair): 16, 19, 41, 393
Ott, Eugen: 241
Owens, Jesse: 61
Ozouf, Mona: 345, 346

Palheta, Ugo: 11, 13
Papen, chanceler (Franz Joseph Hermann Michael Maria von Papen zu Köningen): 211, 223, 224, 235, 241, 242, 243, 244, 249, 254, 255, 258
Pareto, Vilfredo: 220
Parlagreco, Carlo: 57
Pascal, Blaise: 322, 323, 324, 325, 327, 328, 398
Pasolini, Pier Paolo: 28, 29, 111, 122, 123, 124, 125, 127, 131, 379

Paulani, Leda: 37
Paulhan, Jean: 94
Paulo de Tarso (apóstolo): 171, 318, 319, 320, 321
Payne, Stanley: 194, 195, 197, 198
Péricles: 138
Perry, William: 453
Pessoa, Fernando: 127
Peukert, Detlev: 245
Pinochet, Augusto José Ramón: 35, 261
Platão: 76, 77, 78, 275, 304, 307, 310, 312, 313, 314, 315, 316, 317, 325, 337, 367, 368, 425, 429
Plotino: 321
Polanyi, Karl: 257, 258, 259, 261
Ponti, Carlo: 51
Popitz, Johannes: 244, 251
Popkin, Richard: 324, 330, 333
Pound, Ezra: 142
Prata, Antonio: 269
Prigogine, Ilya: 446
Putin, Vladimir Vladimirovitch: 433, 454, 455, 456

Ramos Júnior, José de Paula: 51
Reagan, Ronald Wilson: 35, 149, 152, 331, 332, 333, 454
Rebouças, Edgard: 58, 59
Reich, Wilhelm: 163, 164, 165
Rey, Olivier: 364, 379
Ribeiro, Darcy: 269
Riefenstahl, Leni: 61
Rimbaud, Arthur: 399
Rishin, Rabbi Israel de: 382
Roberts, Hal: 71, 331, 332
Robertson, Pat: 331, 332
Rodrigues, Ana Helena: 51
Romm, Mikhail: 61, 62, 66, 67, 68
Roosevelt, Franklin Delano: 18
Röpke, Wilhelm: 236, 264, 265
Rosanvallon, Pierre: 348
Rousseau, Agnès: 107

Rousseau, Jean-Jacques: 201, 216, 371
Rousseff, Dilma: 139, 147, 159, 268
Runciman, David: 270
Rushkoff, Douglas: 450
Rüstow, Alexander: 229, 230, 231, 232, 233, 234, 235, 236, 237, 238, 252, 253, 255, 261, 264

Sade, marquês de (Donatien Alphonse François de Sade): 396, 398, 399
Sagan, Carl: 449
Sagan, Scott: 458
Salazar, António de Oliveira: 114, 432
Salmon, Christian: 376
Salvini, Matteo: 13, 32, 40, 81, 152, 158
Sanders, Bernie: 156
Santiago, Homero: 39, 40
Sartre, Jean-Paul: 190, 191, 202
Sassov, Rabbi Moshe Leib de: 382
Savonarola, Girolamo: 329, 330
Scheuerman, William: 218, 262
Schleicher, clã: 255
Schleicher, Kurt von: 241, 242, 249, 254, 255
Schlenker, Max: 244
Schmidt, Eric: 109
Schmitt, Carl: 209, 210, 211, 212, 214, 215, 216, 217, 218, 219, 220, 221, 222, 223, 224, 225, 226, 227, 228, 229, 230, 231, 232, 234, 235, 238, 239, 240, 241, 242, 243, 244, 245, 246, 247, 249, 250, 251, 252, 253, 254, 256, 258, 259, 260, 261, 262, 264, 266, 342, 353, 396
Schopenhauer, Arthur: 126
Schotte, Walter: 243
Schröder, Gerhard: 149
Schumann, Robert Alexander: 210
Schurman, Anna Maria van: 333
Schütz, Wilhelm von: 59
Schwab, Charles: 37
Scola, Ettore: 51, 53, 54, 56, 62, 79
Séglard, Dominique: 210
Sen, Amartya: 422, 431

Sérgio, Antônio: 329
Shakespeare, William: 93, 120, 376, 391
Shestov, Lev: 326, 327, 328
Silentio, Johannes de: 324
Simard, Augustin: 247
Simmel, Georg: 428
Simon, Herbert A.: 387
Simondon, Gilbert: 442, 443
Skriver, Ansgar: 242
Smale, Stephen: 446
Snow, C. P.: 446
Snowden, Edward: 109
Sócrates: 275, 276, 298, 311, 312, 313, 314, 315, 316, 317, 318, 325, 326, 327, 333
Sófocles: 376
Sombart, Werner: 428
Speer, Albert: 18
Spengler, Oswald: 427, 430
Springorum, Fritz: 241, 244
Spitz, Jean-Fabien: 349, 352
Stálin, Josef: 19, 68, 258, 259, 387
Stanley, Jason: 55, 57
Streeck, Wolfgang: 224, 264
Szilard, Leo: 18

Tácito, Públio Cornélio: 337
Taguieff, Pierre André: 112
Teodoro de Cirene: 315
Tertuliano: 309, 310, 317, 319, 320, 321, 327
Testart, Jacques: 107
Thatcher, Margaret Hilda: 35, 149, 152, 158, 264
Thyssen, Fritz: 240
Tolstói, Lev: 68, 376
Tönnies, Ferdinand: 426
Traverso, Enzo: 21, 22, 29, 113
Trotski, Leon: 51, 259

Truman, Harry S.: 19, 455
Trump, Donald John: 13, 32, 40, 42, 55, 150, 151, 153, 154, 156, 158, 159, 332, 333, 397, 432, 453, 454, 455, 456, 457
Turguêniev, Ivan Sergeiévitch: 286

Ulpiano, Claudio: 445
Unger, Nancy Mangabeira: 124
Ustra, Carlos Alberto Brilhante: 269

Valéry, Paul: 11, 12, 14, 23, 24, 25, 27, 90, 91, 92, 109, 394, 395, 397, 467
Vernant, Jean-Pierre: 292
Veyne, Paul: 138
Vianna, Francisco José de Oliveira: 204
Vidal-Naquet, Pierre: 338
Vieira, Antônio: 329, 330
Virgílio, Públio: 372
Virilio, Paul: 48
Vítor Emanuel II: 52
Vitória, Gisele: 51

Wagenknecht, Sahra: 150
Wagner, Richard: 430
Weber, Max: 142, 194, 425
Weiss, Louise: 239
West, Geoffrey: 448
Wilson, Edward O.: 441
Witt, Peter-Christian: 249
Wittgenstein, Ludwig: 16, 17, 19
Wolff, Francis: 450

Zakaria, Fareed: 265
Zaltzman, Nathalie: 386, 397, 399
Ziblatt, Daniel: 270
Ziegler, Heinz: 216, 261

Fontes Dante e Univers | *Papel* Pólen Soft 70 g/m²
Impressão Dsystem Indústria Gráfica Ltda. | *Data* Dezembro 2020

MISTO
Papel produzido a partir de fontes responsáveis
FSC® C084825